清末立宪运动史料丛刊 ⑳

主编 胡绳武
副主编 牛贯杰 戴鞍钢

山东谘议局 下卷

尚小明 编

国家清史编纂委员会·文献丛刊

国家出版基金项目
NATIONAL PUBLICATION FOUNDATION

山西人民出版社

本书获中国人民大学『中央高校建设世界一流大学（学科）和特色发展引导专项资金』支持

『十二五』国家重点图书出版规划项目

国家清史编纂委员会出版委员会

《清末立宪运动史料丛刊》出版工作委员会

目录

下卷

第四部分　山东谘议局会议第三期报告书

首　编

第一编 议覆抚部院发交议案及谘询各案

一、庶政门

二、教育门

三、财政门

第二编 本局自行提议议案及质问各案

一、庶政门

二、教育门

三、财政门

第三编 预算案

第四编 各项札文电函公牍

一、札 文

二、电　函

三、公 牍

第五编 请愿书批答

一、庶政门

二、教育门

三、财政门

四、法律门

第五部分　山东谘议局会议第四期报告书

抚部院提议案

抚部院谘询案

抚部院札批

第六部分　其它有关山东谘议局资料

附　录

第四部分　山东谘议局会议第三期报告书

首　编

呈请代奏速开国会稿

为时局日棘，国势阽危，请速开国会，以奠邦基而维宪政，吁恳代奏，仰祈圣鉴事。窃维事有本原，审端宜预；政有切要，致力宜先。《书》曰：疑谋无成。又曰：惟克果断，乃罔后艰。往者各省农商学民各界士庶暨各局议员，痛时势之艰危，鉴人情之惶迫，伏阙上书，吁请至再，叠蒙温旨慰谕，仍期九年。在朝廷讦谟宏远，实以壮往则有悔，虑深则获全，为慎重维持之道。职等仰体圣怀，何敢再渎。惟是率土普天，延颈企踵，期我国家早臻一日之巩固，即宵旰早释一日之忧勤。今者仰参天时，俯察人事，外观世界状态，风云变幻，惕目怵心，更即国势所关，实有刻不容缓者，为我皇上陈之。

一曰速开国会，则宪政之由筹备而成立，方能渐臻完备也。谓仅恃九年之设置，即可纲举目张，则前此之朝夕不遑，分曹共画，相与聚庙堂而颁订者，已三年于兹，乃奉行者因循如故，虚缓如故，勉强应付如故。枢纽不灵，主张各异，以致每举一事，明知事重费艰，万难因应，而筹备之期限已迫，于是部臣姑以是责之疆吏，疆吏姑以是责之地方有司，文告频繁，簿书催促，其经费之如何筹画不问也，名实之是否相符不问也，乃至形式略具，而精神全非，纲目厘然，实效难睹。读各省每届半年胪陈成绩之奏报，未尝不瞿然惊骇，以为今日所谓筹备者如斯，则他日之所谓成立者已可概见。夫立宪国家，三权鼎力，适成为完善机关。今乃以行政机关即参与立法事务，虽当此筹备之时，究属不可混淆。况乎国会不开，则机关不备，机关不备即无内阁大臣负责任，何怪乎因循虚缓、勉强应付者终无以善其后。此宪政之筹备不可不速开国会者一也。

二曰速开国会则经费有确当之负担，方能不虞竭蹶也。闾阎彫敝，生计将穷，商务困疲，税源几竭，此请协济，彼恐截留，百务待兴，罗掘俱尽，仰屋者亦穷于术矣。非敢谓国会一开，即能易枯槁而为丰腴也。大凡世界宪政国家，其经常及临时费两项，皆经议院之预算决算而定。关于军事、庶政诸大端，其一切费用，无不赖一国人民全体负担，而政治斯可以毕举。中国地大物博，本非实为贫弱，良由实业未兴，致令自然美利，概事捐弃而无所用；并司度支者于收入、支出纷糅挪移，久无以示大信于编氓，而输将几视为厉民之举。惟国会以为之监督，则开源节流悉握其要。若国会再为迟缓，而仅于岁入、岁出之检查，国家、地方税之厘定，日事纷纭，恐延至九年，会计法终无实行之日，即预算决算亦终非确定之税率。此经费之负担不可不速开国会者二也。

三曰非速开国会，则人心之萃聚者恐至涣散也。将疑遏抑之极，恐滋意外。所谓事起干戈，变生铁血，前仆后继，不惜牺牲性命以博此参政权者，揆诸吾国之善顺人心，万无虑此。只以立法、司法、行政三端为宪政上之大纲，惟立法为国民之特职，此固揭在人心，无庸置议者也。议会所协赞之法律，即一般人民所公认之法律，亦即天皇裁可、上下共守之法律。今以行政参立法之权，凡政府所擘画而经营者，有司亦得依违而奉为故事，无他，立法不出自国会，已失定制之本旨，况又无国会以督其后耶。薄海臣庶，方殚精竭虑，期于涤除旧弊，定宪政上根本之图，倘仍迁延审顾，使忧心国是者有恭焉待尽之思，亦非得计。此欲顺人心不可不速开国会者三也。

四曰非速开国会，则国势之觥脆者将至于衰弱也。水旱频仍，盗贼迭起，外交事故易形棘手，内乱虽靖，亦足深虑。长此委蛇，势成坐困。所恃者，国民拥戴之诚，尚堪绸缪于未雨。伏思议员之召集，本奉先朝诏旨，期在九年，将谓限期所在，不容或渝。抑思善继善述之治，原不在徒泥成迹。比者外界之机谋转瞬递变，斯内界之淬（励）〔砺〕一息难宽，外观亡韩覆辙，其促吾国之危机者尤不可以旦夕计。若国会速开，大局奠定，上以慰先皇帝在天之灵，下以慰寰宇云霓之望，我皇上继志述事之善，无以逾此。然使前此之规定可以隐弭内患，捍御外侮，足巩固国家万年之基业，则国会之开，虽再迟数年，亦不得为晚。非然者，即稍缓期年，而犹觉其迟。《洪范》有训：国有大疑，谋及乃心，谋及卿士，谋及庶人。今环球交通，列强并峙，亦皆合全国之深识远虑，厚集其势，以为实力，成效昭然，无俟蓍蔡。此欲振国势不可不速开国会者四也。

综此四端，则国会之速开，无烦再计，而所以迟回慎重者，正以九年预备未完全，国民程度未齐一也。顾职等则以为无虑此者。良以执政者非不知无源之水，无本之木，易形枯竭，乃或过虑民权嚣张，而姑为是从容布置，以渐臻日本维新之轨迹，有不待其事之毕而罅漏立见者。姑仅以一省论之。山东经费预算，仅就目前国家、地方经费计之，不敷之数每岁已将百万，后日更难为继，此固昭然若揭者也。若必俟预备完全而后开国会，恐预备实无完全之望。夫立宪国之所以尊重国会，与国会之所以维持国家者，在国会之重有立法权，编纂一切法规，用能详分纲目，有条不紊，此预备未完全而可开国会，无容迟疑者也。以国民之程度观之，衡诸列邦，诚有未逮。顾所谓国会者，乃代表全国之人民，使与参国政，非合全国之人民召而集之，使共参国政也。况代议之士，必皆公正明达合格之人，凡悖谬营私者，举无容滥厕其间。彼附会名义，藉端构煽之弊，可以无虞。夫合上下两院之议员坐而讨论，以供君上采择，其于国计民生、内政外交之利病，无不目击而身受，得失昭然，若烛照而计数，不犹愈于委诸一二官吏之手，自订之而自行之，权限不明，责任不定，徒滋此隔阂纷扰之弊。此程度未齐一而可开国会，又无容迟疑者也。职等愚昧之见，非敢故作危词以渎圣听。外视列国，内顾寰区，岌岌若不可终日。日俄协约、日韩并邦之成，关于大局之安危者尤为紧要。《易》曰：其亡其亡，系于苞桑。《语》曰：时乎时乎不再来。愿皇上乾纲独断，为宗社保灵长，为生灵延命脉，不得不披沥陈词，急切悚惶，不胜屏营待命之至。伏乞代奏。谨呈。

抚部院代奏速开国会折（并札文）

为恭录札行事。照得本部院于宣统二年九月二十八日专弁具奏山东在籍绅士合词呈请速开国会，据情代递一折，兹于十月十五日差弁赍回原折，内开奉朱批：知道了。钦此。为此恭录，札行谘议局钦遵查照。须至札者。

计原奏一纸、原呈一件。(已列前)

奏为山东在籍绅士合词呈请速开国会，据情代递，恭折仰祈圣鉴事。窃本月二十三日，据山东教育会会长、度支部主事石金声等呈称，时局变迁，群情惶恐，请速开国会，共济艰难等情。臣当即电达军机处代奏。兹复据谘议局议长、翰林院编修杨毓泗等呈称，时局日棘，国势阽危，请速开国会以奠邦基而维宪政，吁恳代奏等情前来。臣维议院协赞立法，先朝特著于宪纲，功令筹备分年进行，必求其实效。臣比偕各疆臣，以时机孔迫，往复筹商，非提前建立责任内阁，开设国会，握定主脑，不足以臻统一而策治安，业将开会相维之义，条举利害，剖析无遗，先后联衔电请代奏在案。今该绅等怵于大势，一再陈请，发乎至诚，是臣民政见之同符，实中外人心之所系。察其情词，祇在成立迟速之期，核之定章，尚无踰越范围之处，用敢代陈，以仰副我圣主励精图治、博采群言之至意。所有山东绅士呈请速开国会，据（请）〔情〕代递缘由，谨恭折具陈，伏乞皇上圣鉴。谨奏。

抚部院发交议案法案及谘询事件（并札文）

为札行事。案查宪政编查馆咨行各省谘议局章程第二十五条内载，第二十一条所开第一至第七各款议案，应由督抚先期起草，于开会时提议等语。本年九月初一日举行第二次通常会，经本部院先期招集，并经饬据各司道局处各将专管事项先后条议具详到院，发交会议厅各员覆审编订，呈由本部院核定，共计议案、法案七件，谘询事宜两件，合行札发。为此札行谘议局，即便查照，悉按定章，分别决议申覆，随时呈候察夺。须至札者。

计钞发议案、法案、谘询事宜共九件。

分区匀设简易字塾议案

立宪分年筹备章程，第八年未试行强迫教育之先，人民识字义者须得五十分之一。以山东全省人数计之，至第八年须有识字义者三十万人。今议推广简易识字学塾，大县每年添设六七处，中县每年添设四五处，小县每年添设二三处，每堂学生各招三十名，果能切实办到，届第八年，受过教育者可逾三十万人。但县境向祇分大中小三等，而人数多寡相去悬殊，如历城、兰山、莒州、平度、诸城等州县，男丁达三十万以上，观城、邱县、嘉祥、高苑等县，男丁仅三万余人，按丁数所差十倍。若令大县每年设学之数十倍于小县，其势似有所不得行。若按学区之广狭，村庄之大小，丁数之多寡逐一絜较，然且有贫富文野之不同，亦难匀称。应如何酌宜妥订章程，匀剂设学处数，弗稍偏颇，使富庶之区不至俯就，瘠陋之邑尚可勉几，核定逐年推广办法，分饬地方官及劝学员，按年如数添设，以收循序渐进之效。又本省现时情形，学区与警区及自治区各不相同，兴学为培植乡里后进，乃地方自治之一端，即以自治区为学区，有无窒碍，各议员研究有素，应商榷正当办法，以利推行。

附分年筹备表一件。

分年筹备表

立宪预备年期	第一年光绪三十四年	第二年宣统元年	第三年宣统二年	第四年宣统三年	第五年宣统四年	第六年宣统五年	第七年宣统六年	第八年宣统七年	第九年宣统八年
照定章应识字义人数							应十五万人	应三十万人	应七十五万人
是年全省新添学堂处数		开办	新添二百处	新添四百处	新添四百处	新添四百处	新添四百处	新添六百处	新添一万二千处
旧有新添共计学堂处数		四百处	六百处	一千处	一千四百处	一千八百处	二千二百处	二千八百处	一万四千八百处
每堂三十名是年在堂人数		一万二千人	一万八千人	三万人	四万二千人	五万四千人	六万六千人	八万四千人	四十四万四千人
连前并计识字义人数		一万二千人	三万人	六万人	十万零二千人	十五万六千人	二十二万二千人	三十万零六千人	七十五万人
经费每堂五十两共数		二万两	三万两	五万两	七万两	九万两	十一万两	十四万两	七十四万两

查山东全省人数，光绪三十三年计三千零六万有奇，光绪三十四年计三千万有奇，宣统元年计二千九百四十五万有奇。作三千万估计，除女丁一半，约有男丁一千五百万。按一千五百万人计算，届第八年应有识字义者三十万人，第九年应有识字义者七十五万人，与定章符合。乡间难觅宽厰校舍，学生每堂三十名，若分上下两班，亦听其便。经费每堂五十两，系按现在情形估计，将来设校寖多，须赁民房，又添房租一项，则平均五十两之数甚拮据矣。

中小学堂征收学费议案

理由：教育普及，必赖多设学校。查本省除师范、专门各学堂外，中小学堂学生不过四万八千人之谱，以山东人数计之，仅及百分之一，自应大谋扩充。但现在每年公私用费照统计核算，已违四十余万金，将来此项学务经费悉由地方经费划分，乌得有此巨款，故征收学费一事，势在必行。查照学部所订收取初等小学、高等小学、中学各生学费章程，以平均法计算，除膳宿费外，每人每年应纳学费约五圆上下，若合六十人为一校，即此学费所入，似亦差足供给。惟现今各处中小学堂经费，大概出之公款、公产、公益捐三项，学生纳费者十不得一，以言扩充，何所取赀。拟照河南办法，实行征收学费之令，腾出款项，以作添设学堂之费，免增民间负担。此本案之所以提出也。

办法：

一、自宣统三年起，全省中小学堂学生，均按照学部所订收取学费章程，先缴学费半额。附说：照以上所纳学费，每年仅两元五角，所取无多，遵从自易。

一、饬由提学司通行后，各属均应遵办。每校收费若干，即将腾出经费核计添设学堂，禀报开办。

实业教育分认学科议案

实业教育，范围最广。大纲如农、工、商三种，每种分高、中、初三级，循名办理，按序渐进，尚属无难。方时教材乏资，高等自应缓设，先从中等、初等设起，尤以开办教员讲习所为入手办法，已无疑义。惟是同一农业，而分农业、蚕业、林业、兽医业四科，同一工业，而分土木、金工、造船、电气、木工、矿业、染织、窑业、漆工、图稿绘画十科，各府州县开办之初，经费固属难筹，教习亦不易得，只能认定一科或二科，先行试办，徐图扩充。所不能悬揣者，即在认定科目之问题。查部颁整顿实业学堂清单内，有审察本省教育情形，一在用其所长，一在补其所阙等语。就山东而论，青州之蚕业，博山之窑业，胶州之金工，潍县之漆器，登州之水产等类，各擅专长，所在皆有设学，以求精进，因势利导，速效可期，此用其所长也。若求补其所阙，是在善择何地宜于何科，何科递及何科。诸议员关怀桑梓，应必择之精而筹之熟，各抒所蓄，确定指归，庶几获积思广益之功，收因地制宜之效。此选择科目之亟待谘议者一也。

酌订省城巡警捐议案

理由：查省城巡警筹办之始，均由国库支出经费。现值库帑支绌，筹拨不敷，此后整顿扩充，不得不藉地方税以资挹注。北京、天津、保定各处均办有车捐、房捐，济南于此两项，一则规定而尚未实行，一则拟办而甫经发起。以本地之财，作本地之用，官绅合力维持，警务庶日有起色。此关系省城警费立法事宜，章程大致附后，用集众议，酌核施行。

车捐章程

一、骡车月捐京钱二千二百文，日捐八十文。双套、三套以此递加。

一、马车月捐京钱二千二百文，日捐八十文。

一、人力车（即洋车）月捐京钱壹千文，日捐四十文。

一、小车月捐京钱五百文，日捐二十文。

一、运货骡马大车月捐京钱二千二百文，日捐八十文。双套、三套以此递加。

一、二把手车月捐京钱一千文，日捐四十文。如挂牲口一头，加钱四十文。

一、过路车辆均照以上日捐收捐给票。

一、凡常在街市装载人货各车辆，均应按月纳捐，取保领牌。

一、如非常川装载买卖及外来过路各车辆，应照日捐收捐者，毋庸取保领牌。

房捐章程

一、房屋应视坐落地方之繁僻及租价之贵贱为区别。今拟仿照天津办法，分瓦房、灰房、土房为三等，均按时值租价，每百抽三纳捐。如租价十千，捐钱三百文，余类推。

一、凡铺户寓馆，应由业主将赁屋租折每月持赴警务公所呈验一次，由公所加盖戳记，即由业主按照租价每百抽三纳捐，以昭凭信。

一、居住自己房屋者，应按照附近相同出赁之房屋，相比较估值，租价亦按百抽三之例，由业主按月至公所纳捐。

一、凡赁屋每月租价在京钱五千以下，及贫户小民自住之土草房在两三间以内者，概免纳捐，以示体邺。

一、凡衙署、学堂、局所、庙宇及各善会之产，曾经详明有案者，均不收捐。

一、由公所刊刻三联票，其一联为纳捐执照，一联为门牌照，一联为存根。凡业主纳捐后，即发给门牌照、纳捐照各一联，饬令将门牌照粘贴该屋门首，以便稽查，将纳捐照收存，俟下月持赴公所照章纳捐，换发新照。

一、是项捐款均限于每月初五日前，由业主或饬人亲赴公所交纳换照。如逾期不缴者，应照原捐十分之五议罚。倘一再查催，延不缴纳者，不论（已）〔己〕屋赁屋，均酌给限期，令住屋人他徙，将房屋封闭，俟捐款缴清，方准启封，以示儆戒。

一、凡所收捐款，均于每月十五日以前榜示公所门首，俾众周知。如有支用之项，亦即于榜内书明，以示大信。

选举劝业员议案

按照定章，通设劝业员，以为振兴实业之助。

办法：查劝业公所照章应设劝业员分途劝业，或一时未能遍设，亦应择要选派。其偏僻州县暂归兼摄，斯少之无万室一陶之苦，亦多之不至有十羊九牧之嫌。惟东省官款支绌，而就地筹措办理，亦复为难。拟俟谘议局本届会期完毕后，各议员事竣回里，令其选举平日热心实业之正绅，作为名誉劝业员，对于劝业公所有陈述意见之义务，对于各该州县有劝办实业之义务，期收得人之效。

筹办商品陈列馆议案

查上届议案，曾有筹办劝业会一条，需款繁巨，诚非一时所能举办。按照农工商部筹备事宜表内，第四年应筹设各省商品陈列馆，现拟提前兴办，于宣统三年八月开馆陈列，即可为国内赛会之豫备。兹定简明办法五条，饬劝业道妥筹办理。

一、宗旨。考察山东本省商品，比较各省商品，以求研究改良。分农产、工艺两类，盖物产出于农家，制造由于工艺，故农工之良窳，关乎商业之盛衰，研究商务必须注重于农工两项。本馆陈列各品，应就本省农产、工艺广为蒐罗，切实考察，以资实业家之观感。

一、择地建筑。本馆设于商埠，应择宽敞地方，仿照津、鄂各省规制，酌量兴筑，但求适用，不侈外观，凡庋设物品，分别精粗，各依品类陈列。

一、分司任事。本馆应设提调一员，艺长一员。提调总理一切事务，艺长专司考验审查及指教演说各事。并置庋设、考察、会计、庶务四司，各设司事一员，各员职务另以规则定之。

一、蒐集物品。凡本省及外省农工家货物，均可按照本馆章程规则，在馆陈列寄售。其出产最多之地，制造繁盛之区，及有新出物产、新创工艺事业，应由劝业道派员调查，广为劝募，陆续运送。其寄售、访查事宜，另以规则定之。

一、经费。开办之初，拟拨官款一万两，以作建筑设备之费。其提调、艺长各员，均由劝业道公所人员兼摄，只给夫马费，不给薪水。各司事酌给辛赀。常年经费所需无多，另饬劝业道议拟具详，核定办理。

清理地方公益款项规则法案

理由：

一、地方公益事宜，全视财力之盈虚，为进行之迟速。东省地方公款、公产向不甚多，近年兴办各事，就地筹集之款数亦甚微。亟应及早清理，明白公布，使经管者杜绝弊混，担任者不致含疑，以后筹款办事庶少阻碍。兹为厘定规则，通饬遵办。

二、现在地方自治会尚未一律成立，所有地方自治、预算决算程式及收支规则，亦未奉部厘定。此项规则系就现在情形、现有款项先行清理，应暂时认为本省单行规则。

第一条　各州县均于署内附设清理地方公益款项所，由地方官召集城镇士民，公举公正绅董四五人，详请本府核发照会，会同办理。其办事细则由该所绅董拟定，呈请地方官核准遵办，官府均有督查之责。

第二条　此项清理绅董，凡向办地方公益事务、经手收发款项之人，不得兼充。

第三条　清理范围以地方向有公款、公产及因现办公益事务就地筹集之款为限，凡官有产地，不在此例。

第四条　各道府州县衙门经管地方公款、公产，向系拨充地方公益事务，不入行政经费之款及应行禁革之差徭、官价、可以拨充地方自治经费之款，得由该所绅董随时请该管官署查明案卷簿据，照本规则第八条表册详细填明，送交该所存案。如有疑义，得检查其案卷簿据。

第五条　凡经管收捐绅董及各团体处所，动用地方公款、公产，或征收捐款支办者，皆应照本规则清理。

第六条　凡地方祠庙，由公家款项或本地公众建置者，所有财产均以公款、公产论，均应一并清查。查明以后，应酌提若干，拨充公益经费，由该处公正士民公同议定，禀准地方官办理。

第七条　凡旧日义举，现已停办，而积有公款、公产，可以移充现办公益经费者，均一并清理。其有私人捐附财产，办理公益事务，亦一律清查，原捐人不得阻挠，惟祠堂、义庄系私人所有者，不在清查之列。

第八条　清理时应备表册，其种类如左：

一、名目总类。

二、所隶区域。

三、财产数目及筹集年月并捐附者之姓名。

四、办理事项。

五、现在之管理人及接管年月。

六、财产、物品坐落、寄存处所。

七、岁收息款及田房租息。

八、岁出细数、总数及盈亏总数。

九、历届存款及有无挪移情事。

十、备考。

第九条　前条表册，由清理款项所照式置备，通知各管理人自行填报，即由该所审查覆核，如有疑义，得检查其簿据。

第十条　清查时，如有阻挠情事及抗匿不报，得由清理款项所呈请地方官勒令管理人呈缴簿据。如查有侵挪或变更确据之处，应请地方官撤销管理人，追缴财产，并分别轻重罚办。

第十一条　自经此次清查之后，如有遗漏隐匿，应由现在清查官绅负其责任。

第十二条　此项清查绅董应尽义务，不给公费，所有纸墨、钞录等费，即在地方公款内筹给，列入报告公布。

第十三条　此项规则议决呈请公布后，限六个月以内，各州县均应一律清理，将表册汇齐申覆，以备考核。

第十四条　此项表册申覆后，由抚院发交官报公布。各清理款项所并多缮数分，分送地方绅董查核，并置公共处所，任人翻阅。

第十五条　此项表册公布以后，如地方人民指出表册内确有遗漏错误之处，在半年以内准赴各衙门申明核饬复查，亦得在谘议局陈请。

第十六条　自此次清理以后，所有地方公益款项仍应随时检查，分为二种，一为定期检查，每月一次，一为临时检查，每年一次，均由该所绅董按照此项规则办理。

第十七条　本规则暂时通行，俟民政部将地方自治预算决算程式关于收支之重要规则厘定通行，并俟各自治会成立以后，应依部定规则办理，本【规】则即为当然无效。

各属筹办自治藉资附捐有无流弊谘询事件

按自治章程第九十二条，虽有附捐名目，但系规定于自治会成立之后。现各属自治会尚未成立，多有举行附捐作为筹办经费者。是时既无地方议会以为监督机关，而地方公益亦尚丝毫未办，遽就地丁项下附加税捐，是否不致扰民，殊难遥度。前于各属详禀，多交该管本府查覆。兹据济南府申覆等情，由自治筹办处覆核具详到院。所陈民间困瘁不为无见，究应如何办法，碍难臆断，特抄原呈申文提出交议。望查照前因，公议申覆，以备采择施行。

附：济南府申覆自治筹办处原文

济南府为申覆事。案据禹城县汤令宗幹议照征收章程，劝令附捐十分之一，作为地方自治处研究所并巡警教练所经费之资，禀蒙宪处饬府查明妥议，饬遵具覆等因。蒙此，知府查各省自摊认赔款以来，民间日用所需，无不异常昂贵。计知府到东，迄今不过五年，物价已增倍徙。小民赡养无资，困苦流离，诚有不堪以言语形容者。当此民不聊生之际，又复倡议附捐，在该县迫于新政考成，饮鸩止渴，在所不计；究之新政方在萌芽，搜罗业已罄尽，暂顾目前，原非久计。又况明诏屡以苛细捐为禁，而宪政编查馆竟以附加税为言；自治演说且谓百姓受制于官长，而谘议局乃以自治筹款之责诿诸地方有司。种种牴牾，莫知宗旨所在，其不激成事故者，幸耳。知府生长海疆，深知地球各国从无有以地方自治费责诸行政衙门者。立宪政体不宜参用专制手段，如所有此项附捐，性质应在谘议局议案之列，知府未便与议。理合申覆宪处查考，除报明抚宪外，伏乞照验施行。

筹办附捐预防争议谘询事件

各州县繁瘠情形及应办事项既不相同，铜元折价又不一律，以致各种附捐虽邻封相接，而额数悬殊。民间于本地公益不能周知，遂但就多寡比较，致生觖望。此虽不能划一，亦宜酌定办法，以免彼此观望，致起争议，庶民情乐输，而自治亦易举办。望查照前因，公议申覆，以备采择施行。

抚部院谘询丁漕征银札文

为谘询事。照得本部院上年拟将东省丁漕两项改征银号一案，业经札行谘议局核议。旋据呈覆，以币制不定，无论如何变更，终受银价操纵。又公费究系何等用项，共有几种，请分别款目，列为表册，札交本局，以便讨论等因。本年开会，业将所有州县报告册，由财政局另抄一分，发局备查，俾有依据。查此案关系大局，必须及早解决，折衷一是。盖丁漕改征银号之故，关系有二。一则关于新币之推行。从前币制未定，银号、钱号参差不齐。自全改钱号以后，有纯征制钱者，有搭配铜元者，辗转折合，以银价之涨落，为收数之盈绌，是以上月与下月不同，彼县与此县各异，其弊至于不可究诘。今朝廷颁行【新】币制，限一年内，凡官款出入向用制钱或用银而折制钱者，一律折合库银，再合国币，改换计数之名称。通省钱漕，断无或多或少，畸重畸轻之理，今不酌中拟为一定之规，将来狃于习惯，必致朦混取巧，种种阻碍。此不能不改征者一也。一则关于公费之预算。州县经征丁漕，无论收银收钱，除正耗外，不能不酌取盈余，良以倾销解费、全署行政经费，皆在其中。各属州县，繁简各殊，优瘠（迴）〔迥〕异，自银贵钱贱，优缺日少，近以赔累，求交卸者不知凡几。若不匀定公费，有余之缺，视为固然，不足之缺，岂甘赔累。或暗为加增，或巧于折扣，禀讦纷纭，冲突屡起，其害仍及于民。欲求吏治日有进步，必以早定公费为要键。而丁漕征银之制一日不改，即公费一日难定，此不能不改征者又一也。二者相衡，公费尤为至急。现在新政待兴，层累阶级，皆萃于亲民之官，责任至为重巨。欲安其心，必厚其禄，欲防其贪，必养其廉。否则无以自给，有贫窭之忧，贤者以官为累，日思求去，不贤者百计营求，甚或簠簋不饬，吏治安望能有起色。为州县核定公费，所以使其勉为清白，并非为其谋及身家。况筹备宪政，酌定州县公费，屡奉部咨催办，各省多已奏定有案，而大部假定公费数目，并未指定的款，实由于征收钱号，收数盈绌不定之故。东省道府公费年例捐摊，本系出自丁漕盈余。今核定州县公费，舍改征丁漕之外，别无良策。查从前屡提盈余，作为摊还洋债、练兵经费、河工抢险等项之用，官民均无异言。自光绪三十一年以后，铜元盛行，银价日涨，每银一两竟值铜元四千上下，不特盈余无著，几至解兑不敷。是以上年提议统改银号，每正银一两带征耗羡及火耗、加平、解费并州县办公等项，共征银一两六钱五分。今照度支部奏定币制章程新币推算，铜元一枚合银元一分。原定地丁正项，一两征京钱四千八百文，以圆计，则二元四角，折合银一两六钱，与本部院上年酌拟之数相仿，或即照此银数为准。至冬漕一项，定章每石收京钱十三千八百文。今亦照地丁伸算，改为征银，所有丁漕两项实征银数，除正项及倾镕、解费等项外，每两约可提银四钱解司，以备匀定公费。似此尽除欺隐，绝非加赋可比，但期明定章程，通省一律，庶出入各不相蒙，即官民交受其益。相应札行谘议局，希即公同核议呈覆，以凭裁夺施行。须至札者。

山东谘议局第二届开会东抚颂词

九月初一日

忆自上年此日第一届开会，本部院莅会，得与诸议员相识，所有本局议案以及批答各件，全册俱在，为山东谘议局历史上留一故事。日月不居，今又逢第二届开会之期，本部院何幸，犹得与诸议员觌面，重亲绪论。试思此一年中，世界大势变动如何，吾国中央之政令如何，山东社会之情状如何。凡我官绅各人之思想智识，必当与一年以前有不同者。本部院本届提议之案，仍循照法令所规定范围之内。其宣统三年预算册，俟奉到度支部颁发，即行发交覆核。此外有应谘询之件，随时另文行知。诸绅有所质问，亦必随时批答。现奉宪政编查馆咨行奏定会议厅审查科章程，应由谘议局公举本省士绅充审查科专员，希即照章公举，以为本部院折衷之资。惟盼我官绅各泯意见，互相讨论，审时度势，准情酌理，共助宪政之进行，谋社会之幸福。本部院不胜颂祷之至。

山东谘议局议员等答东抚召集开正式会词

粤惟宣统二年九月朔，计本局开始至今正届周年，承我抚台遵奉定章，召集议员等开会于兹，又复躬莅议场，殷殷致词，仰见我抚台期国家宪政之进行，促人民参政之实力，恭绎训迪，感戴同深。伏念议员等自开局以来，恪遵先皇帝共体时艰、同摅忠爱之谕旨，下慰人民希望政治改良之愚忱，遇一事端发生，凡在本局法定权限内者，各思勉竭愚诚，筹计治安，胥蒙随时批答，饬属奉行。顾议员等以法律许与之权利，出政治之常识，实践代议之责任，我中丞以行政长官之资格，运职守之权能，图谋行政之改革，各尽义务，双方进行。国家于东邦先收宪政之实效，似可指日而待矣。但念期年之中，议案殊多获邀嘉纳，通饬在案者亦指不胜屈，至其影响于我东邦政治界者，成效若何，凡我议员等及我中丞，固皆身亲其事，无烦覼缕。惟本届继续开议，世界趋势相逼而来，宪政筹备无可再延，人民之望治希冀日深。议员等以代表舆论而来，敢不仰答高厚，切实进行。且中丞开府此邦，公溥为怀，凡所以尊重人民之权利，驱除宪政之障害者，开诚布公，舆论咸孚。东邦人民获有言论政事之权，实自我公开之，监督指导将与终始，议员等对此开议之际，实不胜感激希望之至。

第一编　议覆抚部院发交议案及谘询各案

一、庶政门

议覆筹设商品陈列所案（并批答）

九月十七日

为呈报事。窃本局前奉抚部院札发议案内，有筹办商品陈列馆一案，内开：查上届议案，曾有筹办劝业会一条，需款繁巨，诚非一时所能举办。按照农工商部筹备事宜表内，第四年应筹设商品陈列馆。现拟提前兴办，于宣统三年八月开馆陈列，即可为国内赛会之预备。兹定简明办法五条，饬劝业道妥筹办理等因。遵于本月十五日将原案提议，按照所定办法一宗旨、一择地建筑、一分司任事、一蒐集物品、一经费共五条，逐一研究，均认为可行事件。业经全体议员公同议决，理合备文呈报。为此具呈，恳请抚部院公布施行。须至呈者。

奉批答：来牍阅悉。候即公布施行。此答。抄由批覆。

议覆选举劝业员案（并批答）

九月十九日

为呈报事。窃本局前奉抚部院札发议案内，有按照定章通设劝业员，以为振兴实业之助一案。内开：查劝业公所照章应设劝业员分途劝业，或一时未能遍设，亦应择要选派。其偏僻州县暂归兼摄，斯少之无万室一陶之苦，亦多之不至有十羊九牧之嫌。惟东省官款支绌，而就地筹措办理亦复为难。拟俟谘议局本届会期完毕后，各议员事竣回里，令其选举平日热心实业之正绅，作为名誉劝业员，对于劝业公所有陈述意见之义务，对于各该州县有劝办实业之义务，期收得人之效等因。遵于本月十七日将原案提议，经全体议员详加讨论，均认俟事竣回里后，即各就本府州县选举名誉劝业员。兹经公（众）〔同〕议决，理合呈报。为此具呈，恳请抚部院公布施行。须至呈者。

奉批答：来牍阅悉。候即公布施行。此答。抄由批覆。

议覆省城巡警捐案（并批答）

九月二十日

为呈覆事。窃本局前奉抚部院札发酌定省城巡警捐一案，遵即提交全体议员详细讨论。兹据公同意见，佥以巡警为治安要政，际此库款支绌，整顿扩充，诚应亟筹挹注，但本案所指房捐、车捐，以历城县城区为限，是以一县之负担，办一省之巡警，核实循名，似未平允。谘议局为全省议论之机关，本案所提巡警之管辖，衹限于历城县城区，所酌定捐款之负担，又限于住在历城县城区之人民，此案似宜发交历城县议事会提出。本局以权限攸关，未便与议。且巡警属地方行政，现在国家经费与地方经费尚未划分，此案问题亦急难解决，应俟地方经费确定后，再行提议。以上种种情由，业经全体议员公同议决，理合呈覆。为此呈请抚部院裁夺施行。须至呈者。

奉札批答：为札行事。案据谘议局来呈议覆巡警捐一案，在该局以为既系省城巡警捐，应以历城县城区为限，因有请发交历城县议事会提出各等语。不知省城为各地方之领袖，省城巡警实为全省表率，其就地筹款之法期于普及各属，势不得不以省城为起点。此种捐项将来逐渐扩充，即可由省城而推至于各府州县。

捐虽始于首邑，事实关乎全省。该局为全省议论之机关，似未便诿诸权限之外。又来呈称，此案问题，亟难解决，应俟地方经费确定后，再行提议等语。查本年度支部所颁宣统三年预算册，业将地方经费划分明晰，清理财政局送部之预算册，亦将地方经费核算确定，是该局尤不应将此案置诸不议不论之列，而推诸异日也。本部院以此案为有关全省地方行政事件，不在自治范围之内，合再发交该局覆议，以重警务而资补助。为此札行谘议局知照。须至札者。

议覆交局覆议省城巡警捐以现在情形未便酌订办法案（并批答）

为呈覆事。前蒙提交酌订巡警捐一案，业经本局议决，呈报在案。兹复奉到札示，内开：省城为各地方之领袖，省城巡警实为全省表率。其就地筹款之法期于普及各属，势不得不以省城【为】起点。此种捐项逐渐扩充，即可由省城而推至于各府州县。捐虽始于首邑，事实关乎全省。该局为全省议论之机关，似未便诿诸权限之外各等语，发交本局覆议到局。奉此，本局遵即会议，佥谓此案既有关全省地方行政事件，应在本局权限以内，理宜议决。窃查巡警之设立，原以维持地方上公安秩序，其款项支销应归地方经费款内，无论库款支绌，筹款不敷，实专赖地方税以资挹注。国家、地方两税，本自分途，若不将此项界限划清，将来预算恐滋混淆，揆之法制，亦理所应尔。现时北京、天津、保定等处车捐、房捐均经举办，我东省亦不能自为风气，况以本地方之财，作本地方之用，原人民应承之负担，责任所在，其势断不能终止。惟查现在济南省城情形，自洋货充斥市面以来，商业界上已非曩昔。如近来典商亨裕、钱商公聚等号，倒闭之家，时有所闻。即城外建设商埠，商业尚未臻发达，此际正赖培养，以求根本上巩固之图。铺户房捐似可稍缓时日，容俟商业少臻圆满，再行提议。至其他房捐及车捐一事，查现时省城自银元盛行后，米薪昂贵，生计艰难，民间疾苦，谅早在洞鉴之中，无庸详述。况莱阳聚众一案，无知愚民每为捐税浮言所煽惑，各府州县地方人心动摇，几致扰乱大局，今虽事变已过，余焰未（息）〔熄〕。本局议员均有鉴于莱阳前车，恐滋生事端，未敢轻决，拟将此项捐款暂为缓议，俟省城及各府州县人心稍定后，再为体察情形，妥筹办法，先由省城为起点，再推及于各府州县，以谋渐次扩充，庶于政治、民情均有裨益，实为两便。业经全体议员公同议决。所有札交覆议酌订省城巡警捐一案，未敢率尔赞同各缘由，理合备文呈覆。为此呈请抚部院裁夺施行。须至呈者。

奉札批答：为札行事。案据谘议局呈覆抽收巡警捐一案，既据该局历陈滞碍情形，系为维持市面起见，应即从缓开办。为此札行谘议局知照。须至札者。

又奉札批答：为恭录札行事。照得本部院于宣统二年十月二十三日专折具奏，山东府厅州县巡警教练所拟请变通部章办理一折，兹于十一月初七日差弁赍回原折，奉朱批：该衙门议奏。钦此。除分别咨行外，为此恭录抄稿，札行谘议局钦遵查照。须至札者。

计粘抄原奏一纸。

奏为山东府厅州县办理巡警教练所，拟请变通部章，以纾民力而顺舆情，恭折仰祈圣鉴事。窃据谘议局呈称：查民政部奏定巡警学堂章程第五条，巡警教练所学生额数，每处至少须满一百名。遵章举办，必岁需银三千两上下，际此上下俱困，罗掘无从，何以筹此巨赀。纵各州县迫于考成，勉强举办，不过饮鸩止渴，重为民困，深恐激成事变，贻误大局。拟请稍事变通，将全省州县厘为三等，大县六十名，中县五十名，小县四十名，需费既少，举办较易。又章程第六条，巡警教练所以一年为毕业期。但期长则费巨，拟仿照自治研究所办法，限八个月毕业，既足节费，亦无欲速不达之弊。又章程第三条，巡警教练所府厅州县须设一处。细绎条文，虽未明定截止年限，但东省僻在海隅，民物凋敝，除省城及铁道、轮船经过之都市外，各州县绝少繁盛城镇。即东西各国，亦断无于小村僻巷尽设巡警之理。俟一班毕业后，综旧有者计算，当可暂敷分布。若永不裁撤，毕业者日有增加，用则限于无款，退则失其故业，游荡无依，恐成隐患。拟俟一班毕业后，令繁盛州县筹有（底）〔的〕款者仍照章续办，其余概行裁撤，另由各州县体察地方财政，酌量添招学生，令区巡官在该局随时教练，以为补充扩张之计各等语。经全体议员开会研究，公同议决，呈请奏咨前来。臣查此项巡警学堂章程，于光绪三十四年九月由民政部奏定，奉旨颁行到东，经前抚臣袁树勋转饬巡警道分行各属钦遵办理，先由省城设立教练所一处。臣到任后，督催府厅州县陆续举办，奈各属多以经费维艰，恳祈展缓。本年七月间拟巡警道册报，已设巡警教练所各州县共计七十四处，业经抄册咨部，并于胪陈第三年第一届筹备宪政成绩折内奏明在案。伏思警政推行日广，人材造就宜先。在部臣厘定专章，原为振兴警学，裨益地方起见，自应恪守成规，勉力遵办。兹据该谘议局呈请前由，就目下东省财力而论，所称上下俱困，巨费难筹各节，均系实在情形。且检查册报各属教练所，额数已达百名者，不过八九处，其余多少不等，有仅止二三十名者，固由偏隅风气之不开，实以地方瘠苦之所致。惟谘议局原呈所拟变通各办法，事关更动部章，非臣所能专主。而舆论所在，臣亦不敢壅于上闻，将全案录送民政部查照外，所有山东府厅州县办理巡警教练所可否变通部章，以纾民力而顺舆情之处，应请饬下民政部核议具奏，请旨施行。理合恭折具陈，伏乞皇上圣鉴。谨奏。

二、教育门

议覆征收学费案（并批答）

九月二十七日

为呈覆事。窃本局奉抚部院札发议案内，有征收学费一案，当经全体议员公同研究。所有议决办法，理合缮折呈报。为此呈请抚部院裁夺施行。须至呈者。

折开：

窃以征收学费，为世界各国通例。我国于光绪三十三年正月，学部定立京外收取学费章程，迄今三年有余。各省已多实行，山东尚未举办，良以任事者但谋近效，不骛远图，故收费一事，几几视为具文，未经提倡，以致学生则依赖成性，学款亦支绌时形，学额既无从增添，学章更相与迁就。今承发交征收学费一案，遵即提议，窃以为学费之征收，久奉部章，无可置议。但与其腾出款项，以作添设学堂之费，不如增加学额，为推广班次之需。与其仅收各属中小学堂之费，而所得尚少，不如遵章并收高等学堂之费，而所省实多。与其但收学费半额，而宿膳服用等费仍由学堂供备，不免有入少出多之势，不如宿膳服用等项渐次归为自费，而学费之征收，更可具因势利导之机。与其暂照半额收已在学堂学生之费，而办理易生窒碍，不如决定期限，收新招学生之费，而障翳从此扫除。惟各等学堂性质程度既不相同，斯筹画经营亦各殊异。兹议定办法如左：

一、凡宣统二年以内现在学堂之学生，无论其毕业期限尚有一年或二三年，凡系官费公费者，均限至毕业为止，不收各费。原系自费者，不得再改为官费。其一堂之内，分设等级，如高等学堂所设之中学班，高等农业学堂所设之中等科及中等预科，以及各项预科、补习科等名目是也。如系中等班附设在高等学堂者，则官费限至中等班毕业为止，至升入高等本科时，一律照分年收费办法。预科、补习科亦同。两等小学，初等升入高等时，亦照此例办理。

一、自宣统三年为始，凡新招学生，或升科学生，均行分年收费之法。办法悉详表内。

一、分年收费，亟须画一。查定章，学生各项费用，分别为膳宿费、衣服费（操衣靴帽等）、书籍费、用品费（纸张、笔墨、石版等）及学费等共五种。此五种之内，初等小学无膳宿服用等费，办法最为简单。而各高等、各中等学堂，几于无不由官费供给。至各属高等小学，虽寄宿备膳情形各有不同，而综其大端，学生膳服等费，实为学堂之一大宗。今欲实行征收学费，则分年递归自费，不得更有歧异办法悉详表内，庶学生不致十分为难，而学堂亦实得腾款推广之益。

一、学堂班次，最宜分年递招。从前各堂纯恃官费，只能开一二班，致有各学堂毕业学生不得升学之弊害。今准自费入学，则分年递招，自属易办。如第一年或尚无可腾之款项，则添班时不过添一教员之费，为数无多，至第二年腾款既多，添班更属易易。

一、膳宿服用等费，遵照部章，就各地方食用贵贱，及各学堂情形分别征收，但须先由各该学堂将各项数目详加核计，报明该管地方官核明立案。

一、学费数目均须恪遵部章，不得多少互异，任意增减。

一、分年办法，则数年之间，学堂腾出款项为数不赀，应由该堂预算扩充校舍、置备校具（如讲堂机椅、标本、试验器械之类），开办应用若干，常年应用若干，详细估计，报明存案。

一、各堂既实行收费，如高等学堂及同等之学堂（如高农、高工之类），以原有学生三百人计之，数年后令归自费，则每年至少应腾出一万五六千金之谱。倘校舍、校具不必增添，而添班以后增聘教员亦不用如此巨款。细绎部章，凡官立学堂原有经费，亦不得拨作别项用款等语，则此种腾出款项，自应酌留一半，为本堂添班备用之资，其余一半自可作为添设他项学堂之费。至各属中小学堂，如有腾出之款暂不需用者，应作为该堂基本金生息存储，以备应用，不必拨归别项学堂，以免纷扰而期经久。

一、提倡通学办法。查部章内载，京外各学堂新招学生，除师范学堂外，无庸寄宿，其因地方情形不便，必须寄宿者，应收膳宿费，不寄宿而在学堂用膳者，应收膳费等语。是通学办法，急宜仿办，学堂但有讲舍，即可招班，且免学堂收费参差拖欠之弊。

一、各堂学生恒有并非不能出费，而无故延宕不缴者，应由各该学堂参酌各该处情形，将如何收费之法拟定专条，详请立案，以便遵守。

一、既行征收学费，凡系十分贫寒，不能出费，而笃志向学者，应由各该地方教育会长、劝学总董会同查明该生实系贫苦，出具切实证书（初高两等小学由族邻及劝学分董出具证书），作为特待生。如该学生每届考试在优等以上者，得于各项费用酌量减免，但各堂特待生额数，至多不得逾全堂学生额数十分之二。

一、初等小学系属国民教育，收费之数最少，部章并准体察地方情形，暂时酌量免收，故表内所列收费之期亦为最迟。但此种学堂，贫民居其大多数，应仿照日本东京市立贫民学校办法，多立半日小学，一律不收学费。

一、分年收费办法具详表内，所有未尽事宜，应查照光绪三十三年正月学部定立京外各学堂收取学费章程办理。

各学堂分年递归自费及收费办法表 宣统二年以内学生均不收费，至其本班毕业之年为止。

年度	学生	学堂类别	初等小学堂	高等小学堂 初等农工商各实业学堂视此，附设于初级师范之高等小学亦视此	中学堂 中等农工商各实业学堂及附属于优级师范之中学，附设于高等之中学视此，法政之别科及存古学堂亦视此	初级师范学堂 各种实业教员讲习视此	各高等学堂 高等农工商各实业学堂及高等巡警、法政均视此	优级师范学堂	女学堂	艺徒学堂、半日学堂、简易识字学塾、蒙养院
宣统三年	新招学生		不备膳宿，不收学费	收膳费，不用膳、不寄宿者不收费，仅寄宿者亦不收费	收膳费，不用膳、不寄宿者不收费，仅寄宿者亦不收费	各费一律免收。其许收自费生之学堂，本年新招之自费生，视中学堂办法	收膳宿费，其用膳而不寄宿、寄宿而自备饮膳者，只收其一	各费一律免收。其许收自费生之学堂，本年新招之自费生，视高等学堂办法	暂不收费。其因经费支绌必需收费者，听其按照程度，比照各学堂酌减征收	均不收费
宣统四年	新招学生		不备膳宿，不收学费	收膳费、操服费，不用膳、不寄宿及自备操服者不收费，仅寄宿者亦不收费	收膳宿费、操服费，不用膳、不寄宿及自备操服者不收费，寄宿者酌量收宿费	各费一律免收。自费生视中学	收膳宿、操服费，自备者均不收费，膳宿依上条	各费一律免收。自费生视高等学堂	暂不收费。其因经费支绌必须收费者，听其按照程度，比照各学堂酌减征收	均不收费

各学堂分年递归自费及收费办法表　宣统二年以内学生均不收费，至其本班毕业之年为止。

续表

宣统五年	新招学生		不备膳宿，不收学费	收膳费、操服及书籍、用品费，不用膳、不寄宿，自备操服、书籍、用品者不收费	收膳宿、操服、书籍、用品费，不用膳、不寄宿，自备操服、书籍、用品者不收费	各费一律免收。自费生视中学	收膳宿、操服及书籍、用品费，自备者均不收费，膳宿依上条	各费一律免收。自费生视高等学堂	暂不收费，其因经费支绌必需收费者，听其按照程度，比照各学堂酌减征收	均不收费
宣统六年	新招学生		照部章酌收学费，仍不备膳宿	收学费，其膳宿各项费用依上条办理	收学费，其膳宿各项费用依上条办理	各费一律免收。自费生视中学	收学费，其膳宿各费均依上条	各费一律免收。自费生视高等学堂	暂不收费，其因经费支绌必需收费者，听其按照程度，比照各学堂酌减征收	均不收费
宣统七年	新招学生		照部章酌收学费，仍不备膳宿	收学费，其膳宿各项费用依上条办理	收学费，其膳宿各项费用依上条办理	各费一律免收。自费生视中学堂	收学费，其膳宿各费均依上条。各高等学堂于本年应酌收实验费	各费一律免收。自费生视高等学堂	暂不收费，其因经费支绌必需收费者，听其按照程度，比照各学堂酌减征收	均不收费

说明：按表内所称某年收某费者，系专指是年新招之学生，只收某费以至其毕业之年而言，并非第一年之学生收其膳费，至第二年又加收其操服费，至第三年又加收其书籍、用品费也。依以上办法，是宣统三年新招之学生，只膳宿自费，其余仍系官费。宣统四年新招之学生，只膳宿、操服自费，其余仍系官费。直至宣统六年新招之学生始收学费。此项收费办法仅限于新招之学生，就表面观之，似学堂所省无多，而就实际核之，则学生之出费不出费其实并不至作难，而学堂内腾出之款实已不赀（其详已具于条文内）。但各项学堂务须依限办理，只准将收费期限稍稍提前，万不可推宕逾期，致缓进行而滋窒碍

奉札批答：为札行事。案据谘议局呈覆征收学费一案，该局所拟办法，系查照部章，酌宽年限，变通办理，于初等小学收费年期自宣统六年新招之学生为始，此外如师范学堂、女学堂、艺徒、半日、简字各学堂概免收费。又各处中学堂、高等小学堂所拟分年收费，指定新招之生而言，于原有学生仍予官费，系为推广教育起见，均属切当。至高等学堂及各项专门学堂，本部院原交议案未经提及，该局请一律收费，按之部章，原属正办。唯念东省高等学堂只有一处，专门及中等实业学堂不过两三处，现时京外学堂如大学分科、铁路专门等处，本省尚有津贴，至对于本省程度较优之一二学堂，尤应稍从优待，暂如前办理，俟中小学堂征收各费办有端绪，各学生知纳费为应尽之义务，而后改归一律，可无窒碍。又该局呈称，与其腾出款项以作添设学堂之费，不如增加学额为推广班次之需。不知增加学额需校舍宽宏，若以狭小之校舍而容多数之学生，拥挤堪虞，势不得不另谋添置。况小学堂将来多系通学，尤宜随地广设，以便童蒙。该局此条不必拘定。又呈称，各属中小学堂如有腾出之款暂不需用者，作为该堂基本金生利存储一节，查本年九月学部奏酌拟地方学务章程十八条交资政院议决，俟议决通行，自当照办。查原章第十一条内称，基本公产原为教育而设者，其生息所入，除教育事项外，不得移作他用。说明书谓别项自治费用不得移用此款。若照该局所呈甲堂之费不能移作乙堂之用，似与学部原拟学务章程不无抵触。此外各条均可照办。合再发交该局覆议。为此札行谘议局查照。须至札者。

议覆交局覆议征收学费仍执前议案（并批答）

为呈覆事。窃本局奉到钧批，以呈覆议决征收学费一案指出数条，发交本局覆议，当即开会公议。

谨案钧批：高等学堂及各项专门学堂，本部院原交议案未经提及，该局请一律收费，按之部章，原属正办。唯念东省高等学堂只有一处，专门及中等实业学堂不过两三处，现时京外学堂如大学分科、铁路专门等处，本省尚有津贴，至对于本省程度较优之一二学堂，尤应稍从优待，暂如前办理，俟中小学堂征收各费办有端绪，各学生知纳费为应尽之义务，而后改归一律，可无窒碍等因。查原案所议高等学堂及各项学堂一律逐渐归为自费之理由，有不得不渐归自费者六端，兹特缕晰言之。一、学部收费章程发布于光绪三十三年正月，今已逾三年有余，并未遵办。纵令暂时不收学费，而膳服等项对于新招之学生，自应逐渐归为自费，以为学费收入之先导，而期与部章相符。一、省城法政绅班去年招收新生，除每月给费一两外，实已归为膳宿自费。各项高等、专门实业等学堂，均为人材教育之地，自应同一待遇，与各级师范之有义务年限者不同。且延聘讲师不吝厚款，宏开讲舍不惜巨资，毕业以后优其奖励，给与出身官阶，均属绝对优待，则新招学生逐渐归为自费，对于程度较优之学生，自属无虑窒碍。一、省城学堂为各属观听所系，尤宜首先倡导，树之风声。若省城先不能提倡，则各属中学、高等小学且必有所藉口，观望不前，恐部章终无可以实行之日，影响所及，教育且有萎缩之虑。一、学堂之设立，必不能不逐年招收新生。若必待甲班毕业始招乙班，以中学及高等例之，则必致今年中学毕业之学生，候至高等四年毕业可招新生之时，方有升学之望，实已虚过四年之岁月。又或试验升学一次不能及格，再候至其第二次毕业招生之期，倏忽八年。此断不能不分年递招之势也。既行分年递招，则学堂之经费，不能不格外添筹。倘经费无从添筹，致令合格之生不能升学，无论司教育者万万不忍出此，且亦断无此办法，则逐年渐归为自费，可以济分年递招之穷。一、学堂之有公立，本足为官立之补助。凡公立之学堂，多系收费，而往往不能存在者，非徒以收费之故，实因有各等官费之故。凡在学生，既不能无陇蜀之思，纵令家道本非贫寒，而既希官立之名，复得官费之实，亦何乐而不为。若中学以上官立学堂，亦行渐归自费之法，则纷纷转学之弊可除，而公立可以发达，教育且日形推广。一、学堂之经费，无非父老有限之脂膏，供此横经鼓箧之俦。果使经费充裕，则饮食教诲长此官费，更足见国家待士之优；无如积渐成习，潜滋流弊，操服细故，致起风潮，饮馔偶乖，大生冲突，管理者固不得辞其咎，毋以法久弊生，亟应与为更始。今欲使学生有坚苦卓绝之气概，以达其高尚优美之境界，其必自渐归自费始。直隶自学部未颁收费章程之先，即有行唐、大名等处学生奋起流俗，毅然辞官费而就自费，闻其风者一时争先恐后。不有导线，孰为先河。此高等各项学堂，不得不与各属中小学堂渐归自费同一办法者也。本局再四筹议，应请仍如前议，一律施行。

又案钧批：该局呈称，与其腾出款项以作添设学堂之费，不如增加学额为推广班次之需。不知增加学额须校舍宽宏，若以狭小之校舍而容多数之学生，拥挤堪虞，势不得不另谋添置。况小学堂将来多系通学，尤宜随地广设，以便童蒙。该局此条不必拘定。又呈称，各属中小学堂如有腾出之款暂不需用者，作为该堂基本金生利存储一节，查本年九月学部奏酌拟地方学务章程十八条交资政院议决，俟议决通行，自当照办。查原章第十一条内称，公产原为教育而设者，其生息所入，除教育事项外，不得移作他用。说明书谓别项自治费用不得移用此款。若照该局所呈甲堂之费不得移作乙堂之用，似与学部原拟学务章程不无抵触。此外各条均可照办等因。查原案所议与其腾出款项四语，不系条文，系统指各项学堂而言，非专指小学堂而言。窃意小学添校添班皆为推广教育起见，应各视其地方情形以为断，或添班易办而添校难筹，或添班难容而添校易就，则斟酌推广，皆所不拘。至原案条文内各堂既实行收费一节，基本金云云，拟将其各属中小学堂如有腾出之款以下等语全行删去，于此节之下加添一节，其文如下：一、各属初小学堂凡有腾出之款，经教育会、自治会会同该堂管理人斟酌地方情形，或增设学堂，或添招班次，皆须报明立案。其各属中学、小学，如有腾出之款暂不需用者，应作为基本金生息存储，专备添设学堂，或添招班次之需，不得移作教育事项以外之用。兹经本局覆议，公同议决。为此呈请抚部院裁夺施行。须至呈者。

奉札批答：为札行事。案据谘议局呈覆高等、专门学堂一律征收学费一案，业经本部院明白批答。兹据该局呈称，高等、专门学堂学生仍须一律征收学费，系为教育统一、义务平均起见，尚属可行。惟分年收费表，本部院意见与该局所议稍有出入之处，兹择数条开列于左：

一、该局原表内以宣统三年为征收各费之始，惟各堂对于各项收费亦必先期预算，势难克期实行。此项章程应于本年公布，而以宣统三年下学期为施行之始。

一、宿费按照部章例应征收，即考之外国学堂，于膳费外亦有寄宿费。现在各学堂有寄宿舍者准免收费，将来如添筑宿舍，势不得不以挹彼注兹之法，而听该堂自行酌办。

一、各学堂招收新班，遵照部章须满三十人始开一班，以齐学级。该局所称分年递招，扩充教育，原系正当办法，惟应守定三十人为一班，不得零星插班，致学级参差，有妨授课。

以上三条，通指各高等学堂、中学堂、高等小学堂。

一、该局原表内，各高等学堂宣统七年新招学生酌收实验费，虽为补助堂款起见，但理化实验，其药品、器械所费甚巨，概令学生出费，实属无力，且于提倡实业原理不无抵触。此条毋庸列入表内。

以上一条专指各高等学堂。

此案关于学界全体，实为通省学务进退涨缩之枢机，应候札行提学司遵照表式所列，通饬省城各学堂监督及各州县查照，自宣统三年下学期一体遵办。为此札行谘议局，希即知照。须至札者。

各学堂分年递归自费及收费办法表　宣统三年上学期以前学生均不收费，至其本班毕业之年为止。

年度	学生	学堂类别	初等小学堂	高等小学堂初等农工商各实业学堂视此，附设于初级师范之高等小学亦视此	中学堂中等农工商各实业学堂及附属于优级师范之中学，附设于高等之中学视此，法政之别科亦视此	初级师范学堂各种实业教员讲习所视此	各高等学堂高等农工商各实业学堂及高等巡警、法政均视此	优级师范学堂	女学堂	艺徒学堂、半日学堂、简易识字学塾、蒙养院
宣统三年下学期	新招学生		用品令学生自备，书籍仍照该堂向章办理，不备膳宿	收操装、书籍、用品费，学生缴价，由学堂代为购办，其能如式自行购备者听之，然不许不备	收操装、书籍、用品费，学生缴价，由学堂代为购办，其能如式自行购备者听之，然不许不备	各费一律免收。其许收自费生之学堂，是年新招之自费生视中学堂办法	收操装、书籍、用品费，学生缴价，由学堂代为购办，其能如式自行购备者听之，然不许不备	各费一律免收。其许收自费生之学堂，是年新招之自费生视高等学堂办法	暂不收费，其因经费支绌必需收费者，听其按照程度，比照各学堂酌减征收	均不收费

各学堂分年递归自费及收费办法表

宣统三年上学期以前学生均不收费，至其本班毕业之年为止。

续表

宣统四年下学期	新招学生		用品、书籍由学生自备，学堂代购者令缴价，不备膳宿	收操装、书籍、用品费、学费	收操装、书籍、用品费、学费	各费一律免收。其许收自费生之学堂，是年新招之自费生视中学堂办法	收操装、书籍、用品费、学费	各费一律免收。其许收自费生之学堂，是年新招之自费生视高等学堂办法	暂不收费，其因经费支绌必需收费者，听其按照程度，比照各学堂酌减征收	均不收费
宣统五年下学期	新招学生		用品、书籍、操装均学生自备，由学堂代购者令缴价，不备膳宿	收操装、书籍、用品费、学费、膳费。不用膳、不寄宿者不收膳费，仅寄宿者亦不收膳费	收操装、书籍、用品费、学费、膳费。不用膳，不寄宿者不收膳费，仅寄宿者亦不收膳费	各费一律免收。其许收自费生之学堂，是年新招之自费生视中学堂办法	收操装、书籍、用品费，学费、膳费。不用膳、不寄宿者不收膳费，仅寄宿者亦不收膳费	各费一律免收。其许收自费生之学堂，是年新招之自费生视高等学堂办法	暂不收费，其因经费支绌必需收费者，听其按照程度，比照各学堂酌减征收	均不收费
宣统六年下学期	新招学生		用品、书籍、操装依上条办理，照部章酌收学费，不备膳宿	收操装、书籍、用品费、学费、膳费、宿费。膳费等均照上条办理，如宿舍敷住，无庸添筑，则不收宿费	收操装、书籍、用品费、学费、膳费、宿费。膳费等均照上条办理，如宿舍敷住，无庸添筑，则不收宿费	各费一律免收。其许收自费生之学堂，是年新招之自费生视中学堂办法	收操装、书籍、用品费、学费、膳费、宿费。膳费等均照上条办理，如宿舍敷住，无庸添筑，则不收宿费	各费一律免收。其许收自费生之学堂，是年新招之自费生视高等学堂办法	暂不收费，其因经费支绌必需收费者，听其按照程度，比照各学堂酌减征收	均不收费

各学堂分年递归自费及收费办法表

宣统三年上学期以前学生均不收费，至其本班毕业之年为止。

续表

宣统七年下学期	新招学生		用品、书籍、操装依上条办理，照部章酌收学费，不备膳宿	收操装、书籍、用品费、学费、膳费、宿费。膳费等均照上条办理，如宿舍敷住，无庸添筑，则不收宿费	收操装、书籍、用品费、学费、膳费、宿费。膳费等均照上条办理，如宿舍敷住，无庸添筑，则不收宿费	各费一律免收。其许收自费生之学堂，是年新招之自费生视中学堂办法	收操装、书籍、用品费、学费，膳费、宿费。膳费等均照上条办理，如宿舍敷住，无庸添筑，则不收宿费	各费一律免收。其许收自费生之学堂，是年新招之自费生视高等学堂办法	暂不收费，其因经费支绌必需收费者，听其按照程度，比照各学堂酌减征收	均不收费
说明：按表内所称某年收某费者，系专指是年新招之学生，只收某费以至其毕业之年而言，并非第一年之学生收其收操装、书籍、用品费，至第二年又加收其学费，至第三年又加收其膳费也。以上办法，是宣统三年下学期新招之学生只缴操装、书籍、用品费，其余仍系官费。直至宣统六年下学期新招之学生，各费始全收。此项收费办法只限于新招之学生，就表面观之，似学堂所省无多，而就实际核之，收费先轻后重，学生不至作难，而学堂内腾出之款实已不赀。其详已具于条文内。但各学堂务须依限切实办理，万不可意存见好，推宕逾期，致缓进行而滋窒碍										

议覆分区匀设简易字塾案（并批答）

九月三十日

为呈覆事。窃奉抚部院札发议案内，有分区匀设简易字塾一案，当经全体议员开会研究，公同议决。所有理由办法，理合缮折呈报。为此呈请抚部院裁夺施行。须至呈者。

折开：

窃以筹备清单，应设简易识字学塾，本由学部及各省督抚筹办。此项字塾与学堂性质相似而实不同，手续虽为简单，办理实难一致。今奉札发议设简易字塾分区匀设一条，当即公同提议。按原案内载，每堂经费银数限定五十两。窃以此种学塾之设，原为贫窭废学、年长失学之人，欲其稍识字义，略通文理，特开一简便之途，以期教育普及。查现在各乡曲之公立、私立初等小学，其全堂经费银数每年及五十两者固或有之，其不及五十两者亦属不少。如立一简易字塾即限定经费五十两，较立一初等小学需用反巨。此种费用在富庶地方尚可立就，瘠陋之区实难（免）〔勉〕强。纵至多方罗掘，以期补助，艺拨公款既觉其难，另筹私款尤属不易。果如此种规定，期以逐年推广，窃恐窒碍良多，虚事敷衍，无一成效。现经再四研究，谨拟办法五条，期届筹备限满，可符定章。兹将拟定条件开列于左：

一、学区。此项字塾即应以自治区为学区，除繁盛商埠市镇经费易筹之地急宜多设外，其余每区先设一处，按年递加。盖县大丁多，则分区自多，县小丁少，则分区必少，按区匀设，自无人数多寡相去悬殊之虑。

二、责任。乡自治会未成立之前，应责成地方官督同劝学员，催各自治区每区先添设简易识字学塾一处，俟乡自治会成立后，再由乡自治会董于该区村庄一律筹设。

三、办法。拟分为四项：

（甲）各自治区中，凡旧有之初等小学教员原系一人，如附设简易识字班，必难兼顾。拟就该区情形，每年公筹京蚨数十千，另延聘一人，以为字塾教师，即将简易识字班附设于初等小学内，小学散课之后，即为识字班上课之时，昼班夜班，悉听其便。如该区小学教员肯担任教授字塾，亦属两便，但不得荒废小学功课。如此则经费易筹而事亦易举。

（乙）无初等小学之村庄，其有清静庙宇，可由该村董商同庙主，借备椅橙，设立简易字塾。该村中如有热心教育、愿担义务之教师，可请其按时授课。如该村能筹少数之款，亦可酌给酬资。否则就该村情形，每年酌筹相当之公款，以为延聘教师之资。

（丙）各区村庄富室之有设立私塾者，其教师授课之暇，可由庄董商承其东主，于邻近处择定闲舍，请该家塾之教师兼充简易字塾教师。其有愿担义务者固属甚善，否则由该庄酌筹少款略为补助，无论昼班夜班，亦可听便。

（丁）凡高等小学以上之学堂，有职教员二三人者，均可附设简易识字班，俾职教各员轮流上课，其时间亦无论昼夜，悉听其便。

四、人数。每班学生之额数须满三十人，其数至六十人者，可分为上午、下午二班，否则人数太多，授受问答势难兼顾。

五、课本。凡各字塾讲授，均须遵部颁课本，以昭划一，不至自为风气。若遇贫寒子弟无力购买课本，但使能由本地富室捐助，固为善举，否则即令识字学生来塾时各携一纸订认字本，塾师代写，以便学生回家时自认，庶免识过即忘之弊。

奉札批答：为札行事。案据谘议局呈覆分区匀设简易字塾一案，该局所称简易字塾常年经费因各区贫富不同，即筹款未能一致，拟请每堂不必限定五十两，不为无见，应候札饬各州县会同劝学所总董，体察各区财力情形，酌定经费，以期从速开办。又学区一条，该局拟请每区先设一处，然后再谋推广，似亦不必拘定。如该区财力充裕，即同时多设无妨，惟至少亦必须设立一处，以符教育普及之旨。又第四条人数，该局所称必满三十人为一班，似不必限以定数，可准每班至多不得过三十人，如学生过少，程度不齐，自应遵照学部定章，用单级教授法合班教授。又第五条课本，若遇贫寒子弟无力购置课本者，由塾师代为抄写，固属可行，然亦必确查实系贫寒子弟，否则人人均请代写，塾师纵不惮烦，而于授课时间实大有妨碍。至办法及其余各条，均尚妥协，应候公布施行。为此札行谘议局知照。须至札者。

议覆实业教育分认学科案（并批答）

十月十八日

为呈报事。窃本局前奉札交实业教育分认学科议案，内开：实业教育范围最广，大纲如农工商三种，每种分高中初三级，循名办理，按序渐进，尚属无难。方时教材乏资，高等自应缓设，先从中等、初等设起，尤以开办教员讲习所为入手办法，已无疑义。惟是同一农业而分农业、蚕业、林业、兽医业四科，同一工业而分土木、金【工】、造船、电气、木工、矿业、染织、窑业、漆工、图稿绘画十科。各府州县开办之初，经费固属难筹，教习亦不易得，只能认定一科或二科先行试办，徐图扩充。所不能悬揣者，即在认定科目之问题。查部颁整顿实业学堂清单内，有审察本省教育情形，一在用其所长，一在补其所阙等语。就山东而论，青州之蚕业、博山之窑业、胶州之金工、潍县之漆器、登州之水产等类各擅专长，所在皆有设学，以求精进，因势利导，速效可期。此用其所长也。若求补其所阙，是在善择何地宜于何科，何科递及何科。诸议员关怀桑梓，应必择之精而筹之熟，各抒所蓄，确定指归，庶几获集思广益之功，收因地制宜之效。此选择科目之亟待谘议者也等因到局。奉此，遵即开会提议。兹经议员全体公决，所有理由办法，理合缮册列表呈报。为此恳请抚部院鉴核公布施行。须至呈者。

计开：

窃查振兴实业，首在设学，而学科之先后缓急，亟应豫为规定，方不致指归泛滥，骛广而荒。今承发交实业教育分认学科议案，当即公同提议。查各种实业学堂，部定章程内载，各种学科系就应备之科目分门罗列，听各处因地制宜，择其合于本地方情形者酌量设置，不必全备等语。今各府应设之中等实业，各州县应设之初等实业，尚多未行举办，以此时情形言之，无论经费如何困难，自应先从补其所缺入手，每府必须先立中等实业学堂一处，每州县必须先立初等实业学堂一处。其何地宜于何科，何科递及何科，谨即以府为纲，分别拟议。至于用其所长一节，凡各项艺业稍见发达之处，及各项制造原料充足之地，自应就各地方斟酌情形，多行劝设艺徒手工等学堂或实业补习学堂，以收因势利导之益。兹将各府应设学堂及应设某科，递及某科，按照府纲列表于左：

府县别	学科类别			
	应立何项学堂	先设何科	递及何科	备考
济南府	中等农业	林业科、蚕业科	农业科	地址、经费及时现筹
历城县	初等农业	林业科	农业科	同前
章邱县	初等农业	农业科、蚕业科	兽医业科、林业科	同前
邹平县	初等农业	农业科、蚕业科	兽医业科、林业科	同前

续表

府县别	学科类别			
	应立何项学堂	先设何科	递及何科	备　考
淄川县	初等农业	窑业科、矿业科	染织科	同前
长山县	初等农业	农业科、蚕业科	兽医业科、林业科	同前
新城县	初等农业	农业科、蚕业科	兽医业科、林业科	已设西关
齐东县	初等农业	农业科、蚕业科	兽医业科、林业科	地址、经费及时现筹
齐河县	初等农业	农业科、蚕业科	兽医业科、林业科	同前
济阳县	初等农业	农业科、蚕业科	兽医业科、林业科	同前
禹城县	初等农业	农业科、蚕业科	兽医业科、林业科	同前
济南府	中等农业	林业科、蚕业科	农业科	地址、经费及时现筹
临邑县	初等农业	农业科、蚕业科	兽医业科、林业科	同前
长清县	初等农业	农业科、蚕业科	兽医业科、林业科	同前
陵　县	初等农业	农业科、蚕业科	兽医业科、林业科	同前
德　州	初等农业	农业科、蚕业科	兽医业科、林业科	同前
德平县	初等农业	农业科、蚕业科	兽医业科、林业科	同前
平原县	初等农业	农业科、蚕业科	兽医业科、林业科	同前
东昌府	中等农业	农业科	蚕业科	同前
聊城县	初等农业	染纺	木工科	同前
堂邑县	初等农业	林业科	蚕业科	同前
博平县	初等农业	林业科	蚕业科	同前
茌平县	初等农业	林业科	蚕业科	同前
清平县	初等农业	林业科	蚕业科	同前
莘　县	初等农业	农业科	蚕业科	已成立
馆陶县	初等农业	农业科	蚕业科	地址、经费及时现筹
冠　县	初等农业	农业科	蚕业科	同前
高唐州	初等农业	农业科	蚕业科	已成立
恩　县	初等农业	农业科	蚕业科	地址、经费及时现筹
泰安府	中等农业	林业科	蚕业科	同前
泰安县	初等农业	林业科	蚕业科、手工、纺织	同前
新泰县	初等农业	林业科	蚕业科	同前

续表

府县别	学科类别			
	应立何项学堂	先设何科	递及何科	备考
莱芜县	初等农业	林业科	蚕业科	同前
肥城县	初等农业	林业科	蚕业科	同前
东阿县	初等农业	林业科	蚕业科	同前
东平州	初等农业	林业科	蚕业科	同前
平阴县	初等农业	林业科	蚕业科	同前
武定府	中等农业	蚕业科	林业科	同前
惠民县	初等农业	蚕业科	林业科	同前
青城县	初等农业	林业科、蚕业科	农业科	同前
阳信县	中等农业、中等工业	农业科、蚕业科、染织科	林业科、木工科	同前
海丰县	初等农业	蚕业科	林业科	同前
乐陵县	初等农业	林业科	农业科	同前
商河县	初等农业	蚕业科	林业科	城西门外无梁殿庙地前曾种桑数亩，今长成，可以养蚕，其余地亦可建筑学堂。拟用所卖徒骇河北岸树株余款开办学堂
滨州	初等农业	林业科	蚕业科	原有工艺学堂，腐败已极，且于地不宜，应改为农业学堂
利津县	初等农业	农业科	林业科、蚕业科、水产科	地址、经费及时现筹
沾化县	初等农业	蚕业科	林业科	同前
蒲台县	初等农业	农业科	林业科	同前
临清州	中等农业、中等工业	农业科、蚕业科、纺织、染工	林业科、木工、手工	同前
夏津县	初等农业、初等工业	农业科、蚕业科、纺织、染工	林业科、木工、手工	已设初等农工实业学堂一所
武城县	初等农业、初等工业	农业科、蚕业科、纺织、染工	林业科、木工、手工	地址、经费及时现筹

续表

府县别	学科类别			
	应立何项学堂	先设何科	递及何科	备考
邱县	初等工业	染织科	木工科	同前
兖州府	中等农业	农业科、蚕业科	林业科	已设初等实业学堂，应改为中等
滋阳县	初等农业	农业科、蚕业科	林业科	地址、经费及时现筹
曲阜县	初等农业	农业科、蚕业科	林业科	同前
宁阳县	初等农业	农业科、蚕业科	林业科	同前
邹县	初等农业	农业科、蚕业科		同前
泗水县	初等工业	窑业科	土木	同前
滕县	初等农业	农业科、蚕业科	林业科	同前
峄县	初等工业	矿业科	金工	同前
汶上县	初等农业	农业科、蚕业科	林业科	同前
阳谷县	初等农业	农业科、蚕业科	林业科	同前
寿张县	初等农业	农业科、蚕业科	林业科	同前
沂州府	中等农业	农业科、蚕业科	林业科	已筹有款项，勘定地基，亟应从速建筑开办
兰山县	初等工业	染织科、窑业科	木工科、金工、矿业科	该县附郭故府立农业县，即应立工业
郯城县	初等农业	农业科、蚕业科	林业科	业经成立，应行改良
费县	初等农业	农业科、蚕业科	林业科	县有工艺局，应改为艺徒学堂
莒州	初等农业	农业科、蚕业科	林业科	县有工艺局，应改为艺徒学堂
蒙阴县	初等农业	农业科、蚕业科	林业科	地址、经费及时现筹
沂水县	初等农业附工业	农业科、蚕业科、染织科	林业科、矿业科	同前
日照县	初等农业	农业科、水产科、林业科	蚕业科	同前
安东卫	初等农业	农业科、水产科、林业科	蚕业科	暂可附于日照县设立，以后由本处酌立专校

续表

府县别	学科类别			
	应立何项学堂	先设何科	递及何科	备考
曹州府	中等农业、中等工业	农业科、林业科、染织科、手工、木工科	蚕业科、兽医业科、窑业科	向拨官款设工艺局,资本亏折,将近倒闭,急宜改良
菏泽县	初等工业	染织科、手工、木工科	窑业科	向设农桑学堂,因无款不甚发达
单县	初等农业、初等工业	农业科、林业科、木工、手工、漆工、织工	蚕业科、兽医业科、窑业科	地址、经费及时现筹
成武县	初等农业、初等工业	农业科、林业科、木工、手工、漆工、织工	蚕业科、兽医业科、窑业科	同前
曹县	初等工业	手工、染织科、木工科、窑业科		城外观稼亭设农桑分会,岁靡款项大钱六百千,成绩绝无,能改作工业学堂,或有起色
定陶县	初等农业、初等工业	农业科、林业科、染织科、手工、木工科	蚕业科、兽医业科、窑业科	地址、经费及时现筹
钜野县	初等农业、初等工业	农业科、林业科、染织科、手工、木工科	蚕业科、兽医业科、窑业科	同前
濮州	初等工业	手工、染织科	木工科	草帽辫手工颇形发达
范县	初等工业	手工、染织科	木工科	同前
观城县	初等工业	手工、染织科	木工科	同前
郓城县	初等农业、初等工业	农业科、林业科、木工科、手工、漆工科、染织科	蚕业科、兽医业科、窑业科	官绅合办,设工艺局,附设艺徒学堂,初行办理
朝城县	初等工业	手工、木工	染织科	设有辫庄,销路颇畅,如能设法推及合府,利益便可均沾
济宁州	中等实业,工农合办。中等商业	染织科、农业科,科目照章	木工科、蚕业科,科目照章	就原有之初等农业学堂扩充办理,并附设艺徒学堂,择地另设
金祥县	初等工业	染织科	木工科	就原有之工艺传习所改为艺徒学堂,照章办理
嘉祥县	初等农业	农业科	蚕业科	同前

续表

府县别	学科类别			
	应立何项学堂	先设何科	递及何科	备考
鱼台县	初等农业	农业科	水产科	同前
登州县	中等实业	农业科、矿业科、木工科	水产科、金工科	地址、经费及时现筹
蓬莱县	初等农业、初等商业	农业科,科目照章	水产科,科目照章	同前
黄　县	初等农业、初等商业	农业科,科目照章	水产科,科目照章	商业学堂已经商会筹有的款,尚未举办
福山县	中等农业、中等工业、中等商业	农业科、木工科,科目照章	水产科、林业科、染织科,科目照章	烟台毓材学堂已蒙批准改设中等商业学堂,又设有水产小学堂,均须整顿
棲霞县	初等农业	农业科	蚕业科、林业科	地址、经费及时现筹
招远县	初等农业、初等工业	林业科、矿业科	渔业科	前经李道开矿多年,今因资本不足,拟招洋股,甚为可虑
莱阳县	初等农业	农业科	林业科	地址、经费及时现筹
宁海州	初等农业	农林科	林业科	同前
文登县	初等农业	农林科	林业科、水产科	同前
荣成县	初等农业	农林科、水产科	蚕业科	近有黄县梁道源在石岛附近创设洋粉公司
海阳县	初等农业	农业科	林业科、蚕业科	地址、经费及时现筹
莱州府	中等商业	科目照章	科目照章	查本府商务,向以所属潍县为中枢,现又开作商埠,交通便利,应将商业学堂在该县筹设,惟开办经费不易集合,应由官府特别补助,以资提倡
掖　县	初等工业	染织科	矿业科	地址、经费及时现筹
平度州	初等商业	科目照章	科目照章	同前

续表

府县别	学科类别			
	应立何项学堂	先设何科	递及何科	备考
昌邑县	初等商业	科目照章	科目照章	同前
潍县	初等商业	科目照章	科目照章	同前
青州府	中等农业	林业科、蚕业科	农业科	同前
益都县	初等农业	林业科	农业科	同前
临淄县	初等农业	林业科	蚕业科	同前
临朐县	初等农业	林业科	蚕业科	同前
高苑县	初等农业	林业科	蚕业科	同前
博兴县	初等农业	林业科	蚕业科	同前
博山县	初等工业	窑业科	矿业科	同前
诸城县	初等农业	农业科、林业科	蚕业科	同前
寿光县	初等农业	蚕业科、林业科	农业科	同前
昌乐县	初等农业	林业科	蚕业科	同前
安邱县	初等农业	农业科、林业科		同前
乐安县	初等农业	蚕业科、林业科	农业科	同前
胶州	初等商业	科目照章	科目照章	同前
高密县	初等农业	农业科	林业科	同前
即墨县	初等农业	农业科	林业科	同前

三、财政门

议覆筹办自治藉资附捐有无流弊谘询案

九月二十二日

为呈覆事。窃本局奉抚部院札发谘询事件内，有各属筹办自治藉资附捐有无流弊一条，遵将原案交局会议。谨按自治章程第九十二条，虽有附捐名目，但系规定于自治会成立之后。现时各属自治会尚未成立，仅设自治筹备公所。当此创办伊始，不能无米为炊，而筹备经费，措集良难。况各州县近时新政繁兴，罗掘罄尽，一切公款、公产及杂税杂捐等各种陋规多有提充公用者，即地方上之差徭、官价及钱粮补底各项已奉札归公，而州县署往往隐匿不举，无从提抽，不得不兴办附捐，聊资筹备。查东省州县地方设立自治公所，其筹集款项有以按亩敛钱，计银摊钱者，几于十之四五。殊不思俟自治会成立后，各州县地方建设议事会以为监督机关，地方情形不相隔阂，为人民者均知用地方上之财资兴办地方上之事业，并有议会以监督之，以杜士绅侵吞公款情弊。于此再举办附捐，庶或免生阻力。若当自治会尚未成立之际，误会章程，遽行附捐于筹备之时，设本地经手士绅忽有假公济私弊端发生，否则即款归实用，并不张贴通衢，以息民疑，势必至谣言四起，人心摇惑，不再蹈莱、海之覆辙者几希。如此则未见其益，先受其害，恐以后自治之进行，必大有窒碍，其流弊何可胜言。现时各州县地方虽遽就地丁项下附加税捐，本因地方款资短少，亦属势不得已。但系官民协商允洽，地方人民乐意输将，无妨暂时通融办理，亦不必遽行禁止，致生自治筹备上之阻滞。所谓用民之财尚不致扰民者，盖由于此。但必俟自治【会】成立后，始可定为附捐名目，方于自治章程第九十二条不相违背。惟现时自治【会】并未成立，尚无地方议会监督机关，而地方上又须先事筹办经费，势不得不先藉重官权，严事监督，以防流弊。此乃自治筹备上一时权宜之计。至济南府知府不明治理，仅详陈民间疾苦，希图见好于民，以生宪政上之阻力，且以自治筹款之责诿诸地方有司之言归咎本局，是欲自谢其自治筹备监督之责，以贻害本局，本局实不任其责，并以附加税名目归咎宪政编查馆。馆章具经钦定，奉旨遵行，违背馆章似与违背谕旨何异，尤为非是。立宪政体本未参用专制手段，即东西洋立宪国家，其地方自治经费罔不出自民间，而自治监督未有不专归行政长官者，何得云此项附捐性质应在谘议局议案之列，该府未便与议。本局实为不解，殆所谓种种牴牾，莫知宗旨者也。本局再四榷商，除将筹备办法另案呈请钧鉴外，所有遵札议覆，于本月十七日经全体公决各缘由，理合备文呈报。为此具呈，恳请抚部院鉴核施行。须至呈者。

议覆筹办附捐预防争议谘询案

九月二十四日

为呈覆事。窃蒙抚部院札发谘询事件内，有筹办附捐预防争议之条，遵将原案交会公议，均以为自新政繁兴，地方筹款易起冲突，于此先事预防，固为自治前途起见。惟查各州县地方情形本自迥殊，而筹集款项要必因地制宜，此事断难划一；虽邻封相接，额数悬殊，若收支核实，果足取信于民，自不至或生异议。惟因经手官绅往往藉端侵蚀，不免激动风潮，亦事所常有。原案谓民间就多寡悬殊致生觖望者，似乎无此情事。况附捐名目系规定于自治会成立之后，待城镇乡一律成立，各区筹各区之款，举办本地公益，甲区与乙区尚难一致，何论邻封。且非万不得已，谁肯筹办附捐。即偶一筹办，亦必经自治会揆度情势，再四商榷，兼有地方官为之监督，决不至抑勒苛派，有大拂民情之举。民间亦晓然于公益所在，皆踊跃乐输，何至如原案所云彼此观望，致起争议。既无争议，何事预防。若必先酌定办法，不揆地方情形，而概执一格以相绳，窃恐刻舟求剑，愈防而争端愈起。本局公同议决，目前所最宜预防者，不在附捐之争议，而在城乡之界限不清。乡区方在筹办，城自治会已大半成立，开会伊始，每欲动用全县公款，而乡间遂起而争执，若不早图，恐有妨于自治之进行。除由本局另案提议外，所有议覆预防附捐争议各缘由，理合具呈，伏候抚部院鉴核施行。须至呈者。

议覆清理地方公益款项规则案（并批答）

九月二十四日

为呈覆事。窃奉抚部院札发议案内，有清理地方公益款项规则一案，共计十七条，当经全体议员公同研究。除议决可行事件不计外，所有应行更正条件，理合缮折呈覆。为此呈请抚部院裁夺施行。须至呈者。

折开：

窃维前奉札发议案内，有清理地方公益款项规则一案，共计规则十七条，具见廑念宪政，筹划精详，将来为地方公益筹款，办事不生阻碍，赖有此举。本局因格外慎重，逐条研究，惟原定规则第一条及第三条内，似应稍有增改之处。兹照原案条文，参附众意，拟请更正条件如左：

一、原案第一条内，各州县均于署内附设清理地方公益款项所一语，窃以设所清理款项，原期俾众周知，于署内附设，似多不便，拟请删去于署内附设之文。

一、原案第一条内，由地方官召集城镇士民公举公正绅董四五人一语，窃以士民公举之权，不宜以城镇为限，乡民虽召集难遍，亦须代表有人，拟请更正为地方官召集城镇乡士民公举公正绅董四五人。

一、原案第一条末语，均有督查之责下，拟请增加但不得以官幕参列所中一语。

一、原案第三条下，拟请再增加但官地之留办地方公益而有名无实者，亦得列入公产项下三语。

奉札批答：为札行事。案据谘议局呈覆清理地方公益款项规则一案，查此案该局于本规则第一条内，各州县均于署内附设清理地方公益款项所一语，请删去于署内附设之文。惟本条文所谓附设署内，其理由有三：一、关于检查案卷可期迅速；二、就署内空闲房屋使用亦可不费租金；三、可随时与地方官就近筹商，无虞隔阂。而该局必谓附设署内似多不便，可即改为各州县会同清理款项绅董体察地方情形，设立清理地方公益款项所，不必拘定在署。又该局于本规则第一条内，城镇士民一语请更正为城镇乡士民，诚以乡民亦有公权，未可歧视，应即增入，以昭公允。又本规则第一条末语，官府均有督查之责，该局请于此下增加但不得以官幕参列所中，不知本条文既曰官府，除府厅州县官外不列所中自可不言而喻，不得以官府误解释为官幕。该局既欲辨明，可改为地方官均有督查之责，较为明晰，以下不必增加。又本规则第三条末语，凡官有产地不在此例，该局请于此下增加但官地之留办地方公益而有名无实者，亦得列入公产项下，不知官地属于国家，公产属于地方，两界不容稍混，既系官地，即不得认为公产，该局所谓官地可列入公产项下，查各国财务行政法及自治制法中均无此办法，未便照准增加。为此札行谘议局知照，希再覆议，呈候裁夺公布施行。须至札者。

议覆交局覆议清理地方公益款项规则案（并批答）

为呈覆事。前蒙发交清理地方公益款项一案，本局已经会议，呈报在案。又蒙札发本局覆议等因。奉此，当即开会公议，佥谓本规则第一条内，各州县均于署内附设清理地方公益款项所一语，本局前请删去于署内附设之文，钧批云可，即改为各州县会同清理款项绅董体察地方情形，设立清理地方【公益】款项所，不必拘定在署。又本规则第一条内城镇士民一语，本局前请更正为城镇乡士民，钧批又云，乡民亦有公权，未可歧视，应即增入，以昭公允。又本规则第一条末语，官府均有督查之责，本局前请于此下增加但不得以官幕参列所中。论本局呈请增加此语意旨，盖有鉴于前此设立统计处时，各州县地方多半附设署内，各项统计表册均为衙署幕友经手办理，即有一二绅士参列，无非挂名而已，并不得与闻其事。至本地方之公益款项，向归本地绅董经理者，固有其事，惟归地方官经理者最居多数，此时既事清理，不得不加意慎重。本局鉴于前车，为预防流弊起见，故请增加不得以官幕参列所中，实非官府误解释为官幕。兹读钧批，云可改为地方官均有督查之责，较为明晰，以下不必增加。是公益款项概归本地方绅士清理，地方官督查其事，此议甚为允协。况本规则第一条内既经抚部院更正及改定者，条文明晰，众意允孚，本局议员均为赞同。惟本规则第三条末语，凡官有产地不在此例，本局前请于此下增加但官地之留办地方公益而有名无实者，亦得列入公产项下。钧批云，官地属于国家，公产属于地方，两界不容稍混，既系官地，即不得认为公产云云。议员等恭读钧谕至此，实有不得不即东省地方上旧时惯习一一详悉陈之。谓官地属于国家，公产属于地方，既为官地，【即】不得认为公产，两界划分，本不容混淆于其间，在理论上言之，洵为至当，若就事实上论之，则大不然。查东西洋各国财务行政法及自治制法，凡属于财政者，本分国有财产、公有财产、私有财产三种，国有属于官家，公有属于地方，私有属于个人，财产本自分明。惟中国异是，凡遇地方上公益款项，公与私混，官与公混，久则成为地方上一种惯习，相率焉不知其非。例如本地有一种无户族之绝产，或无僧道之庙产，或无管理人之荒山公产、义地及公有林等，而本地方上之劣绅地痞每把持之，据为已有，此虽公益款项，实为私有财产。此为公与私混之事，姑置勿论。至就官与公混者言之，彼地方上之官滩、官山、官荒、营田、屯田、学田、近城之官地、先贤之祭田、前朝之林茔、先皇帝驻跸之路宫，与夫奉谕旨抄没犯官或叛逆之家产，部司旧有册籍征收例上解或豁免者，是皆为国有财产，曾不得列入公产项下。此种官地界限本不容稍混。至如地方上之充公地亩，或因商业倒闭而充公者，或因族间争产而充公者，或因诉讼罚款而充公者，推之义地、荒山、森林公所及公产、庙产、绝产等，因官断而充公者历述焉，不胜枚举。此项地亩名为官有，似当属之国家，并不呈报上官；名为公有，似当属之地方，亦不办理公益。官知之，每年征收所入自充宦囊，官不知之，凡衙署、吏役、门丁、乡约、地保等又皆互相朦蔽，或私自分肥，或暗事侵吞，甚至贪墨官吏官价变卖，并无人敢事责问者。倘遇后任为廉正之官，往往提出此项地亩，以办理地方公益。现在各州县学堂、巡警、实业诸新政每用此款项作为经费者甚属不少，此即所谓有名无实之官地也。况旧时地方官吏多为专制性质，人民惟服从之而已。凡本地士绅所捐之公益款项，若水会、城工、粥厂、育婴、备荒、仓谷、书院、学堂、巡警、栖流所、乡会公车等项，向皆禀官存案，或发当生息者，均存储地方官长之手者居多，归绅董经理者，各州县中不过十分之三。故入于公者，皆认为官有公益款项，无非任官支配。论公益款项之权限，地方官仅有监督稽查之责，乃查东省州县地方习惯，在事实上言之，地方官实任经理之事，是以地方州县官于交卸时任意吞没地方公款者不一而足，本地士绅因无款不能办公，遂有控告前任吞款之案。是官与公混，不能分明，官民两界久已成为惯习。今欲清理地方公益款资，不得不增加此项但书，一因名为官地，其事仍有名无实者；二因此项有名无实官地，业经留办地方公益有年，各州县皆然，恐有窒碍，未便轻易；三因仅（因）〔书〕官有产地不在此例一语，凡地方上官地之有名无实者，地方官均指为官有产地，愈开官吏侵吞之渐。有此种种原因，故增加但官地之留办地方公益而有名无实者，亦得列入公产项下三语，是专指官与公混之款项者而言。本局为防微杜渐起见，故仍执前议，现经全体议员公同议决，理合具覆。为此呈请抚部院裁夺施行。须至呈者。

奉札批答：为札行事。案据谘议局呈称，各属官有产地，往往与公有、私有界限不清。所虑甚为周密。惟该局拟于本规则第三条末语增加但官地之留办地方公益而有名无实者，亦得列入公产项下三语，仍无一定标准，诚恐将来各处解释纷歧，转多牵制。查此次来呈内，列举各项官产尚属详细，应即将所举如先皇帝驻跸之路宫、先贤祭田、前朝林茔、近城官地、抄没逆产及地方上官滩、官山、官荒、营田、屯田、学田之类各项，添注本规则官有产地之下，似此解释详明，庶免将来别生纠葛。该局所拟增加三语，亦可不必添入。此案既按照该局原呈增加修改，毋庸再交覆议，候即公布施行。为此札行谘议局知照。须至札者。

议覆丁漕征银谘询案

十月十一日

为呈覆事。窃上年蒙抚部院提交拟将本省丁漕两项改征银号一案札发到局，本局公议呈覆，以币制不定，无论如何变更，终受银价操纵。又究系何等款项，共有几种，请分别款目，列为表册，札交本局，以便讨论，再四研求，实难遽表同情各等语。旋蒙钧批，以事关重大，一时均难解决。现已闭会，此案应俟来年开会时，再行接续提议在案。今逢本届会期，又蒙札交本局提议此案，谓丁漕改为征银，关系甚巨，一、关于新币之推行，一、关于公费之豫算，此论深有至理。现今国家币制业经统归划一，所有各州县报告册亦一律汇齐，堪为讨论之依据，本局对于此案问题本当及早解决，不应再生异议。议员等细加研究其事，有实难为决议者，谓朝廷颁行币制，限一年以内，凡官款出入向用制钱，或用银而折制钱者，一律折合库银，再合国币，改换计数之名称，通省钱漕断无或多或少、畸轻畸重之理。于此丁漕征银，藉以推行新币，经画未尝不善。第币制虽已颁行，而东省一百七州县中之钱漕为数已巨，即币厂铸造迅速，一年以内恐难应如许之取求。各省虽有币厂，同病相怜，难望挹注。况东省地方除济南省城及商业繁盛州县，尚能通行银元，且间有利用鹰洋不利用龙洋之处，至于僻陋州县，狃于习惯，行使艰难，甚多滞碍。今欲藉改征银号以便推行，恐铸造甚少，难敷周转，将纯征制钱及搭配铜元之州县仍以现时市面上之银数计算，辗转折合，实无定数。若一律用银，必至差色短秤，增价补数，其弊更不可究诘。如存储银元之银号、钱号，又将高价居奇，钱漕花户更多苦累，推其弊之原因，皆由新币制造，现时各州县不足敷用。此所由未便赞同者一也。

再就预算公费一事论之，在筹备宪政年限，正宜酌定州县公费，以为预算张本。查东省各属州县，官缺有烦简，地方有优瘠，其事断难一致。综丁漕收银收钱之州县计之，除正耗以外，无论何项经费，罔不酌取盈余于丁漕之中。近时州县每于地方丁漕两项有暗为加增者，有巧为折扣者，禀诘纷纭，冲突屡起，官报登载州县实有所闻，听其所言，无不以地方上赔累为词。论官缺赔累之由，本(届)〔原〕不一，有因讲求奢侈而赔累者，有专事酬应而赔累者，有身多夙累、瘠缺无余而赔累者，有余在漕米往往前任业已征收而赔累者，甚至上宪久闻亏空，银号尚存巨款，宦途情形曾无庸为之深讳。自银贵钱贱以来，州县进款曾不如旧日盈余之多。至谓官缺尽为赔累，实不尽然，例如武定府阳信县本非最优之缺，下忙漕米，除正耗、解费外，尚余一万有余，而其他州县可以类推。如谓州县征收丁漕果属赔累，自应早定公费，以救济官吏于此。欲预算公费，要必即州县出入款项通盘筹算，方有把握。本届开会时，已由财政局将东省所有州县报告册抄发一分，发交本局。惟查本局本年之预算案，只限于地方行政经费，至州县报告册仅备参考，实不在本局预算范围之内。所有报告之支用经费，类多有岁出而无岁入，其费用果为确实与否，尚在不可知之数。本局未经确实核算，焉得即其丁漕中盈余不足之虚数悬揣而匀定公费。本局非故事推诿，法制所限，亦无可如何，况州县报告册，设其中有不实不尽之处，册中捏报亏欠，事后反增加公费，恐又开州县贪求无厌之渐。此所由未便赞同者二也。

来札又谓，筹备宪政，酌定州县公费，屡奉部咨催办，各省多已奏定有案，而大部假定公费数目，并未指定的款等语。查向章，征银一两带征耗羡银一钱四分，火耗加秤解费银一钱六分，此项银两虽无公费之名，已寓公费之实。本朝行之二百余年，通国官吏皆赖以安其心、养其廉者，实在于此。再查宣统元年二月宪政编查馆奏定直省府厅州县岁出岁入统计表有云，将欲举行新政，必将所有秤余、火耗等项和盘托出，仿照从前耗羡归公之法，另给公费。细绎统计表中意旨，是公费的款即在耗羡、加秤等余银之中，公费的款似亦无难指定。若必于耗羡等项外再立别项名目，所谓耗羡者，究指何项而言，岂真火耗、解费果需银一钱六分若是之多。况币制已定，将来丁漕通用银元，银元本系固定体质，不必如银宝任意倾化，此时耗羡、火耗等名目均归无用，是公费的款，宪政编查馆奏章业经指定。将来此项【厅】州县报告册，统归厅州县自治会确实预算后，即以此种耗羡、火耗、加平等项作为公费的款。据此而论，似无庸由本局先事于丁漕项下再为增加指定。此所由未便赞同者三也。

来札又谓，今照度支部奏定币制章程新币推算，铜元一枚合银元一分，原定地丁正项征京钱四千八百文，以圆计则二元四角，折合银一两六钱，与本部院上年酌拟之数相仿，或即照此银数为准等语。按铜元一枚合银一分是指钱价已定之时而言，现在钱价并未确定，各州县通行铜元者价数亦未划一，似不能以此为核算之确数。地丁银征钱四千八百文是指制钱而言，彼搭收铜元之各州县不得以此核算。就现市价计之，每银洋一元，已合铜元二千八百之数，若照铜元一枚合银元一分之数计算，铜元二百四十枚必不能购银元二元四角，又焉能折合一两六钱。即今丁漕征银上年酌拟之数似未便据以为准，况银元一分既按铜元计算，征银一两又按制钱计算，辗转折合，当此立宪时代，似不应有此政体。再即一两六钱之数言之。查旧章，征银一两带征耗羡、火耗、加平、解费三钱，以山东三百余万丁银计之，除漕米余银外，每岁地丁项下余银所入约近百万。上届会期时提交征银案内有云，通盘综算，先筹公费七十万金，即今改征丁银，亦不过规复旧章，所得余银除解费外，已足敷公费之用，岂昔日以余银为公费则有余，今日以余银为公费则不足，恐（末）〔未〕必如是。况本朝圣谕，有永不加赋之条，自一两六钱之议兴，各州县地方人民啧有烦言。若异日地丁征银规复一两三钱旧章，犹可免人民异言，若必以一两六钱为准，迹近加赋，谘议局权力绵薄，实不敢轻为担任。此所由（末）〔未〕便赞同者四也。

有此种种滞碍，本局全体议员未敢率尔决议。此中困难情形，谅早在抚部院洞鉴之中，无庸赘述。现经全体议员公同议决，谨将札交谘询丁漕征银一案不能率尔赞成各缘由〈理合〉呈覆，呈请抚部院裁夺施行。须至呈者。

第二编　本局自行提议议案及质问各案

一、庶政门

议决批答议案及批准公布施行日期案（并批答）

九月初八日

为建议呈请事。窃以谘议局之建设，原以辅官治之所不及，因立一言论机关，公举熟悉本地情形、民间利病之本省士绅而组织之，是以有议案。又恐谘议局议员少政治上之经验，所议事件按之行政方面不无窒碍，于是督抚之于谘议局议案，有谘议局章程第四十六条裁夺施行之规定。然官民之隔阂已非一日，遽欲破其故辙而变通之，【难】保无各存意见，民则亟亟攫取监督官府之权，官则断断保守固有之利，纷纭驰逐，致生互相妨害之弊端。国家因于督抚、谘议局交涉之时，明定法律，划分权限，此谘议局章程第二十二条、二十三条、二十四条所由设也。论该三条之大意，不外二端：一、督抚若以为然，则公布施行；一、督抚若不以为然，仍交谘议局覆议。遍索条文，督抚并无直接取消谘议局议案之权。乃本局上届会议所提议案，抚部院以为然者，多加空虚褒奖之词，其缀以公布施行字样者绝少；不以为然者，或径不答覆，或答覆而用碍难照准等语，并无交局覆议字样，是直与取消议案无异，按之法律，似属未合。又本局上届会期中呈覆质问批答地方自治案，措词用意均未违背谘议局章程第二十二、二十三、二十四等条，乃抚部院批答遽云"有意于字句吹求，殊多傲慢，此岂对于行政长官之程式。本部院对于该局推诚布公，一以和平为主，不意该局乃有此等呈件。此或是一二少年矜才使气者之所为，(决)〔绝〕非该局全体议员之公议"。夫本局之提议案与抚部院之批答议案均非执行，只可借重文词，至于字句间辩论自属万不得已。又查谘议局章程第三十六条规定云，凡议案之可行与否，以到会议员过半数之所决为准。本局在会期中呈候抚部院裁夺之议案，均遵照到会议员过半数决议定章，并无违背。至如钧批"或是一二少年矜才使气"云云，是直视本局呈候抚部院载夺之议案为违法之行为，本局据法而行，实难承认。虽事经既往，抚部院对于本局有责备过量之处，本局未尝介意，但为慎重权限起见，不得不预为声明，爰拟督抚批答谘议局议案办法五条，呈候抚部院裁夺施行。须至呈者。

折开：

一、对于议案以为然，或不以为然，宜照章说明原委事由，加以公布施行(又)〔或〕交局覆议字样。

二、宜逐条答覆，幸勿稍有遗漏。

三、公布之法宜用告示，以便使人民周知，不宜仅登官报，或仅用通饬。

四、公布时，宜定明施行期限。

五、批答议案宜限于会期中，终了【前】，不得延至闭会以后。拟自本届会期为始，提议议案以十月十一日为限，再延会十日，以为静候抚部院批答议案之期。

奉札批答：为札行事。据谘议局呈称，为慎重权限起见，预拟批答议案办法五条，呈请裁夺等情。本部院忝为行政长官，对于谘议局有监督之责，是以批答该局议案，不能不权衡轻重，分别办理，初无责备过量之处。查宪政编查馆覆江督电文，载有议案果系踰越权限，照局章第四十七条，督抚有劝告之权，并无庸交令覆议等语。上届议案间有越乎范围之外者，亦有类于条陈性质者，是以据实批答，不交覆议，按之法律，并无不合。事经既往，本部院亦不欲重提，今就所呈办法五条，分别核覆。第一条答覆议案，查照定章，分别【加以】公布施行、交局覆议字样，本部院自可照办。第二条逐条答复，自系为力求缜密起见，亦属可行。但议案务须编次明晰，将所列之条件与其他指陈理由分别划清，庶批答易于针对。第三条公布方法，此后议案如直接关系民生利害者，自可参用告示，俾众周知，但必逐案刊印张贴，实已不胜繁冗，历来政府之法令实行与否，初不恃乎文告，各国公布议案，亦未闻尽如此办法。若每届谘议局议案，自可广印流传，但期识字者渐多，自不难家喻户晓。第四条施行期限，此当因议案之大小繁简及时事变迁斟酌缓急，不能约计时期，率行预定。第五条批答期限，本部院业经电询宪政编查馆，应俟得覆后遵照办理。如无调查需时及牵连他项问题，于本会期内不能即决者，自以力求迅速为主，但议案亦宜及早呈送，预算一案尤宜提前，俾留审查期间。再，本部院尚有对谘议局议案预行申告者四事：其一、决议之案照章以地方行政为限，此外质问事件呈候酌量批答，不列于议案之数。其二、呈送议案应声明提议之议员姓名，再加全体议决之字样。其三、呈覆本部院提议议案，应声明起草员姓名。其四、谘议局议事，除议长等认为应行秘密者外，务合公开之制，行政官厅及报馆均得派员旁听，每月议事问答亦宜即日登报，以便传观。以上四事，合即一并札知。为此札行谘议局查照。须至札者。

议决整顿巡警教练所案（并批答）

九月二十二日

为呈报事。窃本局开会提议整顿巡警教练所一案，业经全体议员公同议决，所有理由办法，理合缮折呈报。为此呈请抚部院裁夺施行。须至呈者。

折开：

窃查民政部九年筹备事宜折，各州县巡警教练所限宣统三年一律成立，是以东省巡警道亦循例通饬各州县依限兴办。惟查其迭次札文，无非泛言推广巡警，至其如何推广及如何筹设，并无通行章程，种种谬误，不胜枚举，试言其略：

一、札文限定每州县招生百名，一年毕业，如果遵照举办，必岁需京钱万缗上下。当此民不聊生，何以筹此巨赀。巡警道徒事札催，绝不念及地方之穷困。纵各州县迫于考成，勉强举办，亦不过饮鸩止渴，重为民困，恐激成事变，贻害无穷。

二、事关立宪要政，必有一定规则，以昭划一，乃其札发章程，系省城教练所所用，于各州县绝不适宜，不知颁发何用，其虚应故事，至此已极。

三、札文载明功课七门，及发到课本，仅律例、警察、地理、国文、自治五门，并体操方足六门，谬误至此，岂非警务上一大笑柄。

四、迭次札文皆载明一年毕业，而所发课本除律例页数较多，余皆不过十数页，约足四五月之教授，岂非自相矛盾。

五、教练所本为推广警务起见，乃徒事催办，而毕业后若何安置，及教练所何日裁撤，概未言及，致令各州县凭虚悬揣，自为风气，或于去年成立，或于今年春间成立，或今甫成立，而至今未成立者尚足半数，招生则三四十人至百人不等，毕业则六月、八月、一年不等，参差错乱，东西立宪各国似皆无此政体。

统观右列各条，警务前途，何堪设想。况旧有巡警，惟省城尚著有成效，而各州县之区巡官，除糜财害民外，别无事事。巡警道既不能于旧有者力加整顿，而于教练之筹设，又视同儿戏，名为保治安，适以（防）〔妨〕害治安。际此民困财竭，兴办新政，胥待罗掘，惟力求实际，使人民知设置巡警之利益，尚可免生阻力。若徒事敷衍，虚糜赀财，万一激成盲动，谁尸其咎，且恐于立宪前途致多阻碍。此最为亟宜整顿者也。谨拟整顿办法如左：

一、需费既多，筹设维艰，拟请饬下各州县，除已成立者不计外，凡甫经成立，及尚未举办者，概令招生五十名，以期费省而事易举。

二、课本既不足用，拟限定六个月毕业，以促进行而免糜费。

三、教习宜以区巡官兼之，除已经成立有派充教习外，以后概免札派，以期稍纾民力。

四、颁发省城教练所章程既不适用，应即作废，并请速颁新章，札发各州县一律遵守，以昭划一。

奉批答：来牍具悉。据呈整顿巡警教练所一案，所呈各节，有指摘现在办法而出于误会者，有统筹利病而尚应讨论者，事体重大，不妨再四推求。查每州县招生百名，原系遵照部章办理，岂得以通饬为巡警道咎。所发各属教练所章程，原不过示以标准，俾资遵守，至于办理细则，及应参酌本地情形之处，自应由各该牧令随时酌定，断无百余州县之章程，皆须巡警道代为手订之理。至于入学、退学、考验、服务、放假及各项管理规则，事同一律，自应遵行，谓之绝不适用，殊非征实。课本止发五门者，因编印未及，故将已编者赶先颁发备用，现已补齐矣。此次所发课本仅为第一学期而设，故篇幅无多，该局误认为一年，故致两歧。此所谓指摘现在办法而出于误会者也。至所拟整顿办法四条，除第三条应饬巡警道酌办，又第二、第四两条业将从前办法解释明白，应无庸议外，其第一条所陈以及巨款难筹、地方穷困、毕业后若何安置、教练所何时裁撤等语，自系通盘筹算，有关治体，而本部院久欲与该局熟商细审者。夫整顿内治，自以警察为最要，然必就财力之盈朒以定设施。际此上下俱困，罗掘皆穷，每邑百名，固无此实力，即改为五十名，亦仍属无米之炊。前巡警道详拟办法，全省州县厘为三等，分配官警额数，早虑及此，惟宪政进行之始，人民治乱所关，不能不勉力支持，然岂持久之道。况东省僻在海隅，民物凋敝，除省城及铁道、轮船经过之都市外，一邑苟得百名上下，当可足敷分布，财力亦可勉支，若教练所永不裁撤，毕业者岁有增加，势必无自效之途，进不录用，退失故业，游荡无依，恐成隐患。此所谓尚应讨论者也。本部院拟自明年始，凡各州县教练所已经开办，筹有的款者，仍令认真办理，其尚未开办各属，令其体察情形，酌量财力，赶紧开办，统俟一班毕业，概行裁撤，即将毕业各员分配本地以立基础，后另于各府、直隶州设一教练所，由所属酌量送入，以为补充扩张之计。似此变通办理，不独有众擎易举之势，亦可无供过于求之虞。第事关变更部章，本部院不能专主，希即覆议妥协办法，呈候裁夺，奏明办理。此答。

覆议整顿巡警教练所案（并批答）

为呈覆事。窃蒙札发覆议整顿巡警教练所一案，当经全体议员开会研究，公同议决。所有覆议办法，理合缮折呈覆。为此呈请抚部院裁夺施行。须至呈者。

折开：

窃本局前呈整顿巡警教练所一案，顷奉札覆，谓事体重大，不妨再四推求，希即覆议妥协办法，呈候裁夺，〈咨〉奏明办理等因，仰见抚部院慎重警政，体恤民艰之至意。惟俟一班卒业，概行裁撤，后另于各府、直隶州设一教练所一节，固为节费起见，揆诸情势，仍有滞碍难行之处。查部章第三条，巡警教练所府厅州县须设一处。详绎条文，各府、直隶州应自行设立一所，以推广本地方之巡警，原与各州县教练所并行不悖，若视作合属公立性质，为补充扩张之计，似与部章不合。又查部章第二十条，教练所学生专作地方巡警之用，本无出身，而各州县困于经济，所定巡警饷糈又甚廉薄，在本地就近招选合格学生尚多不就，若令赴该管府、直隶州训练，将各生观望，势必令各州县滥送足额，日后警务岂不更形腐败。各处中学堂出身较优，招生犹不足额，岂非明证。况繁盛冲要之州县尚须接续教练，不能一律裁撤，则自为风气，尤难一律强同。具此各种原因，事关宪政始基，岂可弗慎。本局再四讨论，除将设立各府、直隶州一节另议变通办法外，所有遵札覆议各缘由，谨拟办法六条列左，伏候抚部院裁夺，咨部办理，实为公便。

第一条　查教练所章程第五条，学生额数每处必满百名。如果遵照举办，必岁需银三千两上下。际此上下俱困，罗掘无从，何以筹此巨赀。纵各州县迫于考成，勉强举办，不过饮酖止渴，重为民困，深恐激成事变，贻误大局。拟稍示变通，将全省州县厘为三等，定为大县六十，中县五十，小县四十，需费既少，举办较易。

第二条　查教练所章程，限定一年毕业。但期长则费巨，现经巡警道颁发各属课本，皆简括明显，易于讲解，若教习任其教授，不难先期竣事。拟仿照自治研究所办法，限定八个月毕业，既足节费，亦断无欲速不达之弊。

第三条　教练所教习多以高等巡警学堂简易科毕业生派充，亦有以区巡官兼充者。查外州县区巡官警务本不甚繁，每日各任三点钟功课决不至有误职守，而简易科学生程度又浅，嗣后除已派充者不计外，拟请截止委派，概以区巡官兼充，以节经费。如区巡官有文理不通者，即由该州县禀请撤换，庶免贻误。

第四条　查章程第三条，巡警教练所府厅州县须设一处。细绎条文，虽未明定截止年限，但东省僻在海隅，民物凋敝，除省城及铁道、轮船经过之都市外，各州县绝少繁盛城镇，即东西各强国，亦断无于小村僻巷尽设巡警之理。俟一班毕业后，综旧有者计算，当可暂敷分布。若永不裁撤，毕业者日有增加，用则限于无款，退则失其故业，游荡无依，恐成隐患。况筹备宪政期限单亦有变通之项，（向）〔因〕拟俟一班毕业后，令繁盛州县筹有的款者仍可照章续办，其余概行裁撤，以纾民力，另行设法扩充。

第五条　现在地方自治会渐次成立，各区皆应设巡警，拟将各州县教练所未开办者饬令一律成立，俟毕业后即分布各区，逐渐推广。

第六条　教练所裁撤后，应由各州县体察地方财力，酌量添招学生，令区巡官在该局随时教练，并择毕业之优者，在各区陆续教练，以为补充扩张之计。故虽裁撤，亦于部章不背，且于警务无妨，不啻一教练所撤，而众教练所立。

奉批答：呈折均悉。该局所拟巡警教练所办法六条尚属可行，应候咨商民政部核覆后，再行札饬巡警道遵照办理。此答。

议决巡视电线及赔偿损失办法案（并批答）

九月二十七日

为呈报事。窃本局开会提议巡视电线及赔偿损失办法一案，当经全体议员公同议决。所有谨拟办法，理合缮折呈报。为此呈请抚部院裁夺施行。须至呈者。

折开：

窃维电线之设立，原为通达信息便利起见。若遇暴风骤雨日期，往往有折毁杆线等事时有所闻。查近来东省电报局所一遇此项事端发生，即迫令折毁杆线地方附近居民赔偿，稍有拂意，立即送县押追，甚至一截电线赔偿费，有索至数十千者。是赔偿之中，实寓讹诈性质，贻害居民，实于公理未合。兹谨拟巡视电线及赔偿方法四条，呈请抚部院饬知电报总局施行，居民幸甚。

一、请饬下电报局，责成该局所派定巡视人随时查看，并责令本地方河防巡勇、陆路防勇及铁路、商埠各警兵认真保护其杆线，如有损坏时，应由巡视人随时禀报该局。

一、杆线如遇风雨折毁，由巡视人随时报局，即由该局派人携取线杆换补，不得骚扰居民。

一、如有邻近无知之辈偶行作践损坏，理由该局会同该庄董事查明确实后，责令本人一家赔偿，不准株连事外。

一、电报局各项杆线宜由该局平时购备，豫酌定一普通赔偿价值数目，如有损坏杆线者，按照该局所定数目，遵例赔偿，即由该局自行修补，以免居奇而杜讹诈。

奉批答：来牍具悉。据呈议拟巡视电线及赔偿损失办法一案，所举扰累情形如果属实，殊于民间大有妨害。所拟方法内第一条所称黄河两岸及铁路近处，又商埠界内之杆线，巡勇警兵原有保护之责，应即通饬认真遵办。至陆路防勇系为防缉盗贼而设，似未便责以巡视电杆之事。其余办法系为预防弊端起见，均尚妥洽。此应属于各省通行之章程，候咨商邮传部核定后，公布施行。此答。

议决禁烟办法案（并批答）

九月二十七日

为呈报事。窃以禁烟之法颁行已久，而贩卖之弊恐难一律禁绝，谨拟办法九条，当经全体议员公同议决，理合缮折呈报。为此呈请抚部院裁夺施行。须至呈者。

折开：

窃维普通禁烟之法，不外禁种、禁卖、禁吸三项，今欲实行禁烟，最【宜】注意者尤以禁卖为惟一要政。东省产土无多，对于禁种办法施行较易，若再能于贩卖商人一律禁绝，吸食者无从购买，庶不期断而自断。禁烟善法，无逾于此。爰仿效广西成案，参以东省情形，谨拟具办法如左：

一、此案自批准公布后，即为实行晓谕禁卖之期，至宣统三年八月底止，为实在禁卖之期，公布时期发生效力。

二、通饬各州县地方将严禁卖烟期限张贴多数告示，剀切晓谕，以禁卖期限即为实行禁吸之地。

三、地方官奉到公文后，晓谕该境内土膏店及卖零土熟膏各店，勿得再行贩存，以免届时封闭，自贻伊戚。

四、地方官对于禁烟一事，有奉行不力者，一经查出，立予参撤。

五、若届禁闭期限，所有各土膏店一律不准贩卖。

六、各地方之土膏店经过禁闭期限时，仍有违法开设者，一经查出，除将土膏消燬外，再照章重惩。

七、如有富商大贾广收多购，为垄断居奇之计，或小本营生，携带私贩者，一经查出，从严究治。

八、禁止奸商贩运土药进境，以遏来源。

九、洋药进口为禁烟上生绝大障碍，应请照会各国领事，按照约章，声明内地实行禁烟之意，并禁止吗啡入境，免致洋商临时藉口。

奉批答：来牍阅悉。案据呈报禁烟办法一案，大要在严申禁令，杜绝贩卖，自系为痛除流毒起见。但以生计学上公例揆之，凡百货物，无不以需要供给相为比例，如果吸者日少，贩者无利可图，自可不禁而止。本年五月本部院奏请禁运外土入境一折，度支部议驳原奏，亦以禁吸为正本清源之计。又前胶关税务司申青岛土商存土过多请运内地销售文内声明，青岛土商等业经出具切结，除现存官土一千二百五十箱外，永不运土进口。是奸商私贩一层，已可毋庸过虑。至洋药进口订明条约，原准递年减少，事关全国，似非山东一省所能抗议。然使内地吸者禁除，该洋商等纵运土进口，亦何能强人以必购。是条约虽准其递减，该洋商运销无路，亦当不禁自绝；否则禁卖愈严，土价愈高，而私贩方法，亦必因之愈巧，必至查不胜查，罚不胜罚，而商业之扰害，交涉之纠纷，皆将缘是而起。广西议决禁卖，卒致官绅起大冲突，将来效果何如，未可预知，东省似未可遽步后尘。今为禁烟扼要之计，惟有对于禁吸方面妥议办法，庶几可免流弊而收实效。希即遵照部议，将禁吸办法详细覆议，呈候裁夺，公布施行。此答。

抄交度支部议覆禁运外土入境原奏一件。

度支部谨奏，为遵旨议奏，恭折仰祈圣鉴事。山东巡抚孙附奏请禁运销外土入境一片，宣统二年五月二十二日奉朱批：该部议奏。钦此。钦遵由内阁抄出到部。查原奏内称：山东办理禁烟，分年减种，至宣统元年春，已全省一律禁净。各属历年存土虽属不少，实力办理公行，就公行出入之数稽查综核，责令分年递减，吸户自可不禁渐除。所虑者，内地存土日少，土价日昂，外土蜂（踊）〔拥〕而至，近年东、胶两海关土药进口之数，业已年增一年，漏卮不塞，后患讵有穷期。拟请自本年秋季起，一律禁止外省土药入境等语。臣等伏查禁烟一事，禁种、禁吸、禁贩三者均关紧要，而扼要办法，尤在禁吸。盖吸者禁除，种者、贩者无利可图，自不禁而止。山东办理禁烟，本年四月间据该抚奏报，业于上年一律依限禁种净尽，惟存土一时不能售罄，拟查照民政部会同臣部奏定禁烟稽核章程，由官设立公行，就公行卖土买土定以限制，所以严查销数，禁止私卖、私吸也。兹该抚又以境内存土日少，土价日昂，东、胶两海关进口土药年增一年，奏请禁止外土入境。夫该省自禁种以后，外土日见畅销，则是吸户并未减少，已可概见。若因销场畅旺，徒以禁运为挽救之策，恐外土虽经禁绝，而吸者（末）〔未〕已，种户贪利偷种，为害无穷，洋药乘间灌输，防维不易。臣等公同酌核，该省办理禁烟，既就公行出入之数稽查综核，责令分年递减，查奏定章程，凡土不经公行买卖，均以私论，如果办理认真，稽查严密，外省土药运入东境亦不能私行售卖，加以严禁吸食，使土药无路销售，则贩运自可绝迹。应请饬下该抚督率所属认真办理公行，严查私卖、私吸之弊，一面将全省境内吸烟人数切实调查，发给购烟牌照，勒限减少，由少而无，庶烟害可以廓清，而外省土药运销无路，亦不禁自绝矣。所有遵议缘由，理合恭折具陈，伏乞皇上圣鉴。谨奏。

覆议禁烟办法案（并批答）

为呈覆事。窃本局开会覆议禁烟办法一案，当经全体议员公同议决。所有理由办法，理合缮折呈覆。为此呈请抚部院裁夺施行。须至呈者。

折开：

窃本局前呈禁烟办法一案，顷奉札覆，谓凡百货物，无不以需要供给相为比例，如果吸者日少，贩者无利可图，自可不禁而止，否则禁卖愈严，土价愈高，而私贩方法，亦必因之愈巧。今为禁烟扼要之计，惟有对于禁吸一方面妥议办法，庶几可免流弊。希即遵照部章详细覆议等因，并抄交度支部原奏一折到局，仰见抚部院痛绝流毒，力戒粉饰之至意。议员等再四商榷，均以为禁烟之有无成效，固在乎功令之森严，尤在稽查之精密，二者并举，方能实行。东省自办理禁烟以来，对于禁种一事，固已一律断绝，而贩卖者充斥如故，吸食者未见锐减，转瞬期限已满，事机已失，无可补救。为今之计，非雷厉风行，力戒因循，不能正人心而除沉痼。虽前此禁令迭颁，固已洪纤备举，奈各州县地方官习于玩愒，奉行仍视若具文。兹拟责成自治会与地方官同负责任，则督责稽查日益严密，庶足厉国人振作之新机，方能有效。查禁烟事项本在城镇乡自治范围之内，自治职员又皆负一乡重望，若严定考成，实行赏罚，责令认真举办，而就近查禁，措施尚易。至于奸商私贩，固不能强人以必购，而来源不塞，则吸者亦难杜绝，故一面禁吸，一面尚须禁卖，此事最为要图。兹谨拟定章程二十七条列左：

（甲）宗　旨

第一条　本章程系查照从前禁烟禁令及禁烟期限，揆度现时情势，立法格外从严，以期流毒净尽，庶不至姑息贻患。

第二条　自禁烟令下，人民非不感愧，只以地方官奉行不力，除实行禁种外，而贩卖与吸食者仍皆习为故常，省城且然，何论外府州县。近时实行禁烟，宜先从稽查私卖与私吸入手，一面由地方官禁止私卖，以杜来源，一面由自治会稽查私吸，以定确数。至于领买执照之吸户，亦于执照上每月递减数目，更以地方上之戒烟会劝勉之，使之自戒。如此则吸户日少，吸数日减，不及禁烟期限，吸烟者自可断绝。

第三条　禁烟关系重大，应饬令城镇乡举办自治事宜时以戒烟为要政，即以各州县自治会成立之日，为实行稽查之期。

（乙）禁　种

第四条　东省禁种一条，已于宣统元年一律净尽，如乡间园圃有于住宅连接私行种植，藉获厚利者，应责成自治董事会乡董等各就本地稽查，并崇尚告讦，方杜此弊。

第五条　遇有前项情事，一经告发，即从重究治，并将邻右地保照章究罚，而自治会乡董等职员，亦须按照罚则办理，庶互相稽查而根株自绝。

（丙）禁　卖

第六条　各地方之官土店虽为设肆卖土，实藉以稽查私吸，奈承办者专事渔利，希图多卖，以致吸者日多，弊端百出。拟请一律改革，繁盛城镇归巡警局派人经理，外府州县悉归董事会乡董派人经理。禁烟为巡警及自治会本有权限，自应认真办理，以杜私售。

第七条　私开烟馆，禁令綦严，自因地方稽查太疏，而官土店又得其厚贿，遂任其销售，以致烟馆遍地，麕聚无赖，旧瘾未减，新瘾日增，殊堪痛恨。嗣后应责成自治会严查，禀请州县官封禁，如再蹈前辙，准人告讦，除将该本人按法惩治外，应将巡警及自治职员照章惩罚。

第八条　官设土店若归巡警局及自治会经理时，须清查本地方吸烟人数，核算一年销土若干，先查明旧存土膏实数及不敷销数，方准购买。当收买土烟时，须先报明该管官署，请领买数额票，无论收买若干，须呈明该管官署验收核对，与额票上买数相符，方准销售。至吸户执照上数目减净，即不到禁烟期限，当一律停止。

第九条　如有地方官及自治会或巡警局查出充公之私土，亦准于官土店中销售，所得钱项除酌提费用外，余款均作地方上办公之用。若逾禁烟期限，或业经停止时，只可将私土烧毁，无论何人，不准再为销售。

第十条　私贩盗卖本干禁例，而富商大贾又往往广购囤积，为垄断居奇之计，一遇来路不畅，即行出售，近时以此获利者不少。又有小本营业，私买烟泡，尤为戒烟之障碍。请饬下各州县巡警协同自治会严行稽查，遇私土过十两者与贼赃同科，如遇有私买烟泡之人，无论何人，立即扭禀该处巡警局或自治会查明，禀官照章惩罚。

第十一条　海关土药进口漏卮不塞，为害无穷，虽现时骤难禁绝，而逐年递减本已载在约章。拟请照会各国领事照章递减，不准输入增加，以示限制。

（丁）禁　吸

第十二条　近年调查吸烟人数，地方官不过凭里长、地保捏填表册，朦混上报，吸烟者视若固然，谁知愧改。嗣后应令自治会协同各区首事、地保，确实调查吸烟人数，查出时将本人之住居、姓名、年岁造册申报，一面令其领买吸烟执照，一面劝其入戒烟会戒烟，如有不在吸烟名册之人，因吸烟被人告讦，或经巡警查明，除照章惩罚外，该自治会职员及首事、地保、邻右均有相当之处分。

第十三条　省城巡警道例发吸烟执照，官膏局视为具文，任意销售，遂至漫无限制，各州县亦然。嗣经自治会及巡警局经理，凡为吸户者，须到自治会领买官印执照，执照〈以〉上须注明住所、姓名、年岁，每日准买烟膏若干，每月准买若干，一月一换，以备次第减少。每次卖给时，须记日盖章，某日未买，后日亦不准补，但须按照执照数目发售，不准逾额。如无执照，一律不准卖给，并将本人发交戒烟会中戒烟。

第十四条　各学堂局所有职务者，须令同事人具有无吸烟之人互结，如本人自为呈明，须勒限令其戒断，戒断后方准当差。若本人并未呈明，或同事隐匿不报，一经查出，或被人告讦，除本人撤差治罪外，具互结人一律惩罚。

第十五条　商埠城镇市面铺户以左右五家为连号，令具有无吸烟之人互结，如代为隐匿不报者，一经查明，或被人告讦，除本人按法治罪外，连号酌处罚金。

第十六条　城镇乡居民每户家族长须具有无吸烟之人甘结，否则隐匿不报，一经查明，或被告讦，除本人按法治罪外，该家族长以纵容论罪。

第十七条　客店旅寓如有客商无执照而私吸者，店东房主得禁止之。如抗拒不遵者，准禀该处巡警局按法治罪。有代为隐匿者，与私吸者一律惩罚。

第十八条　殷商富户囤土甚多，为永久吸食之计，即禁烟期限经过，往往藏匿私室，仍自吸食。如由自治会访闻确实，或被人告诘，可传至戒烟会试验，如直言不讳，令本人入会戒烟，仅将其囤积烟土烧毁；否则严行试验，若验明有瘾，除将囤积烟土烧毁外，严加惩罚。

第十九条　官长为齐民表率，乃禁令綦严，仍多私吸，各州县区巡官更多烟瘾，执法犯法，殊为可恨。嗣后应令自治会随时稽查，查明时准其密禀该上司分别撤换。

第二十条　房吏班役每恃官势，公然在衙署近旁开灯恣吸，尤违禁例。嗣后应责成巡警一律查禁，如一经查出，或被人告发者，并坐地方官纵容之咎。

第二十一条　查谘议局及地方自治章程皆载明吸食鸦片者无选举权，而调查员往往瞻徇情面，令有嗜好者滥列选举册，亦得异日被选，殊违法律。请饬下各州县，嗣后于各项选举，务令调查员认真办理，遇有本地方吸烟之人，无论具何资格，理应剥夺其公权，并具报自治会，以便勒令本人入戒烟会中戒断，庶人知自爱名誉，无不力祛沉痾。如调查员有隐徇情弊，应照章程罚则办理。

（戊）戒烟会

第二十二条　各州县城镇乡地方皆应设戒烟会一处，制备各种戒烟药品丸料。本地方如有愿戒烟之人，准其入会戒烟。若无力贫民，亦可免缴药费，愿购者照价发售。

第二十三条　如有公正绅商及热心公益之组织戒烟社会，施设丸药，广为劝导，俟办有成效，由自治会呈明地方官详请奖励，但该社会除禁烟外，不准干与他事。

第二十四条　各戒烟会及药铺寄售药品，如搀有烟灰及含有吗啡性质者，一律查禁。

（己）附则

第二十五条　凡遇有告诘情事，必经自治会查明虚实，方准经官核办，以免挟私妄控，扰累良善，违者以反坐论。

第二十六条　自治会成立后，照章每年查验成绩，请嗣后派员查验，首以戒烟之有无成效为比例。

第二十七条　无论官吏、绅董及首事、地保人等，于查禁情事，概不许勒索财物，违者查明究罚。如遇有告诘情事，无论各局所、学堂、旅馆等处，准该处自治会乡董等职员进内访查，铺户、旅店准该处巡警访查，惟不准差役擅入，以防流弊。

奉札批答：为札行事。据呈覆议禁烟办法一案，查城镇乡自治章程第五条第二项第六目，自治团体本应管理戒烟事宜。诚以查禁之事，仅恃地方官力，未免难周，而私卖私吸等事所在多有，要无一能遁父老兄弟之耳目，故特以戒烟会规定为自治团体事宜，俾得惩劝兼施，易于收效。兹据呈，拟责成自治会与地方官同负责任，以期督责稽查，日益严密，足征诸议员痛除流毒，勇于任事，良深佩慰。惟所拟章程二十七条内，尚有应稍加商榷者，除由本部院修正后公布施行外，兹特摘出批答，粘单札复。为此札行谘议局，希即知照。须至札者。

粘单一纸。

计开：

第二条　查光绪三十二年十月会议政务处大臣奏定禁烟章程第二条，清查吸户原准由该处绅耆汇齐转报。此条拟由自治会稽查吸户确数，事属可行，但查明后应报由地方官覆查注册。

第四条　禁种办法既责成自治乡董各就本地稽查，该乡董等果能稽查严密，自不难于净尽。若明言崇尚告讦，即难免有挟嫌栽害、拖累骚扰等弊。此二语似应删去。

第六条　官土店改归巡警局或自治会派人经理，系属专卖办法，本可照行。惟买土熬膏必须资本，现在各处巡警自治经费无多，恐难举办。然使吸户稽查严确，再将官土店售卖账目不时调查比较，多卖之弊自可杜绝。此条似可缓行。

第八条　按照人数预算收买土数，与向章意义相同，应责成官土店遵照办理。惟此条当改为官土店须按照地方官所发本地方吸烟人数清册内售烟数目核算云云，较为明晰。

第九条　官土店销售充公私土所得价值，向章系酌提充赏外，一律拨充警费。此条原文除酌提费用外一语似嫌笼统，应仍改为除照章酌提充赏外，以符旧章。

第十条　私贩盗卖，禁烟条例本有处罚之条，此条原文严行稽查之下应改为如遇私卖烟土烟泡之人，无论何人，准即扭送就近巡警局或自治会查明禀官，照例惩办。

第十一条　洋药进口按年递减。查光绪三十二年十月外务部与英使议定办法，第一条内载，印度洋药以运往各国全数为限制，以印度出口五万一千箱之数为定额，按年递减五千一百箱。又第二条云，派员前往印度之戛里古达监视拍卖打包，只查发运洋药实数等语。据此条文，是按年递减乃系运往中国之全数，且系由印度出口之数，并非分指中国各关进口之数，戛里古达地方既经中国派员监视，其为实行递减自无容疑。所请照会各国领事一节，查与部议办法不符，未便照办。且各关进口多寡亦必视销数之多寡为衡，如果东省吸者日少，则印度虽已发运，不难改向他省海关进口，似亦毋庸过虑也。

第十三条　查民政部发给购烟执照章程第二条，购烟执照每三个月更换一次。又本省向发执照概不收取照费。此条原文领买执照暨一月一换等语，均与向章不符。兹拟酌改其文曰：嗣后各州县自治会查明吸户确数，报由地方官覆查注册，按数填印照，执发交自治会转发吸户领受，仍照部章每季更换一次执照，内须注明住所、姓名、年岁、职业，每日准买烟膏若干，或每月准买土若干，以备次第减少云云。

第十六条　此条之后应增加一条，其文曰：以上三条由户口调查员办理，其在省城内外者，应将互结汇送警务公所，其在各州县地方者，汇送地方官署，以备查考。

第十七条　局所、学堂、铺户既经出结在先，该局所长、堂长、掌柜等即负有责任。此条但为预防互结或告讦不实起见，应改为无论各局所、学堂、铺户，准该处自治会乡董等职员致函查问，仍取覆函以为凭证。其旅店、酒馆等处，在公开时间内准该处巡警入内访查，如非公开之时，仍不得擅入，以免骚扰。

议决请饬各州县议事会稽查巡警案（并批答）

九月二十九日

为呈报事。窃查巡警为民政要端，省城巡警凡站岗、清道诸职务均著有成效，而州县地方虽遵章一律设立，而为巡警兵者多属市井无赖充当，区官巡弁又皆品学卑浅，往往不遵警章，不宿局所，恣意冶游，溺情嗜好，甚且讹诈乡愚以饱私橐，欺凌绅董以报宿嫌，种种不法行为，难更仆数。虽州县官有监督巡警之责，而案牍劳形，鞭长莫及。惟念地方上多方筹集，斯得此种巨款设立巡警，原以冀获地方上安宁秩序，乃不惟无益，并且有害，何用此种巡警。况将来地方上一切事宜在在需款，若不设法整顿，希图见信人民，恐于异日地方筹款之事，必生出无穷阻碍，实于宪政前途大有关系。现在州县各地方城镇乡之自治会渐次成立，似应付以稽查巡警之权。查上届议案内有设立警董一条，已蒙批准施行。惟各地方之警董权限，但经理会计上银钱出纳，而警政应办事宜仍由地方官、区官主政，至巡警事务之得失何如，该警董实不准干预，以是责之警董，实难应稽查之职。第念议事会为地方自治要领，原以辅官治之不足，若责以稽查巡警，亦非踰越权限。况议事会本有办理地方事宜职任，如禁烟、禁赌、消防、卫生各条，凡列于巡警章程者，皆属自治范围内应尽之责，以本地方之人办本地方之事，果稽查有方，更足促自治之进步，最为适宜。若遇地方巡警有违法讹诈情事，一经查知，轻则禀知州县地方官查实，将该处警兵斥革，重则直禀巡警道查实，将该区巡官撤换，庶几惩一警百，地方巡警尚不至大为民害。惟当具禀时，必经议事会中议员多数议决方能为之，如有以私人资格告发者，即作为个人诉讼，庶免挟私告揭之弊。当经开会全体议员研究，公同议决。为此呈请抚部院裁夺施行。须至呈者。

奉批答：来牍阅悉。该局所请州县议事会稽查巡警一节，查巡警系官治行政，不在自治范围之内，上年该局质问，业已批答在案，议事会自无稽查之权。至地方巡警如有违法讹诈情事，极应分别究办，州县官耳目难周，恐有书差蒙蔽袒护之弊，该局所拟由议事会议决，公同具禀呈请办理，自属可行，候即公布施行。此答。

议决上年陈述运河利弊办法请速饬逐条查覆案（并批答）

十月初二日

为呈请事。窃查东省运河，自漕船停止以后，局势变更，商船、民（田）〔船〕均受巨害。去年本局陈述运河弊端四条，办法五条，所有导湖浚泉、官督绅办、裁兵换夫、征收水租以及柳园、草场、地亩归作养夫之用诸端，详细陈明，当蒙钧批，所议兴利除弊各条颇中肯綮，已札行兖沂道逐条查明禀复，以凭核办等因。沿岸商民莫不延颈以待，冀速裁决，迄今一年之久，尚未奉有查覆明文。事关商民利病，应行再恳饬下兖沂道迅速查覆，俟核办后，早为谕示，以慰民望，实为公便。为此呈请抚部院鉴核施行。须至呈者。

奉札批答：为札行事。案据该局呈称：窃查运河自漕船停止以后，局势变更，商船、民船均受巨害。去年本局陈述运河弊端四条，办法五条，所有导湖浚泉、官督绅办、裁兵撤夫、征收水租以及柳园、草场、地亩归作养夫之用诸端，详晰陈明，当蒙钧批，所议兴利除弊各案颇中肯綮，已札行兖沂道逐条查明禀覆，以凭核办等因。沿岸商民莫不延颈以待，冀速裁决，迄今一年之久，尚未奉有查覆明文。事关商民利病，应行再恳饬下兖沂道迅速查覆，俟核办后，早为谕示，以慰民望，实为公便。为此呈请鉴核等情到本部院。据此，查此案现据兖沂道禀覆，另抄录札行该局查照。兹据前情，为此札行谘议局，即便知照。须至札者。

又奉札批答：为札行事。案据兖沂道吴道永禀称：案奉抚院札开：据谘议局呈称，窃本局提议运河变通办法一案，内列运河弊端四条，运河当办五条，业经全体议决，理合缮折呈报。为此备由，呈请抚部院裁夺施行等情，并呈清折一扣到本部院。据此，除批“查运河工程，近年费款大修，未著明效，亟应妥筹补救，以利商民。本部院前经奏派兖沂道为督办，原期一事权而资整饬。湖田太多，无从蓄水，将为运河之害，本部院早亦虑及，前派道员陆恩长前往履勘通筹。来牍所议除弊兴利各条颇中肯綮，已札行兖沂道逐条查明禀覆，以凭核办。此缴。折存等因。”印发外，合行札饬。札到该道，立即遵照办理。此札。计粘抄清折一纸等因。奉此，职道查谘议局提议运河弊端办法，所陈不为无见，然核与奏咨原案及近今情势，亦有窒碍难行者。综其大要，不外三事：一为运工请官督绅办也。查河工动支钱粮，与寻常工程不同。厅汛官员各有职守，若以九州县绅士参预其间，而自爱者方引避以为高，好事者又浮夸而失实，事权涣散，意见即不免纷歧，工段参差，估报即难归画一。事关国家行政，官吏考成，此则未便议准者一也。一为湖田请废去蓄水也。查垦种湖田多至二千余顷，征收租额增至十万余串，废湖田而能蓄水，亦复何所吝惜，废湖田而不能蓄水，奚可听其荒芜。前陆道恩长奉委查勘，亦谓湖田与运河两不相妨，禀覆有案。事关国家税课，军队饷糈，此则未可议废者又一也。一为工巡营请裁兵换夫也。查工巡营之设，与船捐一事均系奏明办理，该营原仿巡警规制，分布沿河，保卫商船，兼司闸座，而属于运工权限之内，故命名曰工巡。又以巡兵分驻之地，定商船完捐之率，以充饷需，盖有相维之道也。若换用闸夫，则启开以外即无余事，裁撤巡勇而防护之道恐有未周。昔年本以闸夫积弊奏请改用巡兵，今日又以巡兵舞弊议请复用闸夫，设管理不得其人，弊恐滋甚。事关营制兴革，船捐出入，此又未便议定者也。谨就职道管见所及逐一查议，缮具说帖，恭呈钧鉴，伏候裁夺。所有奉饬查覆缘由，理合禀请察核示遵等情，并呈说帖一扣、清折二扣、表一纸到本部院。据此，除禀批示外，为此照录原折，札行谘议局即便查照。须至札者。

计抄说贴一扣、清折二扣、表一纸，均存局备查。

议决东平州运河两岸荒地变价处理建议案（并批答）

十月初二日

为呈请事。窃据本局议员巩象临、范德如为运河两岸荒地事建议，谓查东平州境内运河两岸草场、柳园、地亩约计数目共有四五十顷，当河运盛行之日，凡沿河两岸荒地向归闸汛官及所官管理，例无官粮，每岁自为收租，藉饱私囊，已历有年所。此种草场、柳园、地亩，沿河州县类此者不知凡几。自漕运停止后，官制变更，闸官河所之员均经裁汰，即有汛官未撤地段，非其管辖，任其荒落。其它州县荒地若干未尝详细调查，实难妄议，惟东平州地方，此项荒地尚属虚悬，耕种无人，殊为可惜。况东平为濒河州县，自运道失修后，汶水旁注，黄流倒漾，沿河地方半成泽国，饥莩流离，居民失所，其苦实不堪言状。议赈议蠲之事岁有所闻，然皆徒縻巨帑，仍无补于时局。近河灾民计无复之，惟有相度形势，修筑圈圩，冀得保卫一方，奈民力竭蹶，时形困难。为民生计，当此地价昂贵之日，若将此项荒地酌价变卖，亦可为地方上大宗巨款，即以此种款项藉资浚河筑堤，津贴圈圩，以拯济一方灾民，而买地之家即须计亩升科。如此经画，既可以省赈款，并可以增国课，是与国家、地方两有裨益。为此拟请抚台饬下兖沂道确实查明，俾将此项荒地归官变价，所有修筑津贴各事项，统归东平州地方董事会中经理，化无用为有用，不独沿河居民之福，亦国家之一大利源也。兹经议员巩象临、范德如提议，全体公决，理合将建议各缘由呈请抚部院裁夺施行。须至呈者。

奉批答：来牍阅悉。案据该局议员巩象临等建议东平州运河两岸草场、柳园、地亩一案，据称此项荒地约计数目共有四五十顷，任其荒废，殊为可惜，亟应归官，设法整顿，以裕国课，所请自属可行。至呈称由董事会中经理，不知官地系国家财产，董事会无经理国家财产之权，此条碍难照准。余俟派员会同沿河各州县详细查明，呈候核办。此答。

议决治理黄河案（并批答）

十月初五日

为呈报事。窃以黄河漫溢，为害甚巨，非急求治理，受害无穷，当经全体议员开会研究，公同议决，所有办法八条，理合缮折呈报。为此呈请抚部院裁夺施行。须至呈者。

折开：

窃维黄河为东省巨害，因建设河防，以善事经画。况河势激湍，变迁无常，稍失防检，即贻害居民，因势利导，曾为近今治河之要策。即有管河人员舞弊营私，尤赖在上者惩劝有方，以预杜流弊，庶可收人存政举之效用。议会居建议地位，本为行政上补助机关，使知而不言，抚躬亦难辞其咎。平时留心黄河积弊，灾受切肤，目击神伤。兹就现在发见之事实详细直陈，惟期于东省治黄政策藉资补助。议拟办法八条如左：

一、展堤。查东省黄河下游尾闾，本由利津入海。光绪三十一年修筑两岸防堤，南岸至利津丰国镇以下十余里而止，北岸至利津监窝镇以下四十余里而止，不知由丰国镇以下堤尾至海尚有三十余里，由监窝镇以下堤尾至海尚有五十余里，尾闾无堤束水，势必至散漫无归，水流缓滞，上游遂壅涨而多险工。苟接此两岸堤尾，展长直至海口，则河流顺轨，上游自无壅满之患，如人身然，下部通畅，未有上部再患澎涨者。此展堤所以为河工上最要政策。

二、提款。查上年本局提议黄河议案，已蒙批示在案。恭读钧批，兴利第一条云，自薄庄漫口未堵，南北接筑两堤万余丈云云。夫此万余丈之堤，一处疏忽，贻害全局，若不加培修，不事防守，虽有而若无。查去冬台子庄决口，被灾者数十村庄。近闻九月初六日宁海庄决口，又淹数十村庄。是徒以万余丈之堤款，一旦尽付诸黄流，推其原因，实由营汛不能守堤之故。为今之计，宜接此万余丈之堤尾，再筑长六十余丈，即至利津海口。该处屡年被水，河淤增高，每丈得有三十余方土即可济事。论每丈需用款项，不过京钱十余千，通盘筹算，约计得京钱六万余串而已足。查利津垦务进款，岁租约得三十万串，至今年以水灾缓征，仅收入二十一二万串。拟请即从此租款项下，提出六万余串，作为展堤工款，似无妨于租款正用之需。盖堤岸既长，不惟可以卫庄村，并可以护田地，此后报灾缓租之事自然无之，且圩地日多，自可令民认租，又能扩充垦务，两项核算，有盈无绌。就事实论之，虽为提作堤款，实以藉增租款，此为一举两得之计。

三、守堤。黄河堤岸，曲折弯远，实赖营汛，以资防卫。平时详细调查河工防营，利津南岸仅守至宁海庄而止，北岸仅守至监窝镇而止，以下距海口百余里，尚有万余丈已筑之堤。此间近河地方，村庄正复不少，乃防营玩视民瘼，竟弃置而不加护守，殊不可解。拟请饬令河防营弁，（俟）〔嗣〕后务须分派防勇，将河岸新筑之堤，平时一律防护，以专责成，致免河防疏忽之弊。

四、雒口以上堤岸再事增高。黄河桥工两岸，堤身太卑，甚为可虞，可乘此桥工未竣，速将雒口以上之堤身加高培厚，为思患预防之计。

五、齐河对岸北店子地方须筑复堤。查齐河对岸，惟北店子地方之堤工与省城最有关系，距省城西南四十里，地据上游，河形坐湾，一遇涨水，奔湍埽塌，其势甚为危险。是宜速筑复堤，倍加高厚，以为一带村庄及铁路、省城之保障。此为最要关键，尤须注意。

六、河工弊端宜严查察。沿河二十一州县情形既殊，弊端不一，有修土牛以索费者，有借柳枝以讹诈者，有防勇本为二百四十、一百四十及八十名之定数，册报虽符而定额公然仍缺者，推之正杂各料之采买取用等事，其弊尤易于蒙混，弊端丛生，不胜枚举。拟请派员严事查察，分别贤否，以昭劝惩。

七、河员记事论说须发交以资参考。上年本局提议黄河议案，已蒙批准河员讲求工程，各为记事论说，霜清后汇集呈院。现已届期，拟请将各员呈院记事论说，抄发本局一分存查，以备研究，可知现时河工政策之方针。

八、专员监硪。黄河堤岸每岁本有新筑、旧增两工，详分报部。（归）〔旧〕堤增工，尚赖堤身素坚，纵有减硪之弊，犹无大害。惟新筑之堤工，最虑虚土减硪。查河防局修堤章程，每覆土一尺，经硪筑成七寸，故欲修五尺高之新堤，必用五次覆土，五次经硪而后可。是堤高五尺，非共计有七尺二寸之土经层硪筑成五尺堤身，断难坚实，此为河工上层土层硪之定例。讵料日久弊生，每遇河防上兴修堤工，凡覆土经硪之事，皆由委员任意为之。其委任之员果为贤劳，尚能工归实际，若遇贪墨者流，往往表里为奸，借此为肥己营私之计，暗遣土夫拥篑齐上，硪未至而额高已足，外拍硪印，居然成堤，谚所谓穿大褂顾外皮，即指此弊。土则偷虚数尺，硪则偷减数层，至阅其报销册簿，必详列实土若干层，经硪若干数，及实行考察，均属虚报。试观新筑堤岸，一经河水，其势直如过筛，倾刻即随溜埽尽，【岂】非其显然共见者。国家当库款支绌之际，乃以有用财资，竟掷诸无影无流之中，殊为可惜。于此拟一防弊办法，凡遇筑新工之时，监土监硪两事不准一人兼理，监土委员不得监硪，监硪委员不得监土。且监硪委员除该堤遇水自为坍塌外，三年以内如有著水筛漏情事，即将该委员严加参处，以儆将来，庶几知所畏惧，而其弊自除。

奉札批答：为札行事。案据谘议局呈议整顿治理黄河办法八条，开具清折，呈请裁夺等情到本部院。据此，详核各条，均为思患预防起见，甚为周密。惟其中有应暂从缓议者，有亟需筹办者，有即应照办者。兹逐条批答，为此札行谘议局，即便查照。须至札者。

粘单一纸。计开：

第一条　展堤。查海口筑堤，束水攻沙，固属善策。惟徒骇河海口当光绪三十一年黄河改道之初，势本通畅。今年本部院派员查看该处海口，频年已经淤高，势等仰盂。今纵将堤接长，欲其束水，伸长入海，并须挑浚海口，需款至巨。光绪二十四年派员勘估，经李文忠公奏明有案。目下既无此财力，亦实未能确有把握，俟将来察看形势，筹有巨款，再议修筑，庶可收一劳永逸之效。

第二条　提款。查利津新堤南岸距海尚有三十余里，北岸尚有五十余里，两岸共计当在九十余里，应合一万六千余丈。近海土性多沙，堤身卑薄，恐难有济。如果兴筑，必须包淤，以沿河大堤形式计算，每丈必须五十方土，每方以京钱七百计算，通盘应需京钱五十余万串，而堵截河汊之工尚不在内。该局原估六千余丈暨每丈三十余方等语，想因不谙工程，故计算未确。至拟拨利津垦务租价一节，无论此项租价皆经预算指定支项，不能划拨，纵因河工重要，不得不剜肉补疮，勉力另筹，而黄河改道，往迹具在，将来设有变迁，此项巨款岂不弃置无用之地。当此财政困难之秋，实不能孟浪兴工。

第三条　守堤。查薄庄以下新堤，光绪三十一年曾经前升院周奏准民修民守，嗣因新堤土性未固，暂归下游管守，现仍派有哨弁常年驻防，并未弃置。至新堤以下原无堤防，自无庸添设营哨，徒多縻费。

第四条　雒口以上两堤再事增高。查此条上年曾据该局提议，当经派员勘估，今春已一律修培，候札饬中游督办随时查看，勤加修培，以资保障。

第五条　北店子地方须筑复堤。查北店子地据省城上游，形势最关紧要。该局议请于堤后速筑复堤以资保障，所见甚为扼要，候即札饬中游督办详细勘查，赶紧筹办。

第六条、第八条　营勇缺额及虚土减硪之弊，历年均经严饬整顿，候再通饬严禁。本部院仍当不时派员密查，倘有故违，定予重惩。至监硪委员，三游工段较长之处，业经酌量分派，应仍照旧办理，毋庸逐段添派，致多縻费。

第七条　河员记事论说，上年曾经通饬遵办。现在甫经撤防，各工员未尽旋省，候由各总办汇呈阅看，其有论说可资研究者，即可发交该局，用备参考。

议决移民实边案（并批答）

十月初六日

为呈报事。窃本局开会提议移民实边一案，当经全体议员公同议决。所有移民办法，理合缮折呈报。为此呈请抚部院裁夺施行。须至呈者。

折开：

窃查东省界齐鲁两境，幅员辽阔，生齿繁衍，据西国近时调查表计之，东省人口已增加至三千万。增人并不增地，生计愈形艰难，若遇荒歉，甚觉堪虞。况东省濒海地方本与奉天疆界接壤，旧时登、莱、青三府人民每岁徙居于东三省者，实不胜指数，移民实边之义，东省已隐行之。近时东三省锡督提倡移民政策，奏请筹办垦务，颁发详细章程，分布各省，并转札各省谘议局，同尽劝导筹措之责，不致以大利归之外人等因，蒙抚部院札到本局。奉此，当即开会公议，佥谓东省现在时势，正以人满为忧，移民实边，实为近今当务之急。兹就东省情形，谨拟移民办法五条如左：

一、拟请通饬各州县出示晓谕，并传谕本地方办事绅董分任劝导，遵照移民章程，招集贫民，俟垦户实数确定后，造册申报，以凭遣送。

一、查垦务章程内（闻）〔开〕，天津、烟台、营口均设垦边招待处。我东省东西二府地理上之关系相距甚远，彼人民之愿为垦户者欲赴招待处领垦，断难齐一。现拟东府垦户宜从烟台招待处领照赴营，西府垦户宜从天津招待处领照赴营，以期便利。

一、领垦之民属于贫寒者居多，家无担石，启行维艰。拟请筹拨公款，作为移民经费，如沿途住宿、饭食各等费是，但须定明确数，由地方官交给委员，按户随时发给，不准克扣。

一、拟请天津、烟台、营口垦务招待处，先与铁道及轮船公司交涉，按照湖北移民定例，捐免沿途火车、轮船票价，但垦户于招待处领照时，须先发给免票执照，以便记认而杜假冒。

一、拟请各州县专派妥员，带领垦户前往，沿途照料一切，以资保护。

以上办法五条，仅就东省力所能为者言之，劝导筹措，事尽于此。至垦户到该处时，赴段领垦，如何借贷资本，供备住居养赡，及发给牛种农具等事项，该处垦务局自有详细定章，本局兹不赘述。

奉批答：呈折均悉。查移民实边为现时要政，既可杜绝外人觊觎之念，又可奖励人民企业之心。东省民众财匮，自宜极力赞助，互受利益。该局所拟办法第一、第二、第四三条均属可行，其余须待研究者尚有数端。一、东三省各招待处及其它交通机关尚未完备，俟该处皆已成立，东省始可续设，以便招徕。二、该处荒地广漠无垠，必东三省垦务局先行划定区域，颁布图说，而农民到境始可各认界址，从事开垦。三、农民到境后，衣食住三项尤为切要。荒地大半辽阔无人，日用所需莫从购取，势必先代妥筹方法，庶免冻馁。至该局所呈第三项筹拨公款及第五项派员带领前往二条，现值东省财政支绌，正供尚多不敷，恐无的款可资拨用，应随时斟酌情形办理。候再咨请东三省总督部堂详细答覆后，再行通饬各州县出示劝谕，以期发达而收实效。此答。

议决速撤益都试办林业委员以纾民困建议案（并批答）

十月初七日

为呈请事。窃据本局议员王炜辰建议，谓益都素多荒山，非人民不知林业之益，只以山多横石，实难种植。其间有土壤地面，附近贫民已尽开垦，岁种禾稼，藉资糊口。其余一切石田，皆本地石工赖以营业谋生。今年春间，有委员某来益都试办林业，云门山一带荒山，凡贫民所开垦地面，概行禁止，不准耕种，即石工于兹营业者，一律逐去。贫民失业，嗷嗷遍野。议员偶经其地，目击心伤，乃该委员深惧其事发泄，即就该山近车道处累筑石堆，作为试办林业所掘出者，以欺蒙上宪之耳目，其实乃石工旧时开凿所至。其所开办林业地方，无非霸占贫民垦地而已。惟念朝廷深仁厚泽，已数百年于兹，曾无闻有苛政虐民之事。即当此库款奇绌，且不忍加〈以〉征重赋，害及民生，岂忍夺贫民营生之业者。在劝业道提倡林业，原以开通风气为心，诚为善政，未敢厚非；惟因不明益都地势，但凭该委员禀请，即转恳抚台允准办理。况此种石田荒山，即讲求耕植，异日亦未易发达。就东省现时论之，财政时虞支绌，乃坐听该委员虚縻巨款，异日林业难观厥成，反致农工失业，亦非得计。谨即闻见所及，〈用当监门流民图，〉呈请抚部院俯体愚隐，速将该委员撤退，以抒民困，益都之贫民幸甚。若以林业为现今急务，请将所发款项拟请饬青州府存储府库，令该处公正绅董就近调查，除贫民所开垦荒地外，果有可兴办林业地方，勘量注册，一律查验立案，即令该处绅董领款栽植，为地方倡办林业，不必专设局所，其款项亦可节省若干。况该绅董素谙土宜，较外来委员其奏效尤速。兹经议员王炜辰建议，全体公决，理合呈报。为此呈请抚部院裁夺施行。须至呈者。

奉批：来牍阅悉。以青州地面不宜林业，所请撤退委员，俾遂民生而重库帑之处，候饬青州府详查禀覆，再行酌夺办理。此答。

议决盐务未经厘定新章仍照上年批准定价定秤二条施行案（并批答）

十月初九日

为呈覆事。窃本局呈请批答上届批准剔除盐务积弊一案，兹奉札示内开：准督办盐政大臣电咨，现在盐务一切事宜暂行照旧办理，俟拟定章程奏准后，再行咨达等语，并经督办大臣委派陶主事埙等来东，分投调查各处盐务利弊及春运销售实在情形，具填表册并筹各种办法回京禀覆，究拟如何因革变通核定，自应静候谕旨，再行遵照办理等因。本局对于此札不应再生异议，惟查盐觔为人民日用所必需，实为普通之利害，上届会期议决此案，业蒙允准分别施行，一百七州县中被官商之剥虐者莫不延颈跂踵，冀纾民困。现时督办大臣虽经派委人员查覆，至如何因革变通办法，仓猝之间未能骤然核定，即经核定办法后，迨及实行期间尚需时日，地方上人民日受盐务上之害者将何以堪。拟请抚部院将上届本局剔除盐务积弊一案通饬各州县，将严禁勒派、株连，约束巡役等事认真实行外，所有已经批准定秤、定价二条，除登、莱二府及莒州已摊归地丁项下之州县地方外，按照旧日通饬官商盐店价目斤两，作为山东盐务上单行规则之暂时办法一律实行，并饬州县官将盐秤、盐价定数出示晓谕，张贴城乡，使妇孺皆知，以杜朦混。总之，盐务上积弊早除一日，即小民早受一日幸福。异日俟督办大臣章程厘定后，再为推行，以期利益普及，此时即将暂行章程统归消灭。如此办理，亦与督办大臣日后奏定永守定章并行不悖。兹经全体议员公同议决，理合呈覆。为此呈请抚部院裁夺施行。须至呈者。

奉批答：来牍具悉。据呈请将上届议决剔除盐务积弊一案通饬实行等情，查上届议决定秤、定价二条，本届会期曾经该局提出质问，业经明白批答在案。且盐觔、盐价事关奏案，未便由山东一省自定单行规则，自应静候督办大臣奏奉谕旨，再行遵照办理。惟各属盐价均有定章，近年因筹款练兵加增钱文，亦均奏定有案，岂容奸商任意伸缩。候即通饬各地方官将额定价目出示晓谕，俾众周知，以杜朦混。其盐斤大小各属积习相沿，原非规定章程，一时既难通行酌改，应即遵照督办大臣电咨，暂行照旧办理。至勒派、株连、约束巡役等事，上年业经公布遵办，候再严饬各属认真实行，期绝弊端。此答。

议决整顿各州县农务分会案（并批答）

十月初十日

为呈请事。窃以中国为自古重农之国，东省土地辽阔，农务一节，尤关紧要。现省城既成立农务总会，资以研究进化，而各府州县虽已筹设农务分会，半多有名无实，未能实事求是。兹据本局开会提议各府州县农务分会一案，业经全体议员公同议决。所有理由办法，理合缮折呈报。为此呈请抚部院裁夺施行。须至呈者。

折开：

窃查部章，州县设农务分会，盖以开通智识，改良种植，联合农界上之社会，非总会所能普及也。今州县所设分会，其总董率皆以本地腐败绅士充当，无款即归消灭，有款妄肆糜费，实于国家设立农会本旨大相悖谬，若不急加整顿，恐难收效果。兹谨详言弊端六条，及改良办法十条如左：

一、本地腐败绅士素不躬亲田亩，安知农务事宜，一旦派充总董，亦不组织各区农界会员议定分会规则，平时亦不召集开会研究，旷职尸位，适成会中阻力。

二、总董不得其人，董事会员只有仰承意旨，为侵吞款项地步，安尽职务。

三、农会以开通智识为第一要义，近时腐败总董每（事）〔视〕农业为屑琐事务，安望改良发达。

四、州县地方应设分会，查部章所载，分会应设半日学堂，以为造就农业上人才之地，增长智识，以便与农民研究，藉资改良。近时各州县地方总董志图侵噬，司事概置私人，于堂中所当提议及执行事务概不照章办理，安望成绩。

五、农学设试验场原以便教员、学员试验农业，为后来学员分任地方上兴农事务。近来各州县设立农业学堂，地方总董滥事糜费，并不设置试验场所，使本堂学员练习，难望实学。

六、劝业道每得改良农林蚕业新法及各色树种、棉种，均札发各农务分会，而总董往往视为具文，任意压搁，并不开会分布，以广推行，安有效力。

以上详言弊端。试再即改良办法分类言之：

（甲）总理董事须遵照部章每年由州县地方官照会各区绅董票举一次，不得使一人久居总董地位，以杜腐败。

（乙）农会以正月、十月为开会定期，届时须召集各区农界开会研究，会员、教员须参合新旧种植法互相发明，以资改良。章程定明正月研究种植，十月比较收获，令书记逐一录记，汇辑成编，刷印分布各区，以广智识。

（丙）东省荒山旷地最多，兴办林业甚易从事。所有地方上兴办林业各事项，均由分会中提倡，遇有作践、盗伐等事，一经报告分会中，当通知州县地方官迅饬捕役严缉，以示保护。

（丁）总董概不支薪，惟届开会时，凡会中总董、司事人员，须由本会中支发饭费，其书记即由会员中派充。

（戊）分会为州县一总机关，若届会期时，须集各区本会会员到会研究，并为设立分所基础。

（己）州县设立初等农业学堂，款项繁多，恐难设置，宜照章改设半日学堂，附设农会中，以便农民研究。若遇富庶州县，能设立初等农业学堂者，亦听其便。

（庚）凡州县已设农业学堂地方，其堂长亦须票举，不得由总董委派。

（辛）学堂教员须择在省城或出洋游学为农学毕业、程度较优者，由州县地方官禀请派充，其不娴农业者一律撤去。

（壬）试验场中须种植桑树，试验有效，再为分布各区，以为扩充蚕业地步。

（癸）试验场每有种植，须令教员、学员参合新旧种植法，会同农界会董及会员试验，以便研究推行。

奉札批答：为札行事。案据该局所陈，农务分会半多有名无实，不急加整顿难收效果，开具弊端六条，自系实在情形，仰候札行劝业道严饬各州县查照遵办。其改良办法十条，（甲）按照部章年选总董，（乙）刷印录记以广智识，（丙）保护林业，（戊）设立分所，（己）附设学堂，（辛）慎择教员，（癸）研究种植，俱皆切实周详，准即公布施行。惟丁、(丙)〔庚〕、壬各条于事实理论稍有未合，在该局不厌求详，本部院用再商榷，逐条批答如左：(丁）总董概不支薪，惟同司事人员开会时支发饭费，书记即由会员中派充，为节省经费起见，计亦良得。总董事繁责重，即如所陈保护林业、设立分所、附设学堂、试验种植各节，总董与书记、司事必常日驻会，始可认真经理，若概不支薪，俾令枵腹从公，理难诸事责求。其在公正士绅，富而好礼、提倡公益、甘出家财者，薪水自非所计；其有热心士绅，无力济公者，亦不得以其身家之累，遽责为自待之薄。司事、书记事同一律，若劳其心力，不予以报酬，国家既无此法律，人情亦实为难能，应仍由各州县按照经费优绌情形酌夺办理。(庚）州县已设农业学堂地方，堂长亦须票举。此项选举由何项法律发生，及以何项人员投票，未经开明。查无论何项学堂，概归提学使管辖，久奉部札通行。又查奏定提学使办事权限章程内载，自高等学堂以下小学堂监督、堂长、教员等，皆由提学使分别聘用委派。又奏定各省学务详细官制章程内载，学务公所实业科掌理本省农业学堂等，及各种实业学堂之设立、维持、教科规程及关于管理员、教员等一切事务。是农业学堂堂长札派，系提学使权限以内之事，部章具在，理宜共晓。如果州县有能胜此项学堂堂长之才为众所知，即由各绅董禀由提学使酌核委派，尚属可行。所议须用票举之处，应毋庸议。至各农会有按照奏定简章第十一条设半日学堂者，只招集附近农民授以农学，大意用人一切自应由各会员绅酌夺办理。(壬）试验场中多种桑树，为扩充蚕桑地步。查奏定农会简章第十条，总会地方应设农事试验场一。区各分会应否设置并未规定。东省各州县分会开办之始，虽多报告附设试验场，大都有名无实，况各分会经费半属竭蹶，即有试验场，规模多形狭隘，即使尽为桑田，亦恐所及有限。农会简章第十二条，农会应就地方境内土宜、物产切实调查研究，改良办法，则各会试验场自应斟酌土宜，未可偏重一端。查东省天然美产，如东昌之绵，泰安之麻蓝，曹州之牡丹，青州等处之蚕桑，由其地脉习惯，各处皆有专长，如果推行尽力，于农业关系颇巨，各农会自应审地之宜，因势利导。种桑一节，应由各州县督饬各农会劝谕民间多种，以兴蚕业，其有试验场之处，仍应广种各类，以资研究。为此札行谘议局查照。须至札者。

议决剔除利津各项积弊建议案（并批答）

十月初十日

为呈请事。窃据本局议员赵光勋建议，谓方今时势危急，闾阎彫敝，揆厥由来，皆因积弊相沿，未能清除。即如利津一县，丁役勒索、差徭苦累、派盐积弊均为害尤巨，若非加意整顿，革除旧习，则民困无以舒，即与治理有妨。兹经议员赵光勋建议，全体公决，理合将理由办法缮折呈报。为此呈请抚部院裁夺施行。须至呈者。

折开：

窃以方今时势艰危，闾阎凋敝，现时一切新政，无论何种用款，无不筹措于民，要惟能确实兴利除弊，方得浃洽乎人心。近来州县地方弊政繁多，剔除良难，而为州县官者，其对于上宪往往控文捏报，虚事敷衍，虽有良法，其如不能实行何。况近数年来水旱频仍，小民赡养无资，困苦流离，又复憔悴于弊政，地方生民将何以堪。议员为一方代表，岂能缄默不言。兹将利津县现在确实情形为害尤巨者，分类言之：

一、丁役勒索。上年本局议决整顿词讼冤抑一案，本严定传讯日期、牌示堂讯日期、约束门丁诸条，已蒙批准公布施行，至今本县地方官并未整顿。查利津之门丁、差役，素本表里为奸，其为害良民者尤甚。县中民人呈控批准之案件，当差役持票传人时，每多百端勒索。迨两造俱齐，必向总役说钱，名曰说大案，视讼户家产之肥瘠，以定钱数之多寡，或数十千、数百千不等。若有人和解罢讼，呈递和息，门丁从中勒索，又非数十百千不可。就利津一县而言，向来和息钱分上中下三等，上分京钱九千九百文，中分六千六百文，下分三千三百文。门丁不知讼户贫富，为差役者常藉恃门丁势（利）〔力〕，非勒索尽数不可，良以外府州县距上宪耳目较远，故官吏玩愒，丁役贪横，一遭讼累，即破家荡产者不知凡几，言之殊堪痛恨。若长此以往，将地方上丁役勒索之弊将何所底止。兹谨拟办法三条如左：

（甲）差役持票传案，向来勒索钱文或三五千、十数千不等，其陋规名目曰勒钱，但讼户大案化费，差役已有应分之数，此乃格外勒索。今拟传案差役准讼户给予饭钱三百文，如以外再事勒索，准讼户禀官，从严究惩。

（乙）讼户之诉讼费，原、被两造今交纳京钱十千，每人五千。就十千计算，每牌期约判二十案，差费可得二百千，每年以六十牌期计算，应得一万二千串。每年差费已属不少，讼费数目一定，讼户庶免勒索之苦。

（丙）原、被两造呈递和息，本不准门丁需索，此为定例。查利津近来积弊，门丁未满欲壑，两造和息不能呈递，甚为讼端上一大阻力。欲剔除此弊，即按照从前所定息讼数目，分上中下三等，上分京钱九千九百文，中分六千六百文，下分三千三百文。以示限制。

以上三种办法，拟请饬令本县地方官出示晓谕，俟后丁役一律遵循，不准妄事勒索。此利津积弊之当剔除者一。

一、差徭苦累。上年本局议决禁革地方差摇及地方官价办法一案，已蒙批准公布施行，并通谕各州县在案。惟差摇一项，病民尤甚，迄今已届一年，至今本县地方官犹任吏役扰害，并未禁革。如遇各属府厅州县佐贰等官升迁，以及委员往来，俱向民间要车，名曰拿官车，衙署号令一出，差役遂肆行无忌。官府用车一辆，差役即逢车扣留，除应官差额车外，其不用之车辆，犹为故意留难，藉端勒索钱文，或三五千以至十余千不等，否则不准放行。甚至贫苦驴夫驮送往来行旅，藉谋生活，设遇丁役出差，专拿官驴，每日发京钱四百，道途尚近，犹无大害，若遇远道官差，不能回家，往往有中途典卖衣物者，有家人备钱回赎者。丁役省有限脚费，驮夫即受无穷苦累，其事虽微，病民实甚。利津本苦寒州县，惟官车、官驴之差徭为最多。拟请饬令本县地方官出示晓谕，一律禁革。此利津积弊之当剔除者二。

一、派盐积弊。上年本局议决拟剔盐务积弊案内，有严革勒派，以除民累一语，已蒙抚台批准，通饬各州县官商各盐店在案，至今本县地方官并未严禁。查利津官办盐店，每年定为两季，每按地方分派，如一地方有十村者，例派十包，村大者更益增加，派盐地方俱有盐条可证，近十数年来久已成为惯例；甚至增加价值，短少斤两，社长、村长往往赔垫钱文者不一而足。夫小民饮恨吞声，莫可如何。惟念食盐一端，为生民日用所必需之品，国家制定盐法，原为利民而设，并非为病民之具，乃官盐店之盐友、盐伙只知凭藉官势任意勒派，利己营私，罔知顾忌，是为盐务上一大弊端。拟请饬令本县地方官出示晓谕盐店，一律禁止勒派。此利津积弊之当剔除者三。

奉批答：来牍具悉。据呈议剔除利津积弊一案内，第一条甲、乙二项系属讼费性质，欲除此弊，非讼费章程实行不可，惟讼费实行，仍须候法部奏准，再行公布，前于该局呈议剔除衙署积弊一案，业经明白批答。丙项和息私费本干例禁，自未便规定数目，以致显违法令。第二条差役苦累，第三条派盐积弊，上年均经该局提议禁革，公布施行。惟两忙丁漕向系尅期报解，委员过境不能久稽，递解人犯向有程限，偏僻州县不必皆有车行，其由民间雇车亦实出于万不获已，应与寻常徭役不同。惟差役扣留需索，藉端病民，殊堪痛恨，候即通饬各属出示晓谕，一律严禁。遇有差使，虽不得不派差觅雇，止准依照民间买卖办法议价雇用，不得抑勒。倘有差役需索留难，准受害者控官严惩。至派盐一节，本应严禁，惟近海地方及产（硝）〔销〕州县私盐充斥，俯拾即是，民间贪贱食私，官店之盐，几至无人过问。而引票上关国课，地方官迫于功令，往往邀请绅董代为分销，此等情形原不独利津一县为然，但其本意不过仅图引票不致积压，自顾考成，苟非勒派，情尚可原。现在督办大臣已经派员调查如何整顿，应候奏定通行，暂时未便更张，致亏课款。但官吏邀请分销，原非正当办法，夥友增价短斤，尤干法纪，候即严饬各属出示晓谕，倘有以上情事，准由绅董查明确据，指名禀控，从严惩办，以杜弊端而重国课。此答。

议决整顿山东沿河渡船以重人命案（并批答）

十月十三日

为呈报事。窃本局开会提议整顿山东沿河渡船以重人命一案，当经全体公决。所有理由办法，理合缮折呈报。为此呈请抚部院裁夺施行。须至呈者。

折开：

窃查东省地方，临黄河者共二十一州县。凡沿河冲衢及偏僻地方各渡口，无论水程远近，均有大小渡船或数十只，或十余只、三五只不等，综计数目约有千百余艘，往来行人极称便利。乃日久弊生，其迟延勒索犹属末节，惟轻视人命一端最为大害。近来目睹耳闻，伤人尤多，三五年间被害者已不下千余人命，令人不胜骇记。每遇失事，百难救一，其距家尚近者，其家人吁呼号泣，亦无可如何；若遇远来过客，每多随波而没，亦无人闻知。彼舟子皆习于水性，从容登岸，依然无恙，而被害之家，反欲诉无从，此为殊堪痛恨者。调查三游渡口屡有此弊，推其原因，皆因舟子素为惰民，联合党类，集资十余缗或三二十缗，资本不多，坚船难购，仅备朽腐瓜皮小船，藉以渡人。此种船只载重五六人，舟力已若不胜，而彼等贪心无厌，加倍招人，又往往牛驴骡马与人同载。推舟子之意，幸而无事，则渡价取盈，不幸有失，自恃泅力，与己无妨，人命何尝计及。加以舟人习惯轮次放船，名曰挨帮，以此值帮之船，非招足十二分重载决不放渡。客子当日暮途穷，急何能择，纵有愿择坚船者，辄以挨帮私例却之。水小无浪，尚幸无虞，一遇风急波涌，必至失事。此种弊端，在该管地方官未始不以伤人过多出示戒慎，而渡船积习依然如故。惟有拟请抚部院饬下沿河各州县严加整顿，以防疏虞而重人命。兹谨拟整顿办法如左：

一、拟请通饬沿河州县，将黄河渡口船只令巡警验明，实属坚实船只，方准应渡，该巡警亦不得借端需索。

二、查验船只后，须将船只大小、重量若干，并将船主无论独有、共有之姓名、籍贯、年龄及船掌、船伙之姓名、籍贯、年龄一一注明登册，以备稽查。其船主须具有保结，方准应渡。

三、无论冲衢或偏僻，各渡口必须备有重量大船，专备车辆牛驴骡马往来，各按该渡地方安置多寡。如无此种渡船，即停止该渡口载渡车辆牛驴骡马，以杜小舟重载之弊。

四、重量渡船必需能载六辆重车者，方准应渡。能载六辆者，其渡船放渡时，其数目不得逾四辆，以留余力而期平稳。至渡黄小船，必需能载三千斤重者，方准应渡，但渡客不得逾十人。如违此例，除将渡船扣留外，再责枷舟子，以示惩戒。其有小舟装载牛驴骡马或与人同渡者亦同。

五、渡口须任客择船，如有定挨帮私例者，严行禁止。

六、如违以上法则因而失事者，除该渡船舟子随难外，如舟子幸生，亦按故意害人重律定罪，以示严惩。

七、各渡口车辆牛驴骡马及行客过渡价目，由各该州县议事会酌中定价，以顾舟子养赡。

八、沿河各渡口由各该州县地方官派遣巡警一名轮流站守，严查渡船遵行与否，兼盘讦往来匪人。至渡口之船只如遇失事或伤人时，该巡警须随时禀明地方官，以备查究。至未设立巡警之州县，该管地方官暂先派遣巡队一名，遵章保护。

奉批答：来牍具悉。据呈沿河渡船迟延勒索，及挨帮失事各节，诚宜亟图整顿，以杜弊端。所拟办法第一、第二、第七等条均属可行，惟第三、第四两条，限定必须能载六辆重车之船方准载渡车辆牲口，又必须能载三千斤重之船方准渡客，仍不得逾十人以上，又车辆牲口不得与人同载等语，自系为慎重人命起见。但查沿河渡船如果载量过小，向来亦只渡人，至车辆牲口，过客亦未敢冒险强渡，此节似可毋庸过虑。且东省各渡口向无义渡，若骤令排钉合格大船，诚恐经费难筹，亦属空言无补。至车辆牲口与人异载一节，乡间遇有集会，民间售卖粮布，非以车载，即以牲驮，必令与人异载，亦属势所不能。详查沿河渡船弊端，大都有二：一以糟旧小船希图渡资，遇挨帮日期，不问过客多寡，勉强揽载；一则邻近乡民常川过渡，原未必尽出渡资，而竞渡情急，不问船只能否容载，强行登舟，甚至舟已离岸，尚超越附载，因之坠落河水。既溜舟，人又众，舟子顾此失彼，不及赴救，亦或有之。此等情形，要亦不能专归咎于舟子，该局所拟第六条罚则，似未可一律办理。总之，欲图整顿，挨帮私例固在必禁，而派警稽查亦为急务。但沿河各属管辖渡口多寡不同，甚有一邑渡口竟有数十处者，每渡分派一人，亦恐无此巨款。候将该局呈拟办法第一、第二、第七等条公布施行，一面饬行沿河各州县酌派巡警沿河巡查，遇有危险及迟延勒索情事即严行禁阻，并用高脚木牌粘贴白话告示竖立河口，俾众周知，自重生命；一面仍由沿河各州县自治会筹设义渡，以期经久而保无虞。此答。

议决剔除蒙阴县各项积弊建议案（并批答）

十月十六日[①]

为呈请事。窃据本局议员王东玗建议，谓蒙阴一县地瘠民贫，天然生产与人工生产均属有限。而为人民者，于国课正供之外，即无稍受扰累，犹觉供给难敷需要，况近年新政繁兴，在在需款，而地方上又点金乏术，罗掘俱穷，惟因关公益事项，纵使筹措艰难，尚可冀后日幸福，只应勉力从事，以求前进。惟官署之旧习未革，致令词讼、差役、防勇、禁烟、盐务、酒税等项受害甚巨。愚民皆茹苦忍痛，不尽欲言，议员忝列代表，尝思于民多尽一言，即于宪政多补助一分。兹将敝县现时积弊调查有据之事，乘此本届会期，不得不一一切实陈之。

查蒙邑词讼一项，十余年来已成惯例，一遇词讼事件，差役将两造传齐，至过堂时，惟该管房书先索单钱京钱二百文，嗣则添至京钱一千一百五十文，名值堂钱，嗣又添京钱一千文，名候稿钱，合计一方所出共需京钱三千一百五十文，两造并出，合需京钱六千三百文，此为该管房书一处之勒索。至该差之规矩费，其名目尤多。讼主距城近者，勒纳京钱十余千至二三十千、四五十千不等，远者四五十千至百余千不等。小役下乡有鞋钱，去城近者勒索三四千至八九千不等，远者勒索二三十千至五六十千不等。到城时有饭钱，视鞋钱不少减。至两造厌讼，甘心和解，县署门政之索和息钱，其始三千三百、四千四百至六千六百而止，自去年周大令到任，则索至京钱由二十至四五十千不等，其京钱十一千者百不闻一。此皆系明目张胆，横肆勒索，确有可指之事实。至差役等暗中巧于勾案，每闻乡间有争执等情，必暗唆云，某日是我值日，某日是我同伙值日，喊冤告状可不（化）〔花〕费分文。乡民被愚，每酿巨案，至案之既成，则百端苛勒，少不如意，即横施凌辱。近【年】学界被辱者甚多，去年增贡生刘凤占被

① 原报告书目次中该篇时间为“十月十五日”，报告书内时间为“十月十六日”，兹仍保留报告书内原样。

快役王富成藉端捆绑，并勒去京钱一百八十千，曾经控司，有案可稽。又查蒙邑东关向安防卡一处，马勇十名，其床橙棹椅铡锅口槽及一切食用器具，责令店户供给。防勇牧马，每纵食禾稼，秋后麦田任意践踏。至春间买草，串通马号马夫将草市霸住，发官价，使大秤，每草百斤不敷伊秤八十斤，乡民隐忍则已，偶与理论，必肆行殴打，以至赴城卖草者尽行绝迹。本年三月撤马队，换步队，供给仍前。勇队逍遥街巷，非聚赌聚饮，即诱淫妇女，杀卖耕牛，并分赴四乡，以抓赌为名，实为卖赌。似此为害，民何以堪。又查洋烟一项，自禁令綦严，防制滥卖，县内本年设立官膏局一所，由巡警到处饬发烟票，该管处之行政长官自应随时监督稽查，以期实收禁烟之效。乃蒙阴县署除每月收烟税银三两，即纵容门丁索取规费以外，毫无所事，致令官膏局中无论有票无票，皆可买膏买土，漫无限制。祇【要】有钱即得吸烟，是官膏以禁烟为名，而实为渔利，嗣后恐吸户愈多，莫知底止。又查敝县盐务，闻自去年有外商包办，每月缴纳县署库平银七百两，该商无论发何斤两，民间无论如何亏累，官署均不过问。邑中买盐，向时每斤京钱四十二文，至光绪三十四年骤增至京钱六十八文，价值愈增，盐秤愈减，至今每斤盐秤不过实发四五两。去年局中公议定秤定价【一案】，业蒙抚台批准公布，县内竟至今延搁未能实行。纵章程一时难通行酌改，祇应遵照督办大臣电咨暂行照旧办理，惟于奸商之任意伸缩斤秤，亦应及时施以限制，以稍苏民困。又查酒税一项，去年酒行二十家，共纳税至京钱一万二千七百四十四千零八十文，解上之款仅京钱八千七百三十一千五百七十文，除县内酌留一成办公外，所余京钱四千零一十二千五百一十文尽归县署及营厅侵吞分使。如将此项提出，藉充地方经费，以地方税务办地方自治等事，较之归于中饱，实为公德两便。以上积弊各项，均系议员王东玗平素切实调查，于本届会期内提议，全体公决，理合将蒙邑积弊各缘由据实呈报。为此呈请抚部院裁夺施行。须至呈者。

奉批答：来牍具悉。据呈蒙阴积弊各节，事如属实，亟应严禁，候即查明核办。此答。

议决提倡天足会办法案（并批答）

十月十五日

为呈请事。窃本局开会提议提倡天足会一案，当经全体议员公同议决。所有理由办法，理合缮折呈报。为此呈请抚部院裁夺施行。须至呈者。

折开：

窃维我国贫弱之原因，一在男子吸食鸦片，一在妇女缠足。今者吸烟积弊已限年革除，缠足旧习亦当一律禁止。设旧习不除，非特女子教育有碍发达，而种族之弱亦无由挽回，是以近来识时之士每深忧之。虽云积重难返，而残害肢体，揆诸天地好生之心，与父母慈爱之意，大相背谬，况煌煌圣谕叠次颁布，我东省官绅士民宜如何实力奉行，仰答朝廷转弱为强之至意。谨拟提倡天足会办法如左：

一、饬下各州县，将叠次上谕及外省天足议案办法，又其他关于天足会白话浅说，汇刊成帙，编成浅明告示，张贴各区市镇，俾士民周知，以消阻力。

一、天足会须与明年各区自治会一律成立，呈报该管地方官。其有抗不呈报，及并不成立者，由该管官责成各区绅董办理。

一、各州县地方组织天足会，即以自治会绅董为发起人，其一切详细章程，由该绅董酌量妥订。

一、禁止缠足应自现在十二岁以下之女子为断，其年长妇女愿放与否，悉听其便。

一、禁止缠足须先由本地士绅之家倡始，以树观感。

一、自治员于本地宣讲时，须将缠足利害及天足会白话浅说痛切详陈，以破除积习。

奉批答：来牍阅悉。据呈提倡天足会办法六条，大致均属可行，应候通饬各州县会同地方绅董妥筹办理。此答。

二、教育门

议决实行通俗教育先注重改良戏剧案（并批答）

九月三十日

为呈报事。窃本局开会提议实行通俗教育先从改良戏曲入手，于社会人心不无裨益，当经全体议员公同议决。谨议办法七条，理合缮折呈报。为此呈请抚部院裁夺施行。须至呈者。

折开：

窃以戏曲一端所关甚大，我国素贱视优伶，政治界上毫不注意，其实现时之通俗教育，最足以开通风气、转移世道人心者，实莫善乎此。且能使人蝇逐蚁附，醵金掷钱，尤有极大筹款之能力。若听其自为风气，不事改良，徒縻无数之款项，转足诱社会之腐败，亦非维持风化之政策。然今欲行干涉主义，改良戏曲，诚非易事，若于仍演旧戏之中，先事参行演说，再行逐渐改良，其推行至易，而收效甚捷。谨拟办法如左：

一、宗旨。取缔优伶，使就范围，并可以补助教育，接济公款。

二、抽收戏捐。省城戏捐已有成例，应请饬下各州县一律仿行，按照戏价十分之一抽收，以补助地方行政经费。此项款应归雇戏人捐纳，归自治会经管。

三、义务演说。由学务公所图书课员以开通风气为宗旨，分门编辑普通浅易演说之简本，印刷若干册，移交巡警道饬发各州县传谕分发各戏班，责令优伶学习，无论每日午前午后或夜间，务必于演戏中间，限一二小时演说一段，总以庄重不佻为贵。如有文人学士及宣讲员登台演说者，悉听其便。

四、逐渐改良戏曲。创为新戏剧，足以开通民智者，为一等改良；于旧戏中择其纯正，有益风化者演之，为二等改良；全用旧戏扮演，尚不至有伤风化者，为三等改良。凡一切淫邪戏剧，概不准演。

五、女优(拌)〔扮〕演最伤风化。省会、商埠商贾云集，碍难遽行禁止。乃近年每有女优常赴各州县投拜衙署，而同城各官或区巡官及盐当绅商往往轮流开演，设席宴客，甚至州县署中开台演唱，有一日费至数百缗者，有令女优出入衙署毫无顾忌者。遇一女班到境，无不载重金而去，男女杂遝，丑态百出，伤风败俗，莫此为甚。当此民穷财竭，时局危迫，何容此等淫侈。拟请饬下各州县，一律禁止女优到境，以期节糜费而厚风俗。

六、调查管辖。以上各条章程由巡警局或地方自治会行之。

七、施行期限及手续。自经批准公布后，即分饬各该官吏照章程办理，其各州县地方施行细则，准各该官吏会同自治会酌量情形办理。

奉批答：来牍阅悉。查演剧原为无益之消费，拟抽捐以充地方行政经费，自属可行。至改良戏曲，杂以演说，诚于社会大有裨益，然只能望诸民间有志之士，若规为定章，势必听者寥寥，此项营业将大受影响。且外人之马戏及活动写真等剧，转得乘虚而入，多为中国辟一漏卮。但艳曲淫词有关风化，酣歌恒舞殊玷官箴，应即重申禁令，务期禁绝。其女优过境，除衙署官幕外，民间招演，例所不禁，候将应禁应行各事公布施行，余可缓议。此覆。

议决速设女子私塾以为小学教育基础案(并批答)

十月初四日

为呈请事。窃以教育普及期于无人不学，故已达学龄之儿童必使就学，原无分乎男女。今男子初等小学尚属寥廖，骤言女学尤属无从着手。然及今不先立基础，将后此更无从提倡，再四筹议，应以速行劝办女子私塾为入手之办法。兹经全体议员开会研究，公同议决。所有一切办法，理合缮折呈报。为此呈请抚部院裁夺施行。须至呈者。

折开：

窃维国民教育肇始家庭，若女子无学，则无良善之家庭教育，此中关系甚非浅鲜。今朝廷锐意兴学，兼采日本、欧美制度，缘中外礼俗各异，即宜利弊兼权，故于光绪二十九年奏定学堂章程，将女学归于家庭教育法，以为先时之豫备。三十二年明定官制，将女学列入学官职掌，以女学终为要图，故条分缕晰，务期渐次推行，诚为法良意美。近数年来，谈教育者对于女学之设立，其说不一。有主张急办者，谓家自为学，有虚名而无实际，不若学堂立见效果。有主张缓办者，谓女学堂非艰于款项，即难于师资，勉强设立，恐滋流弊，不若归之家教为适宜。众说纷纭，莫衷一是。今体察情形，女学实不容视为缓图，而初等之男女同校既属不便，骤立专校，筹款尤难，惟有速行劝办女子私塾，即以补家庭之不足，并可为设学之先导，师资易得，教育亦可望进步。兹谨拟办法数条于左：

一、宗旨。私塾之设与学堂稍异，形式不必完备，总期以养成女子淑善之德性与其必须之知识技能为宗旨，俟造就有成，风气渐开，即可为女子两等小学之基础。

二、教师。我国女学不兴已久，欲求一识字之妇人，已属千不获一，若学问优长，于教育确有实验之人，尤为难得。凡设塾之家，惟有就其亲族中品学颇优之男师，或尊长之年在四五十岁，素娴教法者延为教师，尚属不难。若本地并无其人，或延聘外处女师，亦听其便。

三、学生。组织私塾之法，或以家族之团体，或以戚友之交谊行之。学生年岁不示限制，总以十岁上下为宜。学生名数亦无容拘定，多或一二十人，少或十数人，悉从其便。

四、学科。女子初等小学之学科凡五，曰修身、国文、算术、女红、体操，女红以家庭教育补习之，体操暂可从缓，至修身、国文、算术最为切要，万不可少。

五、用书。女子学堂所用教科书，原无取乎过深，此项私塾亦即用学部所定初等小学教科书最为适宜。（通常所用之女四书，虽卷帙不多，而文字必非初学所能解。私塾所用，总以初等小学书为宜。若读书至三四年者，不妨酌讲女四书，为修身之助。）

六、教法。教授之法，旧日但责背诵，其弊至于读书数年，绝不知所读为何事。今虽系女子私塾，尤宜首先改良教法，必求讲解透澈，总期识一字即能讲一字，读一句即能讲一句为主。教授之际，塾师务须认真，不得敷衍了事。

七、钟点。乡间女子多重女红，每日授课钟点至少不得在四点以下，至多不得过六点以上，以期两不相妨。

八、责任。此项私塾，应请抚部院行提学司札饬各州县传谕各城镇乡董事会，每区必须劝设三四处，渐次推广，更由各州县地方劝学员随时劝导设立，务期实行。至经此案批准公布后，确定一学期内如有抗不呈报，及空文捏报等情，惟该州县地方官是问，以专责成。

奉批答：来牍阅悉。案据该局呈议设立女子私塾一案，所议办法大致均属可行，惟责任一条不可专用官力强迫，地方绅董亦宜同负劝导之责，候即札行提学司转饬各州县会同地方绅董广为劝导。此答。

议决存古学堂暂缓开办案（并批答）

十月初五日

为呈报事。窃本局开会提议存古学堂尚可暂缓开办一案，当经全体议员公同议决。所（由）〔有〕暂从缓办缘由，理合缮折呈报。为此呈请抚部院裁夺施行。须至呈者。

折开：

窃查存古学堂载在学部清单，本年抚部院以优级选科遗校咨请部示，定为中等工业学堂，嗣因有本省士绅呈请开办存古学堂，又经咨奉部准，事在必行，似不容再生异议。但自御史赵炳麟对于筹备清单有缓急轻重之奏，各省督抚亦咸有变更之倾向。就山东今日情形而论，似各项筹备事宜，其重要十倍于存古学堂者不知凡几，此项学堂自应缓办。谨将暂缓开办理由指陈如左：

一、山东财政清理已有眉目，入不敷出，人所共知，似此应兴事件，尚不在甚重且急之列。此可以缓办者一。

一、实业为救贫要策，即将优师选科经费全数划拨已不为多，若再提出一万余金，则款项支绌，或不免因陋就简，有敷衍塞责之虞。即存古学堂，仅恃此区区万金，亦属不敷支给。与其分之使不足，何若合之使有余。此可以缓办者二。

一、开办学堂以来，自小学、中学、高等、大学，经史、国文、伦理道德未尝或废，所谓中学为体、西学为用垂为大训，是无存古之名，未尝无保粹之实，则古学之消亡与否，原不在专立一校以存之。若使多立一名目，亦不过多一位置职教员十数人之地，揆之实际，究竟有何等利益。此可以缓办者三。

一、曲阜学堂分科与存古悉同，衍圣公已奏请监督，不久即可开办，已足以存古学而符定章，似无庸再设一处。必谓两利俱存，则前次城内外两处师范，一系本科，一系选科，又何为去一而存一。若谓俟曲阜开办，即将此处裁撤归并，似此学堂本非甚重且急之事，此时又何必如此急急。此可以缓办者四。

据以上理由，应请抚部院咨明学部，暂从缓办存古学堂，即以优师遗校及原款，仍办中等工业学堂，以符原案而重筹备。

奉批答：呈折均悉。查学部筹备宪政清单内，存古学堂应于明年成立，复据省绅呈（清）〔请〕开办，当经本部院咨奉部准，札委监督并札行提学司拨款筹办，定于明年开学。今该局谓此事不在甚重且急之列，以该款移办实业。唯工业学堂现已划分的款，同时并举，其附设工艺传习所正足以资实习，款项较少自可徐图扩充，现时预算并无不足，若敷衍铺张，即经费倍加，亦无实际。至谓中学原未尝废【经史、国文、伦理道德】，所论诚是，但普通学堂科学既多，仅于经史、国文粗为涉猎，难期深造。存古学堂固以保存国粹，亦为储备经史、文学师范之资。京师现办分科大学，经科、文科与农、工实业各科并行不悖，岂能有所轩轾。该局乃谓多立名目，不过多一位置职【教】员十数人之地，未免轻于诋毁。又谓曲阜学堂不久开办，毋庸再设一处，不知曲阜圣人之乡，宏拓规模，范围广大，学部原奏有该学堂由部直接管理，其学生由各省选送，以昭公溥筹语，本不限于东省。即使曲阜开办，本省存古学堂亦无裁撤之理。总之，此事遵奉部章举行，又经专请部示核准，上月业经本部院已照会孙京卿葆田充任总教习一席，硕学耆儒，实足以矜式士林，裁成后进，岂容尚有异议。即此项经费，本系泺源书院存款生息，以之培植旧学，尤为用得其当。该局所请咨部缓办，碍难照准。此答。

议决请拨尚志堂作为公立法政校地案（并批答）

十月初五日

为呈请事。窃维人民无政法智识，不足为立宪国民。东省风气开通最迟，普通教育亦未臻遍及，而专门研究法政者，尤属绝无仅有。现在省城除官立法政学堂外，并无其它公立讲习研究之所，似此则人民法政智识无由增进，即立宪前途难望发达。今年本省士绅有鉴于此，拟在省会筹设公立法政学堂，一以补官立法政之所不及，一以扩充人民宪政上之智识，事已成议，行将拟具办法，呈明立案，组织开办。惟择定校地一事急切难图，欲新行建筑，实属无此巨款，即租赁亦无此适当之场所，惟有以因为创，用力少而成功多。查南关尚志堂为旧日经古课士之所，系本省公有课院，自科举奏停后改为校士馆，嗣于光绪三十二年开办全省师范传习所，并有新建讲堂。现在通志局本年即行告竣，若拨作公立法政学堂校地，实（与）〔于〕开通人民法政智识大有裨益，且书院旧地拨作学堂，亦与定章相符。兹经全体议员公同议决，理合呈明。为此呈请抚部院裁夺施行。须至呈者。

奉批答：来牍阅悉。该局呈请开办公立法政学堂一案，系为政法知识普及国民起见，用意至善，自应照准。惟校地拟借通志局一节，查通志局至本年底志稿草创可成，亟须缮校，尚待修改，应酌留分纂缮书赶办，需用校舍未能腾出。所需公立法政学堂房屋，候札行提学司择一相当之地拨给，以期不误开办。此答。

议决开办公立法政学堂由议长议员捐助银两案（并批答）

为呈明事。窃以各州县自治会渐次成立，自治人才甚形缺乏，殊于宪政前途大有阻碍。现由绅学两界发起，在省城开办公立法政学堂，培养法政人才，为日后地方自治之用。本局议员极为赞成，惟款项难筹，拟先开长期、速成各一班，估计应需银两在五千金上下，除由本局普通议员按年捐助及劝捐绅学各界并请抚部院补助外，所有不敷银两，本局议长、副议长、常驻议员，愿将额定饭食银如数捐入，以成义举。但饭食银一项，前经预算，报部核准有案，碍难提作别用。现拟变通办法，仍存饭食名目，俟该学堂成立后，即由本局暗自拨给。此因筹款艰难，出于万不得已之举，业经全体议员公同议决，理合呈明。为此呈请抚部院鉴核施行。须至呈者。

奉批答：来呈阅悉。据称开办公立法政学堂，培养人材，为日后地方自治之用，常年经费拟由普通议员按年捐助，并向绅学各界劝募，热心公益，殊堪嘉慰。至议长、副议长、常驻议员等愿将额定饭食银两如数捐入，尤征推食之风，无忝恭桑之义。惟据估计，所需约在五千金上下，现在确有把握之款究有若干，似应详细开列，并将简明章程拟定，呈候核夺，再当设补助，并候行提学司查照。此覆。抄由印发。

议决公立法政学堂简章及经费预算表案（并批答）

为呈请事。窃本局前以劝捐经费筹办公立法政学堂等情呈，奉批开，来呈阅悉，至抄由印发等因到局。奉此，当在开会期内，遵即公同研究，佥以筹办公立法政学堂，拟先开正科、别科及讲习科各一班，所有该堂应需经费，每年约在七千金上下，从实估计，无可再减。现在确有把握之款，议长、副议长、常驻议员等捐入额定饭食银一千二百四十二两，拟从本局预备费项下撙节银二千两，统计每年捐入的款已有三千二百四十二两，外尚不敷银四千两。前以呈蒙允准设法补助，应请如数指拨专款，以成公举。其外特别用费，再由普通议员按年捐助，并向绅学各界劝募，以资接济。现拟定简明章程十二条及经费预算表，理合缮单呈核，如蒙批准立案，拟即预备一切，以便来【年】正【月】招生开办。为此呈请抚部院鉴核施行。须至呈者。

计呈简章一本，预算表一纸。

山东公立法政学堂简明章程

第一章　名　称

第一条　本堂为山东谘议局发起，联合绅学界组织而成，故定名曰山东公立法政学堂。

第二章　宗　旨

第二条　本堂以造就法政应用人才为宗旨。

第三章　经　费

第三条　本堂经费由谘议局预备费项下每年撙节银二千两，正副议长、常驻议员捐助每年额定饭食银一千二百四十二两，及抚部院指拨补助银若干两，作为常年的款，其他官绅商学各界捐助，及日后添收学生学费，概作为附加款。

第四章　职　员

第四条　本堂设监督一员，总理一员，皆为名誉职，暂不支薪，惟监督、总理系本堂重要职员，须由本堂维持员三分之二以上之公推，方可充膺。

第五条　凡捐助本堂经费〈继续〉在三十元以上者，作为本堂维持员，得有推举监督、总理之权。

第六条　本堂应设职教各员，皆由监督、总理同意选充，他人不得干预。

第七条　本堂一切事宜，皆由监督、总理主持，他人不得干涉，惟堂中应行改良之处，绅商学界皆得建议，以备采择。如监督、总理确不称职应行更换时，须有维持员三分之二以上之同意，方能有效，但监督、总理自欲辞职时不在此限。

第八条　凡捐助本堂经费在五元以上二十五元以下及襄助本堂事宜者，皆作为赞成员，得有与闻又与议本堂事宜之权。

第五章　学　科

第九条　本堂分设正科、别科，其卒业年限、教授课程，均照官立法政学堂章程办理，并附设讲习科，讲述法律、政治概要，其卒业以一年半或一年为限，造就速成人才，以应地方办事急需。

第六章　奖　励

第十条　本堂卒业学生除讲习科发给凭照，令其自谋生业外，其正科、别科卒业学生，皆得与官立法政学堂卒业学生享同等之奖励。

第七章　附　则

第十一条　本章程未尽事宜，悉照官立法政学堂章程办理。

第十二条　本堂招生、开办及堂内一切应办事宜，悉参照官立法政学堂章程另定细则，以资遵守。

奉批答：来牍具悉。据呈请补助公立法政学堂经费银四千两，应准列入明年预算案内，如数拨发。此答。

议决整顿青州驻防中学堂建议案（并批答）

十月初五日

为呈请事。窃据本局青州驻防议员述培、绪恩为整顿青防中学堂建议，谓中学堂本为造士机关，下而高等小学，上而师范、高等，莫不视此为升转学级之枢纽，办理一有不善，贻误甚非浅鲜。查青防中学堂自光绪三十四年九月开办以来，迄今已历二载，敷衍因循，毫无起色。推其原因所致，皆由教员不得其人之故，如中学教习赵枋泽、曲传钵均系师范传习所毕业，算学教习希良系陆军小学毕业，程度不合，难为师资。由监督以及监督以下管学各员均有管辖教育之责，所关甚重。至其原设之监督及管学各员，系前都统文为节省经费起见，仅就本地方官绅择其素有声望者派充，只尽义务，不支薪金，惟以学务情形不甚谙练，以致教育上诸多缺点。拟请抚台饬下提学司，仿照青州府蚕桑中学堂单行规则，添派通晓学务者一员充当副监督，并改派中学优长及科学通晓之合格毕业生各一人充当教员，前往接充，庶几青州中学堂方资整顿而求进步。兹经全体议员公同议决，以事关整顿青防学务，理合呈报。为此呈请抚部院裁夺施行。须至呈者。

奉批答：来牍阅悉。查学部奏定任用教员章程，中学堂正教员以优级师范毕业考列最优等者及优等者充之，副教员以优级师范毕业考列优等及中等者充之。该局所称青州驻防中学堂教习系师范传习所毕业，自与定章不符。现省城师范学堂优级班及高等学堂本科旗生毕业者尚不乏人，以之充当该堂教习正属人地相宜，应候咨商青州副都统，将该局所请更换教习各节酌夺办理，以期改良而收实效。此答。

又奉札批答：为札行事。宣统二年十一月初七日准青州副都统秀咨：宣统二年十月二十一日准山东巡抚咨开：宣统二年十月初五日据谘议局呈称：窃据本局青州驻防议员述培、绪恩为整顿青防中学堂建议，谓中学堂本为造士机关，下而高等小学，上而师范、高等，莫不视此为升转学级之枢纽，办理一有不善，贻误甚非浅鲜。查青防中学堂自光绪三十四年九月开办以来，迄今已历二载，敷衍因循，毫无起色。推其原因所致，皆由教员不得其人之故，如中学教习赵枋泽、曲传钵均系师范传习所毕业，算学教习希良系陆军小学毕业，程度不合，难为师资。由监督以及监督以下管学各员均有管辖教育之责，所关甚重。至其原设之监督及管学各员，系前都统文为节省经费起见，仅就本地方官绅择其素有声望者派充，只尽义务，不支薪金，惟以学务情形不甚谙练，以致教育上诸多缺点。拟请抚台饬下提学司，仿照青州府蚕桑中学堂单行规则，添派通晓学务者一员充当副监督，并改派中学优长及科学通晓之合格毕业生各一人充当教员，前往接充，庶几青州中学堂方资整顿而求进步。兹经全体议员公同议决，以事关整顿青防学务，理合呈报。为此呈请裁夺施行等情到本部院。据此，当交会议厅审查科审查去后。兹据该科审定：来牍阅悉。查学部奏定任用教员章程，中学堂正教员以优级师范毕业考列最优等者及优等者充之，副教员以优级师范毕业考列优等及中等者充之。该局所称青州驻防中学堂教习系师范传习所毕业，自与定章不符。现省城师范学堂优级班及高等学堂本科旗生毕业者尚不乏人，以之充当该堂教习正属人地相宜，应候咨商青州副都统将该局所请更换教习各节酌夺办理，以期改良而收实效。此答。除照所拟答复谘议局并行提学司知照外，相应咨商。为此合咨，请烦查照，酌夺办理，见复施行等因。准此，查该堂教习既程度不合，未便迁就，自应更换。拟请由贵抚部院转饬提学司，于师范学堂优级班及高等学堂本科旗生毕业【班】内，选派中学教习二员来青教育。惟算学教习一员，已由本处自行延请学员何恩普接充算学教习，英文一门尚属阙如，亦由该教习兼授。其学堂一切办理未能尽善，已派骁骑校述培、文生员绪恩切实调查，何者应裁，何者应并，何者应改良，何者应添设，管学员是否胜任，统俟查明核办，以期款不虚糜、学有进步。相应移复。为此合咨，请烦查照，见复施行等因到本部院，准此，除行司查照办理外，为此札行谘议局查照。须至札者。

议决各学堂职教各员划一薪水案（并批答）

十月初六日

为呈报事。窃以差委之有薪金，与官吏之有公费，均含有报酬性质，自应视职务之同异，定金额之多寡。查东省学堂职教各员，往往同一等级，同一职务，而薪数多寡，甚属悬殊，教授时间，劳逸各判，殊不足以昭公允，而利推行。兹经全体议员公同议决，所有划一办法，理合缮折呈报。为此呈请抚部院裁夺施行。须至呈者。

折开：

窃自振兴教育广设学堂以来，首以慎选职教各员为主旨，于是隆其待遇，【厚其】俸〈其厚〉给，所以为培养人材，酬其劳勚者，至周且备。顾一省学堂之设，多系历年陆续而成，其首先成立之学堂，或较后立学堂之时经费略裕，则薪金之数，或不免稍示从丰；其后立之学堂，经费未必即称充裕，课程未必遽几高深，而有先立之学堂以为比例，则薪金之数，亦未必遽示菲薄。在职教各员，热心教育，实力训迪，以期造就多材，断不肯于薪金之多寡斤斤较量。但权利、义务，本为两相对待，往往一堂之中，或则钟点繁多，日不暇给，或则时间宽裕，绰有余闲，及查核其薪金数目，或相去无几，或过示悬殊，在义务上虽无比较之可言，而事实上终不免有窒碍之处。且一班学生之课业，往往有第一学年时间颇多，至二、三、四学年时间必须减少者，亦有第一学年时间尚少，至二、三、四【学】年时间必须加多者；以待遇教员言之，教授加多之员，薪金自应增加，而教授减少之员，薪金每难议减。学堂经费只有此数，若无裒多益寡之规，必有支绌立形之弊，任其事者每于配定授课时间虚与委蛇，究之科目课业关系綦重，断不容稍有迁就，则各教员之待遇非有划一之规定，断不能弥其缺而剂其平。至各种高等学堂，原有通习与主课之分，论者每谓通习之课目较易，必不能与主课之繁难者相提并论。岂知通习与主课在学生不过有兼习专习之殊，在教员并无繁简难易之（辦）〔辨〕。且学堂既不能轻通习而专重主课，则薪金亦不能薄通习而专厚主课。查东西洋各国皆有专任教员、兼任教员、嘱托讲师之分，无非以时间之多少为俸给之多少，今欲为划一之规定，自必以钟点之多寡为薪金之比例。凡通习之科目，其钟点每少于主课，则通习教员薪金之数，亦必不至超过于主课教员薪金之数，事理甚明，无待研求。此同等教员薪金之划一所以急宜规定者也。以学堂各职员言之，同一高等以上程度之学堂，同一监督而薪水自三百、二百以至百五十金不等，同一教务长而百二十金、七八十金不等，同一庶务、斋务长而百金、七八十金又不等。说者岂不谓事有繁简，斯薪有厚薄，究之薪之多者，未见其事之果繁，薪之少者，亦未见其事之真简。说者又谓，以上各员每有兼任授课者，其每周仅兼三四小时者无论矣，究之不兼授课者，其薪水且有多于兼任授课者，则又关于学堂成立先后之问题，而率由旧章，骤难更易，彼此衡较，轩轾时形。此同等职员薪金之划一所以急宜规定者也。查奏定学堂章程，于任用教员一条确定资格而薪数之多寡不为规定者，良以各省经费赢绌不同，各堂程度高下亦异，故暂准其斟酌地方情形自为风气。伏思此等章程，中央既未规定，而现在施行者即为本省之单行规则。今以本省同等之学堂，因任用待遇多不划一，致教育上生目前之障害，经济上生将来之困难，所关非细，无俟缕言。兹经本局公认为本省单行章程，必应规定划一。谨议决办法各条如左：

一、本规则适用于高等学堂及同等之学堂，如高等农、工、商、医及优级师范，高等巡警、法政各专门学堂。并适用于中学堂及同等之学堂，如中等农、工、商及初级师范、存古等学堂。

一、凡高等及同等之学堂，每一教员以每星期授课十八小时为准，薪水以每月八十两为准。其因科目多门，此十八小时需用教员二人授课者，亦以一人计算其给薪之数，与时间相为比例。日本学堂教员计算恒有半人、一人、一人半之称，今如其例。

一、凡中等及同等之学堂，每一教员以每星期授课十八小时为准，薪水以每月五十两为准。其因科目多门，此十八小时需用教员二人授课者，亦以一人计算其给薪之数，与时间相为比例。

一、凡高等各学附设中等班，高等教员兼授中等课程者，各依上条时间薪水为比例。例如，授高等十小时，则按高等计算，兼授中等十小时，则按中等计算。其仅教中等者，只能依中等薪数。

一、依以上规则，无论本省人或外省人一律待遇，并无（岐）〔歧〕异。至现在各学堂有聘用外国教员者，其时间、薪数依合同定之，暂不以上列之数为衡。

一、各学堂有需用通译员者，暂视其事务之繁简定其薪数。如有兼任教员者，除支给译员应得之薪外，其兼任之薪数视各等之教员。但每星期通译至二十四小时者，皆不得再任教员，以免务广而荒。教员之兼通译者亦同。

一、各学堂科目时间皆有一定之数，非经详明有必须变通之处，不能任意增减，故教员平日不得无故请求加多其钟点，任事者亦不得无故减少其钟点。

一、各教员如以一人授课十八小时，而因学堂授课之状况，或必须增加一二小时，或减少一二小时者，但加减在二小时之内，其薪数不必加减。

一、各高等学堂监督月薪数目不得过一百五十两。

一、各中等学堂监督月薪数目不得过五十两，兼任授课者系属义务，不得加薪。

一、高等之教务长月薪数目不得过七十两，兼教员者依其认定时间之多少，以定所兼之薪数，只能较教员之数略减，不能较教员之数加增。但每星期不得过六小时。以教员兼充者，除应得教员之薪水外，月可加增二十两。

一、高等之斋务长、庶务长月薪数目不得过六十两，兼教员者同上条，以教员兼充者亦同上条。

一、高等之监学、检察员月薪数目不得过四十两，兼教员者同上条，以教员兼充者，除应得教员之薪水外，月可加增十两。如学堂添班至一百人，准添用监学一人，其原有之监学不得声明加薪。文案、会计等员视监学。

一、中等各学堂不得设教务长、斋务长、庶务长等名目，其监学及庶务员月薪不得过二十四两，兼教员者同上条。

一、各学堂职教各员薪水数目既经划一，不能再有增减。其任事年久、卓著勤劳者，照章请给异常、寻常奖励，各堂监督不得因职教各员任事年久，详请加薪。

一、职教各员薪水即为各员日用授餐之资，今薪水之外又有伙食名义，既属重复，事实亦近冗费，应一律裁去。

一、学堂内办公处所皆有公役听候驱使，所有职教各员自用之仆从均归自雇，学堂内不得支给钱文、饭食等项。

一、年（署）〔暑〕假期之内，所有职教各员仍支薪水，各如其数。

一、本规则自宣统三年正月为始，一律施行。

奉札批答：为札行事。案据谘议局呈请划一各学堂职教员俸薪一案，该局所称各节无非为撙节经费，涤除弊端起见，第其间有可如议办理者，复有滞碍难行者，试为分别论之。如来呈所称职员薪水一项，第九、第十、第十二、第十三、第十四各条规定详明，原可如呈办理。至教员薪水一项，如第二条，高等学堂教员月薪八十两，以每星期十八小时为准，每月七十余小时得银八十两，以钟点计算，一小时只得一两有零；又二人授一课者，只以一人计算，一月八十两，各得其半，不过四十两。此项高等专门教员如系本省人员，对于本省自有应尽义务，薪修虽薄，亦或不辞，否则已就此项教员者，因此规定必决然舍去，未就者亦因此规定必招之不来。若如该局所呈，势必至丛生滞碍。况专门教员，求之他省，亦必先索重修，先订合同，有此双方契约，然后始肯就道。若概定以月薪八十两，则学问优长者弃之不顾，而学识浅薄者因滥竽其间。定标准以求贤，亦非延聘教员之道。至中等学堂现在各教员月薪多在五十两以下，该局所议以五十两为准，本欲撙节，反至增加，尤为非策。总之，经费之节省与教育之发达，未可偏重，财力顾在所当惜，而事实亦期其可行。应候札行提学司督同各学堂监督分别提议，由本部院发交该局议决，呈请核夺，公布施行，是为至当。为此札行谘议局知照。须至札者。

又奉札批答：为札行事。案据谘议局呈拟划一高等、中等各学堂职教员薪水一案，前经批答在案。兹经本部院饬行提学司集学界员绅详加会议，所拟各条实有窒碍难行之处。兹将理由说明于左：

一、第二条，凡高等及同等之学堂，每一教员以每星期授课十八小时为准，薪水以每月八十两为准，及给薪之数与时间相为比例等语。该局引日本教员为例，在日本学务发达，教材繁多，按时计俸，自易办到，然其间有一小时一二元者，有五六元者，亦尚不能一律。现在东省各学堂教授，有用课本者，有自编讲义者，有课程较易无须预备者，有课程较难必须预备者，其编辑、预备时间或且多于授课时间。若但论授课之时，不论预备之时，殊非平允之道。故以钟点定薪水，各学堂公议均不承认。所承认者，以每月八十金为定例，其在八十金以内以外者均为例外，合定例者及在定例以内者径行订委，其八十两以外者，由学司会同学务公所议长、议绅参定之。总期经费不致滥用，事实亦复可行，否则限定八十金，恐高等专门教员未易罗致，必致滥竽充数，不免贻误学生。且现在高等学堂各教员亦多有不及八十金者，必以八十金为准，纷纷请加，将求省而反费矣。故必有定例，有例外，乃可通行。

一、第三条，中等及同等之学堂，教员薪水以五十金为准，该局所拟办法与上条略同。查东省各中学堂教员薪水多数均不及五十金，惟高密实业学堂、青州蚕桑学堂虽名中等，实系专门，其教员必皆富有专门学术，即非五十金所能限制。

一、第四条，凡高等各学附设中等班，其教员兼授两等课程者，各依上条为比例等语。以上两条既多窒碍，此条自无待论。且东省高等教员多有由他省订聘者，订约之初月薪已经议定，如因到堂后，学生程度只能授预科，不能授本科之故，而必减高等之薪降为中等，揆诸事实，要亦难行。

一、第八条，授课时间微有加减，其薪水不必加减等语。向来各学堂大都如此办理，惟亦有以钟点定薪水者，应仍照旧章办理。

一、第九至第十八等十条，所拟划一各学堂职员薪水办法均属可行，惟中等学堂监督向不及五十两者，仍应照旧支给。又监督兼任教务长及教员者，仍须酌量加薪，但薪数须较专任者减少，若责令概尽义务，诚恐无人肯任，转致增费。

综核原拟各条，本为撙节经费起见，用意甚善。惟考之各堂现在情形，若照原拟划一规定，因而减少者不过少数之人，其因而加多者且居多数，求省反费，未为得计。然不为限制，亦恐办理参差，标准无定，应准照所拟数目，规为定例、例外两种办法，庶几变通推行，可无窒碍。除将所拟各条详细修正，公布施行外，为此声明理由，札行谘议局。希即知照。须至札者。

议决高等学堂监督管理违法案（并批答）

十月十一日

为呈报事。窃本局开会提议高等学堂监督管理违法一案，当经全体议员公同议决。所有该堂监督违法各节，理合缮折呈报。为此呈请抚部院裁夺施行。须至呈者。

折开：

窃维高等学堂为东省学堂表率，中小学堂无不视高等学堂之善否以资观感。自高等学堂设立以来，已八年于兹，每年销耗经费十万金。乃近来历任监督视为奇货，藉为升官发财之地，凡堂中教授、管理一切事宜漫不关心，惟日事敷衍，粉饰外观。其尤堪痛惜者，惟正科各班毕业一事不遵定章，自为任意办理，大为东省学界前途之障碍。虽在堂学生固不当以奖励之得失悬为心目，山东绅学两界亦不必以奖励之有无责成办学人员，然实至名归，国家既以此鼓励人材，不得不言及于此。乃高等学堂监督只以部章覆试三分之一不及格者著加处分之语，遂不顾学务废兴，竟忍牺牲学生之资格，而巧为规避，于是设种种方法，或用逐渐斥退之法，或用合班转学之法，或用延期送京覆试之法，必令学生无年限满足应行覆试请奖者而后止。东省办学有年，而至今学生无一得有高等毕业奖励者，如此办理，将何以服山东人之心，东省学务安望振兴。当此预备立宪时代，断不容有此破坏定章之人主持学务。谨将该堂积弊列举于左：

一、高等学堂英文一班与客籍英文一班同时毕业，客籍学生可以直接请奖，而在本籍者须进京覆试，致被部驳，发回本堂补习二年。考毕业者十余人，回堂补习者六人，已补习两学期，竟于本年五月（署）〔暑〕假时悬牌，加补习者以毫无进步数字，率尔开除四人，并不谓数年培养之不易，仅余二人在堂为一班，成何事体。开除之四人呕尽数年之心血，前功尽弃，为学生者谁不灰心。客籍与本籍两相比较，其弊实不堪设想。

一、英、德、法文三班于光绪三十四年年终届毕业考期，经提学使罗悬牌亲自莅堂考试，客籍学堂第二班亦于同时考试毕业，考竣，高等学堂令考毕业诸生回籍，听候发榜。迨至宣统元年春，客籍学堂学生已发榜送部请奖，在本籍者反匿榜不发。延至次年五月间，提学使罗行文各州县，将毕业诸生调回再补习一年，将毕业榜改作季考榜。至九月间，新部章颁发，各高等学堂考试毕业均须晋京覆试，所送人数如覆试合格者不及三分之二，则提学使与本堂监督及教员均有处分。监督力图规避，遂于去年年终将法文全班送入北京铁路管理传习所，所余英、德文两班至本年五月间补习期满，又行考试毕业，考竣，先行发帖草榜。两榜与考者共二十二人，病伤者二人，下余二十人，不及六十分者五人，榜首言不及六十分者不与平常分数合计，遂将此五人取消。查定章，凡考试分数与平常分数平均计算，似此违背定章，学务前途必大受影响。

奉札批答：为札知事。案据该局呈高等学堂监督管理违法一案，现经本部院派员详晰查明，逐条批答如左：

一、来呈【称】，客籍学堂学生毕业直接请奖，本籍高等学堂学生覆试被驳，又驳回补习之学生六名，因毫无进步开除四名，殊令学者灰心等语。查光绪三十三年十二月高等学堂二类一班毕业者十六人，同时客籍学堂高等甲班毕业者五人，均经前抚院照章奏请给奖。嗣试卷送部覆核，客籍学生以试卷及格获奖，本籍学生以试卷雷同见疑，经学部奏请，令将山东高等学堂学生十六名送部覆试，及到京覆考，试卷又不及格，遂全数驳回原堂补习二年，是客籍之获奖与本籍之被驳，均系学部请旨办理，有案可稽。至驳回补习年限，自宣统元年七月起至三年六月止，补习期满仍须送部考试，乃该生等去年七月仅到六七名，至年底只剩四五名，皆系以才力不及自行告退，并非开除。今春虽续到二名，夏间考试成绩，该班内有四名英文、算学实系太劣，转瞬明年又届送部覆考，若再遭驳斥，于学务前途大有妨碍。又该班教员同以此四人姿质太钝，无可造就为词，该堂监督始照章将其开除。夫学堂首重功课，若不论学生功课如何，只论资格，优劣不分，贤愚无别，岁耗巨款养此一般毫无进步之学生，不独无以副朝廷振兴教育之旨，抑且无以对东省纳税兴学之父老，似未便以此事为该监督咎也。

一、来呈【称】，英、德、法文三班于光绪三十四年年终考【试】毕业，同时客籍学堂第二班亦考毕业。客籍发榜送部请奖，本籍则匿榜不发等语。查光绪三十四年十二月高等学堂第一类一班、一类二班，第二类二班考试毕业，考后学生回籍候榜，乃榜未发而前次送京覆试之学生已被驳回堂。又以学部奏准，令将山东高等学堂所有各班全行展限或一年，或二年，并将一切办法及各科课程大加改良。因此该三班毕业之案在奉旨展限之后，不能咨部，乃调回学生，延长一年再考毕业，一切均遵照奏案办理，并非与客籍学堂故为区别也。

一、来呈【称】，法文一班送京师铁路传习所，以图规避处分等语。查学部新章，第一类学科以英文为主课，法文为通习课。高等学堂一类二班学生向以法文为主课，英文为兼习课，不改则有违定章，改之则虽展限二年，英文亦难臻精粹。适值京师铁路传习所招生，该班学生呈请送往肄业，经该堂转禀本部院批准，同英文学生十八人一律送京，仍岁拨学费银二千四百两，俾得安心向学。此案系据该班学生呈请，本部院之批准，亦系为该生等筹出路起见，且该班学生尚未届毕业覆试之期，该堂监督何规避处分之有。

一、来呈【称】，夏间考试毕业不及六十分者五人，不送覆试，不与平常分数合计，有违定章等语。查今年夏间，一类一班、二类二班考试毕业，内有学生五人，所考主课各科不及格者多至五六门，毕业考平均分数又不及六十分。查学部新章，高等学堂学生考试毕业，所考主课有一门不及（二）〔六〕十分者降为下等。此五生主课各科不及格者既有五六门之多，而平均又不及六十分，以部章衡之，万难录送，照章不取，岂得谓之违背定章。

以上各条均经本部院派查确实，尚无违法之处，除行提学使转饬该堂监督，此后关于教育管理方法务须恪遵部章，认真整顿，以促进步而收实效外，为此札行谘议局，希即知照。须至札者。

议决裁撤省城小学公所并整顿省城简字学塾案（并批答）

十月十一日

为呈请事。窃查西关新街设有小学堂公所，系光绪三十二年前臬司、学务处总办连，定为半日学堂。开办之初，事务纷繁，故暂设一所派员经理。嗣于光绪三十四年已将半日学堂改为初等小学，而该所未撤，仍有管理稽查等员。窃查此项经费俱由学司具领，再由该所分发，徒多一层周折，该所人员不过坐耗薪费。至管理稽查，似宜派省视学就便轮充，不应于学务公所外再有公所名目。今拟请将此小学堂公所裁撤，该所所余银一千四百余两拨入山左公立中学中，以作补助经费。查公立中学款项支绌，学生于自费之外，复纳缴学费，以致屡次招考，不能足额。若拨入此款，则经费较充，学生免缴学费，自可广事招徕而宏造就，异日公学发达，再令学生缴纳学费。又查省城简字学堂十七处，每堂岁费银一百二三十两至一百七八十两不等，本局派员查验数处，类皆有名无实，甚至仅有学生数名者，有教员学生数日不到堂者，不过挂一木牌以饰外观，徒耗巨资，殊为可惜。当此预备立宪，普通教育正在推广，省城且如此腐败，何论外府州县。长此敷衍，教育上安望普及之一日。拟请饬下学务公所，随时就近稽查，力加整顿，并将该十七处学堂费用一律减为一百二十两，以节虚糜。即以所余款项再行添设数处，以期逐渐推广，务使有一学堂即收一处之效果，二千余金不至虚掷于无用之地，庶省城简字学堂方可为外府州县之模范。所有裁撤公所及整顿简字学堂各缘由，现经全体议决，理合具呈，伏候抚部院裁夺施行。须至呈者。

奉批答：来牍阅悉。案据该局呈请裁撤新街小学堂公所及整顿简字学堂一案，所称裁撤小学堂公所及该所委员，即以省视学代任稽查管理，自属可行，应由提学司督饬省视学员认真稽查，不得稍有废弛。惟该小学公所内附设有模范初等小学，仍可照旧办理。至小学公所裁撤所余银两，该局拟请拨山左公立中学堂作为补助经费，应即照准。惟所称公立中学经费稍充，学生免缴学费一节，体恤寒畯，亦属应尔。但通省各项学堂经本部院与该局正在筹议收费，以符部章，不应于该堂独异。学费一节，该堂仍应按照收费章程办理。省城简易字塾教员不得力者，自应由学务公所随时稽查，稍涉敷衍者立予撤换，以曾习师范者接充。至每堂岁费，内有七处系于各学堂内附设，费用断难一律。其余十处杂费等项，向由学务公所给发，候饬学务公所随时调查，免致虚糜。此答。

议决整顿学务公所及各属学堂劝学所案（并批答）

十月十五日

为呈报事。窃本局开会提议整顿学务公所及各学堂、各劝学所一案，业经全体议员公同议决。所有理由办法，理合缮折呈报。为此呈请抚部院裁夺施行。须至呈者。

折开：

窃查东省学务，开办较他省为最早，学款亦较他省为甚优，比年以来，奉行故事，毫无起色。学务公所各科几成备员，中等以上学堂几成局所，至于中等以下之各学堂，即以各州县之文牍为成绩，上下相蒙，视为固然。一届卒业，惟相率作伪，即动遭驳斥，良由教育行政之机关未能灵活，虽欲整顿，亦无从措手。兹将整顿办法分为第一项、第二项、第三项，项分为条，具列于左：

第一项　关于学务公所者

（甲）各科科长、副长、科员照章以曾在中学堂毕业，或曾习师范，并曾充学堂管理员、教员，积有劳绩者充任。又创办应予变通，暂就本省官绅办理学务积有阅历、学望素孚者札派等语。今学务公所继旧有之学务处而立，业经数年于兹，其中人员从前纵未办过学务，今经六年，亦不能不谓之积有阅历，但仅趋重于积有阅历之一途，而所谓曾经毕业、曾习师范等资格反不注意，于用人佐治上实多迁就。兹绎部章之意，而著其整顿之法如下：

总务科科长、科员，非有左列资格之一，不能充任，其各项资格，每项须有一人：一、曾毕业于高等以上学堂者；二、曾充各高等学堂职（员）〔教〕各员在三年以上者；三、在本省或他省曾任学务职员在五年以上者；四、完全班法政毕业者。今总务各员凡无左列资格之一者，应即另行遴员接充。

专门科兼实业科科长、科员，非有左列资格之一，不能充任，其各项资格，每项须有一人：一、曾毕业于各专门或高等实业学堂者；二、曾充各专门或高等实业学堂职教各员在三年以上者；三、凡各专门或实业学堂考试命题及阅卷等事绰有余裕者；四、曾创办各项实业著有成绩者。今专门、实业各员，凡无左列资格之一者，应即另行遴员接充。

普通科科长、科员，非有左列资格之一，不能充任，其各项资格，每项须有一人：一、曾毕业于优级师范学堂者；二、曾充各师范及普通学堂职教各员在三年以上者；三、曾充省视学或本省、外省学务人员三年以上，著有劳绩者；四、凡普通学堂考试命题及阅卷等事绰有余裕者。今普通各员凡无左列资格之一者，应即另行遴员接充。

会计科科长、科员，非有左列资格之一，不能充任，其各项资格，每项须有一人：一、完全班法政毕业，深明统计学者；二、曾充各高等学堂会计官及统计官在三年以上者；三、曾充清理财政或调查局委员，任满无误者；四、其他财政等学堂毕业者。今会计各员凡无左列资格之一者，应即另行遴员接充。

（乙）查部章，科长、科员既有本省官绅并用之条，今公所人员数十，而本省人寥寥无几，会计科内竟从来无一本省人，不知何所用意。应请于合格人员中多用本省士绅，以免与地方情形隔阂。

（丙）议长、议绅照章参画学务，并备督抚谘询。议绅由学司延聘，议长由督抚咨明学部奏派，须择端正绅士通学务者。今本省议长、议绅不敢谓非端正绅士，且曾游日本，曾办学堂，尤不得谓为不通学务。然所谓通学务，自有一定之标准，似未入学堂一日，未办学堂一日，未赴各省、各国考察学务一日，〈自〉不得谓之通学务也。且议绅既曰由学司延聘，断非终身久任之官，何以三任学司未闻另行延聘一人。应请查照学司延聘章程，将不通学务之员另行更换。

（丁）山东学款从前每年四十万两，若农林、高等、师范、客籍各学堂，以及各处之补助，皆在其中。比年裁减，仅剩有三十五万余两，已减之无可再减。以大局而论，欲使学款充足，必归学生自费，然就目前计之，一律改为自费，又势有所不能，斯不得不截长续短，为汰除冗滥之计。伏查学部通咨案内，各省学务公所人员，不得于定章之外别立名目，今山东学司乃有文案收发、收呈、监印、核对及款目收发所等名。夫收呈、收发应归总务科办理，监印、核对应归各科书记办理，款目收发乃会计科应办之事，既分科治事，则文案更无所用，不待言矣。闻前岁归并图书、实业两科，当留有科员，而其实并无其人，亦文案冒名而支薪水。计此数端，岁糜二千余金。再由学务公所设立蒙学二十处，又另设公所一区，委员数人，每年局费薪水亦约二千余金。夫省视学员六名，除春秋查学外，并无他事，此二十处蒙学尽可兼办，勿庸另支薪水也。况各科之中，照章科长六十金，副长五十金，科员四十金，今皆外加名目，有至一百二三十金者。若一切照章发给薪水，每年亦可省二千余金。凡此皆显违定章，岁糜巨款而讫无实用者，应即从速汰裁划一，以重公款而符定章。

（戊）公所之有会（计）〔议〕，亦系博采众长之意，乃议长、议绅、科长、科员已久成唯诺之习惯。其弊由于此科之事彼科毫不留意，甲堂之事乙堂不肯发言，其会议之结果，不过以学司之可否为可否。况吸烟吃茶，交头接耳，既无一定之坐次，又无专任之记录，旅进旅退，实与不会议同。况公所之中，并无议绅驻息之所，一切事务各议绅亦绝不过问，惟月支薪水而已。应即定明议长、议绅到公所时间，及其驻息之所，凡各项学务公牍，即宜按会议期间由各科交出核阅，免致会议时徒作影响之谈。至于定期会议，无取其繁，常会至多每月不过四次，遇有特别事件临时开会不在此例。议长、议绅并各科科长、科员、视学员皆应有提议之权，凡事经公同议决后，分门别类归各科执行。如是则一切人员皆有专责，庶不至虚縻岁月，坐耗帑项，而讫无成效。

（己）学务公所为全省学务之关键。我国向例只有衙署，并无所谓公所，今既定名曰学务公所，是以公所为行政之地，公所实为主位，非以衙署为主位也。学司为公所中行政之长官，衙署则学司住眷退休之所，其性质乃犹之公馆。自丙午年以旧有贡院新建提学司署，大堂之外两旁分设六科，俨然六房之旧制，议绅、议长、视学等员皆无一定办公处所，继又增设收发、收呈二处，一切公文由收发送至稿案。有事则堂役高呼曰某科，科中人员亦即俨然六房之供差者。然科长、科员且多不谙学务之人，议长、议绅又常年不到署中，权归稿案，与旧日州县衙门之形势相同，故人只知有学署，不知有公所矣。查学部定章与各省办法，其形式、性质皆与山东不同，即学部所设六司，每有公事，必提其要曰某司案呈，例如，归总务者则曰总务司案呈。既清眉目，亦寓有公共之意，何山东而独异也。为改良计，莫如将学署西三科房舍打通，置模范学堂于其中，作为讲堂号舍。路东三科则改门向东，与现在模范学堂之学舍相续，另额模范学堂之门曰学务公所，既与署中相通，会议为便，房舍略加修葺，所费无多。每日学司由署到所办事必有一定时间，凡各科长、科员均即当面回话商酌，既无通谒延待之劳，又收集思广益之效，体制既合，办事亦渐臻洽密矣。

（庚）图书科已并入普通，其经营之事不过收发书籍，并无重要事件。查《直隶教育官报》系该科兼任编辑，今山东学务公所无论关于何项公牍，但凭一纸公文即为了事，并无一定公布办法，殊乖教育行政之机关。应查照直隶办法，由该科兼任编辑，发行教育官报事件，或一星期出版一次，或十日出版一次，斟酌办理。

（辛）宜急行开办教育官练习所，以宏教育。查部章，学务公所应设教育官练习所，延聘通才讲演教育学、教授法、管理法、教育行政等，俾学务人员尽行入所演习。各省多于宣统元年一律成立，东省屡经部催，延未遵办。现公所人员、各堂管理各员大半长于公牍词章，于学堂教育多未讲习，阻止进步，此为最巨。此项人员一时即全数裁撤亦觉可惜，应速遵章设所，俾令入所练习，以宏造就。

（壬）省视学薪水既按全年支领，而在外查学时间每年不过数月，每县仅留一二日，于教授、管理概不暇注意，至镇乡各学堂，更未暇亲往查验，回省销差，不得不含糊捏报，于学务毫无整顿。嗣后宜查照部视学章程，分期在外查视，以期得其实际，不徒以一表塞责。查其有起色者，请学司嘉奖，遇有腐败者，将该职教员分别撤换，庶人知劝戒，而学务可望发达，省视学亦不同虚设。至省视学资格，总须有精通外国文字及科学者数人，以便分期查视，并应查照部章不设定员之例，由学司以公所各科员，或直辖学堂管理员、教员职分相当者派充，较之久任备员当有起色。

（癸）查图书馆内迤西一带，近复收入地基一段，地势颇宽，应即设立教育品陈列所。凡通省各学堂学生制造品、成绩品，以及凡关于教育之用品，均随时由学务公所通知各学堂、各处所送馆陈列，以供参考。或收入，或购买，或捐送，或寄存，以及阅览之法、讲演之说、保管之法，均应由学务公所订定专章，立案办理。至本年东省各学堂赴南洋赛会之物品，俟会毕时均取回送馆陈列，以作基础。

第二项　关于各学堂者

（甲）省城高等、师范、农业等学堂，宜按期派员查其成绩。查中学以下各学堂，向由学司派员分路查考成绩，渐能改观。惟省城高等及师范、农业等学堂向未考查，管理、教授等事不无懈弛敷衍等弊。请饬学司于此项学堂，亦按期派员查其成绩，严定考成，俾各堂有所警惕，不至苟且塞责，日就腐败。

（乙）省城高等、师范、农业等学堂管理员，宜选派合格人员充当。查高等、师范各学堂庶务、斋务、教务、监学、检查等职员，多以候补州县及佐贰等员充之，学务既不通晓，办事亦多隔膜，各堂学务之无起色，职是故也。请饬学司将此项人员一律撤换，另由学司按照部章，委派学堂出身及办理学务积有阅历士绅充当，俾管理得人，不至同前敷衍。

（丙）各府州县中小学堂职教各员，宜由学司委派合格人员，或由本地学界公举合格者，请学司加札委用，以期事权统一。查各府州县学堂用人之权，往往操之各印官，其所用之人多系不谙学务，藉资调剂，故腐败情形视他省为甚。如青州府中学堂、烟台毓材中学堂，管理员皆由地方官私自位置，任情妄为，把持一切，其尤著者。请饬学司将此项人员严加甄别，不胜任者即行撤换，由司委派合格人员，或另行公举合格者，详请加札委用，以归划一，嗣后不得听任各印官一面之情，狥情委派。

（丁）各学堂教员于授课、讲演关系重要，断非语言不通者所能胜任。如现在高等学堂中等班算学教员、国文教员，上堂讲授时，几于一字不懂，殊为虚糜款项，妄费时日。此外其中小各学堂各教员虽通官话，而东西府语音亦难普通，应请将不通官话之员另行遴派。其本省人员语言之不普通者，亦应彼此更调，以期各得其益。

第三项　关于各地方劝学所者

（甲）劝学所为各州县办学机关，现虽均报成立，然无地址、无款项者居多，所举县视学多无薪水，更少合格之人，故劝学一事并未实行。凡各州县所报成立小学若干处，捏造者十居八九。宜由学司严饬各州县切实举办劝学所，并将县视学大加甄别，酌定薪水，俾得尽力供职，不负委任。

（乙）各州县劝学所既经切实举办，宜由学司严饬劝学总董照章开教育讲习科，分期召各区劝学员集会研究，庶风气渐开而教育可望进步。

（丙）各县劝学所、各中小学堂监督、堂长，宜与学务公所为直接机关。各州县与学务公所上下文牍，往往为府县衙署所搁压，于学务大有阻碍，宜一律改为直接关系，俾得呼吸灵通，化除阻隔。

（丁）各府州县官宜严定学务考成，明定功过，以示劝惩。查东省自开办学堂以来，未闻地方官有因办理学务撤任及记过者，故各府州县官之不办学务、任意蒙蔽已成习惯，已成立之中小学堂既置之不理，而学务推广又多阻力。查历年催办普及教育之件，三令五申，讵该州县官非阳奉阴违，即延搁不理；及造表上报时，则又强将未经改良私塾之师生姓名揑加学科课程，名为学堂，以资粉饰，故有一县实在学堂仅有一二处，乃报至数十处及数百处者。矫饰欺诈如此，学务何由进行。请饬学司将各州县官学务考成切实审查，随时派员查其办理实情，实定功过办法，庶督饬日严，不至仍旧延玩。

（戊）按城镇乡自治章程，各区皆应设劝学所。现自治会已渐次成立，宜照章设区视学，由各区董事等公举师范或各学堂毕业，及品学兼优、热心学务者，呈请地方官发给照会，使查视本区学务。凡小学若干，私塾若干，及学生姓名、年级、课程，分别注清，汇报县视学，以资考查。

（己）区视学须分期集各村塾师研究教育法，研究熟而新旧渐融，私塾自可改良。但此项会费由区视学会同董事会酌筹。除集会研究外，须历视各塾，察其有无改良，分别列表备查。

（庚）每年县视学总核各区入学人数，比较增减及学务有无起色，以觇勤惰。如视学办事著有成效，由地方官转详学司给奖，以资鼓励，否则撤换。

奉札批答：为札知事。案据谘议局呈拟整顿学务公所及各学堂、劝学所一案到本部院。据此，查折开各项，经审查科再三审查，兹特逐项答复。为此札行谘议局，希即知照。须至札者。

粘单一纸。

一、第一项关于学务公所者。查公所本学司督率各科办公之地，非旧日衙署六房可比，议长、议绅及视学官皆宜有驻息之所，有会议之期，科长、科员皆宜有公共治事之室，学司每日亲莅其间，面为商榷，集思广益，胥在于此。又宜有教育官练习所，以符定制。从前创办，建筑失宜，已饬学司会同员绅商酌改良，呈候本部院核定办理。惟东省经费日绌，虽体制攸关，不惮改作，亦取便于办事，勿过费以伤财，是为至要。其公所人员，当以深于科学，明于教育，娴于吏事三项人才组织而成，事乃易举，效乃可期。该局所拟各项资格，虽一时不能皆备，已饬学司详加考查，苟非其人，随时易置，务徐达此目的而后已。至文案、收发、核对等委员，及各科月薪，于宣统三年预算案或裁或减，小学公所已经议决裁并，图书馆添设教育品陈列所亦正在筹划，俟有端倪，再行知照。

一、第二项关于各学堂者。查从前省视学惟视外府州县中小学堂，首府县中小学堂未经视查，其高等、专门、实业各学堂更置之不顾，办法殊属不合，良由学务公所未储此项视学之人，故高等、专门、实业各学堂不复过问。现在学司莅任之始，业经面禀，以此项视学之人为急，应由该学司从速遴选，以资考查而促进步。至各学堂职教各员，照章官绅并用，自以明学务、通语言为宜。该局所陈各节，已饬学司详查慎择，勿令滥竽充数。其各印官于学堂有筹办之责，有监督之责，若其用人不当，贻误学务，自应查实严惩，不容稍贷。若职教各员，概由学界公举，又必以本省绅士为限，于部章既有未合，且使地方官得卸学务之责，而令邦人士独负责任，揆之法理，亦有未安。况各属学堂有官立、公立、私立之分，若学务发达，公立、私立必较官立者尤多。官立者官得主持之，公立、私立者士绅亦得主持之，是学务之范围士绅较官为广，学务之权限士绅较官为大。但使公立、私立之学堂日见其多，则职教各员公立者公举之，私立者私聘之，呈报地方官详请学司加札委用，谁曰不宜。若官立者亦概由公举，行政官岂不贻放弃责任之咎，舆论其谓之何。

一、第三项关于地方劝学所者。该局所议甲、乙、丁、戊、已、庚六条均属可采，各州县劝学所应即查明，如尚未切实举办，应由学司严札督催，办有成效，再推及各区，庶几盈科而进，不至务广而荒。现在议院期限缩短，学部尤注重小学，冀增国民程度。私塾为小学之根基，并宜从速查报，劝令改良。惟丙条所称各县劝学所、各中小学堂监督、堂长宜（于）〔与〕学务公所为直接机关等语，意在化除阻隔，免府县衙署搁压之弊，此与前项所云职教各员概由学界公举者同一用意，将使地方官脱去关系，不负责任。万一绅力不及之处，官复坐视，是欲求呼吸灵通，而反致呼吸不灵矣。欲望学务起色，总须官绅一气，相辅而成。必虑其搁压，则应令学务公所寻常文牍由官转发，其特别紧要者须两面俱到，一面行地方官，一面行劝学所及中小学堂。若学堂太多，不能遍及，则专行劝学所转达。其劝学所及中小学堂上行之件，亦如此办理，庶无阻碍。

三、财政门

议决钱粮串底及各行陋规提作自治经费案（并批答）

九月十九日

为呈报事。窃维自治基础，首在经济。现在各处筹备公所，往往派加亩捐，以为开办自治之用。试思新政累累，若将来尽出亩捐，其不至步莱、海后尘者几希。设州县果无可提之款，在人民虽甚愚昧，亦或不至反对。查各处州县，向来征收钱粮，一律均有底子钱串票，每张虽有四文、六文及二十四文之异，究无一州县无此陋规。此外，行税尤为陋规之大宗，每牙帖一张，除帖费课银外，所有州县私费及吏胥、门丁、房费，种种勒索，恒十倍、二十倍于正额。行纪不堪剥削，因之集税浮收，人心不安，及其他诬揑偷漏，讼狱烦兴，言之可为发指。若将钱粮串票底子钱及各行陋规尽数提拨自治，庶官不劳而亏累无虞，民不扰而经费自足，新政不致阻碍，自治亦易进行，人民幸甚。兹谨拟办法如左：

一、粮银底子钱各按该州县应征正额，由自治局与州县扣算应抽确数，饬粮柜随季交出，即由自治局按会期登载报告书，以杜弊混。

一、漕石东省本非普通，其有漕州县，各按斗石钱文扣算，底子钱串票一律提拨。

一、自铜元初颁，有与制钱配搭行用之说，州县征收粮银，每正银一两，向合四千八百文者，今作为五千六七八九百不等，是征一两，浮收钱文一千，此一千底子钱即作房吏办公之费，不得再于四千八百中借口截留。其通用制钱州县地方，可临时酌留办公费。

一、行户向有总行、分行之别，其总行陋规由董事会抽拨，分行由各区自治会抽拨，以清权限而息争端，并符就地筹款办公之义。

一、其抽拨总会与各区分会出入登载之法，与粮票底子钱同。

一、粮串底子，吏胥、门丁向视为生活，骤经提抽，势必多方阻挠。该州县亦间沾肥润，尤恐从中袒护。倘有此等情弊，准由董事会呈明谘议局转呈抚宪严饬州县，以除障碍而重自治。

以上所拟办法六条，均经全体议员逐一研究，业经公同议决，理合备文呈报。为此具呈，恳请抚部院裁夺施行。须至呈者。

奉札批答：为札行事。案据谘【议】局呈称，将各州县钱粮串底及各行陋规提作自治经费一案前来。查上年谘议局议决禁革差徭、官价一案，业经公布施行。今年七月据自治筹办处详请将禁革差徭各项并钱粮串底一并拨充自治经费，复经批准，通饬州县各就原有款项，妥筹办法在案。是此案在该局未决议之先早已筹及，惟按清理财政章程第二十七条内开，文武大小各署及局所等处，应由清理财政局调查各处情形，一面禀陈督抚及度支部酌定公费，一面提出各款项规费，除津贴各署公费外，概归入该省正项收款。又各省清理财政办事章程第十八条，清理财政局应遵照清理财政章程第二十七条，调查各衙门、局所情形，编订各衙【门】局所公费等级表，并附各项规费多寡表，送部查核各等语。该局所称钱粮串底等项，即系州县衙门规费，详绎部章，专为抵补公费之需，不能移作他用。其前次批准通饬之案，实因各自治会甫经成立，筹款维艰，故于公费未定之先，暂予挪用，原系变通办法。若将来厘定公费实行时，所有前经批准之各种规费，除官价、差徭外，尚须遵章提回，此时暂照前檄办理，无庸再行公布。至行户陋规，系指帖费课银以外之浮收而言，此等不法之取得，病商厉民，例应通饬严禁，未便拨作自治经费，致滋流弊。除行自治筹办处查照外，为此声明理由，札行谘议局知照。须至札者。

覆议钱粮串底不应再行提回案（并批答）

为呈覆事。窃本局前呈报议决将各州县钱粮串底及各行陋规提作自治经费一案，顷奉札覆，谓按清理财政章程及各省清理财政办事章程，钱粮串底等项即系各州县衙门规费，专为抵补公费之用，暂时挪用系为通融办法，将来厘定公费实行时尚须遵章提回等因。本局揆度情势，窃以为国民维系之端，惟财政为密切，专事啬刻，致民多觖望，恐于自治进行大有阻碍。查地方上之钱粮串底，向系经征官吏巧立名目，滥取浮收。此种款项本不在地方州县规费之内，与国家行政经费毫不相涉，于此拨作自治经费，不过以取之于民者还之于民，名正言顺。此不应提回者一。查自治章程第九十二条，一曰附捐，按语谓，就官府征收之捐税附加若干为附捐。此项串底本随丁漕征收，确系附捐性质，照章应作自治经费。此不应提回者二。清理财政章程第二十七条所称规费，虽未指明何项，而各州县于课程、酒税、牙帖、行税各项杂捐，皆有截留之款，以及盐当季规，均可作为规费。至串底一项，大半系门丁、库吏、柜书等所吞肥者，实不在州县规费入款之列，况书吏征收钱漕，本有津贴定数，今拨出此项，系属剔除中饱，无损于官，有益于民。此不应提回者三。国家加赋之条，久已垂为厉禁，此项底串既在正供以外，实为迹近加赋。若按清理财政章程【第】二十七条归入正项收款，既非政体所宜，亦碍难据以报部。此不应提回者四。东省向系征银，自改折征钱后，书吏乃因缘为奸，创为补底名目，本属法外之取求，国家岂能作为抵补公费之需。今若拨归自治，与附捐性质尚属相符。此不应提回者五。具此种种理由，则祛弊兴利，既足允洽乎舆情，化私为公，岂为非法之规定。值此民穷财尽之日，自治筹款最虑扰民，但使能剔除衙署一分陋规，即减少人民一分负担，亦即为地方增一分元气。及读札覆批词，谓自治会甫经成立，筹款维艰，故于公费未定之先，暂予挪用。不知目前筹款既属艰难，若此后自治事宜同时并举，恐艰难更甚于今日。如谓衙署公费必需抵补，而自治费用亦不能无米为炊，又将用何项抵补耶？现时州县地方，专有以钱粮串底作地方自治经费者，已有十余州县，若待异日收回，恐此等州县之自治会，必将有难以支持之虞，宪政将来窒碍，亦不可不先事计画。况民苦苛勒，祸机（偏）〔遍〕地，倘不为民稍留权利，并此拨还于民者亦复提回，无论清理财政章程无此条文，而痛苦既深，荧惑将见，以自治之良规，将为酿乱之初阶，宪政前途，何堪设想。且恭读抚部院通饬全案，并无暂时挪用字样，何以经本局提及，骤生异议。本局本有议决地方行政经费之权，特详绎章程，仍执前议，业经全体议决，除将各行陋规另案提议呈覆外，所有串底不应提回各缘由，理合呈覆。为此呈请抚部院裁夺施行。须至呈者。

奉札批答：为札行事。案据谘议局呈覆不应提回串底一案，查清理财政章程第二十七条，所谓各〈款〉项规费既不指明何种，则范围甚宽，依正当之解释，凡衙门除俸廉、公费、役食外，局所除薪水、局用外，其余一切取得，非规即费，非费即规，自应提出，作抵补公费之用。上年清理财政局业经通饬并列表调查，嗣据各属均将串底填报在案，似不得谓串底一项不在规费内也。至书吏征粮之津贴，各处多寡、有无，亦不一定。每值开征之时，此项办公之人为数不少，凡饭食、薪工、油烛、纸笔、印刷等项所费至巨，即有津贴，焉足敷用，其势不能不取给于串底，以资弥补。此等困难情形，当亦人所共谅，似未可概指为中饱也。来呈又认串底为附捐，恐属误会。夫附捐者，新附于原有之税而加抽若干之谓，若将旧时规费目为附捐，不独于法理未合，即使移作自治经费，亦非经久不敝之策。将来实行提回此项费时，尚须分别性质，应革者革，应留者留。若明知厉民而犹沿用之，亦乖除弊兴利之旨。来呈又谓串底迹近加赋，部章归入正项收款，既非政体所宜等语。查清理财政章程系度支部所奏定，其中规定事宜有关通案。若山东一省将规费悉归自治提拨，使公费无款可抵，设干部诘，谁任其咎。至本部院前次通饬案内无暂时挪用字样者，亦自有理由。夫督抚对于所辖各署局，其行政命令原可随时变更，若经谘议局议决之案允准施行，即成一种地方单行法，异日偶须改变，必致多费手续，此所以于札覆该局文内，不得不援据部章，声叙事由，而有提回规费之语也。总之，串底即是规费，照章系专为抵补公费之款，现在自治筹办伊始，不妨暂时挪用，一俟厘定公费实行时，自须斟酌提回，以济要需。如虑提回之后，自治会难于支持，查自治会原为公益而设，士绅如果热心，办有成效，地方人民胥受其福，则凡基本金之捐助，附加税之兴办，自必不难。况自治系永久性质，必赖有永久经费以维持之，若底子钱至币制划一后即行消减，更未可恃为财源而不另筹的款者也。所有呈覆串底不应提回之处碍难照准。为此声明理由，札行谘议局查照。须至札者。

议决剔除税契积弊案（并批答）

九月二十二日

为呈报事。窃本局开会提议剔除税契积弊一案，业经全体议员公同议决。所有理由办法，理合缮折呈报。为此呈请抚部院裁夺施行。须至呈者。

折开：

窃维田房税契为地方上财政大宗，自宣统元年奉部新章，价银一两加至税银九分，以抵补洋土药税厘，果能实力奉行，自不难积成巨款。只以价银、税银扣折参差，而漏契、匿价之弊更甚于前，庶于公帑无大裨益。至官中之误公扰民，尤为弊不胜举。当此预备立宪时代，似不应任令各州县自为风气，失信于民，致误税课。谨拟整顿办法，分甲、乙、丙大纲如左：

（甲）价银、税银均按市价扣算，以示信用而杜匿漏。

查部章第一条，买价银一两，一律收税九分，此外丝毫不准多取，本属计价收税，毫无疑议。东省田房价值率以钱计，必按市价折银方符部章，乃沿用旧例，田房价值每京钱二千作价银一两，而所抽之税银，反以每两四千余钱之市价折扣，名为九分，实为十八分有奇，加以契纸、房费、拨粮、官中等费，总计不下二十余分。无论民困财竭，不堪当此重税，而揆诸定章，亦属名实不符，虽东西各国税法繁重，未闻有此不规则之税率。去年会期中呈请抚部院变通办法，当蒙批答，以税课攸关，未便轻易，自是为慎重财政起见。惟念加税一事，本期于集款，要必取信人民，乃能推行无阻。若均按市价合银投税者，方幸旧弊豁除，谁复希图匿漏，自干罚究。若如是则课税日增，自无遽减一半之虞。诸城、单县等处，现皆按市价合银，不闻其税额稍减，即为明征。且现闻湘省自奉部新章，亦照时价折合，毫无扣减，似宜亟应仿行。况上失持平之道，下即开取巧之端，经征官吏既可轻违部章，民间之多方隐匿，亦势所必然。东省自加税以来，税额未见大增，弊都由此，殊于财政大受影响。谨列变通办法如左：

一、价银、税银一律照市价折扣，不得稍有出入，致生弊混。

二、乡民投税欺隐尚少，而书吏填写契价，往往以多写少，及经官盖印标朱以后，再行添改，以致红契与红簿不符，业主照数纳税，官署实照红簿征收，于是官民皆亏，而书吏独饱。此等弊端，几于各州县皆然，嗣后应札饬州县地方官，务将地数、价数标朱，以防添改之弊。

三、查部章第六条内开，有从前白契如照新章补税，概不追究既往云云，乃奸民每因白契告讦，扰累无穷，且有远年老契散佚，自请补税者，胥吏亦往往因缘为奸，指为匿漏，肆其要索，殊与部章不合。嗣后旧投税应严禁拖累，庶民不扰而款易集。

四、近年地价昂贵数倍于前，遇有旧契补税，官吏每勒令按现时价值纳税，人遂视补税为畏途。嗣后旧契投税，须照原契旧价征收，不得任意抑勒，致重民困。

五、价买田产税契时，宜将钱粮拨清。近因书吏需索，有税契经年尚未拨粮者，原业主每以遗粮被累，致起讼端，如泰属向来拨粮一条仅京钱二百文，今竟有一条勒至五六千文者。嗣后应将拨粮规费限定每亩铜元一枚，以期粮随地转，致息讼端。

六、税额增减本难预定，要必以民间交易多寡为比例，而各州县奉上宪札饬，皆比照从前所税至多之额，不得减少。州县顾其考成，兼谋余润，于是敲朴地保，唯日不足，禀讦纷起，挟私诬捏，因之破家荡产者不胜指数。拟请严饬各州县，嗣后税契所入之额，当视地亩交易之多少为增减，不得指照从前最多之额，亦不得以一定之额分推，并严禁胥吏之舞弊，庶几民困稍苏。

七、田产有肥硗，年岁有丰凶，价值低昂，本难预定。闻昌邑、莱芜等县，关于税契一项，按上中下限定地价，难免畸轻畸重之弊。嗣后民间投税，须按时价填写，官吏不得勒定，民间无留难之弊，自皆踊跃投税。

八、临讼税契照章科罚，乃奸民任意隐匿，及被人告发，反贿串书吏，暗自投税，颠倒月日，希图规避，致原告罪生诬坐，殊属违法已极。嗣后有隐契被告者，该州县须调验契簿，查明果系隐契，必经断结后方准投税，以免书吏舞弊而原告含冤。

九、变通银价以后，如再有隐匿情弊，及书吏上下其手，一经查出，应照章究罚，以重税务。

（乙）裁撤官中，归董事会经理，提作自治经费。州县地方官中之设，本为严防隐匿起见，不意民间反多一番扰累，公帑未增一分利益，侵蚀勒索之弊不胜枚举。闻历城各州县现已不用官中，归农会经理，且闻川省设立经征局，湘省则令自治董事会征收，皆著有成效。而部章第十二条亦云，由各省督抚体察情形，酌量办理，是税章原不拘于一定。现在东省自治会渐次成立，拟请饬令各州县，嗣后税契一项，无论买契、典契，悉归董事会经理。该会职员皆乡望允孚，就近随时稽查，积弊自除，税额日增，如操左券。谨拟办法如左：

一、官中裁撤后，所有官中应得之费，照数作自治经费。

二、人民投契纳税如数付交，而州县书吏往往任意压搁，甚至一年之久尚不断发，以致弊窦丛生。嗣后凡典买产业，立草契后限六个月内向自治会报明，随时由自治会送呈该管州县印发，以杜前弊。

三、契纸由自治会书记填写后，呈请地方官盖印标朱，除拨粮外概不假胥吏之手，以节规费而纾民力。

四、董事会如有瞻徇匿报情弊，由地方监督官严加调查。

五、每届年终，须由各自治会将某项征数若干，并姓名、年月逐一造册，报明地方官查核，以杜弊混。

以上各项办法统俟宣统三年一律施行。

奉批答：来牍并折均悉。所议税契除弊办法颇中肯綮，兹逐条批答于下：如甲项第一条，价银、税银均按市价折扣。查旧例，契价制钱一千作银一两，因当时银价，每银一两易制钱尚不及一千，是以折中定数，并非故设此法多取于民。现银价既数倍于前，税银、价银一律照市价折算，以苏民困，自是正当办法，应准照办。第二条，业主税契皆由官查验盖印，契簿不符，事所未闻。该局议令地方官将地数、价目分别标朱，乃防微杜渐之意，亦可照办。第三条，旧契补税，奸民因而告讦，胥吏借端要索，诚属可恶，但匿契不报，希图漏税，亦乡人之习惯，若弗加以限制，将民间任意隐藏，官吏无从稽查。应明定限期，榜示通衢，所有未经投税白契，一律于限期内补税，过期后再有不税者，查出仍按匿税征罚章程究办。第四条，旧契补税照原契内价目扣算，亦属可行。第五条，业主拨粮，书吏勒索费用。此弊诚宜亟除，但每亩限定铜元一枚，不无滞碍难行之处。盖地亩大小既各不同，买卖多少又不一致，按亩抽费必生出许多争议，似不如仍循旧例，每拨粮一条，由业主出大钱一百文较为简便，各属一律不准多取。第六条，税额多少以交易之多寡为比例，是当然结果。地方官敲扑地保，摊派税额，果有其事，自当通饬禁止。至藩司比较章程，系为维持库款起见，虽有比较，并无勒派，若并此废去，则官吏因不关考成而不复查察，百姓以不闻催迫而更可隐瞒，恐税则从此虚悬，收入逐渐减少，何以应财政之急需。况来年预算案内，部定税契新旧额征六十余万，为进款大宗，更不得不予各属以约数，以为标准。第七条，官定地价，皆因民间以多报少，隐蔽太多，不得已而为之限制。若税契者，据实填报，毫无匿漏，地方官亦何必故意苛求。嗣后官中既拟裁归自治会经理，则自治会即负考查之责，自无庸地方官直接限定矣。第八、第九两条均可照办。乙项〈及〉第一条议裁撤官中，归董事会经理，应得之费提办自治，事属可行。但各属区域远近不一，若统归城董事会办理，人民往来诸多不便。应先自城区办起，不隶城区者仍照旧办理，俟各镇董事会成立，各乡乡董举齐后，再责成各区一律照办。惟经理个人买卖究属私法上行为，不在自治范围之内，应照城镇乡地方自治章程第六十八条第三款，作为由地方官示谕委任事务，不作为自治团体固有事务，所有从前官中规则俱应遵守。至税契款项，应由人民自向地方官输纳，不宜归董事会经理，划清官治界限，实为尊重自治职权。否则，人民拖延，既不能施行强制，官府督催，亦何能稍予宽假。明代设粮长已滋流弊，即自治章程规定征收附捐办法，可以类推，此议碍难照准。第二、第三两条所陈人民完税后书吏压搁之弊，自是实情，应明定规条，严加考核，以除积习。如再有压搁、需索情弊，准由自治会查明，呈请地方官照章惩办。第四条，自治会如有瞻徇匿报情弊，仅由地方官严加调查，似不足以示惩儆，应照城镇乡自治章程罚则办理，方为公允。第五条，税契款项既不宜归自治会经理，此条即应删去。至中金一项，既提充自治经费，即应照城镇乡自治章程所订经费预算及检查各法办理，不必再为规定。以上各条，希再覆议，呈候裁夺，公布施行。此覆。折存。

覆议剔除税契积弊案（并批答）

为呈覆事。窃蒙札发覆议剔除税契积弊一案，当经全体议员开会研究，公同议决。所有覆议办法，理合缮折呈覆，为此呈请抚部院裁夺施行。须至呈者。

折开：

窃本局前呈剔除税契积弊一案，顷奉札覆允准，并蒙逐条指示，令遵照覆议，仰见抚部院思深虑远，曷胜钦佩。惟甲项第三条，钧批谓匿契不报，希图漏税，亦乡人之习惯，【若】弗加限制，将民间任意隐藏，官吏无从稽查，应明定期限等语。查匿契禁令綦严，近因告讦风炽，旧日白契多已照章补税，经此次旧弊豁除，小民具有天良，谁复希图漏税。若定以期限，缓则人多观望，迫则易滋累扰。况富家旧户往往有偶遭兵燹，屡经迁徙，将旧契全行散佚者，若概勒限补税，力何能给。甚有不肖官吏，勒令阖境业主皆呈验红契，以防匿漏。当此人心摇惑，岂容再事重扰。查部章第六条内载，所有从前白契，如照新章补税，概不追究既往，以杜讼端。至稽查偷漏之法，各省情形不同，应由各该地方官详慎酌办，不得稍涉扰累等语。详绎条文，是稽查隐匿，应责之经征官吏，似不必明定期限，为蠹吏奸民开一攻讦勒索之门。至其余批答各条，皆规划周详，切中利弊，应遵照钧批覆议。除业蒙允准各节，及甲项第三条仍执前议外，所有覆议各条分列于下，伏乞抚部院采纳施行，全省幸甚。

覆议甲项第五、六、七各条如左：

五、价买田产税契时，宜将钱粮拨清。近因书吏需索压积，有税契经年尚未拨粮者，原业主每以遗粮被累，致起讼端。如泰安府属向来拨粮一条仅用制钱一百文，今竟有勒至三四千文者。嗣后应将拨粮规费，每一条统限定制钱一百文，以期粮随地转，藉斩讼蔓。

六、税额多少以交易之多寡为比例。在藩司维持库款，不能不比较旧额，予各属以约数，以为标准，本非勒派。而各州县顾其考成，兼谋余润，于是敲扑地保，惟日不足，禀讦纷起，挟私诬捏，因之破家荡产者不胜指数。拟请严饬各州县勿再勒派累民，设州县不认真稽查，致误课税，亦当予以处分。

七、田产价值，其低昂本难预定，闻昌邑、莱芜等县，按上中下定地价，难免畸轻畸重之弊。嗣后民间投税，须按实价填写，由自治会考察虚实，无庸地方官直接限定。

覆议乙项及第一、二、三、四、五各条列左：

（乙）裁撤官中，归自治会经理，提中金作自治经费。

各州县官中之设，本为严防隐匿起见，不意民间反多一番扰累，公帑未增一分利益，侵蚀勒索之弊不胜枚举。闻历城等县现已不用官中，归农会经理，且闻川省设立经征局，湘省则令自治会征收，皆著有成效。而部章第十二条亦云，由各省督抚体察情形，酌量办理，是税章原不拘于一定。现在自治会渐次成立，拟请饬下各州县，嗣后税契一项，援照城镇乡地方自治章程六十八条第三款，作为地方官示谕委任事务，无论买契、典契，凡隶城镇区者，悉归城镇董事会经理，不隶城镇者，暂仍照旧，俟各乡董举齐后，再责成各区一律照办。

一、官中裁撤后，所有官中应得中金悉作自治经费，而税银仍由业主自向该管官衙输纳，概不令自治会经手，以杜弊混。

二、典买产业，应遵章限六个月内向自治会报明，随时由自治会书记填写契纸交付业主，令其自行投税，地价不缴清者不在此限。

三、人民投契纳税如数交付，而州县书吏往往任意压搁，甚至一年之久尚不印发，以致弊窦丛生。嗣后投税限半个月领取红契，如再蹈前弊，准由该业主禀请自治会转呈地方官照章惩办。

四、自治会如有瞻徇匿报情弊，经自治监督查明，或被人告讦者，应照城镇乡自治章程罚则，分别重轻办理。

五、人民如再匿价，由自治人员就近稽查，易得实据，查明后，即呈明地方官照章办理，以惩奸民而重税务。

奉批答：来牍并折均悉。查该局所议甲项各条及乙项一、二、四、五各条均可照办，旧契补税不定限期亦属可行，惟乙项第三条，领取红契限半个月为期太迫，应定为一个月，方无滞碍，候并案公布施行。此批。

议决预防自治经费争议办法案（并批答）

九月二十九日

为呈报事。窃以自治会创办伊始，首重筹划经费，其预防本地方争议之事最为要端，当经全体议员公同议决，所有理由办法，理合缮折呈报。为此呈请抚部院裁夺施行。须至呈者。

折开：

窃维地方上凡兴办一事，必先备有一种经费，以资其用，某款需通用，某款需分用，总须划清界限，不可稍涉含混，致起争端，方能举办。现在各地方自治机关逐渐设立，城区用款固日见增加，即各区用款亦难从末减。于此而不为之先事预防，势必致争起轇轕，甚有碍于自治之进行，亦非善策。兹综旧用、新筹共有各款，拟定预防争议办法如左：

（甲）旧用款项宜核算实际，酌剂盈虚。

一、从前州县地方城内所设立之各学堂及各局所，已多提用阖邑之公款、公产，其出入款项数目，皆由该堂及该局所自行汇报，难免有不尽不实之弊。现拟暂由城区议事会邀同公正绅士，预算其明年出入款项，以期节有余而补不足。

二、预算清理后，凡各区素所确定应纳各堂及各局所若干款如数照纳，不足者由各区分担，有余则截留，以备他项之用。（此专指临时各项杂捐而言，若常年存储商号之母金定款，仍由各堂及局所直接取息者不在此限。）如有缺欠，惟各区之会董是问，无庸假差役催迫。

（乙）新筹款项宜指定一切用途，免致侵越。

一、嗣后厅州县新设之各种机关，如县议事会、参事会、教育会之类，其经费拟就阖邑之公款、公产筹之。如学田、营田、荒地、荒山、公有森林税、集捐、已革除之官价、差徭等，及钱粮提出之底串票钱之类。各区兴办公益，即由各区自筹，不得占用他区款项。如该区实属贫瘠，无款可筹，可由县自治会酌量补助。

二、各区之公款、公产，如庙产、庙树、公有山林、义地、义捐、义集捐之类，由各区议事会协议提用。如有本地方士绅之抗拒把持者，各会董得援自治规约劝戒之，不从则禀官处理。倘被他区侵占，虽已声明立案，亦准由各会董呈请拨回。

（丙）共有款项宜划分界限，以断葛藤。

一、各区之公款、公产向为数十村所共有，若因画区而村有拨出者（如乙区之村拨出于甲区是），其款可酌量分用。但经此次划清，嗣后公款、公产在某区即为某区所有，不得再行争执。

二、荒山旷野向有之森林价值在万金以上者，虽系一区物产，变卖时可酌提几成，可作为一邑公款。若该区以之兴【建】公共营造物，如营造中学堂、实业学堂之类，其利益本普及一邑，则该区亦可专用，无庸酌提。

奉批答：来牍并折均悉。所议预防自治经费争议办法，有可行者，有尚须研究者。如甲项第一条，州县预算、决算本在州县议事会范围之内，现州县议事会尚未筹设，暂由城议事会邀同士绅试办预算似无不可，但邀集之人不必限于城区。第二条可以照办。乙项第一条，既为阖邑之机关，自应以阖邑之公款、公产办之。但如营田、荒地、荒山、森林之向归官有者，应不在此内。又如串票底钱，不过暂时挪用，俟厘定公费实行时，尚须查照部章另议办法。至各区贫瘠，无款可筹者，应照城镇乡自治章程第九十一条第二项办理，不能由州县自治会补助。第二条，各区公款、公产如有人抗拒把持，或被他区侵占，应照城镇乡自治章程第三十六条第九项办理，不必另为规定。丙项第一条可以照办。第二条，自治会若照城镇乡自治章程第五条兴办各种事业，其利益能及于一邑者，不但可专用其固有之款，并可由各区自治会酌量协助。应候公布施行。此覆。折存。

议决厘剔集税中饱充自治经费案（并批答）

十月初五日

为呈报事。窃本局开会提议厘剔集税中饱，以充地方自治经费一案，当经全体议员公同议决，所有理由办法，理合缮折呈报。为此呈请抚部院裁夺施行。须至呈者。

折开：

窃维行帖课税在杂赋之列，本属正供。至设牙纪以辨物平价，应征税则为数甚轻，乃积久弊生，官吏之规费既多，行用之浮收斯巨。例如，司帖费银百两，而领帖规费入于地方官及门丁、房吏之私囊者，动勒至二三百两至六七百两不等，因此争行涉讼，时有所闻。行纪既重受剥削，苟非逾额浮收，何以取赢，于是重征勒罚之弊层见叠出，有一行纪岁收银至千两上下者。当此清理财政，奚容任官吏牙侩通同舞弊，重累商民。计惟有厘剔中饱，作地方自治经费，藉裨公益。兹先举其弊端如左：

一、官吏勒索。查州县地方之承办行纪，例由绅董赴衙署禀报，非先将州县私费说妥，不准领帖，而门丁、房吏尤必百端勒索，私橐不充，不准禀保，故衙税规费较帖费正课每逾七八倍不止。

二、差役需索。查州县地方之集市会场，差役每借巡查之名，肆意需索，而行纪又视差役为护符，每年必交规费数次，亦须京钱百千、数十千不等。

三、验帖勒索。查司帖系五年一换，而州县借口慎重，每年必将全境行纪传齐，名曰验帖，以察滥冒。乃将帖呈进，迟延不发，必视集市大小，索取规费，一不如愿，即诬为假冒，罪以浮收，立行斥革，将行帖另行勒卖。行纪类皆贫寒，因此谋充者累累，勒索之法，可谓奇巧。

四、换帖巧取。每遇换帖期近，门丁、房吏即先期播扬某行纪将行换帖，而新户闻风，赶即贿串门丁、房吏，重纳私费。州县官见新户私费加于旧户，即借端将旧（股）〔户〕斥革，追缴旧帖，换给新户。如旧户肯出重贿，仍可领回。一转移间，官吏可得两份规费，而新户因徒耗重赀，未获一帖，于是黠者上控，懦者吞声。

五、行纪受种种剥削，必假浮收以取偿，往往揑控良懦，诬为漏税。州县因得行纪私费，明行袒护，使良懦含冤。遇有负屈上控，而州县又不得不斥革行纪，私罚之款既已干没，而行帖转卖又得大宗私费，鹬蚌相争，渔人得利。

总以上诸弊，各州县皆然。归于公用者十之一，归于中饱者十之九。当此民困财竭，上下空虚，应将此种官吏陋规、商用浮收严饬禁革。惟虑积弊已久，廓清为难，若徒恃斥革之空文，而州县取偿牙侩羡余，久已据为垄断，虽文告加繁，恐亦视为故纸。本局再四商确，与其积弊难除，永为官吏牙侩居奇之地，何若化私为公，有裨新政。况地方自治，在在需款，无米何以为炊，若将市集行帖由自治会经理，除司帖正课照旧完纳外，所有一切浮收规费概提作自治经费，殊于立宪前途大有裨益。若以行纪为下流社会之人，董事会人员负一乡重望，不可为行纪代表，则国民教育普通宣讲必先屏行纪于不齿之列，值此预备立宪时代，岂容于地方充当行纪之人故分畛域。且各集市收数由自治会就近稽查，断不至有浮收及隐匿等弊，洵公私两便之道也。谨拟办法如左：

（甲）请饬各州县，除已设局卡派员经理不计外，凡市集行帖，须由自治会将承办行纪之姓名呈报地方官，详请藩司颁帖，以免衙署勒索之弊。倘无人承办，即由自治会领帖，派人经理。

（乙）所有行帖规费及应纳税课，由自治会催缴，以期不亏公款。

（丙）行纪收费由自治会就近稽查，所得款项除正供外，再酌留二成，为行纪办公津贴，余尽作自治经费。

（丁）行纪如有亏公舞弊情事，应由自治会禀官惩办，地方官为自治监督，不得以革除衙署私费之故置之不问。

（戊）嗣后届颁帖之期，须由自治会经手，代行纪承领，衙署陋规不革自除。

（己）所有征收实数及纳课若干，津贴行纪若干，自治会留用若干，须按季张贴，以昭大公而杜侵蚀。

奉批答：来牍并折均悉。所议集税中饱各节，似属实情，应札行藩司通饬各属概行禁革，嗣后再有此等弊端，一经查出，或经人民告发，定即从严惩办。至拟以市集行帖归自治会经理，一切浮收规费提充自治经费，此议碍难照准。查此等陋规迹近纷扰，无论在官在绅，均须禁止，岂官治应革之弊，而自治反可承袭乎。且归自治会经管，将来收税时如何催缴，亏公时如何追偿，颁帖时如何招领，既不应如差吏之驱役随官，不负责任，又不能如地方官之赏罚有定，直接执行。在清介严重之绅董，且恐非所乐为，即使勉强为之，非上下掣肘，即谤议丛生。言之易而行之难，利所归即怨所集。本部院为尊重自治职权起见，以为自治团体不应代官催科，尤不应揽商包税。虽欧美各国间有以征税事务委任自治团体者，究与包揽税务性质不同，我国自治甫经萌芽，若承办此等事务，恐于前途大有妨碍。仰该局将此案覆议。此答。

覆议集税中饱诸弊请予自治会以监察权案（并批答）

为呈覆事。窃本局呈报议提集税中饱一案，奉批来牍并折均悉，云至此答等因到局。奉此，遵即开会覆议，佥以行帖及集税陋规，本局本认为地方应革事件，第以相沿已久，未易革除，与其徒饱衙署门丁、吏役等人，不如归自治会经理，提充经费，尚为逆取顺用，是以议决呈报。现奉钧批不以为然，理由甚属正大，仰见抚部院深明治体，本局何胜感佩，全体议员均极赞同。惟此项陋规，积久已成惯习，一时恐难禁止。且禁止之执行，须责成地方官，而此项陋规，又与衙署有密切关系。倘地方官阳奉阴违，纵容门丁、吏役等仍前勒索，虽长官不时考查，亦恐耳目难周。而人民素来畏官，养成习惯，又不敢以个人名义出首告发。有此种种窒碍，终恐抚部院革弊之善政徒托空谈。本局再三讨论，拟予自治会以监察之权，遇有地方官不认真禁革行帖及集税中饱情弊，准其随时指明确据，直接禀请抚部院查办，似于革弊前途不无裨补。业经全体公决，理合呈覆。为此呈请抚部院裁夺施行。须至呈者。

奉批答：来牍阅悉。查该局覆议革除集税中饱一案，拟请予自治会以监察之权，地方官如有不能认真禁革，并请准自治会直接禀明本部院查办，均与自治章程所订自治职员权限不合。嗣后倘有地方官不能认真禁革，经自治会查有确据，准该自治会向谘议局呈递请愿书，以便转呈，听候核办。此答。

议决筹拨裁缺学田补助自治经费案（并批答）

十月初六日

为呈请事。窃查东省教官，除东西各府地方例设教授一缺，及泰安县仅设训导一缺外，其余州县多设教谕、训导二缺，例有学田以资养赡。其学田均照佃户认租，每年按季派门斗收取之。如佃户有抗违不纳者，送官追缴。故虽统名学田，其地亩本自划分，凡催租收租各事项，正副两斋教官均属分行经理其事，并不相混合。自部议裁汰教官以来，东省州县教官定为二缺裁一，有裁去教谕一缺犹留训导者，有裁去训导一缺犹留教谕者，各州县情形未尝划一。然教官既经裁汰，官缺已无，其所遗存之学田尚属虚悬。惟查现时各州县学田，往往在任教官任意侵占，据为己有，同僚州县未便追究，本地士绅不能过问。若长此以往，曾非久计。现当预算年度，各项财政，正俟一律清理，将来此项学田，亦应列于财政范围之内。况现时各州县新政繁兴，在在需款，经费支绌，筹集良难。拟请将各属裁缺教官学田，作为地方自治上一种补助经费，可由该州县地方官先事查明其学田地亩若干，每年租价若干，一一注册，发交自治会绅董经理。至自治会中将学田入款作为何项支销，可由官绅商酌办理，每年须造册呈报，以备检查核实。倘该州县在任教官于其不应占有之学田或有把持不缴及稍有隐匿情弊，准由该处地方自治会呈请地方官查明办理，如此则补助有资，而新政渐理，即地方上干没学田之弊，亦可以藉兹扫除，庶于国家、地方两有裨益，实为公便。当经全体议员公同议决，理合呈报。为此呈请抚部院裁夺施行。须至呈者。

奉批答：来牍具悉。查各州县学田租谷原为津贴贫生之用，年久仅成具文，遂为教官个人之收入，揆诸当日捐置之意，已属不符。然教官缺分清苦，恃此养赡已非一日，自未便遽事更张。至裁缺教官所有学田，该局议拨归董事会作为自治经费，以本地之产办本地之事，原无不可。但此项学田既系阖邑公产，若全数拨归城董事会，既难免乡会之争，若归坐落之乡会，又与阖邑公产名义不符。查各属劝学所现已陆续成立，强半尚无的款，此项劝学所每州县只设一处，若以阖邑公产拨作该所经费，既可毋庸另筹，又可免生争议。其应完学租钱粮，亦即归劝学所照旧完纳，其租谷收入该所开支有余，即可以之添设蒙小学堂。以学务之产业仍归学务之用，似尚公允。合再发交该局覆议，呈候核夺施行。此答。

覆议裁缺学田归为劝学所经费案

为呈覆事。窃本局前经提议裁缺学田，拨作自治经费一案，由全体议员公同议决呈报在案。兹奉钧批，内开：来牍具悉。查州县学田租谷原为津贴贫生之用，年久仅成具文，遂为教官个人之收入，揆诸当日捐置之意，已属不符。然教官缺分清苦，恃此养赡已非一日，自未便遽事更张。至裁缺教官所有学田，该局议拨归董事会作为自治经费，以本地之产办本地之事，原无不可。但此项学田既系阖邑公产，若全数拨归城董事会，既难免乡会之争，若归坐落之乡会，又与阖邑公产名义不符。查各属劝学所现已陆续成立，强半尚无的款，此项劝学所每各州县只设一处，若以阖邑公产拨作该所经费，既可毋庸另筹，又可免生争议。其应完学租钱粮，亦即归劝学所照旧完纳，其租谷收入该所开支有余，即可以之添设蒙小学堂。以学务之产业仍归学务之用，似尚公允。合再发交该局覆议等因到局。奉此，遵即开会公议，佥云细绎钧批，令以阖邑学田仍归阖邑学务之用，既属名义相符，又可免生争议，实属公允。兹经全体议员公同议决，理合呈覆。为此恳请抚部院（监）〔鉴〕核，公布施行。须至呈者。

议决请拨德州粥厂补助经费建议案（并批答）

十月初九日

为呈请事。窃据德州议员魏寿彤、德州驻防议员常全为请留德州粥厂补助金事建议，谓德州地当孔道，水陆交通。同治年间，黄河频年决溢，流民盈途，本地官绅捐设粥厂两处。洎光绪三、四两年，直隶、山东岁祲，赖以全活者数十万。其的款交商号生息，两处粥厂岁得息项共银一千一百九十三两余。春冬施粥六阅月，约计每年支销共银一千八百三十三两有奇，其不敷款项由官绅临时劝募，竭蹶情形，颇形困难。前蒙督粮道宪周详准，由德州漕仓项下岁提补助银四百两，作为经常费用，拯救民生，舆情感颂。今阅承交本局预算册内载，德州粥厂补助金概行核删。今值清理财政年度，该财政局不知德州实在情形，本无庸深咎。但德州为入京必由之路，连年东省歉收，彼流民之携家逃荒者麇集德州，其困苦颠连实不堪言状。施粥为善政第一要政，赈济流氓不致使贫民僵毙，亦不至流为盗贼，诚属一种慈善事业。奈汲长（鲠）〔绠〕短，岁费周章，如并此每年补助金裁消，两厂必愈形亏累。非不知东省财政困难，但事关善举，犹望曲意成全，以留遗爱。为此吁恳抚台推己饥己溺之心，上广皇仁，下恤灾黎，无论如何为难，请从预算裁减项下抽提专款，照常补助，以济要需，饥民幸甚。兹经议员魏寿彤、常全提议，全体公决，理合呈报。为此呈请抚部院裁夺施行。须至呈者。

奉批答：来牍阅悉。查德州粥厂每年补助经费银四百两，向归粮道筹拨。现在粮道裁缺，情形迥非昔比，故审订预算时遂将此项裁免。兹据该局呈请照旧支给，以为该地方慈善事业之助，事属可行，候行布政司暨清理财政局查照办理。此答。

议决州县征收粮税铜元制钱搭收建议案（并批答）

十月十一日

为呈请事。窃据本局议员金玉相、刘清范建议，谓上年本局提议剔除税契旧弊一案，当经呈蒙钧批，内开：税银按市价征收，银钱听民两便，不准书吏挑剔，原有奏定章程，但现在行使铜元，各州县征收粮税曾奉部文，准其与制钱搭收，前经通饬有案，本应一律办理。惟税契一项，现奉部章加至九分，民力恐有未逮，自应量加体恤，嗣后各州县征收税契，民间缴纳铜元按照市价，不准扣折，以示区别等语在案。查各州县自制钱稀少以来，铜元畅行已非一日，市场交易人皆称便。独至完纳粮银及契税等项，铜元与制钱搭配行使，东省州县固属不少，其专用制钱，铜元概不行使者，州县中亦属甚多。市面之上，铜元虽已畅行，独至完粮纳税，转生滞碍，甚至征收上下两忙，人民有如数缴银者。且衙署书吏并不发给由单明定数目，以少扣多，此中弊端百出，致令民间无由核算，高唐、莘县等地方皆同此弊。将来新币通行，固须另定征收办法，然此时铜元既难收回，州县衙署又不准铜元、制钱搭使，相沿已久，习成惯例，以后制钱日短一日，民间亏累何堪设想。拟请饬下各州县，凡征收粮税实行搭使铜元，以维币制而符定章，实为德便。兹经全体议员公同议决，理合呈请抚部院裁夺施行。须至呈者。

奉批答：来牍阅悉。查该局所陈民间完纳粮税困苦，似属实在情形。应通饬各属，凡铜元畅行之处征收粮税，制钱与铜元须搭配使用，不得仅索制钱，以杜扰累，候即公布施行。此批。

议决经费公布办法案（并批答）

十月十一日

为呈报事。窃本局开会提议经费公布一案，当经全体议员公同议决。所有理由办法，理合缮折呈报。为此呈请抚部院裁夺施行。须至呈者。

折开：

窃维新政繁兴，需款甚巨，罗掘虽穷，筹措难已，即尽力节俭，犹恐不足，岂能再事滥费。乃近来办新政者，上不顾国家之困穷，下不恤小民之艰难，任意冒滥浮销，不胜指数。如高等师范学堂，杂支动数千金，而炭油、纸笔、刷印消耗尚不在内。教养局只驴六头，每年喂养费至六百余两，而贫民子弟仍蓝缕不堪。略举一二，他可类推。但浑之曰杂支，浑之曰喂养，并不详列款目，虽有弊端，无从稽查。彼管理之人，即借兹以为营私舞弊之方，此事殊堪痛恨。欲杜此弊，莫如实行公布之法，庶可以防此流弊。兹谨拟办法如左：

一、公布宗旨。公布宗旨要在欲使人民周知出入款项数目，一面坚出资者负担之心，一面杜用财者朦混之弊。

一、公布范围。所当公布地方，无论学堂、局所，以凡属于地方行政经费者为限。

一、公布期间。各局所须每半年公布一次，各学堂须每一学期公布一次。

一、公布事项。除管理、教习薪金，书手、夫役工食外，如器具、物件必列明件数、名目、价值，图书、标本必列明名目、数目、价值，笔墨、纸（账）〔张〕、油炭必列明数目、名目、价值，修补或建筑房屋必列明间数、估值，其它杂支必列明何项支销，不得以杂支二字了之，以及旧有新置之物件，均须详明列表，不得稍涉含混。

一、公布方法。每届公布时期，除张贴本局所及学堂外，须备一分呈送抚院〈外〉，并交谘议局一分，以为明年预算之豫备，庶不致无所查核。

奉批答：来牍阅悉。查各国公布支款，多系登载官报，俾众周知，似无饬令各局各校按期将细数张贴门首之说。现在中国人民程度尚低，多不识字，其识字者既有报章可阅，即无庸逐项榜示，以省纷烦。嗣后除预算、决算每年将各局所、学堂支出总数登报外，另于决算后将用款详册刊发各属阅报所，俾众阅览，以臻细密而示大公。候行布政司暨清理财政局查照办理。为此声明理由，希即知照。此答。

议决裁撤筹款分局以节縻费案（并批答）

十月十三日

为呈报事。窃本局开会提议裁撤筹款分局以节縻费一案，当经全体议员公同议决。所有理由办法，理合缮折呈报。为此呈请抚部院裁夺施行。须至呈者。

折开：

窃维各府、直隶州筹款分局之设，原为旧时各州县征收税捐毫无起色，故特派专员管理，以期增加收入。现在各项税捐次第厘定，岁有常额，均由各州县自征自解。查筹款章程，名目虽不止一端，然确实考查，非为地方旧有，即属现时难行。在各州县，可筹之款亦寥寥无几。故该局员所能筹集者，惟地方酒税尚为确定之款项，且各地方酒商烧锅作辍无常，时有变更。惟此项税捐每年由印委各员会同地方官查报一次以外〈者〉，局员管理最少，职务甚为简单，除坐耗薪费、勒索商民以外别无所事。当此财政困难，多一局所即多增一层费用，况地方筹款分局直同赘疣，似应亟宜裁撤，以节縻费。兹谨拟变通办法六条如左：

一、各州县筹款分局限本年十二月内通饬一律裁撤，统归省城总筹款总局经理，以一事权而节费用。

二、筹款分局裁撤后，地方酒商烧锅如当秋季开设时，由筹款总局分派委员十三路，会同地方官查验一次，以便对换凭单门牌。查验毕，即回省销差，责成各地方官随时稽查。如有春夏季开设者，即由地方官验明，禀请筹款总局颁发单牌，既免酒税之偷漏，并以除前此抑勒迟误之弊。

三、就地征税，各州县每不一律，畸轻畸重，因以滋生弊端。嗣后应明定限制，凡酒池征收税捐，统按五千斤定数计算，令各州县一律办理，以归划一，彼查验委员及州县地方官，亦无上下其手之弊。

四、更换凭单后，如在春夏季间有因赔累禀明歇业者，委员每勒交全年税课，殊属苛虐。嗣后遇有商人中途闭歇者，准其禀明地方官查验确实，呈缴门牌，在某季闭歇，即由某季截止税课，以示体恤而昭平允。

五、近来委员查验酒池时，往往视商人财产之盈缩，定税捐之多寡，任意勒讹，漫无标准。迨关说既通，欲壑已填，则又互相欺饰，以多报少，是以上下皆亏，惟委员独为中饱，殊于税务有碍。嗣后查验委员及州县地方官如再蹈覆辙，一经查出，或被商人告发者，拟请严定处分，以儆效尤，庶商民不受抑勒，而税额亦可骤增。

六、查财政说明书，拟裁撤分局，增设十五路。每路以四个月均百两计算，所费不下六千两。现时经济困难，逐处（樽）〔撙〕节尚觉无从挹注，况此项税款仍由各州县征解，则经理有人，似无庸裁此设彼，徒耗巨款。

奉批答：来牍阅悉。查筹款分局之设，原以各州县稽征酒税耳目难周，故特派专员，以便随时查验，并非赘疣。此次预算案内业经裁撤，另设覆查酒捐委员，实为（樽）〔撙〕节经费起见。谘议局建议变通办法，经本部院详加核夺，内如第一、第二、第五各条均属可行。惟筹款总局已于今年四月归并，此后应由财政公所经理。各属酒商多寡不一，繁盛之区一员恐有不敷，应仍按十五路分派。至第三条拟令凡酒池悉按五千斤计算，固可免畸重畸轻之弊，惟查原定酒捐章程，每池系以四千斤为额。然各处情形互异，如滕、峄等县著名产酒之地，有多至五千斤以上者，其最少之地，有每池仅及二千斤者，势难强令画一，转滋抑勒。第四条拟令中途歇业者即由某季截止税课，亦有窒碍。查刁商往往于秋冬季开设烧锅时，将酒蒸足囤积，至春夏间捏报赔累，若许其任意报歇，税课必骤短绌，嗣后既无常设委员，州县必不能时时查验，此端更不可开。第六条所指委员十五路，每路以四个月均百两计算，共经费六千两，较之原设分局时所节已有一万三四千两之多。且覆查之认真与否，实为税款盈绌攸关，不得不宽以时日，优给公费，未便再行核减，致滋贻误。所有以上各节，希即查照。此答。

议决裁撤绿营【武弁】以节糜费案（并批答）

十月十三日

为呈报建议事。窃本局开会提议裁撤绿营武弁，以节糜费一案，当经全体议员公同议决。所有建议裁撤办法，理合缮折呈报。为此呈请抚部院裁夺施行。须至呈者。

折开：

窃维绿营之设立，平时用以除暴安良，有事用以靖乱御侮，考其初制，未尝不善。近年以来，因旧制腐败，于是裁汰兵丁，仍留员弁，坐拥虚器。当此百度维新，似不应留此项员弁，以为新政上缺点。查光绪三十二年政务处会奏议覆裁撤绿营一律改为巡警折内，略谓各省兴办巡警，应需经费颇巨，拟请饬下各省督抚查照该部原奏，认真办理，以重警政而节糜费等语。宣统元年经两湖总督两次奏裁副将以至守备四十余员，军谘处会奏议覆闽督奏裁绿营，腾饷编练新军，均奉旨依议，是绿营员弁亟应裁撤，自无疑义。惟裁撤后若不设法位置，似不足广皇仁而示体恤。兹拟裁撤后位置办法如左：

一、总兵官三员经改为巡防队统领者应无庸议。至实缺副参游都守各员，拟请悉予开缺。凡素有声望，事理明达，尚未届退休年限者，裁缺后查取履历，造册咨部。如未裁绿营之省分遇有相当之缺出，可尽先选用。东省巡防队管带各差遇有更调，亦应酌量委用。候差时可按月酌给膳资。

二、实缺千把外额，年富力强，朴诚耐劳者，裁缺后查取详细履历注册，以巡防队哨官、哨长挨次录用，候差时并按月酌给膳资，藉为贴补。外额已给一年恩饷者，候差时不再给膳资，以示区别。

三、副参游以下如有文理通顺，年未满三十五岁者，如愿入讲武堂研究新军学问，或入巡警学堂肄习警察学者，但能考验合格，准其入堂，给予官费，毕业后分别委用。

四、自副参游以下，其年老力衰者，查照奏定陆军营制饷章退休制略内开，副将限六十五岁，参将、游击限六十岁，都司、守备限五十五岁，千总以下限五十岁，概令退休，给予恩俸，以示体恤。

五、凡退休武员，如系署任，由实缺调署者，其恩俸仍照其本职给予；系候补者，则照署任给予恩俸一年，以免向隅。

六、凡退休之实缺武员，除籍隶本府本县各员不给川资外，其余各员无论本省外省，均请酌给路费，俾资回里。

七、各标候补武员，如有曾在各项学堂毕业者，自行呈明该管长官，分别造册，即就所学各门酌量录用，以广出路而免拥挤。

八、各标候补人员，如有年届退休，系外省籍贯，家况贫寒者，准其禀请，酌给回里川资，以示体恤。

九、现各属筹办巡警，需款孔亟，至武弁裁撤所余营田，拟请留作地方办理巡警经费，俾警务用款充足，以期警务日有起色。

十、所有候差膳资、退休恩俸、回里川费，在在需款，应即以此裁撤武弁所余之饷银抵补。如抵补以上之膳资、恩俸、川费等项外尚有赢余，即可藉充筹办陆军底款。东省陆军甚关紧要，藉此少数为筹办底款，谅难敷用，俟此次裁撤武弁位置竣事后，所有饷银全数腾出，即可尽行拨储备用。

奉批答：来牍阅悉。据呈建议裁撤绿营，以节糜费办法一案，所呈各节多有可采。本部院现在正饬三镇调查，拟分别筹议，奏明办理。此答。

议决请拨临清粥厂补助经费建议案（并批答）

十月十六日

为呈请事。窃据本局议员李荫棠、金玉相、王赓飏、王九州、冯绍京等建议，谓临清州开设粥厂，向由官绅捐款。洎光绪二十九年饥民云集，捐款不敷，经前委办临关道陆详请拨银千两以为补助，当经批准在案。该厂历年接办，仍虞支绌，嗣经连年荒旱，米价昂贵，本境饥民遍地，而异境流民襁负而至者，亦不绝于道，每岁至开厂时，饥民数目不下万余人。迨光绪三十四年，冀州一带荒旱，就食者日益增多，该厂经理人设法筹办，除劝募外，又禀明前州尊李详请于仓谷项下提拨京钱一千三百缗，以济急需。灾黎幸免为饿殍，流氓亦未至滋扰，是该厂于饥民生命、地方治安极有关系。近经财政局将该厂补助银千两与德州补助银四百两全行裁撤，而德州粥厂一事业由本局呈蒙批准，仍旧照数照拨，仰见抚部院周恤穷黎之心有加无已。议员等因念临清水陆冲衢，北连京津，南接汴豫，流民往来较德州为甚，纵补助费不事裁尽，历年粥厂开支犹不敷用，若一旦骤裁，此千金钜数专恃劝募捐款，其何能支。窃恐饥民之麕聚者一不得食，势必沿途滋事，不惟其流离可悯，且于地方治安大有妨碍。议员等生长临郡，亲见该粥厂情形困难，不得不代民呼吁，将来实业扩充，民有生计，再行量为裁减，目前则涸鲋待救，斗水胜于西江。为此援照德州粥厂成例，呈恳恩施逾格，将补助临清粥厂银千两照旧拨给，则数万生灵赖以托命，饥民幸甚。此系议员李荫棠等建议，现经常驻议员公同议决。为此呈请抚部院裁夺施行。须至呈者。

奉批答：来牍具悉。据呈临清粥厂捐款难于另筹，饥民环而待拯，自系实情。所请援照德州粥厂成案，每年仍由地方行政经费内补助银一千两，事属可行，候即加入预算办理。希即知照。此答。

四、法律门

议决兰郯两境盗贼横行应分设巡防建议案（并批答）

九月二十七日

为呈报事。窃据本局议员张文东以兰、郯两境盗贼横行等情陈请一案，当经开会提议，公同研究，佥以该境盗贼情形为害甚巨，应于紧要之处分设巡防，以弭后患，诚有如该员所请者。业经全体公决，理合缮折呈报。为此呈请抚部院裁夺施行。须至呈者。

折开：

具请愿议员兰山县张文东。窃维兰、郯为南北通衢，犬牙相错，一村交界，划分三县或两省者有之，盗贼啸聚，出没其间。每届夏令田禾茂密之时，宵小谓之青纱帐，命盗两案层出不穷。加以近年水旱频仍，盗贼日炽，甚至伪造号色、冒充官长，白昼入门，劫掠一空。似此横行无忌，将来情形不特兰、郯两境受害，亦山东大局安危所关。拟请抚部院饬下巡防营，务于县界或省界紧要地方，移设分卡，断绝盗贼之路径，则费、蒙、沂、临各属不至复有平邑、斗山、盐店、九山等之巨案，庶几民皆安堵，兰、郯幸甚，山东全省幸甚。

谨列应移设分卡处所于后。

兰山境：

鲁城，府城西南百四十里滕、峄交界。

南桥，府城西南百二十里邳州交界。

邸沟，府城西南百六十里峄、邳交界。

井家店，府城东南一百里赣、榆交界。

郯城境：

长城，府城西南百二十里邳州交界。

重坊，府城西南百三十里邳州交界。

石门，府城东南百三十里海州交界。

官庄，府城东南百三十里海、赣交界。

奉札批答：为札覆事。据谘议局呈称，窃据本局议员张文东以兰、郯两县盗贼横行等情陈请一案云云等情到本部院。据此，查东省防营无多，到处分设，势有不能，应由镇察酌形势，择要分驻，认真四处巡防，以靖地面。除行司并咨兖州镇查照办理外，为此札覆谘议局查照。须至札者。

议决整顿词讼案（并批答）

九月二十九日

为呈报事。窃本局开会提议词讼诸弊急早剔除，以苏民困一案，当经全体议员公同议决。所有整顿办法，理合缮折呈报。为此呈请抚部院裁夺施行。须至呈者。

折开：

查法立弊生，词讼为甚。州县不尽廉正，民人率多冤抑。宜于审判厅未成立之先设法整顿，徐图改良，爰就上届会期所已议及者仍执前议，上届会期所未议及者新行提出。谨拟办法五条如左：

一、讼费宜急早规定也。上届提议讼费化私为公一条，蒙批答：查讼费化私为公，应照审判厅试办章程第一百十九条，自各级审判厅开办之日为始。现在审判厅尚未成立，未便先由各州县施行，致滋纷扰等情在案。讵知民人争讼，差票有费（原告亦有钱，而被告倍之），堂讯有费（如该差、该房、铺堂等名目），和息有费（有费至百千者），种种索勒，其名目不胜枚举，甚有费至千余缗，尚未获堂讯者，较之审判厅试办章程第六节之法定讼费，公私既大悬殊，多寡又相倍蓰，其纷扰更不堪言状。仍请按照审判厅试办章程提前公布施行，以祛积弊而苏民困。

一、罚金宜照章榜示也。查刑部请将罚金一项酌提解部一折内开，酌定每一州县每年解银一百两，由各该督抚汇齐解部，年清年款，不得蒂欠分厘。至各州县审理笞杖人犯折罚银两，每年断不止于此数，其有余之款应令各该省年终汇案，一并册报户部，并分咨刑部，以便互相稽核各等语。是罚金之多少，原难执一格以相绳。若督抚之奏咨但据州县之详报以为定，在各州县秉公廉正或能据实相报，若不肖官吏以有报无，以多报少，除解部一百两外捏造报消，私自侵吞，在上宪既无法考查，在人民亦无由闻知，势不至尽饱私囊不止。拟请札饬各州县，于罚金一项除详报上宪外，另将出入清册发交该县自治会一份，并一面张贴该署照壁以示大公，庶民生可均沾实惠，而吏治乃弊绝风清。

一、相验宜申明定章也。查例载，凡人命呈报到官，该地方印官立即亲往相验，一切夫马饭食俱自行备用，并严禁书役人等，不准需索分文。如各该地方印官不行自备夫马，取之地方者，照因公科敛律议处；书役需索者，照例计赃，分别治罪各等语。定例何等森严，乃近日各州县凡有命案应相验者，验尸棚厂官吏夫马之费甚多，均取之被告家，不足则派之族邻，小村单户则派之邻村。吏役骚扰，鸡犬难安，甚至牵累愚氓，肆行勒索，相踵效尤，言之令人发指。现正预备立宪，各级审判厅不日次第设立，宜先期申明立章，扫除积弊，以防地方之扰累，而促宪政之进行。

一、管押宜从速改良也。查私立班管大干例禁，乃各州县班役竟多私立班房，管押人犯，其中秽臭黑暗甚于牢狱。遇有交班看管之人，该班役即令溷聚其中，无论平民罪犯，必私施刑具，惨无人理，必待被押者之家人重贿班役及门丁，方去刑具。凌虐勒索，为害百端，加以便溺杂遝，饮食不给，迨限满释放，直有奄奄就毙者。夫瘐死狱中，仁人弗忍，而况为私立之班房耶！值兹改良监狱，拟令轻罪人犯，或罚令工作，或入所习艺，以示哀矜。若有力之家，援法部新章，笞杖改为罚金，原可无容羁禁。(俟)〔至〕无力缴纳者，即以此项罚金，备工作、习艺各项补助之费，较之犯人濒死而无卫生之术，终日械系而乏教养之方者，相去奚啻倍蓰。

一、非刑亟宜禁止也。恶逆盗犯，自应严刑鞫讯，乃各州县自顾考成，遇有命盗重案，真犯逃逸，往往罪及无辜，严逼承供，于是笞杖不足，继以夹棍，夹棍不足，继以枰杆，以及好汉【沐】猴坐堂，诸刑任意滥用，甚至民事诉讼，亦轻用非刑。严刑之下，何求不得，其因受刑不过，误承重案者时有所闻，而真犯反得逍遥于法网之外矣。然公庭之刑既极惨酷，而班役私刑尤加数倍。班役缉犯不获，恐遭比责，每牵累平民，不先送案，即私刑顺供。有用钉刺其手足指者，有以煤油涂背用火燃之者，有令坐于木篅，用火香遍烧其上部，使其全身蹲缩篅中，复烧其下部，便再伸舒于篅外者。种种惨毒，不胜枚举。及至堂讯，已成废人，恐再受刑，遂即承招。在官吏差役，方以为可免参罚，可免比责，吾民何辜，遭此荼毒，谁为民上，而忍出此。查轻刑早有功令，拟请饬下各州县严禁非刑，并严禁班役私刑顺供，遇有罪犯反供，必须澈底查讯，如查有诬良为盗，及班役私刑顺供情弊，或有人告发，必将该州县从严参撤，将该班役置之重典，以为滥刑者戒，庶冤抑者少矣。

奉批答：来牍及清折阅悉。所请剔除词讼诸弊，自系为恤民起见。第一条讼费，拟请按照审判厅试办章程第六节所规定提前办理，事属可行，候通饬各属，自宣统三年正月为始，一律试办。第二条罚金，惟恐地方官于解部额银外造报不实，所虑亦是，自应通饬各州县，嗣后于罚金一项，每年开列收数，张贴署壁，俾众周知。惟此系司法上之行政，不在自治范围之内，所请将出入清册发交自治会之处未便照准。至第三、第四、第五各条例应严禁，候行提法司转饬各属申明定章，以后如有相验苛派、私立班房、非刑鞫讯等弊，一经查实，定即从严究办。除公布施行外，此答。折存。

议决自治会附设息讼所案（并批答）

十月初八日

为呈报事。窃以民间词讼，多属衅起细故，一经讼棍煽唆，动辄经年废业，言之殊堪痛惜。兹当自治会渐次成立，拟附设息讼所，随时排解，以除积弊，当经全体议员公同议决。所有理由办法，理合缮折呈报。为此呈请抚部院裁夺施行。须至呈者。

折开：

窃查民事词讼，大半系婚姻、地土、钱债细故，本无甚冤抑。揆其起衅原因，均由彼此互相争执，相持不下，致生事端。倘遇本地公正绅耆从中开导排解，不难立时冰释，否则设遇好事讼棍乘机怂恿，再加多方架唆，遂成讼端，鼠牙雀角之争盖由于此。及词讼一入衙署，将吏役勒索，门丁诛求，往往每兴一讼，动费数十百金，尚有未经堂讯者。倘两造中悔息讼，为丁役者又复勒索规费，仍必饱其欲壑而止。兴讼之家，有因口角细故，终至于破家败产者不知凡几，言之殊堪痛恨。查城镇乡地方自治章程第三十六条第九款，关于城镇乡全体赴官诉讼及其和解之事，现在城镇乡自治会渐次成立，拟附设息讼所，随时和解，以息讼端。兹谨拟办法如左：

第一条　本所专以和解讼端为宗旨，不准侵越地方行政官之裁判权。

第二条　就自治公所内附设息讼所，以节省费用。现城镇公所业已成立，先行试办，俟城镇及乡区自治会成立时，再为按区推广，附设办理。

第三条　本所设正副所长各一员，管理和解本区人民争讼事件，即以自治会职员兼摄。设书记一名，亦由自治会书记兼摄，并派定巡警二名值班，听候指使。

第四条　该所处理讼端，须由原告人来所面诉，由该所所长提出。当该所处理时，须将两造之姓名、事由按起登簿，知会原被两造，秉公和解。至每月终了时，须将本月息讼事件开折呈报该处地方官存案，以备稽查本区息讼之多寡。

第五条　凡原告人来所面诉争执事项，若被告人未经同来，须问明被告人姓名、住所，即遣巡警往唤，不准该巡警索取费用及索扰饭食等项。

第六条　该所和解时，必邀集两造之庄长、邻右来所，公同处理。若遇有事情稍涉重大，骤难处理，再招集本区自治会中议员或名誉董事等大众排解，至能和解了事而止。

第七条　该所以和解讼端为宗旨，至两造不能和解时，仍由两造自为赴官署伸诉，与该所无涉。该所不得妄事干预，亦不准藉端架讼，否则如有架讼确据，被人告发者，由自治会中公议，照章惩罚。

第八条　凡处理事件，无论巨细，不准索取两造息讼费用，即事经和解后，该原被两造亦不准向息讼所或职员馈送礼物，酬谢酒食。

第九条　来所面诉之原告或被告，如为该所职员之族人、亲友与他人争执滋事时，该职员理应回避，免招物议。

第十条　该所所需茶水、纸笔等费及巡警工食，由本城镇乡各区酌筹，为职员者概尽义务，不准支给薪水。

第十一条　该所和解事项范围，以该区民事诉讼为限。至关于刑事诉讼、已经堂讯、不能和解事件，该所不准干预，以重官权。

奉批答：来牍并清折均悉。该局援引城镇乡地方自治章程第三十六条第九款，拟于自治会内附设息讼所，专以和解为目的，用意未为不善，不知排难解纷，本人生应尽之义务，外国民事诉讼法之仲裁契约，与此名异实同。惟该局请由议事会特设场所，以息争端，且支配巡警听其召（换）〔唤〕，自治规则无此专条。况遣派巡警传人，即属刑事诉讼，于自治章程第九款和解一端显有抵触。现议司法独立，自治会岂能参预审判之权，应俟初级审判厅一体成立，息讼方法自有规定。事关司法行政，不在谘议局范围之内。至于民间因细故启衅，教唆架讼之辈从中煽惑，激成讼端，吏役、门丁多方需索，此等恶习诚堪痛恨，应札行提法司通饬各州县严密查办，以杜刁风而安良善。此答。

议决呈明各州县对于上届批准公布各案执行实在情形案（并批答）

十月初九日

为呈报事。窃谘议局居立法上之地位，为代表舆论机关，其议案之已经公布者，督抚应负施行之责。故局章第二十一、二十二各条，法文森严，断不容行政各官厅任意漠视。自上届开幕以来，所有局中提出各案，固不敢谓立法完善，尽可执行，要不外兴利除弊，谋人民之幸福，促宪政之进行，冀永保国土主权于竞争剧烈之世界，所以再四讨论，必经种种手续，始成一案。幸赖抚台体惠周至，允准施行，而为州县地方官者，应如何仰体时艰，实力奉行，以孚舆论，乃竟以不便私图，肆行抗拒，或联名禀请翻更，或借端信口指斥，其因循敷衍，若毫无闻见者尚属良吏。例如差徭、官价一案，已蒙通饬禁革，札文非不严厉，反以德平等县禀请变通，遂不交常驻议员协议，即通饬翻案。遇有在籍议员热心公益者促其进行，又往往设法陷害，以济其私，直使吾民仍伏蜷于专制政体之下而后快。其对于本局，则为蔑视舆论，对于抚台，则为抗拒功令。似此抗延贻误，既无以副朝廷好恶同民之意，且甚非官府综核名实之方，立宪前途何堪设想。岁月不居，本届会期又将闭会，倘不将上届公布案件分别督催实行，则覆辙易蹈，虽有百十可行之议案，各州县皆可以私意取消之，则本局何贵有议案，国家又何必于民穷财竭之日，设此赘瘤之谘议局。兹经全体决议，将上届公布案件详细调查，除不在各州县权限之内另行呈请抚部院实力执行，及调查未确各州县概不开列外，所有各州县奉行与否，谨逐条分别列表，呈请鉴察，迅速札催认真奉行，全局幸甚，东省幸甚。伏候抚部院裁夺施行。须至呈者。

山东各州县对于谘议局上届议决公布案执行一览表

类别 州县别	禁革差徭	禁革官价	推广种树	维持银号钱业	张贴判决书	整顿词讼
历城县	未尽革	未尽革	无成效	公平价买	已实行	未奉行
章邱县	未尽革	未尽革	无成效	勒定官价	未实行	未奉行
邹平县	已革	已革	无成效	勒定官价	未实行	未奉行
淄川县	已革	未尽革	无成效	公平价买	未实行	未奉行
长山县	未革	未革	无成效	公平价买	未实行	未奉行
新城县	未尽革	已革	无成效	公平价买	已实行	已奉行
齐河县	已革	已革	无成效	公平价买	未实行	未奉行
齐东县	未革	未革	有成效	勒定官价	未实行	未奉行
济阳县	已革	已革	无成效	公平价买	已实行	已奉行
禹城县	未革	未革	无成效	公平价买	未实行	未奉行
临邑县	未革	未尽革	无成效	公平价买	未实行	未奉行
长清县	未尽革	已革	无成效	公平价买	未实行	未奉行
陵　县	已革	已革	无成效	公平价买	未实行	未奉行
德　州	已革	未尽革	无成效	公平价买	未实行	未奉行
德平县	未革	未革	无成效	勒定官价	未实行	未奉行
平原县	未尽革	未革	无成效	勒定官价	未实行	未奉行
泰安县	未革	未尽革	无成效	公平价买	已实行	未奉行
新泰县	未革	未尽革	无成效	公平价买	已实行	未奉行
莱芜县	已革	未尽革	有成效	公平价买	未实行	已奉行
肥城县	未革	未尽革	有成效	勒定官价	未实行	未奉行
东平州	未尽革	已革	无成效	勒定官价	未实行	未奉行
东阿县	未革	未尽革	无成效	勒定官价	未实行	未奉行
平阴县	未尽革	未尽革	无成效	勒定官价	未实行	未奉行

续表

州县别＼类别	禁革差徭	禁革官价	推广种树	维持银号钱业	张贴判决书	整顿词讼
惠民县	未革	未革	无成效	勒定官价	未实行	已奉行
阳信县	未革	未尽革	无成效	勒定官价	未实行	未奉行
青城县	未革	未革	有成效	勒定官价	未实行	未奉行
海丰县	未尽革	未尽革	无成效	公平价买	未实行	未奉行
乐陵县	未尽革	已革	无成效	勒定官价	未实行	未奉行
商河县	已革	已革	无成效	勒定官价	未实行	未奉行
滨　州	已革	已革	无成效	勒定官价	未实行	未奉行
利津县	未革	未革	无成效	勒定官价	未实行	未奉行
沾化县	未革	未尽革	无成效	勒定官价	未实行	未奉行
蒲台县	未革	未革	无成效	勒定官价	未实行	未奉行
滋阳县	未尽革	已革	有成效	公平价买	已实行	未奉行
曲阜县	未尽革	未尽革	有成效	勒定官价	未实行	未奉行
宁阳县	未革	未革	无成效	公平价买	已实行	未奉行
寿张县	未革	未革	无成效	勒定官价	未实行	未奉行
汶上县	未革	未革	无成效	勒定官价	未实行	未奉行
邹　县	未革	未革	无成效	公平价买	已实行	未奉行
滕　县	未革	未革	无成效	公平价买	已实行	未奉行
峄　县	未革	未革	无成效	公平价买	已实行	未奉行
泗水县	未革	已革	无成效	公平价买	未实行	未奉行
阳谷县	未尽革	已革	无成效	公平价买	未实行	未奉行
济宁州	已革	已革	无成效	勒定官价	未实行	未奉行
金乡县						
嘉祥县	未尽革	已革	无成效	公平价买	未实行	未奉行
鱼台县	未革	已革	无成效	公平价买	未实行	未奉行
兰山县	已革	未尽革	无成效	公平价买	未实行	已奉行
郯城县	已革	已革	无成效	公平价买	未实行	未奉行
费　县	已革	未尽革	有成效	公平价买	未实行	已奉行
莒　州	已革	已革	无成效	公平价买	已实行	未奉行

续表

类别 州县别	禁革差徭	禁革官价	推广种树	维持银号钱业	张贴判决书	整顿词讼
沂水县	未革	未革	无成效	勒定官价	未实行	未奉行
蒙阴县	已革	已革	无成效	公平价买	已实行	已奉行
日照县	已革	未革	无成效	公平价买	未实行	未奉行
菏泽县	未革	未尽革	无成效		未实行	未奉行
单　县	未革	未革	无成效	勒定官价	实行	未奉行
城武县	未革	未革	无成效	勒定官价	未实行	未奉行
曹　县	未革	未革	无成效	公平价买	未实行	未奉行
钜野县	已革	已革	无成效	公平价买	未实行	未奉行
定陶县	已革	已革	无成效	公平价买	未实行	未奉行
濮　州	未革	未革	无成效	勒定官价	未实行	未奉行
郓城县	已革	已革	有成效	勒定官价	未实行	未奉行
观城县	未革	未革	无成效	勒定官价	未实行	已奉行
范　县						
朝城县						
聊城县	已革	已革	有成效	公平价买	实行	已奉行
堂邑县	未革	未革	无成效	勒定官价	未实行	未奉行
博平县	未尽革	已革	无成效	勒定官价	未实行	未奉行
茌平县	已革	已革	有成效	公平价买	已实行	已奉行
清平县	未革	未革	无成效	公平价买	已实行	未奉行
莘　县	已革	未尽革	无成效	勒定官价	未实行	未奉行
冠　县	已革	已革	无成效	公平价买	已实行	已奉行
高唐州	未尽革	已革	无成效	公平价买	未实行	未奉行
恩　县	未革	未革	无成效	公平价买	未实行	未奉行
馆陶县	已革	已革	有成效	公平价买	已实行	已奉行
临清州	未尽革	未尽革	无成效	公平价买	未实行	未奉行
夏津县	已革	已革	有成效	公平价买	未实行	未奉行
武城县	未革	未革	无成效	公平价买	未实行	未奉行
邱　县	未革	未革	无成效	勒定官价	未实行	未奉行

续表

类别 州县别	禁革差徭	禁革官价	推广种树	维持银号钱业	张贴判决书	整顿词讼
益都县	未革	未尽革	无成效	公平价买	未实行	未奉行
博山县	未革	未尽革	无成效	勒定官价	未实行	未奉行
临淄县						
博兴县						
高苑县						
乐安县	未尽革	未革	无成效	公平价买	未实行	未奉行
寿光县	未尽革	未尽革	无成效	公平价买	未实行	未奉行
昌乐县	未尽革	已革	无成效	公平价买	未实行	未奉行
临朐县						
安邱县						
诸城县	已革	未尽革	有成效	公平价买	未实行	未奉行
蓬莱县	未革	未尽革	无成效	公平价买	未实行	未尽奉行
黄　县	未革	未尽革	无成效	公平价买	未实行	未奉行
福山县	未尽革	已革	无成效		已实行	未奉行
棲霞县	未革	未尽革	无成效	公平价买	未实行	未尽奉行
招远县	已革	已革	无成效	公平价买	未实行	未尽奉行
宁海州	未革	未尽革	无成效	勒定官价	未实行	未奉行
莱阳县	未革	未尽革	无成效	公平价买	未实行	未尽奉行
文登县	已革	已革	无成效	勒定官价	未实行	未奉行
荣成县	未革	未尽革	无成效	公平价买	未实行	未尽奉行
海阳县	未革	未尽革	无成效	公平价买	未实行	未尽奉行
掖　县	已革	已革	无成效	公平价买	已实行	已奉行
平度州	已革	未尽革	无成效	公平价买	未实行	未奉行
昌邑县						
潍　县						
胶　州	未革	未尽革	无成效	勒定官价	已实行	未奉行
高密县	已革	未尽革	有成效	公平价买	已实行	未奉行
即墨县						

奉批答：呈表均悉。上届公布各议案，所有主管官厅自应一体遵办，岂容阳奉阴违，仍蹈旧习。候通饬各州县按照表册所列明白禀复，并由该管道府覆核督催，以重宪政而利进行。至来呈所称差徭、官价一案，以德平等县禀请变通，因即翻案等语，查差徭、官价之病民，其始由于当时庸率之低，迨时世变迁，物价腾踊，而官司犹执旧章，不能按时增值，固由吏治之疏，抑亦立法之弊。据上年该局所呈，当即一面分别批答，一面严檄通饬，永为厉禁各在案。嗣据德平县禀，饬司核议，覆称该县解饷解犯至省，每车发京钱八千文，已敷喂养，惟各车回空，自应酌加津贴，由该县另行禀定照发，实已参酌民价。至春秋祭品，需银四百余两，而额支实银仅百余两，不敷甚巨，禀请援照地方公益之举，由官照额支发给实银，令屠户人等仍旧购办等情前来。是该议案大纲所在，已饬遵行。惟车价、典祀二端略示变通，并无翻异，良以各州县事因要公，势不能不雇觅车辆，但使喂养无亏，不致赔累，则名为官事，而实同民价，既同民价，即与差徭有别。各州县有行政责任，亦不能听车户居奇，致令呼应不灵，事多窒碍。至祭祀大典，论其性质，亦一邑全体公共之事，州县官不过代表执行，仍由屠户人等购办，核之地方公益应尽义务之例，尚非过举，与衙署食用物品发官价者迥别。以上二事，固不得谓之翻案。又来呈称，在籍议员热心公益者，往往设法陷害一节，究指何事而言？议员果为公正无私，自有代表舆论之责，本部院方爱护之不暇，地方官岂能加以陷害耶？合并批覆，希即查照。抄由印发。表存。

议决剔除衙署积弊案（并批答）

十月十一日

为呈报事。窃本局开会提议剔除衙署积弊一案，当经全议员公同议决。所有理由办法，理合缮折呈报。为此呈请抚部院裁夺施行。须至呈者。

折开：

窃以治民之道，莫不以除害为先务，欲除民害，要必即地方生害之源斟酌变通，斯其害斯除。地方上之害维何？一为门丁，二为差役。然门丁、差役本为衙署中需用之人，欲尽事扫除，势固有所不能。兹谨拟变通之法，分类言之：

一、裁撤门丁。查各府厅州县衙署中，其最为民害者莫若门丁。论门丁之弊端，首在朦蔽官听，滥用势力，或勒索行户，或科派民间，尚属末节，至遇地方上词讼事件，往往卖票分肥，关说案情，甚至勾串劣绅、讼棍及吏役等，捏控舞弊，滋兴讼端，尤为地方人民之害。推其原因，皆由衙署之钱漕、稿案、签押等件，向用门丁分管，身为贱役，竟参与地方上行政事务，是以有此等流弊。查部章，裁撤门丁改设承启官一案，早已颁发各省，通饬各府厅州县在案。现时兖州府署及邹县、武城、高密、招远、郯城等县业经遵章设立，其余未经设立者尚属不少。拟请札催各府厅州县速设承启官，将门丁一律裁撤。所有衙署中之钱漕、稿签各等文件，均归承启官收发，门丁不参与政务，则衙署中种种弊窦庶可清理。至其他别项门丁，无关于行政事务者，无妨各仍其旧。

二、限制差役。东省大中小三等州县衙役里差本有一定额数，当差之在卯簿者为明当差，不在卯簿者为暗当差。现时州县地方除在卯簿之差役不计外，暗当差者至多有五六百人，至少亦百余人不等。试问衙署中如许差役，若何生活，无非剥取民间。是以一遇讼端，贪求无厌，任意勒索，如虎如狼，择肥而噬，其狡黠者习与性成，相助为虐，尤堪痛恨。方今民穷财匮，若留此多数蠹役，任其肆行剥削，民命益将不堪。兹拟变通办法七条如左：

（一）拟请饬下各州县官，遵照定章，衙署须用办公差役若干人，确定额数，以示限制，惟捕役不能确定数目。

（二）各州县自治区域业经划分，仿照湖南办法，由各区绅董按照确定额数，择送民壮快班若干人到署奉公，其非择送者不得滥入，但皂班捕役不在择送之列。

（三）旧日在署之差役，若其人忠厚朴诚者，亦准各区择送。

（四）差役工食仿照直隶办法，如有诉讼事件，由讼曲者缴讼费京钱十千作差役工食之费，以外不准丝毫多索。

（五）差役如有不尽职务及舞弊需索情事，一经发觉，由绅董呈明地方官立予撤换，若地方官查知斥退者亦同。

（六）凡在署奉公差役须有一定服色，持票传人时须以票上红名及服色为凭，以示区别而杜朦混。

（七）本规则为现时暂行条例，俟审判厅设立后，再行照章办理。

奉批答：来牍具悉。案据谘议局呈议剔除衙署积弊变通办法一案内，第一款裁撤门丁改设承启官，现在遵章设立者除兖州府等处外，据报业有多处，其人既系职官，作事当有顾忌，且可藉此历练人材，为异日佐治之需，应候通饬各州县一律实行。第二款限制差役内，第二条拟由各区绅董按数选送办法，乡间平民不谙役事，势必先从旧役学习，旧役之伎俩，新役亦无难学成，是虽名为选送，要与旧役无殊。且衙署差役，乡里自好者不为，若谓选送者皆忠厚朴诚，亦未必然。又第四条差役工食，拟令讼曲者缴讼费京钱十千作为工食。查讼费一项，系属一种手数料，各国通例均按讼端大小酌规定数，若不问讼事大小，概令缴纳十千，亦不公允。查该局前呈请将审判厅章程内讼费一节提前实行，业经本部院批准公布。本月初二日准法部咨，宣统二年九月二十一日，本部具奏续陈第三年第一届筹办成绩一折内载，审判厅试办章程，有征收讼费一节，现拟就此详加厘定，先行奏请实行，藉资补助等语，自应静候部奏奉旨后，再行公布施行。此条似未便再予准行，以免两歧。又第六条差役须有一定服色，查差役下乡必以差票为凭，不系乎服色。若限定服色，既须多费，似与利弊无关，应暂从缓议。其第一、第五等条均尚可行。候即公布施行。此答。

议决官吏违法案（并批答）

十月十三日

为呈请事。窃以设官分职，为民建极，服官者自应恪守官方，整躬率物，不应违越法纪，肆行无忌。东省循良官吏固所在多有，而贪横官吏亦时有所闻。当此维新时代，如吏治未能清肃，宪政恐难进行。兹据本局议员等调查各州县违法官吏之确有实据者汇集成案，业经全体公决，理合缮折呈报。为此呈请抚部院裁夺施行。须至呈者。

折开：

窃维国家设官，自牧令而汛弁，而巡警，无非以维持社会安宁、增进人民幸福为目的。凡服职务者，自当恪遵功令，肃饬官方，以期仰副朝廷勤恤民隐之至意。无如积久弊生，官常败坏，劣迹昭著者时有所闻，上违国法，下误民生，实于宪政前途不无阻碍。查局章第二十八条，本省官绅如有纳贿及违法等事，谘议局得指明确据，呈候督抚查办。谨将违法事实列举如左：

一、潍县知县杨承泽今年六月间为筹备自治公所，议抽沙滩商捐一节，滋生事端。当事之初起，既不能妥筹办法，及至商人罢市，乃谓此事我并不知，系绅等妄为云云。惟念地方自治，官有监督之责，乃坐视成败，陷人于恶，地方亦安用官为。幸商民尚易劝谕，不然未必不蹈莱阳覆辙。又潍绅先议提出地方上之官价、差徭、陋规，其数约有五六千串，为自治经费，知县杨已允照办，迨经绅士索取，乃云耗费已尽。似此贪狡性成，难为表率，将来于自治事宜为害实非浅鲜。

一、署即墨县知县张百城，纵容其带队韩某在外横行，人人侧目。李绅之子因路过剧场，人多拥挤，与韩某口角，韩遂嗾其党羽扭李绅之子，带入习艺所，勒令面跪痛打，身受重伤。经李绅家喊冤，韩某嘱仵作竭力捏饰，同城官绅代为不平，为之伸诉。知县张谓此人系上宪所荐，我不敢如何。似此暗无天日，法纪何在。

一、安邱县知县程长庆，于八月十六日接匿名信一件，内称曲士文在该县刘保寿家，遂督率差役夜入其家，肆行抄检，并将刘某差押到城。刘某赋性蠢愚，受此警恐，饮食不进，霍乱并作，该令即令其取保开释。知县为亲民之官，自应恪守法律，乃以毫无确据之事遽肆骚扰，藐视国法至此已极。

一、肥城汛官李梦麟年近七旬，行同无赖，年前骗吃猪肉，经屠户讨帐，犹恃势送县。今年五六月间，省城女优三次到肥城，汛官认女优为干女，怂恿同城各官及盐商轮流演唱，设筵召客，有一齣赏钱至五十千者，闻三次共赚去京钱三千余串，皆汛官为之牵马。值女优生日，汛官邀其同党送礼拜寿，败坏官常至于此极，直不复知人间有羞耻事，其违法更何待言。

一、东平州巡警区官李其垌、巡官赵传珍于二月上丁前一夕，招至流娼在本局演剧，在座为学官于守田、城汛李元俊、巡检何立瀛，更有盐商二三人，不知姓名，喧闹夜半，四邻厌闻。迨至信砲催齐，始抛弃女优，同赴圣庙陪祭。似此亵污行为，不惟违背警章，且溢出法律，曾经本州学界孙锡徵等禀明巡警道有案。嗣经查办，该区官运动前州牧江瑞钟，捏词禀覆了事。顾此等情形可以欺上官，而不可以欺下民，在下民悉见悉闻，方谓一之为甚，而犹朝下一令曰扩充巡警，夕下一令曰推广巡警，谁复肯出有用之钱，豢养无赖之辈。纵令国法具在，对于懦弱小民一方面可用其强制手段，窃恐阻力横生，亦难洽舆论。

一、昌乐县巡警区官梁某不守警章，不宿局所，日事冶游，欺诈乡愚，凌辱绅董，种种不法，难以悉数，迭经邑人告发，俱有案卷可查。

一、邹平县巡官刘子镄自到差（一）〔以〕来，不守警章，经该县绅民以不法四事禀明巡警道，有案卷可查。巡警道漫不加察，竟使与淄川巡官赵致和对调。似此玩法之人，犹瞻循情面，其何以重警务而肃官方。

一、平度州巡警区官方初到任，即以调动四乡巡警教弁为索贿之举。巡官萧鋆年少无赖，专事嫖赌，人所共知，今春更藉娶妇之名，设筵请客，敛钱数百缗。区官方托故进省，以为后日卸过之地。州牧朱鋆因萧鋆之父在省候补知县，顾念同寅情面，一意袒护，以致十乡巡警生事肆虐，不可殚述。

一、菏泽县区官毛肇渤性嗜酒，每醉必使酒骂座，兵役有少拂其意者，辄以鞭挞从事。每月报销局费十六千文，而实支不过三四千文，又复扣留截旷，取巧营私，俨同旧日绿营陋习。更有甚者，该局厕所与居民高姓相邻，该区官于本年三月间钻穴厕墙，窃窥高妇，被高妇窥见，赴局辱骂数次。该区官以嗜酒不理事，故事无大小尽假手于伊侄毛嘉谟。而毛嘉谟者，本一少年浪子，日夜盘踞于该局东邻土娼家，土娼等时常赴局门索债，曾因争妍之故，与桑某、胡某闹殴，几酿人命。菏泽绅商已禀明巡警道有案，至今犹听其叔侄肆行，警务前途何堪设想。

一、东阿县县丞杨大訢、典史刘延禧、巡警区官徐辅，时在衙署开局聚赌。六月间县主因公赴泰安府，时青纱帐起，盗贼横行，白昼抢掠，百姓日夜闭户，如在水火，不堪其忧。而官府反轮唱女优以取乐，并迫令盐当店各演数日，设筵邀请同城官及县署刑钱等。区官徐饬巡警二名为若辈看守大门，以资保护。似此乐民之忧，置国法于不顾，甚非朝廷设官为民之意。

一、曹县典史曹居竹贪污性成，行同市侩，于今年三月十八日曹县城东黄堽集赛会之期，勒罚行纪康心合、康维元大钱四十二千，有袁老家袁溥过付可证。复于今年三月间，有楚天集方捕李满队之甥王某病死，乘夜移挂刘楼庄刘万鹏之茔树上，刘某赴官禀报，县主委该典史代为相验，竟敢勒索大钱六十千文，并胥吏钱三十千，有东方团长袁均芳过付可证。又于今年四月初十日本城城隍庙庙会之期，在署内设赌多局，经地方自治研究所会同巡警局拿获赌具赌伙，送县惩办，并禀明府县，有卷可查。该典史自知违法纳贿确有证据，竟于今年五月间请假，希逃于法网之外。

一、泰安县区官赵某、巡官张某专事淫赌，肆恶百端，指不胜屈，仅就其尤者略举数事。该城北关有妓女名大喜者，赵、张两警官为之掌家，本年六月十七日被退伍兵李某、陈某看破，在巡警教练所大门前指名叫骂，经街众力劝方散。本局三棚头宋某赴局北吴某家宿娼，适张官亦在，张见宋至，羞怒而出，将宋棍责，宋诉之赵官，赵恶其伤类，又将宋重责。吴家日夜聚赌，早与赵、张两官说明，以故喝彩之声，响震邻里。区巡官不惟故作不闻，反以与卖磁器之王某有嫌，先差局役将王诱至吴家，后差人将王抓至局中，棍责三百。又有一娼妓，系沂州府人，在泰安西关灵芝街卖娼，恃赵官为掌家，曾被官膏局将该娼烟镫抓去，赵官以为无面，声言欲与官膏局为敌。上年两警官偏听岗兵之言，将文童曹金荣送县，而曹金荣亦将两警官控告，绅董处说，方行了事。且张巡官识字寥寥，自上年充巡警学堂教员，如“狼”读作“娘”，“怕”读作“白”之类，不一而足。此次教练所开办，张官仍充教员，该教练所学生前途尚可问乎？余如岗兵站岗，吃茶斗棋，三五聚谈，毫无规矩，赵、张两官绝不问闻，禁烟之事亦概置不问。

奉批答：来牍具悉。据呈官吏违法各节，如果属实，必应惩办，以肃官方而儆效尤。应候派员分别查明核办。此答。

议决东海关龙口税务分局官吏积弊案（并批答）

十月十三日

为呈请事。窃本局开会提议东海关龙口税务分局官吏积弊一案，当经全体公议，佥谓东海关龙口地方税务分局之设立，原以上顾国税，下便商民为至计。近年以来弊窦丛生，不特该管委员朦蔽侵吞，每岁征解捏报不实，即该处县令以下各员，均从旁藉端分肥，坐收渔利，甚至拯济善举，亦从中串谋作弊，罔利邀赏。因此上行下效，该局书差人等，亦敢恃势肆虐，苛勒商民。若于该局积弊不极加整顿，势必至国税日减，商务日衰，上下交病，何所底止。兹将该分局官吏贪赃枉法积弊事实一一陈之。查该局向由东海关道委派委员三人，一为总办，一为会办，一为帮办。该口历年收税，定章共分税银、规钱两种，理应照例收入，存储关库，如数上解。查现时龙口商船，其数目比往年为多，而税银、规钱自必较从前当亦增加，乃该委员等通同舞弊，以多报少，其每年解库之款，竟比收入实数相差甚远，所余款项尽入三人私囊。其该口帐目向由行店数家按年轮管，本年系双顺栈值年，若调查该店所管帐簿，自可了然。又查县令、巡检、把总等员均有应得官俸，似不当于关税项下妄事染指，乃该员等历年以来，竟与税局委员公然按股分金。若欲调查确数，亦列于行店轮管帐内。又查龙口海面每遇狂风暴起，惊涛骇浪之中，必有帆船覆没，舟子、商人一时轻葬于鱼腹者不知凡几，从未闻官署恻悯，发渡船以思拯救。访诸海滨父老及往来商船等，尽可问证。自近时由县调查局调查卷宗，始知龙口有拯济局一处，系县署与税局合办，向从关税等款项下作正款开销。其实龙口并无此项局所，龙口海岸亦无该局之救护商船。查龙口地方旧时惯例，一遇商船失事，海面渔船准许泅捞飘没货物，惟不许上船，亦拯救人命，均归商船或商旅酬谢。故该口虽有拯救之事，皆由船户善泅者贪利所为，实非拯济局之力。乃该税局一遇海面失事，即冒为己功，并粉饰其词，以少报多。虽册簿中列有本地绅士姓名，其实皆专为纳金，预备异日开保者。至所谓龙口拯济局之说，并未设立，其历年禀报谓拯济若干人性命者，尽属捏报。查救护商船保案定例，每次县署例保一人，税局例保二人。当其援例禀请开保时，凡县署税局之官亲幕友皆得列保，旧时以此倖获县丞等佐贰职衔者历历可数。于此论其罪案，既伪造局所，以糜款项，并捏报善举，以邀功名，不惟紊乱东省之财政，亦有玷国家之名器，欺君欺民，莫此为甚。又查该税局书办任光烈充当书办已十余年，每年进款甚巨，多方勒索，商人敢怒而不敢言，从其所欲不难以多报少，否则必强迫以少报多，恶迹彰闻，难以枚举。例如今春福德顺船装载谷草一万七千六百一十五觔，勒令照五万觔报税，经该处德丰裕行店出为解说，坚执不允，该船不得已忍气受之，此为确据。拟请抚部院委派干员，遣赴龙口税务分局秘密调查，俟得确凿证据，按法惩办，以儆效尤，庶该口关政积弊一律廓清，而山东税务方有起色。查局章二十八条，本省官绅如有纳贿及违法等事，谘议局得指明确据，呈候督抚查办，现经本局议员王学锦平素调查有据，兹于本届会期内提议，全体议员公同议决，理合将东海关龙口税务分局贪赃枉法积弊事实各缘由据实呈报。为此呈请抚部院查办施行。须至呈者。

奉批答：来牍阅悉。东海关龙口税务分局官吏积弊，前经本部院派员业经澈底查明，正在设法整顿，一俟妥定新章，再当公布施行，希即知照。此答。

五、附：质问案及参议员建议各案

呈请去年会期议决新旧各案凡有不明了之处逐条批答文（并批答）

九月十三日

为呈请事。窃本局查照局章第二十六条，谘议局于本省行政事件及会议厅议决事件，如有疑问，得呈请督抚批答，若督抚认为必当秘密者，应将大致缘由声明等因在案。本局全体会议，凡关新案、旧案，本局有不明了之处，拟请抚部院逐条批答。兹经公同议决，理合将疑问事件缮具清折，呈请抚部院裁答施行。须至呈者。

折开：

一、关于新案之质问

1. 学务案

（甲）初级小学毕业者应升【入】高等小学堂，高等小学毕业者应升入中学堂。现在各州县初等小学又高等小学毕业者欲照章升学，而其所应升入之堂，则往往以不招生拒之。如泰安府中学堂，学生前有愿升学至一年不得入者，至今仅有五六人，以致青年子弟虽有向学之心，竟无入学之路，推其原因，不外学堂数少之故。今欲设法安置，非推广高等小学堂又中学堂不可。乃各州县之推广高等小学者尚无甚窒碍，而其遵章筹设中学者，如安邱等县一再禀请，均经提学司婉词批驳。

（乙）东省乃半岛之地，轮舶、铁道交通已久，济南、周村、潍县等处均开商埠，是商业为东省所最要。今已筹备宪政三年，东省尚无商业学堂，且本局上届会期曾请将烟台毓材学堂改为商业学堂，迄今尚未改设。

（丙）裁撤优级师范，拟拨其款办实业学堂，究系何种实业？

（丁）裁撤优级师范，办实业学堂，业经本局上届会议公决，呈蒙咨部核准，乃有人以私人资格竟禀请详部，将房舍款项改办存古学堂，本局未甚明了。

（戊）厅州县劝学所为教育行政佐治机关，学部奏陈各省学务官制言之綦详，业经通行，设立有年，与奏定城镇乡地方自治章程内所谓劝学所者另为一事。查本年提学司详院，确定分年筹备教育经费数目，又谓劝学所系地方自治之事，应劝导绅民就地筹集经费，概不列表，本局不无疑义。

2. 巡警案

各州县巡警糜款甚多，但闻有病民之处，不闻有利民之处，究其病根，不能不在巡警公所。是否尚有整顿之法？其整顿之法若何？且巡警道通饬各州县办巡警教练所，一年毕业，而发给之课本极少，是否足敷一年讲习之用？且教练所招生百人，糜款甚巨，而其病民必不减于从前之巡警，可否于一班毕业后通饬各州县一律裁撤？

3. 矿产案

（甲）沂水金矿开办将及一年，究竟得金若干？该委员有无吞蚀？亦有监察之法否？去年十一月何委员赴沂办矿，得金十余两，竟以四两九钱上报。本年二月间得金四十三两余，均有账可查，仅以二十两上报。经邑绅范鸿印据实上禀，蒙抚部院委朱道查办，未问何委员办理如何，但以范绅事不已，当堂重责。

（乙）何委员在沂水红石桥办理金矿种种违法情事，实为鞠议员所亲见，后经据实上禀，蒙批，谓听一面之词。此案经该议员会场提出，本局未免疑义。

4. 会议厅

会议厅何一年未召集常驻议员一次？

二、关于旧案之质问

（甲）学务案

查本局上届议决教育案内，各州县劝学所应行改良事项，前经抚部院批准在案，查各州县仍前敷衍，俱未照办。

（乙）盐务案

本局上届议决剔除盐务积弊案，批答准予定价、定称。现历一年之久，各州县盐觔较从前并未加称，盐价亦未确定数目。

（丙）种树案

本局上届议决种树办法，批答已通饬各属从速举办。现查关于此事，一年之间，各州县尚绝无影响。

奉札批答：为札覆事。宣统二年九月十三日接谘议局来呈内开：本局全体会议，凡关新案、旧案有不明了之处，拟请逐条批答等情到本部院。据此，除巡警等案另文答覆外，所有质问学务各件，兹将答覆缘由逐条开单，札行谘议局查照。须至札者。

计粘单一纸。

一、关于新案之质问

学务案

（甲）高等小学毕业应升中学，学部章程，凡中学添班须在三十人以上，不得零星插班，各生守候升学势所不免。上年议案【谓】各州县高等小学毕业凡达六十人以上，须设中学堂一所等语，细查各属高等小学毕业，每属尚不及三十人。新章中学堂分文科、实科，教员亦甚缺乏，每年经费约需三千金，一州县之力尤未易办。本年四月间，安邱县视学张介垣禀请伐庙树创办中学堂，提学司以仅恃庙产庙树不敷中学之用，与其浮慕中学堂虚美之名，以致名实未能相符，转不若多设初等小学，得以开通民智，裨益地方，批示在案，自为核实起见。近于省城高等、师范两堂附设中学班，以为升学之地，藉广造就。

（乙）商业学堂迭经提学司会商劝业道，由商会筹款设立，尚未议定。至毓材学堂，向归烟台道主持，上年十一月饬司照录议案移知。今年徐道到任，更换教习，遵饬改良，至年终程度应有可观。现拟自明年起，就原有经费改为商业中学堂，俟查明该堂经费确有若干，教员几人，学生程度如何，改设有无窒碍，再行酌核办理。

（丙）裁撤优级师范选科之款，现划出银一万四千两办工业学堂，即于工艺传习所内添建讲堂宿舍，以资实习，明年即可开办。

（丁）存古学堂系学部奏定九年筹备单内本年应办之事，各省须一律设立。山东优级师范选科奉文停办，众绅联名禀请改办存古学堂，案经详咨，奉到部复，今将原有泺源书院经费一万二千八百余两划归该堂支用，以保国粹而符奏案。

（戊）劝学所专章颁行最早，与奏定城镇乡地方自治章程内之劝学所虽奉文有先后之殊，而其为劝学则一。且专章并推至村坊市镇，分画学区，则其范围、性质又无一不同。劝学所之款，以薪水、公费为大宗，此外用款寥寥。查专章选举职员条内，有薪水、公费多寡，各就本地情形酌定之语，既云就本地情形酌定，则与行政经费似难牵连。且各地有各地之情，数目多寡无从预算，所以分年筹备教育经费表内未曾列入。此事关系全国通案，如各省均经列算，山东自不能独异，虽前表未列，于实际上究无甚出入。

二、关于旧案之质问

（甲）劝学所改良事项，上年已通饬各州县遵行。本年省视学查学，经提学司饬令认真察视，据实报告，如投票公举、赴乡宣讲以及划定学区、添设分董，各属亦多实行，禀报有案。至于简易学塾，近已设立七百余处，可见劝学绅董尚属尽力。惟经费不充乃各属通病，视学员薪费多未从优，教育分会亦未遍设。此事全赖官绅协力，既须筹款，尤在得人，应再饬司责成各州县设法扩充，随时考核，以收实效。

又奉札批答：为札覆事。九月十三日据谘议局呈请应行质问事件清折内开巡警案，各州县巡警縻款甚巨，病民者多，利民者少，有无整顿之法一节。本部院查各属巡警开办有年，诚未能谓办理之尽善。凡遇有绅民控诉，立即派人严密确查，其实系官警违章者，官则立行撤换，警则饬令责革，均有案可稽。然捏名妄控，查无其人者亦所不免。总之，外属风气未开，一旦设警加以箝制，往往不以为便，而以为病。即如烟赌等事，原为巡警所应禁，然实汛弁、县差之利薮，若置而不问，难免旷职之咎，倘办之认真，则每与该弁役等相冲突，（随）〔遂〕造言诽谤，以为泄忿之计。盖事必去旧，始可更新，旧习一日未除，新政万难发达，是不独巡警为然也。至整顿之法，厥惟二端。查设施之权操之于警务长，是首在牧令之得人而理。再则各长警宜令普受教育，尤在教练所之亟办，然后逐期推广，以求实效。所恐财力支绌，则无米之炊，虽智者亦无从措手。又教练所一年毕业，所发课本是否足用，且学额百人，縻（巨）〔款〕实甚，可否于毕业后裁撤一节。本部院查各州县普设巡警教练所，招生百名，一年毕业，系属遵照部章，为推广乡镇巡警之地步。上年省城开设教练所时，因需人孔亟，以一学期毕业，以便派用，嗣奉部驳，现仍改为一年，以归一律而符定章。至所发课本，即省城教练所平日所教授者，重加校正，刷印颁发，以期警学之划一。上期所发课本，原系一学期之预备，尚当接续印发，以抵完全。查目下各州县中尚有因困于财力迄未开办者，其已设各属招生百名者甚属寥寥，多有将原有巡警并入教练，尚不及原额之半者，至谓糜款，诚所难免。然欲求警政之普施，不得不由教练为入手，以地方之款，办地方之事，似未便因（咽）〔噎〕而废食。闻北直筹用之款，较东省为尤巨。至请毕业后裁撤一节，恐格于部议，未克准行。惟有稍示变通之一法，凡各州县教练所足额百名者，毕业后暂停招生，不足百名者再招新班，嗣后仍应视各州县地方财力斟酌办理，不必一律强同。此层可作为议案，即望提出交议，一俟公同议决，呈复到院，再行转咨民政部请示遵办。至省城及铁路巡警，更不能与各州县一律。合行札复谘议局知照。须至札者。

又奉札批答：为札覆事。据谘议局呈请批答疑问事件等情到本部院。据此，查另折内开有会议厅【为】何一年未召集常驻议员一条。按谘议局章程内载，常驻议员如督抚有（时）〔事〕召集，亦可至会议厅，以备询考等语。又按语载明督抚与司局各官会议时，即不召集，亦听其便等语。是召集常驻议员与否，督抚自有权衡，在法律上并无必须召集之规定。本部院当上年会议厅开办时，曾经招集二次，又于上年十一月初旬，以讨论筹还国债暨地方自治事宜招集一次，计时不及一年，该常驻议员等当能记忆。此后因会议厅所议无必待询考之件，是以未再招集。除折内各条另行分别答覆外，合即札行谘议局查照。须至札者。

又奉札批答：为札覆事。案据谘议局来呈内开，本局全体会议，凡关新旧案，有不明了之处，拟请逐条批答等情到本部院。据此，除学务等案另文答覆外，所有质问矿产、种树各件，兹将答覆缘由逐条另折开明，札行谘议局查照。须至札者。

计抄清折二纸。

一、矿产案甲字节

查沂水金矿于上年十一月间委派何府经乃文前往，时值严寒地冻，仅得开工九日。本年二月复饬该员前往，开工六日即被该处社长范鸿印阻挠停工，先后工作不过半月。除该局坐支银款换用沙金八两外，两次计解沙金现款二十七两九分八厘六毫，业经详报有案。质案所云两次解金二十四两有零，不但数目不符，亦未将坐支一款合并计算，自是传闻致误。现在该矿规则，将所得金数逐日详细列报，于稽查之方未曾放弃。范鸿印控案曲直是非，业经朱道照查明讯结，批示有案，何府经业经撤回，应毋庸议。

一、种树案丙字节

查种树一案，上年各属禀报栽种州县共计三十三处，成活树株共计二百二十九万九千二百六十六株。劝业道委员分往切实点验，并将劝种较多、保护最力之员详请记功，以资鼓励在案。今年续（具）〔据〕各州县禀报添栽续种计三十三处，成活树株共二百二十七万七千八百零九株，亦经陆续派员前往点验，是否确实，尚未禀覆。兹将上年及本年各属禀报种树清单发交谘议局查阅。至官有荒山，上年劝业道详请仿照国有森林办法设立森林公所，先从青州入手试办，民间如有愿领官山种树者，指明地段，亦准予承领，已奉批准开办。各处农会现在均已成立，所拟规则大半皆以种树为入手办法，是种树一事近来颇有进步。

宣统元年分：

章邱县禀报新栽杂树八万一千二百五十三株。

淄川县禀报新栽杂树一万二千五百九十九株。

长山县禀报新栽杂树十万六百七十八株。

新城县禀报新栽杂树一万九千四百三株。

齐东县禀报新栽杂树十万一百三十四株。

济阳县禀报新栽杂树一万四千二百十八株。

临邑县禀报新栽杂树三万一百二十株。

德州禀报新栽杂树七千九百十六株，试验场新栽杂树二千八十一株。

博平县禀报新栽杂树十三万六千八百四十三株。

茌平县禀报新栽杂树九万三千八百六十株。

惠民县禀报新栽杂树六万七千七百七十四株。

阳信县禀报新栽杂树九万一千一百六株。

海丰县禀报新栽湖桑杂树九百八十株。

临清州申报新栽杂树六万二千三百四十五株。

滋阳县禀报新栽杂树一万三百九十九株。

曲阜县禀报新栽杂树六千三百九株。

邹县禀报新栽杂树十万四千二百九十七株。

滕县禀报新栽杂树十万七百四十株。

汶上县禀报新栽杂树二万三千二百十五株。

寿张县禀报新栽杂树六千二百八十一株。

日照县禀报新栽杂树五十六万五千五百十株，桑树六百四十五株。

菏泽县禀报续栽杂树六万三千六百一株。

单县禀报续栽杂树四万一千二十五株。

城武县禀报续栽杂树五万七千五百十六株。

定陶县禀报新栽杂树一万六百四十三株。

郓城县禀报新栽杂树三万九百九十五株。

朝城县禀报新栽杂树一万六千一百二十株。

蓬莱县禀报新栽杂树二千七百四十二株。

福山县禀报新栽杂树五万五百九十七株。

宁海州禀报新栽杂树五万三千六百四十六株。

博兴县禀报新栽柳树一万七千一百三十五株。

高苑县禀报续栽杂树五万六百四十一株。

胶州申报新栽杂树二十六万五千六百九十九株。

以上三十三处共计新栽杂树二百二十九万九千二百六十六株。

宣统二年分：

齐东县禀报添种杂树十二万五千六百十三株。

禹城县禀报补种新栽杂树一万三十八株。

长清县禀报新栽柳树一万八百七十株。

陵县禀报新栽杂树一万一千三百五十株。

德州禀报添栽补种杂树一万四千八十株。

平原县禀报续栽杂树二万八千三百八十三株。

博平县禀报栽种杂树十三万七千四百四十二株。

冠县禀报新栽湖桑一千株，栽种杂树十七万七十八株。

恩县禀报新栽杂树六万四千七十三株。

惠民县禀报栽种成活杂树十二万六百七株。

青城县禀报新栽杂树一万二千二百九十四株。

阳信县禀报添栽杂树十一万二千三百七十五株。

武城县禀报新栽杂树四万三千八百三十八株。

滋阳县申报添栽杂树二万九千三百九十六株。

邹县禀报添栽杂树十二万五千七百三十一株。

宁阳县禀报新栽杂树四万八千九百六十一株。

峄县禀报栽种成活杂树十二万六千三十五株。

汶上县禀报添种杂树四万三千五百八十八株。

菏泽县禀报续栽杂树六万一千七百二十五株。

郓城县禀报续栽成活杂树十六万一千二十八株。

定陶县禀报续栽杂树一万四千四百六十四株。

嘉祥县禀报栽种柏树一千五百株。

蓬莱县申报添种杂树三千一百六十五株。

招远县禀报购种杂树二千六百五十九株。

掖县禀报新栽杂树一万六千株。

平度州禀报新栽杂树三十万三千一百株。

昌邑县禀报新栽杂树一万六百三十株。

潍县禀报新栽杂树六万一千二百六十二株。

临淄县申报新栽成活杂树三万九千九百二十一株。

博兴县禀报补种新栽杂树一万二千五百九十二株。

高苑县禀报添栽杂树二十三万二千五百八十六株。

馆陶县申报新栽杂树八万七千九百九十株。

肥城县详报新栽杂树三万三千五百三十五株。

以上三十三处共计新栽、补种杂树二百二十七万七千八百零九株。

呈请质问淄川县大荒委员屡虐工人克扣恤银该委有何权限文（并批答）

九月三十日

为呈明质问事。查局章第二十六条，于本省行政事件如有疑问，得呈请督抚批答。兹据淄川议员提出该县城东五里大荒委员屡次虐待工人、克扣恤银等事，当经全体公决，认为疑问事件，理合开具理由事实，缮折质问。为此呈请抚部院批答施行。须至呈者。

折开：

窃以德人在淄川城东五里大荒地以机器取煤，上宪以地方官事务殷繁，未便以华洋交涉责令分任，另委专员常川驻大荒地附近，以便遇事了结，实足以消隐患而息争端，用意甚善。近年以来委员马某擅作威福，一遇煤窑有事，不问是非，惟是任意棍责，枷号管押，即滋事工人，亦不送县惩办，但自行处治。此种事端不胜枚举。若遇伤死苦工，德人犹例给恤银，该委员并未尝照数支发。职任攸关，想系分所当为，但乡愚无知，啧有烦言。议员素昧章程，亦不敢妄议是非，但为代表舆论起见，以此案为民命所关，不得不据实详陈。谨即确有证据者，略举数端如左：

一、毕延正棍责五百，毕宗琪棍责三百，二人各枷号管押十五天，开枷用钱六十千，系每天按两千计算。

一、刘永盛棍责一百，枷号三天，应出钱六千，刘某无钱，竟多押两天，追将幼女价卖，交钱六千，始开枷放出。

一、程文章棍责四百，枷号一月，枷重四十八斤，经附近六庄高福川等公恳保释，不准，管押二十一天，用钱四十二千，始开枷释放。

一、苦工每伤死一名，闻洋人发给恤银七十圆，该委员止给领尸者京钱一百五十千。

奉札批答：为札行事。案据谘议局质问淄川城东五里大荒地方委员虐待工人、克扣恤银一案等情，并清折一扣到本部院。据此，除饬劝业道查明禀覆外，为此札行谘议局查照。须至札者。

又奉札批答：为札行事。照得昨据谘议局质问淄川城东五里大荒地方委员所滋事实一案，业经本部院檄饬劝业道确查候夺，并札行查照各在案。查该处矿务分局现据劝业道详委王令梦松前往接办，亟应饬由淄川县会同王令按照折开各节确切查明，据实禀覆，以凭核夺。除分行外，为此札行谘议局查照。须至札者。

又奉札批答：为札行事。案据淄川县知县王令文域会同会勘淄川矿务分局王令梦松禀称：敬禀者。窃知县等蒙劝业道转奉宪台札饬，以据谘议局质问淄川城东五里大荒地方矿务分局马委员式云所滋事实一案，令即会同确切查明，据实禀覆等因，并粘抄清折一扣。奉此，遵即会同按照折开各节逐一调查，兹将所查实在情形为我宪台缕晰陈之。如折开毕延正棍责五百，毕宗琪棍责三百，二人各枷号管押十五天，开枷用钱六十千，系每天按两千计算一节。查毕延正即毕衍正，系青州府益都县人，向在县属大荒地洋井包工。本年七月二十五日，毕延正因斥说苦力杜希来作工懒惰，互相口角，毕延正与其侄毕宗琪即毕宗起分用木棍、石块殴伤杜希来脊背等处。杜希来即赴局喊控，经马委员验明杜希来受伤颇重，当传毕延正、毕宗琪至局，讯明凶殴属实，随将毕延正棍责四百，毕宗琪棍责三百，各予枷号半月，并断令酌给杜希来养伤京钱十千文，嗣枷满开释。马委员正拟将其送县递籍管束间，毕延正等乘间脱逃，而外间对于此事颇有烦言。原折所谓开枷用钱六十千，知县等博访周谘，多称实有其事，究竟何人所得，则外人不能指实，且事出暧昧，亦无实据可查。惟闻马委员前次将毕延正等惩办后，曾经斥革局勇，驱逐家人，或即因此。又折开刘永盛棍责一百，枷号三天，应出钱六千，刘某无钱，竟多押两天，追将幼女价卖，交钱六千，始开枷放出一节。查刘永盛在洋井充当小工，因偷窃公司铁件，被公司查获，于本年五月二十九日送交马委员讯，认行窃不讳，将刘永盛棍责一百，枷号三日，扣至六月初三日枷满，即行取保释放。至其幼女系于上年二月间刘永盛自因抚养无资，凭王继松说合，情愿送给解庄刘希顺[①]为义女，立有字据为凭。知县等复向刘永盛面加询问，亦

① “刘希顺”，也作“刘锡顺”。

无异词，所立字据另折抄呈。此事距刘永盛行窃犯案时业已年余，且系给人为女，并非价卖。又折开程文章棍责四百，枷号一月，枷重四十八斤，经附近六庄高福川等公恳保释，不准，管押二十一天，用钱四十二千，始开枷释放一节。查程文章在洋井包工，本年五月二十三日，苦力徐福田因向程文章索要佣资，彼此争执，程文章将徐福田右眼殴伤。徐福田赴局控，经马委员验明伤痕，将程文章传局讯究，因其伤人眼目，情节较重，棍责四百，枷号二十一天，并断给徐福田养伤京钱四十千文，立令交局，饬徐福田领回。原折所谓开释用钱四十二千，殆即指此。至程文章于五月二十四日枷号，扣至六月十五日限满保释，并未于限外多行枷押。分局共有木枷两面，查验均重十余斤，核与例定斤重有减无增，亦无四十八斤之重。又折开苦工每伤死一名，闻洋人发给抚恤钱七十圆，该委员止给领尸者京钱一百五十千一节。查洋井伤毙工人，向系按照禀定章程，每名给抚恤京钱一百五十千文。自上年十月起，洋人因收换现钱诸多费事，改交银洋六十五元，由分局经手转给，并无七十元之多。维时银价尚平，以洋易钱，核与向章抚恤钱数尚属无甚出入。迨去冬十一月起，银价日涨，此款即不免稍有长余。马委员因抚恤之款向有定章，若于定章外加给长余钱文，钱数多寡不一，固易启人猜疑；且万一日后银价低落，不足定章之数，既不便令洋人加增，或致令起交涉，而款少于前，尤易被人藉口，故遇有伤毙苦工，马委员仍照旧章发给抚恤钱一百五十千，其长余之款留备日后银价低落时弥补不足。近时银价昂贵如故，无须弥补，知县梦松奉委接充此差，已准马委员悉将此项余款连同卷据移交知县梦松收存，款仍留备公用，尚非马委员侵吞入己。所余款数另折开呈。至前项余款应如何拨用，以及将来抚恤款项如何发给，容由知县梦松另行禀请示遵。以上各节均系知县等按照折开情形逐条查明，缘奉札委，理合据实会禀鉴核等情到本部院。据此，除禀批“禀悉。前马庄矿务委员马式云被控各节，既据该县会委查明事出有因，该（令）〔委〕擅用刑责，殊属胆大妄为，业经撤差，应将该委员记大过三次，以示儆戒。仰候檄行布政司注册饬知，并分行谘议局、劝业道查照，仍由该县移会王令梦松知照。此缴。各折存。”印发分行外，为此札行谘议局查照。须至札者。

粘抄清折二扣。计开：

宣统元年分：

十一月初二日，一名，六十五元，每元合钱二千七百三十文，共合钱一百七十七千四百五十文，发钱一百五十千，长钱二十七千四百五十文。

十一月初七日，一名，六十五元，每元合钱二千六百四十文，共合钱一百七十一千六百文，发钱一百五十千，长钱二十一千六百文。

十一月初十日，二名，一百三十元，每元合钱二千六百三十文，共合钱三百四十一千九百文，发钱三百千，余钱四十一千九百文。

十一月十六日，五名，每名六十五元，每元二千六百七千文，共合钱八百六十七千七百五十文，发钱七百五十千，余钱一百十七千七百五十文。

十二月初二日，一名，六十五元，每元合钱二千六百四十文，共合钱一百七十一千六百文，发钱一百五十，余钱二十一千六百文。

宣统二年分：

正月十四日，一名，六十五元，每元合钱二千六百二十文，共合钱一百七十千零三百文，发钱一百五十千，余钱二十千零三百文。

二月初二日，一名，六十五元，每元合钱二千六百一十文，共合钱一百六十九千六百五十文，发钱一百五十千，余钱十九千六百五十文。

二月初四日，一名，六十五元，每元合计二千六百一十文，共合钱一百六十九千六百五十文，发钱一百五十千，余钱十九千六百五十文。

二月二十五日，一名，六十五元，每元合钱二千六百六十文，共合钱一百七十二千九百文，发钱一百五十千，余钱二十二千九百文。

三月初三日，一名，六十五元，每元合钱二千六百四十文，共合钱一百七十一千六百文，发钱一百五十千，余钱二十一千六百文。

三月二十二日，一名，六十五元，每元合钱二千六百文，共合钱一百六十九千，发钱一百五十千，余钱十九千。

四月十四日，一名，六十五元，每元合钱二千五百七十文，共合钱一百六十七千零五十文，发钱一百五十千，余钱十七千零五十文。

四月二十一日，一名，六十五元，每元合钱二千五百七十文，共合钱一百六十七千零五十文，发钱一百五十千，余钱十七千零五十文。

五月十一日，一名，六十五元，每元合钱二千五百七十文，共合钱一百六十七千零五十文，发钱一百五十千，余钱十七千零五十文。

五月十二日，一名，六十五元，每元合钱二千六百二十文，共合钱一百七十千零三百文，发钱一百五十千，余钱二十千零三百文。

六月十八日，一名，六十五元，每元合钱二千五百七十文，共合钱一百六十七千零五十文，发钱一百五十千，余钱十七千零五十文。

七月初八日，一名，六十五元，每元合钱二千六百十文，共合钱一百六十九千六百五十文，发钱一百五十千，余钱十九千六百五十文。

七月二十六日，一名，六十五元，每元合钱二千六百二十文，共合钱一百七十千零三百文，发钱一百五十千，余钱二十千零三百文。

八月初七日，一名，六十五元，每元合钱二千六百五十文，共合钱一百七十二千二百五十文，发钱一百五十千，余钱二十二千二百五十文。

九月初四日，一名，六十五元，每元合钱二千七百四十文，共合钱一百七十八千一百文，发钱一百五十千，余钱二十八千一百文。

九月十五日，一名，六十五元，每元合钱二千七百四十文，共合钱一百七十八千一百文，发钱一百五十千，余钱二十八千一百文。

八月初六日，一名，六十五元，每元合钱二千六百四十文，共合钱一百七十一千六百文，发钱一百五十千，余钱二十一千六百文。

共合长钱五百八十一千九百文，已如数移交王令梦松登明。

立字人刘永盛，因度日不过，今将自己三女儿，年长三岁，丁未年十月二十日生辰丑时生，凭中说妥，情愿送与刘锡顺做女儿长养。至于寻亲之事，凭刘锡顺办理，言明生不归宗，死不归茔，恐后无凭，立字为证。

压字钱一吊。

刘永盛奉母命。

中人王继松，代字张阑芝。

大清宣统元年二月二十二日立

呈请预算宣统三年地方行政经费中有疑问之款（并批答）

十月十三日

为呈请事。窃本局前奉抚部院札行内开：为札行事。案据清理财政局详称：案奉札开：宣统二年九月初四日准度支部江电内开：本部于八月二十七日具奏遵章试办预算，缮表呈进，并历陈财政危迫情形一折，奉旨：会议政务处议奏。钦此。除全表缮齐，另行咨送外，应照章先将局存地方行政经费底册，照录一分交谘议局，所有本部核增核减之款，已有贵处允许者一并抄案汇送，以便参考等因到本部院。准此，查此案前因谘议局开会在即，曾请发阅预算册，曾以谏电请度支部示覆，旋准巧电照送全册在案，合行一并饬知。札到该局，即便钦遵查照办理，勿违。此札等因。奉此，本局遵将宣统三年预算底册照缮一分，装订完全，理合详请札发谘议局，实为公便等情到本部院。据此，查度支部奏定清理财政章程第十五条，各省岁入当国家税、地方税未分以前，谘议局不得议减现行税率，其于地方行政经费范围内视为应增新税时，得呈请督抚核定，奏咨办理。又第二十条，各省预算报告册内款项属于地方行政经费者，由臣部奏交督抚送谘议局议决，并将预算全册送供参考各等因。除预算全册前已函送外，为此札行谘议局查照，须至札者等因到局。奉此，遵即迅速试办，第以财政说明书与表册比较对证，有说明书说明某项用款由某项下支拨，查表册中未行开列者；有明知某学堂由某处拨款，查说明书内并未说明者；有说明某局以某项为岁入，而收入数目未定明者；有载明第一期用过之款若干，而全年应需总数若干无从考核者。凡关于此类预算核实，欲求得当，苦无把握，拟请由抚部院查明，行知本局，俾本届预算得通盘筹计，酌量增减，以求适宜，实为公便。兹经全体议员公同议决，理合将疑问各款逐一缮册呈报。为此恳请抚部院查核见覆施行。须至呈者。

册开：

广仁善局岁入项下，生息、房租、地租、各属岁捐，均未将细数开列，应请查明见覆，再行确定。

烟台广仁善局按说明书，载明由洋药厘金项下拨银一千两，总册中未行列入，是否遗漏?

济良所经费按说明书载，由烟埠万奎基捐银一万两，筹款局总办捐银九十八两四钱。其万奎基捐款但云发商生息，亦未列明生息若干，总册此项并未列入，应请查明。

牛痘局经费按说明书载，此项由南运局海阳站盐局共拨银三百两，于总册中未行列入，是否遗漏?

济宁因利局按说明书，载明由兖沂道船捐项下补助银六十六两六钱一分六厘，又道库河滩地租项下动支，并未列明数目，总册中亦未列此项，应请查明。

烟台防疫经费按说明书载，由东海关三成船钞项下拨银二千五百三十五两，总册中何以未列此款?

京都平和戒烟按说明书载，由引票各商捐银五百两，总册中未列此款，应请查明。

京师义塾粥场按说明书载，由东海关外销项下拨银二百八十两，总册未列此款，应请查明。

女子师范及附属小学堂经费，按说明书仅载筹款局拨银一千两，询之该堂，则云不敷之款皆由学务公所拨发。此次说明书中并未说明由何项筹拨，应请查覆。

简字学堂经费总册中列二千三百九十七两，说明书中并未指定此项系由何项拨支，应请查明。

四氏师范学堂按说明书载，由学务公所岁拨银八千五百六十两。此项既由省城学务公所支出，自应在预算之列，何以总册中并未列入，应请查明。

青岛特别高等学堂总册中列明用款三千九百九十九两九钱九分九厘，而说明书中何以未开列此款?由何项拨支?

直隶公所巡警经费岁入之款并未说明，应请指定。

兖沂道巡警经费亦未说明经费岁入，应请指定。

青德驻防敬乐工艺所按说明书，载明常年收入一万八百四十六两一钱五分。总册中并未将此款列入，应请查明。

垦务分局以地租为岁入，其每年收入之数并未声明。补助工艺局费四千五十六两一钱六分，说明书中并未指出由何项拨支，应请指定。

日本五校经费审定数一万八千七百二十两，而说明书中仅载第一期所汇之四千五百六十六两六钱。究竟此项岁需若干？

西洋游学二万两，并未声明由何项支拨，应请查明。

奉札批答：为札行事。案据谘议局呈请查明预算各款并清册一分到本部院。据此，当即将此案发交清理财政局。兹据查覆前来，本部院覆核无异。为此札行谘议局查照。须至札者。

粘单一纸。

一、财政说明书是说明光绪三十四年各款之性质，原备普通考查。预算总册是估计宣统三年未来之数目，业经分别审订。二者作用不同，若以说明书为预算册之印证，必难逐款符合，盖不能执此以求彼也。

一、预算成立后，即应采分收统支主义。例如，岁入丁漕、盐课、关税、厘金等项，必须分类逐细登记。若岁出则系统支，无论何款，皆可动用。所有从前某款在某项下动支之旧例概不适用，不过就中分出国家行政经费与地方行政经费而已。此所以于简字学堂、青岛特别高等学堂、女子师范学堂、工艺局、西洋游学等经费只开列银数，无庸声明由何项指拨也。

一、牛痘局、济良所向由广仁善局兼管，查该局性质纯属慈善事业，其款项多系捐集，自不在预算范围内，故总册及表但将国家补助费二千四百五十两零列于地方行政经费善举经费第七项下，其他细数概不列入。

一、烟台广仁善局及京师义塾粥厂经费皆列在本省补送预算册内。

一、烟台防疫经费列入东海关预算册内，按各海关预算依度支部通电，应与东省划分另造，故上项经费不列入总册中。

一、四氏师范学堂经费列入预算表地方行政经费教育费补助各处学堂项下，总册所指补助私立各学堂经费，即（抱）〔包〕括此项在内。

一、青德驻防敬乐工艺所经费，原定分年筹拨，截至宣统二年为止，故不列于总册。

一、京都平和戒烟补助款原系引票各商所捐，于国家岁出无涉，故无庸列入预算。

一、济宁因利局补助银两，查究沂道所送预算原册并无此款，故编造总册时无凭列入。

呈请优级师范选科原款除办工业存古两堂拨用外余归何项支用文（并批答）

十月十五日

为呈问事。窃前本局奉到札示学务案丙、丁两条内开，裁撤优级师范选科之款，划出银一万四千八百三十六两办工业学堂，又划出一万二千九百三十六两办存古学堂各等因。查优级师范选科岁支银三万六千两，裁撤后除拨入工业学堂、存古学堂共银二万七千七百七十二两，应余银八千二百二十八两作何开支？又交来财政局追加预算册内开，商品陈列所经费库平银一万两，沂水矿务经费库平银一万一千五百八十一两一钱九厘，二项从何项款下拨支？以上两条均祈抚部院明白开示，以备核算，为此呈请抚部院核夺施行。须至呈者。

奉批答：来牍阅悉。裁撤师范选科之款，原拟划归存古、工业两堂外，余数凑解京师大学堂经费。至商品陈列所、沂水金矿经费，则在追加入款内量筹。惟查来年预算成立，岁入岁出应采分收统支主义，所有一切行政经费，即不限以何款内动支。盖旧案以有内结外销之别，每当动拨之际，皆先指定主名；新案只有国家、地方之分，但列预算之中，不必问其从出。且向因局库林立，故指拨用款不得不令各处分筹。现在已设财政公所，事权渐趋统一，自不难通盘计画，以免纠纷，正无事仍沿从前窠臼为也。所有质问各节，希将前次批答质问预算札文内事理一并查照。此答。

呈明海参崴参议员函交振兴教育剔除积弊开辟利源各案办法建议文（并批答）

九月二十五日

为呈报事。窃本局据侨居俄国海参崴参议员函交振兴教育各案，当经全体议员公同议决。所有理由办法，理合开折呈报。为此呈请抚部院裁夺施行。须至呈者。

折开：

窃以我东省素称齐鲁礼义之邦，文化发达为最先。若论现在事实，参议员等久辞乡里，多所隔阂。至采诸舆论，见诸报章者，顽固之积习，风气难开，较之各省，似在中等以下，非用全力从事，不足以收速效。故参议员等利用急进主义，词意中不免有激愤之宣泄，并因参议员等于地方情形隔阂之故，一切细章未便拟呈。谨陈草案三纲十二目如下：

一、振兴教育

不患办事之难，惟患无办事之才，东西各国不易是论，故欲整顿地方，非首先造就人才不可。查报告书内云，前二年全省学生总额只四万有奇，教育之难期普及无待蓍龟。不但此也，闻诸自故乡来崴者言及各州县乡社中多有落成校舍，非不匾额堂皇，而终年重门深锁，寂寥无人。又有各州县派出师范生至乡间设立学校，不特无人就学，并有驱逐师范生之暴动。乡民之冥顽不灵已达极点，积习深者，非正其本而强迫其速成不为功也。爰拟纲目三条于左：

（甲）设立女学

教育非自学校始，胎教、母教、家教、幼稚院为小学之始基。此等职任，责在女子，男子无与焉。东西各国之谈教育者，断不能违背此旨。未受家庭教育之小学生，断不能师勤功倍，竟成有经练之小学教习，此事最为铁案。我东省女学一门，无萌芽之足道，男子教育虽能普及，仍是无本之学。故无论如何困难，必先振兴女学，为教育之指南。现在宜延聘本省或外省女教习，广设师范传习所及游学养成所，招考已明字义之妇女入所肄习，察看情形，短期毕业。游学养成所之毕业生咨送各国，吸收高尚学识，为将来中学及以上之各科教习。师范传习所毕业生为各府州县乡社高等、初等小学堂之教习。通饬现在已设立之男子初等小学，遵章男女并授。苟提倡得人，二三年之内，小学必可成立，然后循序推广，以及专门学问，东省教育前途其或庶几。

缚足一事为妇女终身之黑暗地狱，举凡残酷之刑，与之比例，无有甚于此者。愚民之胶固实甚，习俗之骤难开化，固在意想之中。明知女界之自甘沦溺，而不思拯救，仁者所不为。务须设法劝导，还我天然，强种之因，实系于此。

（乙）责成各乡社广设公立男女小学

国有四民，家有贫富，为士为农为工为商不能一致，而于小学教育，无论何种人民，均当受之。我东省登、莱二府各乡社设有正式之小学者百不得一，此虽在乡民之顽固，塾师之把持，而有地方之责者，亦难辞咎。宜予以短期之限，责令从速筹备，划清学区，十里之内必须成立一学，察看情形，进而至于五里、三里。延聘教习由教育会代为设法，成立之后完善与否，由县视学密为监察，不务表面之虚名，必求实地之进益。热心办事人员及捐助巨款者酌请奖励，其有不能尽职，或冒兴学之空名营私武断者，严行惩罚。并有棍徒仇学，地方老朽假公济私，把持公款等一切阻挠学务之举动，此系文明之蠹贼，当严行惩治，毋稍宽贷，庶各知自爱，共臻厥成。

私塾改良原为过渡时代无可如何之从权法，惟我国设立学校之声浪早如雷霆之震动全国，塾师中果学有底蕴、热心教育者，早应改良完备。及至今日，仍是守旧，迫令改良，不得已而姑为允从者，此系徒为饿殍之末路，计于教育宗旨终若两事。混充教习，贻误匪浅，此事如照上年议案办理，亦有实效，姑置不论，否则设法饬令塾师别谋生路，以免误人子弟，不为苛也。

（丙）强迫教育

七岁以上之男女幼童，不送入小学堂肄业，严订规则，责其父兄受罚锾或损失名誉之罪，此系德、法、日本等国已收之实效，毋庸视为警世骇俗之举而有所观望。

二、革除积弊

我东省积弊之深且多，村童牧竖，耳熟能详。以我人民汗血之财资，填彼贪官、污吏、蠹役、劣绅及市井无赖等之欲壑，殊堪痛恨。若不设法整顿，无以苏民困而儆奸邪。兹举最著明者七端于左：

（甲）地丁银之浮收

东省地丁银一项，不收银两，折收制钱，弊窦百出。虽经前任抚台李奏定每银一两规定制钱若干，而积久弊生，浮收过度。且最难索解者，如缴铜元、制钱之数，折扣尚须加价，此何理由！执朝廷之法，问现任之官，恐亦自难解说。此弊应从速革除。

（乙）衙役之需索

东省之最扰民者，莫如衙役。县虽七班，每班有黑差百数十名，恃官长为护符，吸良民之膏血，拘传时索鞋掌钱，结案时索打扫衙署钱，名目众多，动需巨款，稍不遂意，鬼蜮横生，黑暗惨毒，实为人民之公敌。所有官民冲突事端，均是若辈媒孽之罪。现闻城乡巡警都已成立，凡衙门差役拘传等事可由巡警兼任，何用此等爪牙。此弊应从速革除。

（丙）烟赌之腐败

东省烟馆、赌局向来最多，烟馆虽奉明文严禁，故事别立名目，售者吸者仍是此数，殊与禁烟宗旨大相违背。赌局则城镇乡社村落各处林立，每逢集市、赛会、迎神、演戏之期更形昌盛。土语开山，衙役为之保护，朋比为奸，不堪设想，此非弱国殃民之兆乎！若不速为严禁，不知成何结果。

（丁）传票之贻害

凡人民犯案，除十恶、强盗、人命各罪外，如钱债、田宅、婚姻、斗殴、骂詈、犯奸等案，照万国审判章程，发送传票，定期集讯。第一次不到者罚锾，第二次倍加，第三次不到者照原告诉呈定案。今地方官不论人民犯何罪案，出一无期集讯之票，为衙役启需索之门，竟有被拘数日或数月而未经集讯者。文明之国视我为野蛮，而限制我法权者，此亦为一大原因。现在东省审判厅虽未成立，地方官亦宜从速改良，一洗旧习。此系国法所关，非全力整顿不可。

（戊）各项办公人员、董事及社长等之奸邪老朽

东省风气不开，良由各项办公人员、董事及社长等无热心办事之故，并有奸

邪之徒溷迹其间，于地方事有损无益。又有一种无是无非龙钟老朽，耳不辨声，目不辨色，自卫一身尚无能力，何能益及地方。嗣后欲为东省前途计，非另举强壮干练、热心公益者不可。

（己）钱币度量衡之紊乱

东省钱币度量衡之紊乱，较他省为尤甚，奸猾之徒于中渔利，受无上之害者惟我民耳。现经度支部办已就绪，将见实行，于我东省，务须设法首先倡行，毋使奸猾之徒把持藉口。

（庚）护照之糊涂

东省人民之来崴经商工作者，岁约五万人，于烟台出口时，必于道署请给护照，方可来崴。每张需费除俄领事签字，照章以俄钱核算，应纳英钱二元九角外，道署需大钱两吊七百五十文已属过分，而姓名、年岁之不符，字迹之不清，种种腐败，不胜枚举。附轮抵崴时，俄官每多视为假冒，拿押罚办，是不啻烟台道署岁得巨款，而陷我民于牢狱也。并闻去年徐道抚辰交卸时，预卖此项护照数万张于客栈，殊属不成事体。若不竭力整顿，我侨民之横遭罪戾未有艾也。

三、开辟利源

文明愈进，需款愈多。照现在东省之财政，办立宪时代之政治、公益，十不足一。巧妇难为无米之炊，又不能因噎而废食。辟新利源，作新事业，此为萌芽国之先路方针，断无第二良法替换者也。爰拟二目于左：

（甲）整顿原料

东省农林矿产无一不备，惟固守成规，不思变化，地利未能尽取，矿产未能开采，良为可惜。宜逐渐开设农矿学校及公司等，全力整顿，使天产之丰富原料供民利用，乃为实业界第一根源。

（乙）提倡工艺

原料输出而运入货物，授权外人转售取利，为东省贫困之大原。若能使工艺发达，以本地所有之原料尽为货品，除供给本地人民所需之外，再为输出贸易，如是而地方不富足者，未之有也。

奉批答：来牍具悉。案据该局转呈海参崴华侨参议员建议振兴教育各案，其振兴教育甲、乙二项及开辟利源甲、乙二项，诚属当务之急，应俟分别责成提学司、劝业道酌量情形，设法提倡。但皆须筹有的款，兴办方有实效。详核教育两项内强迫教育一条，自非各乡镇多立不收费之小学不可。现城镇小学尚未遍立，一时骤难言及。至所称初等小学男女并授，与奏定女子小学堂章程立学总义章第二节不符，未便照办。其革除积弊甲项所谓地丁银之浮收，揆厥原因，实由银价骤增，铜元折扣之所致，尚与浮收有间。俟币制及州县公费明定后，此弊自能革除。乙项衙役之需索，言之诚堪痛恨，去岁曾经通饬严禁在案。惟相沿已久，一时恐难尽革，必俟自治普及，审判厅设立完备，方为清源之举，现已计画进行，当可逐渐收效。至丙、丁所陈烟赌、传票之害，应即分饬各州县严行禁止，但所拟发送传票办法亦多流弊，俟诉讼法颁布后，始能规定办法，一律通行。戊项所称各项办公人员，现在均为公举，应不致再有此弊。己项钱币度量衡则归中央政府主持，非一省骤能整理。至庚项护照之事，各华侨亲受其害，固当切实改良。但本年预算已将护照费提充行政经费，自难删除。至客栈预卖护照，其中年岁不符，诚属不免，然究其故，则初因华侨赴海参崴时，恒以数十百人结团而往，临时请照恐致误期，又或有衙役索费情事，故预发空白，按期呈报，以便商侨。乃积久弊生，客栈既视为利薮，俄官复藉以抑扣，致商侨反受其害。候即札饬东海关道另定章程，切实整顿，护照仍由道署核发，一面严禁署役勒索稽留，一面晓谕赴海参崴商侨人等，务于起行时先期赴关署领照，以免迟误。并照会海参崴俄领事，告以改章，切实整理，以后遇有持护照之华侨，须一律保护，不得再有留难。此答。折存。

第三编　预算案

议决宣统三年地方行政经费预算案

十月二十三日[①]

为呈覆事。窃本局于九月二十一日奉札开：为札行事。案据清理财政局详称：奉札开，宣统二年九月初四日准度支部江电内开，本部于八月二十七日具奏遵章试办预算，缮表呈进，并沥陈财政危迫情形一折，奉旨：会议政务处议奏。钦此。除全表缮齐另行咨送外，应照章先将局存地方行政经费底册，照录一分交谘议局，所有本部核增核减之款，已有贵处允许者一并抄案汇送，以便参考等因到本部院。准此，查此案前因谘议局开会在即，曾请发阅预算册，曾以谏电请度支【部】示覆，旋准巧电，照送全册在案。合行一并饬知。札到该局，即便钦遵，查照办理，勿违。此札等因。奉此，本局遵将宣统三年预算底册照缮一分，装订完全，理合详请札发谘议局，实为公便等情到本部院。据此，查度支部奏定清理财政章程第十五条，各省岁入当国家税、地方税未分以前，谘议局不得议减现行税率，其于地方行政经费范围内视为应增新税时，得呈请督抚核定奏咨办理。又第二十条，各省预算报告册内款项，属于地方行政经费者，由臣部奏交督抚送谘议局议决，并将预算全册送供参考各等因。除预算全册前已函送外，为此札行谘议局查照。须至札者等因到局。奉此，当经提出会议详细讨论，据公同意见，佥谓办理预算以确定岁入、核实岁出为第一要义，缘岁入不确，是犹无本之水，岁出之来源偶竭，即为事实进行之障碍，且岁出一项过俭固有碍进行，过丰

---

① 在原报告书目次中，此篇时间记为“十月十五日”，而在报告书内，此篇时间记为“十月二十三日”，兹保留报告书内原样。

亦虚縻巨款。当此国会提前开办，诸事待理，尤宜腾挪款项，以谋扩充。查此次札发预算总册，于宣统三年地方行政经费之岁入既未画分单列，而载于说明书中者又系说明光绪三十四年各款出入，用备普通考查之性质，执此求彼，诸多不合，藉以核实预算，苦难著手。正筹画间，旋准资政院咸电：前接各局来电，关于预算事项，业经审查表决，分别札覆如后：【一】、各省谘议局要求议决岁入。查现在国家税、地方税尚未画清，此项岁入全册已交本院决议，无从另行画出，再交局议。一、各省问预算不议岁入，则议决岁出时是否可以不问国家财政之盈绌。查全国预算出入不敷至五千余万之巨，本院正议节减冗项，以资弥补。各省本年预算岁入既未画分，则议决岁出宜以督抚现交预算案之数为准。此中移缓就急、酌盈剂虚，自属谘议局分内之事。若于现交预算外另议增加某项支出，应先由谘议局议定筹集该项专款之法，庶不致于全国预算有所抵触。以上二端，除答覆外，并通电各谘议局一体知照等因到局。奉此，遵即以抚部院发交预算案之数，指定为地方行政经费者为岁入。其明年加以闰月，共计十三个月，所有应支各款即为岁出。复体会院电移缓就急、酌盈剂虚之义，格外慎重，逐日分班核算，清理各项，即随时提交会议，至临闭会时陆续告竣。兹据公同议决，计关于地方行政经费议决岁入总册一本，议决岁出总册一本，议决预算增减理由书一本，一并具文呈折。再，本届预算初次著手，议决甫毕，即届闭会，此项预算案与他项议案性质不同，既不能延会以待批答，又不能至下届会期另行续议。倘有应行覆议之处，拟请交局由议长提出，委任常驻议员协议办理，理合呈请抚部院裁夺施行。须至呈者。

计呈清册三本。

预算宣统三年分地方行政经费岁入总册

预算案例言

一、预算有岁出而无岁入，不成为预算案。今国家、地方行政经费既未划分，只有暂行遵照资政院咸电以督抚现交预算案之数为准一语，将地方行政经费划出，以说明书内历届指定拨给之数，暂定为地方行政经费岁入之数。

一、抚院交到预算册之审定数，其原数为未扣减平之库平数，实数为已扣减平之库平数。查此项经费既系地方行政之用，则减平之余款应仍作为地方行政经费之用，故各项岁入均以库平之原数计算。

一、岁入既无确数，不得不以说明书内历届指定拨给之数为准者，诚以各局所、学堂历年请款皆有确实指定之数预备拨发，即皆有确实指定之数可以查考，故以指定拨给之数作为岁入之数，不能以册开审定之数作为岁入之数也。（册开审定之数系预算之数，与指定拨给之数不无增减，故不能依以为岁入之确数。）其有指定拨给之数不明瞭者，即以册开审定之数为断。

一、本局对于各项岁出，凡应行裁减、应行增加事项，均详具理由书以说明之。

一、应减应增之事项，皆依通行章程及现在情形为准。

一、此项预算案计议决地方行政岁入总册一本，议决地方行政岁出总册一本，议决各项理由书一本，其一切项目，悉依原发预算册之次序，以便参考。

一、预算余出之款，仍应作为地方行政之用，其增添扩充之事项，均详岁出总册之内，以符院电内移缓就急、酌盈剂虚之义。

地方行政经费岁入经常门

第一类　民政费

第一款　谘议局经费共库平银五万六千两。

第二款

第一项　直隶公所各巡警经费，共库平银十五万三千六百五十三两五钱一分。

第二项　兖沂道巡警经费，共库平银六千五百两。

第三款

第一项　高等巡警学堂经费，共库平银二万六千七百二十七两六钱。

第二项　巡警教练所经费，共库平银二万一千一百九十六两一钱四分八厘。

第四款

第一项　正额孤贫口粮，共库平银六千三百九十二两七钱八分七厘。

第二项　浮额孤贫口粮，共库平银七千三十二两五钱五分。

第三项　全节、育婴两堂经费，共库平银四千九百八十两。

第四项　省城栖流所经费，共库平银六千六百四十四两五钱六分。

第五项　散放棉衣经费，共库平银一万四千三百二十六两四分九厘。

第六项　冬令东西关粥厂经费，共库平银三万四千两。

第七项　补助广仁善局经费，共库平银二千六百一十一两二钱七分。

第八项　补助汶上县普济堂经费，共库平银一百五十两。

第九项　补助德州粥厂经费，共库平银二十两。

第十项　补助德州医院经费，共库平银二百两。

第五款　中西医院（附中医学堂）经费，共库平银二万五千五十四两七钱五分一厘。

第二类　教育费

第一款

第一项　高等学堂经费，共库平银八万两。

第二项　客籍高等学堂经费，共库平银三万七千六百四十两。

第三项　师范学堂经费，共库平银五万七千一百两。

第四项　法政学堂经费，共库平银四万二千二百两。

第五项　东运学堂经费，共库平银五千二百两。

第六项　薇垣学堂及第一公立学堂经费，共库平银三千八百两。

第七项　模范小学堂经费，共库平银三千五百四十两。

第八项　官立初等小学堂二十处经费，共库平银八千两。

第九项　女子师范及附属小学堂经费，共库平银五千两。

第十项　简字学堂十七处经费，共库平银二千五百五十两。

第二款

第一项　图书馆经费，共库平银六千两。

第二项　阅报所十处经费，共库平银一千两。

第三项　宣讲所五处经费，共库平银七百八十两。

第三款

第一项　补助官立学堂经费，共库平银一万六千七百两。

第二项　补助私立学堂经费，共库平银一万九千二百三十三两三钱三分三厘。

第三项　补助青岛特别高等学堂经费，共库平银三千九百九十九两九钱九分九厘。

附件　停办优级师范原款，库平银三万六千两。

第四款　追加

第一项　存古学堂经费，共库平银一万二千九百三十六两。

第二项　高等学堂加班经费，共库平银三千九百六十两。

第三类　实业费

第一款

第一项　高等农业学堂经费，共库平银四万八千两。

第二项　青州蚕桑中学堂经费，共库平银六千两。

第三项　兖州初等农业学堂经费，共库平银三千七百两。

第四项　胶高中等工艺学堂经费，共库平银一万两。

第二款　农事试验场经费，共库平银一万两。

第三款　追加

第一项　中等工业学堂经费，共库平银一万四千八百三十六两。

第四款

第一项　垦务分局经费，共库平银十万两。

附追　加垦务租价增收库平银二万两。

第二项　兖沂道湖田局经费，共库平银二万五千两。

附追　加湖田局租价增收库平银一万两。

第五款

第一项　工艺传习所经费，共库平银二万八千八百二十六两四钱一分六厘。

第二项　教养局经费，共库平银二万一千六百四十两一钱四分二厘。

第三项　补助工艺局厂经费，共库平银四千八百五十六两四钱。

第六款　追加

第一项　商品陈列所经费，共库平银一万两。

第七款　矿务分局经费，共库平银一万七千二百七十两。

第八款　追加

第一项 沂水矿务经费，共库平银一万一千五百八十一两一钱九厘。

地方行政经费岁入临时门

第一类 民政费

第一款 地方自治筹办处经费，共库平银一万六千三百九十八两。

第二款

第一项 本省赈款，共库平银七万五千六百二十二两七钱五分。

第二类 教育费

第一款

第一项 教育会补助金，共库平银一千五百两。

第二项 旅外学生津贴，共库平银五千四百五两一钱九分六厘。

第二款

第一项 日本游学经费，共库平银二万三千二百四两。

第二项 日本高等五校经费，共库平银一万八千七百二十两。

第三项 西洋游学经费，共库平银二万两。

以上共五十八项,统计岁入库平银一百二十二万三千六百八十八两五钱七分。

预算宣统三年分地方行政经费岁出总册

地方行政经费岁出经常门

第一类 民政费

第一款 谘议局经费。原审定数共库平银五万二千六百四十两，议决数共库平银五万三千三百六两五钱四分五厘。

第二款

第一项 直隶公所各巡警经费。原审定数共库平银十四万四千四百三十四两二钱九分九厘，议决数同前。

第二项 兖沂道巡警经费。原审定数共库平银六千一百一十两，议决数同前。

第三款

第一项 高等巡警学堂经费。原审定数共库平银二万五千一百二十三两九钱四分四厘，议决数共库平银二万三千六百六十两三钱六分四厘。

第二项　巡警教练所经费。原审定数共库平银一万六千二百五十六两三钱六分，议决数共库平银一万四千一百九十两二钱四分。

第四款

第一项　正额孤贫口粮。原审定数共库平银一万五千一百六十五两八钱三分五厘，议决数同前。

第二项　浮额孤贫口粮。原审定数共库平银六千五百一十八两七钱八分二厘，议决数同前。

第三项　全节、育婴两堂经费。原审定数共库平银四千一百二十六两，议决数同前。

第四项　省城栖流所经费。原审定数共库平银三千零八两，议决数同前。

第五项　散放棉衣费。原审定数共库平银一万四千一百两，议决数同前。

第六项　冬令东西关粥厂费。原审定数共库平银二万八千二百两，议决数同前。

第七项　补助广仁善局经费。原审定数共库平银二千四百五十四两五钱九分四厘，议决数同前。

第八项　补助汶上县普济堂。原审定数共库平银一百四十一两，议决数同前。

第九项　补助德州粥厂费。原审定数共库平银一十八两八钱，议决数同前。

第十项　补助德州医院费。原审定数共库平银一百九十八两，议决数同前。

第五款　中西医院（附中医学堂）经费。原审定数共库平银一万九千七百九两九钱二分，议决数共库平银一万八千七百五十六两七钱六分。

第二类　教育费

第一款

第一项　高等学堂经费。原审定数共库平银五万五千二百五两三钱八分，议决数共库平银五万八千七百五两九钱四分。

第二项　客籍学堂经费。原审定数共库平银三万二千一百六十八两二钱一分，议决数共库平银三万一千一百一十七两二钱九分。

第三项　师范学堂经费。原审定数共库平银四万九千四百六十三两七钱四分，议决数共库平银三万九千九百四十七两一钱八分。

第四项　法政学堂经费。原审定数共库平银四万三千七百八十两三分，议决数共库平银二万九千九百三十三两三钱六分。

第五项　东运学堂经费。原审定数共库平银四千八百八十八两，议决数同前。

第六项　薇垣学堂及第一公立学堂经费。原审定数共库平银三千五百七十二两，议决数同前。

第七项　模范小学堂经费。原审定数共库平银三千三百二十七两六分，议决数共库平银二千七百八十三两三钱四分。

第八项　官立初等小学堂二十处经费。原审定数共库平银七千七百三十九两九钱六分，议决数共库平银六千四十七两九钱六分。

第九项　女子师范及附属小学堂经费。原审定数共库平银四千七百两，议决数共库平银七千八百一十八两九钱二分。

第十项　简字学堂十七处经费。原审定数共库平银二千三百九十七两，议决数共库平银一千五百九十八两。

第二款

第一项　图书馆经费。原审定数共库平银五千六百四十两，议决数共库平银五千五十三两四钱四分。

第二项　阅报所十处经费。原审定数共库平银九百四十两，议决数同前。

第三项　宣讲所五处经费。原审定数共库平银七百三十三两二钱，议决数共库平银六百一十一两。

第三款

第一项　补助官立学堂经费。原审定数共库平银一万五千六百九十八两，议决数同前。

第二项　补助私立学堂经费。原审定数共库平银一万八千七十九两三钱三分三厘，议决数同前。

第三项　补助青岛特别高等学堂经费。原审定数共库平银三千九百九十九两九钱九分九厘，议决数同前。

附件　停办优级师范，原款改充存古、中工两堂经费。原审定数共库平银二万七千七百七十二两，议决数同前。

第四款　追加

第一项　存古学堂经费。原审定数共库平银一万二千一百五十九两八钱四分，议决数同前。

第二项　高等学堂加班经费。原审定数共库平银三千七百二十两四钱，议决数同前。

第三类　实业费

第一款

第一项　高等农业学堂经费。原审定数共库平银四万五千五百四两五钱七分四厘，议决数共库平银四万六千一百九十五两四厘。

第二项　青州蚕桑中学堂经费。原审定数共库平银四千七百两，议决数同前。

第三项　兖州初等农业学堂经费。原审定数共库平银三千四百七十八两，议决数共库平银二千七百五十七两二分。

第四项　胶高中等工艺学堂经费。原审定数共库平银一万六千五百五十九两四分，议决数共库平银一万一千七百六十八两八钱。

第二款　农事试验场经费。原审定数共库平银三千四百八十两八钱四分三厘，议决数共库平银四千四百二十两八钱四分三厘。

第三款　追加

第一项　中等工业学堂经费。原审定数共库平银一万三千九百四十五两八钱四分，议决数同前。

第四款

第一项　垦务分局经费。原审定数共库平银三万六千五两七钱六分，议决数同前。

第二项　兖沂道湖田局经费。原审定数共库平银一万零十一两，议决数共库平银六千四十三两七钱七分八厘。

第五款

第一项　工艺传习所经费。原审定数共库平银二万七千九十六两八钱三分一厘，议决数共库平银二万七千五百十两四钱三分一厘。

第二项　教养局经费。原审定数共库平银二万三百四十一两七钱三分二厘，议决数共库平银一万九千三百七十五两四钱一分二厘。

第三项　补助工艺局厂经费。原审定数共库平银四千五百六十五两一分六厘，议决数同前。

第六款　追加

第一项　商品陈列所经费。原审定数共库平银九千四百两，议决数同前。

第七款　矿务分局【经费】。原审定数共库平银五千三百八十九两二分，议决数同前。

第八款　追加

第一项　沂水矿务经费。原审定数共库平银一万八百八十六两二钱四分二厘，议决数同前。

地方行政经费岁入临时门

第一类　民政费

第一款　地方自治筹办处经费。原审定数共库平银一万五千四百一十四两一钱二分，议决数共库平银六千六百八两二钱。

第二款

第一项　本省赈款。原审定数共库平银一万八千八百两，议决数同前。

第二类　教育费

第一款

第一项　教育会补助金。原审定数共库平银一千四百一十两，议决数同前。

第二项　旅外学生津贴。原审定数共库平银五千八十两八钱八分四厘，议决数同前。

第二款

第一项　日本游学经费。原审定数共库平银二万三千二百四两，议决数同前。

第二项　日本高等五校经费。原审定数共库平银一万八千七百二十两，议决数同前。

第三项　西洋游学经费。原审定数共库平银二万两，议决数同前。

以上共五十六项，统计岁出库平银九十万五千六百一十一两四钱七分一厘，比较岁入库平银一百二十二万三千六百八十八两五钱七分，实余库平银三十一万八千七十七两九分九厘。所有此项余款，兹经全体议员公同议决，仍充作地方行政经费分配扩充，以十分之一补助巡警费，以十分之三补助教育费，以十分之四补助实业费，以十分之二作各项预备费。所有分配数目逐一列后。

计开：

补助巡警费共库平银三万一千八百七两七钱一分。

一、各州县巡警费，三万一千八百七两七钱一分。

补助教育费共库平银九万五千四百二十三两一钱三分。

一、各府中学堂库平银四万两。

一、各直隶州中学堂库平银九千两。

一、各州县简字学堂库平银四万五千四百二十三两一钱三分。

一、德州驻防简字学堂库平银五百两。

一、青州驻防简字学堂库平银五百两。

补助实业费共库平银十二万七千二百三十两八钱四分。

一、济南府库平银一万二千七百九十两八钱四分。（因所辖较多，故比各府略优。）

一、泰安府库平银一万九百八十两。

一、东昌府库平银一万九百八十两。

一、曹州府库平银一万九百八十两。

一、沂州府库平银一万九百八十两。

一、登州府库平银一万九百八十两。

一、武定府库平银一万九百八十两。

一、莱州府库平银九千一百五十两。（因所辖只四州县，应与直隶州同。）

一、临清州库平银九千一百五十两。

一、济宁州库平银九千一百五十两。

一、胶州库平银九千一百五十两。

一、兖州府库平银五千九百八十两。

一、青州府库平银五千九百八十两。（以上二府皆有实业学堂一所,各有经费五千两，应各加给经费五千九百八十两,以足一万九百八十两之数。）

各项预备费共库平银六万三千六百一十五两四钱一分九厘。

以上系议决余款库平银三十一万八千七十七两九分九厘，尽数分配扩充民政、教育、实业、预备四类经费公用，连前议决原款岁出银九十万五千六百十一两四钱七分一厘，总共库平银一百二十二万三千六百八十八两五钱七分，全数支出无余。登明。

预算宣统三年地方行政增减理由册

谘议局

岁入：库平银五万六千两。

岁出：原审定数实银五万二千六百四十两。

裁减事项：

一、厨役减去银七十两九钱一分，折实银六十六两六钱五分五厘。

理由：原定厨役四名，因用饭人数无多，拟减去二名，银如上数。

增加事项：

一、速记二名，增银七百八十两，折实银七百三十三两二钱。

理由：本年新添速记二名，原薪每月二十四两，饭食六两，增银如上数。

增减相抵，实增银七百九两九分，折实银六百六十六两五钱四分五厘。

按照原审定数加增，应岁出银五万三千三百六两五钱四分五厘。

现议决岁出数与岁入数比较实银二千六百九十三两四钱五分五厘。

直隶公所各巡警

岁入：库平银十五万三千六百五十三两五钱一分。

岁出：原审定数实银十四万四千四百三十四两二钱九分九厘。

裁减事项：无。

增加事项：无。

现议决岁出数与原审定数同，比较岁入实银九千二百十九两二钱一分一厘。

兖沂道巡警

岁入：库平银六千五百两。

岁出：原审定数实银六千一百一十两。

裁减事项：无。

增加事项：无。

现议决岁出数与原审定数同，比较岁入实余银三百九十两。

高等巡警学堂

岁入：库平银二万六千七百二十七两六钱。

岁出：原审定数实银二万五千一百二十三两九钱四分四厘。

裁减事项：

一、监督月薪减去银六百五十两，折实银六百一十一两。

理由：原定月薪二百两，拟于各学堂一律改为月薪一百五十两，年支银一千九百五十两，实减银如上数。

二、教务提调月薪减去银六百五十两，折实银六百一十一两。

理由：原定月薪一百两，因与该堂庶务提调月薪原数悬殊，自宜减为月薪五十两，以归一律。

三、监学裁去银四百四十二两，折实银四百一十五两四钱八分。

理由：按章程无此名目，不宜额外多设。

四、管理讲义委员裁去银三百九十两，折实银三百六十六两六钱。

理由：此项宜归庶务管理，以节糜费。

五、司员饭食全裁，减去银四百二十五两，折实银三百九十九两五钱。

理由：既支薪金，无庸再支伙食。

以上共减银二千五百五十七两，折实银二千四百三两五钱八分。

增加事项：

一、预备费一千两，折实银九百四十两。

理由：按各国预算皆有预备费，以备临时之需，应行增加。

以上共增银一千两，折实银九百四十两。

增减相抵，实减银一千五百五十七两，折实银一千四百六十两五钱八分。

按照原审定数核减，应岁出银二万三千六百六十两三钱六分四厘。

现议决岁出数与岁入数比较，实余银三千六十七两二钱三分六厘。

巡警教练所

岁入：库平银二万一千一百九十六两一钱四分八厘。

岁出：原审定数实银一万六千二百五十六两三钱六分。

裁减事项：

一、所长年减去银六百五十两，折实银六百一十一两。

理由：该所学生一班，事务甚简，原定月薪一百两，拟减为月支五十两，年折实银六百一十一两。

二、教务长全裁银五百二十两，折实银四百八十八两八钱。

理由：学生一班，教务非繁，教务长应仿照各学堂之例，以教习兼充，不另支薪水。

三、印刷委员全裁银三百十二两，折实银二百九十三两二钱八分。

理由：学生百名，印刷事项不甚殷繁，无庸设立专员，以庶务兼充。

四、教员裁去二员，年共裁银一千四十两，折实银九百七十七两六钱。

理由：该所学生一班，教员五员，每星期有仅担任三四点钟者，殊与定章不合，应裁去二员。

五、杂役年裁银四百十六两，折实银三百九十一两四分。

理由：原定杂役二十名，竟居学生十分之二，未免人浮于事，姑减去一半。

六、学生笔墨、书籍年共裁银一百三十两，折实银一百二十二两二钱。

理由：巡警学生所用笔墨、书籍与他项学堂较为简（章）〔单〕，原定月支银五十两，应裁去十两。

七、书手年裁银一百三十两，折实银一百二十二两二钱。

理由：该所文件无多，书手二人实大冗闲，应裁一人。

以上共减银三千一百九十八两，折实银三千六两一钱二分。

增加事项：

一、预备费一千两，折实银九百四十两。

理由：应增预备费，以备预算外之支出。

以上共增银一千两，折实银九百四十两。

增减相抵，实减银二千一百九十八两，折实银二千六十六两一钱二分。

按照原审定数核减，应岁出银一万四千一百九十两二钱四分。

现议决岁出数与岁入数比较，实余银七千五两九钱八厘。

正额孤贫口粮

岁入：库平银一万六千三百九十二两七钱八分七厘。

岁出：原审定数实银一万五千一百六十五两八钱三分五厘。

裁减事项：无。

增加事项：无。

现议决岁出数与原审定数同，比较岁入，实余银一千二百二十六两九钱五分二厘。

浮额孤贫口粮

岁入：库平银七千三十二两五钱五分。

岁出：原审定数实银六千五百一十八两七钱八分二厘。

裁减事项：无。

增加事项：无。

现议决岁出数与原审定数同，比较岁入，实余银五百一十三两七钱六分八厘。

全节、育婴两堂经费

岁入：库平银四千九百八十两。

岁出：原审定数实银四千一百二十六两。

裁减事项：无。

增加事项：无。

现议决岁出数与原审定数同，比较岁入，实余银八百五十四两。

省城棲流所经费

岁入：库平银六千六百四十四两五钱六分。

岁出：原审定数实银三千八两。

裁减事项：无。

增加事项：无。

现议决岁出数与原审定数同,比较岁入,实余银三千六百三十六两五钱六分。

散放棉衣

岁入：库平银一万四千三百二十六两四分九厘。

岁出：原审定数实银一万四千一百两。

裁减事项：无。

增加事项：无。

现议决岁出数与原审定数同，比较岁入，实余银二百二十六两四分九厘。

冬令东西关粥厂

岁入：库平银三万四千两。

岁出：原审定数实银二万八千二百两。

裁减事项：无。

增加事项：无。

现议决岁出数与原审定数同，比较岁入，实余银五千八百两。

补助广仁善局

岁入：库平银二千六百一十一两二钱七分。

岁出：原审定数实银二千四百五十四两五钱九分四厘。

裁减事项：无。

增加事项：无。

现议决岁出数与原审定数同，比较岁入，实余银一百五十六两六钱七分六厘。

补助汶上县普济堂

岁入：库平银一百五十两。

岁出：原审定数实银一百四十一两。

裁减事项：无。

增加事项：无。

现议决岁出数与原审定数同，比较岁入，实余银九两。

补助德州粥厂

岁入：库平银二十两。

岁出：原审定数实银十八两八钱。

裁减事项：无。

增加事项：无。

现议决岁出数与原审定数同，比较岁入，实余银一两二钱。

补助德州医院

岁入：库平银二百两。

岁出：原审定数实银一百八十八两。

裁减事项：无。

增加事项：无。

现议决岁出数与原审定数同，比较岁入，实余银十二两。

中西医院（附中医学堂）

岁入：库平银二万五千五十四两七钱五分一厘。

岁出：原审定数实银一万九千七百九两九钱二分。

裁减事项：

一、总办薪津裁去银六百五十两，折实银六百一十一两。

理由：原定月薪二百两，兹照各学堂监督办法，减为月薪一百五十两，减银如上数。

二、员司伙食全裁银三百六十四两，折实银三百四十二两一钱六分。

理由：各项职员既有薪津，不应另有伙食，应全裁。

以上共减银一千一十四两，折实银九百五十三两一钱六分。

增加事项：无。

按照原审定数核减，应岁出银一万八千七百五十六两七钱六分。

现议决岁出数与岁入数比较，实余银六千二百九十七两九钱九分一厘。

高等学堂

岁入：库平银八万。

岁出：原审定数实银五万五千二百五两三钱八分。

裁减事项：

一、监督薪水年减去银六百五十两，折实银六百十一两。

理由：原定月薪二百两，拟与各学堂一律改为月薪一百五十两，共岁支银一千九百五十两。

二、斋务长全裁去银九百三十六两，折实银八百七十九两八钱四分。

理由：照章归教员兼充，不支薪水。

三、文案兼统计一员，薪水减去银一百四两，折实银九十七两七钱六分。

理由：原定月薪五十八两，拟照各学堂、局所文案办法，减为月薪五十两，应减银如上数。

四、监学兼核对一员全裁去银六百二十四两，折实银五百八十六两五钱六分。

理由：定章无核对名目，监学宜归教员兼充，不支薪水。

五、检察官二员裁去一员，减银三百一十二两，折实银二百九十三两二钱八分。

理由：事务不繁，一员足资照料，宜减去一员，该员月薪二十四两，应减银如上数。

以上共减银二千六百二十六两，折实银二千四百六十八两四钱四分。

增加事项：

一、斋务长津贴增银二百六十两，折实银二百四十四两四钱。

理由：斋务长既由教员兼充，不另支薪，应加津贴每月二十两，应增银如上数。

二、监学津贴应增银一百三十两，折实银一百二十二两二钱。

理由：监学既由教员兼充，不另支薪，应加津贴每月十两，应增银如上数。

三、加班经费三千九百六十两，折实银三千七百二十二两四钱。

理由：添招新班，应加经费。

四、预备费二千两，折实银一千八百八十两。

理由：应添预备，以备预算外之支出。

以上共增银六千三百五十两，折实银五千九百六十九两。

增减相抵，实增银三千七百二十四两，折实银三千五百五钱六两。

按照原审定数应岁出银五万八千七百五两九钱四分。

现议决岁出数与岁入数比较，实余银二万一千二百九十四两六分。

客籍高等学堂

岁入：库平银三万七千六百四十两。

岁出：原审定数实银三万二千一百六十八两二钱一分。

裁减事项：

一、监督一员，岁减银六百五十两，折实银六百一十一两。

理由：原定月薪二百两，拟与各学堂一律改为一百五十两，共岁支银一千九百五十两。

二、斋务长全裁去银六百二十四两，折实银五百八十六两五钱六分。

理由：照章可归教员兼充，不支薪水。

三、文案兼统计岁减银一百四两，折实银九十九两七钱六分。

理由：原定月薪五十八两，拟照各学堂、局所文案办法，减为月薪五十两，应减银如上数。

以上共减银一千三百七十八两，折实银一千二百九十五两三钱二分。

增加事项：

一、斋务长津贴增加银二百六十两，折实银二百四十四两四钱。

理由：斋务长既由教员兼充，不另支薪，应加津贴每月二十两，应增银如上数。

以上共增银二百六十两，折实银二百四十四两四钱。

增减相抵，实减银一千一百一十八两，折实银一千五十两九钱二分。

按照原审定数核减，应岁出银三万一千一百一十七两二钱九分。

现议决岁出数与岁入数比较，实余银六千五百二十二两七钱一分

师范学堂

岁入：库平银五万七千一百两。

岁出：原审定数实银四万九千四百六十三两七钱四分。

裁减事项：

一、监督裁银六百五十两，折实银六百一十一两。

理由：拟与各学堂一律改为月薪一百五十两，原定月薪二百两，月裁五十两，年共裁如右数。

二、教务长全裁银一千三百两，折实银一千二百二十二两。

理由：查章程，教务长应以教员兼充，无庸另支薪水，原定月薪一百两，连闰岁裁如右数。

三、斋务长全裁银一千三百两，折实银一千二百二十二两。

理由：斋务长照章以教员兼充，无庸另支薪水，原定月薪一百两，连闰年裁如右数。

四、监学兼检查二员全裁银一千二百四十八两，折实银一千一百七十三两一钱二分。

理由：监学照章以教员兼充，不必另支薪水，原定每员月薪四十八两，连闰年共裁如右数。

五、中西医官全裁银三百三十八两，折实银三百一十七两七钱二分。

理由：照章不设医官。

六、洋教习裁二名，年裁银五千二百两，折实银四千八百八十八两。

理由：查该堂优级二类、三类两班于本年十二月间毕业，洋教习二员至本年底止不续定合同，原定月薪各二百两，年裁银如右数。

七、通译裁二员，年共裁银二千八十两，折实银一千九百五十五两二钱。

理由：东洋教习既裁二员，通译亦应同裁，原定月薪各八十两，全年裁如右数。

八、学生伙食共裁银一千四百四十两，折实银一千三百五十三两六钱。

理由：原开学生二百五十名，查现在共二百零二名，优级二类四十二名，优级三类三十六名，至本年十二月间毕业。明年招公共科一班，仍足此额，故按二百零二名核算，计减四十八名，每名每月三两，共裁银如右数。

九、员司伙食全裁银一千一百七十两，折实银一千九十九两八钱。

理由：既有薪水，不必另支伙食，原定月支伙食银共九十两，年共裁银如右数。

十、学生制服裁银一百九十二两，折实银一百八十两四钱八分。

理由：原开银一千两系按学生二百五十名计算，今既按二百零二名预算，应减银如右数。

十一、房租裁银四百两，折实银三百七十六两。

理由：原表系赁房四处，今洋教员既裁二名，应减二处房租。

以上共减银一万五千三百一十八两，折实银一万四千三百九十八两九钱二分。

增加事项：

一、教务长增银二百六十两，折实银二百四十四两四钱。

理由：既以教习兼充，应月加该教习银二十两，年共增银如右数。

二、斋务长增银二百六十两，折实银二百四十四两四钱。

理由：既以教习兼充，应月加该教习银二十两，年共增银如右数。

三、附设中学堂学生伙食应增银一千六百七十四两，折实银一千五百七十三两五钱六分。

理由：原表按五十名计算，现招足一百一十二名，应增六十二名，伙食按每名一月二两七钱计算，十个月共增银如右数。

四、预备费三千两，折实银二千八百二十两。

理由：应增此条，以备临时之需。

以上共增银五千一百九十四两，折实银四千八百八十二两三钱六分。

增减相抵，实减银一万一百二十四两，折实银九千五百一十六两五钱六分。

按照原审定数核减，岁应出银三万九千九百四十七两一钱八分。

现议决岁出数与岁入数比较，实余银一万七千一百五十二两八钱二分。

法政学堂经费

岁入：库平银四万二千二百两。

岁出：原审定数四万三千七百八十两三分。

裁减事项：

一、监督薪津减去银六百五十两，折实银六百一十一两。

理由：比照各学堂一律。

二、教务长薪津减去银六百五十两，折实银六百一十一两。

理由：与各学堂改为一律。

三、各科教员薪津减去银一万四千三百六十四两五钱，折实银一万三千五百二两六钱三分。

理由：原定教员薪金实银二万九百八十八两五钱,为数实属太钜。查本学堂学生连夜班共五班,按章每班每星期三十六点钟,五班共一百八十点,内除洋教习担任三十六点,实有一百四十四点。每年连闰以四十六星期算,共得六千六百二十四点钟,每点以银一两计,共应六千六百二十四两,照原审定数应减银如上数。

四、员司伙食全裁银一千七百五十五两，折实银一千六百四十九两七钱。

理由：既支薪水，不应再支伙食。

五、各员仆从伙食全裁银六百一十一两，折实银五百七十四两三钱四分。

理由：学堂既有夫役仆从，伙食一条应删。

以上共减银一万八千三十两五钱，折实银一万六千九百四十八两六钱七分

增加事项：

一、翻译薪金应增银一千三百两，折实银一千二百二十二两。

理由：既有洋教习二名，应增翻译二员，每员月薪五十两，二员岁支银一千三百两，折实银如上数。

二、预备费二千两，折实银一千八百八十两。

理由：应增预备费，以备预算外之支出。

以上共增银三千三百两，折实银三千一百二两。

增减相抵，实减银一万四千七百三十两五钱，折实银一万三千八百四十六两六钱七分。

按照原审定数核减，岁应出银二万九千九百三十三两三钱六分。

现议决岁出数与岁入数比较，实余银一万二千二百六十六两六钱四分。

东运学堂

岁入：库平银五千二百两。

岁出：原审定实银四千八百八十八两。

裁减事项：无。

增加事项：无。

现议决岁出数与原审定数同，比较岁入，实余银三百一十二两。

薇垣学堂及第一公立学堂

岁入：库平银三千八百两。

岁出：原审定数实银三千五百七十二两。

裁减事项：无。

增加事项：无。

现议决岁出数与原审定数同，比较岁入，实余银二百二十八两。

模范小学堂

岁入：库平银三千五百四十两。

岁出：原审定数实银三千三百二十七两六钱。

裁减事项：

一、开办费减银五百七十九两，折实银五百四十四两二钱六分。

理由：查该堂自光绪三十四年设立，其开办之初固需经费，迄今三年相沿，照数开支。本年修筑房舍，当即拨用余款，嗣后常年经费应于岁出款内减去开办费五百四十四两二钱六分。

增加事项：无。

按照原审定数核减，岁应出银二千七百八十三两三钱四分。

现议决岁出数与岁入数比较，实余银七百五十六两六钱六分。

官立初等小学堂二十处

岁入：库平银八千两。

岁出：原审定数实银七千七百三十九钱六分。

裁减事项：

一、裁撤西关公所，减银一千四百八两，折实银一千三百二十三两五钱二分。

理由：查该所开办之初，特设所派员经理。今各堂成立，不应于学务公所之外更置公所。

二、各处经费共减银四百一十九两，折实银三百九十三两八钱六分。

理由：按各处一览表，岁共需银七千三百二十两，余银应减。

以上共减银一千八百二十七两，折实银一千七百一十七两三钱八分。

增加事项：

一、津贴学务公所办事处银二十七两，折实银二十五两三钱八分。

理由：各堂每岁填写表册尚须办公纸笔等费，今已裁去公所，此项表册归学务公所经理，应给津贴。

以上共增银二十七两，折实银二十五两三钱八分。

增减相抵，实减银一千八百两，折实银一千六百九十二两。

按照原审定数核减，岁应出银六千四十七两九钱六分。

现议决岁出数与岁入数比较，实余银一千九百五十二两四分。

女子师范及附属女小学堂

岁入：库平银五千两。

岁出：原审定数实银四千七百两。

裁减事项：无。

增加事项：

一、教员二员，每员月薪二十四两，岁应增银六百二十四两，折实银五百八十六两五钱六分。

理由：教习不敷教授，应添教习二员。

二、女司事一名，月薪十八两，岁应增银二百三十四两，折实银二百一十九两九钱六分。

理由：因原设男监学仅在外管理，诸多不便，应添女司事一名。

三、学生膳费每名月支膳费三两，共二十名，连闰以十一个月计算，岁应增银六百六十两，折实银六百二十两四钱。

理由：原设师范官费生四十名，拟于宣统三年再招官费师范生十名，以足五十人之额。又附属小学堂学生一班，原系自费，拟于宣统三年将原有之本省自费生改为官费，以广招徕，定以十名为额，除将原有自费本省学生拨为官费，余即本省人续招足额。

四、建筑费应增银一千八百两，折实银一千六百九十二两。

理由：因该堂建置不备，应添讲堂四间、养病室三间、浴室二间、办公室三间、教习室八间、寄宿室十间，每间以六十金估计，共需银一千八百两。

以上共增银三千三百一十八两，折实银三千一百一十八两九钱二分。

按照原审定数加增，岁应出银七千八百一十八两九钱二分。

现议决岁出数与岁入数比较，实不敷银二千八百十八两九钱二分。

简字学堂十七处

岁入：库平银二千五百五十两。

岁出：原审定数实银二千三百九十七两。

裁减事项：

每处减银五十两，按十七处计算，共岁减银八百五十两，折实银七百九十九两。

理由：原表每处岁支一百五十两，兹查简字学塾功课无多，每处教员拟岁支银五十两，房租、茶水、学生、笔墨、纸费岁支银三十五两，夫役、工食岁支银十五两，计每处岁支银一百两已可敷用，余应裁减。

增加事项：无。

按照原审定数核减，应岁出银一千五百九十八两。

现议决岁出数与岁入数比较，实余银九百五十二两。

图书馆

岁入：库平银六千两。

岁出：原审定数实银五千六百四十两。

裁减事项：

一、司事裁去二名，岁共减银六百二十四两，折实银五百八十六五钱六分。

理由：查图书馆规条，馆内只设掌书一名、司事一名，今馆内司事四名，与定章不符，应裁去二名。

增加事项：无。

按照原审定数核减，应岁出银五千五十三两四钱四分。

现议决岁出数与岁入数比较，实余银九百四十六两五钱六分。

阅报所十处

岁入：库平银一千两。

岁出：原审定数实银九百四十两。

裁减事项：无。

增加事项：无。

现议决岁出数与原审定数同，比较岁入，实余银六十两。

宣讲所五处

岁入：库平银七百八十两。

岁出：原表审定数实银七百三十三两二钱。

裁减事项：

一、五处统计，每岁应减银一百三十两，折实银一百二十二两二钱。

理由：查每处岁支薪金、工食、房租、茶水银一百三十两即可敷用，余数核减。

增加事项：无。

按照原审定数核减，应岁出银六百一十一两。

现议决岁出数与岁入数比较，实余银一百六十九两。

补助官立学堂

岁入：库平银一万六千七百两。

岁出：原审定数实银一万五千六百九十八两。

裁减事项：无。

增加事项：无。

现议决岁出数与原审定数同，比较岁入，实余银一千二两。

补助私立学堂

岁入：库平银一万九千二百三十三两三钱三分三厘。

岁出：原审定数实银一万八千七十九两三钱三分三厘。

裁减事项：无。

增加事项：无。

现议决岁出数与原审定数同，比较岁入，实余银一千一百五十四两。

补助青岛特别高等学堂

岁入：库平银三千九百九十九两九钱九分九厘。

岁出：原审定数实银三千九百九十九两九钱九分九厘。

裁减事项：无。

增加事项：无。

现议决岁出数与原审定数同，比较岁入无余。

停办优级师范原款

岁入：库平银三万六千两。

岁出：原审定改充存古
中等工艺学堂经费，实银一万二千九百三十六两
一万四千八百三十六两。

裁减事项：无。

增加事项：无。

现议决岁出数与原审定数同，比较岁入，实余银八千二百二十八两。

追加存古学堂经费

岁入：库平银一万二千九百三十六两。

岁出：原审定数实银一万二千一百五十九两八钱四分。

裁减事项：无。

增加事项：无。

现议决岁出数与原审定数同，比较岁入，实余银七百七十六两一钱六分。

追加高等学堂加班经费

岁入：库平银三千九百六十两。

岁出：原审定数实银三千七百二十两四钱。

裁减事项：无。

增加事项：无。

现议决岁出数与原审定数同，比较岁入，实余银二百三十九两六钱。

高等农业学堂

岁入：库平银四万八千两。

岁出：原审定数实银四万五千五百四两五钱七分四厘。

裁减事项：

一、文案兼汉文教员原每月五十两，今裁去十两，全年共减银一百三十两，折实银一百二十二两二钱。

理由：今不兼汉文教员，故裁归划一之数。

二、检察官原每月四十两，今裁，全年共减银五百二十两，折实银四百八十八两八钱。

理由：以庶务长兼充，故裁去。

三、各科教员原每年七千八百七十八两（核为七千二十两）。今核定为高等班及讲习所共三人，共三千一百二十两，每人以月薪八十两核计；中等农科、林科、预科、农桑会共六人，共三千九百两，每人以月薪五十两核计。全年共减银八百五十八两，折实银八百六两五钱二分。

理由：查该堂教员担任功课钟点本甚参差，今照划一之规定，高等班及讲习所每周共八十点钟，除日本教员二十二点外，余五十八点，以十八点钟一人计之，约用教员三人。中农、中林、中预三班及农桑会每周共百三十六点，除日本教员二十八点外，余一百零八点，以十八点钟一人计之，约用教员六人。

四、职教各员火食原每年一千六百五两五钱，今全裁，全年共减银一千六百五两五钱，折实银一千五百九两一钱七分。

理由：查职教各员既均按月支薪，则伙食即不必另外开支，故应裁去。

以上共裁减银三千一百一十三两五钱，折实银二千九百二十六两六钱九分。

增加事项：

一、教务长一员，月薪五十两，全年六百五十两，折实银六百一十一两。

理由：该堂教务原以教员襄办，今该教员教授高等班，科目繁多，不能兼充，已由该堂详明添派。

二、监学一员，月薪三十两。原有此员，册内核裁。

全年三百九十两，折实银三百六十六两六钱。

理由：该堂地面辽阔，分堂内寄宿、堂外寄宿，且学生达三百人，仅监学一人管理实属难周，故应仍照该堂预算原册二人之数。

三、杂务司事一员，月薪十六两。原有此员，册内核裁。

全年二百八两，折实银一百九十五两五钱二分。

理由：查奏章，高等学堂应设杂务官一员，该堂既未设杂务官，而原册内杂务司事一员又在审定核裁之列，则杂务事宜无人经理，故应仍照原册。

四、实验用药品、器械等消耗品费。

全年需银六百两，折实银五百六十四两。

理由：查各班理化实验关系至要，教员非实验不足以示教学生，非实验亦不能得正确之智识。所有药品、器械等项消耗实属不赀，故不能不议增加。

五、预备费二千两，折实银一千八百八十两。

理由：应添预备费，以备预算外之支出。

以上共增加银三千八百四十八两，折实银三千六百一十七两一钱二分。

增减相抵，实增银七百三十四两五钱，折实银六百九十两四钱三分。

按照原审定数加增，岁应出银四万六千一百九十五两四厘。

现议决岁出数与岁入数比较，实余银一千八百四两九钱九分六厘。

青州蚕桑中学堂

岁入：库平银六千两。

岁出：原审定数实银四千七百两。

裁减事项：无。

增加事项：无。

现议决岁出数与原审定数同，比较岁入，实余银一千三百两。

兖州初等农业学堂

岁入：库平银三千七百两。

岁出：原审定数实银三千四百七十八两。

裁减事项：

一、堂长薪津减去银一百三十两，折实银一百二十二两二钱。

理由：原定月薪四十两，照初等学堂堂长未免过优，应减为月薪三十两，减实银如上数。

二、监学裁去银一百九十五两，折实银一百八十三两三钱。

理由：照章无监学名目，应裁。

三、会计兼庶务裁去银一百九十五两，折实银一百八十三两三钱。

理由：照章无会计兼庶务名目，应裁。

四、清书裁一名，减银五十二两，折实银四十八两八钱八分。

理由：事务无多，原定二名应裁一名，以节縻费。

五、员司伙食全裁银一百九十五两，折实银一百八十三两三钱。

以上共减银七百六十七两，折实银七百二十两九钱八分。

增加事项：无。

按照原审定数核减，应岁出银二千七百五十七两二分。

现议决岁出数与岁入数比较，实余银九百四十二两九钱八分。

胶高中等工艺学堂

岁入：库平银一万两。

岁出：原审定数实银一万六千五百五十两四分。

裁减事项：

一、监督薪水减去二百六十两，折实银二百四十四两四钱。

理由：查该堂监督每月八十金，兹拟减为六十金，以期与他项中学堂划一，且省经费，统共每年应减之数如上。

二、教员薪水减去四千一百六十两，折实银三千九百十两四钱。

理由：查该堂学生八十名，而教员至有八人之多，以每日上课钟点计，每员并不能担任三点，实为冗员。而每员月薪百金者又有四人之多，尤属縻费。今拟将此四员裁去二员，其余二员亦概减为四十两，统共每年应减之数如上。

三、员司伙食减去六百七十六两，折实银六百三十五两四钱四分。

理由：既有薪水，奚庸再支伙食。该堂员司共十三人，每年伙食如上数，今拟一概裁去。

以上共减银五千九十六两，折实银四千七百九十两二钱四分。

增加事项：无。

按照原审定数核减，岁应出银一万一千七百六十八两八钱。

现议决岁出数与岁入数比较，实不敷银一千七百六十八两八钱。

农事试验场

岁入：库平银一万两。

岁出：原审定数实银三千四百八十两八钱四分三厘。

裁减事项：无。

增加事项：

一、增预备费一千两，折实银九百四十两。

按照原审定数加增，岁应出银四千四百二十两八钱四分三厘。

现议决岁出数与岁入数比较，实余银五千五百七十九两一钱五分七厘。

追加中等工业学堂经费

岁入：库平银一万四千八百三十六两。

岁出：原审定数实银一万三千九百四十五两八钱四分。

裁减事项：无。

增加事项：无。

现议决岁出数与原审定数同，比较岁入，实余银八百九十两一钱六分。

垦务分局

岁入：库平银十万两。

岁出：原审定实银三万六千五两七钱六分。

裁减事项：无。

增加事项：无。

现议决岁出数与原审定数同，比较岁入，实余银六万三千九百九十四两二钱四分。

追加垦务租价增收

岁入：库平银二万两。

岁出：无。

裁减事项：无。

增加事项：无。

现议决岁入原数全余银二万两。

兖沂道湖田局

岁入：库平银二万五千两。

岁出：原审定数实银一万十一两。

裁减事项：

一、员司薪金

（甲）总局

一、稽核一员全裁银三百二十两，折实银三百两八钱。

理由：文案、收支、稽核共三员，稽核本无多事，文案、收支二员即可兼充。

（乙）南分局

一、委员文案三员裁去一员，银三百六十两，折实银三百三十八两四钱。

理由：照总局人数核减。

二、司事一名裁去银一百四十四两，折实银一百三十五两三钱六分。

理由：收支、征租、司事共三名，裁去司事，收支、征租二名即可兼充。

三、验苗司事三名裁去二名，银九十六两，折实银九十两二钱四分。

理由：验苗原非常差，一名即可敷用。

（丙）北分局

一、委员文案三员裁去一员，银三百六十两，折实银三百三十八两四钱。

二、验苗司事三名裁去二名，银九十六两，折实银九十两二钱四分。

理由：与南分局同。

（丁）南北两分局

一、丈地员薪金减银四百两，折实银三百七十六两。

理由：原定薪金八百两，但丈地皆约略为之，从未清量，无庸需此多款。

二、工食

（甲）南分局

一、护勇十四名裁六名，减工食银二百一十四两二钱八分五厘，折实银二百一两四钱二分八厘。

理由：局中事非殷繁，八名即可敷用。

二、添雇书识裁去六十两，折实银五十六两四钱。

理由：书识既有四名，无庸再添。

三、催租二名裁一名，减银六十两，折实银五十六两四钱。

理由：催租原非常差。

四、验苗饭食裁去银六十两，折实银五十六两四钱。

理由：验苗员既有薪金，宜不加饭食。

五、县役四名裁去银一百二十两，折实银一百一十二两八钱。

理由：皆从该州县派差，局中未尝发给工食。

（乙）北分局

一、护勇十二名裁四名，减工食一百四十六两六钱六分四厘，折实银一百三十七两八钱六分四厘。

二、添雇书识裁去银一百八十两，折实银一百六十九两二钱。

三、催租减去银四十两，折实银三十七两六钱。

四、县役裁去银一百五十两，折实银一百四十一两。

五、验苗饭食裁银八十两，折实银七十五两二钱。

理由：与南分局同。

（丙）南北两分局

一、丈地夫役原银三百两，减银二百两，折实银一百八十八两。

理由：与丈地员同。

三、杂费

（甲）南分局

一、房租、局用减三百两，折实银二百八十二两。

理由：此局系借住民房，本无房租，局用又无名目，减如总局二百四十两之数即不为少。

二、验湖地夫马裁银二百两，折实银一百八十八两。

理由：此项夫马系该州县官号备用，局内无从出费。

（乙）北分局

一、局用减银一百八十两，折实银一百六十九两二钱。

二、验湖地夫马裁二百两，折实银一百八十八两。

理由：照南分局杂支核减，以昭划一。

（丙）总分局

一、护勇号衣共裁十名，减银五十三两五钱，折实银五十两二钱九分。

二、书役年节赏犒裁银一百二十两，折实银一百一十二两八钱。

理由：官差本无赏犒，此项有名无实。

三、开征请首事酒席裁银八十两，折实银七十五两二钱。

理由：此项有名无实，即稍有所需，可从局用项下开支。

以上共减银四千二百二十两四钱四分九厘，折实银三千九百六十七两二钱二分二厘。

增加事项：无。

按照原审定数核减，岁应出银六千四十三两七钱七分八厘。

现议决岁出数与岁入数比较，实余银一万八千九百五十六两二钱二分二厘。

追加湖田局租价增收

岁入：库平银一万两。

岁出：无。

裁减事项：无。

增加事项：无。

现议决岁入原数全余银一万两。

工艺传习所

岁入：库平银二万八千八百二十六两四钱一分六厘。

岁出：原审定数实银二万七千九十六两八千三分一厘。

裁减事项：

一、总办薪金减去银六百五十两，折实银六百一十一两。

理由：原定月薪二百两，今拟照学堂监督办法减为每月一百五十两，应减银如上数。

二、总稽查员减去银九百一十两，折实银八百五十五两四钱。

理由：原定月薪一百二十两，今因该员仅司稽查，无甚烦劳，宜比较学堂监学，减为月薪五十两，实减银如上数。

以上共减银一千五百六十两，折实银一千四百六十六两四钱。

增加事项：

一、预备费二千两，折实银一千八百八十两。

理由：应增预备费，以备预算外之支出。

以上共增银二千两，折实银一千八百八十两。

增（加）〔减〕相抵，实增银四百四十两，折实银四百一十三两六钱。

按照原审定数加增，岁应出银二万七千五百一十两四钱三分一厘。

现议决岁出数与岁入数比较，实余银一千三百十五两九钱八分五厘。

教养局

岁入：库平银二万一千六百四十两一钱四分二厘。

岁出：原审定数实银二万三百四十一两七钱三分二厘。

裁减事项：

一、总办薪金减去银六百五十两，折实银六百一十一两。

理由：原定月薪二百两，兹参照各学堂监督薪水办法减为月薪一百五十两，实减银如上数。

二、半日学堂教员二员全裁银七十八两，折实银七十三两三钱二分。

理由：调查此项业已裁去，不应在预算之列。

三、该局伙食及杂费减去银二百两，折实银一百八十八两。

理由：伙食一项各学堂、局所均已核减，该局应归一律。兹将伙食及杂费两项原定实数九百一十两减去二百两，以资节省。

四、饭食杂费减去银五十两，折实银四十七两。

理由：查此项添置蒸笼等件不过零星添补，需款无庸过多。兹将原定数一百三十二两一钱一分减去银五十两，以资节省。

五、磨房杂费减去银一百两，折实银九十四两。

理由：查此项原开打磨、挂掌等项，皆系小节，用款似数无几。兹将原数二百五两二钱六分减去银数一百两，以资即省。

六、驴之喂养减银三百五十两，折实银三百二十九两。

理由：查该局驴仅六头，每日以八钱余银计算足资敷用，乃原开数六百八十四两二钱一分一厘，应减去银三百五十两，以（照）〔昭〕核实。

以上共减银一千四百二十八两，折实银一千三百四十二两三钱二分。

增加事项：

一、贫民衣履增银四百两，折实银三百七十六两。

理由：查该局贫民衣服褴褛情形不堪，兹酌加银如上数，以资补助而示体恤。

以上共增银四百两，折实银三百七十六两。

增减相抵，实减银一千二十八两，折实银九百六十六两三钱二分。

按照原审定数核减，岁应出银一万九千三百七十五两四钱一分二厘。

现议决岁出数与岁入数比较，实银二千二百六十四两七钱三分。

补助工艺局厂经费

岁入：库平银四千八百五十六两四钱。

岁出：原审定数实银四千五百六十五两一分六厘。

裁减事项：无。

增加事项：无。

现议决岁出数与原审定数同，比较岁入，实余银二百九十一两三钱八分四厘。

追加商品陈列所经费

岁入：库平银一万两。

岁出：原审定数实银九千四百两。

裁减事项：无。

增加事项：无。

现议决岁出数与原审定数同，比较岁入，实余银六百两。

矿务分局

岁入：库平银一万七千二百七十两。

岁出：原审定数实银五千三百八十九两二分。

裁减事项：无。

增加事项：无。

现议决岁出数与原审定数同，比较岁入，实余银一万一千八百八十两九钱八分。

追加沂水矿务经费

岁入：库平银一万一千五百八十一两一钱九厘。

岁出：原审定数实银一万八百八十六两二钱四分二厘。

裁减事项：无。

增加事项：无。

现议决岁出数与原审定数同，比较岁入，实余银六百九十四两八钱六分四厘。

地方自治筹办处

岁入：库平银一万六千三百九十八两。

岁出：原审定数实银一万五千四百一十四两一钱二分。

裁减事项：

一、坐办薪金减去银九百六十两，折实银九百二两四钱。

理由：原定月薪一百二十两，该处于宣统三年五月撤销，薪金应算至五月截止，应减银如上数。

二、会办薪金减去银八百两，折实银七百五十二两。

理由：原定月薪一百两，该处于宣统三年五月撤销，薪金应算至五月截止，应减银如上数。

三、科长薪金减去银二千五百六十两，折实银二千四百六两四钱。

理由：原定月薪八十两，该处于宣统三年五月撤销，薪金应算至五月截止，应减银如上数。

四、科员薪金减去银一千九百二十两，折实银一千八百四两八钱。

理由：原定月薪六十两，该处于宣统三年五月撤销，薪金应算至五月截止，应减算如上数。

五、书记薪金减去银一百六十两，折实银一百五十两四钱。

理由：原定月薪二十两，该处于宣统三年五月撤销，薪金应算至五月截止，应减银如上数。

六、书手工食减去银二百四十两，折实银二百二十五两六钱。

理由：原定月薪十五两，该处于宣统三年五月撤销，薪金应算至五月截止，应减银如上数。

七、贴书工食减去银二百五十六两，折实银二百四十两六钱四分。

理由：原定月薪八两，该处于宣统三年五月撤销，薪金应算至五月截止，应减银如上数。

八、杂役工食减去银三百一十二两，折实银二百九十三两二钱八分。

理由：原定月薪三两，该处于宣统三年五月撤销，薪金应算至五月截止，应减银如上数。

九、调查费减去银九百两，折实银八百四十六两。

理由：原定每年按春秋二季调查，该处既于宣统三年五月撤销，应将秋季调查费减去，如上数。

十、电报费减去银一百两，折实银九十四两。

理由：原定二百两，该处既于宣统三年五月撤销，应减银如上数。

十一、杂支减银八百两，折实银七百五十二两。

理由：原定每月一百两，该处于宣统三年五月撤销，应减银如上数。

以上共减银九千三百六十八两，折实银八千八百五两九钱二分。

增减事项：无。

按照原审定数核减，岁应出银六千六百八两二钱。

现议决岁出数与岁入数比较，实余银九千七百八十九两八钱。

本省账款

岁入：库平银七万五千六百二十二两七钱五分。

岁出：原审定实银一万八千八百两。

裁减事项：无。

增加事项：无。

现议决岁出数与原审定数同，比较岁入，实余银五万六千八百二十二两七钱五分。

教育会补助金

岁入：库平银一千五百两。

岁出：原审定数实银一千四百一十两。

裁减事项：无。

增加事项：无。

现议决岁出数与原审定数同，比较岁入，实余银九十两。

旅外学生津贴

岁入：库平银五千四百五两一钱九分六厘。

岁出：原审定数实银五千八十两八钱八分四厘。

裁减事项：无。

增加事项：无。

现议决岁出数与原审定数同，比较岁入，实余银三百二十四两三钱一分二厘。

日本游学

岁入：库平银二万三千二百四两。

岁出：原审定数实银二万三千二百四两。

裁减事项：无。

增加事项：无。

现议决岁出数与原审定数同，比较岁入无余。

日本高等五校

岁入：库平银一万八千七百二十两。

岁出：原审定数实银一万八千七百二十两。

裁减事项：无。

增加事项：无。

现议决岁出数与原审定数同，比较岁入无余。

西洋游学

岁入：库平银二万两。

岁出：原审定数实银二万两。

裁减事项：无。

增加事项：无。

现议决岁出数与原审定数同，比较岁入无余。

以上共五十八项，统计岁入库平银一百二十二万三千六百八十八两五钱七分，岁出库平银九十万五千六百一十一两四钱七分一厘。出入相抵，实余库平银三十一万八千七十七两九分九厘。所有此项余款，兹经全体议员公同议决，仍充作地方行政经费分配扩充，以十分之一补助巡警费，以十分之三补助教育费，以十分之四补助实业费，以十分之二作各项预备费，所有分配数目逐一列后。

计开：

补助巡警费共库平银三万一千八百七两七钱一分。

一、各州县巡警费三万一千八百七两七钱一分。

理由：各州县巡警多未成立，实由经费难筹。兹定为每州县补助银二百九十七两二钱六分八厘零，百七州县应需银如上数。

补助教育费共库平银九万五千四百二十三两一钱三分。

一、各府中学堂库平银四万两。

理由：现在中学堂照章分文、实两科，每堂至少须两班，亟应扩充。兹定为每府四千两，十府共四万两。

一、各直隶州中学堂库平银九千两。

理由：现在中学堂照章分文、实两科，每堂至少须两班，亟应扩充。惟因州境较府为狭，定为每州三千两，三州共九千两。

一、各州县简字学堂库平银四万五千四百二十三两一钱三分。

理由：简字学堂为筹备中最急之件，亟应扩充。兹定为每州县四百二十四两五钱一分五厘零，百七州县应需银如上数。

一、德州驻防简字学堂库平银五百两。

理由：简字学堂为筹备中最急之件，亟应扩充。惟经费难筹，故当补助。

一、青州驻防简字学堂库平银五百两。

理由：简字学堂为筹备中最急之件，亟应扩充，惟经费难筹，故当补助。

补充实业费共库平银十二万七千二百三十两八钱四分。

一、济南府库平银一万二千七百九十两八钱四分。（因所辖较多，故比各府略优。）

一、泰安府库平银一万九百八十两。

一、东昌府库平银一万九百八十两。

一、曹州府库平银一万九百八十两。

一、沂州府库平银一万九百八十两。

一、登州府库平银一万九百八十两。

一、武定府库平银一万九百八十两。

一、莱州府库平银九千一百五十两。（因所辖只四州县，应与直隶州同。）

一、临清州库平银九千一百五十两。

一、济宁州库平银九千一百五十两。

一、胶州库平银九千一百五十两。

一、兖州府库平银五千九百八十两。

一、青州府库平银五千九百八十两。（以上二府皆有实业学堂一所，各有经费五千两，应各加给经费五千九百八十两，以足一万九百八十两之数。）

理由：按筹备事宜表，宣统三年应设实业学堂，此项经费允宜预为筹给。兹除旧有者酌加经费，又济南、莱州两府略为增减外，其余未设之处，统按每府一万九百八十两、各直隶州九千一百五十两，应预算经费十二万七千二百三十两八钱四分。

各项预备费共库平银六万三千六百一十五两四钱一分九厘。

理由：国会期限缩短，筹备事宜应提前办理。若不预筹经费，实于宪政难免阻碍，此项为不可少之数。

统共以上岁入库平银一百二十二万三千六百八十八两五钱七分，岁出库平银一百二十二万三千六百八十八两五钱七分，出入相抵无余。登明。

抚院札发审查宣统三年地方行政经费预算案

十月二十九日

为札知事。案据谘议局呈送增减预算一案，并清册三本到本部院。据此，当即交审查科再三审查。来册内列各项岁入，系以光绪三十四年说明书之数为准，本部院覆查，现在试办预算，国家税、地方税既未划分，自应查照十月资政院致各省谘议局咸电，以现交预算案之数为准。此数目不同之大原因。至各项捐益款项，尚有应相度情形、斟酌缓急者。本部院对于此案之政见，一方面固注重经费之节省，一方面须兼顾政务之推行，必节用与办事两无相妨，方合于预算原理。兹已分别批答，声明理由。为此札行谘议局查照。须至札者。

计札发审查宣统三年地方行政经费预算清册一本，审查宣统三年地方行政经费纲目一本。

审查宣统三年地方行政预算清册

审查例言

一、来册谓有岁出而无岁入不成为预算案，固也。但现在国家税与地方税尚未划分，则岁入自系统括一省之入款而言，即无所谓地方行政经费之岁入。查十月十五日资政院咸电云，岁入应以督抚现交预算案之数为准，盖两税未分以前，不能不暂以岁出之数为岁入之数。至财政说明书，系以光绪三十四年入款为据，宣统元年数目既不相符，三年预算册系采用分收统支主义，所有从前指款拨发之旧例自应废止。该局因无所根据，故以三十四年说明书所列岁入之数为准，以致统计岁出外，余款尚巨。今本部院审查，仍照资政院咸电，以现交预算案之数为准，则数目不符之故自易了然。此亟应声明者也。

一、来册谓此项经费既系地方行政，则减平之余款应仍作地方行政经费之用等语。查九四减平系度支部奏准通行之案，无论国家行政经费、地方行政经费均须一律扣减，此项余款已算在全省入款之内，所请留作地方行政费用之处碍难照办。

一、来册开列各条，固为各国预算内应有之项，但事关全局，宜求统一办法。将来应由藩司筹出巨款存库，以备各机关超过预算及预算外支出之用。无论国家行政、地方行政，如遇有临时要需，均得照清理财政章程第二十三条专案详候奏明办理，似此预备金方能遍及，不致有偏枯之弊。

一、前据来呈，请加德州粥厂经费四百两，临清粥厂经费一千两，补助公立法政学堂经费四千两，均经批准照拨在案。惟此三项增加费亦应归入此次预算案内办理，以省手续而（照）〔昭〕划一。

一、按资政院咸电，谘议局议决岁出范围，宜以督抚现交预算案之数为准。查此次来册，议决岁出数专以审定数为依据，此外补送、追加、覆核、增减各数，未经全行并计，不免挂漏。应将审定数减去部减各数，增入追加、补送各数，作为本部院提交之数，始于预算全案不致抵触，且此次核定之数与送部各册之数乃能比较盈绌。

一、来册开列裁减、增加各款，今已逐项切实核覆，除以增减之数相抵外，实共减余银三千六百二十二两一钱一厘。此项裁减余出之款为数无多，即留存司库，作为地方行政预备费之用，无庸指定某款，免致拘滞。

谘议局经费

审定数：银五万六千两，折实银五万二千六百四十两。

部减事项：无。

谘议局裁减事项：

一、厨役减去银七十两九钱一分，折实银六十六两六钱五分五厘。

此项照减。

以上裁减银七十两九钱一分，折实银六十六两六钱五分五厘。

增加事项：

一、速记二名，增加银七百八十两，折实银七百三十三两二钱。

此项照加。

以上增加银七百八十两，折实银七百三十三两二钱。

全年连闰除增减数相抵外，共应支银五万六千七百九两九分，折实银五万三千三百六两五钱四分五厘。

高等巡警学堂经费

审定数：银二万六千七百二十七两六钱，折实银二万五千一百二十三两九钱四分四厘。

部减事项：

一、管理讲义委员减去银一百三十两，折实银一百二十二两二钱。

一、学生津贴裁去银一千六百两，折实银一千五百四两。

一、刷印、纸笔费减去银四百两，折实银三百七十六两。

以上共减银二千一百三十两，折实银二千二两二钱。

谘议局议决裁减增加事项：

裁减事项：

一、监督薪水减去银六百五十两，折实银六百一十一两。

此项照减。

一、教务提调薪水减去银六百五十两，折实银六百一十一两。

此项未便照减。

理由：教务提调月薪应照前项批答谘议局划一职教员薪水通案核减为月支七十两，但该提调系兼充教员，其多支之三十金应仍照支，列入教员薪水项下并计。

一、监学裁去银四百四十二两，折实银四百一十五两四钱八分。

此项未便照裁。

理由：监学有考核学生堂课及稽查出入、检察斋舍之责，且按照民政部核定该堂章程，本有此项名目，故予免裁。

一、管理讲义委员裁去银三百九十两，折实银三百六十六两六钱。

此项未便照裁。

理由：管理讲义事甚繁琐，须有专员，前于覆部核减案内业经减去月薪十两，故不再裁。

一、员司饭食减去银四百二十五两，折实银三百九十九两五钱。

此项改为减去银一百两，折实银九十四两。

理由：员司火食本可照裁，惟该堂去市较远，且员司薪水较之他项学堂、局所人员相形见少，故暂免全裁。

以上共减银七百五十两，折实银七百五两。

以上两共减银二千八百八十两，折实银二千七百七两二钱。

增加事项：

一、预备费一千两，折实银九百四十两。

此项毋庸增加。

理由：见前。

全年连闰除裁减外，应支银二万三千八百四十七两六钱。折实银二万二千四百十六两七钱四分四厘。

巡警教练所经费

审定数：银一万七千二百九十四两，折实银一万六千二百五十六两三钱六分。

部减事项：无。

谘议局议决裁减增加事项：

裁减事项：

一、所长减去银六百五十两，折实银六百一十一两。

此项改为减去银一百三十两，折实银一百二十二两二钱。

理由：所长地位与中学堂长同，且兼充教务长，月薪五十两较少，前于覆部核减案内业经减为月薪八十两，兹再核减为月薪七十两。

一、教务长裁去银五百二十两，折实银四百八十八两八钱。

此项照裁，以所长兼充，不另支薪。

一、印刷委员裁去银三百十二两，折实银二百九十三两二钱八分。

此项照减，以庶务兼司。

一、教员裁去二员，减银一千四十两，折实银九百七十七两六钱。

此项改为减去银五百二十两，折实银四百八十八两八钱。

理由：该所学生虽仅一班，然教员三人不敷分授功课，兹故酌减一员。

一、杂役裁去十名，减银四百十六两，折实银三百九十一两四分。

此项照减。

一、学生笔墨、书籍减去银一百三十两，折实银一百二十二两二钱。

此项照减。

一、书手裁一名，减银一百三十两，折实银一百二十二两二钱。

此项照减。

以上共减银二千二百五十八两，折实银二千二十八两五钱二分。

增加事项：

一、预备费一千两，折实银九百四十两。

此项无庸增加，理由见前。

全年连闰除裁减数外，应支银一万五千一百三十六两，折实银一万四千二百二十七两八钱四分。

补助粥厂经费

审定数：银二十两，折实银十八两八钱。

部减事项：无。

谘议局裁减、增加事项：无。

谘议局建议案内批准增加事项：

一、补助德州粥厂银四百两，折实银三百七十六两。

一、补助临清州粥厂银一千两，折实银九百四十两。

以上共增银一千四百两，折实银一千三百十六两。

全年连闰连增加数共应支银一千四百二十两，折实银一千三百三十四两八钱。

中西医院经费

审定数：二万零九百六十八两，折实银一万九千七百九两九钱二分。

部减事项：无。

谘议局裁减事项：

一、总办薪津减去银六百五十两，折实银六百十一两。

此项照减。

一、员司火食全裁银三百六十四两，折实银三百四十二两一钱六分。

此项应改为减银一百八十二两，折实银一百七十一两八分。

理由：查该院各员司薪金较各所学堂为少，应留火食一半，以示体恤。

以上共减银八百三十二两，折实银七百八十二两八分。

全年连闰除裁减外，共应支银二万零一百三十六两，折实银一万八千九百二十七两八钱四分。

高等学堂经费

审定数：五万八千三百八十四两六钱，折实银五万五千二百五两三钱八分。

查此款内有洋教习薪水银五千三百九十七两六钱，不扣减平。

追加事项：

加班经费三千九百六十两，折实银三千七百二十二两四钱。

部减事项：无。

谘议局裁减事项：

一、监督薪水年减去银六百五十两，折实银六百十一两。

此项应准照减。

二、斋务长全裁去银九百三十六两，折实银八百七十九两八钱四分。

此项应改为减银一百五十六两，折实银一百四十六两六钱四分。

理由：查该堂斋务长责重事繁，未便照裁，监学职务与斋务长略同，现该堂监学已裁，应以斋务长兼监学，不支津贴，以资节省，仍按划一职员薪水案内斋务长改为月薪六十两，以归一律。

三、文案兼统计一员，薪水减去银一百四两，折实银九十七两七钱六分。

此项照减。

四、监学兼核对一员全裁去银六百二十四两，折实银五百八十六两五钱六分。

此项照裁。

理由：核对名目业于今年八月裁撤，此差应以斋务长兼充。

五、检察官二员裁去一员，减银三百十二两，折实银二百九十三两二钱八分。

此项检察官二员应改为减银二百三十四两，折实银二百一十九两九钱六分。

理由：查该堂学生人数甚多，检察官一人难资照料，未便遽裁。惟前定月薪一员四十二两，一员二十四两，今改作一律，均月薪二十四两。

以上共裁减银一千七百六十八两，折实银一千六百六十一两九钱二分。

增加事项：

一、斋务长津贴增银二百六十两，折实银二百四十四两四钱。

此项无庸议加。

理由：斋务长既未照裁，津贴自无庸议。

二、监学津贴应增银一百三十两，折实银一百二十二两二钱。

此项无庸议加。

理由：监学已归斋务长兼充，不支津贴，无庸再议。

三、加班经费三千九百六十两，折实银三千七百二十二两四钱。

此项追加预算册内业已增入，应毋庸议。

四、预备费二千两，折实银一千八百八十两。

此项已归统案办理，说明见前。

全年连闰除增减相抵外，共应支银六万零五百七十六两六钱，折实银五万七千二百六十五两八钱六分。

客籍学堂经费

审定数：三万四千二百二十一两五钱，折实银三万二千一百六十八两二钱一分。

部减事项：

一、学生用品减银二百两，折实银一百八十八两。

一、纸笔油炭杂支减银三百两，折实银二百八十二两。

以上共减银五百两，折实银四百七十两。

谘议局裁减事项：

一、监督一员岁减银六百五十两，折实银六百十一两。

此项照准。

二、斋务长全裁去银六百二十四两，折实银五百八十六两五钱六分。

此项照准。

三、文案兼统计岁减银一百四两，折实银九十七两七钱六分。

此项照减。

以上共裁减银一千三百七十八两，折实银一千二百九十五两三钱二分。

以上两共裁减银一千八百七十八两，折实银一千七百六十五两三钱二分。

增加事项：

一、斋务长津贴增加银二百六十两，折实银二百四十四两四钱。

此项照加。

以上增加银二百六十两，折实银二百四十四两四钱。

全年连闰除增减相抵外，共应支银三万二千六百三两五钱，折实银三万六百四十七两二钱九分。

师范学堂经费

审定数：五万二千六百二十一两，折实银四万九千四百六十三两七钱四分。

追加数：

一、加班经费银二千一百六十六两六厘，折实银二千三十六两四分六厘。

部减事项：

一、西医一员银一百八十二两，折实银一百七十一两八分。

一、附属小学堂教员薪水银一百九十五两，折实银一百八十三两三钱。

以上共减银三百七十七两，折实银三百五十四两三钱八分。

谘议局裁减事项：

一、监督薪水减银六百五十两，折实银六百一十一两。

此项应准照减。

二、教务长全裁银一千三百两，折实银一千二百二十二两。

此项应改为减去银三百九十两，折实银三百六十六两六钱。

理由：查教务长职务繁要，非专员不能胜任，原议以教员兼充亦多窒碍，应免裁，仍照批准划一薪水通案减为月支七十两。

三、斋务长全裁银一千三百两，折实银一千二百二十二两。

此项如议全裁。

四、监学兼检查二员全裁银一千二百四十八两，折实银一千一百七十三两。

此项应改为减一员，银六百二十四两，折实银五百八十六两五钱。

理由：查该堂学生二百余名，监学检查全行裁去亦多窒碍，应仍留一员，以资管理。

五、中西医官全裁银三百三十八两，折实银三百十七两七钱二分。

此项应改为裁银一百五十六两，折实银一百四十六两六钱四分。

理由：查中西医官已经部裁一员，兹再核裁一员，银如前数。

六、洋教习二员全裁银五千二百两，折实银四千八百八十八两。

此项应暂免裁。

理由：该堂洋教习合同至本年底期满，能否不再续订，应饬该堂酌量办理，如果将来可不续订，此项应归宣统三年决算，作为节省之款。

七、通译二员全裁银二千零八十两，折实银一千九百五十五两二钱。

此项应暂缓裁。

理由：同前。

八、学生火食共裁银一千四百四十两，折实银一千三百五十三两六钱。

此项应照裁。

九、员司火食全裁银一千一百七十两，折实银一千零九十九两八钱。

此项应照裁。

十、学生制服裁银一百九十二两，折实银一百八十两零四钱八分。

此项应照裁。

十一、洋教习房租裁银四百两，折实银三百七十六两。

此项应暂缓裁。

理由：洋教习去留未定，碍难遽裁。

以上共裁减银五千八百二十二两，折实银五千四百七十二两六钱八分。

以上两共裁减银六千一百九十九两，折实银五千八百二十七两六分。

增加事项：

一、教习兼充斋务长，津贴银二百六十两，折实银二百四十四两四钱。

此项应准照增。

二、附设中学堂学生伙食银一千六百七十四两，折实银一千五百七十三两五钱六分。

此项应准照增。

以上共增加银一千九百三十四两，折实银一千八百一十七两九钱六分。

全年连闰除增减相抵外，应支银五万五百二十二两六厘，折实银四万七千四百九十两六钱八分六厘。

法政学堂经费

审定数：四万六千五百七十四两五钱，折实银四万三千七百八十两零三分。

部减事项：

一、石印讲义减银三百两，折实银二百七十二两。

一、员司及仆从伙食，此项经谘议局议裁，原减数不列。

一、凉棚费减银二百五十两，折实银二百三十五两。

以上共减银五百五十两，折实银五百一十七两。

谘议局裁减事项：

一、监督薪金减去银六百五十两，折实银六百一十一两。

此项应准照减。

理由：前据谘议局呈议划一各学堂职教各员薪金一案内开，高等学堂监督月薪一百五十两，业经批准。该堂监督月薪原系二百两，应如议改归一律。

二、教务长薪金减去银六百五十两，折实银六百一十一两。

此项应改为减去银三百九十两，折实银三百六十六两六钱。

理由：前据谘议局呈议划一各学堂职教各员薪金一案内开，高等学堂教务长月薪七十两，业经批准。该堂教务长月薪原一百，应照章核减月薪三十两，连闰十三个月应减前数。

三、各科教员薪金减去银一万四千三百六十四两五钱，折实银一万三千五百零二两六钱三分。

此项应改为减银四千六百三十两九钱，折实银四千三百五十三两四分六厘。

理由：查该堂原预算册系按七班估计，谘议局所议决系按五班估计，惟其中预科两班虽经列入预算，现准学部咨驳停办，另开财政讲习科夜班一班，即以是项经费拨充。兹故以昼班五班，每星期三十六点，夜班一班，每星期十八点计算，每星期共一百九十八点，全年连闰除去年暑假两个月，按十一个月四十七星期共九千三百零六点。该堂功课系属高等专门学科，教员均须编辑讲义，且年暑假内现又停支两月薪水，已减去六分之一，与他学堂情事不同，自未便再行议减，应仍照旧章每点三元支给，共应合二万七千九百十八元，每元以七钱，折合银一万九千五百四十二两六钱。该堂原开二万九百八十八两五钱，应减银一千四百四十五两九钱。

又该堂现辞退洋教员一员，全年连闰共减去银三千一百八十五两，连上减共合银四千六百三十两九钱。

四、员司伙食全裁银一千七百五十五两，折实银一千六百四十九两七钱。

五、各员仆从伙食全裁银六百一十一两，折实银五百七十四两三钱四分。

以上二项如议全裁。

以上共裁减银八千三十六两九钱，折实银七千五百五十四两六钱八分六厘。

以上两共应裁减银八千五百八十六两九钱，折实银八千七十一两六钱八分六厘。

增加事项：

一、翻译薪金银一千三百两，折实银一千二百二十二两。

此项毋庸增加。

理由：该堂翻译工课向系教员兼任，并无专任翻译。

二、预备费银二千两，折实银一千八百八十两。

此项毋庸增加。

理由：见前。

全年连闰除裁减数外，应支银三万七千九百八十七两六钱，折实银三万五千七百八两三钱四分四厘。

模范小学堂经费

审定数：三千五百四十两，折实银三千三百二十七两六钱。

部减事项：无。

谘议局裁减事项：

一、开办费裁去银五百七十九两，折实银五百四十四两二钱六分。

此项毋庸议减。

理由：查来册误以光绪三十四年分说明书为据，彼时该堂曾领过开办费五百七十九两，以后并未支领，原预算册亦未列有此项名目。其所列各款系学生经费银三千三百四十两，管理委员津贴银二百两，尚不为多，毋庸议减。

增加事项：无。

全年连闰除裁减数外，应支银三千五百四十两，折实银三千三百二十七两六钱。

官立初等小学堂二十处经费

审定数：八千二百三十四两，折实银七千七百三十九两九钱六分。

部减事项：无。

谘议局裁减事项：

一、裁撤西关公所减去银一千四百八两，折实银一千三百二十三两五钱二分。

此项照准。

一、各处经费减去银四百一十九两，折实银三百九十三两八钱六分。

此项照准。

以上共减银一千八百二十七两，折实银一千七百一十七两三钱八分。

增加事项：

一、津贴学务公所办事处银二十七两，折实银二十五两三钱八分。

此项照准。

以上增银二十七两，折实银二十五两三钱八分。

全年连闰除增减数相抵外，应支银六千四百三十四两，折实银六千四十七两九钱六分。

女子师范及附属女小学堂经费

审定数：银五千两，折实银四千七百两。

部减事项：无。

谘议局裁减事项：无。

增加事项：

一、教员二员月薪银六百二十四两，折实银五百八十六两五钱六分。

此项照准。

二、女司事一名月薪银二百三十四两，折实银二百一十九两九钱六分。

此项照准。

三、学生膳费银六百六十两，折实银六百二十两四钱。

此项照准。

四、建筑费应增银一千八百两，折实银一千六百九十二两。

此项估计一定年内可即照拨，不必列入预算。

以上共增加银一千五百一十八两，折实银一千四百二十六两九钱二分。

全年连闰并增加数，共应支银六千五百一十八两，折实银六千一百二十六两九钱二分。

简字学堂十七处经费

审定数：二千五百五十两，折实银二千三百九十七两。

部减事项：无。

谘议局裁减事项：

一、每处减银五十两，每岁共减银八百五十两，折实银七百九十九两。

此项似难照减。

理由：查该堂功课虽甚简单，然每堂用教员一员，月以六两计，房租等月以三两计，夫役月以二两计，全年亦须一百四十余两，原定之数实不为多。

全年连闰仍应支银二千五百五十两，折实银二千三百九十七两。

图书馆经费

审定数：六千两，折实银五千六百四十两。

部减事项：无。

谘议局裁减事项：

一、司事裁去二名，岁共减银六百二十四两，折实银五百八十六两五钱六分。

此项照裁。

以上裁减银六百二十四两，折实银五百八十六两五钱六分。

全年连闰除裁减外，共应支银五千三百七十六两，折实银五千五十三两四钱四分。

宣讲所五处经费

审定数：七百八十两，折实银七百三十三两二钱。

部减事项：无。

谘议局裁减事项：

一、五处合计每岁减银一百三十两，折实银一百二十二两二钱。

此项照减。

以上裁减银一百三十两，折实银一百二十二两二钱。

全年连闰除裁减外，应支银六百五十两，折实银六百一十一两。

补助公立学堂经费

谘议局建议事项：

一、补助银四千两，折实银三千七百六十两。

此项照增。

全年应支银四千两，折实银三千七百六十两。

高等农业学堂经费

审定数：银四万八千四百零九两一钱二分一厘，折实银四万五千五百零四两五钱七分四厘。

部减事项：

一、裁检查一员，节银五百二十两，折实银四百八十八两八钱。

一、书识四名减银一百二两，折实银九十五两八钱八分。

一、夫役六名节银一百九十五两，折实银一百八十三两三钱。

以上共减银八百十七两，折实银七百六十七两九钱八分。

谘议局裁减事项：

一、文案兼汉文教员津贴减去银一百三十两，折实银一百二十二两二钱。

此项照减。

一、检查一员裁去银五百二十两，折实银四百八十八两八钱。

查此项已奉部减，应勿庸议。

一、各科教员减银八百五十八两，折实银八百六两五钱二分。

此项毋庸核减。

【翻】译一人月薪八十两，其他均不过五六十两之数，与划一职教员薪水案并无不符，若再核减，恐于教务上有窒碍之处，故此项应仍照预算原定数支领。

一、职教员伙食减银一千六百零五两五钱，折实银一千五百九两一钱七分。

此项照减。

以上共减银一千七百三十五两五钱，折实银一千六百三十一两三钱七分。

以上两共减银二千五百五十二两五钱，折实银二千三百九十九两三钱五分。

增加事项：

一、教务长一员银六百五十两，折实银六百一十一两。

此项应改为裁斋务长，设教务长，增银一百三十两，折实银一百二十二两二钱。

理由：查该堂既增加教务长一员，应将斋务长裁去，以庶务长兼办。庶务长薪水仍按六十两支领，其裁缺斋务长薪水六十两应移归教务长支领，并应照划一薪水通案，仍加月薪十两，以归一律。

一、监学一员银三百九十两，折实银三百六十六两六钱。

此项毋庸增加。

理由：查该堂有一监学，尽足管理。

一、杂务司事一员银二百八两，折实银一百九十五两五钱二分。

此项毋庸增加。

理由：查该堂既有收支司事，则杂务应归该司事兼办。

一、实验用药品、器械等消耗品费银六百两，折实银五百六十四两。

此项毋庸增加。

理由：查原定预算案减定银八百两，即以敷用，无庸再加。

一、预备费银二千两，折实银一千八百八十两。

此项毋庸增加。

理由：见前。

以上增加银一百三十两，折实银一百二十二两二钱。

全年连闰除增减相抵外，共应支银四万五千九百八十六两六钱二分一厘，折实银四万三千二百二十七两四钱二分四厘。

兖州初等农业学堂经费

审定数：银三千七百两，折实银三千四百七十八两。

部减事项：无。

谘议局裁减、增加事项：

裁减事项：

一、堂长减去银一百三十两，折实银一百二十二两二钱。

此项未便照减。

理由：该处初等农业学堂成立较早，现在该府正欲请升为农业中学堂，则堂长月薪四十两已不为多，故未再减。

一、监学裁去银一百九十五两，折实银一百八十三两三钱。

一、会计兼庶务裁去银一百九十五两，折实银一百八十三两三钱。

此二项改为裁去一员，减银一百九十五两，折实银一百八十三两三钱。

理由：监学、会计兼庶务若全行裁去，堂长一人势难兼顾，故酌减一员，以其事务归并堂长办理。

一、清书裁一名，减银五十二两，折实银四十八两八钱八分。

此项照减。

一、员司伙食裁银一百九十五两，折实银一百八十三两三钱。

此项照裁。

以上共减银四百四十二两，折实银四百十五两四钱八分。

全年连闰除裁减数外，应支银三千二百五十八两，折实银三千六百十二两五钱二分。

胶高中等工艺学堂经费

审定数：一万七千六百一十六两，折实银一万六千五百五十九两四分。

部减事项：

一、员司往来川资银一百二十两，折实银一百一十二两八钱。

一、书籍、器械、试验费银二百两，折实银一百八十八两。

以上共减银三百二十两，折实银三百两八钱。

谘议局裁减事项：

一、监督薪金减银二百六十两，折实银二百四十四两四钱。

此项毋庸议减。

理由：该堂距省较远，往返川资已裁，且系专门学堂，管理与普通中学不同，原薪每月八十两似不为多。

二、教员薪金减银四千一百六十两，折实银三千九百一十两四钱。

此项毋庸议减。

理由：中等工艺学堂学科如化学、制造皆系专门，其余染织等科目门类亦多，原有教员亦多兼任，再行裁减，恐多窒碍。且除专门教员四员月支百金外，其他则五十、四十递至二十四两，原系按照课程难易办理，非任意糜费可比。

三、员司伙食减银六百七十六两，折实银六百三十五两四钱四分。

此项如议全裁。

以上共减银六百七十六两，折实银六百三十五两四钱四分。

以上两共应减银九百九十六两，折实银九百三十六两二钱四分。

全年连闰除裁减数外，应支银一万六千六百二十两，折实银一万五千六百二十二两八钱。

农事试验场经费

审定数：银三千七百三两二分五厘，折实银三千四百八十两八钱四分三厘。

部减事项：无。

谘议局裁减事项：无。

增加事项：

一、增预备费一千两，折实银九百四十两。

此项应改为加银五百两，折实银四百七十两，作为农务山场夫役工食费用。

以上增加银五百两，折实银四百七十两。

全年连闰并增加数，共应支银四千二百三两二分五厘，折实银三千九百五十两八钱四分三厘。

兖沂道湖田局经费

审定数：一万六百五十两，折实银一万一十一两。

部减事项：无。

谘议局裁减事项：

一、总局稽查一员薪金裁银三百二十两，折实银三百两八钱。

此项毋庸议裁。

理由：稽查委员专司核算分局征收灾缓等项，事务甚繁，文案、收支各有专责，不能兼充。

二、南分局委员文案三员裁去一员，银三百六十两，折实银三百三十八两四钱。

三、南局司事三名裁去一名，银一百四十四两，折实银一百三十五两三钱六分。

以上两项均如议裁减。

四、南局验苗司事三名裁去二名，银九十六两，折实银九十两二钱四分。

此项应改为裁一名，银四十八两，折实银四十五两一钱二分。

理由：验苗事体虽非常年所有，但地面宽广，日期有定，断非一人所能遍历，应酌减一名，仍留二名，以便分路查验。

五、北局委员文案三员裁一员，银三百六十两，折实银三百三十八两四钱。

此项如议裁减。

六、北局验苗司事三名裁二名，银九十六两，折实银九十两二钱四分。

此项应改为裁一名，银四十八两，折实银四十五两一钱二分。

理由：同前。

七、南北两局丈地员薪减银四百两，折实银三百七十六两。

八、南局护勇十四名裁去六名，工食银二百一十四两二钱八分五厘，折实银二百一两四钱二分八厘。

以上两项均如议裁减。

九、南局添雇书识裁去银六十两，折实银五十六两四钱。

此项应免裁。

理由：湖田分局每年开征之时，一切手续方式与征收钱粮无异，书识四名实难敷用，必须临时添雇，毋庸议裁。

十、南局催租二名裁去一名，银六十两，折实银五十六两四钱。

此项如议裁减。

十一、南局验苗饭食裁去银六十两，折实银五十六两四钱。

此项应免裁。

理由：查验苗司事每月薪水不过四两，为数甚微，出外验苗，饭食须随地购买，额薪碍难敷用。

十二、南局县役四名裁去工食银一百二十两，折实银一百一十二两八钱。

此项应免裁。

理由：查州县差役向来工食甚微，遇事下乡，多向民间索取饭食钱文，此等积弊前据该局提议严禁，业经本部院公布施行。若将此项裁去，差役岂能枵腹从公，未便照准。

十三、北局护勇十二名裁减四名，工食银一百四十六两六钱六分四厘，折实银一百三十七两八钱六分四厘。

此项如议裁减。

十四、北局添雇书识裁去银一百八十两，折实银一百六十九两二钱。

此项应改为减银八十两，折实银七十五两二钱。

理由：同前。查原册开银一百八十两，北局花户较多，用人自应较南局稍增。兹再核减八十两，仍留一百两，撙节开支，尚可敷用。

十五、北局催租减去银四十两，折实银三十七两六钱。

此项应准照减，俾与南局一律。

十六、北局县役五名裁去银一百五十两，折实银一百四十一两。

十七、北局验苗饭食裁去银八十两，折实银七十五两二钱。

以上两项毋庸议裁。

理由：同前。

十八、南北两局丈地夫役减银二百两，折实银一百八十八两。

此项应改为减银一百两，折实银九十四两。

理由：丈地夫役之多寡，日期之长短，视应丈地之多寡为衡，不能预定，每局各五十两未免太少，兹酌改为每局一百两，仍责成撙节开支，不得糜费。

十九、南局房租、局用减银三百两，折实银二百八十二两。

此项照减。

二十、南局验湖地夫马裁银二百两，折实银一百八十八两。

此项应免裁。

理由：查验地夫马向来州县并不预备，且验地之事水陆无定，费用较多，未便议裁。

二十一、北局局用减银一百八十两，折实银一百六十九两二钱。

此项应照减，俾与南局一律。

二十二、北局验地夫马裁银二百两，折实银一百八十八两。

此项应免裁。

理由：同前。

二十三、南北两局裁勇十名，减号衣银五十三两五钱，折实银五十两二钱九分。

二十四、总分局书役年节赏犒裁银一百二十两，折实银一百一十二两八钱。

二十五、开征请首事酒席裁银八十两，折实银七十五两二钱。

以上三项均照裁。

以上共裁减银二千七百三十四两四钱四分九厘，折实银二千五百七十两三钱八分二厘。

全年连闰除裁减外，应支银七千九百一十五两五钱五分一厘，折实银七千四百四十两六钱一分八厘。

工艺传习所经费

审定数：二万八千八百二十六两四钱一分六厘，折实银二万七千九十六两二钱三分一厘。

部减事项：

一、总稽查一员裁去银一千五百六十两，折实银一千四百六十六两四钱。

一、图画司事一员裁去银三百三十八两，折实银三百一十七两七钱二分。

以上共裁银一千八百九十八两，折实银一千七百八十四两一钱二分。

谘议局裁减事项：

一、总办薪金减银六百五十两，折实银六百一十一两。

此项照减。

二、总稽查员薪金减银九百一十两，折实银八百五十五两四钱。

此项已经部裁，应毋庸议。

以上裁减银六百五十两，折实银六百一十一两。

以上两项共应减银二千五百四十八两，折实银二千三百九十五两一钱二分。

增加事项：

一、预备费银二千两，折实银一千八百八十两。

此项毋庸增加。

理由：见前。

全年连闰除裁减数外，支银二万六千二百七十八两四钱一分六厘，折实银二万四千七百一两七钱一分一厘。

教养局经费

审定数：二万一千六百四十两一钱四分二厘，折实银二万三百四十一两七钱三分三厘。

追加数：

一、工料用款银四千两，折实银三千七百六十两。

部减事项：无。

谘议局裁减事项：

一、总办薪金减去银六百五十两，折实银六百一十一两。

此项照准。

二、半日学堂教员二员全裁银七十八两，折实银七十三两三钱二分。

此项照准。

三、该局伙食及杂费减去银二百两，折实银一百八十八两。

此项照准。

四、饭食杂费减去银五十两，折实银四十七两。

此项照准。

五、磨房杂费减去银一百两，折实银九十四两。

此项照准。

六、驴之喂养减去银三百五十两，折实银三百二十九两。

此项应改为减银二百五十二两二钱一分一厘，折实银二百三十七两七分八厘。

理由：查该局原喂驴六头，现在添养贫民一百三十余人，驴不敷用，仍需添驴一头，共计七头，按每日喂养银一两一钱零，连闰十三个月应需银四百三十二两。原开六百八十四两二钱一分一厘应减前数。

以上共减银一千三百三十两二钱一分一厘，折实银一千二百五十两三钱九分八厘。

增加事项：

一、贫民衣履银四百两，折实银三百七十六两。

此项照准。

以上增银四百两，折实银三百七十六两。

全年连闰除增减相抵外，应支银二万四千七百九两九钱三分一厘，折实银二万三千二百二十七两三钱三分五厘。

地方自治筹办处经费

审定数：一万六千三百九十八两，折实银一万五千四百十四两一钱二分。

部减事项：

一、裁会办一员，节银一千三百两，折实银一千二百二十二两。

以上减银一千三百两，折实银一千二百二十二两。

谘议局裁减事项：

查该局所议自治筹办处经费，均截至明年五月为止。此盖以该处更订各属筹办乡区自治期限清单为根据，惟清单虽以五月为限，而各州县进行之缓急，恐不能与原限相符，况原订清单只有下级自治，而各州县上级自治尚未筹办，故该处机关撤销之期，自当以上级自治之成立为限，明年经费仍当按全年计算。至会办薪金既奉部示全裁，应即裁去。其坐办薪金应与各高等学堂监督及中西医院、教养局、工艺传习所等处总办薪金一律改为一百五十两，以昭划一。

一、坐办薪金减去银九百六十两，折实银九百二两四钱。

此项应改为增加银三百九十两，折实银三百六十六两六钱。

一、会办薪金减去银八百两，折实银七百五十二两。

此项已奉部示全裁，应毋庸议。

一、科长薪金减去银二千五百六十两，折实银二千四百六两四钱。

此项应按全年计算，不能核减，理由见前。

一、科员薪金减去银一千九百二十两，折实银一千八百四两八钱。

此项应按全年计算，不能核减，理由见前。

一、书记薪金减去银一百六十两，折实银一百五十两四钱。

此项应按全年计算，不能核减，理由见前。

一、书手工食减去银二百四十两，折实银二百二十五两六钱。

此项应按全年计算，不能核减，理由见前。

一、贴书工食减去银二百五十六两，折实银二百四十两六钱四分。

此项应按全年计算，不能核减，理由见前。

一、杂役工食减去银三百一十二两，折实银二百九十三两二钱八分。

此项应按全年计算，不能核减，理由见前。

一、调查费减去银九百两，折实银八百四十六两。

此项应按全年计算，不能核减，理由见前。

一、电报费减去银一百两，折实银九十四两。

此项应按全年计算，不能核减，理由见前。

一、房租减去银三百六十两，折实银三百三十八两四钱。

此项应按全年计算，不能核减，理由见前。

一、杂支减去银八百两，折实银七百五十二两。

此项应按全年计算，不能核减，理由见前。

以上增银三百九十两，折实银三百六十六两六钱。

全年连闰除增减相抵外，共应支银一万五千四百八十八两，折实银一万四千五百五十八两七钱二分。

旅外学生津贴

审定数：五千四百五两一钱九分六厘，折实银五千八十两八钱八分四厘。

部减事项：全数裁减。

谘议局议决：全数照支。

此项应准照支。

理由：宣统三年征收学费章程尚未实行，本省各学堂旧班学生仍由公家供给，旅学各生似未便遽从歧视，应仍暂准照支，俟此次所送学生毕业后，或本省各学堂实行征收学费，再行停支，以节糜费而（照）〔昭〕公允。

全年连闰，应支银五千四百五两一钱九分六厘，折实银五千八十两八钱八分四厘。

谘议局议决数

原议减银七万三千七百五十五两三钱五分九厘。

原议增银二万八千四百七十七两。

建议案增银五千四百两。

增减相抵，共议减银三万九千八百七十八两三钱五分九厘，折实银三万七千四百八十五两六钱五分八厘。

覆核定数：

减银三万八千八百五十六两九钱七分。

内部核裁减银一万九千五百一十五两七钱二分八厘，此次核减银一万九千三百四十一两二钱四分二厘。

增银一万一千三百三十九两。

增减相抵，共核减银二万七千五百一十七两九钱七分，折实银二万五千八百六十六两八钱九分一厘。

审查宣统三年地方行政经费纲目

地方行政经费经常门

第一类　民政费

第一款　谘议局经费。原审定数五万六千两，折实银五万二千六百四十两，覆核定数五万六千七百九两九分，折实银五万三千三百六两五钱四分五厘。

第二款　省城及各地方巡警经费。第一项直隶公所各巡警经费，原审定数十五万三千六百五十三两五钱一分，折实银十四万四千四百三十四两二钱九分九厘，覆核定数同前。第二项兖沂道巡警经费，原审定数六千五百两，折实银六千一百一十两，覆核定数同前。第三项追加烟台巡警经费，原审定数一万两，实银九千四百两，覆核定数同前。

第三款　巡警学堂经费。第一项高等巡警学堂经费，原审定数二万六千七百二十七两六钱，折实银二万五千一百二十三两九钱四分四厘，覆核定数二万三千八百四十七两六钱，折实银二万二千四百一十六两七钱四分四厘。第二项巡警教练所经费，原审定数一万七千二百九十四两，折实银一万六千二百五十六两三钱六分，覆核定数一万五千一百三十六两，折实银一万四千二百二十七两八钱四分。

第四款　善举经费。第一项正额孤贫口粮，原审定数一万六千三百九十二两七钱八分七厘，折实银一万五千一百六十五两八钱三分五厘，覆核定数同前。第二项浮额孤贫口粮，原审定数七千三十二两五钱五分，折实银六千五百一十八两七钱八分二厘，覆核定数同前。第三项全节、育婴两堂经费，原审定数四千四百两，折实银四千一百三十六两，覆核定数同前。第四项省城棲流所经费，原审定数三千二百两，折实银三千八两，覆核定数同前。第五项散放棉衣经费，原审定数一万五千两，折实银一万四千一百两，覆核定数同前。第六项冬令东西关粥厂经费，原审定数三万两，折实银二万八千二百两，覆核定数同前。第七项补助广仁善局经费，原审定数二千六百一十一两二钱七分，折实银二千四百五十四两五钱九分四厘，覆核定数同前。第八项补助汶上县普济堂经费，原审定数一百五十两，折实银一百四十一两，覆核定数同前。第九项补助德州粥厂经费，原审定数二十两，折实银一十八两八钱，覆核定数四百二十两，折实银三百九十四两八钱。第十项补助德州医院经费，原审定数二百两，折实银一百八十八两，覆核定数同前。第十一项谘议局建议增加补助临清粥厂经费，原建议数一千两，折实银九百四十两，覆核定数同前。第十二项补送册烟台毓材学堂、广仁善堂补助经费，原审定数二千两，折实银一千八百八十两，覆核定数同前。第十三项补送册烟台收养贫民施衣粥经费，原审定数八千两，折实银七千五百二十两，覆核定数同前。

第五款　中西医院（附中医学堂）经费。原审定数二万九百六十八两，折实银一万九千七百九两九钱二分，覆核定数二万一百三十六两，折实银一万八千九百二十七两八钱四分。

第二类　教育费

第一款　省城官立学堂经费。第一项高等学堂经费，原审定数五万八千三百八十四两六钱，内有五千三百九十七两六钱不折湘平，折实银五万五千二百五两三钱八分，追加数三千九百六十两，折实银三千七百二十二两四钱，覆核定数六万五百七十六两六钱，折实银五万七千二百六十五两八钱六分。第二项客籍高等学堂经费，原审定数三万四千二百二十一两五钱，折实银三万二千一百六十八两二钱一分，覆核定数三万二千六百三两五钱，折实银三万六百四十七两二钱九分。第三项师范学堂经费，原审定数五万二千六百二十一两，折实银四万九千四百六十三两七钱四分，追加数二千一百六十六两六厘，折实银二千三十六两四分六厘，覆核定数五万五百二十二两六厘，折实银四万七千四百九十两六钱八分六厘。第四项法政学堂经费，原审定数四万六千五百七十四两五钱，折实银四万三千七百八十两三分，覆核定数三万七千九百八十七两六钱，折实银三万五千七百八两三钱四分四厘。第五项东运学堂经费，原审定数五千二百两，折实银四千八百八十八两，覆核定数同前。第六项薇垣学堂及第一公立学堂经费，原审定数三千八百两，折实银三千五百七十二两，覆核定数同前。第七项模范小学堂经费，原审定数三千五百四十两，折实银三千三百二十七两六钱，覆核定数同前。第八项官立初等小学二十处经费，原审定数八千二百三十四两，折实银七千七百三十九两九钱六分，覆核定数六千四百三十四两，折实银六千四十七两九钱六分。第九项女子师范及附属小学堂经费，原审定数五千两，折实银四千七百两，覆核定数六千五百一十八两，折实银六千一百二十六两九钱二分。第十项简字学堂十七处经费，原审定数二千五百五十两，折实银二千三百九十七两，覆核定数同前。

第二款　图书馆及阅报所、宣讲所经费。第一项图书馆经费，原审定数六千两，折实银五千六百四十两，覆核定数五千三百七十六两，折实银五千五十三两四钱四分。第二项阅报所十处经费，原审定数一千两，折实银九百四十两，覆核定数同前。第三项宣讲所五处经费，原审定数七百八十两，折实银七百三十三两二钱，覆核定数六百五十两，折实银六百一十一两。

第三款　补助各处学堂经费。第一项补助官立学堂经费，原审定数一万六千七百两，折实银一万五千六百九十八两，覆核定数同前。第二项补助私立学堂经费，原审定数一万九千二百三十三两三钱三分三厘，折实银一万八千七十九两三钱三分三厘，覆核定数二万三千二百三十三两三钱三分三厘，折实银二万一千八百三十九两三钱三分三厘。第三项补助青岛特别高等学堂经费，原审定数三千九百九十九两九钱九分九厘，不折，覆核定数同前。第四项补送青岛学堂补助经费，原审定数一千九百四十五两，不折，覆核定数同前。第五项补送烟台水产学校补助经费，原审定数六百两，折实银五百六十四两，覆核定数同前。第六项补送福山小学堂补助经费，原审定数一百两，折实银九十四两，覆核定数同前。

第四款　追加存古学堂经费。原审定数一万二千九百三十六两，折实银一万二千一百五十九两八钱四分，覆核定数同前。

第三类　实业费

第一款　实业各学堂经费。第一项高等农业学堂经费，原审定数四万八千四百九两一钱二分一厘，折实银四万五千五百四两五钱七分四厘，覆核定数四万五千九百八十六两六钱二分一厘，折实银四万三千二百二十七两四钱二分四厘。第二项青州蚕桑中学堂经费，原审定数五千两，折实银四千七百两，覆核定数同前。第三项兖州初等农业学堂经费，原审定数三千七百两，折实银三千四百七十八两，覆核定数三千二百五十八两，折实银三千六十二两五钱二分。第四项胶高中等工艺学堂经费，原审定数一万七千六百一十六两，折实银一万六千五百五十九两四分，覆核定数一万六千六百二十两，折实银一万五千六百二十二两八钱。第五项追加中等工业学堂经费，原审定数一万四千八百三十六两，折实银一万三千九百四十五两八钱四分，覆核定数同前。

第二款　农事试验场经费。原审定数三千七百三两二分五厘，折实银三千四百八十两八钱四分三厘，覆核定数四千二百三两二分五厘，折实银三千九百五十两八钱四分三厘。

第三款　垦务经费。第一项垦务分局经费，原审定数三万八千三百四两，折实银三万六千五两七钱六分，覆核定数同前。第二项兖沂道湖田局经费，原审定数一万六百五十两，折实银一万一十一两，覆核定数七千九百一十五两五钱五分一厘，折实银七千四百四十两六钱一分八厘。

第四款　工艺局厂经费。第一项工艺传习所经费，原审定数二万八千八百二十六两四钱一分六厘，折实银二万七千九十六两八钱三分一厘，覆核定数二万六千二百七十八两四钱一分六厘，折实银二万四千七百一两七钱一分一厘。第二项教养局经费，原审定数二万一千六百四十两一钱四分二厘，折实银二万三百四十一两七钱三分三厘，覆核定数二万四千七百九两九钱三分一厘，折实银二万三千二百二十七两三钱三分五厘。第三项补助工艺局厂经费。原审定数四千八百五十六两四钱，折实银四千五百六十五两一分六厘，覆核定数同前。第四项追加商品陈列所经费，原审定数一万两，折实银九千四百两，覆核定数同前。

第五款　矿务经费。第一项矿务分局经费，原审定数五千七百三十三两，折实银五千三百八十九两二分，覆核定数同前。第二项追加沂水矿务经费，原审定数一万一千五百八十一两一钱九厘，折实银一万八百八十六两二钱四分二厘，覆核定数同前。

以上覆核定数共应支银八十七万一千九百四十二两八钱九分八厘，内有四万七千三百四十二两五钱九分九厘不折湘平，折实银八十一万九千九百七十一两六钱八分。

地方行政经费临时门

第一类　民政费

第一款　地方自治筹办处经费。原审定数一万六千三百九十八两，折实银一万五千四百十四两一钱二分，覆核定数一万五千四百八十八两，折实银一万四千五百五十八两七钱二分。

第二款　赈恤经费。原审定数二万两，折实银一万八千八百两，覆核定数同前。

第二类　教育费

第一款　临时补助教育费。第一项教育会补助金，原审定数一千五百两，折实银一千四百一十两，覆核定数同前。第二项旅外学生津贴，原审定数五千四百五两一钱九分六厘，折实银五千八十两八钱八分四厘，覆核定数同前。

第二款　遣派出洋留学经费。第一项日本游学经费，原审定数二万三千二百四两，不折，覆核定数同前。第二项日本高等五校经费，原审定数一万八千七百二十两，不折，覆核定数同前。第三项西洋游学经费，原审定数二万两，不折，覆核定数同前。

以上覆核定数，共应支银十万四千三百一十七两一钱九分六厘，内有六万一千九百二十四两不折湘平，折实银十万一千七百七十三两六钱四厘。

以上经常、临时两门覆核定数，共应支银九十七万六千二百五十九两九钱九分四厘，内有十万九千二百六十六两五钱九分九厘不折湘平，折实银九十二万一千七百四十五两二钱八分四厘。

查原审定预算册，岁出折实银八十七万一百九十八两八钱七厘，补送册岁出折实银一万二千三两，追加册岁出折实银六万一千五百五十两三钱六分八厘，三册共计折实银九十四万三千七百五十二两一钱七分五厘，内除部核裁减银一万九千五百一十五两七钱二分八厘，折实银一万八千三百四十四两七钱八分四厘，实提交谘议局议决实库平银九十二万五千四百七两三钱九分一厘，内除覆核定数，应支实库平银九十二万一千七百四十五两二钱八分四厘，实减余库平实银三千六百六十二两一钱七厘。

第四编　各项札文电函公牍

一、札　文

抚院札发宪政编查馆奏考核京外各衙门第二年第二次筹备成绩折文

五月三十日

为札行事。宣统二年二月二十五日承准宪政编查馆王大臣咨：本馆于宣统二年四月二十九日具奏遵限考核京外各衙门第二年第二次筹备宪政成绩一折，钦奉谕旨：知道了。钦此。相应恭录谕旨，刷印原奏，咨行钦遵查照可也等因到本部院。承准此，除分别咨行外，为此札行谘议局钦遵查照。须至札者。

计发原奏一本。[①]

抚院札知奏准抚署公费确数文

六月初二日

为恭录札行事。照得本部院于宣统二年五月十四日附片具奏酌议抚署公费确

① 以下原附有"宪政编查馆奏考核京外各衙门第二年第二次筹备成绩折"，兹略去。

数一片，于宣统二年五月二十八日差弁赍回原片，内开：奉朱批：该衙门知道。钦此。除分别咨行外，为此恭录并抄稿札行谘议局钦遵查照。须至札者。

计粘抄片奏一纸。

再，督抚公费，照章应由会议政务处议筹。第念库藏奇绌，东省艰窘情形迥非昔日可比，现经督同司道规定公费，力求撙节。臣受恩深重，忝长同僚，苟不大法小廉，躬自刻厉，无以示公允而昭激劝，因将臣署岁领养廉公费及一切常年出入款目核实裁汰，自本年正月为始，除廉俸仍照章减扣支领外，暂为限定每月实支公费银二千五百两，由藩司库按月支解。又臣署岁修各项赏需及电灯、纸张等七项杂支，向由善后局开支，每年约需银一万五千余两，现议自四月起每月限定支银一千两，并由藩司照解。以上各款均作正开销，其各署局一切向解臣署公费银两，均檄令悉数汇解司库存储具报。通盘核计，每年所省约有二万余两之谱，仍俟会议政务处议定督抚公费数目咨行到日，再行一体遵办。除分咨查照外，谨附片具陈，伏乞圣鉴，敕部立案施行。谨奏。

抚院札知奏准司道各府公费确数文

六月初二日

为恭录札行事。照得本部院于宣统二年五月十四日专弁具奏酌议司道各府公费一折，于宣统二年五月二十八日差弁赍回原折，内开：奉朱批：该部知道。钦此。除分别咨行外，为此恭录并抄稿札行谘议局钦遵查照。须至札〈行〉者。

计粘抄原奏一纸。

奏为酌议司道各府公费确数，统归藩库支给，以示标准而励官方，恭折具陈，伏乞圣鉴事。窃维颁行宪法以更张官制为要图，而责任群僚尤以优予公费为入手。臣查部定清理财政章程第二十七条，凡大小文武各署公费，应由清理财政局调查情形，禀承抚臣酌定并提出规费，除津贴公费外，概归入正项收款等因。遵于去年九月开会议厅与司道迭次提议，并檄令将各缺一切岁入款目，无论巨细，悉数澈查，详开汇核。藩司朱其煊深明大义，力顾时艰，上年业经将本缺例有税契规费五万两报效充公，于各官公费未经厘定之前，首先洁己奉公，藉资提倡。臣复与司道等会同酌定司道公费确数，内除岁领官俸、养廉及例支役食曾电商度支部，均照迭次部章一律照旧办理外，兹拟藩司月支实银二千两，比较向有正杂加重漕仓解折等费，每年节省三千三百余两。提学司月支实银一千两，比较原定公费、津贴，每年节省三千五百余两。臬司月支实银一千两，又审判厅现未成立，另支发审局经费及津贴刑幕，比较原有岁入各项并无悬殊，应请俟改设提法司缺后，再行厘定。盐运司月支实银一千二百两，比较原支公费、杂项，每年节省六千九百余两。巡警、劝业两道月各支实银一千两，比较原领公费，每年各节省三千余两。济东泰武临道月支实银一千两，比较原领公费、津贴，每年节省五千二百余两。兖沂曹济道月支实银一千两，另支津贴幕友全年一千两，比较原领公费，每年节省二千六百两。登莱青胶道兼管关税，比照藩司例月支实银二千两，其本缺向有岁入各项，屡经派员调查，尚恐未尽确实，应请另案核咨。又查光绪二十八年前抚臣周馥奏明各州县提取规费改定道府公费原案，东昌、沂州两府各岁支九千两，泰安、兖州、曹州、登州、莱州五府各岁支七千二百两，青州府岁支七千两，武定府岁支六千二百两，均属酌缺分之繁简，酌中规定，应准照旧接支。惟济南府系首领要缺，原定岁支一万八千两未免过巨，拟比照各道例月支实银一千两。又因审判厅现未成立，另支发审经费及津贴刑幕，比较原有岁入各项，每年节省六千二百余两。以上所定公费统以月计，并删除扣建匀闰等例，以期简捷易行。如遇闰月之年，仍应按月照加，俾资办公，均自宣统二年正月为始，一体实行试办。内惟盐运司、登莱青胶道暂由本库本关支发外，其余统由藩库按月如数支发，作正开销。其各缺原有岁入款目半属规费，概令遵章扫数归公，亦自正月为始，全数解归藩库存储备用，以收综核统一之效。此后如尚有疏漏未经察出，及更名巧取等弊，均予永远革除，以昭核实。至厅州县正佐等公费，现正遵照部文调查各项规费，一俟查明确数，即当次第筹定，接续办理。兹据布政司朱其煊会同司道等开具清册详请奏咨前来，臣覆加审核现定公费实数，比较历年原支之数，每岁约节省银三万两有奇，试办四月，众情翕然，杯水车薪，不无裨益。且此后厅州县正佐等公费，亦可藉作准绳，以次厘订。除另文备册咨部汇核外，所有酌议司道各府公费缘由，理合恭折具陈，伏乞皇上圣鉴，饬部查核，立案实行。谨奏。

抚院札知准内阁典籍厅咨筹备宪政酌分缓急文

六月十三日

为札行事。宣统二年六月初九日准内阁典籍厅咨：宣统二年六月初二日军机大臣钦奉谕旨：湖北布政使王乃徵奏筹备宪政酌分缓急一折，著在京各衙门、各省督抚归并御史赵炳麟条陈，一并详议具奏。钦此。并准军机处片交湖北布政使王乃徵原折一件，应刷印通行京外各衙门遵办。相应刷印原奏，（共）〔恭〕录谕旨，咨行钦遵办理可也等因到本部院。准此，查此案前准内阁典籍厅来咨，业经分别咨行在案。兹准前因，除分别咨行外，为此札行谘议局，即便钦遵查照。须至札者。

计发原奏一本。

奏为筹备宪政，应就目前财力酌分缓急，拟请变通原案办法，胪陈管见，恭折仰祈圣鉴事。窃作法莫要乎顺民，变法莫善乎乘势。顺民之令行如流水，不强其所不欲也；乘势之效速于置邮，不举其所不能也。伏维先朝以圣明之虑，先天下而忧，欲采万国之良规，以建一代之宪典，下不以要迫为约，上不以专制自利，岂非诚求吾民维新望治之心，而迎今世国家变革必至之势者乎。乃筹备以来，历经岁月，进行之程每不如限。有不可不立之法而布之无效，或非人所乐从；有不可不办之事而见之施行，或非力所能任。于是表册、报告尽成具文，糅杂纷纭，罔识底届。本欲以立宪固民心强国本，而时局日危，物力日敝，乱机所伏，转觉积薪厝火，在在可忧，夫岂无因而至于此。此臣所为焦思过虑不能已于考索者。臣以薄植蒙恩，一岁数迁，虽天下大计非浅识所知，而感激出于至诚，遂披沥效其无隐。辞阙伊迩，依恋倍深，甚惧负先朝维新之盛意，贻变法召乱之口实，敢竭千虑之得，以为万一之报。谨就臣职守所司，推论筹备次第与财政关系，为我皇上缕晰陈之。

夫九年筹备之期，岂不以事体重大，条理繁密，既非旦夕所能完成，恐散漫而无统系，因分事以专其责，而刻日以观其成。以此总核名实，宜因循推诿之技无所施矣。顾百废俱兴，何从得财，以为政费，此岂空文督责所能办者，他日以无款为词，将坐视其推诿因循而不能问，盖难责以无米为炊也。夫因牵合九年筹备之期限，明知财力不继而敷衍以应之，与因励行九年筹备之实事，不问民力若何而搜括以济之，皆足失民心，伤国本，必不可为者也。然其势固将至此，何也？朝廷不受反汗之名，国民不胜担负之重，势不得止步，又不得改辙，则敷衍与搜括必出其一。甚或以搜括之财，行敷衍之策，而大局愈不堪设想矣。与其刻舟求剑，终至掩耳盗铃，何不称体裁衣，犹可得尺进步。但举一事有一事之成绩，自行一日有一日之进步，即稍不符原议，必能见谅吾民。况变通办法，并非推缓期限，于成命何违，于政府何责。为今之计，惟有就财力之缓急，以为筹备之后先，而政府以全力注重财政，一切形式之法令，繁碎之科条，凡事无实效而款无的源者，暂罢勿举，然后取筹备案中所列事项，分别估计其费额，必须款有著落者，乃能责以实行。盖理财之道，不外开源、节流二端，而在今筹备之中，亦不出为事筹款、就款办事两法。考各国财政，皆主量出为入之义，然必政府信用，民力富饶，其担负之数恰与经济程度相当，其销用之途多为生发事业而起。今吾国资力平均比较，分数若何既不可知，则外国所恃为入款之大宗者，如各项直接税中之财产税、所得税、营业税，不特不能骤行，即行之而其额不能确估，一有亏短，财政亦因而（繁）〔紊〕乱，是量入为出之义不可专用，即为事筹款之法不可必行。且彼以政策有统系，国会有担当之故，出入可以随时增省，亏缺可以随时弥缝，此盈彼绌可以随时挹注，故一切归纳总额之中，从无捐款办事、款竭废事之说。今财政困难，自非开源无以供新政之用，而民力尤敝，仍不能不从就款办事之策，为入手整顿之计。盖量入为出者，用之于行政而制三十年之通，非仅计一岁也；量入为出者，用之于立法而征一国人之意，非全由政府也。今宜略仿外国，提前设会计检查院，即钦派政务大臣及度支长官充之，详定会计法及簿计格式，就现在用款严加勾考，先除浮冒挪移之弊，而后以筹款委之行政官。政府乃举核节之数与筹得之数通盘计算，以定办事之次第，而财政机关尤应分任。查各国行政官司，主出纳者不任规画，司稽核者不管金钱。今筹款用款、司计司金，责任既不分明，指挥一从长吏，挪移则属官不敢问，蔽混则长官不能知。应以监理属会计院，专主稽核，以金库归银行，专主收发，庶理财之官得以专意财政之策，总任规画，统一事权，条理既清，弊窦自无从起。而就款办事之最要者，莫如移销耗之款，以供生发之用。查出款以海陆军备为大宗，新军成绩可见，而乱事屡出，海军需款浩繁，断非现在财力所能举，何不以次酌减，改充实业之资本，俟他年财力有余，再事扩充。教育经费近渐不支，其误在给费以招来学生，而予官以奖励学问，于人才既不可得，而人格日以卑下。何不省大学、高等各学之费，以益实业及国民学校，既得养成人格，亦可教以技能。他如冗员兼差之无定限，薪水活支之无定章，使能从实核减，无名之费尚多，即节余之款不少。而近年所办新（正）〔政〕，在民政、司法范围者，往往款未筹定，事已创始，剜肉补疮，其后难继，此非持久之道也。夫恃撙节以供无穷之用，诚无足给之时。然开濬财源，除国家原有公产能自营业之外，无非取之吾民。今言宪法者，固日以宪法权利易吾民义务矣，然果为吾民所欲与否，此实未敢之一疑问也。故筹画不能不责之计臣，而有万不可无端加征，率意立法者。凡出自劳力及食用必需之品者不可取，以其增加物价，提高生活，而患害中于小民也；零星琐碎，不成大款，而行政费多者不可取，以其得不偿失而又繁扰也；与外货输入相关及能输出者不可取，以防渊鱼丛爵而利归外人也。今也所恃为入款者，直接税仅以地丁钱粮为正款，间接税仅以关税为巨额，况无通行画一之成规，多为赔款外销所耗用。邮电、银行皆外国政府之利源，而在我非事权属之外人，即办理不如正式，以言开濬遗利，实多未能，逐项整理，原可增加岁入。烟酒、印花本应取之税，徒以行政机关不备，保护营业、改良制造之法不周，虑生流弊，不敢推行，此皆今日所应规画者。总之，一国出款必归会计院乃计核销，一国入款必归度支部乃可统一。而政府据一国之盈虚，以定一时之政策，则全局在纲，调剂有术，损益有方。前月御史赵炳麟奏请确定行政经费，其需款若干，从何筹定，已奉谕旨令在京各衙门、各省督抚分年列表详议，仰见采集群策，务期筹备确有实际，不使徒托空文。而臣所以请变通办法，就财力为主者，正恐以无款废事，因而失信于民耳。惟规画方法，支用限制，必须中央挈其纲领，不徒责难属于疆臣，而后全国无畛域之分，挹注有灵通之效。其不能泥守原案者，以既须迁就款项，而筹款不容操切，即每事须另立程限，此非事前所得预知，亦非集款不能举办也。今日所筹皆宪政所必有，则他日之进行，即今日之赓续。但范围异广狭而条理无更改，故变通办法不特不至失九年立宪之信，正以实事求是，确立他年宪政之基础。且臣更有进者，宪法者一国法令之统系，非谓富强之术，即在此数十条文之中。欧美何尝【无】立宪，而政法自腐败、国力自衰弱者，其特出之数雄国，非徒恃一时政策而成，为有国民能力以维之也。故论者以地方自治章程既已颁行，其与国民能力是否相称姑勿具论，即以经费一端言之，各国地方附加税皆从国税之率而立，而公民担负之能力实足与所享权利为对待。今国税尚未一律厘定，将听其自为，恐假武断之民，授以朘削之柄；若事事禀命长官，不特为丛怨之府，亦实无应付之策。此又财政所急应规定之一端。而亲民长吏之职任，地方自治之规模，更有不可审慎变通者。夫国家弃数千年专制之旧，一旦改而立宪，将以求治，非以求乱也。立宪而期以九年，将以速治，非以速乱也。然使财政不理，百政俱废，乱且立至，宪于何有。且各立宪国政府，其对于国会，莫不以财政为重大难决之问题，不及早整饬，将来政府困难必有百倍于今日者。臣考询外国政体，默念内国情形，既略有见闻，不敢漠视安危，以负圣恩不次之擢，而辱监司职守之重。所有筹备宪政应就目前财力酌分缓急，拟请变通办法，恭折具陈，是否有当，拟恳饬下政务大臣博议具奏，采择施行，臣不胜悚惶待命之至。伏乞皇上圣鉴。谨奏。

抚院札发遵议山东行政经费分别筹计奏折文

七月二十六日

为札行事。照得本部院于宣统二年七月十九日专弁具奏遵旨详议山东行政经费分别筹计一折，除俟奉到朱批另行恭录行知外，为此抄稿札行谘议局查照。须至札者。

计发原奏一本。

奏为遵旨详议山东行政经费，分别筹计，恭折仰祈圣鉴事。窃本年四月十九日钦奉谕旨：御史赵炳麟奏请饬议确定行政经费一折，著在京各衙门、各省将军、督抚将九年筹备单内所开各条，某年某事需款若干，从何筹定，分年列表详议具奏等因。钦此。又于六月初二日钦奉谕旨：湖北布政使王乃徵奏筹备宪政酌分缓急一折，著在京各衙门、各省将军、督抚归并御史赵炳麟条陈，一并详议具奏。钦此。均准内阁原奏刷印，恭录谕旨，先后咨行到臣。仰见朝廷注重宪政，博采群言，于实事求是之中，寓量财制用之意，钦佩难名。查九年筹备事宜，凡清单所胪列，及各部院所奏定，无一事不为要图，无一事不需巨款，自非统权并计，预事筹谋，恐物力之盈虚既穷于酌剂，即筹办之缓急难协乎时宜。是必提挈要纲，通盘策画，乃收次第程功之效，而无施行窒碍之虞。就应行筹备各事而言，以法务、警务、学务需款最为繁重，诚有如御史赵炳麟所云者。

司法一项，就狭义而言，惟有组织法庭；就广义而言，并应兼筹狱制。按照筹备清单，省城、商埠各级审判厅，应于本年成立，现已筹办就绪，先设六厅，以后分年筹备。全省拟设地方厅十二所，地方分厅五十二所，初级厅五十一所，乡镇初级厅二十所，并将监狱羁所一并改良附设。预算各项经费，类别有四，一为各厅建筑、开办、常年等费，一为监狱建筑、开办、常年等费，一为提法使办公行政等费，一为调查设置事宜经费。计宣统三年需款十四万五千余两，宣统四年需款一百五十五万余两，宣统五年需款一百九十五万六千余两，宣统六年需款二百十八万四千余两，七、八两年每年需款二百零三万五千余两。本年应设六厅，需常年经费七万六千余两，已由东海关裁并项下筹拨，其余各款一时尚难筹定。列邦司法经费多寡不同，德、奥多支出于国家，英、日多征取于诉讼。现当国费支绌，似可采取英、日制度，加收讼费，不足再由国家补助，免占财用钜额。然究竟应需补助若干，从何筹拨，难以预卜。此筹议法务行政之大略也。

警察为内务行政，山东省城警务公所及城乡商埠、铁路各区已设官警二千六百二十员名，本年应需经费二十三万余两，由藩库筹定及其他收入共有二十一万三千余两。宣统三年以后尚须酌量扩充，约每年不敷银十一万两有奇。至省外各属巡警，规模粗具，并待推广经营。拟将全省州县厘为三等，分配官警额数。计分上等十五属，本年额定巡警七十名，由宣统三年至宣统六年每年各推广一百名；中等二十七属，本年额定巡警五十名，由宣统三年至宣统六年每年各推广八十名；下等六十五属，本年额定巡警三十名，由宣统三年至宣统六年每年各推广六十名。分年筹办，需款多寡不等，统计约需九百七十余万。现在各属已筹之款，每年约共十五万七千余金，不敷甚巨，如何筹定，殊无把握。此筹议警务行政之大略也。

学务一项，筹备清单仅列简易识字学塾，学部奏案并举四项教育，所定师范、实业、专门、普通各类，皆助长人民知识之事，为教育行政当务之先。自筹备第一年以至第九年，已设者加意扩充，未设者次第筹办，合计九年需款总数约在二千零四十五万余两，历年事实繁简不同，为之约略匀计，则每年必需二百数十万金。其各属小学及劝学所、教育分会属于地方自治，应由绅民就地筹办者，尚不在此数。现在已经筹定由司局拨发及各属认解之款，每年约有四十九万六千余两，由各府州县自行筹定者，每年约三十七万两有奇，其余不敷之款，尚少拨济之方。此筹议教育行政之大略也。

以上三项需款最繁，饬据该管司道各将应办事宜力从俭约，列表预计，粗具概要，匀计每年应筹经费约须五百万金。此外清单所列地方自治一事，范围甚广，现仅试办城区，其乡镇府县应俟筹办年期，察酌地方财力办理。改定官制一事，所需俸给、公费决非旧日已有各款所能相抵，应俟馆部厘订章制，再行筹议。陆军部奏定添练陆军一事，查照宪政编查馆覆核折内原有酌核财力办理之语，现在编制预算不敷尚多，自无余力办此。农工商部奏定提倡实事，造端宏大，应视财力为衡，一时亦难预拟。以上各项均无从列表拟办。至欲事事完备，需款并属不赀，计亦须有四五百万巨款乃能展布。是山东一省，按照馆部奏定事宜，每岁约需添筹一千万金乃可济事。东省全年岁入虽在一千万左右，而协拨认解之款居其大半，其留作本省行政经费实已无多。近年兴办要政，烦费萧然，整纷剔蠹之方固已不遗余力，撙节财用之法几穷于所施，如湖北布政使王乃徵所陈核减冗费等事，山东早已实行，源既无从遽开，流亦无可再节。公帑支绌，仅就现办各事而言，尚少挹注补苴之法，此后按年推广，安有著手之方。是筹之于国家经费者诚难再事扩张，若云就地妥筹，则情事尤多沮滞。东省各州县学、警两项现由民间担任者，统计不过五十余万金，本年筹办自治，亦仅添筹十余万金，分任并不为重，而抗拒时有所闻。民智之不开，物力之不给，责孱夫以负鼎，则有膑绝之虞，乐爰居以钟鼓，则有惊鼠之虑。必兴实业以纾困敝，广教育以化颛愚，亦须久道而化成，殊难急切以求效，是筹之于地方经费者尤不可以预期。

夫宪政事宜何等重要，而财政困难必不足以副之，与其习为隐饰，转致名实之难符，何如稍事变通，以袪施行之窒碍。御史赵炳麟以分别轻重缓急次第施行为请，湖北布政使王乃徵以酌分缓急变通成案为请，按之近今时势，实有不得不然者。大抵宪政要端，只在明大权之作用，设统治之机关。今资政院成立，即为将来国会基础，已具参预立法规模，其余改定内外官制、设立审判各厅，则于行政、司法事宜，亦无不权限分明，纲维备举，是宪政急务固已次第设施，以后按年进行，自可渐臻完备。至巡警、教育，只为行政之一部，进步本无止境，急切难以图功，但责成主管官司实力经营，似不必限定如何成绩，强万有不齐之众，就一定不易之规。论其经费，则各国于下级巡警、普通教育皆由地方负担，应俟自治各会按期成立，责以量力筹任。此时预算决算尚未制定，国家税与地方税尚未划分，而预取数年以后地方应办之事，为之分年筹定，将来文物之进化，情势之推移，正未可料，无论多取寡与，日后社会情形皆恐未能投合，似应从缓筹议，稍宽程督之期。此则施行缓急之间，诚有不能不变通计议者也。除将表册咨明政务处查核外，所有遵议山东行政经费，分别筹计缘由，理合恭折具奏，伏祈皇上圣鉴。谨奏。

抚院札知奏准山东行政经费分别筹计文

八月初五日

为恭录行知事。照得本部院于宣统二年七月十九日专弁具奏遵旨详议山东行政经费分别筹计一折，业已抄稿行知在案。兹于八月初二日差弁赍回原折，奉朱批：该衙门知道。钦此。为此札行谘议局钦遵查照。须至札者。

抚院札发禁烟条例解释文

八月初七日

为札行事。宣统二年七月二十四日承准宪政编查馆王大臣咨开：本年六月初十日准东三省总督锡咨称：据奉天提法使吴钫呈称：案查禁烟条例，前奉宪政编查馆覆核奏准颁行，寻绎条文，大抵采用新定刑名，予裁判者以自由伸缩之权，而不加以限制，盖所以推行新律之张本也。奉省禁种罂粟早已雷厉风行，独以平民吸食过多，于禁烟一层未能涤除净尽。现在既奉有专条，自非执法严办，不足以祛痼习。惟是条例简括，各属遇有此等案件，往往以刑期及银数无定，引断分歧。若不为之明白解释，转恐于新律施行之期反多阻力，此尤不可不虑者。理合将例内各条加具案语，呈请查核，转咨核覆。再，查审判厅管辖案件暂行章程，依其他法令，罪该罚金二百元以上或监禁一年以上者，归地方审判厅管辖；罚金二百元以下或监禁一年以下或拘留者，归初级审判厅管辖。本条例第四条二十元以上五百元以下之罚金，介在地方、初级管辖之间，究竟应归何厅起诉。又现奉新章，遣、军、流、徒、笞、杖各案，由司分别按月按季按年汇案报部。本条例一等或二等有期徒刑，应否照军、流造报，抑列入徒罪册内。至五等有期徒刑，按照管辖案件章程，应归初级厅审理，但初级止有笞、杖罪名，遇有此等案件，是否附入笞、杖册内，并请核示遵办等因前来。本馆检阅原呈内称，五百元以下之罚金，介在地方、初级管辖之间，应归何厅起诉一节。查犯罪之轻重，以证据为凭，搜查证据乃检察之专责。考东西采用检察制度各国起诉之法，俱由检察量度被告事件之轻重，分别送有管辖权之审判厅审理，此为通例。本条例本为推行新刑律而设，故处刑范围较宽，如以本刑最重之一端属上级审判厅，从一重论概交地方审判厅，于论理虽当，第将来新律规定单纯之轻重较少，必致初级无所事事，自应折衷其间，仍予检察以量度之权，凭检察官之衡鉴而定，庶于事实不致窒碍难行。又原呈内徒刑作何汇报一节。查汇报分别遣、军、徒、流本属旧制，现行刑律节并为遣、流、徒三项。遣、流除常赦所不原外，与徒罪均不发配，分别年限，在本地收所工作，名目虽多，实与徒刑无异。刑制既改，汇报旧法本应变通，且汇报本以备统计之用，按统计之例，凡犯其它单行法令之罪，附于本表之后另行统计。本条例亦单行法之一种，则制造汇报应与此外单行法之定有刑名者归为一册，按月造报，庶编辑、统计之时有所识别。至原呈所称初级止有笞、杖名目，且审判厅管辖新章，罚金二百元以下、监禁一年以下归初级审判厅管辖，分晰甚明。凡应属初级者，不论其为徒刑，为监禁，应归该厅审理造报，不得拘泥笞、杖一项，致与定章不符。除咨复东三省总督外，相应将解释各条另册附录，咨行贵抚，转饬一体遵照办理可也等因到本部。承准此，查此案前准宪政编查馆王大臣咨，奏定禁烟条例，行令遵办前来，业经通饬在案。兹准前因，除刷印条例解释，分别咨行外，为此札行谘议局查照。须至札者。

计发禁烟条例解释一本。

禁烟条例解释

第一条　凡违背定章栽种罂粟、制造鸦片烟及兴贩图利者，处四等有期徒刑。

第二条　凡制造及贩卖吸食鸦片烟器具者，处五等有期徒刑。

按前二条指定栽种、制造、贩卖三项，设有私藏情事，应如何拟罪，请核示。

查私藏应问其意指之如何，如为图利起见，应科罪如例；若并非图利，则鸦片本系治病之药品，第一条之私藏不应科罪。第二条之私藏，在新律有持有鸦片烟器具之例，第现在甫申禁令之时，鸦片烟器具民间未必即时禁绝，是以此例未经采入。果有此项情形，应凭审判官权衡轻重，得科以现行律不应之罪。

第三条　凡开设鸦片馆供人吸食者，处四等有期徒刑，或一千元以下之罚金。房主知情者，房屋入官，不知者不坐。其茶肆、酒馆、娼寮等处附设烟铺者，罪同。

按第四条罚金以二十元为最低额，盖别于违警罪而言。本条有犯，究以若干元以为最低额，请核示。

查罚金刑举最高额而无最低额，各国刑法通例。因同一犯罪，其中情节轻重悬绝，未可预定也。欲禁吸食鸦片，宜杜烟馆，自不待言。而烟馆营业之人处以罚金，有较徒刑感觉尤深，故此条罚金之数倍于下条。然亦有小本营生，迫于不得已，甫经开设即被查封者，此等情节究与经年累月者不同，容有略予微罚，亦足示惩者。此本条不设最低额之本意也。

第四条　凡违背定章吸食鸦片烟者，处二十元以上五百元以下之罚金。

按罚金多寡，定例得由法官分别其情节之轻重，或家产之贫富，自由判断。此等人犯同系违章吃食鸦片，轻重既无可区分，贫富又漫无查考，若处罚至最高额，其有力完纳者固足以示惩，而无力呈缴改为作工者，刑期反在五等有期徒刑以上，未免失之偏重。查第十二条，罚金易以徒刑日数，载明不得逾三年，盖以四等有期徒刑无过三年者。本条罚金刑似不能较五等有期徒刑为重，应否以一年为限，请核示。

查罪例之应否处以罚金，视情节之如何，与徒刑绝不相蒙。故后例罚金加减之法，亦与徒刑迥别，既不能互为加减，自难较量重轻。按语谓为偏重，系属误会。至第十二条之罚金易以徒刑不得逾三年，恐过此时期将与长期徒刑无异，不得不设法定之限制。本条仍不妨以一元折算一日，无须与五等有期徒刑作比例也。

第六条　凡该管官吏知有犯前数条之罪而故纵者，与犯人同罪。赃重者仍从重论，其仅止失察者交部严加议处。

按该管官吏似指地方府厅州县及巡警官弁而言，奉省人民违犯第四条者无地无之，若一经失察即交严议，未免过重。且以失察寻常吸烟与失察禁门以内吸烟同一议处，亦复无所区别，应否分别惩处，请核示。

查本条为厉行禁烟，是以特重官吏之处分。凡朝廷颁一新令，所在地方官即应奉行惟谨，而该省长官亦应极力督率，庶无背谕旨严行查禁之至意。至谓失察寻常吸烟与失察禁门以内吸烟无所区别，不知此系惩戒处分，与犯刑律不同，不能历级递加。况各条事例彼此各判，例如失察开设烟馆，每事罚俸一个月，失于查禁栽种罂粟，罚俸一年，议处虽同而议处之轻重则不同。失察禁门内吸烟旧属刑律，故处分则例无明文，将来纂辑则例，或颁布惩戒法，自必特别规定，在本条例只能浑言之曰：议处不能强为区别也。

第七条　凡犯第一条至第五条之罪者，停止选举权及一切荣誉之权，系官吏并革职永不叙用。

按官吏吸烟仅止奏参革职不叙，现在既定专章，是否于参革后仍科罚金，请核示。

查本条停止选举权及荣誉权，系属附加之刑，则革职不叙之为附加刑，显然可见。犯第一条至第五条之罪，除应处各罚外，官吏仍应附加此刑，并非如旧例职官罪至满杖，予以革职，免其发落也。

第八条　凡已处本条例之刑而再犯者，各依本条加一等。

第九条　凡谋犯本条例之罪而未遂者，各依本条减一等或二等，因本人之意而中止者，减二等或三等，或宽免其刑。

按本条例加减之罪仅止以上二条，其有关于拒捕脱逃，现行律应行加重等项，并一切自首减轻、从犯减轻以及二罪俱发应否并科，抑从重论，均无规定。有犯应如何援引之处，请核示。

查本条例乃单行法之一种，意主简要。各国凡单行，仍宜适用刑律。按语内列举各项除二罪俱发应采用新制并科外，其余揆诸新旧律，大致相同，应准援用现行刑律。

第十条　凡徒刑，依左列年限，收本地习艺所工作。

按本条例有期徒刑凡五等，与现行律罪名不同，如有老幼废疾应否收赎，亲老丁单应否留养，以及贡监平人妇女应否准予赎罪，并无明文。至官吏有犯，现行律分别情节轻重发往新疆或军台效力赎罪，本条亦无明文，均请核示。

查按语内列举各项，虽均定于现行律各例，惟本条例所采刑制系为试行新刑律基础，且与旧制比较为难。果有老幼废疾，不妨科以本条最轻之限，未便再用收赎之例。若妇女犯罪，理宜平等。是以现行律于赎罪之法已限制加严。贡监、平人赎罪，定例本为徒以上刑而设，本条例斟酌情形，已与罚金兼科。如犯人有可原情节，承审官不妨径行判罚金，无须绕越旧律，致滋歧出。至亲老留养，为我国特别宽典，然此例系对于实发者而设，今制犯徒、流等刑均在本籍地方收所习艺，既不远戍他乡，正可藉习艺之所入以养其父母。留养之法将来亦在变通之列，有收赎、赎罪、留养等条均应毋庸置议。惟当差及效力二项，本为严惩职官犯罪而设。查修订法律大臣进呈刑律草案原奏声明，有期徒刑三等以上以当旧律三流，四等及五等以当旧律五徒在案。新旧比较，既经奏定，自应遵照办理。凡官吏有犯，应三等以上徒刑者，可即照旧发往新疆当差，应四等以下徒刑者，可即照旧发往军台效力，均依原定期限，限满释回。

第十一条　第三项其处罚金刑应加减者，以本条定数四分之一为一等。

按罚金刑应减二等以上者，其减法有二，一为通减，一为递减。如应减二等者，即于本刑减去四分之二，此为通减。先减四分之一，再就余剩银数又减四分之一，此为递减。本条并未规定，应请核示。

查本条既云四分之一为一等，系指各条金额每等以四分之一计算，并非将金额区分四等从之加减也。

第十二条　凡罚金于判结后限一月完纳，逾限不纳，以一日折算半元，易以徒刑，但日数虽长，不得逾三年。如计日数在二月以下，易以违警之拘留。已易徒刑或拘留者，于刑期内完纳余剩罚金，准将已役之日数折为抵销。

按第四条一千元以下之罚金，折易徒刑日数既不得逾三年，设一人应罚金八百元，已役徒刑二年后情愿完纳余剩罚金，如以一年剩役计之，只应缴一百八十元，如已役二年抵销三百六十元，尚应缴金四百四十元，均未得其平。应如何核算之处，请核示。

查本条原奏草案声明系采用新刑律，则半元乃一元之误，理合更正。如作一元解，自无按语所举之疑问矣。

抚院札发烟潍铁路派员招股章程文

（原案已登第二期报告书）

八月二十七日

为札行事。照得烟潍铁路关系东省大局，上年本部院列入议案，札行谘议局会议，全体议员均表同情。嗣据胪举公正殷实绅商呈请派为招股员，复据登莱青胶道转呈招股简章先后到院。本部院以铁路为交通要政，国家设官分职，各有专司，饬由劝业道与商务总会研究利弊，以昭详慎。兹据该道详称：烟潍修筑铁路，关系重要，招股简章二十三条办法尚属妥协。此路造端宏大，需款浩繁，自非多派招股员绅不足以资襄助。所举绅富六十四员，内除王庆云、王圻、崔广沅、狄建鳌四人均毋庸委派，其余各员俱系家道殷实，自能担任路股，拟合详请鉴核，加札委用，俾得分头招募，早日观成，实为公便等情，并呈清折一扣。据此，除批示并分别札委外，为此札行谘议局查照。须至札者。

计发招股章程一本，粘单一纸。

公启者。窃维铁路为地方之命脉，即为商务之机关。溯自胶济路成，而东省商务权利悉不我操，即以烟台五十余年之口岸，亦受其侵陵，殆哉岌岌。年前建筑烟潍铁路，迭次聚议，或因意见不孚，旋议旋止。然烟台商务之退步江河日下，大有不可终日之势，若不急求挽救，商务衰败必至不可收拾，而东省全局亦难望振兴矣。宗灏目击时艰，关心商务，爰邀集同志二十人，集股二百万元，先由二十人各担认招股五万元，共一百万元，余一百万元即托各埠殷实商号代招，随招随筑，先从烟台筑至黄县，将来附股踊跃，再行推广路线，务达筑至潍县之目的，业经禀请东海关道宪转禀抚宪在案。旋奉抚宪【禀批】，以烟潍铁路路线绵长，工艰费巨，深恐原发起二十人力薄难任，故此商由山东全省谘议局统筹全局，提议改商务总分会十九处为创办人，东省富绅六十四人分任招股，以期通力合作，俟招有成数，再行禀部核办。务祈我同胞热心公益，踊跃认股，俾得早日告成，则地方幸甚，商务幸甚。谨拟招股简明章程列左，至开办详细章程，应遵农工商部颁行规则，容俟续布。

一、本公司为山东商办烟潍铁路有限公司。

二、本公司现奉抚宪札派山东商务总分会十九处为创办人，山东富绅六十四人为招股员，并原创办人谭君宗灏、原招股总理孙君文山共八十五员处，均担认招股责任。拟自奉札之日起，核计六个月，各招股员均须将经手认定股份招足若干，开单送至本总公司或分公司统计。如能招足一千五百万元之数，再行酌议收股，俾可验资禀办。将来收股，各招股员可将所收股份洋就近送至各商会代收汇齐，汇寄至烟台大清银行存储备用，以归简易。若六个月后所招之数不敷过多，即行禀请注销，请由国家筹办。

三、本公司已由各商会、各富绅招足资本一千五百万元，分三百万股，每股五元，先收小股二成，从宣统二年十一月初一日收起，限二个月收齐，宣统三年

□月再收四成，其余宣统四年□月收足，按期发回收条，俟三期缴足，换给股票息折。如收条及股票息折或有遗失烧毁，由该股东登报声明，一面报知本公司，三个月后无人争论，再行补给，以杜弊混。

四、本公司创办人俟公司成立后，即由股东主持办理。如认股二万份者，可得公举为总理，认股一万份者，亦得公举为协理，五千份者亦得公举为董理，二千份者亦得公举为议员。凡总理、协理、董理、议员，将来溢利，应得花红若干，由股东酌议。其代招股者，若所招股东认为代表，亦照例亦可得公举为总理、协理、董理、议员，惟总理、协理、董理、议员均由股东公举，以多数为定。

五、本公司禀明商股商办，遇事直达农工商部、邮传部核办，地方官只任保护，并不干涉公司权利。

六、本公司办事人员自管账、查账各员，均由众股东推举保荐，其办事章程均按商业规则办理。

七、本公司既名商办，有一股之资本即享一股之权利，凡附股之人皆谓之商，不分界限。

八、凡代本公司招股之人，事成之后由众股东公议酌给红股。

九、本公司现未成立，暂借烟台商务总会为总招股处，济南商务总会为分招股处，俾可与创办人及招股员随时接洽公牍，商酌办法，连成一气。俟公司成立后，再在烟台设立总公司，济南设立分公司。

十、本公司发出外埠招股簿册，领簿之人皆属热心公益，交银之时先由经手人发给收条，将银寄到本公司再发本公司收条，三期收足再换股票。

十一、本公司之发册无论如何必须缴回。

十二、路权关系全省命脉，现在招股外，将来随向筑路所经各乡劝认，或以工值充股，或以地价充股，务使利益均沾，俾收公同护路之助。

十三、本公司所收之股以鹰洋为本位，外埠交股如有交别样银币者，均按照鹰洋核算补贴。

十四、本埠所收小股以月日起息，每年周息六厘算。如交股在□月□日以后、□月□日以前者，作月日起息，以次类推。外埠以银到之日起息。惟此项银倘商办不成，只交回原本，不得计息。

十五、本公司不收外国人股份，惟原系中国人而兼有外籍者，本公司仍认为中国人，有权可以附股。惟附股后即作为中国人，不得牵引外籍与公司稍有轇轕。如有暗招洋股冒名顶替，查出即将所招之股充公。

十六、如有交小股之后无力将大股交足者，按照商律第四十一、四十二条，凡附股之人到期不缴股银，创办人应通知该附股人限期半月，逾限不缴，可将所认股数另（照）〔招〕他人接受，得价不足仍向原股东追缴。

十七、本公司之资本，系遵农工商部奏定公司律第七十五条专为铁路所用，不得移作他用。

十八、本公司每年终刊刻年结册报告一次。

十九、公所由收股之日起，每逢星期聚会一次，查看股份若干，俾验存贮银数。

二十、公所收股银额过五百元即存贮银行，以昭众信。

二十一、谘议局有地方议事之权，将来本公司购地、筑路一切筹办事宜，恐内地风气未开，别生枝节，应请秉公核议，以维公益。

二十二、总协理俟公司成立后由股东会议投票公举，无论何省人均可充当。

二十三、本公司股东选举权限及一切详细办事章程，另行详订刊布。

以上系简明章程，如有未定事宜，随时酌夺。

创办人益顺盛、黄县商会、裕丰德号陈煦东、羊角沟商会、元复号唐镜秋、文登威海商会、张裕公司张成卿、曹州商会、大成栈、费县商会、双盛泰号孟纯一、滕县商会、谦益丰号万坤山、临清商会、恒兴德号孙文山、潍县商会、怡顺号李载之、济南商务总会、谭宗灏号虚谷、烟台商务总会、恒祥和号金施平、济宁商务总会、万顺恒号刘圣三、周村商会、瑞蚨祥号沙文峰、滋阳商会、天益恒号杨俊杰、兰山商会、顺泰号黄华英、诸城商会、杨枝号梅南、金乡商会、洪泰号刘云第、荣城石岛商会、李作人号伯轩、蓬莱商会、陈焕章号绮垣、宁海商会、诚文信号刘鼎臣公启。

招股总理孙文山，协理万坤山、刘圣三、李载之、谭虚谷。

抚院札知烟潍铁路招股员丁葆筠毋庸委派文

九月初一日

为札行事。照得本部院札委商办烟潍铁路招股各员绅，业经札行查照在案。兹查黄县人丁葆筠近来屡被攻讦，名望不孚，毋庸委派。为此札行谘议局查照。须至札者。

抚院札知烟潍铁路招股员张毓琮因奉调差遣注销委札文

十月十六日

为札行事。案据潍县知县杨令承泽禀称：敬禀者。案据本县张绅家丁禀称：窃家主候选道张毓琮前于九月间奉调热河差遣，兹蒙抚宪札委充烟潍铁路招股员，惟家主一时不克回籍，恳请将委札缴销等情。知县覆查无异，除将章程暂存县署外，所有张绅毓琮委札，理合禀呈鉴核，俯赐注销，实为公便等情到本部院。据此，除禀批“禀悉。张绅毓琮既未在籍，所呈奉发招股委札自应准予注销，仰候分行谘议局暨劝业道查照。缴。”印发并分行外，为此札行谘议局查照。须至札者。

抚院札派速记生初瀛清等到局文

八月二十九日

为札行事。宣统二年八月二十六日承准资政院咨：本院奏办速记学堂，节经行知各省选送学生在案。现在第一班学生初瀛清、张金兰、潘荣春、张永清四名已于本月十六日毕业，除由本院给予文凭外，自应照章派回原省谘议局任用。查谘议局章【程】第五十一条，办事处置书记长、书记等员，尚无速记职务。现在既有毕业速记学生，应即于办事处添设速记员，专司议场记录之事，将来当差满三年以上、著有劳绩者，并应照案择尤酌量请奖，以示鼓励。相应咨行查照施行可也等因到本部院。承准此，除行提学司查照外，为此札行谘议局查照办理。须至札者。

抚院札知派员赴资政院陈述本省事件文

八月二十九日

为札行事。宣统二年八月二十四日承准宪政编查馆敬电内开：资政院应议事件与各省不无关系，各省亦可赶派一员兼程来京，以备与政府特派员接洽，并得在各主管衙门陈述意见，藉资讨论，开院时特准到院旁听。惟必须熟悉本省情形及妥靠人员方可派遣，如无相当人员或无陈述事件，亦可不派。如何，希电复，并将派出员名电知等因到本部院。承准此，查有候补道朱钟琪，才识优长，熟谙吏治，堪以赴京陈述本省情形，应给川资津贴银三百两，于藩库支领。除分别咨行并径委外，为此札行谘议局查照。须至札者。

抚院札知朱钟琪因病辞差另派员接充文

十月初六日

为札行事。案查前准宪政编查馆敬电内开，资政院应议事件与各省不无关系，各省亦可派员来京，与政府特派员接洽，并在各主管衙门陈述意见，藉资讨论，及到院旁听，必须熟悉本省情形妥靠人员，方可派遣等因电咨到东，业经本部院遴派候补道朱钟琪前往在案。兹据朱道因病禀请辞差，应准遴员接充，以重责成。查有候选知府孙松龄、候选通判朱是，通达时政，学有本原，堪以派赴京师陈述本省情形，应各给川资津贴银三百两，由藩库支领。除分别咨行外，为此札行谘议局查照。须至札者。

抚院札知会议厅审查科士绅人员照章加倍公推呈候选派文

八月二十九日

为札行事。宣统二年八月二十六日承准宪政编查馆咨开：本馆于宣统二年八月十六日具奏拟订各省会议厅规则缮单呈览一折，本日钦奉谕旨：著依议。钦此。相应恭录谕旨，刷印原奏，咨行钦遵查照可也等因。承准此，本省自应酌拟章程，钦遵办理。除印刷原奏，通饬查照外，查会议厅审查科人员内本省士绅一项，照章应由谘议局加倍公推，呈本部院选派。兹经本部【院】酌定，以十八人为本科总额，以六人为本省士绅定额，为此钞发奏定规则及本省会议厅章程，札行谘议局查照，希于开会后迅即公推士绅十二人，呈候选定召集。勿延。须至札者。

计发奏定规则一本，本省会议厅章程一纸。[①]

本省会议厅章程

一、会议厅遵照奏定规则设立参事、审查两科，分议本省行政事务。

一、参事科人员不设定额，其组织及职务悉遵奏定规则办理。但各局所总办到会发议者，应专以主管之事为限。

一、审查科照奏定三项资格各选六人充之，其应办事件悉遵奏定规则办理。

一、参事科每三、八日为会期，如遇紧急事件，得以不拘日期，随时召集。

一、审查科于谘议局开会以前召集，经过谘议局会期后，审查事竣再行闭会，约以三个月为满期。遇谘议局开临时会，亦应先期召集，约以六个月为满期。

一、审查科内通晓法律及本省士绅两项人员，于会期内每员月给公费一百两，不在省者川资另行酌定。

一、审查科所议事件有必须调查档案者，得请参事科检交。

一、审查科会议事件时，参事科人员亦可陈述意见，惟不列议决之数。

一、两科各设记事簿登记会场事件，所有议案均应具稿署名为据。

一、本章程得随时提议增删修改，凡奏定规则所已载者不再赘述。

呈院公推会议厅审查科士绅人员姓名履历清册文（并批答）

九月十五日

为呈报事。窃本局奉抚部院札开，为札行事，至须至札者等因到局。奉此，遵于本月初四日开议员全体会公推。兹经公众推定十二人，理合造具各士绅姓名、年籍、出身、官阶、现时职业清册一份，呈请选定召集。为此呈请抚部院裁

① 以下为宪政编查馆所上拟订各省会议厅规则奏折及规则十九条，兹皆略去。

夺施行。须至呈者。

册开：

汪懋琨，年六十四岁，历城县人，江苏候补道，现充谘议局议员。

王讷，年三十四岁，安邱县人，民政部主事。

张星吉，年五十六岁，菏泽县人，前云南迤南道。

安茂寅，年二十九岁，日照县人，附生，日本法政毕业。

赵正印，年三十五岁，泰安县人，江苏候补知县，现充本省高等学堂教习。

庄余珍，年五十一岁，莒州人，内阁中书，现充谘议局议员。

孙百福，年四十岁，系临清州举人，北京法政学堂毕业。

范之杰，年四十岁，系历城县人，翰林院编修，现在京供职。

侯延爽，年三十七岁，系东平州人，前法部主事，日本警监学校毕业。

王炳燇，年三十一岁，系沾化县人，高等学堂毕业生。

孙丕承，年四十三岁，系招远县举人，以州同盐大使用，现充谘议局议员。

张汉章，年三十九岁，系钜野县人，五品衔，优廪生，日本法政大学修业，警监学校毕业，现住省，充谘议局办事处书记长差。

奉批：来呈及另册均悉。本部院覆选得汪懋琨、安茂寅、赵正印、庄余珍、孙丕承、张汉章等六员堪以派入审查科，委札、照会均随批印发，希即分别给领抄由。批覆。册存。

抚院札发会议厅各科委员衔名单文

九月十六日

为札行事。宣统二年八月二十六日承准宪政编查馆咨开：本馆于宣统二年八月十六日具奏拟定各省会议厅规则缮单呈览一折，本日钦奉谕旨：著依议。钦此。相应恭录谕旨，刷印原奏，咨行钦遵查照可也等因。承准此，本省自应酌拟章程，钦遵办理。查会议厅参事科、审查科各项人员，业经本部院遵章分别遴委，除咨行外，为此札行谘议局查照。须至札者。

计粘抄会议厅委员衔名单一纸。

计开：

参事科

司道及府厅州县官：

布政使司朱其煊，新授提学使司陈荣昌，提法使司胡建枢，盐运使司丁达意，巡警道潘延祖，劝业道萧应椿，济东泰武临道张学华，济南府知府黄曾源，历城县知县张汝钧。

各局所总办：

财政公所总核科坐办、候补道吴煜，财政公所田赋科坐办、候补道陈公亮，财政公所俸饷科坐办、候补道庄洪烈，全省营务处总办、候补道杜秉寅，商埠局总办、候补道朱钟琪，垦务坐办、候补道丁道津，洋务局总办、候补道余则达，洋务局会办、候补道刘崇惠，模范监狱总办、候补道魏业锐，自治筹办处坐办、度支部主事石金声，自治筹办处会办、翰林院编修马荫荣，调查局总办、候补道傅增淯，财政局会办、贵州候补道潘盛年。

抚署幕职：

总理文案、分省补用道邓际昌，法科文案委员、附生杜贤书，度支科文案委员、候选县丞陆家驹，宪政科文案委员、内阁中书张之纲，宪政科文案委员、候选知府孙松龄，学务科文案委员、候选知县孔庆霁，巡警科文案委员、直隶候补知县吴汝楫，农工商科文案委员、分省补用直隶州知州朱邦彦，洋务科文案委员、分省补用直隶州知州邵元瀚，洋务科文案委员、分省补用直隶州知州袁照藩，统计科文案委员、试用通判吴鹗，统计科文案委员、准补栖霞县知县严正焜，河工科文案委员、候补同知吴师程。

审查科

司道及府厅州县官：

布政使司朱其煊，新授提学使司陈荣昌，提法使司胡建枢，巡警道潘延祖，济东泰武临道张学华，济南府知府黄曾源。

通晓法律人员：

候选郎中雷光宇，中书科中书楼兆梓，直隶试用知府朱曜，即用知县周汝康，候补知县江洪杰，候补知县高裕瑞。

本省士绅：

江苏候补道汪懋琨，江苏候补知县赵正印，招远县举人孙丕承，钜野县优廪生张汉章，法政毕业、日照县附生安茂寅，内阁中书庄余珍。

抚院札知限耕牛出口数目文

（原案已登第一期报告书外交部）

九月初二日

为札行事。案查上年十月间，据谘议局呈请限制贩运耕牛出口，以重农民根本一案，本部院因知牛为食品，各国无禁止出口者，只有广为畜牧以供运售，当经札饬劝业道招商筹办在案。本年四月间准北洋大臣陈咨，据天津董事会禀请禁牛出口，嘱一律查禁等因，经本部院通饬遵照查禁。迭据驻济德领事、驻烟美俄日各领声称，禁牛出口有碍商业，东海、胶海两税司并谓于税务亦必减色。旋奉外务部咨称，各使争请弛禁，可限制运牛出口数目，嘱与直隶斟酌数目电复。嗣准北洋大臣电称，直隶自九月初一日弛禁，秦、津两关并计每月准运牛出口以六百只为限等因。本部院复调查近三年东海关出口牛数，最多之年一万六千余只，胶【海】关最多之年三千余只，因议定自十月初一日弛禁，东海、胶海两关并计每月共限运牛出口五百只。如查有窒碍，仍随时禁止，电请外务部函会各驻使，并准电复亦在案。除咨明北洋大臣并饬劝业道设法劝谕广为畜牧，以期农业、商务两不相碍外，相应札行谘议局查照。须至札者。

抚院札知准宪政编查馆咨谘议局议案批答期限并权限及预算年度文

九月十三日

为札行事。宣统二年九月十一日承准宪政编查馆王大臣咨：查谘议局钦奉特旨设立，关系极为重要。原订章程头绪繁多，条理细密，迭据各省咨询疑义，业经本馆随时详为解释，并按期印有解释汇钞，通行在案。现在谘议局开办已历一年，第二次开会之期又届。嗣后各该局遵章议定可行事件，既经呈由各督抚公布后，若不立见施行，不惟无以副朝廷好恶同民之怀，抑且甚非官府综核名实之计。本年资政院第一次召集议员，行将开院，谘议局章程于权限争议各条，既定有由督抚咨送资政院核议，或由谘议局呈请资政院核办各明文，设将来经由院核之件过多，则文牍往返之繁，官民隔阂之虞，政务因循之弊，势必层见迭出，在疆吏既不免蒙摧残舆论之名，在该局亦难免负侵越政权之责。国家岁糜巨款，创设各谘议局，原期于本省地方应兴应革之利弊切实指陈，使国民与闻政事，负担义务，以示大公。除实系踰越范围、违背法律者，由督抚照章办理外，其应办事宜，若局中之议决尽托空谈，官吏之施行鲜求实效，则该局直同虚设，其何以资振饬而济时艰。本馆体察情形，特将该局议决呈请以及公布施行暨交局覆议各项办法，按照章程分别厘订，使遇事各有一定之程，庶几可以范围不越。至于局用预算，亦应力求画一，收支出入尤应严防冒滥，以免纷歧而重公款。相应逐款开列清单，咨行贵抚查照办理，并转行该局遵照可也等因到本部院。承准此，除分行外，为此札行谘议局遵照。须至札者。

粘单一纸。

计开：

一、督抚对于谘议局议决呈请之件，答覆过迟以致不能覆议，不但谘议局议论多而成功少，而使应兴应革之件淹滞动逾年岁，于政事尤多不利，自以定明答覆期限为是。惟各项事件中实有非详细调查不能答覆者，此当分别三项办理：（一）督抚提交之案，是必先已筹画研究，无待议决后始行调查。此类议案可决后，应限于呈到十日内答覆。（二）谘议局提议之案，于分配议事日表及草案之时，应一面分呈督抚，俾得交会议厅先事调查研究，则议决呈请之后，决定答覆方针可不至多费时日。此项议案限于呈到十五日内答覆。（三）谘议局提议之案，在各省各局署及会议厅并无案牍文报可稽，必须行取勘查始能答覆者，其通电及汽车、轮船处所立须刻期派查，答覆期限至迟不得过二十五日。其事非详细调查不能裁夺，或不通轮电之地，事势上无可如何者，应将不能如期答覆缘由先行札知谘议局查照，但于下期开会以前必须答覆。

二、督抚对于谘议局议案既无不答覆之理，则答覆文中系非批准者，无论有无交局覆议字样，谘议局得依据章程，照督抚不以为然之件按章覆议，再行呈请，未便遽认为侵夺谘议局权限，辄行呈请资政院核办。如有不依定章任意禁止及拒绝覆议明文或批驳取消者，方得适用侵夺权限之条，呈请资政院照章办理。

三、凡议案，自须指明一定办法者，若但作策问之辞，即不成为议案。惟督抚对于谘议局有提议事件及谘询事件之别，札行事应于题目上标明提议或谘询字样。除谘询事件外，若题系议案而尚无一定办法，或间作问辞者，得由谘议局呈请指明办法、意旨，然后付议。

四、督抚批准公布施行之件，既由督抚行文，文到后行政官吏亟应实力奉行。惟须有限期与无限期之别，如明定期限，以到所定期限为断，不定期限之案，以到次期常年会为断。如于各该限内而该管官吏未经声明窒碍情形，详奉督抚批准展限在前，故意延宕不行者，该局得照局章二十八条指明确据，呈候督抚查办。

五、预算年度所以统一国家会计，谘议局局用亦不能独异。且局章并无以九月为预算年度明文，应于本年开会时，从本年九月截止本年十二月，特别造一预算，另于明年正月起至十二月止造列全年正式预算，以后即逐年递推，均以通行预算年度为准。至于经费出入，本系按月清查一次，则开会时对于议员即以按月实支数目造册，凭其审查，而将九月以后应存应支数目按照本届特别预算附册声明，嗣后对于督抚清报，仍以一年为终始，庶无含混之虞。至该局预算案呈报督抚时，仍应由督抚严核有无滥费，以定准驳，如决算不实，得照例严行查办。

抚院札发度支部遵章试办宣统三年预算总表并沥陈财政危迫情形各折片文

九月十九日

陆军部火票递到度支部咨开：丞参厅案呈本部具奏遵章试办宣统三年预算，谨缮总表呈进一折，又附奏各省关预算册内解款等殊多轇轕，应俟预算粗定，体察情形奏明办理一片，又附奏各省造送预算册，逾限处分，俟核明另折奏请一片，于宣统二年八月二十七日具奏。本日军机大臣钦奉谕旨一道，钦此。相应刷印原奏、附片，并钦奉谕旨，飞咨山东巡抚转饬所属遵照等因到本部院。准此，除将火票另案饬发提法司照例造报并分别咨行外，为此札行谘议局钦遵查照。须至札者。

计发原奏一本。[①]

抚院札发宪政编查馆咨催宣统二年应行筹备事宜文

九月二十九日

为札行事。宣统二年九月二十一日承准宪政编查馆咨：案查本馆奏定设立考核专科章程内开，九年筹备事宜，每年二月、八月查明是年应办事宜，行文京外各衙门预行咨催一次等语。查本年为筹备之第三年，计应筹备各事宜共十四条，分隶本馆及资政院、民政部、度支部、会议政务处、修订法律大臣、法部、学

① 以下原附有度支部遵章试办宣统三年预算总表并沥陈财政危迫情形各折片，兹皆略去。

部、各省督抚等衙门，前于二月内业经本馆遵章预行咨催一次。现查资政院业经如期开院，各省预算业经报由度支部试办，预算总表缮册奏陈，余均陆续据报筹办。兹届第二次预催之期，除督饬馆员将本馆应办事依限认真办理外，应即照章开单预行咨催。为此合咨贵抚，请烦查照单开各节，各就本衙门本省查明未办之件，督饬所属依限举办，仍遵前奉谕旨，每届六个月将筹办成绩胪列奏闻，并咨报本馆查办，毋稍延误可也等因到本部院。承准此，除分别咨行外，为此札行谘议局查照。须至札者。

计开：

宣统二年应行筹备事宜：

一、召集资政院议员举行开院。资政院办。

一、续办城镇乡地方自治。民政部、各省督抚同办。

一、筹办厅州县地方自治。民政部、各省督抚同办。

一、汇报各省人户总数。民政部、各省督抚同办。

一、编订户籍法。宪政编查馆、民政部同办。

一、覆查各省岁出入总数。度支部、各省督抚同办。

一、厘订地方税章程。度支部、各省督抚、宪政编查馆同办。

一、试办各省预算决算。度支部、各省督抚同办。

一、厘订直省官制。宪政编查馆、会议政务处同办。

一、颁布文官考试章程、任用章程、官俸章程。宪政编查馆、会议政务处同办。

一、颁布新刑律。宪政编查馆、修订法律大臣同办。

一、各省省城及商埠等处各级审判厅限年内一律成立。法部、各省督抚同办。

一、推广厅州县简易识字学塾。学部、各省督抚同办。

一、厅州县巡警限年内一律完备。民政部、各省督抚同办。

抚院札发委查东平州境被水情形并查勘会议分筹各项经费全案文

十月初六日

为札行事。案查前因东平州境被水多年，官民交困，迭经委员前往查勘，会议分筹经费，修筑官堤、民埝，以奠民生，各在案。兹饬承检出全案宗照录一分，为此开单札行谘议局查照备案。须至札者。

计粘单一纸，抄发卷宗一本，共六件，均存局备查。

抚院札知奉上谕宣统五年开设议院各省代表谕令散归各安职业文

十月初七日

为恭录札行事。宣统二年十月初四日承准军机处电寄，本月初三日恭奉上谕：现经降旨，以宣统五年为开设议院之期，所有各省代表人等，著民政部及各省督抚剀切晓谕，令其即日散归，各安职业，静候朝廷详定一切，次第施行。钦此。钦遵电寄到东。为此恭录，札行谘议局钦遵查照。须至札者。

抚院札知准宪政编查馆咨会议厅遇士绅人员辞职覆选办法文

十月二十日

为札行事。宣统二年十月十七日承准宪政编查馆王大臣咨：准浙江巡抚咨称：嗣后会议厅审查科本省士绅人员可否于复选如额后，遇有辞职，所有上次未与选原推各员，或作为无效，札行谘议局另举，或有可派充仍就原推各员中复选，得由督抚酌量办理之处，相应咨呈察核见覆等因。准此，查会议厅本省士绅一项人员遇有辞职者，所出之额自可札局另行推举。如督抚以为原推之员尚有可派充者，亦可并就原推各员中覆选，以照详审。再，查文内会议厅审查科复选人员内有陈敬第、郑际平二员，皆系资政院议员，查定章本省士绅一项，如谘议局公推者系谘议局议员，应开去议员之职等语。资政院议员职务较重，非谘议局可比，所有陈敬第、郑际平二员自未便兼充本省会议厅审查科科员，应即另行改选，以重职任。除咨浙江巡抚外，相应咨行查照办理可也等因到本部院。承准此，除分行外，为此札行谘议局查照。须至札者。

抚院札知奉上谕宣统五年实行开设议院一切筹备事宜提前赶办文

十一月初十日

为恭录札行事。宣统二年十月二十七日承准宪政编查馆咨：宣统二年十月初三日内阁奉上谕：前据各省督抚等先后电奏，以钦颁宪法、组织内阁、开设议院为请。又据资政院奏称，据顺直各省谘议局及各省人民代表等陈请速开国会等语，当将原折电交内阁会议政务处王大臣等公同阅看。旋据该王大臣等各抒所见，具说呈进。又于本月初二日召见该王大臣等详细垂询，切实讨论，意见大致相同。溯自分年筹备立宪期限定自先朝，朕仰承付托之重，夙夜兢惕，无时不以继志述事为心，既不敢少事迟回，亦不敢过形急切。前经都察院两次代奏呈请速开国会，均即明白剀切宣谕。彼时为郑重要事起见，诚有不得不一再审慎者。乃揆度时势，瞬息不同，危迫情形，日甚一日，朝廷宵旰焦思，亟图挽救，惟有促行宪政，俾日起而有功，不待臣庶请求，亦已计及于此。第恐民智尚未尽开通，财力又不敷分布，操之过蹙，或有欲速不达之虞，故不能不验向背于舆情，决是非于廷议。今者人民代表吁恳，既出于至诚，内外臣工强半皆主张急进，民气奋发，众论佥同，自必于人民应担之义务确有把握，应即俯顺臣民之请，用协好恶之公。惟是召集议员以前，应行筹备各大端，事体重要，头绪纷繁，计非一二年所能蒇事。著缩改于宣统五年实行开设议院，先将官制厘订，提前颁布试办。预即组织内阁，迅速遵照钦定宪法大纲编定宪法条款，并将议院法、上下议院议员选举法及有关于宪法范围以内必须提前赶办事项均著同时并举，于召集议院之前一律完备，奏请钦定颁行，不得少有延误。总之，决疑定计，惟断乃成，此次缩定期限系采取各督抚等奏章，又由王大臣等悉心谋议，请旨定夺，洵属斟酌妥协，折衷至当，缓之固无可缓，急亦无可再急，应即作为确定年限，一经宣布，万不能再议更张。尔内外各大臣务当协力进行，时艰共济。各省督抚领治疆圻，责任尤重，凡地方应行筹备各事宜，更当淬（厉）〔砺〕精神，督饬所属妥速筹办，勿再有名无实，空言搪塞，必使一事有一事之成绩，一时有一时之进步，无论如何为难，总当力副委任。如或因循误事，粉饰要功，定即严惩，不少宽假。顾官吏有应顾之考成，国民亦有应循之秩序，此后倘有无知愚氓藉词煽惑，或希图破坏，或踰越范围，均足扰害治安，必即按法惩办，断不使于宪政前途稍有窒碍，以期计时收效，克日观成，上慰先帝在天之灵，下慰海内喁喁之望。将此通谕知之。钦此。相应恭录咨行钦遵办理可也等因到本部院。承准此，除分别咨行外，为此恭录札行谘议局钦遵查照。须至札者。

抚院札覆登州留省绅学界王世隽等详陈海阳乱事实在情形请愿书文（附原书）

五月二十五日

为札覆事。宣统二年五月二十五日据来呈内开，窃本局据登州留省绅学界王世隽等为呈请建议呈送请愿书前来，本局遵照局章第二十一条第十二项收受，当经公同协议。除将原稿备存外，所有请愿缘由理合照录原文，缮折呈报。为此呈请裁夺等情到本部院。据此，除将所呈请愿书另案核办外，为此札覆谘议局查照。须至札者。

原　书

登州留省绅学界王世隽等为呈请建议事。窃海阳僻处东陲，风气朴僿，地狭人稠，鲜食尤艰，频年以来，官多壅蔽，民怀积疑，人情盖亟亟矣。前四月二十九日，有集众陈情之事起，闻省垣传述与县令禀详，率云征粮聚众，聚众滋扰，前后各节，捏成一事，悠悠之口，缘诬失真。讵知事与事有绝无关涉者，有事似同而情异者，非切实调查，不足以辨真赝；非深细剖判，不足以分良莠；非严为惩治，不足以图安辑。生等念切桑梓，斯事利害攸关，偶有所闻，不敢嘿嘿，谨就素所稔知，与比函所叙述者缕晰陈之。

海邑接近芝罘，铜元流行最早，制钱日见短绌，于光绪三十四年前县吴拟按铜元、制钱对半征收，而制钱不能敷用，民心摇摇，乡耆等公推宋煊文据情禀县。吴前县察核非虚，允以铜元代纳，并厘定确数，出示晓谕，乡民忭舞称颂。客岁方大令到任，又欲以制钱、铜元各半完纳，无制钱则必加数，每两须纳铜元京钱五吊五百八十四文，比吴前县所定之数每两加京钱六百文。众以时阅一载，每两遽增京钱六百，理由不明，爰上禀求减。官严斥不准，并不晓示所以增加之故。众以国课攸关，虽额外增加，不明缘由，亦不敢过为延宕，挪展数日，终仍凑足完纳。奈因今春北粮闭籴，本地歉收，粮价尤昂，纵拮据罗掘，猝难应命，而胥吏严催，急于星火。闾阎顽者积不能平，蜚语讹传，人心扰动。宋煊文见情形不稳，禀县恳赐体察，以安民心。禀上，讵官遂钟怒于煊文，于三月二十五日逮捕押房，招告将近一月之久，并无告者，既无罪名可加，亦不遽言开释。本府文府尊因公到县，宋煊文之子宋墉吉揽舆递禀，诚恳开释伊父。至府尊委县如何办理，外间不得与闻，惟府节甫行，遽收宋氏父子下狱，加以桎梏，如逮匪盗，并声言监禁十年。此事前征粮与宋氏父子被逮之大略情形也。

自乡耆禀后，官严斥不准，当各乡多方筹措，勉将钱粮凑集纳完。惟以浮收京钱六百文莫明其故，并税契多收浮项，及戏捐、铺捐、累年各项罚款全无榜示晓谕，又兼年景饥荒，既怀疑团，又迫饥馑，民间状况，疾苦万分，遂于四月二十九日各乡集合多人到县陈情，恳求晓示。奈县尊闻乡民甚众，谕闭城门，众以情不得达，其势益急，官遂登城问众来意，佥谓陈述疾苦，并无他故。官正在北城，西城之民因未见官，情势益急，遂由短垣而入，入未数武，巡警开枪轰击，受伤者四人，当众愤，却未与较，只相率入署求官陈事。俟官民相见，迭陈利弊，以数事请求，讫官批示晓谕，各自散归。其恳请晓示各条，另缮单连呈。此二十九日乡民集众到城之大略情形也。至月之初间，各乡社民心不静，无故骚扰，奸民乘隙，恣意攘夺，其妨害一邑之自治、扰乱地方之公安者亦往往而有。惟比未见邑来函，难于悬揣。

总观前后各节，狐疑生变，以办理有所激而使然；鸠集陈情，为乡愚不得已有此举。并据所闻，乡民集众到城与宋氏父子无涉，后来奸民滋扰与初乡民之集众陈情又判然两事，必确实调查，详为剖辨，方足以昭公允而保善良，必兼得真情，严为惩治，庶可以抑奸宄而图自治。顷闻抚宪陆续委人调查，嗣又派员带兵前往，仰见不遗民隐、镇抚地方之至意。惟派委者贤，善后有法，则君子乐得为君子，佥壬而莫逃于法外，固为一邑之福；倘皂白不分，周内罗织，海滥苍生，鱼网鸿罹，回首桑梓，此苦讵堪设想。是地方既受切肤之灾，亦重违上游恤民之意。贵局主张公议，照章收受人民陈情，为此呈请协议，不胜翘盼之至。

附清单一纸。

为出示晓谕事。案据四乡乡民来县禀请示各条，兹已分别批明晓示于后。

一、为仓谷八千石，今岁荒急，求即发出以救急。

一、为税银钱两浮收大钱三百文，求绅耆共议办法，宣示理由。

批：后须求乡城绅耆议妥宣示。

一、为研究所巡警局八千吊共该经手人。（以下原文模糊不可辨，姑缺之。）

批：此案已办妥，将来开支必有榜示，如有私弊，准即禀发办理。

一、为马差已奉上裁撤，求免纳。

批：候查明革除。

一、为庙产，若为善人所施，不愿出荒归城里学堂，求仍归各社自办学堂。

一、为戏捐、铺捐及累年各项罚款，求张贴出入榜示。

批：由本县任内经手查明，再行榜示。

一、为一切新政用款中多弊病，拟公正人作为乡社耆经手办理。

批：照准。

一、为税契多收钱项，请为革除。

批：候查明革除。

一、为小民来城请示，自为无罪，当街被巡警兵枪伤四人，恳求严惩巡警局。

批：候查明严惩。

以上各条均经明白晓示，为仰该乡民知悉，自示之后，尔等执此告示即速回家张贴，勿为在城逗遛，切切。特示。

抚院札覆海阳县绅耆李桂馨等以情抑势窘集众请命请愿书文（附原书）

七月二十一日

为札覆事。案据谘议局呈称：窃本局据海阳绅耆李桂馨等以情抑势窘，集众请命等情呈送请愿书前来，本局遵照局章收受，业经公同协议，除将原稿备存外，所有请愿缘由理合照录原文，另缮清折，呈报裁夺施行等情到本部院。据此，查海阳此次滋事，方令诚难辞咎，业经本部院专案奏参。至宋煊文父子之抗粮聚众，决非善类可知。兹据呈送请愿书前来，应候分行石主事金声、余道则达查明详复，以凭核夺。除照会并行知外，为此札复谘议局查照。须至札者。

原　书

海阳绅耆李桂馨、谭汝本、赵国鼎、王钟麟、于孟桂、王桢麟、赵荣第、徐之屏、姜忠、于缵基、牟国勋、于翰声、王国祥、刘殿春、隋湘浦、栾寿山、于钟秀谨陈。

谘议局公鉴：敬陈者。为情抑势窘，集众请命，沥诉情由，呈请建议事。窃海阳去省治穹远，风气滞塞，每有更张，民多怀疑，惟赖官家先事晓谕，三令五申，下无不达之情，斯上无难之政，庶足以敷新化而图治安。海阳此次集众之举有两大原因：官之于宋煊文也，因嫌生忌，因忌生毒；民之于官也，因弊生疑，因疑生惧。而同归结于纳粮抽捐。官藉此以洩其毒，民即因之以抒其怀，官民交迫，遂成今日之现象。请缕晰陈之。

宋煊文之惹嫌于官者何在？宋煊文者，海邑东部一寒士也，酷好诗书，家中女媳皆能知书。自学堂立，新政颁，尤能极力鼓吹，热心公益，海阳风气稍开，得力于此人者不少。初以其喜谈新学新政，人皆以为病狂，数年来试其言之多中，乡望稍孚焉，数十里内，凡立一新学，办一新政，皆就商之。唯比年以来，新政繁兴，弊端百出，巡警立矣而盗贼愈炽，学堂立矣而学风愈锢，鸦片禁矣而吸食愈众。凡此新政，何在不索款于民，乃民之出血汗以供于上者倍蓰于昔，而所以受治于上者反不如昔日之得安土而居，于是乡民莫不以新政为诟病，加以钱粮骤增，民益怨讟。宋煊文恐以此激成变端，以为新法所以便民而信民也，今行法如此，民情如此，后事何堪设想，于是偕绅耆陈利弊于县署，方县尊置若罔闻。旋饬其子宋壎吉于去岁七月来省呈禀抚署，条陈海阳利弊，并胪列办法数条，大致谓筹款宜榜示以释众疑，巡警宜扩充以靖地面，学堂宜推广以开风气，钱粮宜表明以安民心，其余曰弭盗，曰禁烟赌，曰兴实业，皆就海阳情形，详列办法，当蒙抚宪批准，派员确查，并饬本府查核，均经查实。府委员王某当邀上禀诸人面同方县尊商酌办法，蒙准均如禀办理，卒之一未照办，而赌风尤炽。吴前县提倡新政不遗余力，以故四乡镇颇具自治资格，均能实行革赌。而自方县尊到任，赌禁大弛，四乡镇纳赌税于官，即公然开赌；密迩衙署之处，纳赌税于官，亦公然开赌。故海阳有公赌、私赌之名，遂使无处无赌，无时无赌。其一二公正乡老，有提议革绝者，反遭博徒捶楚，官不禁赌，彼固有所藉口也。夫方县尊之于宋煊文不肯早用其言，迨禀诸上宪而后勉强从之，既从之而终不行之，不行之又难禁宋煊文之不复禀于上宪，则此时之心理且嫌且忌且愧且惧，情之必然也。故心理相合，无可解释，而必出于中陷之策，亦势之自然也。此押房招告，桎梏下狱，拟监禁十年之事之所由来也。

乡民之疑于官者何在？海阳地瘠人稠，鲜食维艰，筹办新政并无底款，在在需索于民，几有竭泽之叹。其捐款之弊不暇枚举，试就其大者言之。海阳用款之巨，以巡警为最，巡警用款出自戏捐、铺捐、杂捐及罚款。其杂捐乡民无从稽查。铺捐海阳分上中下三等，上等年抽京钱二十四千文，中等年抽京钱十四千四百文，下等年抽京钱七千二百文，海阳商务颇称繁盛，约计每年可抽京钱四五千仟文。戏捐每演戏一天，捐京钱三千文，海阳境内有戏数台，计每年可抽捐四千仟之谱。其罚款在方县尊任内，罚李某京钱二千仟，罚迟某京钱六百仟，其余或三百仟，或二百仟。合计每年入款，不计杂捐，数已逾万。警款不为不巨，而巡警局只有城内一处，其中只有巡警三人，去年六月始又添六人。其出款区官月支银二十四两，巡官月支十五两，巡长月支京钱十五千，巡警月支十二千，局用月支十八千，杂费年支五百千，合计每年湘平银四百六十八两，京钱二千二百余千，总共每年出款约京钱四千仟，则前此所筹之巨款半归无著。尤可异者，方县尊出款清账内开行村、东村、夏村、郭城四乡镇各设巡长一名，年支薪水银五十四两七钱三分七厘，警兵三名，共年支饷银一百十两八钱四分二厘，四乡镇年共报销银六百六十二两三钱一分六厘。乃四乡镇实无警兵一名，则此项巨款全归吞蚀无疑也。民间知此弊端，必求将出入款项榜示于众，绅耆已达此意于官。去岁宋某呈禀抚宪，尤兢兢于此。而官方支搪，终不肯榜示，则乡民之疑于官者一。今春为组织地方自治，海邑拟筹大钱四千仟，为数已多，然小民无不乐输而不恤民艰。际此歉岁荒春，又藉端加派大钱四千仟，名为巡警教练所经费，合算大钱八千仟，一并严催。而各村耆所领刊印谕单，实无教练所字样，民怀惊疑，相率观望。第二次督催之谕单，始加自治、教练等所字样，前后分歧，更予民以可疑之端，加以警务项内以前之弊窦民已悉知，故此次抽捐颇形艰涩，所筹之八千仟只纳有四千仟之谱，则乡民之疑于官者二。海阳学款强半取给于庙产，乃庙产之提归官学者益多，而官学益形腐败，且官费学生只限二十名，寒士厄于资斧，不得向学，学款益巨而学途愈隘，则乡民之疑于官者三。津浦铁路股票于光绪三十四年冬海阳承认三大股，方县尊并不宣示章程，只传谕绅耆每大股银七百四十五两，分作十小股，每小股并杂费须筹银八十两，按村之大小逐户勒索。迄今乡民既未悉股票填列何名，更不见股票为何物，是此项股银究竟置于何地，则乡民之疑于官者四。自方县尊到任，饬吏役督同总约向四乡花户每骡马一头匹勒索京钱一千至一千二百文不等，名曰马差，且谓本府到县查事一次，凡有骡马之户应纳马差钱三百五六十文不等。上年府尊到县三次，今年到县一次，各花户有照到县次数完纳者，有摊于大粮征收者，乃见上宪告示，谓官员因公到各州县，概不索费于民，而府尊到县，何独不拘此例，则乡民之疑于官者五。沿海之地，盗贼出没无常，偶有疏虞，即乘机窃发，故防盗为最要。方县尊自到任以来，凡村路窃劫之报盗者概不究办，以致养痈成患，盗风日炽。去年十二月初十日突有水贼九名闯进离地四十里之乳山口商埠，各持器械，抢劫义增商号银钱共计三百余两，元春商号银四十余两有案。本年二月十四日晚，复有水贼十余名持枪绑劫乳山口裕记栈、元春号、三义号、裕增号、泰昶号执事五人，名曰绑票，在附近宫家岛地方逗留至七昼夜之久。方县尊命各号持银四千两往赎，始得放还，亦有案可查。旋于四月二十日，又有水贼七名突入和尚洞渔场，绑劫永顺等号船伙三人，复勒赎银元一百五十元。此其最著者。至于窃劫细案，难以枚举，于是邻邑盗贼均以海阳为逋逃薮，而各海口商埠因之断运多日，莫敢装粮进口，以接济饥民。哀鸿遍野，殷富者尚苦无粮，贫民何堪。正在恐慌之时，而催粮索捐之吏纷至沓来，民情益急。似此小盗不究，大盗不剿，坐视民生凋敝，商业消疏，其用意何居？则乡民之疑于官者六。至于纳粮一节，自改征正供银一两收京钱四千八百文，同时奏准加征盐课，海阳每正银一两应摊京钱一百五十六文，统共每两正银应纳京钱四千九百五十六文。嗣因张前县于盐课钱一百五十六文外又加征三十二文，乡民即如数完纳。嗣于光绪三十四年海阳境内铜元畅行，制钱短绌，曾蒙吴前县出示晓谕，不拘铜元、制钱，任便完纳。及方县尊到任，明知制钱绝迹，坚索三成制钱，无制钱即加征京钱六百文，并重征盐课钱三十二文，乡民以骤增多数，或又有弊端，求官明白晓示，而官只严催督责，并不宣示理由，经乡老再三劝导，四乡有如数完纳者，亦有总社约将加数垫赔完纳者。今春因本地荒歉，北粮闭粜，乳口断运，粮价腾涨，民复求减钱粮，不减则必求宣示理由。乡社耆屡请于官，只含糊批答，终不晓示所以加征之故。乡社耆及各花户等以国课攸关，恐误期限，遂共推宋煊文与乡社耆等呈禀于官。方县尊见宋煊文出首，遽尔捕逮，搜其行箧，得禀稿并报纸数张，官以得此仍不足以致之罪，即传谕与宋联名具禀诸人，令各丛过于宋，以自解免。众不听，纷纷规避，皂隶日谇于门，于是绅耆无敢为宋说项者。以故宋煊文押房招告一月，无告者，亦无保者。适府尊到县，宋煊文之子（熏）〔壎〕吉递禀，为父鸣冤，讵府尊未问一字，遽饬将伊父子桎梏下狱，系狱八日，遂有乡民集众进城之事。此又一原因也。至其进城情形，实则民因积怀莫诉，遂扬言欲集众请命，冀官之一悟也。奈方县尊执拗不回，预调乳山防海兵四十名，于四月二十七日将四门掩闭，以作攻守之势。民不得已，于四月二十九日辰刻齐集城北望石山，不遽逼城。城守战春山赴山问众来意，众谓只欲请示数事，并问宋氏父子何罪。城守允为代达于官，奈众民在山自辰刻静候至未刻，并无回音，遂进至城下。方县尊将宋氏父子桎梏带至北城，若欲示威以压众民也者，众愤大哗。宋氏父子向众叩头，劝以暂退北山，从容具禀，勿得纷扰。众已允许，惟西城外人民未之知也，有数人逾垣，开城放众入。官正向西城，见众已入，且手无寸铁，计欲击散之，遽督兵开枪，击伤乡民四人。众益愤，夺枪二支而未与校，但相率至衙署。讵大堂上早备巨炮二尊，见众人即已点火，幸乡民中有技勇者数人急进，竖炮向上，将二门楼击毁，民得无恙。众愤，欲擒之，兵勇窜入内宅，民相戒勿遂入。当有城绅王尔铸等联名禀恳将宋氏父子当堂开释，众民遂具禀开列九条候示。至翌午，官逐条批示，众即散去。所禀之九条及批示另单呈阅。此次小民进城，惟大堂上之棹案及鼓拥挤损坏，其余城中秋毫无犯，城外禾稼颗粒无恙，此皆切实情形也。

夫当此政治改革时代，民怀疑惧，即家喻户晓，殷殷劝导，尚恐蚩氓讹传误会，因事生风，矧如方县尊之茹而不吐，吐而不尽，全使其迫勒之手段，即其中毫无弊端，亦属愚民之政，不可施于今日之世。况明明有弊可指，以故民之积怀欲白者，已有难遏之势矣。尤可异者，既不能查悉民情，急思改图，以为预防之策，而宋煊文等屡陈于县，复禀于上宪，防微杜渐，具有苦衷，奈杜灶无恩，反坐抱薪之罪，岂足以服人乎！其罪宋氏父子之堂谕，但云宋煊文纠众抗粮，获有证据，又云访闻宋壎吉阻挠新政。夫完粮并未逾限，而乳山乡尤早，于宋煊文未被押之前已照限完纳，有房账可查。且初之屡请于官者，只求晓示加数之理由，何尝有违抗之言。其云获有证据者，不过其行箧中之禀稿而已。禀已上矣，不为私物。且此证据果系可凭，又何须招告？至宋壎吉因访闻其阻挠新政，竟行系狱，并拟监禁十年，试问访于何人？问于何人？访问二字可以定谳，是世界无无罪之人矣。至乡民之集众请示，亦属不得已之举。蓄疑已深，不得上达，及公举一代达民情者，遽遭重谴。其在小民，将欲远诉诸省宪，而蹀躞千里，奔诉非易。且宋某等已条陈于抚宪矣，虽蒙札饬，亦属无效。将欲近诉于府尊，而宋生一禀，遽收之狱，则千万人之言，不如县尊之一诉。诚有如此不可，如彼不可，不得已而出于下策，亦可怜也。伏贵局为民情之代表，治安之枢机，理合将缘由颠末切实陈明，呈请建议，并恳代达抚宪，宽其既往，俾小民有自新之路，谋我将来，庶海阳有善后之望。至于善后事宜，容俟另禀呈核。肃此谨陈。

四月二十九日乡民进城请示禀词并批钞录于左。

四乡小民人等谨禀大老爷案下：为钱粮事。具禀原系四乡公共会议，今宋煊文父子独被诬监禁，情形可惨，小民不忍坐视，因共来城，恳请释放回家，并祈将被诬案卷抽出共阅。为此具禀，伏乞恩准。

批：准查监禁，并未禀办，案卷原无，且系本府面谕，尔等共知。未及具禀，尔等即来城具保。已经开释，应毋庸议。此批。

在城绅董王尔铸、赵育杶、赵鸿藻、王允祥、鞠梦虞、赵洪涛、赵世楠、王奎肇谨禀父台大人钧座：前为钱粮事具禀，原系公议，今宋煊文父子独被诬收狱，及李德举被押，小民冤之，不忍坐视，共恳释放归家，以安众心。为此具禀，伏乞思释。

批：准保。

为出示晓谕事。案据四乡民具禀请示各条，兹已分别批明晓示于后。

一、为仓谷八千石，今岁荒急，请即发出，以救贫民。

批：城内仓谷未动，四乡著经手人办理。

一、为钱粮银两浮收大钱三百文，求绅耆公议办法，宣示理由。

批：候饬城乡绅耆妥议宣示。

一、为研究所、巡警局八千吊钱，外间共疑经手人私吞大半，即请各耆绅包纳。

批：此条现已缓办，将来开支必有榜示，如有私吞等弊，准即指禀严办。

一、为马差已奉上裁撤，求免纳。

批：候查明革除。

一、为庙产系善人所施，不愿出荒归城里学堂，求仍归各社自办学堂。

批：照准。

一、为戏捐、铺捐及累年各项杂款，求张贴出入榜示。

批：由本县任内经手查明，再行榜示。

一、为一切新政及用款中多弊病，拟公举公正人作为乡社耆经手办理。

批：照准。

一、为税契浮收钱项，请为革除。

批：候查明革除。

一、为小民人等来城请示，自为无罪，当街被巡警兵枪伤四人，恳求处置巡警局。

批：候查明严惩。

以上各条均经明白批示，为此示仰该乡民人知悉。自示之后，尔等执此告示即速归家张贴，勿得在城逗留，切切。特示。五月初一日。

为出示晓谕事。照得四月二十九日乡民进城，无非请示一切新政及求放宋煊文而来，并非藉端闹事。诚恐民心惶惑不安，合亟出示晓谕，为此示仰合邑军民人等知悉。自示之后，尔等宜知四月二十九日来城之人皆系农作良民，实非藉端滋事，于五月初一日一律妥为解散。所有城乡市集自当照常营业，作买作卖，勿得惶惑，自误生计，切切。特示。五月初三日。

抚院札覆莱阳县高等学堂学生于之凤恳请设法垫补守城费用请愿书文（附原书）

七月二十八日

为札覆事。案据谘议局呈称：据莱阳县高等学堂学生于之凤为守城费用恳请设法垫补等情呈送请愿书前来，本局遵照局章收受，当经公同协议，除将原稿备存外，所有请愿缘由理合照录原文，另缮清折，呈报裁夺施行等情，并抄呈请愿书清折一扣到本部院。据此，查莱阳承变乱之余，商民困苦情形，本部院早经念及，前曾筹拨公款，酌量（账）〔赈〕抚，以恤民艰。所有守城费用，除已经捐缴不计外，究竟亏短若干，应候分行石主事金声、余道则达督同莱阳县奎令确切查明实在数目，在于前拨（账）〔赈〕款余剩项下照数拨给，已捐者不复退还，未捐者不再摊派，以清亏欠而示体恤。至所称市场空虚，请饬劝业道由大清银行拨款数万到莱，令妥实铺户具结领取一节，该银行系归度支部管辖，非劝业道所能主持，所请应毋庸议。但商困亦应兼顾，究应如何维持之处，候行劝业道酌核办理。除分行外，为此札复谘议局查照。须至札者。

为札覆事。据官银号详称：案准劝业道移开：奉宪台札饬：据谘议局呈称，莱阳县高等学堂学生于之凤呈送请愿书，除将原稿备存外，理合照录原文呈报裁夺施行到本部院。除札复【外】，查莱阳承变乱之余，商民困苦情形，本部院早经念及，前曾筹拨公款，酌量赈抚，以恤民艰。所称市场空虚，请饬劝业道由大清银行拨款数万到莱，令妥实铺户具结领取一节，该银行系归度支部管辖，非劝业道所能主持，所请应毋庸议。但商困亦应兼顾，究应如何维持之处，候行劝业道酌核办理等因到道。奉此，查此案业经拟议办法三条开折，呈蒙宪台谕饬，应由官银总号派人前往莱阳县察看情形，设立分号，与该县商民公平交易，以资周转而维市面等因，相应备文移会。为此合移贵总号，请烦查照核夺，见覆施行到号。查官银号年来推广分号，拨款甚多，若再分设莱阳，财力实有不及，且分号需用员司一时亦难其选。但莱阳甫遭变乱，商界支绌亦系实情，本总号亦未敢漠视，因与劝业道往复筹商，于无可设法之中，勉强设法变通办理，暂由官银号筹备库平银三千两、银票三千两、京铜元一万千文、铜元票一万千文，遴派员司押赴莱阳，交地方官妥为出放，不取子息，一年为度，责令如数收回，并拟具放款章程八条，呈蒙宪台照准，应即派员押款前往，以恤商艰。除派委蒋令式谷暨司事李文海前往开办，并饬县查照章程内所开各节，会同取具联环保结，妥为出放外，所有派委携款驰赴莱阳交地方官会同安设放钱局，以一年为度，藉苏商困缘由，理合具文详报鉴核等情到本部院。据此，除批"据详已悉。仰候札覆谘议局查照等因"印发外，为此（查）〔札〕覆谘议局即便查照。须至札者。

原　书

具请愿高等学堂学生于之凤谨呈议长大人清鉴：窃莱阳变乱之情由，办理之情形，以及善后之方法，早在洞鉴之中，无俟琐渎。惟守城之际，设立公局，雇人登埤，巡更看守，以及他项费，不下万余千文，当令城内各商铺分别捐输，给纳多者数百千文，少者数千至数十千文不等，尚亏六七千吊之谱。传言欲令各乡捐助，恐以再生事端，因而仍令城内居民、商铺分别再行捐补。商民人等怵于祸变，迫于大义，碍于官面，困于地位，欲捐无力，不捐不可。当此乱离之后，如此巨款，遽令担负，愁惨景像，实有令人不忍言者。盖经此一乱，城内商民人等均从纷纷他徙，其流离颠连既已难堪。商铺初次捐输，以停业之故，无力上纳者实居多数。今复令重捐，且及居民，将何以堪。查莱阳素用钱票，嗣以乱故，钱票壅滞，银根紧急，钱庄倒闭者已有五六家，长此不救，祸患且及全县，虽为城内一小局面，而关系一邑之大局者非细。元气伤损，岂第乡间为甚。学生世居关厢，归里目睹此情，实不能默无一言。可否呈请抚宪将此项守城费用另设他法垫补，重捐者如数退还，藉资抚赈而恤民艰。至于市场空虚，牵涉全局，请抚宪札饬劝业道，令大清银行酌量拨款数万到莱，令妥实铺户具结领取，以便维持市面，藉通金融而苏商困之处，出自贵局清议。谨为保全县内元气起见，不避越分之嫌。肃此谨呈。

札覆莱阳县绅商学界暨各乡乡社长于仲瀛等详陈该县乱情原委请愿书文（附原书）

七月二十八日

为札覆事。案据谘议局呈称：窃本局据莱阳县绅商学界暨各乡乡社长于仲瀛等以乱情原委据实详陈等情呈送请愿书前来，本局遵照局章收受，当经公同协议，除将原稿备存外，所有请愿缘由，理合照录原文，缮折呈报。为此呈请裁夺施行等情，并抄由请愿书清折一扣到本部院。据此，查莱阳聚众滋事一案，业经委派石主事金声、余道则达前赴该县查办，并叠次照会叶协统等迅速查拏首要，以期永绝乱萌，各在案。兹据呈送请愿书前来，应候分行该员等一体查照办理。除分别咨行外，为此札覆谘议局查照。须至札者。

原　书

具请愿绅商学界暨各乡乡社长于仲瀛、姜尔受等谨呈谘议局诸位乡长大人台鉴：谨呈者。为乱情原委，据实详陈事。窃此次莱阳之乱，传闻失实，多谓由官绅之苛捐所激，不知所谓苛捐者，乃逆党捏造，蛊惑愚民之词，非实情也。自新政迭兴，陆续办常年捐四项，曰庙产捐、油房捐、城厢铺户月捐、戏捐，而临时由各社分筹者二次，曰学堂开办费、文庙改修费，俱经禀明在案。除永庄未曾办缴外，余皆量力捐输，不误公用。是官绅无苛捐之事，乡民亦无苦捐之情，昭然可见，安有如所传某税若干、某税若干之烦且重者哉？或曰末次之乱，由奎令操之过急，岂知乡民爱护曲逆，必不肯令其就擒，而其同盟党与尤死生患难与共，为官上者若听其猖獗，终不过问则已，不然无论如何设法、如何捕拿，但一经拘缉到案，该党众必万万不能甘休。观五月二十六日村民之截击官兵，不由曲逆之号召，即缓办，庸有济乎？外间又称大兵到后如何淫掠惨杀，更属无有之事。盖叶、李两军门初到姜山，特派差官亲赴该巢穴劝导，但欲解散，不欲杀戮可知。

及不得已，进军马埠，逆众迎拒，然后略示剿惩，且又不合围，不追击，听其逃散而去，是虽系死罪，尚予生路可知。后分驻河头店、马兰庄、南岚等处弹压地方，一皆纪律严明，稍无扰累，此昭在耳目，俱可核查者也。最可惧者，此次乡民对于曲逆，胁从者固多，乐从者亦正不少，其残杀官兵，攻城逆谋，皆若辈布置主持之。至假该逆之威，诈人财物，残人肢体，致颠迷而死丧者，所在多有。大军初到时颇怀疑惧，自知罪在不赦之条，今竟得法外逍遥，愈悍然而自以为是，并因此番抑制，其于官绅良善仇视益深，大兵一旦撤回，则积而必发之势，惨毒更靡所底止。且邻邑蠢蠢欲动者多，洋人耽耽内伺者久，及今不加防御，恐日后再有动静，乘间而起者将不止在一邑之间，此惩其既往，正所以杜将来之衅也。为此将莱事颠末，详悉呈请鉴核，伏祈转呈大帅，特饬叶、李两军门查明罪恶首从，胥予惩办，以肃法典而安善良，不胜盼祷之至。肃此谨呈。

抚院札覆莱阳商界于之模等以恳拨官款藉资市面请愿书文

八月二十四日

为札覆事。宣统二年八月二十五日，据呈莱阳县商界于之模、赵培祺等请愿书内开：窃自曲逆倡乱，四民失业，而商界为尤恐惶。盖二次聚众时，早有入城焚掠之议，因此铺家票纸，乡愚蜂拥挤闹。四月中旬及五月初间，约换出大钱十余万，当致倒闭五六家，余者亦幸得支持而已。然使祸非起于本地，事过犹可期流通，而外商亦能缓急相需，藉资周转。乃数月以来，谣言四起，远迩观望，欠账者藉口不理，存货者贬价莫售，加以外埠催归息款，而境内更无可通融，每年秋后紧急万状，今又百倍于前时。此如一身之血脉滞塞不通，倘不设法维持，微特资本微薄，固难保守，纵气力稍厚，亦将被牵制而同即于不支。情状困难，机关已停，惟有仰恳体恤商困，开会公议，准请抚宪饬由官款拨给银十余万两寄存库中，定息若干，限期几月，或以不动产业抵压，或以殷实铺户结保，既于库款无损，而市面亦藉以保全。现在商会已经成立，彼此欠借，逾期概难归理，屡次会商，一筹莫展，万望鼎力维持，藉支危局，不胜盼切之至等情到本部院。据此，查莱阳商界支绌，前据谘议局呈送于之凤等请愿书，业经筹议办法，饬由官银号筹备银两及铜元、钞票等项，委员解赴该县，妥为出放，以苏商艰，并札覆查照在案。兹据前呈，除分行外，为此札覆谘议局查照。须至札者。

抚院札覆莱阳县姜尔受等代表四民全体恳留循吏请愿书文（附原书）

九月十八日

为札覆事。案据谘议局呈称：窃本局据莱阳县姜尔受等代表四民全体，为恳准请愿禀留循吏等情呈送请愿书到局，本局遵章收受，当经公同议决，除将原稿备存外，所有请愿缘由，理合照录原文，缮折呈报。为此呈请裁夺施行等情，并呈姜尔受等请愿书到本部院。据此，查该县奎令前此调省，改委张令学宽接署，迭据该县绅商学农各界具禀挽留奎令，前已去电传谕在案。嗣据姜尔受等来谒，面禀该令听断明决，任事勤能，合邑绅民感戴，词气恳挚，谅出至诚，自应俯顺舆情，暂留任该令。嗣后务当益自刻励，守清慎勤之训，始终不懈，于讼狱则虚衷研鞫，于新政则尽力筹谋，以无负全邑人民之望，尤以调和城乡绅民各派意见为第一要义。倘以有人禀留，稍自满假，或遇事持以偏见，不能悉臻妥协，以致别生枝节，本部院决不能仍狥绅民所请，稍事回护。除径饬奎令妥慎遵办，并传谕绅商学农各界一体查照，暨行藩司饬知张令学宽另行委用外，为此札复谘议局查照。须至札者。

原　书

具请愿莱阳县姜尔受、辛从金等代表四民全体，为恳准请愿禀留循吏事。

敬呈者。窃为请留奎令，迭上禀电，蒙由李镇传谕开导，并请余道、石主政代电恳求，何得再渎。然去留之间，关系利害甚巨，又何能坐视。夫一邑治乱，视官贤否，如莱阳之乱事，养成有渐。既往亦不必深咎，而承此祸变之后，独能调和得法，深洽民心，已为地方无量幸福。如必以报告污蔑之语，拂亿万爱戴之心，恐于善后大局违碍实多。月之十一日商学界开会，公议禀留，乡老闻而赴会署名者七百余人，并公举职员代表全体亲赴贵局，面恳代争，足征悦服实出至诚。惟祈转请抚宪俯顺舆情，仍饬奎令署莱，不胜迫切待命之至。书此请愿。谨呈。

二、电　函

请资政院速示预算办法电

九月初四日

北京资政院总裁钧鉴：预算未交，奉抚院称部驳未回，再迟恐误会议，请速示办法。山东谘议局。文。

福州为预算案来电

九月初四日

谘议局鉴：敝局质问闽督提出预算内期决议，未得确答，停议他案。事关重要，请协力坚持，电覆闽局。江。

覆福州电

福州谘议局鉴：预算未交，已照联会原议，电院请覆。鲁局覆。

福州为预算案来电

九月二十三日

谘议局预算无岁入，已电呈督，若答与会约违，乞即停议，待解散议局。何时停议，覆闽。

覆福州电

福州谘议局：预算本局有岁入，与联会约不背，未便停议。鲁局覆。

福州为预算案来电

九月二十五日

谘议局原约称无岁入，系专指地方言。若仅参考之于总岁出，乃备考之件，预算仍不能成，如何？覆。鸽。

覆福州电

福州谘议局：电悉。预算岁入，国家、地方素未划分，皆分割各部为之，各省类然，勿泥。鲁议局。①

① 以上“福州为预算案来电”及山东谘议局“覆福州电”各有三封，原报告书目次中仅列第一次，兹皆保留，并皆列入目次。

四川为预算案来电

九月十五日

谘议局鉴：预算未交，已呈督质问，并守约未开议。督覆准部电，录交地方行政经费底册亦未至。如交到，无程式比照，无从议决，当仍力争。贵省如何？希覆。蜀局。谚。

覆四川电

四川谘议局鉴：预算国家、地方经费册，鲁抚准全交。鲁议局。

天津为预算案来电

九月十七日

谘议局鉴：敝省预算案有岁出无岁入，已照联合会公决示。顺直议局。筱。

又天津为预算案来电

十月初八日

谘议局鉴：为预算事。敝局不认财政局册为有正入，拟会毕璧缴，申覆理由，力争明岁完全预算，乞一致，望速示。直局。荠。

武昌为预算案来电

九月十四日

谘议局鉴：鄂预算仅交地方行政经费岁出底册到局参考，决力争。鄂。

武昌为预算案来电

九月二十六日

谘议局已电院云，鄂地方预算并全册已发到局，惟系先行逐项讨论，非交议决参考。查试办预算已逾定期，常会已届强半，设再迟交，惧滋贻误遗证，局章深虑摇动，请速主持解决。贵局如何？详电覆。再，借债办法除国会开后不得承认，已电院，请同助。鄂。

覆武昌电　九月二十七日

武昌谘议局：电悉。本局预算先电院请示办法，未覆。现抚札交局议决，与贵省不同，希力争，决援助。鲁。

长沙为预算案来电

九月二十七日

谘议局预算不交，是否照联合会原议？乞覆。湘局。

覆湘局

长沙谘议局：电悉。预算不交，即照联合会原议。鲁局。

杭州为预算案来电

十月初五日

谘议局预算无岁入，贵省如何着手？盼覆。浙局。

覆杭州电

杭州谘议局：电悉。预算岁入，国家、地方素未划分，系分割各部为之，各省同，敝省已厘剔。鲁局覆。

北京国会代表孙洪伊等来电

五月十一日

谘议局并转各团体：初十书已上，祈速合电政府要求。代表团伊等。队。

北京国会代表孙洪伊等来电

五月二十六日

谘议局转各团体：请愿无效，决为三次准备，誓死不懈。伊等。

安徽为请开国会来电

九月十二日[①]

谘议局鉴：请开国会事，敝邑准作第一建议案，呈抚代奏。希贵局同时并上，乞电覆。皖议局。

① 据原报告书，“九月十二日”为“覆安徽电”时间，安徽来电时间为“九月十一日”。

覆安徽电

安徽谘议局鉴：请开国会建议案，敝局拟即呈抚代奏。鲁议局。

北京国会代表孙洪伊来电

九月二十一日

谘议局转各团体：资政院二十日议国会，全体赞成，决具奏，万岁之声雷动。乞联合贵抚电奏。伊。

资政院议员王佐良来电

九月二十二日

谘议局鉴：国会事昨经议决准奏，全院欢动，祈速谋进行，勿争私见，贻误大局。佐良。个。

呈请抚台电奏速开国会文

九月二十二日

抚台钧鉴：国会两次请愿，未蒙俞允，时局变迁，日形危急，群情惶恐，较前更甚，非续请速开国会，共济艰难，则上既无以释宵旰之忧，下亦无以慰云霓之望。为此合词吁恳抚部院据情电奏，不胜激切待命之至。山东全省教育会会长度支部主事石金声、农商会总理江苏候补道汪懋琨、农会协理翰林院编修马荫荣、谘议局议长翰林院编修杨毓泗、副议长候选道于普源、直隶补用道王景禧暨全体议员等同呈。

太原为请开国会来电

九月二十三日

谘议局请愿案，院决奏，如谕驳，同解散力争。乞覆。晋谘局。

覆太原电

太原谘议局：国会院奏如驳，届时准联各省解散力争。鲁局覆。

北京国会代表孙洪伊等来电

九月二十六日

谘议局转各团体：国会确闻政府议定宣统五年召集，明日发表，希今日即用递团名义电军机，力争五年即开。生死一间，勿误。伊等叩。

请军机处鼎力主持速开国会电

九月二十七日

北京军机处王爷中堂钧鉴：时局危迫，民情悚惶，惟速开国会，方慰民望。为此合词吁恳鼎力主持，勿再延缓，不胜激切待命之至。山东全省教育会长石金声、农商会总理汪懋琨、农会协理马荫荣、谘议局议长杨毓泗、副议长于普源、王景禧暨全体议员等同叩。

桂林为请开国会来电

九月二十七日[①]

谘议局：国会请抚代奏，已允。贵省如何？盼覆。桂局印。

覆桂林电

桂林谘议局：电悉。国会请抚已电奏上书，亦允，确闻政府议定宣统五年召集，未布，希速同电军机力争，勿误。鲁局。

① 据原报告书，“九月二十七日”为“覆桂林电”时间，桂林来电时间为“九月二十六日”。

南京为请愿有效来电

十月初四日

谘议局鉴：请愿有效，感极涕零，已电院叩谢，想表同意。宁局。支。

北京国会代表孙洪伊来电

十月初六日

谘议局转各团体：国会仅缩三年，人心失望，如何？速望。伊。

盛京为四次请愿来电

十一月初八日

谘议局：四次请愿，敝省集数万人哀求总督代表，允于三日内奏出，各界代表准于十一日抵京。贵省如赞成，请即电资政院贵省议员代表上书，并将代表姓名三日内电覆奉天同志会。

覆盛京电　十一月初十日

盛京谘议局：遵示已电告敝省资政院议员彭占元等代表协助上书。此复。

鲁局。

太原为四次请愿来电

十一月初八日

谘议局：奉省四次请愿，乞赞成，盼复。晋局。

覆太原电

太原谘议局：敝省已电覆吉、奉赞成。此复。鲁局。

致彭君占元等协助四次请愿电

十一月初十日

北京潘家河沿药王庙彭清臣鉴：敝局准吉、奉二省电邀四次请愿，希诸公允充代表，届时协助，盼切。余函详。鲁局。

抚院为莱阳围解绅民仍电请追剿以免养痈贻患来函

六月十二日

敬启者。莱阳围解，大局暂靖。兹将叶协统等来电并弟之覆电另录奉阅，以慰廑注，并祈转致贵局诸同人。顷接莱阳绅民公电，仍请追剿，以免养痈贻患等情。贵局想亦得电。弟已电叶、李相机兜捕，但不得扰害良民，邻近各县均分饬严密防其窜入，一面劝抚流亡，速行回里安业。海阳此次幸未勾结，地方安靖，尚属幸事。专此奉布。敬颂暑安。

胶州来电

大帅钧鉴：济密统领、职镇前在姜山出示，限期解散，当经电禀。发电后据水沟头绅商来报，谓该处胁从已遵示解散，请即进兵镇慑，并谓曲逆实无和意，藉和缓军，乘隙攻城，现在攻城甚急等语。遂派中路马步先进，迄抵水沟头庄外沙河边，讵有余匪先行开枪，该队亦即迎击，约战十余分钟，匪伤一名，旋即退散。统领、职镇接据报告，即督大队接应，初六午刻抵水沟头。查此处距城五十里，民多被胁，一经示劝，遂多解散。所开枪者，曲之悍党，因见势孤，逃回匪薮。正拟再筹劝谕之方，适接杨道密函，知匪已攻城数次，万分危急，顷刻难保，即于是夜飞速赴援。黎明后行至距城十余里，即遇匪党万余，分路先击，曲逆在白林庄山上督战。仍欲劝散，奈匪势凶猛，枪炮如雨，不得已亦开枪炮回击。城内官军接应会合，鏖战三钟之久，逆始大败，窜据白林庄。该庄为曲逆之家，亦即匪薮。督军进剿，巢穴遂破。良民早经逃去。据擒匪云，我军酣战时，曲逆率党百余逃入山内。惟山径多歧，居民栉比，且城围已解，未便搜捕，致有惊扰。是役擒获匪首李秀山一名，匪党五十余名，毙匪约百名左右，并获枪炮百杆，刀矛火药无算。陆军二十标阵亡兵一名，中路马队前被掳四名，闻皆遇害。张令学宽见面及宪赐支电、钧函、告示奉到时，队已开拔，敌情已现，救城事急，万难停止。是逆党围攻城池，焚掠地面，抗拒军队，戕害兵丁，种种叛逆，历历可指，若再迁延，势必滋蔓。统领、职镇先行劝谕以解胁从，次加惩创以歼逆党，良莠自分，民心自服，仰副我宪削乱安民至意。除会同杨道、奎令安民外，但曲逆窜入山内，仍恐招集羽党，一面设法严拿，一面筹办善后。海阳闻尚安静，容商同杨道查办。长盛、安堂叩。庚。印。

复　电

烟台徐道台、胶州姚直牧分转叶、李二公：莱城解围、善后，悉赖主持。此次曲逆聚众，乡愚纷纷逃避，家业损失，老弱流亡，被胁之人现虽解散，而畏罪不敢回里，势必转徙沟河，莱民何辜，遭此荼毒。琦德薄能鲜，不足感化愚民，致有此祸，曷胜疚心。惟望两公分神补救，迅速设法安集流亡，劝谕各归田里，照常安业。除首要仍应严拿外，无论某村何家，已解散者概不追究。如有告讦者即当反坐，以免挟仇报复。分贴告示，远近周知，以安民心。二十六及此次擒获之人，其中亦多被胁，速审明分别省释。莱境乡民素仇城绅，现今宜劝令诸绅捐集钱谷，分赴各乡抚恤穷民，藉可解释前嫌。并拨官款五千两，由奎令暂时挪借，责成张令商同诸绅妥为经理，务使实惠及民，毋令一夫失所。闻曲逆将秋禾拔去，又闻莱境豆子、地瓜均未成种，究竟如何情形，均请查明详示。至军队到莱，原为靖乱安民，务望严切谆谕各官长约束兵丁，如有稍犯军律，即行惩办。现在贵军暂驻，所有左路前派各棚，应即先饬各回原防，以顾地方。希酌核办理。琦具。

呈抚院莱阳议员孙孟起函陈该县乱况公函（附覆函）

六月十六日

敬肃者。昨奉函谕，并胶州来电及覆电一纸，敬读之下，仰见宏谋远虑，规画周详，莫名感佩。前承面示关于莱、海事情如有所闻，令即函报，适接本局莱阳议员孙孟起同绅商学界来函，报告该县现状，内盖各商号图章多颗，知关钧注，用将原函呈阅，以备采择。肃此，祗请勋安。

原函

敬启者。莱阳县自调查户口之事行，乡愚无知，皆以为将有人口之税。又以新政迭颁，款项屡筹，乡间浮言哄传，不法之徒几视官绅若仇雠。学界人出而解说，微特不听不信，反以为与官绅狼狈为奸。有讼棍曲士文者，与其弟桂舟大肆运动，招集游手光棍，捏造飞言，流传乡曲，藉前此仓谷一案，纠合愚氓于四月十三日进城闹堂。尔时朱邑尊见势凶悍，未敢斥责，只以婉言劝慰，凡所要求，虽显背功令，无不一一允诺，以图解散。后以所允之事未经照办，复于五月初仍行聚众，并钩结海滨胡匪四五十人以为护符，在莱之西北乡到处勒从，有不附者辄擅肆焚烧以惧之，以故高酉峰、王景岳、陈玉德三人皆罹其凶惨。由是与曲氏为邻之处，相从者凡六七社，麕集至四五万人，仍复（问）〔向〕邻村拔人，不拔者胁令供给饮食，良民闻之，无不战慄，惧其无情之火故也。至五月中旬，奎邑尊莅事，继复有杨观察到县，出示安民，罪归匪首，犹拟宽其既往，使附从者知悔自散。不料曲逆猖獗狠毒，日甚一日，其所结胡匪与无赖棍徒犹复助纣为虐，到处散布流言，谓此举与前不同，凡系绅矜富户，无不剪除，先攻城，后搜乡，一切皆取法水浒，于是城乡皆为之戒严。于五月二十五日探悉该匪集聚马兰庄一带，当蒙杨观察派兵夜往掩捕，匪徒胆敢开炮猛拒官军，被击伤步兵数人，掳去马弁一人，剥皮肢解。又使其逆党于官兵归途握要路口暗中埋伏，截击凡七次，官兵且战且行，日暮方得回城。二十八日该逆进踞九里河，修筑营垒，公然开炉铸炮，设碾造药，以为攻城之计。至六月初四日果由四面环攻，悍猛异常，城中受伤者数人，死者二人，幸赖守埤兵丁死力击退。初五日闻有大兵西来，一面使其逆党率众要截，一面进攻益急。初七日叶、李两军门率兵自水沟头前进，沿路劝解，不料行至匪营，而匪徒竟先行开砲，轰毙常备军一名。似此愍不畏法，岂止形同叛逆。及官军开砲，该匪见势不支，乃率死党窜往西北一带，匪营内弃掷大小炮枪及子弹火药竟富至五车。擒获要犯二名供称，前诓获探马四名，已经脔割。现闻该匪在西北一带，仍用故智，所过村社仍复烧毁民屋，希图胁从再聚。如再姑容，必致酿成巨祸，一经蔓延，受患者将不独莱阳一县矣。且事起有因，倘不痛加惩创，将于新政前途大有妨碍。为此恭恳议长大人向抚台确叙一切，并恳代求速发命令，分别良莠，剪除非类，以靖人心而伸国法，不胜感激待命之至。

此事孟起早拟肃函奉闻，只以无知愚氓，乌合不能成事，以故未敢遽禀。及至势成滔天，两路邮政俱被匪徒截住，所以至今始得通信，幸恕，幸恕。再，谘议局戳印因避难在城，未曾携带，急切不能回舍走取，万望勿以此见疑，致误大事，至祝至祷。盖君有均自曲逆作乱，音信不通，以故未能同函。

抚院覆函　六月十八日

敬复者。顷奉手书，并莱阳孙议员原函，诵悉一切。查日昨莱绅具禀到院，亦盖有各商号图章，大致与孙议员函相似，业经咨照叶协统、李镇台查照核办。顷据莱绅续禀，并称城内尚贴有曲匪檄文，词甚急切，亦饬查明抄送备核。孙议员原函附缴，请即察收备案可也。此复，敬请钧安。

抚院为莱阳流亡渐臻安集来函

六月十九日

敬启者。昨夕接叶协统等咸电，莱阳秋禾尚茂，流亡渐臻安集等情，闻之稍慰，用特饬录一份，送呈台览，以纾悬注。手此，敬请钧安。

胶州来电

真、震电谨悉。抚恤流亡，仰承注意，统领等业经出示，迭劝归农，渐臻安集。张令已回省，徐道委祝倅、何令不日前来，到时即督饬妥为经理。诸绅损资，奎令尚未商允，容再嘱商。秋禾极茂，曲逆并未拔去，豆子均已成种，地瓜间有未种者，可补种莜麦，请纾宪廑。现在曲逆窜入西北边境，距城百里有余，侦缉均不便捷。且西北各乡被惑最深，极应广加劝谕。现派陆军步一队、马十骑，驻距城三十里河头店，又步两队、马五十骑，驻距城五十里南岚集，并派中路步两哨、马五十骑，驻距城五十里马连庄，广贴告示，剀切劝导，抚慰流离，以期人心安定，自可效顺献逆。仍派密探，并期就近缉拿，已严申纪律，毋稍骚扰。左路各队除将青州、平度州之队暂留，仍将第三营副三哨拨四棚赴海阳外，其余遵饬各回原防。长盛、安堂、耀林。咸。印。

抚院函送曲逆伪檄文

六月二十日

敬启者。顷据杨道耀林禀呈曲逆伪檄文一纸，据称系由莱绅送到，字多脱落，且盖有红戳一颗，模糊莫辨。兹特饬录一分，专函奉上，即请查照备览可也。手此，敬请（均）〔钧〕安。

曲士文兴义师之檄文

呜乎！吾邑之民陷于涂炭也久矣。自近年以来，行特别之制，放弃治理，阻缚人生，病民之道，为前古所未有。民生日艰，民命日蹙，假新法之名，增加赋税，不务实际，行苛政，阴险惨毒，不可端倪，遂使我伯叔兄弟诸□□如坐水火，救援无路，呼吁不应，民生之苦，盖至斯极。今天赐我以济民之任，吾必杀尽贪官污吏与诸绅士，斩草除根。吾今日正在卧薪尝胆之秋，故不虚阔空谈以欺人，唯实行吾所能为。□□□青年男儿，实行斯语。何意言犹在耳，问天不语，斫地无灵。吾将偕与斯同心者同声一哭。

呈抚院莱阳县祝大成等函陈官绅逼乱公函（附覆函）

七月初七日

敬肃者。本局凡关莱事，收到书函各件，无不立即抄送呈阅。现又收到烟台商业公司祝大成等来函，除将原函存局备查外，理合照抄一份送呈钧鉴。肃此，恭请勋安。

莱阳祝大成曲云庆修振邦刘芳原函

敬启者。为莱阳民人被官绅逼乱事暂属平靖，惟城东乡平兰社属之岔河地面，原有弁兵二十名驻扎查路，于兵民起衅时，该兵撤驻城内，现已平靖，复有杜员带兵仍往岔河驻扎。该杜某至彼，即找出平兰社长于芳[1]，言及李镇军、叶协统派伊至彼剿灭，嘱于方转告各村各出村长一名，联名出具聚众之字样，又勒索万民衣伞并大钱数百千，方肯保护，否则必行剿灭。于芳本拟不许，诚恐激出事端，现又出备大钱二百余千，求其官军不击足矣，仍弗许诺。想官军如此之决裂，难免前车之鉴。至于莱阳先后之恶政，皆出于劣绅王圻、于赞阳、王景岳、张相谟等串通官府，狼狈为奸。伏乞急为设法拯救莱民于水火，则东省幸甚，莱民幸甚。现山东京官领袖张都宪英麟、陈纪云、管伯年等派来同乡员已往莱阳，查访确情后再为具禀各宪。赐谕祈寄至烟台商业公司转交乃妥。专此奉上，敬请升安。

抚院覆函 七月初八日

敬复者。顷接公函，并附祝大成等抄信一件，备悉种切。已饬东海关道派员密查，详候核夺，俟复到再行函达。先此奉复，敬请台安。惟照不备。

抚院函询莱阳修振邦有无上请愿书文（附覆函）

八月十五日

敬启者。阅北方日报，内载莱阳冤狱一条，语极离奇，其中是非真伪原不必辩，所亟应考证者，谓修振邦等人，弟曾电饬徐观察严拿到省讯办，令人发指。犹记前月津报内登莱阳劣绅罪状一则，并称李镇台驻扎莱阳，纵兵焚掠，修振邦

① 又写作“于方”。

曾函诘该县自治所何故为虎作伥等语，曾经函嘱徐道查询是否确有其事。函内宗旨只云饬传修振邦到署，令其阅看此报，根究来历，若并非出自伊手，应即勒令向该报馆分晰辩诬，登报更正。如其承认登载，则请派员同该商亲赴莱境，就所载各情详细确查，倘所载均属子虚，是其甘为曲逆之伥，两月来北方日报皆受其嗾使无疑，应即发县讯办云云。此虽根究底蕴，而酌理衡情，实属和平办法，今报内抹煞前言，竟捏称严拿解省。即此一端诈伪，余可类推。至此报系何人主稿，亦不问可知。该报声明该绅商等联络该公正绅民多人上请愿书于贵局等情，弟处实未见贵局公文，未识此项请愿书是否曾有递到贵局，敢乞查示为幸。专此，敬请（均）〔钧〕安。

附抄八月初六日北方日报载《山东莱阳冤狱大兴》一纸。

六月初旬，莱阳风潮正盛之时，烟台道徐友梅观察曾派该县绅商曲云庆、刘芳、修振邦、王文耀等前往故乡调和解散。及该绅等甫入莱境，叶长盛、李安堂等即开炮将民轰散。该绅等返烟覆命，徐道又派其前往安抚居民。日前该县自治所等助官为虐，捏禀误报，该绅商等又为之破其奸谋，揭其诡计，种种情由，迭经本报详细登载。兹悉日前该绅商等又联络该县公正绅民多人，上请愿书于谘议局，将该县起事之原因及其结果并现在之情形，一一详列内容，将朱令槐之如何勾结劣绅王圻等鱼肉乡民，曲士文如何大抱公愤，起而抵抗，奎保如何得赃三千五百两，甘为王圻、王景岳等复仇，拿捕曲士文，激起大变，李安堂、叶长盛如何纵兵残民，杨耀林如何仇民邀功，张学宽如何逢迎杨、叶等辈，勾通捏禀，自治所如何甘为官府之虎伥，昧良捏禀捏报，所有情节一一和盘托出，较本报屡屡所载者尤为详尽，且更惨酷百倍。乃该局接此书后，即转呈抚院，孙抚一见，勃然大怒，谓修振邦、曲云庆、宋海涛、刘芳等有意诬谤官界名誉，确系曲党无疑，立电饬烟台道徐观察严拿修振邦等解省讯办。徐观察接电后，谓讯判官崔龄曰：修振邦等皆久居烟台，前日系吾特派赴莱阳调处风潮者，该绅商等往返数次，任劳任怨，究有何罪，今抚宪竟来电饬吾捕拿，吾实不忍奉命。但该电词意严厉，子试将详情对修振邦等言之，着伊等暂避其锋可也。修等知此消息，现皆出奔矣。吁！逢迎长官，杀戮良民，如王圻等即属绅士；一吐实情，即系匪党。此尚有天日乎！又前报李、叶等派兵捕拿拦护泊于祝三不获，仅拿获雇工二名一节。兹悉二工人至县署，奎保即动非刑拷问于祝三之下落，该工人实不知情，奎保即日日以杠子、铁锁、竿子等非刑讯问。该工人体无完肤，奄奄待毙。现在李、叶等又派兵二营，一驻扎南屋集，一驻扎城阳村，皆以捕拿于祝三为事。又响水沟村长杨世杰、野猪泊村长李某、抬头社村长张协邦、石榴社社长高某等，皆派兵日日捕拿，现在四出逃亡，流离失所矣。又城北大山口郝春辉系曲士文之婿，现已经奎保拿获。城东龙王庄战某系于祝三之亲戚，亦被奎保拿获，日日堂讯，皆处以极刑。郝某一日上竿子数次，终为刑所逼，自己诬认系曲之同党。至战某原不知于祝三之踪迹，为刑所拷，两股皆折，闻昨已触阶而死。呜乎，惨哉！

覆抚院函 八月十六日

敬覆者。接奉函谕，并附八月初六日北方日报载《山东莱阳冤狱大兴》原稿一纸，敬悉一是。遵将所有收受莱阳绅民之请愿书逐一查阅，惟七月初六日收到莱阳祝大成、曲云庆、修振邦、刘芳四人由烟台商业公司来函，内称：兹为莱阳民人被官绅逼究事暂属平靖，惟城东乡平兰社之岔河地面，原有弁兵二十名驻扎查路，于兵民起衅之时，将该兵撤驻城内，现已平靖，复有杜弁带兵仍往岔河驻扎。该杜某至彼，即找出平兰社长于方，言及李镇军、叶协统派伊至彼剿灭，嘱于方转告各村，各出村长一名，联名出具聚众之字样，又勒索万民衣伞并大钱数百千，方肯保护，否则必行剿灭。于方本拟不许，诚恐激出事端，现已出备大钱二百余千，求官军不击足矣，仍弗许诺。想官军如此之决裂，难免前车之鉴。至于莱阳先后之恶政，皆出于劣绅王圻、于赞扬、王景岳、张相谟等串通官府，狼狈为奸。仰乞急为设法，拯救莱民于水火，则东省幸甚，莱民幸甚等情，当经照抄函呈鉴阅。至初八日即奉函覆，内开：顷接公函，并附抄祝大成等信一纸，备悉种切。已饬东海关道派员密查，详候核夺，俟覆到再行函达等因在案。此外关于此案如该报所载稍具影响者，莱阳绅民并无递到之请愿书。肃此奉复，恭请勋安。

抚院札知据登莱道禀覆委查祝大成等函称各节实在情形文

八月十八日

为札行事。案据登莱道禀称：案奉函开：据谘议局抄呈烟台商业公司祝大成公函一件，内称莱阳城东岔河地方有带队杜某托词剿灭，勒索衣伞等项。又称莱绅王圻等串通官府，狼狈为奸各等情，虽系无据之词，难以凭信，但既有此信，虚实均应澈查。饬即委派妥员前往严密确查，据实见复，以凭核夺，并抄发原函一件等因。奉此，遵即派委候补知县崔龄前往汇案确查去后。兹据禀称，遵于七月二十三日行抵莱阳县岔河一带，按照函内各节逐一详查。据原函所称，岔河地面现已平靖，复有杜员带兵仍往该处驻扎，遂找出平兰社长于芳，言及李镇军、叶协统派伊至彼剿灭，嘱于芳转告各村，各出村长一名，联名出具聚众之字样，又勒索万民衣伞并大钱二百千，方肯保护各节。查曲逆于六月三日攻城之际，平兰社社长于芳被乱民逼胁，拔人赴岔河守卡，约有百余人。初四日到岔河向该村长杜承麟觅食，未允，众将杜承麟拥至山前村店，杜承麟始允作保，即在该店开饭，食讫仍回岔河，亦系杜家管饭。初六日该村奉到安民示谕，立即解散。事平之后，杜承麟到城，在李镇宪、杨道宪处以于芳趁机作乱，威逼钱财等情呈控在案。适杜副哨官广福奉派往岔河，带兵三十名驻扎，并奉镇宪面谕到彼调处。杜副哨官到彼，即饬人向于芳切实开导，相劝多次，未能了事。杜副哨官亦不再过问，而杜承麟复往县呈控，奉批候传。旋经奎令传案，判令两造既往不咎。至于于芳等所欠杜承麟饭钱，饬令各回家算清措还，并不准书差勒索完案。现经知县明察暗访，佥称杜副哨官实无托词剿灭、勒索衣裳等事。原函又称莱阳先后之恶政，皆出于劣绅王圻等串通官府，狼狈为奸一节。查城绅王圻、王景岳、于赞扬、张相谟等平日办理地方公事，虽属啧有烦言，至如何串通官府，狼狈为奸，亦属无从查考。谨据实禀覆鉴核等情前来。理合禀请查考等情到本部院。据此，除批“据禀委查杜哨弁并无托词剿灭、勒索衣伞，及城绅王圻等如何为奸无从查考各缘由均悉。仰候札行谘议局查照。缴等因。”印发外，为此札行谘议局查照。须至札者。

呈抚院莱阳绅商农学各界恳留奎令请愿书并来电公函（附覆函）

九月十五日

敬肃者。本局自九月初八日准莱阳绅民来电内开：抚宪、藩宪、谘议局鉴：莱阳乱后，奎公调和得法，民心悦服，就断案论，数十年无此吏才。忽闻改委，各界惊惶，若大祸将临，学堂、自治局俱为停课，势将瓦解。祈顾大局，收回牌委，莱民感德。绅商学界公禀。庚。等因到局。当以该电已径达台鉴，故未行呈报。兹于本月十一日复准绅商学农各界请愿书并来电各一纸，均称同前因，理合缮具清折，函呈鉴核。肃此，虔请勋安。

请愿书

莱阳绅商学农各界姜尔受、于之模、刘鸿升、李佩璋等为请愿事。

谨呈者。庚电谅邀台鉴。窃以大乱之后，非循良抚字，不足以弭后患而服群情。莱阳末次祸变，奎令接任视事，已成无可挽回之势，其筹备守御，激励兵民，使合城生命财产藉得保全。此犹权宜应变之才，所难者，大兵到后，在逃之首要各犯仍复密布谣言，骇人听闻，此时四民各怀疑虑，无复营其旧业之心思。奎令首先提倡商会维持市面，复延约学堂及各局所职员谆谆敦劝，渐次开办。在各该员惩匪徒之仇视，其犹肯出而任事者，亦谓有我奎公在，可恃以无虞也。盖其最足感动人心者，尤在断案之精慎。无论如何纠缠之事，一经研讯，两造无不帖然。遇有细故涉讼，每为当堂判结，不误农功，且不轻用刑，开诚布公，纯以德感为主。所以乡民无论良莠，无不心悦而诚服，每闻道路谈及，若深惜其为署事，不能常久。乃忽传改委，无论何项人等，俱骇汗奔告，大有惊惶失措之势。此事于善后前途关系甚巨，职员等为大局起见，公恳贵局准求抚、藩宪收回牌委，仍饬奎令署理莱阳县事，不胜迫切待命之至。须至请愿者。

济南谘议局鉴：奎令在莱阳，县民均爱戴，实因乱后调和得法，非第守城一役。顷来电，抚宪电谕奎令守城有功，宜为众民悦服，惟逆党不直其所为，恐多掣肘云云。此因最少数人谣布所致，顺彼辈私意，拂亿众欢心，爱民者必不出此。且但为逆党计，如良民何。恳代力争，祷切。合邑绅商学农再叩。尤。

抚院覆函　九月十八日

径启者。自贵局开会以来，瞬已半月。弟以政务忙迫，未得亲莅聆诸议员言论，系念实深。兹拟于明日下午两点钟后到会场陈述意见，请即通告全体届刻齐集，议员中如有请假者，亦望知照前来为盼。再，昨奉手示并附莱阳县绅商学农各界请愿书恳留奎令一节，均已阅悉，并以附覆。专此，敬请台安。

三、公　牍

呈院请将第二届常年会应提议案先期发交文

六月十一日

为呈请事。窃查谘议局章程第二十五条云，第二十一条所开第一至第七各款，应由督抚先期起草，于开会时提议；第三十四条云，凡召集开会，应于三十日以前，由议长将本届开会应议事件预行通知各议员等语。现距九月常会定期为日无多，若不及早准备，临时勉强与议，必至漫无定见，则误非浅。诚如宪政编查馆按语所云，必早日通知，俾各议员事前有所研求，临时不致漫无定见。本局协议公决，拟请抚部院将本年常会应提议案须于七月二十五日以前发交本局，以便遵章分配各议员，俾其早日准备，得以从容研究，不致临时漫无定见。为此呈请抚部院裁夺施行。须至呈者。

移东平州凡关于范议员原案请检交调查员择要抄录以资调查文

（原案在第二期报告书建议类）

六月二十日

为移请事。窃本局前以日后议员如有因公被控，案难昭雪，呈请抚部院札委妥员，并由本局派调查员两面查覆等情，呈蒙抚院部批准在案。嗣据议员范德如以徇情侮蔑，请委覆查，虚坐实究，以昭公允等情来书陈请到局。据此，除由本局以遵批选派调查员切实调查，俟查覆到日，再将调查情形呈候核办等情呈明抚部院外，理合由局选派妥员调查情实，以结悬案，而昭公允。兹派常驻议员张允符携文前往，凡有关于范议员案卷，如有必须查阅之处，望即饬房检交该员择要抄录，以资调查，实为公便。为此合移贵州，请烦查照，望切施行。须至移者。

呈院请饬东平州凡关范议员案卷速交调查员查阅（并批答）

七月初三日

为呈请事。窃本局前以日后议员如有因公被控，案难昭雪，呈请抚部院札委妥员，并由本局派调查员两面查覆等情，呈蒙批准在案。嗣据东平州在籍议员范德如以徇情侮蔑，请委覆查，虚坐实究，以昭公允等情来书陈请到局。据此，复由本局以遵批选派调查员切实调查，俟查覆到日，再将调查情形呈候核办等情呈明在案。遵即由局录批备文，选派常驻议员张允符携带前往，凡有关于范议员案卷，如有必须查阅之处，移请东平州检交该员，以资调查。现据该议员专差赍函，内称于六月二十五日抵东平，当即投文该州，讵料刘州牧因未奉有抚部院札文，延搁至今，措不交卷，以致无从调查，碍难回覆等情到局。据此，目下将届会期，局中事务纷繁，急切待理，该议员亦未便久滞在外。理合呈请抚部院电饬该州牧从速将卷交出，以便查覆，而结悬案。为此备由具呈，恳请抚部院裁夺施行。须至呈者。

奉札批答：为札覆事。宣统二年七月初四日据来呈内开，窃本局前以日后议员如有因公被控，案难昭雪云至裁夺施行等情到本部院。据此，查此案昨据东平州具禀请示，当经批示：禀悉。查宪政编查馆电开，谘议局应议事项内，遇有必须调查卷宗及諏访各事，止可函请各署局抄交并答覆，毋庸派员径往等语。此项范德如等历被禀控及委员查明禀覆各案，应照章由县署抄交答覆，仰即遵照。此缴等因印发在案。兹据前情，当经电饬泰安府转饬东平州遵照办理。为此札覆谘议局转饬张议员查照。须至札者。

呈覆调查东平州江牧禀讦范议员各节情形文（并批答）

八月二十日

为呈复事。窃本局前奉抚部院札开：为札行事。照得前据东平州知州江瑞钟禀揭城绅河南县丞王庆云、鸿胪寺班范德如云云，为此札行谘议局查照等因。嗣又据本局议员范德如来书内称：敬陈者。以徇情侮蔑，请复查云云，不胜悚惶待命之至等情到局。据此，当即开会协议，佥以该员所陈徇情侮蔑各节是否确实，词出一面，悬揣无从。本局前以日后议员等如有因公被控，案难昭雪，呈请抚部院札委妥员，并由本局选派调查员两面查复等情，呈蒙批准在案。兹议员范德如既以请委覆查来书陈请，自应由局选派调查员切实调查，俟查覆到日，再呈候抚部院核办等情先行呈明在案。遵即由局选派常驻议员张允符前往切实调查。兹该员由东回局，将所调查范德如各项情形据实胪陈，并将东平州抄交卷宗及前任刘牧张贴之演说词与绅商学界投递之请愿书并交协会。当经公同讨论，将该调查员张允符所查前东平州江牧原禀范德如等遣局丁黄景颜持片请托一节，并江牧原禀姜锡峰呈控兵房舞弊一案，大羊集会聚赌一案，江牧原禀外人指清乡局为谘议局，王庆云、范德如藉此招摇一节，范德如管理学堂一案，吴委查覆抄呈匿名一节，互为对证，原皆事出有因。前经吴委到东查办，为日甚促，其中详细情节，应或不免有挂漏之处。兹既由局选派议员张允符调查日久，证以所得之城乡舆论，及各请愿书等件，该员范德如之素行无甚瑕疵，已觉敢信者多。查读钧批，有该员应由该牧随时察看，不得再行干预地方之事等语。以后该员之宜束身自爱，不容妄动，自无待言。但议员实有建言之责，虽不得与于自治职权，若于地方应办事宜一经过问，而各属长官即援据迹近把持等字样苛以相责，似于议员职务不无妨碍。况抚部院公溥为怀，夙愿得正绅补助官治，对于议员爱护尤为深切，既不斥退除名，是不忍置之于地方公共团体之外，自不能不令与谋地方公共团体之事。且细绎钧批，不准再行干预地方之事一节，当系指该议员权限外不应过问者而言，语意亦甚明显，但恐地方官误会错解，不辨性质、权限，所有地方之事概为拒绝，似关碍于该议员一人之名誉者犹小，而关碍于该地方全体之公益者为尤大。现经协议公决，拟将该议员不得再行干预地方之事一节呈请抚部院查核两面查覆情形，分别解释，饬下该州遵照，实为公便。除将议员张允符到东平调查议员范德如各项情形并东平州抄交卷宗，及前任刘牧张贴之演说词与绅商学界请愿书各原稿由局备考外，理合另折抄录，一并呈核。为此备文呈请抚部院鉴核施行。须至呈者。

计开：

一、查前东平州江牧原禀范德如等遣局丁黄景颜持片请托一节，吴委查覆禀内仅有当唤黄景颜面询，据称范德如、王庆云遣伊传语属实，（情）〔请〕托讼事此其一端等语，究竟所传何词，漏未声叙，似难得其核实。议员抵东之后，即亲赴自治研究所面谒该所教员杨君玉振、吴君澂清，询其端的，均言黄某现仍在局当差，可令面述，庶能得其实情。遂将黄景颜叫到，诘其原因。据云退伍兵冯恩元前因挐赌诈财被控，曾到清乡局面见王绅庆云、范绅德如诉说，意假清乡局名义，希图解免。王、范二绅当时即云，此事伊从未报明，局中又未经派人调查，究属为公为私无可依据，即以碍难管理之言辞却。惟恐冯恩元堂讯妄扯，是以著其持片传禀州尊，此案局中实未与闻，并无冯恩元可恶，请为重办之语，二绅亦未有晋署谒见之事。细绎差人持片传禀，纯为保全清乡局名誉起见，尚无请托讼事之意。此查明范德如遣丁传语之实在情形也。

一、查前东平州江牧原禀姜锡峰呈控兵房舞弊一案，范德如等具禀抗辩一节，吴委查覆内称，未免近于包揽。议员到东后细加访查，当时陆军第五镇统制分送退伍兵回籍，并无要车之事。查阅东平州钞交之卷，亦无要车明文。询查东阿差信何言，该州以无案可稽，未能抄交，惟兵房先以东阿差信续备兵过境需用大车十辆，写票差催仁风保照数出车。当此严冬冰雪载道之时，令小民备车来城守候七八天之久，耗费京钱二百八十余千之多，以致该保绅董姜锡峰等联名具控，蒙江牧批驳。范德如等身为议员，以各县革除差徭曾经谘议局议决，呈请抚宪批准公布实行在案，故出首禀陈，本属顾恤民隐，实非包揽可比。此查明范德如等因车差具禀之实在情形也。

一、查大羊集会聚赌一案。议员亲到该集附近各庄访查，遇有小大羊庄人李有龙，询该会有无博局。据云大羊集每逢起会，向有赌博之风。去年十月会期，新会首郭六等仍照旧习开赌抽头。此会起止共十余日，开会仅七八日，博局忽停，闻系被区长杜五声函达首区区长王庆云等禀明州尊，接有密信，是以即刻拔棚停赌，以泯其迹。访诸他人，言亦如之。又到水城庄面见附生杜中声、杜莲生，访以此事，佥言去年该会将罢之时，有大羊庄人马瑞五以大羊会博局会首被禀，恳与处和，该会首愿认罚银五十元充公，以后永不聚赌。吾二人为情所迫，面见区长杜五声处说。杜五声以该会首悔过自新，当即允处，但罚款宜禀请州尊示下应归何项公用，方为正论，是以年前罚款未从交足。至本年正月十七日江州尊招集城乡绅耆商办自治事宜，而罚款始行交足，即带同城众绅面禀此款应归何项公用，州尊谕归本区。迨至今春办理清乡，调查户口，缮写清册各经费，以此款开支。查吴委查覆禀内称，王庆云等所罚之款当时并未呈明，据江牧称，经同知查出，始有该区区长杜五声见该牧面称，去年大（洋）〔羊〕集会拏赌一事尚有罚款，请示拨用。据此情形，是蒙蔽于先，因经发觉，始事弥缝等语。此事若不详细调查，底细何明。随查看该州钞交之卷，该差赵得成禀称，大羊集有赌局属实，闻杜五声函致首区区长王庆云禀案，即行停止。据此论之，该会聚赌可谓无疑。复访诸舆论，杜五声禀交罚款，时在正月中旬，吴委到东时在二月下旬，其中日期相隔悬殊。且吴委系据江牧一面之言，杜五声禀交此款证诸众绅共见之目。况此案发生之初，在刘前州任内，若无聚赌之事，莫言郭六不肯认罚，刘前州之周门政因何责押，两皂总役秦凤林因何责革，种种情节，虚实显然。此查明大羊集会聚赌认罚之实在情形也。

一、查前东平州江牧原禀外人指清乡局为谘议局，王庆云、范德如藉此招摇一节，议员亲到清乡局访诸城绅陈传韶等，据云此名系缘上年办理初选举调查事务所时即在此地，嗣清乡局亦在此地，现筹办自治公所仍在此地，三项公事继延一处，愚民无识，不知为一为二，是以有此讹传。复详观壁间尚贴有刘前州开办初选举演说词一纸，亦云东平州谘议局。当晋谒现任刘州尊，晤谈之间，曾言查阅前卷，前任办初选举，当时未甚明瞭，竟以东平州谘议局字样上详，屡被筹办处驳斥。堂堂州尊尚不能分晰名目，何怪愚民误以清乡局指为谘议局乎？此查明范德如等尚无假藉谘议局名义招摇之实在情形也。

一、查范德如管理学堂一案，查阅抄交之卷，并访诸该州劝学所总董巩君象临、堂长杨君玉振。范德如在堂之时，办理未免认真，而教习争执薪水，学生抗缴学费，致起冲突，互相禀讦。范德如具禀三次，始准请退，尚无恋栈玩视学务之处。经手款项，交待已清，亦无染指之弊。此查明范德如当时管理学堂之实在情形也。

一、查吴委查覆抄呈匿名书一节，议员曾向州署抄取此文，刘州牧以州署无案可稽，无凭抄交回复。访诸城绅赵如杲等，据云正月间江州尊邀集城乡各绅公议筹备自治事宜之时，即有其门丁投呈匿名书一封，当同众朗读。此时范德如之胞叔范中秋亦在座，旋问令侄果有其事否。范中秋答以书自何来，孰负责任。江州尊即言无稽之谈，不必介意。但此书其门丁究由何人手中接来，概未言及。查吴委到东时既将此书抄呈抚宪，议员赴该州调查，请抄此书，亦应抄交。现刘牧复以无案可稽，于此细绎，不知江牧将此书置存何所，其中情节令人诧异。此查明匿名书之实在情形也。

奉批答：来呈阅悉。议员范德如既经谘议局派员查明素行无甚瑕疵，所有地方公益事件倘被本邑绅民公举，自有应尽之义务，但不得于规定权限以外违越干预。候行东平州查照，并希转告该议员束身自爱，毋得意气用事，予人以指摘之地，是为至要。抄由批覆，清折存。

呈院请缓提优级师范选科原款办理存古学堂文（并批答）

七月初八日

为呈请事。窃本局前于整顿学务案内，提议将省城优级师范选科改办实业学堂，当奉批答：优级师范选科曾经奏明毕业后应否续办，或改他项学堂，届时应请部示。复奉札开：为札行事。宣统二年三月初九日准学部咨：专门实业司案呈准咨开，据山东提学使罗正钧详称，查山东优级师范选科学堂于本年六月已届毕业，省城原有之师范学堂业经遵照优级四类章程渐次设齐，每年皆有一班毕业，是选科一项自可停止。所遗校舍上年山东士绅济宁州中西学堂教习杨守铭等请办实业学堂，法部郎中陈昂等请办存古学【堂】，均系指定该堂地基，具禀有案。窃维实业一项，农工商各学堂本省或早经成立，或已在筹办，惟存古学堂照学部奏报分年筹备事宜单内宣统二年各省均应一律开办。兹该堂瞬届毕业，所遗校舍是否改办存古学堂，抑或他项学堂之处，应请咨部核示。据此，相应咨请核示见覆等因前来。查本部奏准酌拟曲阜学堂办法折内开，以通今合古为该学堂一定宗旨，其办法应仿照湖北存古学堂，分为正科、预科两级。正科为专门学，分习经学、史学、文学各门，选录学生以旧章中学堂暨新章中学堂文科与初级师范毕业生为合格。预科课程即照奏定中学堂文科章程办理，选录学生以高等小学堂毕业生为合格。至于中学之外，凡泰西文字亦当肄习，以资博通而广见闻。古人学治八方，理亦犹此，而文学之外，仍以注重行谊为专归。又度支部议覆曲阜学堂应需经费折内开，其常年经费按年由山东藩、运两库项下如数分拨，作正开销各等语。是曲阜学堂之学科程度均与存古学堂相符，而其经费均为东省所筹，则该省之存古学堂自以归并曲阜学堂办理为宜，不必另行设立，以节糜费。至实业学堂分农工商三种，而工业分科尤多，该省农业学堂虽经设立，而工业一项尚未据报设立学堂。光绪三十四年本部议覆闽浙总督请饬筹款兴办实业学堂一折内经声明，两年之内每府应设中等实业学堂一所；宣统元年奏定筹备事宜清单内开，宣统元年各省中等实业学堂未设立者限本年一律设齐，均经通行在案。该省现在尚无中等以上之工业学堂，何由振兴艺事，以赴筹备之事机。省城为各属观听所系，尤应及时办理，以树声风。所有师范选科校舍应即改为中等工业学堂，就定章中等工业各科中酌设数科认真办理，较为切实，相应咨覆查照办理可也等因到本部院。准此，除分别咨行外，为此札行谘议局查照。须至札者等因各在案。是优级师范选科改办实业，前经本局提议，复蒙抚部院批准咨部核准，成案俱在，毫无疑义。近闻有以私人资格禀请改办存古学堂，已蒙抚部院咨部核准，酌提优级师范选科原有经费，不日开办。窃查筹办事宜清单中等实业学堂列入第二年内，存古学堂列入第三年内，分年筹设，均为重要事项，本局亦毫无成见。惟宣统三年预算总册，此项学堂经费应归本局预算权限之内，现距开会为日无多，所有于优级师范选科原有常年经费中每年酌提银两以办存古学堂之处，理合呈请抚部院暂缓酌提，一俟本局开会预算，公同议决，再行呈请公布施行，实为公便。为此呈请抚部院裁夺施行。须至呈者。

奉札批答：为札行事。七月初七日接据谘议局呈文，以省城优级师范选科学堂改办存古学堂，酌提选科原有经费一案，呈请暂缓酌提，俟预算议决再行公布等情。此案于本年春间据提学司详请优级师范选科毕业后应改办何项学堂咨请部示，当准学部咨覆改为中等工业学堂。嗣于五月间据绅士朱寿蕃等禀称：窃去年职等禀请以优级师范选科学堂停办后，校舍、款项改设存古学堂，业蒙批示在案。今奉部示，以曲阜所设无异存古，无庸另设，以节糜费等因。奉此，在职等固宜静候办理，何庸再行渎陈。但慨念今时文教之衰敝，与本省实在之情形，尚有不能已于言者。谨再为缕晰陈之。查曲阜学堂之议业已多年，在朝廷宣示成命，备极周详，所以尊圣道而保国粹，其风示海内者至大且远，士民逖听，罔不钦服。惟昌平之乡不但为直省士子所瞻仰，且为列国耳目所观听，此固示中国有圣人广鲁于天下之义。盖曲阜学堂为天下普通之学堂，非为一省专立之学堂，已（较）〔皎〕然矣。如因既有此堂，山东即无庸另设，查宪政大纲宣统二年各省皆应设立存古学堂，是各省皆得为本省专设，而山东为圣贤桑梓，反竟缺然，不惟不得事理之平，且齐鲁之间自昔称人文渊薮，汉世经师尤为彪炳，历朝而降代有闻人，何非涵濡于圣人教泽，而今竟恝然听之，其何以安。此仰惟先圣而不敢不请专设者一也。数年以来，乡里之间，弦诵寂然，邪说横行，士风日坏。他等学堂虽众，课目繁多，其致力中学者实不多见，不亟维持，斯文尽丧。际今老师宿儒尚未歇绝，一线之延，间不容发，处若绝若续之交，迟之跬步，失之当不止千里。此顾念后学而不得不请专设者二也。山东百余州县，绝非一校所能普遍。省垣之地，全省人才所荟萃，最系观瞻，即令曲阜已设，亦宜另设一所，以广甄陶。况今曲阜建筑遥遥无期，东省库储支绌，何能筹此巨款。纵使赶办，亦不能符宪政二年之期。何若俟选科一停，即以遗校速行兴办，限期既可不误，而旧学亦赖以保存。此谨遵宪政而不可不请专设者三也。至于工艺，方今民生重困，自当为民谋生财之道，兴办实业职等非敢视为缓图，但查现有胶高实业学堂，今年复升入中学，其校舍宽敞，恢乎有容，由彼扩充，绰有余裕。优级选科其初原为办国文学堂而设，模规狭隘，地址无多，四面尽为民居，无从开拓，亦断无强迫收买之理。以之处多士则有余，以之居百工则不足。现在湖北、江苏、河南、湖南、四川等省尚皆设立存古，乃建议在诸省之前，而至今反落诸省之后，揆之情理，尤有未安。如谓工业学堂省城必应设立，现西关有工艺传习所，内已附设艺徒学堂，规模粗具，出品卓有可观，就此推广，收效尤易。此工业学堂更不必即以选科学堂为之也。至于款项一节，选科学堂之费半系旧日泺源书院绅捐之款。自省城开办一切学堂以来，费颇不赀，何非以山东之款办山东之事，独以专设存古为虚糜，而改办工业独非虚糜乎？以改办存古为重复，而工业独非重复乎？即使无所凭藉，尚须仰祈俯念舆情，设法维持，况有此成地现款，略加变通，事可立就。既合崇圣造士之道，亦符宪政立限之期，一转移间，岂不甚便。职等再四筹议，意见均同，特为维持中学、保存国粹起见，因敢不惮烦琐，冒渎复陈。为此合辞吁恳恩准转咨学部，恳请更议，仍准以优级选科所遗校舍、款项改设本省存古学堂，实为德便等情前来。因查存古、工业各学堂列入九年筹备，均为应办事项，本部院亦毫无成见。且具禀各绅皆为公正绅士，所禀亦系实在情形，当经据以达部，并咨明应否照准之处仍请核覆。旋于六月初七日接准学部咨开：为咨覆事。专门司案呈准山东巡抚咨开：据山东绅士江苏候补道朱寿蕃等禀称：窃去年职等禀请以优级师范选科学堂停办后，校舍、款项改设存古学堂，业蒙批示在案。今奉部示，以曲阜所设无异存古，毋庸另设，以节糜费等因。奉此，在职等固宜静候办理，何庸再【行】渎陈。但慨念今时文教之衰敝，与本省实在之情形，因敢不惮烦琐，冒渎复陈，合辞吁恳转咨学部更议，仍准以优级选科所遗校舍、款项改设本省存古学堂，实为（公）〔德〕便等情到本部院。据此，除批“禀悉。所请将优级师范选科校舍、款项改设存古学堂自属实在情形，候据禀咨明学部查照核复，仰提学司转饬知照。缴。禀抄发”外，查曲阜大学筹办尚需时日，优级选科毕业在即，改设存古学堂较易就绪。究竟应否照准之处相应咨明。为此合知贵部，请烦核复施行等因前来。查山东优级师范选科本年六月毕业，所遗校舍本部前因该省实业学堂设立甚少，（今）〔令〕即改为中等工业学堂，而以存古学堂并归曲阜学堂办理，盖为地方振兴实业，节省经费起见。兹据该省咨称，曲阜学堂筹办尚需时日，应准其先将优级师范选科校舍改设存古学堂，俾得及时成立。又查本部筹备事宜清单，中等实业学堂列入第二年内，存古学堂列入第三年内，分年筹设，均为重要事项。但实业为民人生计所关，尤宜多筹款项，多立此项学堂，期于广裕人才，有资实用。该省省城设立中等农业，附属高等农业学堂内，系为升习高等预备。中等商业责诸商会筹办，尚未设立。中等工业由补习普通学堂改建。定章中等工业共分十科，虽不全备，亦应择办数科。该堂仅有预科两班，寥寥数十名，以之分习各本科，实属不敷分布。该省报部筹备四项教育表内称，高等工业前经学司详准开办，应需常年等费已经指定的款，嗣因此款另有急需，未能照拨等语。是该省亦知实业教育尤以工业为重，亟应开办，徒以乏款中辍。兹查优级师范选科原有经费，照光绪三十三年上学期一览表所报，每年共有三万六千两之多。存古学堂中既无实科功课，又不必聘外国教习，按照江苏等省存古学堂常年经费，每年均止万两左右，东省自应比照办理，于优级师范选科原有常年经费中每年酌提万余两以办存古学堂，余者应即移作为实业学堂之用，庶几款不虚糜。至应如何扩充中等工业、筹办高等工业之处，应由该省酌量拟定，报部查核。相应咨行查照办理可也等因到本部院。准此，业经札饬提学司会同劝业道迅速筹办各在案。现在选科业已毕业，自应赶为筹办，未便延（阁）〔搁〕。所有改设存古、工业两学堂应于八月间第四届胪列筹备折具奏，并咨明学部、度支部查核立案。如俟预算议决再行公布，为日过迟。为此札行谘议局查照。须至札者。

呈院议员张咸之辞职以候补议员刘葆珂补充文（并批答）

七月十三日

为呈报事。窃本局据曹县在籍议员张咸之函称，去年闭会后应举贡保送试，今年会考入都，覆试三等，以知县补用签分安徽，于六月十八日领照，限五十五日到省。议员之任，理合辞职等情到局。据此，查该议员辞职理由与局章第十九条第二项相符，应即照准。所遗员缺应以候补议员曹州府单县拔贡刘葆珂补充，理合由局填具执照一张，呈请抚部院饬下该管初、复选监督转发该员收执，并由局造具该员姓名、年岁、籍贯、出身、官阶清册四份，恳请咨部存案。为此备文，呈请抚部院鉴核施行。须至呈者。

计呈送执照一张，清册四份。

奉札批答：为札覆事。宣统二年七月十四日据来呈内开：窃本局据曹县在籍议员张咸之函称，去年闭会后应举贡保送试，今年会考入都，覆试三等，以知县补用签分安徽，于六月十八日领照，限五十五日到省。议员之任，理合辞职等情到局。据此，查该议员辞职理由与局章第十九条第二项相符，应即照准。所遗员缺应以候补议员曹州府单县拔贡刘葆珂补充，理合由局填具执照一张，呈请抚部院饬下该管初、复选监督转发该员收执，并由局造具该员姓名、年岁、籍贯、出身、官阶清册四份，恳请咨部存案。为此备文，呈请鉴核等情到本部院。据此，除分别咨行外，为此札复谘议局查照。须至札者。

呈院请召集常年会文（并批答）

七月十七日

为呈请事。窃查局章第三十一条，谘议局会议期分常年会及临时会二种，均由督抚召集。又第三十四条，凡召集开会，应于三十日以前由议长将本届开会应议事件预行通知各议员各等语。兹值常年会期伊迩，除由本局议长将本届开会应议事件预行通知各议员外，理合呈请抚部院照章召集，实为公便。为此备文，呈请抚部院裁夺施行。须至呈者。

奉札批答：为札行事。案查谘议局章程第三十一条，谘议局会议期分常年会及临时会二种，均由督抚召集。又三十四条，凡召集开会，应于三十日以前由议长将本届开会应议事件预行通知各议员等语。兹于本年九月初一日为谘议局常年会举行开会之期，本部院应即先期召集所有全省议员，均应遵照定章，先期齐集谘议局预备开会。除行各议员原籍州县通知查照并分咨外，为此札行谘议局，届期照章预备开会可也。须至札者。

呈院请饬将去年公布议案限本届会期前一律实行文（并批答）

七月十七日

为呈请事。窃本局去年开会期内议决各案，当已呈报在案，除蒙批饬覆议及候查覆核办者不计外，所有蒙准公布施行各案，经本局切实调查，该管地方官及各学堂局所认真奉行者固不乏人，而敷衍唐塞及违抗不遵者亦在所不免。现距本年会期为日无多，新提议案又将发生，若去年议决呈蒙公布各案迄今尚不能实行，在本局谘议局固同虚设，亦有负抚部院虚衷采纳、公布施行之盛意。理合呈请札饬所属该管地方官及各学堂局所，所有去年公布议案，统限于本年会期以前一律实行，实为公便。为此呈请抚部院裁夺施行。须至呈者。

奉札批答：为札覆事。宣统二年七月十九日谘议局呈开，窃本局去年开会期内议决各案云云，实为公便等情到本部院。据此，查上年开会期内议决核准各案当经公布施行，各该管官署局所职有专司，自不容有敷衍搪塞及违抗不遵情事。惟考核之法，不厌其详，应将上年核准施行各案粘钞事由，通饬各属再将遵办情形详细禀复，以为策励进行之准。除分行外，为此札行谘议局，即便查照。须至札者。

抚院据巡警道详覆遵办情形札文

八月初八日

为札行事。据巡警道详称：本年七月二十三日奉抚院札开：据谘议局呈称，窃本局去年开会期内议决各案云云，实为公便。为此呈请抚部院裁夺施行等情到本部院。据此，查上年开会期内议决核准各案，历经公布施行。兹据前因，合将上年核准施行各案粘抄事由，通饬各将遵办情形分别详细禀复，以为策励进行之准。除札复并分行外，合行札饬。札到该道，即便遵照，务于文到半月内禀复到院，以凭考核等因到道。奉此，查此案业于上年十一月间将遵照办理情形具文申报在案。兹奉前因，遵将上年谘议局开会期内议决奉饬核准办理各案诸加详核，其立可见诸施行者均已一律举办，有因迫于财力一时碍难猝办者，亦经拟议章程，一俟筹有的款，即当陆续兴办。除仍由道随时督饬各属将已办者实力奉行，未办者速为设法，勿使懈于半途外，所有上年谘议局议奉核准饬办各案并办理情形，理合备缮清折，具文详覆察核，以备查考，实为公便等情到本部院。据此，除批示外，为此札行谘议局查照。须至札者。

计粘抄清折一扣。

遵将上年谘议局开会期内议奉核准饬办各案遵办情形缮折恭呈宪鉴。

计开：

一、派员视查一节

查职道自授任后，每年实止派员分赴各属将巡警办理情形调查一次，以备考核，并无四次之多。惟各属中遇有特别专案，应由道随时委员专赴一县查一事者不在此例，业于上年十一月间申复有案。本年四月复详派警察毕业生按照表式分路确查，概不委候补人员，以免视为故习，致蹈视查员不知警务之弊。

一、烟台巡警一节

查职道自奉文后，遵经一再派员前往确查，并将查复情形具文详报有案。现自徐道抵任以后，业将警务长另行改委，其从前放荡不职之员及违章长警均逐加裁汰，并将各区每日办理事件，分别按旬按季，一律缮单呈报到道，以备稽查。

一、刊布警章一节

查历年详定各项条规暨奉发违禁律等项，均经由道刊刻刷印，通饬晓谕各在案。此外遇有兴革改良之件，亦即随时刊谕分发通行。兹拟将前定各项章程规则，择其关于民生尤为紧要者，再行通饬摘录，公布周知。

一、分年筹备事项宜预定规则一节

查筹备案内隶于巡警者为调查户口、推广巡警两大端。其户口一事，业经职道拟定施行细则，详准通行。至推广巡警一事，前拟将各州县分为三等，每年按等照章递加，逐渐扩充，至七年为完全之目的。惟需款过巨，恐地方筹措为难，尚未敢操之过急，业经缮表详请核咨在案。

一、贴示判决书一节

上年奉饬后，即经谕饬司法科暨城内外四乡各分区，将逐日讯结各案摘由榜示，以成信谳，并分饬各属一体遵行。

一、各州县遇有盗案责成巡警直接禀报一节

上年奉饬后，即经通饬各属区官一体知悉，倘境内遇有抢劫之案，即将事主名姓及被盗情形详缮清单，由邮局直接禀报到道，以期迅速。是项报单毋庸与警务长会衔，以免徇隐讳饰等弊。现已据各区官遵照禀报有案。

一、责成各属区官严拏烟赌一节

查稽查烟赌本巡警应尽之职务，如于游览处所及茶园、旅馆、集市、会场等处见私犯烟赌者，可将人赃一并带区，送由地方官照章讯办，但不得擅入居民家内搜查；即查明某家实有烟赌，须由区转禀警务长传案办理，以分权限而符定章。

一、选举警董一节

查各州县巡警经费多系由绅商设法筹措，其银钱出入亦多归绅商管理，曾据各属禀报核准有案。惟警务应办各事宜，应仍由警务长暨区官主政，警董不得干预，以清权限。奉饬后即经通饬各属，其有向非绅商经理者，亦即速选公正绅董专管款项出纳事件，按月将收支各款造册报道，并一面榜示周知，以归一律而杜朦蔽。

一、水上警察一节

查东省以警费支绌，故水上巡警迄未成立。仅小清河分区设有水巡官警十五名，飞云小轮一艘，砲艇一只。羊角沟则于商船云集时，由该区雇用民船，拨警巡查，以资保卫。兹拟先由内河办起，分设六区，每区置备巡船两只，业经拟定章程，缮表呈请核咨在案。计每年饷项一切约需二万余金。但目下各属地方巡警急须推广，需款尚在无著，若同时兼办水巡，财力更有未逮，惟有俟筹定的款，即行开办。

抚院据自治筹办处详覆遵办情形札文

八月二十日

为札行事。本年八月十四日据自治筹办处详称：案奉札开：宣统二年七月十九日据谘议局呈称，窃本局去年开会期内议决各案云云，实为公便。为此呈请抚部院裁夺施行等情到本部院。据此，查上年开会期内议决核准各案历经公布施行。兹据前因，合将上年核准施行各案粘抄事由，通饬各将遵办情形分别详细禀复，以为策励进行之准。除札复并分行外，合行札饬。札到该处，即便遵照，务于文到半月内禀复到院，以凭考核，切切。特札。计粘单一纸，内开谘议局呈议关乎地方自治三条办法一案等因。奉此，遵查关乎地方自治三条，上年业经本处遵饬详覆在案。第一条所议预筹地方行政经费，曾经宪台明晰批答，应俟各属议事会、董事会成立后，酌察地方情形权衡妥协，商请地方官核办，本处自未便代为悬拟。第二条所议筹城镇乡地方自治。查本处施行之序，即以城镇为先，本年奉饬并将繁盛城镇提早办理。第三条所议设立自治研究所。自治公所本处早经通饬遵办，据各州县先后禀报，均已如期成立，所有办理详细情形，容于详覆第三届成绩案内具报。至第四条所议改良筹办处，除办事期限清单早经改订详报并通饬各属设立研究所、自治公所各节外，所有本处员绅已蒙宪台随时更调委派。本处惟有责成各按所司职务认真经理，敏速进行，以冀免指摘而收实效。奉饬前因，理合具文详覆考核等情到本部院。据此，除批示外，为此札行谘议局查照。须至札者。

抚院据劝业道详覆遵办情形文

八月二十日

为札行事。本年八月十二日据劝业道详称：案奉札开：宣统二年七月十九日据谘议局呈称，窃本局去年开会期内议决各案云云，实为公便。为此呈请抚部院裁夺施行等情到本部院。据此，查上年开会期内议决核准各案历经公布施行。兹据前因，合将上年核准施行各案粘抄事由，通饬各将遵办情形分别详晰禀复，以为策励进行之准。除札复并分行外，合行札饬。札到该道，即便遵照，务于文到半月内禀复到院，以凭查核，切切。此札等因，并粘单一纸到道。奉此，遵即督饬科员按照单开议决农工商路矿各案，将遵办情形逐一分晰，开具清单，理合具文详送鉴核等情到本部院。据此，除批示外，为此札行谘议局查照。须至札者。

计粘抄清折一纸。

谨将宣统元年山东谘议局议决农工商路矿各案遵办情形开折呈请鉴核。

计开：

谘议局呈遵议推广农会，拟定实行办法六条一案。

查此案第一条农会职员必用通达农务或研究农学之人，应俟下届公〈与〉举时再行申明部章，选举任用。第二条农会与农业学堂联络一气，第三条选充农业顾问员，第四条农会设农业品陈列所，已通饬各农会遵办。第五条设立农业教员讲习所，第六条添设高等农科，经提学司主稿，会同详覆有案。登明。

谘议局呈议提倡工业办法九条一案。

查此案已遵宪饬答复谘议局，各节随时次第举行，并移工艺传习所遵照办理。查现办烟台丝业公所，即议案第四条组织工会之意。又拟筹设商品陈列所为开会展览之练习，即第九条开办劝业会之基础。登明。

谘议局呈议决整顿商务办法一案。

查此案第一条商会附设商业学堂，第二条附设商务研究所，前经会同提学司暨职道两次具详有案。登明。

谘议局呈请查明农会及农林学堂各员系由何等学堂毕业一案。

查农会职员系由本地方公举乡望素孚、熟习农业者呈部札派，原章并未限定资格。至农林学堂各员，应由提学司查覆。登明。

谘议局呈议决推广种树办法十三条一案。

查此案前已遵札通饬各属及农会一体照办。登明。

谘议局呈提议垦务改良办法四条一案。

查此案已遵宪札通饬办理。本年详定垦务新章，声明遴选绅士协同规画，并于赏项内提给二厘作为车马费，业经详准照办。登明。

谘议局呈议决限制贩运耕牛办法九条一案。

查此案前已遵札移会济南农务总会招商设立公司，承办孳生牛种，并由职道提倡筹办泰安畜牧公司，并拨官款补助，业已详准有案。赵道因承领官款窒碍太多，拟自行出资，在泰安之徂徕山办理牧畜。登明。

谘议局呈提议维持银号、钱业一案。

查此案所议州县购办丁漕抑勒买银、严禁双空两条，前经布政司主稿会详，并通饬各府州县遵办有案。登明。

谘议局呈议决保存山东利权二则一案。

查此案所陈纸币、现银两端，前经会同官银号核议详覆有案。登明。

谘议局呈议决宽筹驻防旗丁生计营业一案。

查此案前经委员在青州专设敬乐工艺所，俾旗民习艺，有裨生计。兹复遵饬移咨青州府副都统，嗣后凡遇学堂及工艺局研究所，无论满汉学生，程度合格者均一律收考，业经详覆有案。登明。

谘议局呈周村镇职商侯甲荣等请愿书，拟将捐款留作地方公用一案。

查此案商捐一万两，经筹款局划拨练兵经费饷需五千两，移充高等小学堂经费二千两，现复由道详准，岁拨同利蚕桑公司银三千两有案。登明。

谘议局呈议复当商生息一案。

查此案前经议详常年取息二分，奉批由济南商务总会函致各属商会博询函复，采集众议再行核办，现尚未准移复。登明。

谘议局议覆烟潍铁路办法一案。

查此案现经详请加札委派各州县员绅招股办理。登明。

抚院据洋务局详覆遵办情形文

八月二十六日

为札行事。据洋务局详称：本年七月二十三日奉抚院札开：宣统二年七月十九日据谘议局呈称，窃本局去年开会期内议决各案云云，实为公便。为此呈请抚部院裁夺施行等情到本部院。据此，查上年开会期内议决核准各案历经公布施行。兹据前因，合将上年核准施行各案粘抄事由，通饬各将遵办情形分别详细禀复，以为策励进行之准。除札复并分行外，合行札饬。札到该局，即便遵照，务于文到半月内禀复到院，以凭考核，切切。特札等因，并粘单一纸到局。奉此，查谘义局所议洋务四条，一刊布胶澳威海租界条约一案，已蒙宪台公布。一融化民教一案，上年奉饬后即经通饬各府州查照办理，并转饬各属一体遵行在案。一限制德人在租界外行使小洋元一案，上年十一月间已由局会同劝业道详，蒙宪台函嘱麦大臣禁止，并准函复行知各在案。一洋行移设商埠一案，前经照会各国领事，所有德国洋行如德华、礼和、哈唎、瑞记、善全等行均已移入商埠，即捷成、顺和两行，亦正在租地建屋，即将移入。他如英商亚西亚煤油公司，蒙宪台函布英领事据理力争，现亦一并移入商埠。惟日本各洋商如日华公司、日华分公司、东亚公司、书乐局、东亚公司分局、三好堂、华和公司、中华公司以及永松医馆等处，现尚未能一律移入。上月就余道则达因公在烟之便，曾由职道崇惠电其就近与日领事提议，嗣接复电，谓日领已允，俟各洋商一律移入，必当禀请该国公使维持等语。现查英、德各国洋行既已移入商埠，所有日本各商号自应一律遵办，以符定章。除移东海关道转催日领事照办外，所有谘议局议奉核准饬办各案并遵办情形，理合具文详覆查考等情到本部院。据此，除详批示外，为此札行谘议局查照。须至札行者。

抚院据提学司详覆遵办情形文

九月初六日

为札行事。据提学使司详称：窃奉抚院札开：为通饬事。宣统二年七月十九日据谘议局呈称，窃本局去年开会期内议决各案云云，实为公便。为此呈请抚部院裁夺施行等情到本部院。据此，除上年开会期内议决核准各案历经公布施行，兹据前因，合将上年核准施行各案粘钞事由，通饬各将遵办情形分别详晰禀复，以为策励进行之准。除札复并分行外，合行札饬。札到该司，即便遵照，务于文到半月内禀复到院，以凭考核，切切。特札。并粘单一纸等因到司。奉此，遵查单内所开宣统元年谘议局议案关于学务各案，其已奉宪台核决之件，一经公布之后，业已分别办理，并将办理情形先后详报在案。单开六案内，如整理学务办法一案，查学务公所添用本地士绅，专门课彭兰琪升调副科长，普通科员孔令煦系本年新委省视学，应选合格之员宋绍唐、胡克俭查学素称认真，均已令回原差。新委王朝俊一员，办学具有阅历。又图书馆内金石保存所，新委济宁孙维璧充坐办，利津拔贡林滋衔充书记。议案内所云查学各种情弊，早经一律革除。各属办学优劣造具课绩表分注等级，咨送藩司汇办。各学堂副监督、提调名目先已裁撤。法政学堂副监督系属名誉，不支薪水，亦经裁撤。高等学堂豫科遵照部章展长年限，将来毕业成绩可望优胜。各府中学堂、初级师范暨各州县高等小学堂，本年暑假后改派师范优级毕业生三十余人接充教员，遇有教课不力之员，仍随时更换。优级师范选科停办后改办工业学堂、存古学堂，业将办法大概详奉核定。青州蚕桑学堂已饬将各种科学按照定章切实讲授。烟台毓才学堂经徐道世光竭力整顿，更换教习。省城初等小学稽查员王珊已裁撤，即以该员薪水分委本地士绅侯丙炎、张朔元二人接充学董。女子师范学堂暨两等女子学堂共有学生八十二名，专心向学，极有秩序。此整理学务办法之实在情形也。第二项推广普通教育，应以教育会为进行之机关。省城教育总会经费，本署司会同藩司每年各筹拨银一千五百两，业于宣统元年十二月奉宪饬分行立案，以资经久。该会已选定正副会长，督率会员合群扩办。本署司业于去冬将设立教育会、改良劝学所办法通饬遵照。旋据各属禀报，教育分会已成立四十四处，会员一千一百零九人，劝学所已成立一百零三处，学董一千四百零二人。如研究师范、组织完全小学等事，将来会员、学董日多一日，则一切设施皆有进步。实业学堂本年暑假后，胶高中等工业学堂内已开办金工科一班，学生三十四名，染织科一班，学生三十二名，附设教员讲习所染色科一班，学生四十五名。农业教员讲习所在高等农业学堂内附设，本年春间开课，学生一班计五十名。商业教员讲习所拟于开办中等商业学堂内附设，本署司迭次会商劝业道，由商会筹款创立，俟劝业道核议咨覆，即行开办。此推广普通实业之实在情形也。第三项覆议整顿学务一案，上年十月二十六日奉宪台开单逐条答覆，一面行司催办教育会，迭经檄催各州县迅速开办在案。第四项维持公立、私立学堂，其筹画经费，详请奖励，及一切保护维持之法，一经学董、会员具禀，随时照章核办。至更换堂长、教员，除官立学堂仍由官选派以昭慎重外，凡公立、私立学堂，悉由经理人采择延聘。遇有管理、教授未能如法者，经省视学、县视学查明纠正，并择尤更换。现查师范简易科暨传习所毕业生充初等小学堂教习者甚多，课法可期渐次改良。第五项关于东省学务质问一案，本署司业于上年十月二十日逐条答覆，详蒙札知谘议局查照。所有劝办学堂，任用教员，撙节经费各条，本年上学期派省视学分赴各属稽查劝导。各村庄里能就地筹款，用归实际，将见学校如林，师范毕业生亦不患无位置。简易识字学塾，据各属报告，截至六月底止，已成立者共有七百零二所；其甫经筹办，未据禀报成立者尚有十三县，亦已叠次檄催，并将办理不力之昌邑县详请记过。各该牧令考成攸关，当不敢视为具文。第六项王绅锡蕃等请愿书，恳速办教育会一案，已于第二项提案内声覆，不复赘列。所有遵饬禀复宣统元年核准公布施行各案实在办理情形，理合逐项详叙，具文呈请核鉴查考等情到本部院。据此，为此札行谘议局查照。须至札者。

抚院据布政司详覆遵办情形文

十月十四日

为札行事。据布政司详称：案奉抚院札开：宣统二年七月十九日据谘议局呈称，窃本局去年开会期内议决各案云云，实为公便。为此呈请抚部院裁夺施行等情到本部院。据此，查上年开会期内议决核准各案历经公布施行。兹据前因，合将上年核准施行各案粘抄事由，通饬各将遵办情形分别详晰禀复，以为策励进行之准。除札复并分行外，合行札饬。札到该司，即便遵照，务于文到半月内禀复到院，以凭考核，切切。特札等因，并粘单一纸到司。奉此，除司道局所专司各案应自行分别详办外，遵查单开本司经管各案内，〈除〉剔除税契旧弊、禁革地方差徭办法两条，现已通饬各属遵照实行。惟当典生息案件，今昔地方情形各有不同，利息多寡即不免互有参差，若竟责以通省一律，其中转多窒碍，甚非恤商惠民之道。本司职分所在，自当随时察办，不敢稍存玩忽。所有遵办缘由，理合详覆鉴核等情到本部院。据此，为此札行谘议局查照。须至札者。

呈院请将调查局汇呈之案发给一份藉资考证文（并批答）

七月二十五日

为呈请事。窃查局章第二十一条载谘议局应办事件内，有议决本省单行章程规则之增删修改事件一款，是以本局上年会期提议案内，有请求督抚宣示单行章程规则一条，曾由局呈请抚部院饬将关于本省单行章程规则随时登载官报，并按期宣示本局，俾资参考。当已奉批，如请办理，并候行官报所备具官报一份，按期径送该局查阅在案。本局查阅陆续收到官报所登关于各属州县现行适用之单行章程规则，或不免缺略。兹闻关于各属州县之单行章程规则，业经调查局汇编成帙，呈报有案，较之官报自当周详。现本局第二届会期伊迩，应请抚部院将调查局所汇呈之案发给一份，俾得先事研究，并会议时藉为考证，实为公便。为此具呈恳请抚部院裁夺施行。须至呈者。

奉批答：来牍具悉。候行调查局照案抄交，以资考证。此复。

呈院仍请饬调查局将调查案件从速抄交文（并批答）

八月二十三日

为呈请事。窃查谘议局章程第二十一条第六项内开，议决本省单行章程规则之增删修改事件等语，是单行章程规则凡在本省范围之内者，皆在本局议决之列，因于七月二十五日呈请抚部院所有本省单行章程规则饬调查局检交一分在案。嗣于本月初九日奉抚部院札开：为札行事。宣统二年八月初六日据调查局申称，案奉宪台札开，据谘议局呈称：窃查局章第二十一条载谘议局应办事件内，有议决本省单行章程规则之增删修改事件一款，是以本局上年会期提议案内，有请求督抚宣示单行章程规则一条，曾由局呈请抚部院饬将关于本省单行章程规则随时登载官报，并按期宣示本局，俾资参考。当已奉批，如请办理，并候行官报所备具官报一份，按期径送该局查阅在案。本局查阅陆续收到官报所登关于各属州县现行适用之单行章程规则，或不免缺略。兹闻关于各属州县之单行章程规则，业经调查局汇编成帙，呈报有案，较之官报自当周详。现本局第二届会期伊迩，应请抚部院将调查局所汇成之案发给一分，俾得先事研究，并会议时藉为考证，实为公便。为此具呈，恳请抚部院裁夺施行等情到本部院。据此，除批"来牍具悉。候行调查局照案抄交，以资考证，此复。"印发外，合行札饬。札到该局，即便查照办理等因到局。查此项章程规则经职局汇报有案者，惟各项单行法行政规章第一次报告书一种，业于宣统元年十二月详请咨馆在案。其调查内容遵章以督抚权限范围以内所发布者为限，并无直接调查各属州县地方行政之事，统计全书不下二十万言，若必概行抄送，势难全部适用，且恐字数过多，未免时日稽延，有误该局会期以前之研究。查宣统元年八月二十五日曾奉宪札，以属地方行政该局应议之件遇有必须查案者，应照通志局抄卷之例，将何案何卷声叙明晰，备文知会该管署局，并派人前往择要抄录，以资考核等因，饬知在案。兹奉前因，惟有仍请宪台札饬该局查照前案，派员前来检查卷宗，别择抄录，以符定章而省手续。除照会谘议局查照办理外，理合备文具申，伏乞照验施行等情到本部院。据此，为此札行谘议局查照办理。须至札者等因。奉此，应即遵照。惟查宪政编查馆电开，谘议局应议事项，遇有必须调查卷宗及诹访各事，止可函请各署局抄交并答覆，毋庸派员径往等因。抚部院前于本局委派常驻议员张允符往东平州调查议员范德如被禀案卷，呈请电饬东平州检交等情一案，当奉抚部院批答，亦以馆电为据，是以本局嗣后应议事项遇有必须调查卷宗各事，自应遵照馆电不再派员径往，且派员往抄亦多种种窒碍不便之处，谅蒙洞鉴，无烦殚述。况查各省谘议局于去年会期内调查案卷各事，多由督抚饬各衙署局所抄交，并非由局派员径往。而奉省督抚对于该省谘议局呈请饬发单行章程规则批答内开：如呈饬下各该衙门迅将关于所提议案现行章程细则并已有之调查报告等件，检齐径发该局，以资参证。至本省各项单行章程规则，候饬调查局将已经调齐者检备一分，开单速送公署收发处，立候札发该局存查。余候通饬各属从速检送，即毋庸由该局另文呈请，以省繁渎等语。本局事同一律，情形亦无或异，似应援照办理，且馆章具在，亦未便致有违碍。除不在本省范围内者无庸调取外，所有本省单行章程规则理合呈请饬下各该管官厅从速抄发本局，以资参考，并饬调查局将已调齐者检备一份速交本局存查，实为公便。为此呈请抚部院鉴核施行。须至呈者。

奉批答：来呈阅悉。候行调查局将第一次单行法行政规章报告书底册从速检送谘议局，可择要抄存，仍于闭会后交还该局归案。至此后各项法规，均有官报可查，无庸分饬抄送，转致迟缓。抄由批覆。

呈院议员曲卓新辞职以候补议员梁世焜补充文（并批答）

八月初四日

为呈报事。窃本局据登州府宁海州在籍议员度支部主事曲卓新函称，前已经奏咨回京供职，不能常住本省，应照谘议局章程第十九条第二项理由辞职等情到局。据此，查该议员辞职理由实符定章，应即照准，所遗员缺应以候补议员登州府文登县充甘泉四里团防董事三年梁世焜补充。理合由局填具执照一张，呈请抚部院饬下该管初、复选监督转发该员收执，并由局造送该员姓名、年岁、籍贯、出身、官阶清册四份，恳请咨部存案。再者，兹值常年会期已迫，于全省各议员业经抚部院照章先期召集，所有新补议员梁世焜处亦请召集，一体到会，实为公便。为此具呈，恳请抚部院裁夺施行。须至呈者。

计呈议员执照一纸、清册四份。

奉札批答：为札覆事。宣统二年八月初六日据来呈内开：窃本局据登州府宁海州在籍议员度支部主事曲卓新函称，前已经奏咨回京供职，不能常住本省，应照谘议局章程第十九条第二项理由辞职等情到局。据此，查该议员辞职理由实符定章，应即照准，所遗员缺应以候补议员登州府文登县充甘泉四里团防董事三年梁世焜补充。理合由局填具执照一张，呈请抚部院饬下该管初、复选监督转发该员收执，并由局造送该员姓名、年岁、籍贯、出身、官阶清册四份，恳请咨部存案。再者，兹值常年会期已迫，于全省各议员业经抚部院照章先期召集，所有新补议员梁世焜处亦请召集，一体到会，实为公便。为此具呈，恳请抚部院裁夺施行等情到本部院。据此，除将所送清册分咨，并将执照札发该管府复选监督转交该议员收执暨通知来省外，为此札覆谘议局查照。须至札者。

呈院请拨第二届会期经费银两文并批答（附呈藩司文）

八月十三日

为呈请事。窃本局第二届常年会期在迩，普通议员业于本月初十前招集来省。兹查本届九月初一日会期以内应需要款，所有议长、议员公费、旅费及办事处人员薪津，书手、局役等工食并杂费等项，需款几过常年一半之数，应请饬司拨发库平银二万两，内扣减平银一千二百两，下余库平银一万八千八百两，计合湘平银二万两，以应要需。为此备由具呈，恳请抚部院鉴核施行。须至呈者。

奉批答：已照来呈檄行布政司拨发湘平银二万两，希即派员前往具领。此缴。

呈藩司请领第二届会期经费银两文并覆文　八月二十日

为呈请拨发银两事。窃本局以拟领本局第二届常年会期第一季应用银两等情，呈蒙抚部院批开：已照来呈檄行布政司拨发湘平银二万两，希即派员前往具领。此缴等因。奉此，理合备具印领，派员赍文前赴贵司守候领取，希即迅速查照施行。须至呈者。

藩司覆文　九月十一日

为咨覆事。本年八月二十三日准贵局呈开：窃本局以拟领本局第二届常年会期第一季应用银两等情，呈蒙抚部院批开：已照来呈檄行布政司拨发湘平银二万两，希即派员前往具领。此缴等因。奉此，理合备具印领，派员赍文前赴贵司守候领取，希即迅速查照施行等因，并呈印领一纸到司。准此，自应如数拨发。惟查现时库款异常支绌，急切难筹全数，拟在各项减平项下先行拨发银一万两以应要需，余俟设法续拨。除饬库于八月二十三日堂期照章支出湘平银一万两发交来员领回备用并呈报外，相应备文咨覆。为此合咨贵局，请烦查照兑收，见覆施行。须至咨者。

呈藩司请速拨发第二届会期经费银两文 九月十三日

为呈覆事。于九月十一日承准咨开，为咨覆事云云，见覆施行等因到局。承准此，查本局于八月二十三日业经派员赍文领取库平银一万两，惟会期内所有应需旅费、公费、薪津、工食、杂费等项几过常年一半之数，前已呈明，实难延缓，除已领到库平银一万两外，应销银两仍请迅速拨发，以应要需。为此呈覆，请烦贵司查照施行。再，本局八月二十三日堂期领到银数系库平银一万两，奉咨内开，支出湘平银一万两，应请更正，以免错误。须至呈者。

呈院议员刘诚洤辞职以候补议员陈予龄补充文（并批答）

九月初五日

为呈报事。窃本局据沂州府沂水县在籍议员刘诚洤函称，议员现已请升改主事，分民政部疆理司户籍科行走，因事务较他处纷繁，仍须常川到署，自应遵照谘议局章程第十九条第二、第三两项辞职等情到局。据此，查该议员辞职理由与定章相符，应即照准，所遗员缺应以候补议员鸿胪寺序班莒州廪生陈予龄补充。理合由局填具执照一张，呈请抚部院饬下该管初、复选监督转发该员收执。兹值常年会期开始，诸务待议，并请抚部院照章召集，饬下该管初、复【选】监督限于文到之日即催该员迅速到会，以重要公，并由局造送该员姓名、年岁、籍贯、出身、官阶清册四分，恳请分别咨留立案。为此呈请抚部院裁夺施行。须至呈者。

计呈议员执照一纸、清册四份。

奉批答：来呈阅悉。所有陈议员籍贯清册候分别咨呈宪政编查馆、资政院、民政部查照，并将执照札发沂州府转交该议员收执，催令迅速到局，希即查照。抄由批覆。

呈院请更正报销年度文（并批答）

九月十二日

为呈请事。窃本局开支经费自去年九月每三个月汇报一次，原拟以去年九月至本年八月为一会计年度。宣统二年九月初五日奉札发宪政编查馆第八次谘议局及选举章程解释汇钞一本到局，内载：四月初五日覆东三省总督电开内，有谘议局会计年度暨按月造报等事，自以仍照度支部试办预算通章办理，以归统一。此覆等语。查度支部预算，以正月至十二月为一会计年度，若本局仍以九月至八月为一会计年度，按诸通行章程，未免参差，难归统一。拟自去年九月至十二月为一年度，本年正月至十二月为一年度，仍按三月为一季，汇四季为全年。惟自去年九月开局至年底仅四个月，拟划分九月一个月为秋季，十、十一、十二三个月为冬季。本年九月以后报销，本局自应遵照度支部试办预算通章办理。惟本局前三季报销清册业经呈报在案，是否更正补报，抑自奉到宪政编查馆第八次解释汇钞之日为始，以后遵照度支部通章办理，应请批示遵行。为此呈请抚部院鉴核施行。须至呈者。

奉批答：来呈阅悉。查宪政编查馆咨，亦有整齐谘议局会计年度一条，业经札行遵照。谘议局自上年九月开办起至本年年底止，共一年零四个月，以额定常年经费四万八千两核算，共应领银六万四千两，希即将所有从前领过银两汇总呈报一次，嗣后领款务须声明季份。本年连同前领银数以截至六万四千两为止，明年即当分季照预算案具领，以（照）〔昭〕划一。至用款则未报者应截成整季带同上季零月报销，已报者无庸更正，并即知照。抄由批覆。

呈院请仍照预算数目拨交常年经费银两文（并批答）

十月二十一日

为呈请事。九月十五日案奉批札内开，宪政编查馆咨，亦有整齐谘议局会计年度一条云云，并即知照等因到本局。奉此，查本局常年经费，惟会期时招集全体议员需用最多，自上年九月截至年底核实决算，动支经费二万五千五百余两，已过常年一半之数，业经呈报在案。若连同第二届会期应用银两，共以一年零四个月定额六万四千两核算，实不敷用。查宪政编查馆整齐谘议局会计年度一条内，有自本年九月截至本年十二月特别造一预算等语。本局参以去年四个月决算另行预算，本年九月截至年底四个月经费共需银二万六千余两，连同本年八月前照额定四万八千两总计核算，共一年零四个月应需银七万四千余两。惟本局竭力撙节，自上年九月截至本年八月底动支经费仅四万三千余两，尚未满四万八千额数，连同本年自九月以后四个月应需经费核实预算，共需银六万九千余两。除前已领过开办费一千两不计外，去年共领库平银三万二千九百四十余两，本年共领湘平银三万二千两，合计共银六万四千九百四十余两，除本年八月前业已动支四万三千余两，并会期动支又过常年半数外，尚需银四千两，俟届冬季再请拨用，实系核实预算，减难再减，仍力求撙节，不轻动支。理合将从前领过银两总数缮具清折，并造具本年九月至十二月预算清册一本。为此备由，呈请抚部院核准施行。须至呈者。

计呈清折一扣、预算清册一本。

谨将谘议局自上年九月开办起截至本年九月底止，共领过银两数目汇总，缮具清折，呈请（电）〔鉴〕核。

计开：

一、上年收筹办处代领移交开办费库平银一千两。

一、上年收筹办处代领移交常年经费库平银八千九百四十九两零五分。

前款系原数库平银九千两内除短平银五十两零九钱五分，前已呈报在案。登明。

一、上年两次收藩库拨交常年经费库平银二万四千两。

一、本年收藩库拨交库平银一万一千五百二十两，计合湘平银一万二千两。

一、本年收藩库拨交库平银一万八千八百两，计合湘平银二万两。

以上收到银两除开办费一千两外，共收库平银三万二千九百四十九两零五分。本年共领湘平银三万二千两。按自上年九月开办日起截至本年八月底止，照额定库平银四万八千两核算，业经奏咨在案，惟本局仅动支四万三千余两。自本年九月起截至十二月底止，预算应需经费银二万六千余两，实系减难再减。除前已领过银两汇总呈报外，尚不敷银四千余两，届时须再请拨。登明。

谨将谘议局预算经费数目自本年九月起截至十二月底止，缮具预算清册，呈请鉴核。

计开：

额支项下

旅费项下：

一、常驻议员二十人回籍旅费，共银四百两。

一、普通议员八十人来往旅费，共银三千二百两。

以上共银三千六百两。

公费项下：

一、议长一员，每月一百五十两，按四个月合计，共六百两。

一、副议长二员，每月每员一百二十两，按四个月合计，共银九百六十两。

一、常驻议员二十名，每月每名五十两，按四个月合计，共银四千两。

一、普通议员八十名，每人一百五十两，共银一万二千两。

以上共银一万七千五百六十两。

薪金、津贴项下：

一、书记长一人薪金，每月五十两，按四个月合计，共银二百两。

一、书记四人薪金、津贴，每月每人薪金二十两，津贴十两，按四个月合计，共银四百八十两。

一、速记生二人薪金，每月每人二十四两，按四个月合计，共银一百九十二两。

以上共银八百七十二两。

书役工食项下：

一、书手八名工食，每月每名八两，按四个月合计，共银二百五十六两。

一、贴书二十名工食，每月每名八两，按三个月合计，共银四百八十两。

一、守卫八名、局役十名、厨役四名工食，每人月支钱十千，按四个月核算，约合银二百四十两。

以上共银九百七十六两。

纸笔、朱墨、图书、印刷项下：

一、纸笔、朱墨等项，约需银八十两。

一、图书、刷印等项，约需银四十两。

一、石印报告书，约需银七百四十两。

以上共银八百六十两。

杂费项下：

一、议长三员饭食银，每月每人四两五钱，按四个月合计，共银五十四两。

一、常驻议员二十名饭食银，每月每人四两五钱，按四个月合计，共银三百六十两。

一、速记生二人饭食银，每月每人六两，按四个月合计，共银四十八两。

一、冬季炭资三十二分，共银三百两。

一、包办茶炉，月支钱四十五千，按四个月核算，约合银四十八两。

一、精细茶叶及普通茶叶，按四个月合计，约需银二十两。

一、牛烛、洋油、洋蜡等项，按四个月合计，约需银五十两。

一、各项报费，全年约银一百两，按四个月合计，约需银三十四两。

一、电话费，按四个月合计，约需银八两六钱四分。

一、零星物件等项，按四个月合计，约需银十两。

以上共银九百三十二两六钱四分。

统共以上约计共需银二万四千八百两零六钱四分。

预备活支项下：

一、凡派员调查、添制器具、添补修造、招待来宾、邮电各费并杂费，不敷之款特别法难规定，约需银一千二百两。

总计预算旅费、公费、薪津、工食、杂费及预备费等项，自本年九月起截至十二月底止，共约需银二万六千两零六钱四分。

奉批答：来呈阅悉。候行布政司移会清理财政局核明，详覆察夺，希即查照。此覆。抄由印发，册折均存。

呈院议员汪懋琨等因选充会议厅审查委员以候补议员张兰堂等接补文（并批答）

九月十三日

为呈报事。窃本局于本月初四日遵札公推本省士绅充会议厅审查科人员，业经公众照加倍额数推定，由局造具各士绅姓名、年籍、出身、官阶、现时职业清册一份，呈请选定召集在案。兹奉批：来呈及另册均悉。本部院覆选将汪懋琨、安茂寅、赵正印、庄余珍、孙丕承、张汉章等六员堪以派入审查科，委札、照会均随批印发，希即分别给领。抄由批覆，册存等因到局。奉此，查宪政编查馆奏拟定会议厅规则第四条内开：承充审查科各项人员本省士绅一项，由谘议局按照督抚所定员数加倍公推，呈请督【抚】覆选派充。如该局所公推者系谘议局议员，应开去议员之职等因。此次由局公推，呈蒙抚部院选派人员汪懋琨、庄全珍、孙丕承，三人均系本局议员，自应开缺另补。查汪懋琨所遗员缺，应以候补议员临邑县人充本庄董事三年张兰堂补充。庄余珍所遗员缺，应以候补议员沂水县附生刘恩佑补充。孙丕承所遗员缺，应以候补议员文登县附生刘星房补充。理合由局填具执照各一张，呈请抚部院饬下各该管府县初、复选监督转发各该员收执。兹正在常年会期中，诸务待议，并请抚部院照章召集，饬下各该管初、复选监督限于文到之日即催各该员迅速到会，以重公要，并由局造送各该员姓名、年岁、籍贯、出身、官阶清册四份，恳请分别咨留立案。为此呈请抚部院鉴核施行。须至呈者。

计呈议员执照三纸、清册四份。

谨将本局续补议员姓名、年岁、籍贯、出身、官阶造具清册，呈请钧鉴。

张兰堂，年三十七岁，济南府临邑县，充本庄董事三年。

刘恩佑，年三十七岁，沂州府沂水县附生。

刘星房，年四十五岁，登州府文登县附生。

奉批：来呈阅悉。所有续补议员张兰堂、刘恩佑、刘星房籍贯清册，候分咨宪政编查馆、资政院、民政部查照，并将各执照分别札发该管府转交该议员收执，催令迅速到局，希即查照。抄由批覆，册存送。九月十四日。

呈院议员周树标等辞职以候补议员王西洲等补充文（并批答）

九月十五日

为呈请事。窃本局会议莱阳乱事一案，及抚部院札行本局呈院议案须署提案人姓名一节，均经多数议决，惟与少数意见有不合之处，详细情节俟另呈明。兹据议员周树标、丁世峄、王志勋、张介礼、尚庆翰五人函称：启者。莱阳一案，鄙人等系遵七月二十日上谕，参以北洋及山东提学使与本局调查之事实为主张。不谓议长违犯议事规则，并不退就议员席，公然加入讨论，且盛气发言，遽以谨遵上谕者为曲党，为阿附京官。此等专制锻炼、蹂躏合议机关之举，鄙人等决不承认。再据抚部院札【行】本局呈院议案须署提案人姓名一节，鄙人等以此事为定章所无，原无庸付诸讨论，乃竟以投票取决，遂得多数承认。似此追加条文，破坏法律，则谘议局前途何堪设想。虽多数取决，少数者不能反对，然此非法议决，鄙人等亦万难服从，致误将来。兹谨依局章第十九条第三款同辞议员之职。专此布呈，即请全局公鉴等情。又据议长杨毓泗函称：敬启者。泗正在病枕，闻本局丁、周、张、王等五君公函，谓泗有遵照上谕为曲党之一言，理由辞职。以泗智识有限，不能当此重大责任，曾不敢自讳。谓不明法律，凡遵照上谕者为曲党，尚不至糊涂至此。若果如此立言，全体必概为反对。前日局中会议莱事，此案结果决以但将孙、王二君调查记呈院，不加理由书，听凭行政长官判断。此种议论并非违背上谕，似乎可以共信，而诸君竟以此言辞职。窥其用意，无非谓不遵守法律，使泗辞职而已。然泗不称议长之任，泗自问理应辞职，何以加以违背上谕罪名，强迫使泗辞职为哉！总因泗本不才，致生此种事端。现时正在开会中间，泗深以山东大局为念，决不敢轻于辞职，致生纷扰，贻山东谘议局破坏之羞。尤望诸同人均顾念大局，照常会议，勿为鄙人细事所摇夺，泗不胜祷祀求之矣。俟闭会后决意辞职，以让能者。至有何项罪名，惟泗一人受之，与他人毫无干涉。此布等情前来。当即会议，佥以杨议长在会期内既不辞职，应无庸议，惟周树标等五人同辞议员之职一事，已经大多数议员允许，全体公决，与局章第十九条第三款相符，自应开缺另补。兹查该议员等所遗员缺，除登州府属自上年复选区选定候补议员额数仅三名，业已尽行补出，丁世峄一缺现下无人续补，应请抚部院饬下该管府县另行选举呈报后，再札谕本局照章续补外，所有周树标所遗员缺应以候补议员青州府博兴县附贡生王西洲补充，王志勋所遗员缺应以候补议员青州府博山县附贡董会川补充，张介礼所遗员缺应以候补议员青州府博山县有不动产计值五千元王清溪补充，尚庆翰所遗员缺应以候补议员莱州府潍县附贡王善述补充。理合由局填具执照各一张，呈请抚部院饬下该管府县初、复选监督转发各该员收执。兹正在常年会期中，诸务待议，并请照章召集，饬下各该管初、复选监督限于文到之日即催各该员迅速到会，以重公要，并由局造送各该员姓名、年岁、籍贯、出身、官阶清册四份，恳请分别咨留立案。为此呈请抚部院鉴核施行。须至呈者。

计呈议员执照四纸、清册四份。

奉批答：来牍阅悉。议员因事辞职，查照局章，谘议局原有允许之权。惟此次该议员等之辞职不过因言论之冲突，查各国议会因政见不同互相争议，亦属事所常有，该议员等热心桑梓，岂宜逞一时之意气，放弃应尽之义务。在全体议员对于辞职议员，亦宜开诚布公，曲为劝导，以尽和衷共济之谊。现值会期进行，需人协议，本部院以为该议员等不应于此时遽行辞职，众议员亦不应于此时允许其辞职。如有万不得已之事故，亦必俟闭会后再行集议。此时仓卒召集应补议员，亦来不及。本部院为维持大局起见，所愿该局全体议员再行熟商之也。除呈送补缺议员执照暂存外，此答。

呈明议员周树标等辞职原因文（并批答）

九月十五日

为呈明事。窃本局于本月十二日开会提议莱阳一案，佥以本局前派常驻议员孙丕承、王志勋前往调查，自应据该两员查覆情形呈报抚部院察夺，本局不加意见书，但为据实立案，留为行政官裁判地步，当经多数议决。惟少数议员周树标等发言反对，坚持不下。杨议长见两相争执，未易取决，因折中发言，谓本局为舆论代表，自当主持公论，不得阿附官绅，亦不得袒护曲党。语至此，丁世峄等大起反对，声色俱厉，甚至伸拳顿足，口出不逊，擅自出席而去。次日开会提议抚部院札行本局呈院议案须署提案人及起草人姓名一节，周树标等又起反对，谓此非法之要求，决不承认。杨议长见此情形非言语所能取决，因令投票表决可否之数，遂得多数议决。周树标等又请求议长提议莱阳一案，亦经多数照前议取决。周树标等因两案皆未达其目的，大肆咆哮，声言辞职去后。该党五人据局章第十九条第三款同意辞职，具理由书前来。此时杨议长已告病假，由副议长开会报告，经到会多数议员遵章允许，业经呈报在案，有卷可查。窃思会场争议，议长发言，令大众表决可否，自系正当办法，与议事规则毫无违背。其言不得袒护曲党，事诚有之，确无以遵上谕者为曲党之言，在场议员有耳共闻，且有速记录可证。乃周树标等竟捏造不法之言，诬蔑议长，意图倾陷。又会议公决，局章本取多数，周树标等对于抚部院札行本局呈院议案署提案人及起草人姓名一节，以少数反对多数，反以多数取决为追加条文，破坏法律，为非法之议决。似此捏词诬害，反抗定章，其品行背谬，营私武断，已可概见。且伊等近日在会场屡起冲突，怒目夺拳，恶声毒口，其狂暴行为已犯局章情节重者除名之条。乃犹不知悛改，来书辞职。是以遵照局章第十九条第三款，全体允许，实为全局起见，毫无私意。如周树标等于局稍有裨益，大多数议员岂尽毫无知识，万不肯令其辞职，且万不至同意允许，以贻外界笑柄。但伊等不法行为，实难隐匿，况伊辞职理由书捏诬议长及全局罪名〈剥夺之章程綦严〉，全局实不能当此重咎，不得不据实陈明。除请假及未补之议员不计外，到会者共七十五人，业经全体公同议决。为此呈请抚部院裁夺施行。须至呈者。

奉批答：来呈阅悉。前据谘议局呈报议员周树标等五人辞职，当以现值会期，该议员等遽以政见不同负气引退，批令再加熟商。此次来呈乃谓五人狂暴行为已犯局章，据实陈明等语。查周树标等因议事相持，致起冲突，语言失检，盛气凌人，诚属不合，其所称杨议长各节亦多误会。来呈援引品行背谬、武断营私之条，未免言之过甚，互勘先后呈文，不无各存意见。当此宪政萌芽，地方利弊兴革方多，正赖全体议员等共矢公明，和衷以济，不意有此内溃情形，（即）〔既〕乖朝廷采取舆论之旨，亦非本部院夙昔期望之怀。现在各省绅民要求速开国会，方期结通国之团体以佐治朝廷，今乃于本省议会各逞意气，渐成朋党，实足为宪政阻力，贻外人笑柄。本部院身膺监督之责，不能不尽劝告之义。该局应仍前批，各捐成见，合谋公益，以冀维持大局，本部院不胜殷盼，尤望全体议员共明此意也。即希知照。抄由批覆。

呈覆议员周树标等辞职一事仍请照章办理文

九月二十一日

为呈覆事。窃议员等前准议员周树标等来函辞职，当经公同议决，照章允许，业已呈明在案。兹奉抚部院批答内开，来牍阅悉，议员因事辞职云云，执照暂存外，此答等因到局。奉此，议员等且感且愧，自应遵照。惟经多数同人再四熟商，佥以周树标等来函系据局章第十九条第三款辞职，本局允许亦系遵章办理。现于本月十九日开会，对于该员等辞职一事仍议照章办理，业经公同议决，理合呈覆。为此呈请抚部院照章施行。须至呈者。

呈请议员周树标等辞职一事迅速照章办理文（并批答）

十月二十日

为呈请事。窃本局前以议员周树标等五人辞职，经本局全体公决，遵章允许。内丁世峄一缺当因无人续补，曾请饬下该管府县另行选举。至周树标等四人所遗员缺应补议员，业由本局造具各该员姓名、年岁、籍贯、出身、官阶清册四份并执照各一纸呈送在案。现经多日，未便久悬。为此呈请抚部院鉴核施行。须至呈者。

奉札批答：为札覆事。案据谘议局呈称：窃据本局议员周树标、丁世峄、王志勋、张介礼、尚庆翰五人函请辞职，当经本局全体公决，遵章允许。内丁世峄一缺现因无人续补，请饬该管府县另行选举。所有周树标遗员缺应以候补议员青州府博兴县附贡生王西洲补充，王志勋所遗员缺应以候补议员青州府博山县附贡董会川补充，张介礼所遗员缺应以候补议员青州府博山县有不动产计值五千元王清溪补充，尚庆翰所遗员缺应以候补议员莱州府潍县附贡生王善述补充。理合由局填具执照各一张，呈请转饬该管府县初、复选监督发交各该员收执，并由局造送各该员姓名、年岁、籍贯、出身、官阶清册四份，呈请分别咨留立案等情到本部院。据此，除分别咨行查照办理外，为此札覆谘议局查照。须至札者。

呈院常驻议员孙丕承、王志勋调查莱海乱事始末文（并覆文）

九月二十四日

敬肃者。本局自莱、海事起之后，所有收到关于该两县事件之【请】愿书、函电，随时呈阅在案。嗣因事关重大，据各界书函所称及各报所载，情实未尽一致，本局非派员切实调查，无以主持公论。自六月间开会协议，公推常驻议员二人亲往调查。现查覆到局，适届常年会期，经全体公议，合将调查情形一并撮录概略，缮具清册，呈备参考。肃此，即请勋安。

册开：

议员孙丕承报告

查莱阳乱端，固由曲士文煽惑愚民，假公愤以报私怨，其实不（过）〔遇〕去冬调查户口、人心惶恐之机会，则官绅合谋加税之谣言不至若此其深入；不有仇视新政、抗捐得名【之】永庄社社长于祝三以为之谋主，则众不易集，即事之黑白是非亦不至若此其颠倒。此莱乱之所以言人人殊，而影响所及且大而远也。曲士文之私怨，怨巡董王景岳一人而已。曲与王同村，城西北八里柏林庄人，其结怨始于去年六月间，缘曲诬告周姓反坐，疑王景岳为之说穿。后又于九月间本村演戏，争执戏捐，结怨益深，曲遂日夜思所以报复之矣。曲年六十余，目不识丁，品行卑汙，人类不齿，而有辩说之才。适遇年底有清查户口之事，曲于是造为房产、人畜七十二税之说，以耸动乡愚，谓为官绅合谋，将于清查户口以后实行。愚民本惶恐新政，加税其意中事，以故翕然信之，人人有仇视官绅之意。至今年正二月间，曲到处演说，措词益圆，谓十府三州先自登州办起，登州十属先自莱阳试行。其故维何？则试办拈阄，在省则登州得之，在郡则莱阳得之也。而此时适有白马社地方册误再造，重收使费一节，乡民遂信为人口税实行之证据，至事后仍不可破。曲遂发起连庄会，以抗捐为宗旨，二月二十八日在城西北唐家菴焚香结会，到者十三人。曲本下流社会，举事颇难，有以就谋于于祝三相劝者，曲喜甚。盖于祝三之为社长，素以抗办新政得乡里名誉，于又与城绅不合，思得抗捐者以为已助，故遂为曲主谋画焉。三月十八日，曲、于合结会于唐家菴，到者十九社，众至二百人，于祝三入会之力也。自此乡民益信加税之说为真，而曲之联络亦日广矣。城绅闻之，屡劝朱令早为禁止，朱令不以为意，至四月十二日始出示于唐家菴禁止结会，而势已成。曲士文挑驳示中匪徒二字以激众怒，遂约次日进城向官理说。斯时曲复就谋于于，曲之意在进城后捣毁巡警局，于劝其以仓谷为名，合众绅为一网打尽之计。盖曲之所怨者只王景岳，于则首与其族人于赞扬不合，仓谷变卖，独于赞扬及与其事，故暗思以此倾之，而又与诸绅皆不合，知朱令素好卸责于绅士，使人负口袋一条，求分仓谷，朱令无以应，则必诿诸绅，诿诸绅则遂所指出之名而捣毁其家。此于之教曲，令其稍变方针处也。四月十三日为曲士文聚众第一次。此次入城闹堂，以算仓谷账及圣庙捐为名，于与曲并入城而未尝入署，但纵乡民千余人入署滋闹。朱令始托病不敢出，及闯入宅门，不得不勉强出头，被众所牵，受困半日。乡民纷呶，言无要领，朱令亦未曾指出经管仓谷绅士之为谁何，故当日城中未至酿成祸乱。但朱令窘迫不堪耳，后乘间跑至花厅，求计于衙役，衙役教以求解于于、曲二人。敦请再三，于、曲始入，曲伏地作哀恳众人之状，于则挥手使退，且宣言曰，县主允为办理，汝等可出以待命，众从之。其实于之手势皆事前约定，向内则使入，向外则使出也。次日，曲士文独作调人，往来关说，凡要求六项，一为算仓谷账，二为算圣庙捐，三为裁巡警，四为完粮专用铜元，不准折扣，五为免一切杂税，六为当堂不许骂人。朱令不加辩驳，一一允从，且出谕单加印信焉。曲持以示众，众始散归。十五日清晨，曲率乡民未归者数人到堂叩头谢昨日冒犯之罪，并谢一切准办之恩。出至西关药王庙会其党，重申盟誓，官如反覆，逮捕各村，以鸣钟为号，互相救援，众始尽散。此曲士文初次聚众之情形也。

查莱阳公益捐，酒税而外只油、戏、铺、庙四项，而皆非创自目前。酒捐向归省城筹款局，铺户捐、戏捐归巡警，油房捐、庙捐归学堂。戏捐每日京钱二千。油房年捐分上中下三等，有八千、六千、四千之殊。铺户捐各行认摊，并无苛累之事。惟庙捐宜照章提产三成，初未实办，前此张令学宽在任，徇僧道之请求，计庙一千余所，岁收钱二千一百余串，作为一成庙捐，不复提及产业。及今岁筹办自治，款无所出，朱令拟实行提出庙产三成作为公田，仍令各庙租种，并不变卖，且拟实行之后，免其前此岁捐之一成焉。僧道闻之大哗，亦思为难。及四月十三日乡民闹堂之事起，僧道亦急下传牌，于十五日午前集城入署滋闹，求免今年议提之三成，并求免前此岁捐之一成。朱令不复为难，亦立出谕单，悉允其要求而去。朱令之为人，外宽而内忮，才庸而心狠，使当乡民、僧道要求之时，能遵章开导，以为从违，事亦何必不了，能察及于、曲用心所在，更换此不满人意之一二绅士，怨亦何至难平。乃朱令畏恃众逞强之势，存欲取姑予之心，假借兵力，打草惊蛇。此捕治僧道一事，所以与后此变乱有关系也。先是城东岔河驻有查路兵队，朱令就近请以自卫，于十六日入城，十七日黎明率以掩捕僧道二十余人，严刑惩治，此为曲士文疑惧之始。十九日文太守到莱，遇雨留一日，于二十一日起行，凡民词二十余张皆不受理，有追至六十里玉皇顶递禀者仍不受，此为曲士文失望之始。岔河之兵扬言受雇，不能打仗。青州范参将带少数马队至，见无影响，大骂荒唐而去。此为曲士文不畏官兵之始。前此所布加税谣言，至此则益为百税；所称将于清查户口后实行者，至此则谓为已令王景岳到西北乡试办；闹堂之时未肯出头，至此则明目张胆，云舍身以为民抗，欲免累者急起从我。愚民感激，广集至五六百人，遂于五月初六日彻毁王景岳居室而焚烧之。至此而曲之目的已达，私憾已平，然就此束手，无可下场。且不逞之徒，各有私怨，威不旁达，于心不快。当日驻众于九里河，派各村抽丁送饭，于次日午前焚鱼池头高西峰家，午后焚叶家庄陈玉德家，牵连而及，非曲意也。高为社长，曾助官催契，又曾阻止闹堂，不从招集，众以此憾之。陈玉德以俭啬致富，憾者尤众，先一日送信与之，令其供给四千人饭，陈不敢从，亦无以应，反报者遂捏抗拒之言以激众怒。往焚之时，曲允其哀恳，而众不可遏，计房屋一百二十余间付之一炬。后又搜焚两次，而分其田产。曲所焚毁止此三家。鱼池头去城三里，焚高姓时城门始闭，曲扬言于某日焚某某，凡指数绅富五十余家，由城达乡，以次递及。于赞扬居东关，王圻等居城里，城厢之人惧焉，朱令尤畏缩无措。幸初七日大雨，曲未向城进发，朱令央人往探，知曲有和意，遂命把总王凤袍、乡长姜尔受等率城厢铺户七十余人于初八日清晨往九里河调说。王、姜等磋商竟日，将前此所允许者略为更改，亦有加增，如算仓谷账及圣庙捐二款，仍旧皆限以一月之期，裁巡警改为巡警不准出城，专用铜元不准折扣改定为每两五千六百文，免一切杂捐易为裁戏捐及声明无人口税，不准当堂骂人一节从删，而益以裁教育会及革办事绅董。其所最注意之要求，则所焚三家因犯众怒，与曲士文兄弟无干也。此意倡自曲桂舟，必令全城铺户作保出结盖戳而后可以罢众。王、姜恐事之中裂，王遂以身命设誓，姜遂以全家百口作抵，而后得邀士文兄弟之首肯。将归报命，而曲众复为难，以未得城中巨室王氏一饭为憾，坚欲攻城，王、姜进以出钱代饭之说，众始放行，日已暮矣。朱令一一允从，立出示革学董王圻、巡董王景岳、教育长葛桂星、局董于赞扬、局董张相谟五人，皆标以因犯众怒字样，其余不能立办者具出有谕单为凭，并立传王圻所开之公顺、源顺、源丰三号执事，使之出京钱八百余串以充曲众饭费，当夜送至九里河。曲但收谕单及革条，持以示众，而饭费一项未收，令驮回作为立碑之用，以垂久远。王、姜亦允之。至初九日，曲众又散。此曲士文第二次聚众之情形也。

曲自焚烧王景岳后，谋遂怨洩，心中不安者惟畏罪耳。幸王、姜担任，铺户作保，以为不至再有反覆，故此后所督催惟立碑一事。撰文颇乏应者，后则曲党自为之，而以镌事诿诸王、姜。王、姜亦难其事，久未开工，而朱令已交代矣。新任奎令于五月二十日接任，当夜便缮就专拿曲士文兄弟告示多张，于次日分贴。是夜，适值曲党李秀山在王把总处询问立碑之事，得知信息。二十一日清晨，曲已得信潜逃。其实奎令并无捕捉之意，特欲以吓走为解散耳。曲之两次聚众，在乡里既蒙义声，而官之两番允许，有反覆则先失信用。且曲能诳众以售己私，即能复纠众以为己卫。奎令独断，未察及此，告示既出，而隶捕不随，且必待杨道之至而请兵焉。杨道于二十二日到莱，既不以先期出示为然，复不允派兵缉捕之请，日复一日，而曲之党羽复集，迟至二十六日始有派兵赴马兰庄之举，凡此皆失机会处也。在莱人之见解，苟奎令到任，声色不动，此时曲正安然家居，一隶缚之，而后出示安民，此为正办。杨道到后虽云无可挽回，然尔时侦缉尚近，迅捕不难，或反奎令之道而诱其来，或亲下乡晓谕而散其众，亦未始不可以挽回。乃奎、杨全不出此，坐听其到处煽惑，日聚一日。曲之散布谣言也，既由七十二税增为百税矣，至此则益为百二十税。伪造奎令告示，云新揭自西门者，到处演说，妇孺下泪，由城西北一带敛众至芝山乡。其敛众也，抽丁送饭皆先期知会其社长，社长转知村长，有不从者以前此所焚三家为例，乡民畏威，敢抗者寡。马兰庄去城六十里，其村长吕保璜以账目讼事在城，其家于二十四日午后得曲士文令供给次日午饭之信，其家人连夜送信到城，言曲次日午前必到家中，拟厚其供给，多羁时刻，求官兵速往掩捕。二十五日清晨，吕保璜得信，避须过堂之嫌，未见奎令而见把总王凤袍。适值王把总一夜未睡，其太太挡驾凡三次而始得见。日以近午，王把总带以见陈帮带。陈帮带面禀杨道，出而谓吕保璜，此事切须慎重，必访明曲士文在何处不动，而后官兵可以前往。吕保璜未敢应允，兵亦未派至。酉刻防队探事者回，云曲士文确在马兰庄，杨道始于夜半派兵前往，兵未起行而翻城而出者已十余人，盖曲党之在城内者也。官兵用捕役冷福等为乡导，于二十六日黎明至马兰庄掩捕曲士文不获，而有枪毙吕老七人命一事。先是其家送信到城后，曲果于二十五日带枪手五十余人过此午饭，吕家款留至申刻，官兵不至，曲始西行至相去六七里之阎家疃宿焉。曲拟次日在阎家疃早饭，西赴柳练庄一带敛众，吕家微闻知之。柳练庄在马兰庄正西二十余里，去黑虎山后不远，莱人简称之为山后；银山后者，在马兰庄西北十五里，乃招远地，与山后一村不相蒙者也。陈帮带之至马兰庄，询曲已于前日他往，因齐队村西，欲行追蹑。其后队方过吕保璜之门，适保璜之弟行七者自街南奔返家中，未入门，被兵从后枪击洞胸而倒。陈在村西闻信，急回至吕家为之医治抚慰，耽延多时而已无救。吕家亦未遑告以曲士文所往之处。是日适为马兰庄集，西来者闻官兵开枪伤人，折回惊告，内有阎家疃人。曲闻警未及早饭，急窜而西。官兵执路人询曲所往，路人答以山后。乃乡导冷福误听为银山后，遂折而西北，行至招远地，复有枪毙原奎儿人命。□□□□□出城，曲党已得信以为营救。至银山时，行及七十五里尚未早餐，而曲党之追兵已及□□□子村、野渚泊、褚家疃一带人，曲之死党也，人数约百余，与官兵相当。官兵据银山顶开枪相拒，毙野渚泊村二人，曲党始溃，有北逸入村而转逃者。官兵既误听山后为银山后，又见曲党曾逃入此村，以为曲确在此无疑。而冷福又告以原善、原泽溥诸家乃村中富室，曲必匿此，须入搜之。陈帮带检点未周，兵之入此诸家者，确有破扉开箱，掳挈衣饰之事。其伤人命则原善之侄名奎儿，锄地方归，闭门藏躲，官兵敲门急，奎儿出应，被兵用枪刺划伤肩臂，奎儿负痛思越墙逸，被兵从右肋枪击，亦洞胸而过，坠于东邻之溷死焉。官兵既搜索此村不获，又无处得饭，遂折返城路。讵意曲党之败归者遍散谣言，以为马步队皆被焚三家所雇，非真官兵，又指为马兰庄、银山后二村之事以相煽动，于是官兵归途屡被截击，凡拒战七次而后近城。在河头店村拒战，有枪子飞毙人命之事。比马队归时已二更，步队有至天明始归者，自此遂闭城不敢复出。曲士文众既大集，又闻官兵已归，于二十七日率众东返，复过马兰庄，吕家幸以人命获解。二十八日，曲士文复驻众于九里河，遂有图攻城池之举动，声势张甚。二十六日之役，有差官方姓到莱，知陈帮带出兵，策骑往迎，路为曲党所捕，献曲请功。六月初一日，有西来防营马队四名前赴莱城，行至姜旺庄乡响水沟地方，被二村人诱擒。武生杨某解赴柏林庄，曲并受之，且拨三百人为二村保护。自此远近闻风设卡查路，一切音信皆不得通，惟曲党运动灵便耳。曲此次之围城，意在救死，图劫制以为讲和。至于纠集既多，意见哤杂，软困猛攻，曲亦不得自主。有西柳社社长田楹率五百人投效，有小王家疃革生吕从律为作檄文，为教阵法〈罚〉，自治教员王锡田丝绵三百斤为之造攻城御砲器具。曲遂于初四日实行攻城，其所造之砲车用寻常只轮小车，上施以板，左右凿孔，置抬砲二马，迨燃砲则车前沉，不利仰攻，遂亦弃置不用。丝绵亦傅门扉之后，亦穴以施枪砲，每队用二人，持门前驱，持枪者从穴仰攻，以资屏蔽。又有持枪督队者继其后。及城上开砲还击，门扉立倒，攻者多退，又被督队所击毙者至三四十人。其攻城有四乡分打四面之说，实惟北面最猛，曲在故也。其东南隅亦有隐匿民房穴墙以攻城者。城砲还击，墙为崩摧，压毙三五人焉。曲见不利，旋即撤回，自此以后，但软困而不复猛攻，惟环城四面日夜闻枪声断续而已。曲之不畏官兵也，以为国家无兵，但有巡警，又见莱城先后所调合岔河、古县、蛇窝泊三处之兵，及杨道所带不满二百，哗然笑之，以为可调之巡警止于此数，而心知登州、烟台尚有兵，思设计缓之，以冀莱城旦夕之下。故初念但防东路而不防西路，及叶、李大军进至江山，曲始闻之，于四日攻城后始派李秀山为先锋，温银匠副之，带乡民二千五百人驻水沟头以为抗拒。水沟头在城西南五十里，江山又在西南五十里，是时曲之号令未及水沟头以南，叶、李至江山劝谕尚易，方拟进军，有望城李先生者愿往解散。叶、李因出谕单，令差官张宝坤偕以前往。李秀山曾充地方之役，略识之无，见谕单内有乌合之众字样，挑驳不纳，令差官持回。比删改另往，而李已被曲拿问矣。曲之行军，号称义师，不践田禾，不宿民居，无灶无帐，昼夜露宿于河壖之上。李秀山素役公门，熟于作弊，又有鸦片之瘾。其至水沟头，以曲令令当店出钱一千一百串作为军饷。李蚀其百千，入街内烟店中痛吸三昼夜，弃师河上，不复顾恤。适值连日大雨，乡民怨之，又忆及耘田之为急，遽散而归。温银匠反报于曲，于初六日夜间拿李回营治罪，众为求免，闭置马山埠庙中。此官兵所称为阵擒者也。曲士文初不肯杀人，至攻城不克，被毙者多，乡民遂泄愤于前所获之官兵，剥皮肢解，各卡所获之人，如即墨马夫等解到者亦多被杀，惟登州马夫以诡降获免。城守自五月二十八日钱粮火药垂尽，幸奎令拊循不怠，绅商竭力守陴，未至疏失。至六月初六日杨道以重赏购送信大营之人，幸而得达。叶、李始知望救之急，遂即令中路马队先进，向晚抵水沟头河边小战，毙匪一名。村中已虚无人，闻有翻检挈带之事。初七日大军继进，午前至城西八里之姚格庄。曲众聚马山埠高处，用抬砲迎击，兵不得前。是时砲车在后，叶、李踌躇久之，始令开砲。前二砲故令高低一近一远，皆不中，而悍扑如故，始令第三砲捣其中坚，炸毙多人，曲众遂如崩堵而散。官兵进据马山埠，有隐于路旁屋内者，击毙官兵一名。官兵搜获数人，并未包抄逐北。及追至柏林庄，曲已先逸，火其居焉。城内开门以迎，旋即入城，自此曲众不复能集。此曲士文第三次聚众之情形也。

是日也，为曲党择吉攻城之日，期于必破，行至马山埠与官军相遇，遂被击散。莱城之存亡与兵到之先后有关系焉。击毙人数事后虽无从确查，然以本地众说稽之，多无过二百人者，或以为不及百人，知叶、李所禀约百余人左右非虚语也。兵既入城，而城东吴格庄一带助曲攻城者尚未之知，隔河枪砲陆续向城开发，至两点钟之久。官兵愤甚，先由城东楼上开炸砲十三门，无一命中。吴格庄人初闻马山埠排枪之响，以为放潍县火鞭以吓人，见炸弹飞空有声，又以为放西洋烟火以欺敌，皆执为城内火药已罄之证据，攻城不辍，后见其坠地炸裂，始骇怪而散。斯时官兵马步已至东门，赖杨道以新到劳苦止之，劝于明日出队。初八日大雨，兵（随）〔遂〕未出。城东一带诸村素服永庄社社长于祝三之号令，前此设卡把路，绑缚行人，以林格庄、吴格庄为认真，故烟台一路真信尤不得达。先是烟台遣探骑二十二人至夏格庄，不得西进，旋即折回。道署亦未续派探访。有刘坊者，朱姜社林格庄人，在烟台教书，为于祝三任打电登报之事。有修镇邦者，望石乡纸房村人，在烟台捷成洋行充买办，倡为借洋兵保护之说，又与刘坊递禀道辕，捏写绅商求大兵缓进，归而说和，遂蒙批准，远近所喧传在烟八大家到莱调说者此也。于初八日方到，已不及事，车马费遂无所出，幸内有海阳一人任焉，此东路说和之情形也。其北路说和，则招远王令所称为越境解散者是。其实王令于初六日到毕郭集，初七日便得官兵击散曲众之信，亦不及事，惟李秀山溃散之众，与至今出示有影响焉。莱阳西北芝山、旌旗二乡皆与招远接壤，地僻民塞，识字者少，故附从曲者以此二乡之人为最多。当其派饭拔人时，乡社长敢抗者寡。旌旗乡乡长姜尔受身家为一邑之冠首，不得不与为委蛇，以求保全。而乡间不逞之徒，及自治选举不与者，亦或被胁入营而为之用，及事后则惧祸生心，而官兵淫杀焚掠之谣言从此起矣。查官兵自初七日入城，初未尝远出，惟于初八、九、十等日连至柏林庄，运载曲巢之器械入城。是时兵以休息之故，或脱去肩牌，曲村尚无归人，入室搜检在所不免。有云持器物、衣服至质当者，有云并此村之粮运至城者，有云陆续焚毁民居不皆曲姓者，有云敲城内民居之门询以冶游所在者。叶、李闻之，严禁肩牌不许去身，自此军令遂丝毫无可复议。至十四日始出兵掩捕曲士文于山里吴家村，不获。十六日始分兵设卡于河头店、南岚、马兰庄三处。先是并未尝涉及远乡，乃招远县令于初八、九日转详莱民恳请撤兵之禀，谓大兵一日在境，则莱民一日不安，纯系悬空理想，与日期、事情全然不合，其出自曲党捏禀可知。最可笑者，（诿）〔诱〕擒官兵四名之姜旺庄、响水沟二村，自问当得剿洗之罪，搬徙一空，并门扉亦皆撤去，以待官兵之焚烧，究之官兵亦未尝一至，转相惊恐，诸如此类。叶家庄富室陈玉德被焚后，其亲族分其田产，村人孙某擒其女眷以献曲，曲不受。及曲败后，分田者畏罪而逃，村人又取其亲族之田产而均分之，曲党所用之均富主义如此。山里吴家一村为莱阳极西北之境，属西馆社，去城百余里。曲自败北奔窜，其党渐散，使官兵得早定捕拿之计，追缉正易，乃入城七日，未闻有派出之举动。曲至山里吴家时，孑然一身而已，村人守之，转展由北泊村送信至城，城兵始往捕，及至而曲复逸焉。其故则以曲见守已，知必见执，乃以其弟桂舟往搬胡匪，将次下船之言以相恐吓，村人畏其报复，纵之使去，旋悔官兵之来无可解说，因议少壮入山暂避，老者守村，俟官兵至则鸣砲为号，以便远飏。十四日黎明官兵至村，村人鸣砲数声，官兵见守曲之处枪砲罗列，以为拒捕，又怒其纵曲，闻有杀毙三人之事。曲之逸也，与其弟桂舟分路，乡民义之，供给钱饭如故，及悬赏示下，士文兄弟已出莱境，辗转不知所往。闻士文初在招远西南乡一带藏匿，桂舟初在栖霞西南乡一带藏匿，无肯出首之者，以为曲大爷总为我等抗税，义不可负；又或追论调【查】户口之事，以为无此一抗，此时人口等税早已加上，凡邻县说皆如此，牢不可破，而深望死灰之复燃焉。有曲年儿者，阎家疃人，系关东著名胡匪，与曲士文认为本家。七月初旬，曲年儿曾在招远道头集经过，或见其所乘之马，系被擒之官兵所乘者，又曾宿于北周家村某姓家，被人告发。招远县令派七班及巡警往拿二次不获，并往段家、劳家沟二村转搜，亦不获，其所弃之马匹，莱得其马，招得其鞍。王令又风闻曲士文有逃往黄邑龙口之说，躬往迹之，亦无影响，而招之北乡及黄之西乡亦惊惶焉。此曲士文逃窜以后之情形也。

其关乎绅士一方面单独之原因，在曲士文与王景岳个人之私，而其以仇绅为名，则有近因、远因之不同。近因者，官绅合谋加税之谣言是也；远因者，城绅多不理众口，而又分党以相倾轧，于祝三之教曲变计是也。查莱阳三十年来仓谷之事，光绪三十四年以前司事者不无弊端之可议，及改定新章，存当生息，已属涓滴归公，无可指数，特未曾榜示通衢，令村民悉知晓耳。圣庙捐自光绪三十四年从乡间收起，村长以交社长，社长以交城绅，辗转经手，不尽无弊，亦或有分配不均之处。其总数为京钱三万余串，陆续交于王圻所开钱店公顺号内。圣庙于前年动工，去年九月竣工，皆王圻之弟王墀一手经理，竣工后尚余京钱一万二千余串，亦未经榜示。此两次清算账目之所由来也。其关乎钱粮一事，则以完纳钱粮向章四千八百文，制钱、铜元各半，无如银价日涨，制钱绝无，民间之一半制钱亦无从得，故以铜元充制钱者有折扣。各县或用三七，或用二八，二八者得其平，三七者利于官。朱令定为三七，以铜元一千三百折合制钱一千，令承办之商家以此征收。向例各县商家承办钱粮者无甚利，惟赖官买其银耳。朱令到任之初，承办诸商内曾有公顺号，近两年则无之，以诸商皆赔累不堪，愿承办者绝少。今年朱令再三劝谕，不复令商家赔累，始得承应者五家，亦并无公顺号在内。其赔累之故，则以商家交库所收过一半制钱之凭据系折铜元，非真有制钱存铺。而朱令巧于牟利，所收一半之铜元固用铜元时价买银，其一半制钱又用制钱买银之价以买银。时价本二八，三七则商家每钱一千赔钱一百，不允则持所出制钱凭据以取制钱。此已往商家赔累之情状也。及今岁承应之五家，鉴于前此代收制钱之害，但出所收铜元之总数，不复出收过制钱若干之字样。又以制钱买银，本县无市，虽真钱亦无所用，而官之定价尚不可知，故相戒虽真制钱亦不收受。乡民之工算者，或转贷制钱数千以为完纳之用，商诿诸库，库诿诸商，或连日未得投纳之所，乡民难知其故，或专怨承应之商家。今岁诚有此情形，以归诸前此之公顺等号则误矣。曲士文初欲按四千八百专用铜元，不准折扣，后则知官太赔累，故改为五千六百作价也。其求免一切杂捐，系指酒、油、铺、庙、戏五项而言，皆于祝三所抗办者，以外则莱阳丝毫无捐矣。其声明无人口税，特欲坐实此层，为出于抗去以市德。其初求裁巡警，后改为巡警不准出城，系徇城乡赌棍之愿。其裁教育会也，乃欲罢全境之学堂，知办不到，第裁教育会以示意而已。其所求革办事绅董，朱令已为革五人。查张相谟挂名绅士，素不管公事。葛桂星初任教育，以裁会而牵及，无可指数。于赞扬及与变卖仓谷前事，不无可议，又其人和易易求，干预词（颂）〔讼〕之事未能尽无，然怨之者尚寡。其敛怨最众而负谤最多者，莫如王景岳与王圻。巡警局董本王圻正名，王圻事繁，以其为族人引之。莱城素有王庭植槐之谣，以为朱之复任，王氏有力，朱令呼王圻兄弟为世叔，言听计从，故王景岳亦邀宗族光宠。论者谓无王圻则王景岳不（知）〔至〕如此，无朱令则王圻、王景岳俱不至如此，无王圻、王景岳则朱令亦不至如此，莱人称为知言。王景岳有私立公堂、栽赌诬良之说，私立公堂查无实据，栽赌诬良事适类之。缘去年有奸人投告赌私函于局门内者，捏为姜尔受致局之信，王景岳不加详察，持以白朱〈朱〉令，朱令亦不加详察，立出票按名拘拿。其实所告之赌局为往事，且其人有出外未归者，此诬良之说所由来也。莱阳区域既广，赌风素盛，前巡弁某捉赌最勤，亦或卖放，而王景岳蒙恶声焉，以为所盖新房，其木料皆赌场棚杆为之，赌徒怨之如此。查去年警务卷之一览表，以十三名警兵报销京钱九千余串，身为局董而兼司账，薪金年支百余金，更支司账费七十余金，是其操守亦未尽可信。至其与曲士文结怨，初甚不以为意，而不料曲能以加税谣言诬其身，且能诬为先令【其】到西北乡试办也。被焚之故以此。至于王圻，尤居势要。曲始举事，惟圣庙捐一节与有影响，及后曲众益集，指摘愈多，遂若王圻为此变之大原因矣。查王圻初本寒家，以操奇计赢致巨富，六七年间事耳。初以小本开公顺号，得人弃我取、人取我予之诀以经商，同行多为所推倒，商界怨之。初为巡警局董，禁赌甚严，城乡赌棍怨之。以一人而承揽六家之官膏局，同行既不得分利，又抬价居奇，则阖邑吸烟之人复怨之。三致千金而无一次之分散，身为显绅而甘驵侩之行为，以故远近知与不知，亦无不怨之。及朱令至，加以尊宠，人归其用，事归其办，财归其管，虽王圻远嫌，白昼未曾入署，然而人之怨谤之者，亦日多矣。圣庙捐款陆续交存公顺号，以随收随动用之故，未尝起息。斯时王圻已专卖官膏，到陕贩土，获利倍蓰，人以为借公款以发财。及圣庙工竣，剩款尚一万二千余串，存于公顺，以六厘起息。近年银根短紧，人争羡其轻息，乡民不知，疑全被其吞蚀。此清算圣庙捐之所由来也。圻弟王墀亦工心计，圣庙工程全出一人经理，董事姜尔受徒拥虚名，其题梁亦只署王圻、王墀、王堉、王城四人之名，他不得与。其庙工绝无可议，惟所用砖瓦出自王墀包烧，为被谤之一端，或以为挖土义地则误矣。查烧窑去义地不远者为刘云生等十家，合股之事当时或为该窑造谣，曰和骨殖也，鬼夜哭也。人不敢用其砖，均折阅焉，事在三四年前，内绝无王圻之分，与此次烧窑无与。又或以为垄断柴草，使小民失其生计。查王圻购到赵氏旌旗山山岚一处，地名橡夼，盖房屋七八十间，讲求蚕桑及林业，柴草本其所自有，未尝笼买他人之草以图微沾。惟伊草亦不肯贱售，必待价春贵耳。此山在赵氏管业时，每岁出产不过得价六七百千，至王圻经理之，近一岁入三千余串。向时业主在城，每岁或不一巡视，王圻派人专理，守护极严，向之偷窃剪伐任便，牧牛者至此皆失其利。此又被谤之所由来也。及曲变乱，而房屋、林业已被焚无遗，其确可指数者，惟专卖官膏一事。去年有沙河某商运土数千两入境，王圻以私土禀官，拿获充公。朱令即发交公顺官膏店作价，其土每两值京钱三千四五百文，公顺号作为京钱六百余，强使领价，沙河商叫苦而去。此虽无与于莱人，而莱人以为口实，谓烟土充公者，充公顺号也。后青岛四合成烟土再来，仍欲处以前法，经同邑聂姓勾通洋商到县恫愒，遂作罢论。此众口一辞者也。至于贻害乡里，足激变端，实无其事。其大动公愤，仍误于官绅合谋加税之一言耳。王圻兄弟平日之不理众口如此，而又济之以谣言，宜乎攻城时争指之以为名，守城者亦欲献出以免祸，皆放于利而行多怨阶之厉也。甚至事后谣诼，谓王墀守城时用硫磺弹实砲，欲以焚烧四关民居，雇用小贼至四乡放火，皆无稽之甚。城防局不过借王墀闲房，兵入城后，乡间粮草供给由局领价，司事者亦非一人，乃复有兵发全价，王墀私扣半价之谣传。查城内现钱，守城业已用罄，该局所收粮草未能尽发现钱，仅于账上定明斤数，未发收条，其办法未为完善，然不可指为有弊。此一切远因、近因关于绅士之情形也。其关于善后之舆论，乡民以惩罚富绅为快，城民以根究助恶为宜，城乡持平之论，则以举办清乡、罚充善举为弭后患、平民隐之要道。莱乱之原委如此。

议员王志勋报告

莱乱之原因

此乱之起，其远因起于愚民之反对新政，最嫉愤者在于官绅之抽收捐款，而嫉绅为尤甚。然所云牛、马、鸡、犬等捐实无其事，亦只有戏捐、庙捐、油酒等捐而已。戏捐自光绪三十四年九月办起，每演戏一天京钱两千，每年得京钱四千四百余千。庙捐自光绪三十三年办起，除无住持寺观全行抽提外，其余僧道寺观岁提三成，每岁获京钱二千余千。商捐、油捐悉归巡警，酒捐归于省垣筹款局。今次之乱，此数种固亦有因，而发动之如此其暴，实基于去岁之调查户口。查户口者人民原不知其来历，适某乡某社长办户口册时，由沿户供给纸笔费，因误式被驳重造，某亦将纸笔费重征。乡民误为人丁税，一传再传，乃至信而不疑。此招乱之一因也。其仇绅之由，原于全县事务历来悉握于数绅董之手，而各种捐税亦莫非由此数绅董发起，官吏既据其衔名以发文诰，人民见疑，无怪其然，加以不自谨饬，致人民啧有烦言。如警董王景岳有私立公堂、栽赌误良等说。据查去岁警务卷之一览表，以十三名警兵即报销京钱九千余千，并且身为局董而兼司账，年薪开至百余金，更支司账费七十余两，此属案卷所载，无可疑者。于赞扬包揽词讼，开设福源钱店，人呼为兴讼居。张相谟同侄张耀焕依官傍绅，助纣为虐，与王景岳、王圻、张相谟三人悉以阎王呼之。至王圻较他人尤甚，身为绅董，行同市侩。查县卷，莱邑之官膏局由王圻、王堉、于赞扬三人承办，而凭照及缉私各官费亏欠至七八百千，经总局公文、私函再三催缴，张前令竟至于出票严追，并传保证人逼勒，其失信用如此。去岁有沙河某商运土五车入境，王圻禀请朱令勒发官价大钱一百六十文一两，罚归伊膏店公顺号内，嗣乃以一(十)〔千〕六百大钱一两转卖，获利至于无算。及后青岛四合成土药再来，伊欲仍处以前法，经同邑聂姓勾通洋商，几酿交涉，方惧而罢。其它若穿窑于义田，致乡邻大动公愤，占北山之柴草，使小民坐失公利，文庙工程除管工包料而外，工竣后尚留大钱二千缗存其手。又其弟王墀外恭顺而内狡诈，当防兵入城之始，城内设公所以应军需，王墀得此差委，收买四乡米面、柴草等项，既无现钱交付，并无收条凭证，仅一收账定明斤数而已，似此又乌得不招疑谤也。此又招乱之一因也。

曲士文之来历

曲年六十八岁，貌不飏，身短目圆，皮微红而左目斜，善走，颇富记忆性。本系目不识丁之农夫，素无声望于乡里，有谓其为市井无赖，不习正业者，有谓其能为乡邻排难解纷者，并有谓其少年游荡，得业后即甚安分者。自去岁与王景岳有嫌，或谓其借此以报私愤。去岁伊子与周姓因瓜被辱，至羞愤自尽，伊与周讼不得直，疑王景岳所为，并传有极暧昧之事。然倡首之乱系于祝三所为，曲以年长被众公推耳。乡民之欲泻愤于绅原非一日，曲此举能投众所好，故振臂一呼，群众响应。此曲之所以居首要也。

乱事起后情状

本年春间因筹办地方自治研究所，绅董等议于庙产旧提三成以外，复议重提，朱令已据禀出示，一时僧道愤甚，议图抵抗。此时亦正值调查户口，乡人哄传以人丁税之谣，变本加厉，至惊告牛、马、鸡、狗亦皆有捐矣。永庄社社长于祝三因抗戏捐不得，久思观衅而动，兹值风潮，遂与曲士文联络，于二月间设立连庄会，意图抗捐。朱令闻信，亦曾出示严禁，初未闻有解脱方法，迨至四月十三日，始有聚众闹署、清算仓谷之举动。仓谷者，自光绪七年捐谷一万零九百四十三石余，至十三年变价得大钱一万三千零四十四千余，发当生息，年息八厘，在前则用此息以供书院经费，今则三成备荒，以七成供高等小学，经年已久，经理者纵无侵蚀，而乡民久不问闻，夫岂能免于疑心，况经理者又为民所素恶之王圻、于赞扬等也。故当闹署之时，固先有仇绅不仇官之声布，当时经朱令温语相慰，众各散去。至十五日，僧道趁风潮之厉，闹堂滋甚，朱令亦以所要者相允，始散。然自十六日捕拿僧道至二十余人，严刑拷掠，乡人亦因事滋惧。十九日文太守因查学到莱，人民、僧道复具禀陈情，竟又概斥不准。二十日朱令更出严催税契告示，复电请岔河兵队，人民自是绝望，始而疑愤，继乃暴动。至五月初五、六等日，乃实行仇绅之举，首焚王景岳家宅，次焚陈玉德、高幼峰、高莱峰、杨仁山等宅。陈因不肯附和，高因结怨于曲之党人，焚高宅非曲意也。至是朱令知祸之不可以已，乃央乡长姜尔寿、城汛王凤袍等出为调停，并曲所要求七款，除自治外概行允办。至初九日，以因犯众怒四字实革王圻、王景岳、于赞扬、张相谟、葛桂星五人。且姜、王二人以全家及各商保曲不死，兼有朱令禀请赦免曲士文之电文，虽仓谷及文庙各账未及清算，而曲之愿殆亦全偿。此曲尚有为朱令送匾伞之议也。忽焉而朱令撤省，奎令于二十日接印。奎之来也，只知严拿首要，解散胁从为主义，尚未知实情之至如何，仓猝间于二十一日出一严拿曲士文之告示，而情乃大变。继而杨道于二十二日到莱，二十四日登州水师亦至。人民见官之失信于曲，复见官军之日益加多，惧愤交集，而曲之惧愤自更无论，其力求自卫亦意中事。故二十四、五两日，曲周流各庄，竭力煽动。行至城西北马连庄，该庄富绅吕保璜家不满意于曲之所为，密函城内杨道，遂于二十六日派陈帮带带队前往捕拿。及至，曲已飏。而兵队乃迁怒于吕家，当时毙吕之七弟某。是日正值集市，人皆愤之。队出询曲所往，土人答以山后。山后者，距马连庄仅三四里，【非】距此尚有二十余里之阴山后，兵队不审，竟误赴阴山后。该处富绅原善，兵队大搜其宅，仍不得，闻有毙其子之说。及回，居民已严兵相待。而是役所毙人数男子三名，李姓老人、贾姓妇各一名，队兵亦被伤一人。是即杨道所禀被匪诱困，击毙土匪数人云云，奎令禀该匪等胆敢拒捕云云也。

大军临境举动

五月二十七、八【日】之际，人民激于马连庄官军之行动，气愤已极。曲士文（挺）〔铤〕而走险，恶胆益炽，号招群众聚于城西马山埠，思为攻城之举。而其所以敢于围城抗拒大军者，亦自有由。三年前张令在任，因岔河地方盗贼猖獗，请调数十名兵勇驻此，沿路稽查。朱令缘四月间之屡次闹署，调至附城弹压。因捕拿僧道，该兵役扬言谓，此之来各以四千钱受雇者，夫何能战之有。此风一播，人民遂疑官家无兵，其来者均属官绅之雇托，即杨道亦视为伪为，此人民敢于攻城抗拒之决也。闻自二十七、八日至六月初四、五等日，城西九里河一带人民屯聚者至数万人，壶浆络绎致送者至四十余里，城内登城守陴，惊惶异常。而是时大兵驻于姜山，音闻不通。杨道以大钱二百余千觅人致函，大兵遂于初六日自水沟头进发。至初七日，兵民相遇于腰家庄，炮火相见，殆自此始。战不移时，曲帅人北下，官兵直驱，历经臧、周、于、李、王、刘各疃，沿九里河攻至柏林村，迄今兵焚之痕犹存，满目疮痍，想见军威一往直前之胜利。至调查该处击死人数，竟无有人焉敢道及。即使其父其兄，亦寻尸暗葬，不敢声扬，盖因附曲致死，而曲已败，死者长已，犹恐累及生者。此无论官民，无论远近，莫有能道伤死之数者。此大军平乱之情形也。

议员王志勋报告

查海阳县事变并无各项捐税原因，惟本年筹办自治研究所，有从各乡捐京钱八千串之议。乱起之由，专在钱粮。查该县钱粮向照章以铜元、制钱搭用，嗣因铜元充斥，制钱减少，前吴令延祚允改为三七配搭，然制钱终不敷用。及光绪三十四年下忙，各乡社耆仍以宽免三成制钱一再恳请。吴令时将去任，即为允准。及方令到任，出示仍以制钱、铜元三七完纳。人民亦屡请变通，未蒙允准。然制钱终无以应命，故宣统元年之上下两忙系以铜元折数，比较四千八百文之正额外，外加京钱六百文。方令坚持为三七搭用，人民则目为额外加征，此即启乱之原因也。宋煊文者，系一乡区长老，然颇好事，因其好事之故，在乡区博得义名。前光绪三十四年下忙禀准吴令免搭制钱，亦属宋煊文倡议，又因库房违法征收浮费，亦由宋禀准革除，藉是乡邻多德之。今次请免折扣由宋发生，亦属无疑。然如方令所禀，宋煊文在乡把持总社，约不准来城完纳云云，据查实无确据。又方令禀搜出禀稿及与其子壎吉串谋信件，详行审阅，其字迹文理各有不同，决非全出于宋父子二人之手，且悉关于钱粮问题已经存案者。又查信稿亦关于钱粮者，多有上吴令各禀已见于前禀稿内者，有代人拟报劫案及上升任袁抚宪政学交弊条陈，又实业筹款，送吴令匾等禀稿。但方令所禀每名敛派讼费大钱二百文，实无的据。至于翰声禀内，词意显有不实不尽之处，与方令所禀者绝异，虽不敢必其知情，而要与宋不能毫无关系。总之，此次官民牴牾，全基于制钱、铜元。在方令以为铜元折色，是谓遵章三七搭配，在人民则以为制钱绝迹，铜元折色即为加征，千口同声，固不仅宋煊文一人。且群以要求免折，与抗粮绝异。方令遽逮宋于狱，民之所以不平也。尚不仅此，方令坐宋于罪者，曰捏名，曰藉端敛费，曰信稿禀呈，又牵及其子壎吉、增吉、升吉等在学堂事及壎吉与谭廷云讼事。夫捏名实另为一罪，敛费究有何据，信稿禀呈果何事何辞，其子在学堂如何，与谭廷云讼事如何，一则属学堂规则，一则归案讯结，究与此钱粮案并无关系。此人民所以有四月二十九日之暴动也。据查二十九日方令早经躲避，未与人民相见。宋氏父子已于前一日释放，并非如方令所禀由人民架去。讵经此次变后，法纪荡然，各乡劫掠之案竟至二十九起，然与前事实不相关，于宋煊文更属无与。自大兵至莱，乱民知惧，七月以来凡被害之业经呈报者，已有自请和解息讼者矣。海乱之原委如此。

奉覆文：敬覆者。昨奉惠书，并清册一本，备载莱、海两县变乱原委，捧读一过，具见孙、王两君调查详晰，而文词渊雅，尤堪钦佩。敝处核办此案，正可藉此公论，以备印证一切。除将原册存案外，特此奉覆，即希查照是荷。耑此，敬请台安。

呈院请酌定速记生薪金饭食数目文（并批答）

十月初一日

为呈请事。窃本局前奉抚部院札开：为札行事。宣统二年八月二十六日承准资政院咨：本院奏办速记学堂，节经行知各省选送学生在案。现在第一班学生初瀛清、张金兰、潘荣春、张永清四名已于本月十六日毕业，除由本院给予文凭外，自应照章派回原省谘议局任用。查谘议局章程第五十一条，办事处置书记长、书记等员，尚无速记职务。现在既有毕业速记学生，应即于办事处添设速记员，专司议场记录之事，将来当差满三年以上，著有劳绩者，并应照案择尤酌量请奖，以示鼓励。相应咨行查照施行可也等因到本部院。承准此，除行提学司查照外，为此札行谘议局查照办理。须至札者等因到局。奉此，遵令初瀛清、张金兰、潘荣春、张永清四名到局任事。嗣奉抚部院函开：本署会议厅现经遵照奏定规则设立审查科，所有会议时记载事件须有敏捷熟习人员，拟由贵局选派速记生二名到厅记事，以便查核。希即照数择定，先行函示，一俟召集定期，再行知照前来，是为至盼等因。遵即择定速记生张金兰、初瀛清前往会议厅记事，业经函送在案。所有留局速记生潘荣春、张永清二名之薪金、饭食一节，查谘议局章程第五十三条内开，谘议局经费由督抚筹指专款拨用，其款目：一、议员旅费，二、议长、副议长及常驻议员公费，三、书记长以下薪金，四、杂费，五、豫备费。第五十四条内开，前条公费及薪金数目由督抚定之等因。则本局速记生列办事处书记长以下，其每名薪金及属杂费项下之饭食，理合请抚部院酌定数目，行知本局，以便遵办。为此呈请抚部院裁夺施行。须至呈者。

奉批答：来呈阅悉。查本署会议厅速记生业经酌定每月薪金二十四两，饭食六两，谘议局自可照办，即于额领经费内匀支，无庸另指专款。希即查照。抄由批覆。

呈院请延长会期文（并批答）

为呈明事。窃查谘议局章程第三十二条内开，（长）〔常〕年会每年一次，会期以四十日为率，自九月初一日起至十月十一日止，其有必须接续会议之事，得延长会期十日以内等语。现本届遵章开会，正会日期将近满限，除已议决呈报之案件外，其已经提议尚未表决之案，并奉交局覆议之案，及正在试办之宣统三年预算案，均为接续必须会议之事。拟于会期四十日外，再延长五日，至本月十六日止，俾必须会议事项逐渐清理，再行闭会，实为公便。兹经全体议员公同议决，理合呈明。为此呈请抚部院鉴核施行。须至呈者。

奉批：来呈阅悉。所请照章延长会期五日，应即查准，希即查照。此覆。抄由印发。

呈院请监督互选常驻议员文

十月十五日

为呈请事。窃本局前以照章会期四十日外，再延长五日等情，呈蒙批开：来呈阅悉。所请照章延长会期五日，应即照准，希即查照。此覆。抄由印发等因到局。奉此，遵即定于本月十六日闭会，举行闭会礼式。又查谘议局章程第十五条内开，常驻议员之任期以一年为限等语。所有上年常驻议员任期既满，应行改选。兹已拟定于闭会之日早九句钟举行互选，所有投票一切事宜，已由本局筹备妥协，理合先期呈报，并请届时驾临，实为公便。为此呈请抚部院鉴核施行。须至呈者。

呈院第二届选定常驻议员及候补常驻议员姓名履历清册（并批答）

十月十八日

为呈报事。窃本局第二届常年会至本月十六日闭会时，所有上年之常驻议员遵照定章任期满限，应行改选，业经呈明在案。兹查照局章第十条内开，常驻议员若干人，均由议员中互选，常驻议员以该省议员十分之二为额，用连记投票法一次互选，以得票过半数者为当选等语。本局照章应选常驻议员二十名，即于闭会之日在本局举行互选事宜，当蒙驾临监督。因一次投票互选得票过互选人半数者仅李传煦等十六名，尚缺四名，不敷定章额数，因将原选得票较多数者加倍开列，复行投票。除原选得票不计外，又选俄方楷等四名，均得票过互选人半数，为最多者，合上十六人计算，共二十人，已符本省定额，照章均为常驻议员。当选人其外加倍开列得票次多数之绪恩等四名，均列为常驻议员候补当选人。除将原票由局保存外，所有此次互选常驻议员当选人二十名及候补常驻议员当选人四名姓名、年龄、籍贯、出身、官阶、被选票数，理合缮册呈报。为此呈请抚部院鉴核施行。须至呈者。

册开：

常驻议员二十名

李传煦，年三十四岁，泰安府肥城县人，廪生，六十四票。

孝锡恩，年三十八岁，武定府滨州人，增生，五十五票。

艾于郧，年四十五岁，济南府济阳县人，充南乡保甲总董，五十二票。

邱桂乔，年六十岁，青州府胶州人，举人，五十二票。

王学锦，年四十二岁，登州府黄县人，廪生，五十一票。

姜宗汉，年三十九岁，登州府福山县人，附生，五十一票。

张志渊，年三十五岁，沂州府郯城县人，附生，五十一票。

亓宗海，年四十六岁，泰安府莱芜县人，举人，五十一票。

冯绍京，年四十七岁，临清州夏津县人，拔贡，五十一票。

于广庆，年六十岁，曹州府钜野县人，廪生，四十九票。

赵光勋，年六十一岁，武定府利津县人，岁贡，四十八票。

孔昭苯，年四十一岁，兖州府阳谷县人，增生，四十八票。

安作宾，年四十一岁，曹州府曹县人，廪生，四十七票。

朱承恩，年四十四岁，泰安府泰安县人，附生，四十七票。

金玉相，年六十一岁，东昌府高唐州人，岁贡，四十六票。

杜朝宾，年五十三岁，济宁州嘉祥县人，附生，四十六票。

俄方楷，年五十一岁，泰安府东阿县人，增贡生，五十七票。

魏寿彤，年五十七岁，济南府德州人，岁贡，五十二票。

杨秀岭，年四十六岁，济南府平原县人，增生，五十票。

王赓飏，年四十三岁，东昌府莘县人，增生，四十九票。

候补常驻议员四名

绪恩，年三十五岁，镶红旗青州驻防，附生，四十五票。

王峻范，年四十三岁，沂州府兰山县人，举人，三十票。

王命官，年四十二岁，登州府黄县人，举人，三十票。

王钟芳，年四十一岁，莱州府掖县人，附生，二十七票。

奉批答：已照来呈将所送第二届互选常驻议员及候补常驻议员履历册抄录，分咨宪政编查馆、资政院、民政部查照矣。希即知照。此覆。抄由印发。册存。

呈院本年六月分暨秋季常年经费报销清册文（并批答）

十一月十三日

为呈报事。窃本局常年经费，查自本年三月截至本年五月共三个月，为第三季报销，业经呈报在案。九月十五日案奉批札内开，有至用款则未报者应截成整季带同上季零月报销等语。本局遵即拟将本年六月一个月划分零月报销，七、八、九三个月截成整季报销。所有议长、常驻议员公费，普通议员来省旅费、公费及办事处人员薪津，书手、局役工食并纸笔、朱墨、刷印、图书、添制器具及派员调查事宜，合一切杂费等项，统共四个月支销银两数目赶造清册二分。惟九月前遵章按九六湘平动支，自九月遵章按九四动支。理合分别造具四柱清册，呈请核销。除分别呈报藩司、财政局查照外，为此备文具呈，恳请抚部院鉴核施行。须至呈者。清册二本。

谨将本局常年经费六月一个月收支银两数目造具四柱清册，呈请核销。须至册者。

计开：

旧管：

一、存库平银八千一百七十六两二钱七分五厘，计合湘平银八千五百一十六两九钱五分三厘

新收：无。

开除：

公费项下：

一、支议长杨公费，六月一个月，湘平银一百五十两。

一、支副议长于公费，六月一个月，湘平银一百二十两。

一、支副议长王公费，六月一个月，湘平银一百二十两。

一、支（长）〔常〕驻议员二十名公费，五月二十至六月二十计一个月，每

名五十两，共湘平银一千两。

以上共支湘平银一千三百九十两。

按九六折，合库平银一千三百三十四两四钱。

薪金、津贴、工食项下：

一、支书记长张汉章薪金，六月一个月，湘平银五十两。

一、支文牍书记万光炜薪金、津贴，六月一个月，薪金二十两，津贴十两。湘平银三十两。

一、支文牍书记刘闻尧薪金、津贴，六月一个月，薪金二十两，津贴十两。湘平银三十两。

一、支会计书记张骏烈薪金、津贴，六月一个月，薪金二十两，津贴十两。湘平银三十两。

一、支庶务书记张百源薪金、津贴，六月一个月，薪金二十两，津贴十两。湘平银三十两。

一、支清书八名津贴，六月一个月，每名八两，共湘平银六十四两。

一、支局役十名工食，六月一个月，每名钱十千，共钱一百千，合湘平银二十六两三钱二分四厘。

一、支守卫八名工食，六月一个月，每名钱十千，共钱八十千，合湘平银二十一两零六分。

一、支厨役四名工食，六月一个月，每名钱十千，共钱四十千，合湘平银十两零五钱三分。

以上共支湘平银二百九十一两九钱一分四厘。按九六折，合库平银二百八十两零二钱三分八厘。

纸笔、朱墨、图书、刷印项下：无。

添制器具项下：无。

添补修造项下：无。

调查费项下：

一、支派员周树标、朱承恩赴奉天、吉林、长春等处调查事宜来往旅费洋元一百元，合湘平银七十一两七钱。

一、支派员张允府赴东平州调查事宜、来往旅费，湘平银二十两。

一、支派员孙丕承、王志勋赴登州等处调查事宜、来往旅费，湘平银一百两。

以上共支湘平银一百九十一两七钱，按九六折，合库平银一百八十四两零三分二厘。

杂费项下：

以上共支湘平银一百三十两零一钱四分七厘，按九六折，合库平银一百二十四两九钱四分一厘。①

以上统共支湘平银二千零三两七钱六分一厘，按九六折，合库平银一千九百二十三两六钱一分一厘。

实在：

一、收支两抵，实存库平银六千二百五十二两六钱六分四厘，请归秋季支销。合并声明。

谨将本局常年经费七、八、九月共三个月收支银两数目造具四柱清册，呈请核销。须至册者。

计开：

旧管：

一、存库平银六千二百五十二两六钱六分四厘。

新收：

一、收藩库拨交库平银一万八千八百两。

开除：

公费、旅费项下：

一、支议长杨公费，七、八两个月，每月一百五十两，共九六折湘平银三百两，九月一个月，每月一百五十两，共九四折湘平银一百五十两。

一、支副议长于公费，七、八两个月，每月一百二十两，共九六折湘平银二百四十两，九月一个月，每月一百二十两，共九四折湘平银一百二十两。

一、支副议长王公费，七、八两个月，每月一百二十两，共九六折湘平银二百四十两，九月一个月，每月一百二十两，共九四折湘平银一百二十两。

---

① “杂费项下”原有支出细目，用苏州码表示，因所列数字多无法辨认，故略去，仅列合计数字。

一、支常驻议员二十名公费，七、八两个月，每月每名银五十两，共九六折湘平银二千两。

一、支常驻议员十九名公费，九月一个月，除被选会议厅开缺孙丕承一名另行开列，下余十九名，每名银五十两，共九四折湘平银九百五十两。

一、支常驻议员孙丕承一名公费，自九月初一日起至初七日开缺，止计七天，每天银一两六钱六分七厘，共九四折湘平银十一两六钱七分。

一、支普通议员七十五名公费，除被选会议厅开缺汪懋琨、庄余珍二名及到会期晚陈予龄一名另行开列，并除晚到梁世琨、未到王治芗二名，下余共七十五名，每名先领一次银五十两，共九四折湘平银三千七百五十两。

一、支普通议员汪懋琨、庄余珍二名公费，自九月初一日到会起至初七开缺止，计七天，每天银三两七钱五分，每人共银二十六两二钱五分，共九四折湘平银五十二两五钱。

一、支普通议员陈予龄一名公费，自九月二十九日到会起至十月初十日止，计十二天，每天银三两七钱五分，共九四折湘平银四十五两。

一、支普通议员七十八名来省旅费，除未到王治芗、晚到梁世琨二名，每人银二十两，共九四折湘平银一千五百六十两。

一、补支常驻议员王志勋一名来省旅费，系顶补病故常驻议员金毓珍之缺，共九四折湘平银二十两。

以上七、八两个月，共支湘平银二千七百八十两，按九六折，合库平银二千六百六十八两八钱。

以上九月一个月，共支湘平银六千七百七十九两一钱七分，按九四折，合库平银六千三百七十二两四钱二分。

薪金、津贴、工食项下：

一、支书记长张汉章薪金，七、八两个月，每月五十两，共九六折湘平银一百两，九月一个月，每月五十两，共九四折湘平银五十两。

一、支文牍书记万光炜薪金津贴，七、八两个月，每月薪金二十两，津贴十两，共九六折湘平银六十两，九月一个月，每月薪金廿两，津贴十两，共九四折湘平银三十两。

一、支文牍书记刘闻尧薪金津贴，七、八两个月，每月薪金二十两，津贴十两，共九六折湘平银六十两，九月一个月，每月薪金廿两，津贴十两，共九四折湘平银三十两。

一、支会计书记张骏烈薪金津贴，七、八两个月，每月薪金二十两，津贴十两，共九六折湘平银六十两，九月一个月，每月薪金廿两，津贴十两，共九四折湘平银三十两。

一、支庶务书记张百源薪金津贴，七、八两个月，每月薪金二十两，津贴十两，共九六折湘平银六十两，九月一个月，每月薪金廿两，津贴十两，共九四折湘平银三十两。

一、支会场速记张永清、潘荣春二名薪金，九月一个月，每名银二十四，共九四折湘平银四十八两。

一、支会场速记初瀛清、张金兰二名薪金，自九月初一日到差起至初十日止，计十天，每天每人银八钱，共九四折湘平银十六两。

一、支清书八名工津贴，七、八两个月，每月每名八两，共九六折湘平银一百二十八两，九月一个月，每名八两，共九四折湘平银六十四两

一、支贴书五名工价，八月一个月，每名八两，共九六折湘平银四十两。

一、支贴书七名工价，九月一个月，每名八两，共九四折湘平银五十六两。

一、支局役十名工食，七、八两个月，每月每名钱十千，共钱二百千，合九六折湘平银五十一两八钱一分四厘，九月一个月，每名钱十千，共钱一百千，合九四折湘平银二十六两三钱一分六厘。

一、支守卫八名工食，七、八两个月，每月每名钱十千，共钱一百六十千，合九六折湘平银四十一两四钱五分一厘，九月一个月，每名钱十千，共钱八十千，合九四折湘平银二十一两五分三厘。

一、支厨役四名工食，七、八两个月，每月每名钱十千，共钱八十千，合九六折湘平银二十两七钱二分六厘，九月一个月，每名钱十千，共钱四十千，合九四折湘平银十两零五钱二分七厘。

以上七、八两个月共支湘平银六百二十一两九钱九分一厘，按九六折，合库平银五百九十七两一钱一分一厘。

九月一个月共支湘平银四百十一两八钱九分六厘，按九四折，合库平银三百八十七两一钱八分二厘。

纸笔、朱墨、图书、刷印项下：

以上七、八两个月共支湘平银一百六十七两八钱五分，按九六折，合库平银一百六十一两一钱三分六厘。九月一个月共支湘平银三十三两九钱八分，按九四折，合库平银三十一两九钱四分一厘。[①]

添制器具项下：

一、支九月分铁柜一具洋卅元七角四分，合九四折湘平银二十二两二钱。

以上九月共支湘平银二十二两二钱，按九四折，合库平银二十两零八钱六分八厘。

添补修造项下：无

调查费项下：

一、支七月分派员周树标、朱承恩赴吉林、长春等处调查事宜，来往旅费洋元一百元七角四分，合九六折湘平银七十二两。

以上七月共支湘平银七十二两，按九六折，合库平银六十九两一钱二分。

杂费项下：

以上七、八两个月共支湘平银三百九十一两七钱六分五厘，按九六折，合库平银三百七十六两九分五厘。九月一个月共支湘平银三百零三两五钱二分五厘，按九四折，合库平银二百八十五两三钱一分四厘。[②]

统共以上七、八两个月支湘平银四千零三十三两六钱零六厘，按九六折，合库平银三千八百七十二两二钱六分二厘。

统共以上九月一个月支湘平银七千五百五十两零七钱七分一厘，按九四折，合库平银七千零九十七两七钱二分五厘。

二共支库平银一万零九百六十九两九钱八分七厘。

实在：

一、收支两抵，实存库平银一万四千零八十二两六钱七分七厘，请归冬季支销。合并声明。

奉批答：来呈阅悉。候行布政司核销具覆，并移谘议局知照。此答。抄由印

① 以上“纸笔、朱墨、图书、刷印项下”原有支出细目，用苏州码表示，因所列数字无法辨认，故皆从略，仅列合计数字。

② 以上“杂费项下”原有支出细目，用苏州码表示，因所列数字多无法辨认，故从略，仅列合计数字。

发。各册存。

呈院为泰安县常寿宸等请愿书批答请明白解释文

十二月十一日

为呈请事。窃本局前据泰安县候选县丞常寿宸等以阳奉阴违等情具请愿书，由本局附加意见抄折呈，奉批答，来呈并折均悉云云等因到局。奉此，当由本局提出于协议会会议，佥谓谘议局为代表舆论之机关，行政官有采取舆论之责任，惟各慎守法律，无越权限，乃仰副朝廷好恶同民之至意。查各州县钱漕、串底两项提拨自治经费，前蒙抚部院通饬在案。嗣经本局于会期提作议案，复蒙批答，谓公费未定之先暂予挪用，又暂准照前檄办理，无庸再行公布等因。是钱粮、串底暂时提拨自治经费已成铁案，不能再生异议。迄今已历数月，揆之法律，似应早生效力。讵泰安县并未事前具详，声明不能提拨情形，及经该县人民禀请筹拨，竟多方推诿。明知书吏征粮本有津贴之项，而曰书吏办公无资；明知暂时筹拨，将来厘定公费时尚须提回，而曰迟至明年上忙。无非藉此宕延，贻误要政，抄粘县批具在，事实昭然。按之局章第二十八条违法事项，已属显有确据，是以该县人民常寿宸等由议员介绍，具请愿书前来本局。当因案关抚部院通饬及议案事件，故附加意见书，呈请裁夺。及奉钧批，未即札饬该县遵照前檄办理，而常寿宸等竟以上书陈请至蒙特斥。查局章第二十一条十二款载明收受本省自治会或人民陈请建议事件，第二十条载明常驻议员于第二十一条第九至第十二各款所列事件，若不在开会期中，得由议长委任协议办理。是人民上书请愿，为法律所特许，本局遵章收受及遵章协议，亦自尽其代表舆论之职，未尝稍背局章。钧批谓，至自治经费当由该城区议事、董事会禀请筹拨，常寿宸究系何人，何得侵越权限，径行渎诉，殊为不合等语。窃以为城区议事、董事会与乡区自治会本自并列，现时乡区自治会虽未成立，而城区议事、董事会范围狭小，仅能代表城区人民，究不能代表全县。至钱粮、串票底子与全县人民皆有关系，即应提作全县自治经费，故全县人民皆得陈请。就法律上权限论之，此时各州县自治正在筹备，现时自治经费当由该县自治筹备公所筹拨方为正当。然自治筹备公所筹拨，实为承领款项，要须由该县地方官许诺以后，此种承领权限，他人诚不得侵越。若遇州县官故意推托款项尚未确定，无可筹拨，此时凡在该县自治范围内者，人人皆得有建言陈请之权，可以断言。至常寿宸等确系人民，其陈请事件又系抚部院前此通饬之案关系本局议案者，与纯然诉法事件迥乎不同。凡合于局章第二十一条十二款所列事件者，本局即当遵章收受。若以建言为侵越权限，径行渎诉，是为人民者不应陈请，本局即不应收受，将局章二十一条十二款所列收受本省人民陈请建议之条难为依据，又何用此赘疣之谘议局也。恭维抚部院自表率东邦以来，博采兼收，素所钦佩，独于此案批答无从索解。山高海深，非本局所敢妄为窥测。惟本局为代表言论之地，东省宪政甫具萌芽，人民方幸陈请有路，可以得见天日。今泰安常寿宸等以案关通饬及议案之事件具书陈请，本局附以意见，尚蒙特斥，将自此以后即遇有本省利弊，人民皆相戒不敢陈请，本局恐陷人民于罪戾，亦相戒不敢收受，窃恐言路闭塞，吏治泄沓，关系前途，甚非浅鲜。且查近时本局代呈人民陈请，以钱粮、串底拨充自治经费者已有数县，本局并未附加意见，均蒙抚部院据理批答，独此案本局附加意见书，反蒙申诉。查局章，本局如有违犯四十八条情事，无非停会解散，原无申诉之条文。今钧批有饬府查明特斥字样，无论连读断读，不过谓特斥常寿宸等耳。然以人民之请愿而受特斥，则收受请愿、附加意见之法人，其应受特斥之条，当较人民更加一等，是不啻以特斥请愿者即特斥及于收受请愿、附加意见之本局也。痛我国数十年来积习相沿，幕僚批阅公牍，往往以有无挟嫌诬控及径行渎诉、殊为不合等等字样，以臆度想象之词，为情罪出入之弊。在人民诉讼，词出一面，此等批词或不能概置不用；若此案并无异义，仍以有无、究系等字样施之附加意见【之】请愿呈牍，似非批答本局之体例，私心揣度，深恐有污宪典，实多未安。至泰安县是否违犯局章二十八条，应从另议，究竟局章第二十一条十二款应否遵守，抑具何等资格乃为人民，人民遇何等事件乃可陈请建议，本局议员等知识浅陋，拟请明白解释，以便遵循，免再有误，本局幸甚，全省人民幸甚。兹经常驻议员协议公决，理合呈请抚部院鉴核批答施行。须至呈者。

藩司移知自来年正月起一律核扣六分减平文

七月初七日

为移知事。案奉抚宪孙札开：案准度支部咨开：本部院奏请将东省衙署局所薪费、津贴、饭食、局用等项实扣四分平余一案，核与定章不合，行令自本年正月起一律核扣六分减平，分别报解等因。准此，自应转行遵办，以符定章。惟查东省现办宣统三年预算，并将善后等局归并藩司，另立财政公所，于四月初一日开办，员司、书役裁减更换，半非从前之旧。四月以前开支薪津、饭食、局用等款，均按四分核扣减平，此时若纷纷追补，苛细繁碎，势难照数取盈。且预算册表正在覆核，各署局员司、书役薪费津饭一切斟酌损益，尚无定规。所有本年开支以上各款，应请仍按四分核扣平余，统俟预算定案，自来年正月起一律核扣六分减平，以昭划一而免参差。除咨部立案并分行外，合行札饬。札到该司，即便查照办理。此札等因到司。奉此，除分别咨行外，拟合移知。为此合移贵局，请烦查照并转饬遵照办理施行。须至移者。

计粘单一纸。

库藏司案呈内阁抄出山东巡抚孙奏东省衙署局所薪费、津贴、饭食、局用等款实扣四分平余一片，宣统二年二月二十六日奉朱批：度支部知道。钦此。钦遵到部。据原奏内称：光绪二十三年准部咨，行令自是年七月起，额支薪费、津贴、口粮等款核扣六分减平发给。无如东省至今实未曾一律核扣，亦有发给湘平者，每于报销案内设法融销。现在清理财政，自应照章实扣。惟是各员司薪金及书吏饭食等项迭议裁减，已不为优，减扣稍多，不足以示体恤。与司道公同商酌，除以前已扣六分者不计外，其余拟自本年正月起一律实扣四分平余等语。查添扣减平，系自光绪二十三年七月起奏定通行专案，该省自应遵章核扣。兹据该抚奏称前因，拟自本年正月起照章一律实扣四分，未免有违奏章。惟事非一年，官非一任，若责令概行照章补扣，事近强以所难。现在清理财政，自应宽其既往，以策将来。惟查奏定添扣减平案内，除防勇、练勇学习洋操各军饷项准按湘平发给外，其余额支旗绿各营俸薪、饷乾、米折、养赡并各项经费、津贴、薪费、口粮及一切正杂各款，及旗绿各营挑练之兵所支饷糈，凡向支库平者，统令核扣六分，该省自应遵照办理。所请一律核扣四分一节，碍难照准，应令自本年正月起，遵照奏章，将该省开支各款分别核扣，专案造册报部候拨，以符原案。至欠解旧案减平及减成银两，应令查照本部奏咨各案速行分别报解，毋任再延。相应咨行山东巡抚转饬查照办理可也。

藩司移知自本年九月起一律核扣六分减平文

八月十七日

为移知事。宣统二年七月二十八日奉巡抚部院孙札开：宣统二年七月二十六日准度支部咨，库藏司案呈准山东巡抚孙咨，准部咨开，东省衙署局所薪费、津贴、饭食、局用等项实扣四分平余一案，与章不合，令自本年正月起核扣六分，减平报解等因，自应转行遵办。惟查东省现办宣统三年预算，并将善后等局归并藩司，另立财政公所，于四月初一日开办，员司、书役裁减更换，半非从前之旧。四月以前开支薪津、饭食、局用等款按四分减平，此时若纷纷追补，势难照数取盈。且预算册表正在覆核，各署局员司、书役薪费津饭尚无定规。所有本年支款请仍按四分核扣，自来年起一律核扣六分，减平咨部查照前来。查该省衙署局所薪费、津贴、饭食、局用等项，按照添扣减平奏章，均系应扣六分之款。该省自光绪二十三年起从未遵扣报部，至本年二月始行片奏核扣四分平余，当经本部以与定章不合，行令遵章核扣六分造册报部在案。今据咨覆，四月以前支款均扣四分，追补为难，本年请仍按四分核扣，至来年一律核扣六分等因。本部复查四月以前纵难追补，四月以后既有各项支款，何难遵章核扣。所有薪费津饭俟来年正月核扣六分一节碍难照准，应令自奉到此次部文之日起，务即照扣六分减平，以符定章，并令查照前咨专案造册送部，以凭钩考。再，查欠解旧案减平及减成银两，前经行令速行分别报解，迄未遵办，应一并查照前咨办理，毋再延缓。相应咨行转饬遵照办理可也等因到本部院。准此，除分行外，合行札饬。札到该司，即便查照办理。此札等因到司。奉此，除由司详明统按九月分起，一律核扣并分别咨行外，拟合移知。为此合移贵局，请烦查照，并转饬遵照办理施行。须至移者。

藩司移送核扣减平原详文

十月初四日

为移知事。案奉巡抚部院孙批，据本司详明应扣六分湘平，改自本年九月分起扣一案缘由，蒙批：如详办理。仰即迅速通饬各属一体遵照，勿违。此缴等因到司。奉此，除抄详分别咨行外，拟合移知。为此合移贵局，请烦查照，并转饬遵照办理，望切施行。须至移者。

计粘抄原详一纸。

为核议详覆事。案奉宪台批，本司详应扣六分湘平改自九月分起扣一案缘由，奉批：如详办理。仰即通饬遵照，仍候咨明度支部查照立案。再，部章核扣六分减平，原指公家支发款项有关报销者而言，至于就地筹捐及州县摊捐，系各本署自行支用私款，各幕友修膳等项无关报销，自不在应扣之列。近闻各属率多误会，交代案内纷纭争执，办理参差，殊非画一整齐之道。应即由司核议，厘定界限，一并通饬，以免混淆，并即知照办理，详覆立案，勿违。此缴等因到司。奉此，查此次奉文核扣湘平调核，前奉户部通行，虽未曾分晰指明，而统按解支各款，除协拨各款不计外，其余要皆以公私为断。凡系动支正杂各款，有关奏销报部、报院，抑或款虽外销，一经提解充公，如道府公费、通省并摊年例、捐款等项之类，即属应行报部、报院，均应作为公款，自九月分起一律核扣六分湘平。此外就地筹捐各项新政用款，如学堂、巡警、地方自治等类，及各州县摊解道府衙门、学堂、巡警用费，以及年例，书吏饭食、册费，与夫就款支领暨各本署自行支用、各幕友修膳等项，既不列入奏销，又无关报部、报院，均应作为私款，照章免其核扣湘平，以示体恤。如此分清界限，庶足以昭画一而免混淆，以后交代案内亦不致再有纷争之虞。是否有当，理合详请宪台鉴核，俯赐批示，以便通饬遵照，实为公便。为此备由，呈请照详施行。

呈藩司请将例发各州县祭品费银详细数目表册发交一份俾资参考文（并覆文）

九月初四日

为呈请事。窃以本局上年会期提议案内，有禁革各府州县地方官价一事，当经呈蒙抚台批准，公布施行在案。至今各属地方多有未能实行之处，本届会期拟提议此案。查抚台饬发清理财政局编订全省财政说明书内，典礼费项下载各州县祭品不敷银两，例由各州县垫支备办，赴贵司具领，或核入交案列抵，均在耗羡项下动支。是各属祭品银按例发款，惟本局无案可稽，未能明晰。因查宪政编查馆电开，谘议局应议事项，遇有必须调查卷宗及諏访各事，止可函请各署局抄交并答覆，毋庸派员径往等因。理合呈请将例发各州县祭品费银详细数目表册饬发一份，俾资参考，实为公便。为此呈请查照施行。须至呈者。

藩司覆文

为咨覆事。案准贵局呈请将例发各州县祭品银两详细数目表册饬发一份，俾资参考一案到司。准此，随即饬承查明由司开支祭品银两详细数目，合就开单咨覆。为此合咨贵局，请烦查照，核办施行。须至咨者。

粘抄清单一纸。

计开：

一、支历城县每年额领先农坛祭品银一两八钱八分。

一、支章邱县银一两二钱三分一厘。

一、支邹平县银一两四钱三分。

一、支淄川县银二两二钱九分。

一、支长山县银二两三分。

一、支新城县银一两六钱一分。

一、支齐河县银二两三分。

一、支齐东县银一两九钱五分。

一、支济阳县银一两八钱二分一厘。

一、支禹城县银二两一钱三分。

一、支临邑县银二两四钱三分。

一、支长清县银二两四钱二分八厘。

一、支陵县银二两二钱七分。

一、支德州银一两二钱六分。

一、支德平县银一两七钱七分。

一、支平原县银二两二钱三分。

一、支泰安县银二两四钱二分四厘。

一、支新泰县银二两二钱。

一、支莱芜县银一两七钱二厘。

一、支肥城县银二两二钱二分五厘。

一、支东阿县银二两八钱六分。

一、支东平州银二两七钱。

一、支平阴县银二两四钱一分三厘。

一、支惠民县银二两四钱四分八厘。

一、支青城县银一两七钱八分。

一、支阳信县银二两三钱六分八厘。

一、支海丰县银三两四钱五分。

一、支乐陵县银二两六钱。

一、支商河县银二两七分。

一、支滨州银二两一钱六分。

一、支利津县银二两三钱四分。

一、支沾化县银二两四钱三分。

一、支蒲台县银二两四钱三分。

一、支益都县银一两六钱五分五厘。

一、支博兴县银一两二钱六分。

一、支临淄县银二两五钱四分。

一、支博山县银一两七钱四分。

一、支高苑县银一两三钱六分。

一、支乐安县银二两二钱七分。

一、支寿光县银一两一钱五分五厘。

一、支昌乐县银一两七钱六分。

一、支临朐县银二两一钱七分一厘。

一、支安邱县银二两二钱二分。

一、支诸城县银一两一钱八厘。

一、支蓬莱县银一两八钱八分。

一、支黄县银二两三钱五分。

一、支福山县银二两二钱三分。

一、支栖霞县银一两八钱二分。

一、支招远县银一两二钱五分。

一、支莱阳县银一两七钱三分。

一、支宁海州银二两三钱四分。

一、支文登县银一两九钱三分。

一、支荣城县银一两八钱三分。

一、支海阳县银二两四钱三分。

一、支滋阳县银一两四钱七分。

一、支曲阜县银二两九分。

一、支宁阳县银二两二钱七分六厘。

一、支邹县银二两二钱五分。

一、支泗水县银三两一分。

一、支滕县银二两三钱四分。

一、支峄县银二两四钱九分。

一、支汶上县银二两五钱七分一厘。

一、支阳谷县银二两二钱九分。

一、支寿张县银二两三钱六分。

一、支兰山县银二两四钱三分。

一、支郯城县银二两三钱七分。

一、支费县银二两四钱七分。

一、支莒州银二两一钱四分。

一、支蒙阴县银一两六钱六分七厘。

一、支沂水县银二两三钱六分四厘。

一、支日照县银一两五钱二分五厘。

一、支菏泽县银一两八钱九分。

一、支单县银一两九钱六分。

一、支城武县银一两九钱七分六厘。

一、支曹县银二两四钱三分。

一、支定陶县银二两一钱四分三厘。

一、支钜野县银二两四钱三分。

一、支郓城县银二两一钱二分二厘。

一、支濮州银二两三钱三分。

一、支范县银一两四钱五分五厘。

一、支观城县银二两二钱三分。

一、支朝城县银二两一钱八分。

一、支聊城县银二两二钱五分。

一、支堂邑县银二两四钱四分八厘。

一、支博平县银二两四钱三分。

一、支茌平县银二两二钱。

一、支清平县银二两四钱三分。

一、支莘县银二两三分。

一、支馆陶县银二两二钱一分八厘。

一、支冠县银一两八钱二分八厘。

一、支高唐州银二两四钱三分。

一、支恩县银二两四钱三分。

一、支掖县银二两二钱七分。

一、支平度州银二两三钱九分。

一、支昌邑县银二两一钱三分。

一、支潍县银一两八钱。

一、支胶州银二两二钱一分七厘。

一、支高密县银一两八钱九分九厘。

一、支即墨县银一两六钱七分。

一、支济宁州银二两四钱三分。

一、支金乡县银二两三钱七分五厘。

一、支嘉祥县银二两一钱七分。

一、支鱼台县银二两六分。

一、支临清州银二两三钱。

一、支夏津县银二两四钱三分。

一、支武城县银一两七钱七分。

一、支邱县银二两四钱三分二厘。

以上各款均在藉谷变价银内动支。

一、支每府首县及济、临二州每年额领昭忠祠祭品银四两。

一、支历城等一百零七州县每年额领关帝庙祭品银三十两，共银三千二百一十两。

一、支历城等一百零七州县每处额领文昌庙祭品银三十两，共银三千二百一十两。

一、支每州县每年额领文庙加增祭品银五两。

一、支胶州天后祠祭品银七两二钱。

一、支掖县海神庙银一十六两。

一、支邹县述圣祠银并庙户工食银五十二两。

一、支东平州先贤冉子庙祭品银，银五十二两。

一、支菏泽县冉子庙银，银五十二两。

一、支钜野县卜子庙银，银五十二两。

一、支历城县闵子祠银，银五十二两。

一、支临朐县东镇庙银，银九两八钱一分六厘。

一、支肥城县先贤有子庙祭品银并庙户工食银五十二两。

一、支邹平县先儒伏生祠银，银五十二两。

一、支菏泽县忠亲王祠银八两，马公祠银四两。

一、支历城县忠亲王祠银八两。

以上各款均在地丁银内动支。

一、支历城县每年额领崇圣祠祭品不敷银四十两，天后圣母祭品银三十两，刘猛将军银八两三钱，风神庙祭品银八两，太公庙银十六两，曾公祠银四两，闫公祠银四两，李公祠银八两，刘公祠银四两，潘公祠银四两，周公祠银四两，戴公祠银四两。以上各款系动支盐当规礼暨各项闲款。

一、支十府三直隶州一百四州县每处每年文庙祭祀银三十五两，香烛银一两二钱五分。

以上各款除各州县动支地丁外，如有编征不敷，由司于耗羡银内拨补。

藩司咨请工程六厘销费如数解交文

九月二十一日

为咨请事。案奉抚宪孙札开：宣统二年八月十四日准民政部咨，宣统二年八月初六日本部具奏核销山东省谘议局工程用过工料银两一折，当日奉旨：知道了。钦此。钦遵到部。除分行外，相应钞录原奏，咨行查照，并将六厘销费迅即解部，以符定章可也等因到本部院。准此，合行札饬。札到该司，即便钦遵查照办理，详候咨覆。此札等因到司。奉此，合就咨请。为此合咨贵局，请烦查照，希将六厘销费如数解司，以凭详咨汇解，望速施行。须至咨者。

呈覆藩司工程六厘销费请移知前谘议局筹办处如数解交文

十月二十一日

为呈覆事。窃奉贵司咨开：为咨请事。案奉抚宪孙札开云至望速施行等因到局。奉此，查本局自去年九月初一日成立，其在本局成立以前所有用过工程银两，系前谘议局筹办处人员承办，一切筹办案卷并未检交。本局与谘议局筹办处划分前后，各办各事，不得牵混。所有六厘销费如数解司各缘由，理合备文具覆，并请移知前谘议局筹办处如数汇解，实为公便。为此呈覆贵司，请烦查照施行。须至呈者。

提学司移送武义士兴学记文

八月十五日

为移送事。窃照兴学培才，德育为重，私德以养成个人人格，公德则所蓄者宏，所被者广。国家培国民，将藉群策群力，以维持公益。人人悉泯其自私自利之心思，而发欲立欲达之愿力，则事无不成，国无不强。山东武义士以微贱之匹夫，独能以坚苦卓绝之行，兴学三州县，前升抚宪张勤果公奏请建坊在案。本署司抵任，调查案卷，蒐集轶闻，具详前升抚宪袁奏请宣付史馆立传，而一时知名之士，复为文辞诗歌，竭力表彰之，武义士生平之义行于是略备。夫豪杰之士，不为境遇所迫，不为社会所囿，不为风气所移，所谓世运造人才，人才造世运。方今朝廷预备立宪宣布，人人读书识字之命令将实行之。为国民者，果人人毅力热心，引公益之事为己任，地方何患不治安，宪政何患不发达。欧美各国所以臻此强盛者，其原动之力，亦在乎一二微贱人之思想。如英之鲁滨孙，法之王代，所处地位之卑与武义士无以异，特其思想高伟，利及全国，至今英、法全国初等小学堂皆悬挂其画像，藉伸景慕。本署司既裒辑武义士兴学始末记，爰绘其遗像于简端，付之石印，通发各州县小学堂，以彰潜德而资激励。除分别详咨移行外，合将印本一册移送贵局，请烦查收，备阅施行。须至移者。

计送武义士兴学记印本一册。

第五编　请愿书批答

一、庶政门

藩司移知胶州议员邱桂乔等函陈该州积弊查办情形文

（原案在第二期报告书建议类）

为移会事。宣统二年七月二十八日奉抚院孙批，据详覆遵饬委员查明胶州议员所陈各节，据情拟议缘由，奉批：据详并册折均悉。张令所查各节详细周密，足释群疑，仰即转饬胶州姚牧查照详内办法，随时认真经理，并移谘议局转饬该议员邱桂乔等知照。此缴。册折均存等因到司。奉此，除分别咨移并饬胶州遵照外，拟合抄详移会。为此合移贵局，请烦查照，转饬该议员邱桂乔等知照，望切施行。须至移者。八月十九日。

计粘抄原详一纸。

为会议详覆事。案查前奉宪台札开云云。此札等因。奉此，遵即会议遴委候补知县张令昌庆前往胶州，按照该议员邱桂乔等所陈各节逐一查明，据实禀覆，以凭详办去后。兹据张令禀称：遵即驰赴胶州，先行密赴城乡分投查访，继复会晤姚直牧赞元，检齐卷据、库帐等项，逐加查阅，细心勾稽，证以舆论，该议员等所陈各节或为事出有因，或为言之失实。惟要其立言本意，无非关怀桑梓，热心公益。在彼等职居议员，苟于地方利弊有所见闻，虽不必事事得其实际，要不妨就见闻所及以自陈。查姚直牧本年到任已在春夏之交，上忙钱粮业经德直牧征完多数，故姚直牧到任之后，一切办法悉仍旧贯，即于地方公款，亦暂照旧办理，未稍更张。征收钱粮一节，制钱、铜元配搭收纳，是固恪遵定章。虽制钱、铜元时价悬殊，民间不免暗受亏折，实亦时势使然，初非在官者之故为已甚。惟当此预备立宪、讲求公法时代，该议员等为众论权舆，既以有所建白，〈勺〉未便拘守成规，有拂公论。现在上忙业已停征，应可毋庸置议。俟下忙开征之际，当由姚直牧体察制钱之时价，按照近年之旧章，妥顺舆情，以抒民困。至地方各项公款，知县逐加稽核，大致尚无弊混。惟德直牧在任数年，所有一切公款，未曾榜示一次，无怪该议员等之疑窦丛生。况际今筹办自治，董事、议事各会瞬即依次成立，将来地方如有应办公益，以及筹款各事，方将责成筹办，原有公款尤未便不使预闻，似不妨于董事、议事各会成立之后，即将一切公款并各项公益事宜，统交各该会公举公正绅董经理，仍由地方官随时稽查，以重公帑而防流弊。知县晤商姚直牧，意见相合，具表同情，即揆之该议员等所云不咎既往、整顿将来之意，亦尚相合。此知县所以敢于查悉情形之下，妄参末议，以供采择者也等情，并呈册折前来。本司道等复查邱议员等所陈各节，既据该委员查明或为事出有因，或为言之失实，而揆该员等原函所称并不追究既往、只求整顿将来等语，不过各尽义务，力求公益起见。德直牧业已开缺，姚直牧甫经到任，无所用其攻讦。本司道等悉心核议，如该州经征钱粮，铜元、制钱搭配收纳，虽与部章相符，而民间既有不便，自应因时制宜，以免花户完纳为难。应即札饬现署该州姚直牧，邀集公正绅耆，参照部章，妥议搭配征收办法，以顺舆情。征收税契，本有详定章程，不得浮收丝毫。应饬该州再行申明定章，出示晓谕，以免胥吏舞弊。至该州地方各项公款，既据查明尚无弊窦，应如该委员所拟，俟该州董事、议事会成立，举由公正绅董经理，地方官随时稽察，并将出入款项数目榜示通衢，以昭大信。巡警为保卫治安要图，该州巡警经费以及人数虽据查明尚无虚饰，仍应饬令姚直牧督同区巡等官认真整顿，务使款不虚糜，人无缺额。至于缉捕盗贼，乃地方官专责，应即严饬姚直牧督饬捕役严加整顿，如再废弛，即行据实参咎。除禀批示外，所有遵饬委查，据情拟议缘由，是否有当，理合将送到册折一并抄呈宪台鉴核，批示祇遵。为此备由，呈乞照详施行。

抚院札覆鱼台县王玉年、房承谋等为湖田事各请愿书及建议案查办情形文

（原案在第二册报告书下册）

为札行事。宣统二年七月初一日，据兖沂道详称：案查前奉抚院札开：据谘议局呈送鱼台县附生房承谋等请愿书，为向设湖田官局改归本地方绅士办理一案到本部院。据此，合行札饬。札到该道，即便查核，详候核夺办理。此札。计抄发清折一扣。又于本年四月二十六日奉宪台札开：据谘议局呈送鱼台县议员王玉年等呈请将未及升科、丈量未完湖田计亩收租，办理地方新政等情到本部院。据此，查此案前据该生等具呈，当经檄行该道查核，详候核夺在案，迄今尚未详办具呈。【兹据】前情，合行札饬。札到该道，即便查照先后所呈各节是否可行，该委员、勇役、局丁有无擅自审责骚扰情事，务须澈查明确，一并妥议详办，毋违。此札。计粘抄清折一纸。又于六月十一日奉宪台札开：据谘议局呈送鱼台县议员王玉年等请愿书内称，湖田局员擅作威福，暴虐鱼民，拟将湖田改归绅董承办，藉充地方新政经费等情到本部院。据此，查此案前据该生等先后具呈，均经札饬该道查明妥议详办，迄今多日，尚未详覆，殊不可解。兹据呈前情，合再札饬。札到该道，即便迅速查照先后所呈各节是否可行，该委员、勇丁有无任意骚扰情事，务须逐细澈查明确，妥议详覆，以凭核办，勿稍徇隐迟延，切切。此札。计粘抄请愿书一纸各等因。奉此，职道遵即调核卷宗，逐一详查，谨将南路湖田情形缕细陈之。如附生房承谋等请愿书称，鱼邑湖田系乾隆年间报沉地亩，田虽湖荒，非尽无主。自光绪三十二年设立湖田局，其初仅收苇租，后又渐收草租，近年以来，并毗连之大粮地，亦勒令改归湖田纳租。民间既完大粮，复纳湖

租，一地两征，受累不堪一节。查乾隆二十一年，鱼台县境河决城坏，前抚宪杨建议迁城，遂于县境之西南董家店建立县治，是为鱼台新城，去旧治十八里。乾隆二十四年、二十七年前抚院何两次奏明水深难涸案内，奉文除豁粮地一千三百四顷六十九亩五分四厘，是鱼台县报沉粮地多系滨河民田，因被黄水浸淤，详请豁除，其为并非湖荒可知。县东有南阳、照阳两湖，自来蓄水济运，号为水柜，原无湖田名目。及光绪年间水道更徙，湖身日淤，南漕停运，濬政不修，昔为沮洳，今成膏沃，豪强占垦，讼狱繁兴。光绪二十九年遂设湖田局，先从北路办起，推及南路。查南路湖田坐落南阳、照阳、独山、微山四湖界，连鱼台、滕、沛三县。当开办之时，委员丈量，均有庄长指引，召佃垦种，悉听花户认领，历年按额征租，各无异言。若以现完大粮之地勒令改归湖田纳租，民虽至愚，谁肯忍受。即云湖田广辟，或有与粮地毗连之区，各业主执有契串，亦断无俯听局委丈放之理。况此项湖田实皆各湖淤涸之官地，与县境原报沉粮及岁办缓征之民地截然不同。且佃民领种湖田，俱系自愿赴局领照，自愿赴局完租，此岂局委所能逼勒者乎！今该生房承谋等指称一地两征，受累不堪，议员王绅玉年等亦称一地两征，甚属不平各等语。查湖田局征收租课，论田亩则有鱼鳞册，论花户则有实征册，究竟何庄人户有一地两征者，未据该员生等指出姓名，所谓受累者何人，所谓不平者安在，实属无从悬揣。且受累至于不堪，何以不闻各花户来道申诉乎？不平至于已甚，何以不闻各花户赴省上控乎？此尤大惑不解者也。又如附生房承谋等请愿书称湖田日益占多，租税亦日益增加，逐渐蚕食，非并鱼邑粮地尽归湖田不止一节。查南阳湖在鱼台县东三十里，旧志周围四十里，今志周围九里五分，近以泥沙壅阻，已成平陆，岸移谷变，仅存湖心，计历年丈放南阳湖地共一百五十余顷。又查昭阳湖在鱼台县东六十里，周围一百八十里，界在滕、沛、鱼台三县境内。自诸泉湮塞，不复趋湖，于是淤垫日高，尽为沃土，计历年丈放昭阳湖地九百六十余顷。试以今昔湖身形势推算面积方里，与现丈湖田亩数相乘除，其为并无大粮地亩在内可知已，其为并无缓征地亩在内亦可知已。又查鱼台赋役全书，现征成熟并新垦粮地共八千七百二十二顷七十五亩有奇，以公家正赋而论，均有征册可稽，以民间私产而论，各有印契为据。湖田之不能侵占粮地，固不待辩而自明矣。今该生房承谋等声称逐渐蚕食，非并鱼邑粮地尽归湖田不止。夫湖田，官田也，非私业也，蚕食何为？此虽该生等臆度之词，未免立言失当。又如附生房承谋等请愿书称，请将鱼邑向设之湖田官局改归本地方绅士办理，节省局委、司事、勇役、家丁一切薪水、津贴、工食、浮费、陋规等项。又议员王绅玉年等请愿书称，请将丈出湖田团地归敝县酌量相宜绅董承办，仍令如数领租，将湖田局裁撤各节。查南路湖田分局经管南阳、昭阳、独山、微山四湖官田共约地一千五百顷，内分麦地十之二，苇地十之三，草地十之五，宣统元年征起新租并节年欠租，共收京钱二万九千四百八十千六百四十八文，每月将收支款目造具月报，申送宪台查核。上年复准清理财政局规定报告册式，所有湖田收入、支出各款，均经照章造报，咨达度支部有案。又查南路分局设委员一员，月支薪水银五十两。本年以总局提调陶守兼办分局，加给津贴银三十两。文案一员、分柜委员一员，每员月支薪水银二十两。收支司事一员、征收司事一员，每员月支薪水银十二两。分局月支局用银三十两。分柜月支局用银五两。勇十四名、县差四名，每名月支工食京钱十千文。催租二名、书识三名，每名月支工食京钱十五千文。其员司、家丁向无工食。此为该分局经常之费，经职道一再核减，已不为多，此外实无浮费陋规。今该员生等请裁撤湖田局，改归绅董承办，并美其名曰节省薪津、工食，亦恐言之甚易，行之实难也。夫以千百顷之官田，数万户之佃民，散处于百十庄村，每岁验苗需人，催租需人，征收需人，会计需人，造征册、缮苗单、填租票又需人，此岂一二绅董所能独任者乎？即云通力合作，协理有人，而常年治事，奔走来往，又岂能概尽义务，枵腹从公者乎？不宁惟是，湖民、团民主客构讼，即湖民与湖民，亦时以豪户霸占、邻里侵没来局赴诉，无月蔑有，非有局员随时履勘，为之明定界址，剖别是非，不能服其心志。每当秋成麦熟，弹压或有不周，强梁者辄聚众而抢割，催科偶有不到，疲顽者则相率而欠租。此其弊虽由于风俗习惯，而赖办事之官吏有以约束而抚驭之，决非一二绅董权力之所能及也。藉曰鱼台绅董其闻望足以服众，改归绅办必能公私两便，然此湖田租额已由财政局造册咨报，将来大部诘责，何辞以对。又查南路湖田在鱼境之南阳、昭阳两湖者十之六，而昭阳一湖又为滕、沛分辖之地，阡陌纵横，无从区别。其在滕境之独山、微山两湖者约十之四。若裁撤南路分局，则滕境湖田将归何局管理？抑亦改归绅董承办乎？南路分局果可裁撤，而北路分局岁收南旺、蜀山、马踏三湖租钱约七万余串，凡属济宁、嘉祥、汶上之绅民，皆可援例呈请撤局，改归绅办，亦复成何政体。至议员王绅玉年等所谓丈出湖田团地仍令如数领租，自系指湖田局册现丈顷亩之数仍令各佃民领种纳租而言，果如是言，以官田归官办，计亩征租即谓之受累，即谓之不平，以官田归绅办，而仍令如数领租，独无所谓受累，无所谓不平乎？其故何在，实难解决。又如议员王绅玉年等请愿书称，本道委丈团地，除节年升科五百顷外，剩有未升科地二百余顷，现丈濒湖大粮报沉地可以领种者又数百顷，幸此时丈量未完，尚未分田认租，请归地方自治，计亩收租充公。又称湖田局裁撤，本道筹款之处亦可酌数奉上各节。查上年十月间，职道曾将整顿南北湖田情形，裁节员司薪津、局用，并以鱼台所管三团湖地，团民占垦，县署岁得陋规，请俟清丈以后，视团地之多寡，分别归县、归局征租，革除陋规。先从团地丈起，查明已报升科者另行剔除，其未报升科者，不分湖地、团地一律普丈，仍归旧佃领种，换给永租印照，编册启征。并酌拟南路清丈章程十二条，禀奉宪台批示：所定办法均尚妥洽，必如是尚可谓之办事，深为嘉慰，仰即分饬遵照。至鱼台县陋规，应令和盘托出，并候特札饬遵。此缴。折存等因。旋于十一月间，据前任鱼台县周令禀称，因举办清乡，需款难筹，学堂经费亦不敷支用，商由安贤团首事筹捐京钱一千串，分拨实业学堂暨清乡经费之用，此外别无陋规等情。又于本年四月间，据该县张令禀称，自光绪三十二年至宣统元年，经前任陆续查出安贤团新垦麦地四十一顷八亩，又团外湖地十七顷八十亩，共地五十八顷八十八亩，每亩收租价京钱二百文，岁收京钱一千一百七十七千六百文，除书吏一成津贴外，实收租价京钱一千五十九千八百四十文，拨充实业学堂及巡警经费不敷，由县捐垫。至团地新筹捐款一千串，因安贤团续报地租不实，经前任周令查出，该团长王庆之自认隐报之咎，呈明愿捐京钱一千串，缴由周令收拨各项公用。此非岁有之捐，实系和盘托出。现经会同南路局员丈出团地，请将原有未升科地五十八顷八十八亩照旧留县办公，或由局代收拨给，以免赔累等情各到道。据此，当查南路湖田局折报，丈得安贤、安仁、安平三团湖田，除同治四年、光绪十二年两次升科地五百二十二顷十亩八分四厘不计外，实丈出未升科地二百十一顷有奇。职道当以鱼台张令请将原有地五十八顷八十八亩照旧留县拨充学警两项经费，应准循案划拨，遂即批行。自本年起由湖田局代征，照章每亩征租价京钱五百文，岁共收京钱二千九百四十四千文，照数由局移解，以资补助，比较该县上年自收租价，已多两倍。计局收团内湖田实止一百五十余顷，该绅等所称剩有未升科地二百余顷，殆未知县局分收底案。至现丈湖田，因前总办张道铁珊查丈不实，所发阔步凭单多与鱼鳞清册不符，职道已于整顿南北湖田禀内详陈其弊，故此次委员清丈，系按照局册地亩一律覆丈，有隐者增其租额而民无所争，有不足者减其租额而民不为病，并将各处庄基、茔地、水沟、荒土概予剔除，以昭核实。盖所谓覆丈者，悉皆历年已丈之地，并非今日新涸之区。该绅等所称现丈大粮报沉地可以领种者又数百顷，不知何所据而云然。现丈各湖麦地次第完竣，惟苇地、草地须待秋间普丈，方能统计顷亩确数。其已丈麦地之各庄花户，均缴还原发阔步凭单，由局改给永租印照，以为执业之据。而此领照认租者，犹是原垦之户，并非新招之佃。该绅等所称此时尚未分佃认租，又不知何所见而云然。至岁收湖租拨充饷需，现为达部正项，职道兼管湖田事务，并无丝毫入己之款。该绅等所谓酌数奉上者，为公款乎？为私款乎？不知所指。若以公款论，岂有公家应征之租课，而待绅董酌数以奉上乎？无是理也。至鱼邑所报大粮沉地别有邱段，前据济鱼垦务公司总理汪寿荫等以查济鱼告沉地亩坐落济宁州南鱼台，东北长约四十余里，宽约十余里，逐渐涸出，废弃可惜，议设垦务公司，凑集商股，先请试办等情，禀奉批准立案，迄今招垦多年，未收成效。该绅等既援开垦官荒民荒之部章，亟应联合济鱼绅民，收回商办垦务公司，改归绅办，以兴地利。而乃计不出此，惟希望公家丈放之湖田，混指为民间告沉之粮地，抑何巧也。又如议员王绅玉年等请愿书称，湖田局委员擅作威福，有与争执者，初犹送县惩治，近来笞责管押，俨然又一鱼台县衙门。现今丈地法九尺作丈，惟以扩充丈数为功。委员陶赴孟家楼查地，将庄长闫在明棍责五十，所用勇役、局丁藉势骚扰，擅拷罚人，鱼民何辜，受此暴虐各节。查湖田南北两局委员均兼充职道衙门发审，有欠租者初限不完，则派庄长查催，二限不完，则派勇役督催，三限不完，则移送地方官传追。其有实在贫户，或因他故无力完缴，经庄长赴局呈明，亦有缓至次年带征者。惟两次争地之案，始由局员会同地方官秉公讯断，以免隔阂而期速结。至该局租赁民房，仅敷员司办公之所，既无班管，何从羁押，又无刑具，何能笞责。若佃民因案互讼，局员既充道署发审，原有会讯之权，何得谓之又一鱼台县衙门。查局弓丈地系遵部颁尺寸，丈地而多，于委员无功，丈地而少，亦于委员无过。今该绅等指为九尺作丈，以扩充丈数为功，度系传闻之误。查孟家楼一案，先是局员陶守会同鱼台张令清查地界，各庄长言语支吾，意存隐匿。有孟家楼庄长闫在明出头阻挠，并称土埝以里皆为粮地。陶守以防水土埝不能混作租粮之界，且此埝又系去秋新筑，更不足凭，当将闫在明薄责五十棍，以儆其余。随据各庄长、地保指引，问明原垦之人，眼同施簠，即日丈出麦地三顷有余，曾经陶守于本年二月二十三日禀报有案，办理并无不合。职道自问考察属员，惩治勇役，未尝稍有宽假，当为各属士民所共闻。该绅等所称委员擅作威福，勇役藉势骚扰，究竟有无其事，职道亦不为辩护。惟庄长至众，亦有衿耆，佃民至多，不皆懦弱，何以不闻被累之家联名告发乎？至擅拷何人，科罚何人，笞责管押又何人，均未据该绅等一一指明，虚实无从根究。尤可异者，议员王绅玉年等以新政需款，请酌留公产，禀由本县张令转报到道。其原禀内称，鱼民无识，未能开辟利源，仰赖本道大人吁谟、委员大人能力，于鱼民弃而弗有之利经营组织，成款项若干等语。今于请愿书内则称委员擅作威福，鱼民何辜，受此暴虐。同为议员王绅等之言，一好一恶，如出两人，殊不可解。又如议员王绅等请愿书称，鱼邑所纳大粮例不过京钱三百，而此则有凭单、丈费、租价名目，每亩须千余文之谱。沿湖庄长赴局领票，伊备一小酌，先令各出铜元十三枚为酒席之资，似此作为，不惟有害鱼民，或失政体实甚各节。查粮地纳税原不能与湖田征租相比例，盖民间粮地契买有价，印税有费，业主完纳钱漕，是谓正供。若湖田本属官地，召佃认垦，并未收取押荒，异日治河筑堤，官家需用土地，即应收回，是以成熟多年，未便遽议升科，职是之故。查南路麦租，每亩收京钱五百文，苇租每亩收京钱二百文、三百文不等，草租每亩收京钱一百文，递年出示晓谕，万民皆知，该绅等所称每亩须千余文之谱，殊为失实。至此次清丈湖田，改发印照，原为杜绝争端，各安耕业起见。所需丈地员司薪津，并簠夫、书保、勇役工食，及车马、局用杂费，概由职道先行筹款垫支，毋许花户供应，以免扰累。原定酌收丈费，上则每亩京钱四百文，中则每亩京钱二百文，下则每亩京钱一百文，先于上年禀定清丈章程，录报有案。嗣据局员陶守禀请将麦秋地亩不分上则、中则，每亩改收丈费京钱三百文，苇地每亩改收丈费京钱一百文，草地一律免收丈费，以示体恤等情。当经批准，于本年四月间出示晓谕，亦在案，是此项丈费不在常年租价之内，夫固尽人知之矣。该绅等故以租价、丈费混而同之，立言虽巧，意果何居。查南北两局每岁于开征时，由局员邀集庄长，酌以酒醴，用示优待之意，所需酒食费用作正开销，此向章也。该绅等所称庄长各出铜元十三枚为酒席之资，查无其事。此亦何害于鱼民，何伤于政体也！查本年四月间，据局员陶守禀称，各庄长领丈地界，协催租价，奔走供役，不无微劳，请自宣统二年起，每收花户租价京钱一千文，提给庄长京钱四十文，以资津贴，此后引丈、催租等事，均责成各庄长实力办理。其向有领丈饭食、开征酒酌，应即裁除，以节浮费等情。当经批准，南北两路各庄长一律酌予津贴，以酬勤劳，并出示晓谕在案。是酒酌一项，本年上忙开征，先已实行裁革，文告具在，该绅等岂不知察耶？查上年七月间奉宪台札饬，湖田局设立有年，饬即妥定办法，以濬利源等因。经职道督同员司访察利弊，划定疆界，分段查丈，百计经营，召怨任劳，近始办有端绪。鱼台合境绅民耳目所属，无不共闻共见。今该绅等或为本籍议员，或为自治所长，于本地之情事，知之岂不较详，乃竟淆乱是非，饰词耸听，将使办事者有壮往之悔，而阻进行之机，欲其能推广垦务，整顿租课也，不可得矣。职道复查地方自治不准动用国家正款，惟于公款、公产之外，别有附捐、特捐之条。若湖田纯属官地，非地方自有之公产可比，官局所收租价，季报、年报造册达部，即为国家正款。今该绅等请将鱼台全境湖田计亩收租，拨充地方自治经费，揆之法律、情理，均难允行。又查湖租拨充勇饷，为常年计授要需，历前任挪借库款垫用，至三万三千五百余两之多，无从筹还，经丁前升道禀报有案。职道于上年二月到任，深维量入为出之经，力求截长补短之法，乃裁减巡警马步勇额，岁省饷干银六千三百余两，裁汰湖田总局员司，岁省薪津银四千七百余两。但期此后湖田丰收，撙节动用，则兵镶无虞匮乏，租课冀有赢余，而道库借垫款目，亦可分年归完，以重公帑。现值清理财政，逐项梳栉，入出均关预算，岂复能以军政之费，留作地方自治之用。该生等迭上请愿书，呈请裁撤湖田官局，改归绅办，碍难照准。所有奉饬查议缘由，是否有当，理合详覆宪台核示饬遵。再，查鱼台县光绪初年原拨湖陵书院湖田二十五顷，光绪三十四年又拨董九围等湖田十五顷二十八亩八厘，均归绅董自收，以充学费。本年清丈团湖地亩，又拨地五十八顷八十八亩，由局代征解县，以充学警经费。计先后共拨湖田九十九顷十六亩八厘，俱系成熟麦地，论公家补助之义，不可谓不厚矣。合并声明等情到本部院。据此，除批"据详已悉。查此案前据谘议局呈送议员王玉年等续呈请愿书到院，当以湖田系属官地，不能列为地方公产，田租系属国家税，亦不能比于地方税，该议员等请将湖田改归绅办，作为自治经费，事涉踰越权限，应无庸议等情札覆谘议局在案。兹详称各节，自系实在情形，候再札行谘议局查照。惟印委各员有无骚扰情事，已另饬藩司派委前往密查，俟委员查覆到日，再行核办。孟家楼一案，闫在明出头阻挠，自应惩办。然局员擅行棍责，殊属不合，是否会同地方官讯办，抑即由局办理，仰再录案详候查夺。此缴等因。”印发并行藩司查照外，为此札行谘议局查照。须至札者。七月初五日。

藩司移知汶上县齐献廷等拟提罚款等项充作自治经费请愿书查办情形文

（原案在第二期报告书民政类）

为移知事。宣统二年五月二十五日奉巡抚部院孙批，据兖州府委员程典史定邦会同汶上县知县匡令鼎颐会禀，奉委查明汶上县岁贡齐献廷等请愿书内胪陈各款，开具清折，呈请批示祗遵一案缘由，奉批：据禀已悉。仰布政司核明饬遵，并移谘议局知照。此缴。禀抄发等因到司。奉此，查此案各款即据该印委查明，除将杨令年款附报之扑打蝗蝻各费银两二款核明签示，并行兖州府转饬汶上县移催杨令将刘步青一款查覆，另行核办外，奉批前因，拟合移知。为此合移贵局，请烦查照，望切施行。须至移者。六月十六日。

计粘抄原禀一纸。

敬禀者。窃典史定邦蒙本府札委，以奉宪台札开，据谘议局代呈汶上县岁贡生齐献廷等请愿书，拟提地方罚款及报销不实各款充作自治经费缘由，蒙批：查来书所开各款是否尽出民间，抑尚有杨令自捐及应领之款，书内并未指明，殊难查核。合亟抄录行府遴派妥员前往，会同该县检齐卷据，逐细确查，开折禀候核夺，并粘抄请愿书一纸等因。遵即束装，由郡起程，驰抵汶上县，会晤知县鼎颐，调齐卷据。查得愿书计共十一款，内如赏给马庄贫民京钱二百八十五千文在卷中，至于修堤工津贴、修理衙署、配送烟丸、购立界碑等四项，仅载三十四年年报册，别无案卷，既无派出民间之说，亦未造报请销。第四款修补大路桥梁，随缘乐输以成地方善举，一切开支均由各该处首事经理，杨令并不与闻，亦无成案可稽。第六款并第十款购买蝻子扑打飞蝗，系光绪三十四年并宣统元年之事，其三十四年动用钱合银三百二十九两零，元年动用钱合银三百九十余两，始则杨令自认捐给，继因奉文准可造报，复行具禀请销。现虽核入交待年款附报请示，将来能否批准核销未敢预定。第七款并第八款买银运钱车价、下乡夫役盘川等项，均系杨令任内随时发给，已载明光绪三十四年年报，可以调查，尚未筹之民间，亦未有请销之案。第九款各乡铺面出使钱票未能收回者共七十余家，计要京钱一千余串。查汶邑陋习，无论城乡大小铺户，私自行使钱票，一遇倒闭，讼案叠出。杨令曾经出示谕饬，各备现钱收回注销，照票点钱，不准抗延，系属实有其事。然以该铺之票，取该铺之钱，似不得谓之勒要也。第十一款如勒讹刘步青之事，现在查无案卷。此系奉文遵照确查实在情形，除备文移知杨令查覆外，所有该贡生齐献廷等请愿书内胪陈各款，既奉委会同查明，理合开具清折，禀呈大帅鉴核，俯赐批示祇遵，实为公便。肃此，恭请勋安，伏乞垂鉴。典史定邦、知县鼎颐谨禀。

计禀呈清折一扣。

谨将奉委会查汶上县岁贡生齐献廷等请愿书内胪陈各款开具清折呈（电）〔鉴〕。

计开：

一、原列第一款：赏被淹贫民并修堤工津贴等项京钱三千九百八十千。

一、原列第二款：修理衙署、学堂等处工料京钱三百五十千。

一、原列第三款：各药店配送戒烟丸药京钱一千三百二十余千。

一、原列第五款：购立界碑工料京钱三百四十九千余。

覆查前四款，仅有赏给被淹马庄京钱二百八十五千之案卷，其余各款载在三十四【年】年报，既无案卷可稽，亦未造报请销。登明。

一、原列第四款：修补大路桥梁京钱二千二百八十余千。

覆查前款仅于三十四年年报载有京钱二百八十余千，下余二千串，查无案卷。登明。

一、原列第六款并十款：赔买蝻子扑打蝗蝻各费银七百余两。

覆查前款系光绪三十四年并宣统元年等动用银七百余两，杨令先则自认捐发，继因奉文准其造报，始行禀销有案。虽经核入交代年款附报，将来签示准驳，尚无把握。登明。

一、原列第七款：买银运钱车价京钱一千八百八十五千余。

一、原列第八款：下乡夫役盘川等项京钱七百七十一千余。

覆查前二款俱系杨令任内随时捐发，有三十四年年报可查，此外并无应领及筹捐之款。登明。

一、原列第九款：各乡铺面出使钱票未能收回者共七十余家，计勒要京钱一千余串。

覆查汶邑陋习，无论大小铺户，均可私自行使钱票。杨令曾经示谕，各备现钱，收票注销，尚无勒要案据。登明。

一、原第十一款：刘步青因买办官银未久，押缴京钱一百余千。

覆查前款毫无案据，除备文移查杨令外，登明。

抚院札覆商河县王瑞廷等为区官显违警章请愿书查办情形文

（原案在第二期报告书民政类）

为札行事。据巡警道详称：案奉抚院札饬：据谘议局代表商河县廪生王瑞廷、路程诲等禀控该县区官吴龙耆警务废弛，嗜好鸦片，饬即查照，将该区官吴龙耆撤回，另委妥员接办，并查明该区官有无嗜好，据实详覆，以凭核办等因。奉此，当经由道将吴区官撤差，另委妥员接办，并檄饬商河县查明禀覆，详报在案，分行去后。嗣据商河县知县冯令振声禀覆，遵饬查明吴区官龙耆到差五年，于应尽职务尚能恪守范围，知县勤加访察，并无劣迹。至县绅有禀控该区官嗜好洋烟一节，亦无其事。用敢代为剖白，请提省调验，则真伪立见等情前来。转饬吴区官俟新派区官到差，移交清楚，迅速来辕，赴本公所卫生科诊验有无鸦片嗜好，再行核夺等因印发外，旋据商河县附生徐瞻泉、于清润等禀称：生等忝充调查人员，且巡警局与调查局前系同处，生等见闻较切，吴区官确无嗜好，尚属可信。现被控告，撤差可惜，恳请留差，则商邑警务堪资熟手等情到道。除批“据禀该区官确无嗜好，如以该生等所禀为是，则王瑞廷等前禀当有不实不尽。该生等与王瑞廷等同隶一县，或毁或誉，殊难深信。所请免调一节暂毋庸议，应俟吴区官交卸来省，亲加试验，再行据实详覆示遵。此批。”挂发外，现据吴区官禀请销差到省，传至本公所，职道督同卫生科员详加诊验，并察看情形，确无鸦片嗜好，核与该县冯令振声及该县附生徐瞻泉、于清润等禀覆相同，被撤不免冤抑。惟既经另委，拟存记另候差委，以免向隅。再，查该区官系以典史到省人员，除饬该员赴藩署调验，以符定章外，遵饬前因，所有遵饬将吴区官调省考验，确无嗜好，拟存记另候差委缘由，理合具文详覆宪台鉴核，批示祗遵，并核覆谘议局查照，实为公便等情到本部院。据此，除批示外，为此札行谘议局查照。须至札者。七月初二日。

抚院札覆东阿县高绍和等为直省堤工既塞复决请愿书办理情形文

（原案在第二期报告书交通类）

为札行事。宣统二年五月十七日准直隶总督部堂陈咨开：据大顺广道文冲等具详，开州孟居民埝漫口堵筑严防已先筹办，请咨覆饬知等情到本督部堂。据此，除批示外，相应咨覆，烦请查照饬知施行等因到本部院。准此，除分行外，为【此】札行谘议局，即便转行知照。须至札者。五月二十一日。

计粘单一纸。

会办开州孟居民埝漫口堵筑工程军机处存记道、大顺广兵备道为详覆事。宣统二年四月二十日蒙宪台札开：宣统二年四月初四日准山东抚院孙咨开：案据谘议局呈送东阿县举人高绍和、郑天章、范县附生乔殿遴、寿张县贡生贾朝聘、东平州武生王玉蕴等折开：为直省堤工既塞复决，仍请贵局转呈抚宪饬催速堵，以免后患事。窃去岁十二月举等呈递请愿书，恳求呈院求堵决口在案。嗣阅覆局札文，据前情电话直督查照速办，并分行饬催。举等感德之下，渴望竣工，以出沉灾。不料灾孽深长，该工于今岁正月二十六日开工，至二月二十三日始行合龙，即于是日滚扫三站，仍复开决。举等专人赴开调查情形，据云合龙深水处所尚未冲坏，断缆滚埽者系南头水浅一段，再堵此口，较前甚易。但现无存料，恐耽延日久，合龙深水之处再为冲坏，则所费更巨，成工益迟，东省一带冲成河势，灾民因秋麦两空，坐待死亡，而北岸大堤亦无计可保，伏、秋两汛之大险矣。举等情知两省上宪关心民瘼，决不稍任延缓，致废前功。第念六境田庐市岁沉溺，生长兹土者，自不得避烦渎之嫌，缄口待毙。为此仍恳贵局转呈抚宪电咨直督，并分行东省该管委员，协力认真督饬，速为堵合，以拯民困而保堤险，实为至便。尤有陈者，前番堵筑系从河岸动工，决堤口门拟俟断流再堵。此后两处所需之料，请饬作速办到，无令河岸合龙后再办塞堤之料，致河水出岸堤口未塞，再有失期误工之虞。又闻前番滚埽，系因匪人潜断系埽绠缆所致，否则一律之缆，深水处尚未断绝，而难工头水浅溜下，何能自断，并请于咨直电内请饬开州牧严查匪人，以防不测。至堤工告竣，土料初合未固，防险尤当时时吃紧。凡事先期绸缪则易为功，后事追悔则已无济，此一定之势也。举等受灾切重，不得不再请贵局转呈抚宪迅速饬催堵筑决口，协力严防，以除水患，则堤险民困均有转机矣等情到本部院。据此，相应咨明。为此合咨贵部堂，请烦查照，转饬迅速办理，望切施行等因到本督部堂。准此，除分行外，合行札饬。札到该道等，即便查照，迅速办理。此札等因。蒙此，覆查山东谘议局呈递东阿县举人高绍和等所请东抚宪咨饬令各节，如速堵决口，业于四月十五日兴工，现就新埝口门堵筑，即未先从河岸动手，不虑堤口未塞，河水出岸，致如所虞。至上次堵而复决之故，职道钟祥前奉东抚宪电饬，已经查明实由州绅不谙办法，希图节费，未曾接筑坝基，仅就两面河坎进占，以致水涨漫滩兜后，功败垂成，并非匪人潜断绳缆，业经职道钟祥于三月十四日电禀东抚宪在案，应请毋庸饬查。惟所称堤工告竣，土料初合未固，防险尤当时时吃紧，凡事先期绸缪自易为功，事后追悔则已无济，请饬协力严防一节，（询）〔洵〕属言简意赅，实中肯綮。现正估计堵筑后应需赶办堵闭旧埝水旱各口，及加培新旧各埝等工，以固重门保障而资大汛防守，容另具禀详陈。是东绅请愿各节未待指陈均已筹办，拟请宪台咨覆东抚宪转饬知照。除行开州查照外，所有东绅请愿各节已先筹办，应请咨覆各缘由，拟合具文，详请宪台俯赐核咨，实为公便。为此备由具呈，伏乞照详施行。

抚院札覆东阿县高绍和等为直工将竣急图善后请愿书查办情形文

（原案在第二期报告书交通类）

为札行事。案据上游总办姚道联奎详称：案蒙抚院札【饬】：据谘议局转递东阿县举人高绍和等公具请愿书，以直隶决口合龙有期，来源将断，拟将东阿县张家庄出水入黄口门堵筑，民力未逮，请发津贴银一千五百两委员督办，并寿张县梁家集民埝坍塌险要，请筑迎水埽及饬县助防等情到本部院。据此，查所陈各工是否均应修筑，应如何酌给津贴，除分行外，合行抄折札饬。札到该道，即便查照，迅速查勘情形，拟议详夺，计粘抄清折一扣等因。奉此，除张庄民埝堵筑情形应由中游吕道议覆外，查上游寿张县境梁家集民埝一道情形，诚如该举等所呈，业经职道迭次电禀宪鉴在案。此次丁运司乘舟上驶至该处，详细履勘河势，坐湾为大溜所必经，春间虽已退修套埝，现在溜仍贴边坍刷，距埝较近，彼此筹商至再，惟有退筑小埝一法。现在青苗在野，民间争地于水，不肯大退筑埝，业饬寿张县速令转谕绅首，迅集民夫，择要先修下段靠庄套埝一道，计长三十余丈，暂顾目前，俟秋收以后，再议大退办法，一劳永逸。至该举所称坍塌处所预筑迎水埽以遏急流一节，查黄河添筑埽坝，虽为救急之策，需用料物甚多，民力几何，诚恐言之虽易而行之实难。况此处添做新埽，非大坝三四道不可，即成巨险，在大堤为地所限，不得不如斯补偏救弊，民埝则可让地于水，除随时相机修筑套埝外，别无善策。又如所称调拨防营进守民埝，相机修防，以严大堤门户一节。查该处民埝由花庄临黄浅埝以上起，向系民间自行修守。官堤按里驻营防守，建修砖石秸柳，各段埽坝需费甚巨，定为额款，若兼守民埝，则河营料物均须添设多购，款由何出。惟有饬承分防各员及金堤营后哨随时督率民修，仍责成寿张县加意防范，自可无庸置议。除饬寿张县常川督率民夫防守，并将拟修套埝克期兴工报竣外，所有该举人等公具请愿书事理缘由，拟合详细核议，详请核夺，实为公便等情到本部院。据此，除批“据详该道所拟筹防寿张县梁家集一带民埝各工，均准照办。仰即分饬遵照，督率民夫加意防范，毋稍疎懈，并饬寿张县迅集民夫，赶将套埝克期兴修，以资抵御为要。缴等因。”印发外，为此札行谘议局，即便转饬知照。须至札者。六月二十八日。

呈院东阿县高绍和等为堵口溃埽恳请拨款接修请愿书批答

七月二十三日

为札行事。案据该局转递东阿县举人高绍和等公具请愿书，以东阿县境张庄堵口溃埽停工，请拨款办料接修，并挂剑台一带积水，亟宜及早启放石闸，以资宣泄等情到本部院。据此，查所陈拨款、启闸各节，应由上中两游总办会商办理。除分行外，为此札行谘议局，即便转行知照。须至札者。七月二十七日。

抚院札覆沂水县刘文骧等请愿书嗣后办理情形文

（原案在第二期报告书实业类）

为札行事。照得沂水县金矿前因该县社长范鸿印等与矿局冲突，经本部院派朱道照前往查办禀覆，业经札行查照在案。惟查该道所呈开办暂行章程，暨本部院派朱道办理沂水金矿片奏稿，当时均未抄行，兹饬承检出照录，一并札发谘议局查照备案。须至札者。九月三十日。

抄发朱道照禀呈开办沂水金矿暂行章程暨本部院附奏稿件各一纸。

计开：

一、沂水矿地本为德国公司指定五处之一，今幸合同作废，收回矿权，且已试采，确有把握，自应认真举办，奏咨立案，获有余利，藉补赎款之不足。

一、逸信社之地系华商集股购买，应否作为地股，敬候宪裁。

一、矿地向须营队弹压，兵少不足镇慑，兵多则饷又不赀，两全之策，莫妙于附近防营移拨，(即)〔既〕可不误巡缉，矿务亦获益非浅。创办之始，似须步队三二百人，声势方壮，地痞不禁自绝。以后察看情形，如果相安无事，再行酌量抽减。

一、做工人多，口角争殴在所不免，而愚民每每不能理喻。矿地距城甚远，事事仰赖县官，实属鞭长莫及，而营队只有弹压之责，并无管辖人民之权。应请特派候补州县一人为稽查委员，细故即由该委员处置，遇有重大事件，再行发县办理。

一、有矿处所除官荒外，其余民田亦应一律开采，方不致弃利于地。惟须按照时值，或租，或买，或作为地股，或以附近同等之地相易，悉听业主自择，皆无不可。官局毫无抑勒，然地户亦不得固执。夫许其或租，或买，或作地股，或以同等之地相易，至矣尽矣，蔑以加矣，倘再固执，则是有意阻挠矿政，自应予以相当之惩处，无所宽假。

一、局中员司须视事务之繁简，酌定人数之多寡，盖人浮于事，固属虚糜，然事多人少，亦恐贻误。现在创设之初，将来如何情形难以逆料，拟请先设总办一员，委员两员，司事、司书共两人，差弁两名，监工、勇夫每井两名。以后应增应减，随时察看情形，禀明办理。员司薪费应请宪台酌定，伙食、杂支核实开报。

一、售金少可赴济南，多则须往上海，每月一二次，以便易于周转。故用人不能过少，而至济至青陆路亦遥，须养马三四匹，以期便捷。

一、矿务乃营业性质，必须大众一心，生意方能发达，求其能以致此花红，实为鼓励之一法。每年结帐后获有余利，可否仿照造币厂办法，酌提花红，应候宪裁。

一、凡事难于创始，金矿尤甚。大利所在，孰不垂涎，此所以有范鸿印等之阻挠也，是非地方官辅助不能为功。此地坐落沂水，则沂水县知县有照料之责，如果视同秦越，致生事端，应准禀请大帅核办。倘若照料得法，收臂助之效，亦应有以酬其微劳，拟请于余利项下酌量提赠，以示惩劝。

一、矿产果旺，每年获利较丰，应请酌提一款办理该处公益，以期嘉惠一方，免致有所觖望。

一、挖井工赀以及器具，悉由工头自办，无论有无金苗，所费之款，局不过问。

一、见苗以后，所得砂金，工人净得五成，下余五成缴局。

一、拨来防营应请饬归总办矿务之员统带，庶几呼应方灵，亦易约束，始能得力。

一、该处德国公司业已将房屋器具移交沂水县接收，应请饬令该县转交矿局。闻此房约有二十余间，何委员新盖之房计十六间，两处相距约有六里之遥，拟于两处择定一所，略事扩充，作为总局，节省实多。

一、现在巡防队无多，如果无可抽调，尚须自行招募。若专作弹压之用，巨款未免可惜，应请按照管制认真训练，以备将来调遣，庶几一举两得。惟未经募齐以前，仍须暂行借拨，俟成军日，再行换防，以便及早开工，免致旷废时日，或有偷挖走漏之虞。

一、官荒、民地，界限必须划清，然插标又难遍及。以后开挖新井，除民地应先知会业主，照第五条办理外，其河滩处所，倘有塌入河身之民地，拟出示晓谕，令其呈验印契，必须四至分明，挨查地邻，确鉴可据，方能照第五条一律办理。若四至不符，即是影射，应发县究惩。

一、矿工宜多用本庄之人，以期同沾利益，然亦不得把持。

一、以上系拟议暂行章程，如果未能详尽，及有应时变通之处，由总办矿务之员随时禀明办理。

再，查沂水县向有金矿，该处在德商原指五处矿务之内。上年冬间，臣将五矿收回，合同作废，所有矿产自应择要开办，以辟利源。当饬劝业道萧应椿派员赴沂水履勘，查得该县小梁水、长庄、小安庄、叶落沟、红石桥、石浪头沟等处皆系产金区域，东西宽约二里，南北长约六里，沙河缭绕，土质含沙，挖井丈余，金线显露，淘沙即可得金。试挖数井，淘得之金，成色尚佳，工费亦省。若竟令货弃于地，不特无裨利用，而且土人私挖，防不胜防。臣现派候补道朱照前往妥筹办理，如果办有成效，所得余利即以补助五矿偿款，似于公家不无小补。除咨农工商部查照外，所有派员试办沂水县金矿缘由，理合附片陈明，伏乞圣鉴训示。谨奏。

抚院札覆邹平县孟昭文等为减价勒买请愿书查办情形文

（原案在第二期报告书实业类）

为札行事。案据济南府详称：为查明详覆事。本年五月二十二日蒙藩司同劝业道会札，宣统二年五月初二日奉宪台札开：宣统二年四月二十六日据谘议局呈送济南府邹平县商人孟昭文等折称：为减价勒买公呈请愿书，以除积弊而恤商艰事。窃银号、钱业本为市场金融机关，邹平自去年王大令逢上下忙解银时，传知各商号分认摊派，各商号赔累不堪，以致纷纷倒闭。今春洪大令到任以后，时值上忙解银，仍传各商号，用强制手段羁留县署，声言堂讯。吏役、门丁百般恐喝，勒令买银五千两，比照市价每两须减少四五数有奇。邹平地脊民贫，商业不见发达，市镇商号类皆小本经济，现在银价陡涨，市面窘迫，银项短少。商人赴长山周村镇买银，往来费用颇巨，加以银价赔数，每两约赔钱一百余文不等。现值岁景荒歉，生意萧条，商人已颇难支持。讵意县令贪心未已，近又传到各商号，当堂严讯，勒令买银一万二千两，商人等无力负担，未便承诺，均被责押。值此重商时代，民间交易完纳，每藉商号以资通融，若长此受累无穷，势必致商人寒心，商业颓败，于国计民生必多窒碍。伏阅贵局议决维持银号议案，各州县不得减价勒买，致累商业，经抚部院批【准】在案，仰见除弊恤商之至意。商人等情急莫诉，为此呈请贵局照章协议，设法挽回，以祛积弊而恤商业等情到本部院。据此，查谘议局前呈维持钱业议案，已由该司道会同详覆，嗣后各州县购办丁漕，按照市价换买，不得抑勒，商民承办官银，亦不得抬价居奇，任意勒措，业经通饬各属遵照在案。今邹平商人复呈称勒令买银，赔累不堪，果有此事，殊属不成事体，亟应由藩司会同劝业道札饬济南府切实查明饬遵，并严切晓谕该县，以后购办丁漕银两，务须按照市价公平交易，不准抑勒增减，致累商业。如再有摊派情事，本部院一经查实，定即请从严撤参，绝不姑宽，幸勿尝试，是为至要。除行劝业道外，合行札饬。札到该司，即便遵照办理，仍将查办情形详候札行谘议局查照，切切，毋违。此札等因。奉此，查各州县购办丁漕银两，前经本司道详明抚宪，通饬各属按照市价公平交（通）〔易〕，官固不可任意勒措，商亦不可临时抬价，行令遵照在案。兹奉前因，合亟会同札饬。札到该府，立即遵照，切实查明饬遵，并严切晓谕该县，嗣后购办丁漕银两，务须遵照节次檄饬，按照市价公平换买，不准抑勒，致累商业。如再有摊派情事，一经查实，即行详请从严参办，毋稍徇隐，是为至要。仍将查办情形分详核办，均毋违延。切速。此札等因。蒙此，并经孟昭文等呈请到府，当即札委候补知县郭令悬河前往确查去后。兹据该委员禀称，查得邹平县向购丁漕银两，或系官家自买，或由商人承办，皆按照市价公平交易。今春三月间，该县购买上忙银两，洪令本拟饬差赴周村自办，既而以本境制钱输于外县不无顾惜，因传各号分认摊买，酌定铜元、制钱各半之价，每两京钱三千四百四十文，共买银五千两，此系城关商号伙买之数。当时周村银市铜元、制钱各半之价三千四百三四或四百五六十文不等。至四月间，又经孙家镇商号十家共买银八千两，每两制钱三千零七十文。查该县向无制钱银价，即周村亦仅有各半行市。周村四月间铜元、制钱各半之价最高不过三千五百四十文，抛去一半制钱，以一半铜元按该处通行七成多折算，约共合制钱三千零七八十文。该商人谓每银一两赔钱一百余文，不无过甚之词。当时洪令与商人相磋商，该商人称制钱买银，每两需京钱三千二百文。洪令以其抬价居奇，稍施薄惩。知县复同洪令面议，嗣后购买丁漕银两，遵饬办理，按照市价公平交易，并令洪令再加详查，此次如有书吏从中舞弊情事，即行斥革等情禀复前来。知府查银钱兑换，此欲增加，彼欲是让，市廛大宗买卖，价值原不免少有出入，要皆出于彼此情愿，不能少为勉强。前据孟（照）〔昭〕文等供称，该县银向以周村为准，有铜元暨铜、制各半之价目，并无制钱兑银之价目。实则按照市价折算，洪令以三千零七十文作价亦公平，特以出之于官，遂不免有所藉口。而洪令因此加以薄惩，实属罔知政体。除由府严行申斥，并饬遵照宪檄办理外，所有饬查缘由，拟合具文详请鉴核等情到本部院。据此，除批“据详已悉。仰仍严饬该令遵照前檄公平交易，毋得稍有抑勒，再干查究，一面转饬所属一体遵照，毋得纷纷效尤，致蹈前辙，是为至要，并候行谘议局查照。此缴。”印发外，为此札行谘议局查照。须至札者。六月十六日。

呈院沾化县武生李宝琴等为县令不恤民隐贪酷太甚请愿书批答

五月十九日

为札行事。宣统二年十一月初十日据布政司会同提学司、巡警、劝业两道详称：案查前奉抚院札开：据谘议局呈送武定府沾化县武生李宝琴等请愿书内称，县令不恤民隐，贪酷太甚等情到本部院。据此，除行提学司、巡警、劝业道会同查复外，合行抄录札饬。札到该司，即便查照所呈各节是否属实，迅速会同逐一查明，详复核夺，毋稍徇隐，切切。此札。计粘请愿书呈一纸等因到本司道等。蒙此，遵即会委候补知县杨令昭朴前往该县，按照粘抄原呈各节逐一查访，调齐案据，证以舆论，究竟沈令有无贪酷情事，切实调查明确，开具清折，据实禀复，以凭核议详办去后。旋据沾化县知县沈令禀称，该委员杨令在差病故，复经本司道等饬委署该县知县何令蕃瀛就近调查，以期迅速。兹据何令禀称：窃知县前在省垣，蒙委饬查谘议局呈送武定府沾化县武生李宝琴等请愿书内称县令不恤民隐，贪酷太甚等情一案，令于到任后，按照粘抄原呈各节检齐案卷，切实调查明确，开折禀复，以凭核议详办，计粘抄请愿书呈一纸等因。知县到任后，遵即按照请愿书内所称各节调齐案卷，逐一详查，并传集各首事分别质讯。现已详细查明该愿书内条举沈令桐不恤民隐，实在劣迹六款，或查无其事，或事出有因，理合将查明情形缮具清折，禀呈查考，计禀呈清折一扣等情禀复前来。本司道等复查武生李宝琴等所陈各节既经该署县何令查明，或查无其事，或事出有因，尚非武生等有意攻讦。沈令不谙治体，办事颟顸，业蒙宪台奏参革职，自可毋庸置议。至该县学堂、巡警各事宜，应即严饬该县何令认真经理，毋再废弛，致滋藉口。除禀批示外，所有遵饬委查，会议详覆缘由，理合抄折会详宪台鉴核，批示祇遵等情到本部院。据此，除详批示外，为此抄折札行谘议局查照。须至札者。十一月十七日。

计粘抄清折一扣。

谨将本县武生李宝琴等所呈请愿书内称县令不恤民隐各节，遵饬逐一查明，开折呈电。

一、请愿书内称匿灾不报一节。查县境海滩淤地，上年秋禾被水，一律缓征。本年春间，沈令曾谕饬各地户，如有上年被水未经涸复之处，即造册呈报，以凭勘验。旋据各地户报，经沈令会同县境垦务分局委员茅令乃厚前往勘明，除地已涸复，布种麦禾及完善之区应完本年春租，即应照常征收，其余被水侵占冲毁各地，禀请委员复勘议缓。讵李宝琴等未候委验，即以灾患极苦等情径赴宪辕暨劝业道宪衙门禀渎。嗣各该地续遭风雹，即经沈令会同委员候补府经孙染汁一并勘明，议请本年春租一律缓至秋后启征，禀蒙宪台暨劝业道宪批准在案。是沈令先因地亩涸复，已种麦禾，出示征租，原以公款攸关，未便任听冒滥，嗣因风雹为灾，麦禾伤损，即经会委验明，一律议缓，亦足体恤灾黎。其非匿灾不报，确有可征。愿书内所称佃户呈报，非打即押，并奉批不勘不禀各情，实属查无其事。

一、请愿书内称玩视警章一节。查宣统元年九月间，前县王令铸因筹办教练所需费较巨，与各绅董商明该所常年经费由各里分别摊捐，开办之费由各铺户酌量担认。王令当收商捐银七百三十四两，教练所未经修竣，款已支用无存。沈令到任后，接收商捐银二百八十一两，遂将教练所未竣各工接续兴修，所需工料即就收存商捐银内开支，工竣后核计共用银二百五十六两三钱，下剩银二十四两，作为该所各员津贴之用。里捐一项王令未及催收，沈令照案接催，上年缴者寥廖，本年屡次催缴，始收起京钱二千九百余千，专款存储。随于本年六月间开办，即就所收捐款分别开支，余钱移交知县接收，均有收支账据可（嵇）〔稽〕。愿书内所称沈令到任后并未接修教练所，及上年票催各里交地捐京钱两千吊，今春又催上忙地捐，前后约京钱五千余千，而教练所仍未成立等情，实属臆度之词，未加详察。至海铺船捐，光绪三十二年前署县端木令芬因海船一带盗贼出没靡常，渔户受害者多，当招募巡勇，雇备船只，在沿海一带往来梭巡，以资保卫。并劝谕各渔户按照船只之大小酌捐钱文，以供学堂巡警及海上巡勇之费。嗣经钟令树森禀明，每年约收船捐京钱七千吊左右，以三成拨为学堂经费，其余归巡警、巡勇及县城练勇口粮之需。城内巡警十六名轮流站岗，海船巡勇二十名往来梭巡，此皆人所共见而不能掩饰，历任因之未改。宣统元年王令铸将海船巡勇改为海上巡警，仍由县派人管带，不归区官节制。沈令到任后，一切循旧办理，并未更张。近年渔船渐多，捐项稍增，约计年可收京钱八千吊上下。而新政繁兴，在在需款，亦悉取给于此，核计所收之数，尚不敷开支。惟海船巡勇原为保护渔户而设，究与警兵不同，自改为海巡以后，各勇遂穿巡警号色，循名责实，殊属不符。该生等所称玩视警章，不为无因。现经知县详加筹度，海巡原田县招募各勇均未谙警章，与其博巡警之虚名而无巡警之性质，（拟）〔似〕不如仍旧改为巡勇以归实际。拟请嗣后仍称海船巡勇，归县节制，以免违悖警章，致绅民转多疑议。其教练所常年经费仍由各里认捐，由县催收，专款存储，以备开支而免要举终废。

一、请愿书内称吞使学款一节。查县境高等小学堂自光绪三十三年起，每年由渔船捐内拨给京钱二千一百吊。沈令上年十月底到任，仅收船捐京钱一千七百余吊，所有治城巡警、海船巡勇及县署练勇各费，并办一切新政，悉取给于此，不免左支右绌，是以短发学堂京钱七百吊。而上年学堂添置书籍、器具及举办毕业，开支较多，该堂长因一时无款可拨，禀承沈令暂提生息底本钱八百一十吊为移缓就急之计。原拟本年设法筹补，迨至本年上忙，所收船捐除开支上半学堂、巡警、自治及巡勇各费尚属不敷，以致无款拨还。该堂长与沈令接见时少，此中底蕴未能深知，遂有扣留学款之疑。此案前经该堂长王炳燂禀，蒙提学宪行知本府札委朱令作梅查明，当以前项底款攸关生息，未便虚悬，当与沈令议明，由渔船捐款项下分作二年设法拨补，业经禀明在案。现经知县复查无异，拟请仍照朱令原议办理，以重公款。

一、请愿书内称抗违宪札一节。查上年十二月间，奉饬裁免各项官价，沈令因县境僻处偏隅，官价各物无多，惟批解钱粮、递解人犯向由民间供备车辆，酌量发价，若遽裁免，乡民居奇，诸多不便，意欲妥筹善策，以期官民两便，并非抗不遵办。惜出示稍迟，绅民因以藉口。现在各项官价均已裁免，一切均照民价发给，以符定章。

一、请愿书内称藉端扰民一节。查上年及本年先后奉发吸户牌照，沈令谕饬各里首事查明境内吸户若干，开册呈报，以凭饬领。各首事多以所辖里内并无吸烟之人为辞，延不造送。沈令以其词多不实，谕令各首事出具甘结，如后查有吸烟者，即惟该首事是问。原以禁烟功令森严，禁吸尤为要点，未便听其隐匿起见。讵仓房李秀亭从而生心，每具结一张，索费京钱二三千文或三四千文不等，并于办理官土店案内勾串门丁，索取各商银一百三十余两。此系该房书私行索诈，沈令并不知情。愿书内称票传各里首事具不吸洋烟甘结，每张索钱三四千文不等，均归仓房李秀亭过付，尚属事出有因。现经知县逐一讯明，断令李秀亭将所索银钱悉数缴案，饬由各里首事分别具领，并将该仓书严加责革，以示惩儆。

一、请愿书内称疯而且酷一节。查沈令于词讼案件听断尚称勤慎，有供词狡展、不服审断者，量加责押，事诚有之。愿书内所称听讼不让人言，言则重责，及上控批回之案先打后押，永不开释各情，言之未免过甚。又沈令任内县境只有命案二起，一邢立祥之妻邢刘氏与邢立成口角，自缢身死，一鲍二小为张李氏佣工，因做工懒惰被张李氏诉说，羞忿自缢身死，均先后报经沈令验明，妥系自缢身死。当以邢刘氏死由与邢立成口角所致，将被告邢立成量加惩责，具结完案。鲍二小死由自取，于人无尤，断令尸兄鲍鸿喜领棺埋葬，以免事端，均未责打原告。刑书丁树兰亦未经斥革。至自治局修坑，有公款可支，毋需官坯，更不待言。愿书所称命案诬打原告、刑书面禀被革及地保不认官坯被责各等情，实属查无其事。

藩司移知滕县岁贡邱作模等为加赋吞公捏禀图赖请愿书办理情形文

五月十九日

为移知事。案奉巡抚院孙批，据详覆前任滕县姚令诗志动支官中一成用钱，分别移交情形一案缘由，奉批：据详已悉。仰即转饬姚令自行妥速清理，并移谘议局知照。此缴等因到司。奉此，除饬前任滕县姚令遵照外，合就移知。为此合移贵局，请烦查照施行。须至移者。七月十二日。

计抄粘原详一纸。

为核议详覆事。案奉宪台札开：据谘议局呈送滕县岁贡生邱作模等请愿书清折一扣到本部院。据此，查此案前据滕县罗令会同委员张令昌庆禀称，查明姚令任内共提官中一成京钱五千七百余吊，现已分别移交等情。当经批饬，由罗令发商生息，作为该县地方自治经费之用，并无拨与姚令两千四百串之说。来书得自风闻，恐有讹误。惟称办理新政幕友修膳及笞杖罚金二款，似不应开支地方公款，应即由司核议详覆饬遵，以清款目而免效尤。合行札饬。札到该司，即便查照办理。此札。计粘抄请愿书一纸等因。奉此，查近年以来，各州县办理地方新政，以及调查【统】计事宜，所需幕友修金、津贴大率皆由官捐廉，其动支地方公款者间亦有之。至于罚金，则皆动支因公因案罚交银钱。历查各州县向无用地方公款批解之案，诚如宪台批示，不应开支地方公款。第查请愿书内声称，姚令已移交京钱六千千文，较之原议归还官中一成京钱五千七百千文，已属有盈无绌，纵有因公借支，亦足相抵。查姚令交代已经结报，自应饬由姚令自行清理。奉饬前因，所有核议缘由，是否有当，理合详覆宪台鉴核示遵。为此备由，呈乞照详施行。须至详者。

呈院菏泽、阳谷等县职绅周宝第、士绅孔昭苯等为盗贼蔓延民不聊生请愿书批答

五月二十三日

为札复事。案据谘议局呈称：曹州府菏泽等县职绅周宝第等，及兖州府阳谷等县绅士孔昭苯等，以贼匪蔓延，民不聊生等情公上请愿书，当经开会议决，拟请酌量调兵前往助剿等情，并抄呈清折到本部院。据此，查曹属盗风素炽，固不

自今日始，诚为东省莫大之忧，防范稍疏，固虞酿成巨患，惩创过蹙，又恐累及无辜，全在审明地方情形，分别轻重缓急，相机办理，庶足以除暴安良。今该绅等公请添兵助剿，情词迫切，本部院熟权利害，何惜此非种而不锄，然剿办亦未可轻言，必得有大股匪徒抗官聚众，弹压所不服，缉捕所不能，不得已始出于剿，以冀灭此朝食。乃请愿书内只称抢劫重案层见迭出，尚属浑括其词，并未胪陈何处匪徒较多，巢窟何在，仅指濮州境内红船集驻扎之兵队被贼劫营可见一斑。本部院以为果如所云，事出非常，岂能掩人耳目，当即电询曹州靳镇去后。即据覆称，四月间正值职镇带队在濮州红船、郓城、梳洗楼一带弹压匪徒，地面尚属安静，实无劫营之事。濮州电有窃案数起，均经随时破获，送交地方官归案讯办等因。何以贡士王士林等四人籍隶该州，并不澈查虚实，遂列名于请愿书内。又不知该绅等何所据而云然。应由谘议局查明呈复，以凭考证。至该绅等所称兖、曹两镇被裁之兵勇不下三四千人，亦多流入匪徒，助桀为虐等语。查曹、兖两镇改编巡防队，除拨兵三百名归入东昌后路各营外，统计连同官弁勇夫实共裁去一千一百四十余名，并无三四千人之多。且当时本系汰弱留强，被裁者亦未必遂尽驱为匪。本年改编巡防队，原为财力难支起见，而扼要分防，何尝不通筹兼顾，岂能漫无权衡。今该绅等危言耸听，本部院倘遂轻信张皇，遽准其添兵助剿之请，诚恐如来呈所云大兵压境，良民致被株连，转滋扰累。顾念青纱幛起，曹属捕务尤重，亦不可不倍加防范，以期相机制宜。现拟酌拨中路步队第三营正三哨，责成戴管带以庸带往曹属之菏泽、郓城、濮州、钜野等处，暂时择要梭巡，一面咨会曹州镇，督饬各防营及各州县会同认真巡缉，以靖地方，并札委徐道壎芝前赴曹州一带查察情形，禀候核夺。除分别咨行外，为此札复谘议局查照。须至札者。五月二十七日。

又奉札开：为札行事。案据候补道徐壎芝禀称：窃奉札开，案据谘议局呈称，据菏泽职绅周宝第等以曹属贼匪蔓延，民不聊生公上请愿书，请派员统带大兵相机剿办等情，派委职道于点验右路各营之便，查察各属情形，禀复核夺等因。奉此，遵于六月二十九日起程驰赴曹属，沿途留心考查，并于点验营队经过各地方逐一访询。谨将大略情形为宪台据实陈之。查曹州各属向为盗匪出没之区，现青纱幛起，抢夺各案诚难保其必无，叠经各州县会同巡防营队随时缉获，讯实惩办，尚无大股匪纵。职道会晤靳镇呈云暨沿途接见各州县，已嘱其加意巡防，认真绥辑，仰副宪台保卫闾阎、维持治安之至意。所有遵饬查察曹州各属情形，理合具禀，呈请鉴核，俯准销差，实为公施等情到本部院。据此，除批准销差外，为此札行谘议局查照。须至札者。八月初二日。

呈院茌平、聊城县刘尚敬、丁芳兰等以盗贼充斥民不聊生请愿书批答

六月初七日

为札覆事。据呈具请愿书东昌府茌平县刘尚敬、杨子峄、王秉芳，聊城县丁芳兰、王东岳、彭芝蔚等，为盗贼充斥，民不聊生，公祈代达抚辕，设法剿除，以清土匪而安地方事。窃以聊、茌两境自客冬以来，盗贼蔓延，该地居民业已不堪其苦。本年入春而后，无赖莠民陆续入党，河南巨盗又响应而至，即以土著之盗为窝主，散布于聊东一带，党羽日众，蹂躏亦益广。茌平南偏东阿北境，倏忽往来，踪迹殆遍，始则持枪登门强借银两，借之不遂，则继以抢劫，缚执老幼，搒掠逼索。及攫金而去，则又扬言如有敢鸣于官者，必杀全家无遗，故被害之民率皆饮泣吞声，唧冤莫诉。即有一二冒险报案者，而官府视之等于故纸，不过批以饬捕严缉而已。官府捕贼愈懈，驯至贼势愈张，往往白昼之间，胆敢在市镇会场结队横行，释枪痛饮，赌拳号呼，毫无顾忌。即有驻防营兵邂逅相遇，亦惟以酒殽相酬酢，两不相仇已耳。当酒酣之余，辄声言某日向何方，某日劫谁家，人咸闻知，莫敢如何。后乃择肥而噬，逐户无遗，故聊、茌、阿三境纵横方百里间，稍称素封之家，被借被劫几无漏网。贼之恶焰愈炽，人之畏贼愈甚，受害者愈众，而呈控者愈寡。官府方利用境内无盗案可以粉饰太平，以冒为循良吏，殊不知彼之所谓太平者，正小民不堪鱼肉，所生因果反对之现象也。近来茌南广平镇三十里堡阿邑教场铺周围各处，明火路劫之事几至司空见惯，将来青纱幛起，杀劫之祸更有不堪设想者。生等稔知此等情形，念我乡民，为之寒慄。伏维贵局为全省建议机关，议长诸公尤能言期必行，实为地方谋治安，崇论宏议，素所钦

佩，用敢详陈匪徒蹂躏情形，祈协议代达抚宪，以弭盗贼而安闾阎，则三邑同胞幸甚等情到本部院。据此，除行府饬缉外，为此札覆谘议局查照。须至札者。六月十三日。

呈院济南茶庄文聚祥等号以厘章无定商旅受累请愿书批答

六月十八日

为札行事。案据谘议局咨呈内称：窃本局据济南茶庄文聚祥等以厘章无定、商旅受累等情公上请愿书到局。据此，遵章收受，协议公决，佥以该请愿书所称妥议明章以免商累一节，查厘卡原有定章，似无庸置议。至提货改报、纳银勒价种种弊窦，亦系该卡违章浮收，并非厘章无定。现当交通时代，裕国便民端赖经商，自应格外提倡，以恤商艰。来书所称留难勒抑各节，如果属实，殊于商业大有窒碍。又称现在船抵洛口下赵庄马头，原封未动，似此情形急待查办。理合将该请愿书另缮清折，呈请裁夺施行等情，并呈清折一扣到本部院。据此，除饬司道委查核办外，为此札行谘议局查照。须至札者。

又奉札开：为札行事。案据布政司、劝业道详称：本年六月二十三日奉宪台札开：案据谘议局咨呈内称，窃本局据济南茶庄文聚祥等以厘章无定、商旅受累等情公上请愿书云云，呈请裁夺施行等情，并呈清折一扣到本部院。据此，除覆知并分行外，合行札饬。札到该司，即便查照，会同劝业道确查议覆，以凭核办，毋延。此札等因。计粘抄清折一扣，内开：具请愿书济南茶庄文聚祥等为厘章无定，商旅受累，恳恩矜恤，妥议明章，以安商业事。窃商等向自安徽茶山置办茶货，由河南兰封县装船，顺黄河而来，中间路过姜家沟厘卡报捐，其厘章每大叶茶一篓按十斤报捐厘金京钱九十文，香片及香片末则按大叶茶加厘有差，此系向来明章，遵行已久。乃不意于今六月初，有玉顺船、马三分船装公兴成、马合兴、文聚祥等六号茶货，共计两船，所装系十斤大叶茶五千九百三十二篓，五十斤香片末四箱，各货俱有分票，至姜沟官卡报捐。讵该卡不以票货为凭，硬于大叶茶内提出一千六百五十八篓作为香片报捐，各票边皆注有花码，其原有之香片末二百斤则亦作为香片二百八十斤报捐。时商公兴成有随货之人，因向官卡争辩，官卡不允，言说再四，乃将提出之一千六百五十八篓改减为八百七十二篓作香片收厘，其原有香片末二百斤仍作为香片二百八十斤报厘，不在此数之内。夫以香片末作为香片，以二百斤作为二百八十斤，则货有高（抵）〔低〕，秤有大小，本属一色之货，尚可含混。若夫以大叶茶作为香片抽厘，则货色实有不侔，情理何以能符。盖香片皆系用花熏过者，须用木箱封贮，恐漏香气；若大叶则未经花熏，故只用竹篓盛贮，以其无香气走洩也，此绝不能相混者。现该卡不照定章，任意加报，则商人之受累何限。且其抽收捐厘又非银两不能交纳，交纳银两短平扣色亦已难堪，而价值又须照官银号所定之官价下京钱一千有奇，每两只作二千七百文收厘。似此厘章无定，商人何以遵守。生意一道，本以捷急为务，赢缩只争一时之间。若当时逼于争执，则阻滞尤甚。而且河水盛大，停泊堪虞，故不得不忍受，来省据实禀陈。现在船抵洛口下赵庄马头，原封未动，除先将洛关所换姜沟厘票及各号船契呈由商务总局转请劝业道宪派委查验外，理合将商等受累情形禀报宪局查核，并恳妥议明章，以免商累，不胜感激之至，上叩等情各到司。查此案昨据该茶商以厘章无定等情禀，经职道移由本司檄委候补知县刘荣绶前往确查在案。奉饬前因，遵经本司会同职道仍委刘令查覆去后。旋据该茶商文聚祥等以事已处和，该卡多收厘款业已找还清楚，恳请销案等情来道。其禀正在会商议详间，覆据刘令禀称，遵即束装起程驰抵姜家沟厘卡，明查暗访，查得六月初八日有茶业船马三分、玉顺两只抵卡报验，系装大叶茶五千九百余篓，香片末四箱。适当黄河水涨溜急，船货装载太满，卸验不易，船户亦惧危险，而该卡司事以恐中有夹带，再四踌躕。其时商人并未跟船，事经船户承办，冀图顺速通融商办，（与）〔于〕全货之中搭报香片茶二成，克日下驶，迨抵省城告知茶商，以银数不符，因之具禀。此厘卡抽收香片之实在情形也。再，该卡收纳厘捐，向系钱文，惟茶叶一项因制钱、铜元搭配，多事周折。茶商向来包由船户承办，行之已久，统由河南装载时即按向办成章，以二千七百文作银一两交付船户代纳，原银原交期其妥顺，短平扣色间或亦有，为数不多，往往不令找补。此系询及茶叶客人，所言似属可信。查明后绕赴洛口查验茶船，旋闻事已经人调处，具禀求息，茶叶亦已卸载，无凭查看。所有奉饬查明情形，拟合具禀鉴核，俯赐销差，实为公便等情具覆前来。查厘卡抽收厘金，固不准格外挑剔，需索留难，而于过【往】商船，无论曾否装货，均应逐细查验，以为征免之据。乃该卡司事于马三分等两船茶觔并未逐件查验，任听船户通融改报，致启冲突。该卡所收厘款业已尽数具报，尚无别项情弊，虽似有益公家，究属稍欠实在。而船户希图速行，央求免验，以致事后争执，横生枝节，亦属非是。应由职道咨会济南商务总会传知各商，嗣后无论何项货船抵卡，均应逐件报验，不准希图速行，通融办理，并由本司严饬该卡委员督同司巡人等，遇有船货到卡，务须逐件查验，照单征收，随到随验，不准稍有留难阻滞情事，其找还多收之厘款，准于解款内照数扣除，以免赔垫。仍先将查验此船之司巡人等分别辞退革黜，以为办事含糊者戒。至于茶商报厘缴纳银两，每两作京钱二千七百文一节，既据刘令查明因铜元、制钱搭配缴纳诸多不便，向由茶商以银包归船户代缴等语。查东省沿河厘卡向系征收钱文，并无征收银两之处，只有茶商经过姜卡，商人向不跟随，包由船户承办缴纳银两，复因铜元、制钱搭配缴纳，事多周折，竟定为每银一两合京钱二千七百文，实属有违定章。本应撤差，以儆效尤，惟贱价收银，并非始于张倅，其情不无可原，似可略予宽恕。但于违章事件一仍从前积习，并不力矫前弊，究有不合，应请由司记大过一次，以示薄惩而观后效。仍由本司严饬该卡，嗣后务须遵照定章征收钱文，不准收受银款。如船商所携钱款不敷完厘之需，亦应按照当时市价公平核算，不得改作贱价，以恤商艰。仍遵照历次檄饬铜元、制钱听商自便，不准稍有抑勒，致干撤差。除分别咨行外，所有遵饬委员查明茶商文聚祥等控案，会同拟议缘由，是否有当，拟合具文详覆核鉴示遵等情到本部院。据此，除批“据详已悉。此案姜沟厘卡浮收茶商厘款，既据查系船户恳求免验，司巡通融折收，现在事经处息，钱文发还，司巡辞革，应准销案。惟张倅继业接办姜家沟厘卡，应如何恪遵定章，力矫前弊，以利便商民，整顿厘务，乃竟因仍旧习，折价收银，虽前案姑予免究，而此等办法殊属不合，应由司记大过一次，注册示惩，并饬令破除习气，妥慎办理，以观后效。候即札行谘议局查照。缴饬司遵照。”外，为此札行谘议局查照。须至札者。六月二十四日。

呈院范县自治研究所所长范文涛等恳请建议筹办自治经费请愿书批答

七月二十七日

为札行事。据候补知县高令桂林禀称：案奉藩司札开，转奉大帅札饬，据谘议局代呈范县自治所所长范文涛等禀称，该县并未遵革差徭，饬查详复并札委查明禀复帅鉴等因。知县禀辞后于十八日驰抵范县，惟时该令已报公出，未及会面。知县明查密访，已得确情。查得本月十一日，该县周令因选举开票之期诣自治所，乘城乡绅众咸集，对众倡议，将所有已经出示裁革差徭各款，均拨入自治所作为经费，并催众绅刊碑，以垂久远。即日传集各行户到所，对众劝捐。行户亦皆应允，不日刊碑拓呈。此现在裁革差徭各款均拨归自治所之实在情形也。至该所长请愿书中禀称肉价裁革后，早经捐拨所中，因捕署赊欠，以致屠户藉延。查得该典史贫困异常，赊欠实所不免，勒扣尚所不敢。旋经该县查知赊欠之故，已贷钱于典史，令照民价还清，严谕往后不得再赊以及短价。该屠户亦随将捐款全缴所中，并无蒂欠。此捕署还清肉价，屠户缴足捐款之实在情形也。知县询问该署该所及各行户居民人等，称说佥同，并于署所抄得裁差拨所款项数目，开折呈核。现在官绅和好，均无异言，行户居民，亦各相安。理合据实禀复，俯赐察核等情到本部院。据此，除禀批示并分行外，为此札行谘议局查照。须至札者。八月二十八日。

计粘抄清折一扣。

猪肉行：每年捐京钱三百串文，此款早经拨所。

柴草行：每年捐京钱二百串文。

高粮行：每年捐京钱二百串文。

油行：捐京钱一百八十串文。

花布行：每年捐京钱一百二十串文。

染坊头：每年捐京钱五十串文。

木料行：每年捐京钱五十串文。

以上共得京钱一千一百串文。

呈院黄县附生凌丙甲等公拟整顿缉盗机关以靖地面请愿书批答

七月二十七日

为札覆事。据谘议局呈，具请愿黄县正西区附生凌丙甲等为公拟整顿缉盗机关，以靖地面，陈请议决转呈抚宪通饬办理事。窃以黄县缉捕盗贼，县令总理其成，捕厅专任其责。近年盗贼充斥，被害者照例呈报，县令照例批饬差缉。而百案之报，未必能破获其一，非第由于官办之不力，亦以此时此势，督捕沿用旧制，有鞭长莫及之憾，以致民间深受盗害，无可如何。此阖县之憾也，而生等之正西区，近年尤发生一特别之危害焉。本区距城四十里，西面滨海，有一南北通行大路，北通龙口，南连黄山馆，终年盗贼甚多。而夏秋之交，高（梁）〔粱〕蔚起，盗贼利有翳蔽，愈形猖獗，途中杀人劫财之案频年迭见，临时照例由地保报官验埋。距城甚远，往报则路资、写状、投递有费，官验则伺候供帐有费，仵作有费，刑吏差役俱有费，每案京钱一二三百吊不等。此项或由毗近尸场各村摊纳，或由尸场地主自纳，为害诚非浅鲜。又由龙口东南而通北马镇大路一条，行旅亦颇危险，但以村庄稍密，为害较西路尚少。该二路距近之小道村落，妇女行路，行装动被劫夺，时虽白昼，男子亦难独行，夜间则明火抢掠，往往而见。故每届绿野蒙迷，旅客居民之警告如临大敌情。因地连龙口，水陆交通，难免匪徒混迹。事机不遂，则藏匿龙口，溷于旅店之中；有隙可乘，则冒充行人，四出为寇。往事历历，令人心惊。查本区缉盗机关原有四处，但以权限不明，概无责任。一住于龙口厘局之海差，系由县署所派以管捕缉者，计捕班头目二名，快班头目二名，皆发财之红差也，其下所管属之差役不下六七八十名。除龙口盗窃发生归伊总管外，凡本区被盗之案，如系稍有势力者，嘱该差等办理即能破获。如出于无势力者，既不能向该差等言之，即言之亦无效也。一住于北马镇之押社差役、抗都差役，亦由县署派以捕盗者，虽发财不及在龙口者，其性质亦与相似。一驻扎龙口之巡警局，办理已经五年，警弁、警兵、枪炮、子药俱全，每年糜款六千五百吊，其站岗地段不出龙口半方里之界线。一驻扎北马镇西庙之巡防队，已历多年于今，哨官一名，正（名）〔兵〕四棚，终年无所事事。假令若辈各尽厥职，则本区狭小地面，何至盗贼炽张。生等因惩患于前，不能不筹弭变于后，谨拟办法三条：一、请由县令整顿驻龙口与驻北马镇之差役也。捕不放贼，贼不入境，此通弊也，固宜由县令严切申诫。然本区特别情形，驻龙口之海差俨然（以）〔一〕小督捕厅，惟其主管之头目殊令人常难指定，即难责其专负责任。驻北马镇者亦恍如龙口之分厅，其性质亦颇相类。可由县令每年出告示二张，一悬挂于北马镇，一悬挂于龙口，示明驻龙口与驻北马镇之捕首姓名，并将其职务严切申明，以便遇有盗贼，发生紧急案件，无论何人，可以例责以必负责任。一、请由巡警官整顿龙口之警务也。该处警务如能照章稽查，则匪类无藏身之窟，自可使盗贼敛迹。即有时知为盗贼而以未得确据，难遽缉获，亦可调遣捕役，踪迹尾追。可由警务长饬该警弁认真稽查，以防盗贼混迹，迨见有情迹可疑之人，即转饬捕役除在龙口街防缉外，见其投何道路，即尾追侦获，勿令窃掠，勿令逃逸。一、请由巡防营整顿驻北马镇之巡防队也。该队有协同缉拿盗贼之责，无事则游闲可虑，可由该哨官协济办理地方盗贼。办法列左：（甲）巡防地段由北马镇起，顺官道西南抵阎家店，计十五里；北转顺大道抵龙口，计十五里；再转而东南抵北马镇，计十三里。（乙）更代操演巡防。查该队计正兵四棚，可分为两起，甲日则一棚二棚留而操演，三棚四棚则出而巡防；乙日三棚四棚留而操演，一棚二棚则出而巡防。（丙）交互巡防。清晨甲起由该驻所西北行，八九点钟至龙口稍息，十点或十一点以后由龙口南抵阎家店稍息，三点或四点由阎家店抵北马镇止。乙起由该驻所西南行抵阎家店稍息，再由阎家店抵龙口稍息，再由龙口抵北马镇止。诚如以上三条办法，该捕役等责难放任，不敢受贿卖放，已得拔本清源之要。该巡警尽职侦察，盗贼又失藏匿之窟。该巡防队操演不误，兼行实地巡防，在防兵藉资实练，在盗贼自闻而丧胆，蕞尔偏隅，不至再为盗贼出没之乡矣。生等为保卫地面兼护行旅起见，查奉谘议局章程第二十一条十二款，谨据实陈请贵局公议。现值秫青蔽野，盗贼乘时而起，宛似从前，情势危急，吁恳速赐议决，即呈抚台鉴核，分饬办理，土人客旅感德无极等情到本部院。据此，查所拟办法是否切实可行，应由登州镇会同登州府就近察酌情形，妥拟章程，分别具复饬遵。除分行外，为此札覆谘议局查照。须至札者。八月初五日。

又奉札开：为札行事。宣统二年八月十八日准登州镇李申称：窃于本年八月十一日奉宪台咨开，据谘议局呈，具请愿黄县正西区附生凌丙甲等为公拟整顿缉盗机关，以靖地面陈请议决，转呈抚宪通饬办理事。窃以黄县缉捕盗贼云云，感德无极等情到本部院。据此，查所拟办法是否切实可行，应由贵镇会同登州府就近察酌情形，妥拟章程，分别具覆饬遵。除分行并札覆外，拟合咨会。为此合咨，希即查照，会同登府妥速办理，计粘抄请愿名单一纸等因。奉此，查该附生凌丙甲等呈请整顿缉盗机关，拟由驻北马镇巡防队分日分班更代操演、交互巡防各办法，尚属可行。惟北马镇系属左路巡防步队第二营巡防地段，该营水陆兼巡，不敷分布，前经职镇禀奉宪台批准，仍照旧章分棚散驻，故北马现在只驻一棚，人数既少，其势不遑交互更代，似难限定班次日期，惟有饬于阎家店、龙口一带常川梭巡，以靖地方。至所请整顿龙口、北马巡警差役各条，应由登州府知府督同黄县知县妥拟章程，另行禀覆。除移会登州府并札饬第二营王管带步清遵照转饬北马驻队实力巡防外，理合具文申覆。为此具申，伏乞鉴核施行等因到本部院。准此，除行司转饬登州府遵办外，为此札行谘议局查照。须至札者。八月二十三日。

呈院历城县大槐树庄首事赵寅生等以民田占尽哀鸿无依请愿书批答

七月二十七日

为札行事。案据谘议局呈，据历城县大槐树庄首事赵寅生等具请愿书内称：

为民田占尽，衰鸿无依，吁请电核，以恤民生事。窃南北中三大槐树庄距城六里，津浦铁路局厂设在三村之西，所占田园当时经局中公议发价〈值〉，园地每亩给银五十两，坡地每亩给银三十五两。后又陆续占地若干亩，近始发给，价按每亩二十四两给发。刻下民间典价，每亩皆一百五六十千不等，地价日涨，定价忽减，舆论哗然，不敢具领，屡次具禀邀恩，蒙工程局批，若观望不领，即将花户等送县勒领，治该首事唆抗之罪。伏思民等以土地为命，卖地领价必须另购田地耕种，乃不至蹴损生机。今以一亩之价，除税契中酒，另置半亩而不可得，小民能无惶恐。若迫之强领，不特首事无此权力，即公家亦似不为此苛刻。更可骇者，工程局将三村房屋朝夕测绘，径入人家院落内插标立记等情，人心惶惑，不知所措，稍为阻止，辙以恶语相加，鞭打立至。此等举动，似非立宪文明时代所宜见。倘酿出事端，身等难为照料，事关大局，有妨治安，不得不仰求贵局悯怜舆情，可否详请抚宪饬谕局所，将三村地亩已占者概照去年局价发给，近日插标者移至他村，俾三村穷民苟延残喘，暂活须臾，则生生世世啣结思酬矣等情到本部院。据此，查此事昨据该首事等具禀到院，业经明白批示，并檄饬津浦铁路北段驻济工程处何道查明，酌夺情形，格外体恤，暨禁止入人家勘丈各在案。究竟地价为何减发，该庄插标能否改移，至今未据复到。兹据前情，除饬何道妥速办理外，为此札行谘议局查照。须至札者。八月初四日。

又奉札开：为札行事。案据津浦铁路北段驻济工程处申称：案查前奉宪台札饬，以据历城县大槐树庄首事赵寅生等禀称：窃民等住居省西距城六里南中北大槐树庄，三村近相毗连，人稠地狭，穷黎悉赖灌园生理。去年津浦铁路局厂设在三村之西，所占田园经局中公议发价，园圃每亩给银五十两，禾田每亩给银三十五两。嗣又占地若干亩，忽议每亩发价二十四两，舆情哗然，不敢具领，屡次具禀恳求，蒙局批示，若观望不前，即将花户等送县勒领，治该首事唆抗之罪。伏思苍黎生命，胥资稼圃。民等三村腴田，东被商埠占据，西被常备军割裂，局所、栈房四面侵吞，所以近年来地价陡涨，每亩卖价增至二百余千，即客岁局价逾恒体恤，而小民田地日减，垦田无从，以卖地一亩之钱，另购地半亩而不可得，困苦情形异常堪悯。今忽减价发给，迫之强领，不惟首事等所不能为，想亦办公人所不忍为。更可骇者，今六月间工程局官人突将三村地亩尽行插标立记，并径入民家院落测绘丈量，众心惶惑，不知所措，稍为阻止，挞詈交加。夫三村花户计有六百余家，而辰下所留隙地只有数顷，业经不敷生理。若田地一陇不留，房宅尽行夺去，将蝼蚁微躯食于何所，生于何存，想念至此，人人愁泣。即使办公需地，何不可移至他村，均分利害，且同是戴高履厚，奚独三村苍赤应填沟壑。民等待极孔亟，吁天无路，不得不沥陈下情，叩恳大帅悯怜鲋困，慨沛鸿施，饬谕局所将三村地亩已占者概照去年价发给，近日插标者移至他村，俾三村穷民苟延残喘，暂活须臾，则生生世世啣结思酬矣。肃此具禀，伏祈矜鉴等情到本部院。据此，除批"禀悉。津浦路局减发上年地价，是否事出有因，抑经手人舞弊，该局今年有无添购地亩之事，所称将该三村地亩尽行插标立记，并径入民家院落测丈，殊堪诧异。仰候檄饬津浦铁路北段驻济工程处何道，按照所禀各节确切查明，如果属实，应即酌夺情形，格外体恤，并禁止入人家勘丈，以杜滋扰，而惠穷黎。此批。"挂发外，合行札饬。札到该道，即便遵照办理，仍将查办情形复候核夺，毋违等因。正在办理间，本月初四日，复蒙宪台札开，案据谘议局呈，据历城县大槐树庄首事赵寅生等具请愿书事，同前由各等因到处。蒙此，查购地局详定章程，官亩地列上上则者每亩发价银十八两，上则者十五两，上中则者十二两，中则者九两，下则者六两。惟确系种植菜蔬，实为园地，而列上上则者，每亩发价银三十五两，上园地三十两，中园地二十四两，次园地二十两，历经照办在案。大槐树庄上年由前济南分局汪道懋琨经购材料厂，应用地亩既系种植菜蔬，且为全庄最上膏腴之地，如照成案给发，未免过于向隅，当经汪道再四磋商，特禀前督办大臣吕核准，每亩照五十两发给，此系特别之举，未可据为成案。本年二月间，复由职处续购该处机器房地址，首事人等即有觊觎之意，屡经派员勘验，一再开导，所购地亩实皆坡地，格外从优，照中园地价二十四两发给，间有一二园地，即照上园地价三十两发给，当【经】各地户欢愿具领复在案。此次所购之地，即机器房加宽，实与二月间购地毗连，全属坡地，即地户尚有与前次相同者，事同一律，何能遽与加价。乃该首事等有意唆抗，延不具领，复赴宪辕哓渎。在首事虽属刁狡，在地户亦复可怜，刻下该处地价腾涨，确系实在情形，自应仰副宪慈，优与体恤。兹已一律照上上园地价三十五两于本月初四日核发，由各地户照章具领讫。至测量一案，前奉宪饬，当即转饬遵照，刻已一律竣事，诸称平顺。其将来应否购用该庄地亩，业于申覆张毓麟禀请三里庄设立车站案内详细具覆。所有减发大槐树地价，暨从优一律照上上园地三十五两发价缘由，理合具文申请鉴核，并请移咨谘议局查照等情到本部院。据此，为此札行谘议局查照。须至札者。八月初四日。

呈院阳谷县附生商保楷等以议员被诬代陈昭雪请愿书批答

八月初三日

为札行事。案据该局呈称：据阳谷附生商保楷等以议员被诬，代陈昭雪等情呈送请愿书前来，本局遵照局章收受，当经公同协议，除将原稿备存外，所有请愿缘由，理合照录原文缮折呈报，呈请裁夺等情到本部院。据此，查此案前据附生刘河清禀议员孔昭苯把持积谷银两等情到院，当经札委汪令鸿孙前往，会同阳谷县萧令查明禀办。旋据该印委禀覆，前项谷价悉由县发令交集义局并万聚号收存，议员孔昭苯并无经手情事等语。惟禀内于以前动用谷价系办何事，现在如何筹垫，如何拨还，均未详细声叙，遂复批饬布政司另行委员确查在案。兹据前情，核与该印委等禀覆情节相同，是孔议员被诬已经昭雪，自可无庸置议。除行布政司知照外，为此札行谘议局，即便转饬知照。须至札者。九月初十日。

计粘抄印委复禀并批示各一纸。

敬禀者。知州鸿孙仰蒙宪台札饬，以据阳谷县附生刘河清具禀议员孔昭苯把持积谷银两一案，委令前往该县会同萧令查明此项积谷变价究有若干，现在如何存放，饬令孔昭苯如数交出，召集全县绅董妥拟办法，会禀立案等因。遵即束装起程，驰抵阳谷，适知县启祥亦奉札饬前因，查得前项谷价系于光绪二十八年间前县谢庭芝劝办海防捐输案内余剩，作为存谷价银四千八百一十五两七钱七分。知县启祥前此任因办地方公益，禀蒙藩司批准，动用银二千九百五十七两九钱五分二厘。旋奉藩司札饬，由在任之员劝捐弥补。缘连年歉收，历任未及劝办。又前县周德蔚任内，因公动用银一千八百五十七两八钱一分八厘，以当时并未禀奉批准，现经核入该革令交代年款列欠在案。伏以前项谷价原为备荒要处，当因本年三、四两月雨泽未沾，几成旱象，知县启祥念切民依，难安寝馈，遂将前次因公动用谷价银二千九百五十七两九钱五分二厘，按照原动时市价每两京钱二千三百文易换制钱六千八百三千二百九十文，多方设法，力为筹垫。前经按照原动制钱如数措齐，除拨还光绪三十二年垫放急赈制钱八百二十千，又光绪二十八九、三十一二等年黄河漫溢抢险，以工代赈，垫发工料制钱一千五百八十九千三百五十文，以上原垫有禀报案据并印簿可凭。下余制钱四千三百九十三千九百四十文，由谷邑绅董集义局价典罗作忠地二十八亩，作价制钱二千八百三千四百七十四文，现时存制钱一千五百九十千四百六十六文，连地契一纸，由县发交城内万聚号妥为收存，以备买谷之用。知县鸿孙调查卷据，均属相符，即召集城乡绅董商保楷等，佥称萧令筹垫此项谷价钱文，悉由县署发交集义局并万聚号收存，议员孔昭苯并无经手情事，会议现仍由该铺妥为存放，该绅董等不时（嵇）〔稽〕查，容俟谷价平减，再行随时籴买备用，不敢稍涉侵挪，以期仰副宪厘。理合将会同查明妥议缘由禀请大帅鉴核销差，俯赐立案，实为公便。肃此，恭请勋安。知县鸿孙、知县启祥谨禀。

批：据禀已悉。查萧令前在此任动用谷价银二千九百五十余两，当时系办地方何项公益，现在如何筹垫，光绪三十二年垫放急赈及二十八九、三十一二等年垫发以工代赈工料两项钱文至制钱二千四百余千之多，又系何〈任何〉人所垫，当时交案曾否列抵，此时何以必由此款拨还，曾否禀明有案，禀内均未详叙，殊属含混。仰布政司另委妥员前往该县再行会同确查，据实禀覆，以凭察夺。此缴。禀抄发。

呈院寿张县城区议事会陈得朋、董事会阎万涛等以被灾难民哀鸿遍野公恳代请赈恤请愿书批答并藩司移文

九月二十八日

院批：来呈阅悉。所有寿张县议事会请赈请愿书一件，希候另案核办。抄由批覆。十月初一日。

藩司移会：为移会事。本年十月初二日奉抚宪札开，据谘议局代呈寿张县议事会陈得朋、董事会阎万涛等请愿书内称，该【邑】水灾甚重且广，恳请饬放急赈等情到本部院。据此，查寿张县被水各庄，前据司详委员携带银一千二百五十两前往查放急赈。嗣据印委电禀，复经电饬，将濮州未用赈银一千二百五十两一并拨归续放各在案。兹据前情，合行札饬。札到该司，即便查照，并移会谘议局转饬该会员等知照。此札等因到司。奉此，合就备文移会。为此合移贵局，请烦查照，转饬施行。须至移者。十月二十四日。

呈院范县廪生丁宗梅等以黄水为灾为民请命请愿书批答

十月初三日

为札行事。案据谘议局呈称：窃本局据范县廪生丁宗梅等以为范民请命等情呈送请愿书前来，本局遵章收受，当经公同议决，除将原稿备存外，所有请愿缘由，理合缮折呈报裁夺施行等情，并呈请愿书一扣到本部院。据此，查范县被水灾民，业经由司委员携款前往查放急赈在案。至民埝决口当如何堵筑，以奠民生而卫田庐，应候行上游总办姚道查勘情形，统筹酌核办理。除分行遵照外，为此札行谘议局，即便转饬查照。须至札者。十月初九日。

又奉札开：为札行事。案据上游总办姚道联奎详称：窃于十月初十日奉宪札【开】：据谘议局呈称：窃本局据范县廪生丁宗梅等以为范民请命等情呈送请愿书前来，本局遵章收受，当经公同议决，除将原稿备存外，所有请愿缘由，理合缮折呈报裁夺施行等情，并呈请愿书一扣到本部院。据此，查范县被水灾民，业经由司委员携款前往查放急赈在案。至民埝决口当如何堵筑，以奠民生而卫田庐，应由该道查勘情形，统筹酌核办理等因，并抄粘请愿书一纸。遵此，职道此次同丁运司上行勘工，于十一月二十九日舟抵该处，接晤范县周令绍部，据称廪生丁宗梅等均因有事未到。查范县北岸罗坟民埝系昔年南绅严作霖以赈款修筑，本年八月十四日水势奇涨，以致漫溢成口，现宽二百九十三丈，水深丈余及数尺不等，其溜由西北折入正河，分溜入口约一分余，若再消水二三尺，该口冀可淤塞。此时如议堵筑，不特需款甚巨，现在一片汪洋，无处取土，人力难施，应俟形势变定，滩土涸出，再议勘办。惟民工向系民间出料，已饬范县周令劝谕绅民筹集秸料八垛。该埝上下处所，俟垛有成数，禀请酌给津贴，官民相机兴堵。是否有当，伏乞照详施行等情到本部院。据此，除批“据详已悉。仰即转饬该县劝谕绅民筹集秸料，俟该处滩土涸出，酌予津贴，督饬妥为兴堵，以奠民生而卫田庐，仍候行谘议局知照。缴等因。”印发外，为此札行谘议局，即便转饬知照。须至札者。十一月二十七日。

呈院阳谷等县枣商增盛和翟之骥等公恳建议以维公产请愿书批答

十一月初一日

为札复事。案据谘议局呈称：窃本局据阳谷枣商增盛和、翟之骥等为缕陈原委，公恳建议，以维公产而保商业等情呈送请愿书前来。据此，遵章收受，当经公同协议，除将原稿备存外，所有请愿缘由，理合缮折呈报。为此呈请抚部院裁夺施行等情，并呈请愿书【一】扣到本部院。据此，除咨江苏抚部院查照转饬商务局查照原批办理，准予该商照章缴价领地，并祈赐复外，为此札复谘议局查照。须至札者。十一月十二日。

呈院郓城县候补知县祝汝鸿等呈请拨款护堤救民请愿书批答

十一月初一日

为札行事。案据谘议局转呈候补知县祝汝鸿等请将官堤岁修经费拨作民埝修经费若干，以苏民困等情，递请愿书清折一扣到本部院。据此，查所请各节能否照行，官堤民埝当如何协同修守，应候行上游总办姚道酌核拟议详办。除行上游总办姚道遵照外，为此札行谘议局，即便转行知照。须至札者。十一月初五日。

呈院议员张连汇等为弭盗安民请愿书批答

十一月初一日

为札覆事。据贵局呈，具请愿莘县议员张连汇、王赓飏为弭盗安民，呈请建议事。窃以莘县巨贼猖獗，白昼掳人。如去年六月间，城西北孙庄王铭盘被贼掳人，逼索银千余两始得放回。今年四月间，城东刘马庄又被贼匪枪毙人命。及七月初旬，贼匪伙聚，肆行无忌，白昼入魏家庄掳去文生常庆长等师生邻右共十一人，逼索银一千一百余两。又先后入丁家庄、曹家庄、太子塚张庄三村，掳去丁金铬、曹书林、文生李家让等四十余人，逼索银约二千八百两。该村人为救命起见，计出无奈，不得不如数送银，乞将人口放回。幸阳谷县尊萧闻贼近境，亲带马队行至莘界，贼始移入朝城及直隶元城境内。不数日复回莘县田海村，适防营邵哨官遣马队探查，被贼炮将马轰死一匹，因此合邑惊骇，人心汹汹。比至秋禾已获，野无障蔽，而地方仍不安靖。似此景状，急宜设法，以除民害而保治安等情到本部院。据此，除咨兖、曹二镇暨行后路杨统领外，为此札覆谘议局查照。须至札者。十一月初十日。

呈院蒲台县监生赵毓楠等胪陈河防积弊请愿书批答

十一月初一日

为札行事。案据谘议局呈称：窃本局据蒲台首事监生赵毓楠等以胪陈积弊等情呈送请愿书前来。据此，遵章收受，当经公同协议，除将原稿备存外，所有请愿各缘由，理合缮折呈报。为此呈请裁夺施行等情，并呈清折一扣到本部院。据此，查所陈各节应候行下游总办何道认真查明禀办。除行下游总办何道遵照外，为此札行谘议局，即便转行知照。须至札者。十一月初五日。

呈院山东农工商实业研究会职员朱炳文等恳祈代请常年经费以振兴实业请愿书批答

十一月初一日

为札复事。案据谘议局呈，据山东农工商实业研究会职员朱炳文等为恳祈代请常年经费振兴实业一案，具呈请愿书到本部院。据此，除札行劝业道查照妥议详复外，为此札复谘议局查照。须至札者。十一月初八日。

呈院鱼台县廪生王肇祥等以破坏公益费款无济请愿书批答

十一月初一日

来牍阅悉。查王肇祥等所控该县信任门丁、专依劣绅并派典史程耀爵为所长各节，是否属实，或有挟嫌情事，候行自治筹办处会同巡警道转饬济宁直隶州据实查覆，详候核办。希即知照。此答。抄由印发。十一月初六日。

呈院莒州候选县丞刘化邦等以积弊难返民害无穷请愿书批答

十一月初一日

为札覆事。据贵局呈，具请愿候选县丞刘化邦 乡饮耆宾王春华等呈，际此立宪时代，议馆大开，以通民情，以达民隐，剔奸厘弊，无微不周，凡我同胞，皆蒙幸福矣。莒州造化低微，风气不开，官权吏权，积重难（反）〔返〕，故邻封皆万象更新，而莒州则依然如故。化邦等反覆思维，若不一为声明，使东省均沾雨露，莒州独然向隅，不惟清夜难问，议长亦必责以薄情。兹择其要者略陈一二。近来盗贼蜂起，明火路劫，层见迭出，甚且一家杀伤数命。缉捕敷衍，堂讯谐和，匪徒益无忌惮，数十成群，乘势剽掠，虽不能为朝廷之累，实足为百姓之害。总幸赖防营，稍为安谧，然兵不见贼，贼不见兵，兵来贼去，兵去贼来，不能冲锋对垒，不能占据山寨。惟赖良有司惩一警百，化莠为良，操而兼弭，地方乃可以稍安，不然何前州余任内所罕闻，而为现在所屡见也。至于词讼案件，无不（嵇）〔稽〕留，有收呈累月不票者，有案齐数月不问者，即偶一讯问，亦不过略为敷衍，依然禁押，逼归和息。城中旅店皆盈，班房几无隙地。冤者益冤，横者益横，屡屡酿成械斗人命。门丁、书（史）〔吏〕，包娼外宿，词讼关说，钱财过付，尽是娼僚。丁吏一到，其门如市，每传一呈，有费至数十千、百余千者。饱其所欲，情面所关，则遂准遂票，遂传遂问，不用对质，逼迫被告，不然则累月压搁，经年不问。人命重案，缚送凶手，因好见不足，两凶皆逃，经人喊控，惟面谕事主再行侦探而已。有累年积匪王大胆暗托娼僚，向监狱班管求情，不待保释，暗中纵放。回家之后，因与其邻有嫌，诬指为盗，即行锁拿，私刑涂毒，凡毙者数。经乡老联名求情，不允保释，亦不允闻，受刑不过，又供出良善数家。有刘姓命案，前州侯余讯而未断，州侯陈到任，未一讯问，捏控上详。经事主上控，臬宪委讯，冤乃得明。去岁贵局维持商业，议定日后粮银市价交易，万商一感，如获郊天。而今春粮银仍逼亏七千余贯，业经商人声明在案。似此纵盗、纵凶、诬良、亏商、讼累艰难、颠倒人命，皆有案存州存府，不胜报告。刻下被害者固如经烈火，幸脱者亦难免沸汤。在州侯言貌慈和，示谕不无体恤之辞，而丁差任意纵横，行迹颇多（照）〔违〕章之事。若不速为改良，使蚩蚩之徒尽归牺牲，煌煌宪谕任意纵违，将来政治民生恐有不堪设想者矣。伏读谘议例则内称，官绅违法纳贿，当以上闻。谨此据实声明，伏望大君子推爱胞与，勿使边城下邑终沦化外，全州幸甚。倘有虚罔，甘任其诬等情到本部【院】。据此，除行司饬府查明核办外，为此札覆谘议局查照。须至札者。十一月初十日。

呈院菏泽县绅民程道显等恳请建议革除弊政请愿书批答

十一月初四日

来呈阅悉。查程道显等所呈各节，语言支离，是否属实，候檄该县据实禀覆。以后因公雇用车辆，务须参酌民价给发，以免扰累，希即知照。抄由批发。十一月初八日。

呈院寿张县城区议事会高遇昌等以该县令不顾新政惟事派盐请愿书批答

十一月初六日

来呈阅悉。查高遇昌等前呈各节，业经批答在案。销盐本有定章，州县各顾考成，只有剀切劝谕领售，若竟勒派，殊属不合。候行盐运司转饬兖州府连同前案一并查覆，详候核夺。

至此呈既称高遇昌等，而呈尾并未列有他名，亦属疏忽，希即知照。此答。抄由印发。十一月十一日。

呈院东阿县恩职程膺扬等以灾同恩异饥溺难忍恳请急为赈恤请愿书批答

十一月十五日

为札行事。案据该局呈称：据东阿县白洋村后夹河恩职程膺扬等以灾同恩异、饥溺难忍等情呈送请愿书前来。本局遵章收受，当经公同协议，除将原稿备存外，所有请愿缘由，理合缮折呈报。为此呈请裁夺施行等情到本部院。据此，查此案前据该职等具呈，当经行司饬府确查禀覆。旋据泰安府王守电称，已诣灾区验明，因被水较晚，秋禾虽收，积水仍存，麦不能种，谕缓明春新赋，以示体恤。该村等均允服，取结附卷等语。除分行外，据呈前情，为此札行谘议局转饬知照。须至札者。十一月二十二日。

呈院掖县钱商裕祥和等为藉官病商定价勒抑请愿书批答

十一月二十三日

为札行事。宣统二年十一月二十四日，据谘议局呈称：据掖县钱商裕祥和等以藉官病商、定价抑勒等情呈送请愿书前来。本局遵章收受，当经公同协议，除将原稿备存外，所有请愿缘由，理合缮折呈报裁夺施行等情到本部院。据此，查各州县购买丁漕银两按照市价换买，不得任意勒抑，商号承办官银亦不得抬价居奇，业经由司饬属遵办在案。今掖县王令仍勒令商号卖银，所定价值又与市价悬殊过巨，亟应委员严密查究。如果有勒派情事，即行撤参。除行布政司、劝业道查明办理外，为此札行谘议局查照。须至札者。十一月二十八日。

二、教育门

抚院札覆阳信县岳振东、焦熏南等为因公受累恳请查办以维学务请愿书查办情形文

（原案在第二期报告书学务类）

为札行事。据兼护提学司详称：据署武定府知府方桂棻详称：为详销事。案奉宪台批，【据】本府详覆谘议局代呈阳信教育分会会董焦熏南等为因公受累，恳请查办，以维学务一案缘由，奉批：详图均悉。此案争控庙地，两造均无契据。地属阳信、惠民两县接壤，向无界牌可以辨正，惟阳信有历年花户完粮串据，而惠民则无粮票呈验。该文生刘俊三等控案在光绪三十四年，距阳信学堂开

办已有三四年之久，何以刘俊三等当时并无异言，其为无端干涉，已可概见。前惠民江令断令按粮分地，自系为两造息争起见。兹据该府详称，并有争执会税情节。查此项会税曾经前阳信缪令筹办学堂禀明在案，本属阳信学堂固有之款，自应照旧统归阳信学堂充作经费，该生刘俊三等何得妄事控争。仰该府即行遵照传集两造断定庙地，照江令原断办理，会税仍归阳信学堂，饬令两造出具永远不再争执切结存案，并将结案情形即日具报，以便转详，切切。此缴等因到府。奉此，遵经知府分别札提两造人等卷宗去后。嗣据惠民县将刘俊三、刘守俊、刘传曾并检同卷宗申解到府，及阳信县焦熏南、刘观周、岳镇东、亓墨文、郭凌雨先后来府投审，并据该县将卷宗申解前来。当经集讯，两造供词，仍复各执。正在集案覆讯间，旋据阳信劝学副董等复以越境飞占，情理不平等词赴宪辕禀，蒙批饬查明传案，秉公讯断等因。遵复添提阳信县劝学员姚得元、姚际亨到案，一再集讯，并明白劝谕两造，此项庙产究系何县管辖均无契据，该庙何年何人所建，庙宇坍塌无存，代远年湮，亦属无从稽考。前经惠民县江令瑞钟关传两造，迭次集讯，当因事无凭证，经年缠讼，失业废时，两无裨益，是以酌中定断，按粮分地，原为两造息讼起见，至公至当，毫无偏私。且案经详奉宪台批示，自应遵批办理，断令将惠民粮银地亩拨归棣州公立学堂作为公产，应完地粮及岁收租价均归公学管理，刘俊三等不得干预。其阳信地粮及每年所收会款仍归阳信学堂充公，从此永断葛藤，不得再行争执。当据该学董焦熏南等佥称，俱愿遵断了案。惟惠民县文生刘俊三等仍各缪执己见，坚称安宁寺庙产必须质证明确，实系刘姓捐施，方肯结案。知府遂复再三开导，始据供称须与合族商明，方能具结等情。知府伏查此案业已缠讼数年，既据学董焦熏南等愿遵断案，自应饬令先行具结，省释免累，未便因刘俊三等推诿不结，致案悬搁。除录供并取焦熏南等永不争执切结附卷外，所有讯结缘由，是否允协，理合详请宪台查核，转详销案等情到司。据此，查此案经年缠讼，失业废时，于两属学务均有妨碍。兹据该守详报讯结情形，办理尚属平允，理合备文详请宪核，批示祇遵，实为公便等情到本部院。据此，除详批如详饬遵，候行谘议局查照。缴等因印发外，为此札行谘议局查照。须至札者。十月初一日。

抚院札覆兖州府李庆施等为学务废弛拟请整顿请愿书查办情形文

（原案在第二期报告书学务类）

为札行事。据提学司详称：据兖州府知府润昌禀称：敬禀者。窃查案蒙前宪台罗札开，以奉抚宪札饬，据谘议局代呈兖州府在省学生李庆施等为兖州中学堂监督才不胜任，学务废弛，呈请愿书，设法改良，以图进步而重教育等情，饬照粘抄各节确查，遵章筹议整顿办法，迅速筹覆，以凭转详，中学堂监督一并查明，以资整顿等因。并将李庆施等（情）〔请〕愿书抄发到府。蒙此，查该学生请愿书内分列中学腐败拟请另委妥员设法整顿，并拟添派科学教员暨实行分科，与滋阳小学分班三条，当因本府中学堂系与滋阳高等小学堂合办，饬委现充郡城初级师范学堂监督府学教授耿曰慎会同前代理滋阳县卢令润书先行逐款确查去后。嗣据该印委查明，该学堂监督杨宗岱被李庆施等指摘凌乱学堂定章、以爱憎加减分数、招致宾客与教员乔洪钰昼夜（甜）〔酣〕饮、乔某私自联名禀留、迷信太深、学级混淆各节，或事出有因，或竟属子虚等情会禀前来。适值府属阳谷、寿张等县地方不靖，知府驰往督缉，迨经回郡，又因暑假教员、学生散学回籍，尚未回堂，无从稽查。嗣杨监督禀准辞差，乔教员亦因办学不力奉文饬退。节蒙前宪新派监督孔祥桐，中文、科学教员崔荫田、蔡庆云，于七月下旬、八月中旬前陆续到差，大局甫定。并蒙前宪查照部章，将该学堂学生授课班次、毕业学年暨挨次毕业后分别添招实科、文科限期，详细开单，饬经知府转行遵办。溯查知府于光绪三十三年十一月间抵任，维时即系杨宗岱充当中学堂监督兼滋阳高等小学堂校长，并充修身、中文教员，知府不时亲诣该学堂督理稽查，见其人尚朴诚耐劳，勇于任事，各教员亦皆遵章授课，间有办理未协，迭次文诰诫勉，严饬改良各在案。兹查杨监督等被在省学生李庆施等请愿书内指摘各节，已经知府派委耿教授会同卢令查覆，不无办理失宜、事出有因之处，尚无营私舞弊重情。

该监督业已辞差回籍，乔教员亦经奉文饬退，似可免予深究，以省繁文。学生授课班次并已奉文派定，秩序井然，亦宜实力奉行，无烦更议。惟应以筹议整顿办法为【第】一要义。随与新监督孔祥桐屡次面商，将习德语学生改习英语，难望及格之学生董云卿等十八名由府申送宪辕，分别考送转学。一面督饬各教员悉遵学堂章程科学，分门授课，勿稍短缺，凡遇各项考验，核定分数，秉公填注，不得丝毫假借。如有不能及格学生，随时剔退，以昭大公，而免滥竽。惟（于）〔与〕滋阳高等小学同一学堂本属权宜之计，前蒙宪檄另迁校舍，当经知府督同前代理滋阳县卢令以地址、经费难筹，禀明将高等小学科目与中学科目划清，各上各班，各授各课。第因高等小学只有中学教员一人，其余科学尚须中学堂科学教员代为担任，该教员等不无意图省便，仍与中学一同讲授之处。查中学堂系道署改建，原有讲堂三座。高等小学在署旁别院，亦自另有讲堂，别开大门出入。高等小学现经滋阳县添延教员，惟能否分学尚无把握，拟请暂将两学应授科学钟点间隔，派定科学教员，如中学午前授课，高等小学即午后授课，两不相蒙，庶学级不致混淆，程度亦无躐等之虞。知府忝膺表率，学堂为育才要务，所有该学堂教育、用人、理才一切事宜，仍当遇事整顿，实力经理，弗敢稍涉疎懈，致蹈愆尤。除高等小学督同滋阳县作速筹议划款分校，以符定制外，所有遵饬查明筹议整顿中学堂办法，并杨监督等现已辞差饬退缘由，拟合禀覆鉴核转详。再，知府因下属督缉，并因更换监督教员、裁并员司、监查交盘，是以出禀稍稽，合并声明等情到司。据此，理合据情转详宪台鉴核销案，并行知谘议局查照，实为公便等情到本部院。据此，除批准外，为此札行谘议局查照。须至札者。十一月初十日。

呈院平阴等县附生黄锡庆等请就义塾改建学堂请愿书批答

十一月初一日

为札覆事。据谘议局代呈平阴县附生黄锡庆、东阿县拔贡张仙臣、肥城县廪生张镇瀛请愿书，为平阴县南毛峪松树变价充学堂经费等情到本部院。据此，除行提学司查覆外，为此札覆谘议局查照。须至札者。十一月十五日。

呈院沂水县候选教谕张文枫等为筹款兴学请愿书批答

十一月初六日

来呈阅悉。候行提学司查核详覆察夺。此覆。抄由印发。十一月十一日。

三、财政门

呈院莒州代办粮银商号同泰号等以未奉宪命亏辱群商请愿书批答

五月二十三日

为札行事。案据布政司、劝业道会详称：案奉宪台札开：宣统二年五月二十四日据谘议局呈称：据莒州代办粮银商号同泰号等为未奉宪命，亏辱群商等情呈送请愿书前来。本局遵照局章第二十一条第十二项收受，业经公同协议，除将原稿备存外，所有请愿缘由，理合照录原文，缮折呈报。为此呈请裁夺施行等情到本部院。据此，查各州县购办丁漕，按照市价换买，不得抑勒，商号承办官银，亦不得抬价居奇，任意勒掯，业经由该司道饬属遵照办理，并详复在案。今莒州商人代办粮银，共亏累至七千余串之多，为数甚巨，如果属实，殊属不成事体，亟应由藩司会同劝业道札饬沂州府迅速查明，（撤）〔澈〕底根究，以除积弊而恤商艰。除行劝业道外，合行札饬。札到该司，即便遵照，迅速严切札饬查究，并将办理情形详候札行谘议局查照，毋违。此札。计粘抄清折一扣等因。奉此，遵即会同札饬沂州府确切查明，澈底根究，以祛积弊而恤商艰去后。旋据该府李守于锴详称，遵即遴委候补知县郑令祖植前赴该州查明禀复去后。旋据该员禀称：窃知县奉委饬赴莒州查钱铺同泰号等为代办银粮赴谘议局呈请愿书等因。知县遵即束装驰抵莒州，当将各该商邀集面询，俱言代办银粮赔钱，恳求体恤等语。当即提其流水账簿查阅。今春银价，其价一日之间低昂不同，此号与彼号又不同，任意高低，账目殊欠明晰。复往见直隶候补县丞管象履。其人是安徽知府管象晋之堂弟，为各钱铺出入衙署，所言一切与请愿书相符。知县因未得其真相，复往见今春与陈牧经手定银之同泰东家前江苏候补知县张绪昌及谘议局检查员内阁中书庄余珍详细询问。据庄余珍云，莒州历任以来官买银价，其去数自一百至三百外不等，由来已久，不自陈牧始。而商家之赔累，惟此次为尤轻。今春买银之时，时价三千九百文，并无四千余零之多。官定价三千八百文，仅让一大数。且三千九百文是莒平之价，而交官却用库平。库平比莒平每两小六厘，所以商家外容虽去一大数，而实则赔钱无多。况定银之前，商家早以贱价购银，尚不及三千八百文之数。每逢开征之前，各商号又往往陆续涨价，以为争较地步。所以陈牧今春定价时，省垣银价不过三千七百三十文，而莒州已涨至三千九百文。此商号之所以名亏而实不亏也。二人又言历任以来，商家赔钱并非无故，一则因莒州钱店均无现钱，纯用纸（弊）〔币〕，每纳粮时照例须用现钱，而乡间持票支取，各钱铺钱不应手，遂商恳州中柜书通融收票，俟换银时再将钱票易银。一转移间可免现钱出入，此中便利甚大。一则因民间交纳一千八百之铜元，开征时陆续交存钱店，待官买银起解之时，约有三四月之空闲，钱店可以藉此周转生利。有此二原因，故商家即使赔钱，亦属情愿。至其递请愿书之原由，实因管象履一人进省所为，二十四家钱铺并不知情。据请愿书云，同泰赔钱最多，而东家张绪昌亦不与闻。后管象履回来，挟制各钱店，使之承认，且啗以利，谓可将所赔七千余串还之商家，遂众口一词，承认赔钱，并承认请愿书矣。以上俱系张绪昌、庄余珍二人所自述云云。伏查张绪昌是同泰东家，庄余珍是谘议局议员，所言如此，事关桑梓利害，果有赔累，该二人不当阿其所好，而与众人反对，所云管象履一人所为或不诬耶。兹将查明实在情形禀覆查核等情到府。据此，知府复查各属购买粮银，俱较报价微有低短，然承办者不止一家，所亏似亦有限。此种情形不仅莒州一处，亦不自今年为始。此案既据同泰号店东张绪昌、谘议局检查员庄余珍佥称赔钱无多，可否暂行仍旧，事关通省，知府未便擅专，拟合据情呈请查核等情。据此，本司道等覆加查核，该府所详各节尚系实在情形，又称所赔无多，暂行仍旧，是否可行，理合会详宪台鉴核，批示祗遵，并请札行谘议局查照等情到本部院。据此，除批“详悉。既据该守查明各商号承办钱粮官银亏赔无几，自应宽其既往，不予深究，但嗣后各州县购办丁漕，仍应恪遵前檄，不得任意抑勒，是为至要。除札行谘议局查照外，仰即转饬遵照。此缴。”印发外，为此札行谘议局查照。须至札者。八月二十五日。

呈院钜野县府经历毕承郇等请饬县按册核数提浮归公请愿书批答

七月二十七日

为札行事。据布政司会同自治筹办处详称：按查前奉宪台札开：据谘议局代呈钜野县绅府经历毕承郇等请愿书，为筹办自治经费提私归公等情到本部院。据此，合将所呈请愿书抄录札饬。札到该处，即便会同布政司核明详覆饬遵，并行该县查照。此札等因，计粘抄请愿书一纸到处移司。奉此，查该绅等请愿书内称以加收过割纸笔、饭食充作自治经费，系以本地之财，供本地之用，事属可行，应准照办。但统年所收是否确有此数，能否不致扰民，非经详细调查不能定议，随经札饬钜野县查覆去后。兹据该县禀称：窃蒙札饬，以奉抚宪札，据谘议局代呈钜野县绅府经历毕承郇等请愿书，请提书吏浮收过割地亩纸笔费以充自治经费一案，饬即遵札查明确数，据实禀覆，以凭详办等因。蒙此，查札发粘件内称，本县书吏割地一亩，收纸笔费大钱五十文，刁为通例。今增收五十文，全境过割地八百余顷，可浮收钱四千余串等语。知县调齐过割底册，逐细考核，传集经管过割书吏详加推讯，初无浮收实据，嗣经派人密访，一面于接见乡绅之时悉心谘询，始知该绅等所称事出有因。该书【吏】等间有多收之事，但此有彼无，并非一律加增，不致有四千余串之多。知县因即邀请该绅等来署妥议，商定饬令该书【吏】等捐出京钱三百千文，以助自治经费。第维设立过割底册，为民间过拨粮户，原所以稽征国课而杜民争，非为书吏谋中饱之计。即使现值举办新政，在在需款，亦未便以此扰民之政永远长存。兹经知县明白出示严禁，嗣后只准照旧收取纸笔费用，不得稍有加增，以杜流弊。奉饬前因，所有查明过割书吏浮收并无四千余串之多，饬令捐助自治经费，一面出示严禁，革除浮收缘由，是否有当，理合禀请鉴核，批示详办，实为公便等情前来。本司等详加察核，该县以浮收病民，亟须禁止，并令其捐出京钱三百千，既以略施惩罚，并助自治经费，均尚可行，应准照办。除严饬该县嗣后再有浮收情弊定行从严惩办外，所有遵饬查办缘由，理合会详鉴核，批示祇遵，以便转饬遵照。此系本藩司主稿，合并声明等情到本部院。据此，除详批“如详饬遵。仰候行谘议局查照。缴等因。”印发外，为此札行谘议局查照。须至札者。九月十七日。

呈院长山县周村镇议事会董事会为截留商捐充作地方公用请愿书批答

九月二十八日

为札覆事。案据谘议局呈称：窃本局据长山县周村镇议事会、董事会为截留商捐，提作地方公用等情公呈请愿书前来。本局遵章收受，当经开会提议，佥云以地方捐款提作地方公用，乃事实上所应尔。现在周村镇自治会业经成立，若无此大宗款项以应急需，亦筹措维艰，恐难支持，况现有旧案可稽，自属不得异议。兹除将原稿由局备存外，所有请愿缘由理合照录原文缮折呈报。为此呈请裁夺施行等情到本部院。据此，查此案昨据自治筹办处转详，当经札行派员会同确查详办在案。兹据前情，除业经饬司遴员查办外，为此札覆谘议局知照。须至札者。十月初二日。

呈院菏泽县拔贡宋绍唐等请拨考试经费作女学的款请愿书批答

十一月初一日

为札覆事。据谘议局代呈菏泽县拔贡宋绍唐等请愿书，为曹州府所属分摊考试经费，提充女子学堂常年经费等情到本部院。据此，除行提学司移会藩司查覆外，为此札覆谘议局查照。须至札者。十一月初五日。

呈院寿张县城区董事会阎万涛等拟提钱粮串底充作自治经费请愿书批答

十一月初一日

来牍阅悉。查阎万涛、高遇昌等所称拨充地方自治经费约共一万二千余串，是否确实，该县亟宜详晰批示。果如所指迭禀不批各情，殊属玩延，候行自治筹办处转饬兖州府据实查覆，详候核夺，以维宪政而利进行。至阎万涛系该城区董事会拟为陪董，尚未遴选任用，据以董事会名义具呈，亦为不合，特希即知照。此答。抄由印发。十一月初六日。

呈院肥城县绅民王丕玲等以禁革差徭提作自治经费请愿书批答

十一月初一日

来呈阅悉。查上年据谘议局呈禁革差徭、官价议决案，业经通饬各州县一体遵照。本年又据谘议局所呈，复行通饬各在案。果如该绅民等请愿各节，言之殊堪痛恨。候严饬肥城县迅即遵照前檄，实行裁革，遇有徇犯差车，务须参酌民价发给，倘仍阳奉阴违，一经发觉，定当从严惩办，以肃吏治而恤民艰。希即知照。此覆。抄由印发。十一月初七日。

呈院曹县议事会马京臣等拟禁革粮行官价提作自治经费请愿书批答

十一月初四日

来牍阅悉。查马京臣等所呈粮行月供折半，提充自治经费，商情是否允服，候行自治筹办处转饬曹州府查明，详复核夺饬遵。至该县罪犯习艺所，亦宜实行整顿，不得徒具虚名，是为至要。希即知照。此覆。抄由印发。十一月初八日。

呈院汶上县董事会试用训导路克诚等拟提钱粮串底作自治经费请愿书批答

十一月初六日

来呈阅悉。查串票底子等项早经通饬提充自治经费，先后据各州县禀报在案，何以该县至今尚未详覆到院，殊属违延。兹据所呈各节，候行自治筹办处会同布政司迅饬该县克期据实禀覆，并于关系自治款项，立即详准酌量筹拨，毋误要政。希即知照。此答。抄由印发。十一月十一日。

呈院菏泽县城区议事会拟筹白布行用作自治经费官府横生阻力请转呈批示一案批答

十一月十九日

来呈阅悉。查禁革差徭、官价，早经通饬遵照在案，该府理应躬示表率，以资先导。乃菏泽县批准拨充自治会之布行陋规，遽（询）〔徇〕该府署轿夫所请，檄令照旧收用，殊属不知政体，应记大过一次。候行布政司查照，并传饬该府将前项陋规仍照原案拨归该城区议事会。至轿夫津贴，自应由该府自行筹给，以示体恤。此答。希即知照。抄由印发。十一月二十五日。

呈院泰安县候选县丞常寿宸等为该县令阳奉阴违巧于规避请愿书批答

十一月二十七日

来呈并折均悉。据称泰安县钱粮串票底子两项有二万二千六百余串之多，是否确实。现在州县公费未定，势不能令该书吏枵腹从公，应如何酌量提拨，候仰布政司移会自治筹办处迅饬该县查明，详候核办。至自治经费，当由该城区议事、董事会禀请筹拨，常寿宸等究系何人，何得侵越权限，径行渎诉，殊为不合。其中有无挟嫌毁控情事，并即饬府查明。特斥。此答。折存。抄由印发。十二月初二日。

四、法律门

抚院札覆阳谷县翟协冏、翟来彦等为纵役殃民请愿书查办情形文

（原案在第二期报告书司法类）

为札行事。据泰安府知府宗室玉构禀称：案蒙臬司转奉宪台檄饬，据谘议局呈，具请愿阳谷县附生翟来彦等以东阿县纵役殃民，越境妄剿等情呈请建议一案，饬即查明，据实覆夺等因。蒙此，查此案前据东阿县禀报，先后获贼王牛（即王洪东）、杨廷亮二名，讯认听从格毙之张二伙同在逃之杨庆洛、李蓝仔、黄三、刘大个子、杨得胜、杨得山、赵二（即赵泽保）、刘三、刘五、李永田，分携洋枪刀械行窃事主胡茂恺家衣物、牛只，王牛复听纠械，窃事【主】季希山与一门出入之季德鸣等家钱物不讳等情。批饬移会营汛、邻封一体协拿逸贼，一面录供通详在案。奉饬前因，遵即饬查档册，并无阳谷县人翟来彦等来府呈控卷据。愿书所指赴府呈控未蒙批准，自系指兖州府而言。知府因案关捕队越境，妄拿无辜，讹诈多赃，情节重大，非遴委精明稳练正印人员前往查讯，不足以昭慎重，即经檄委平阴县盖令允恭逐款详查去后。先据东阿县以访闻捕总孙文轩、队长刘卿鉴有纵匪得贿情事，讯供虽不认承，业已饬押看管等情，禀蒙臬司批饬提郡审办。兹据该令以奉檄饬查，遵即轻骑减从，先抵阳谷县境，按照愿书指陈各节逐细访查。如所指二月十五日该捕孙文轩串通县队长刘带领兵役先赴郎家湾，声称此庄赵二与王宏忠同窃牛只，勒诈京钱三百五十千，有翟瑞清过付可证一节。查得郎家湾在阳谷县东北，距城七十里，该庄赵二即赵克功，系属良民。本年二月间，东阿捕总孙文轩、队长刘鉴卿心疑即系王牛供出之赵二，携带批缉前往，将其抓获，经翟瑞清说合，当给纹银四十六两零，按市价四千三百文，合计作钱二百千，又给钱一百三十千，共合京钱三百三十千文，均由翟瑞清过付属

实，惟与原指三百五十千微有不同。又如所指十七日仍无批票，越境又赴杨家庄剿翻，拿去衣服等物，失单存县一节。查得杨家庄在郎家湾附近，该处共有三庄，皆名杨家庄，愿书既未指明，又不指出姓名，究系谁家被其剿翻，拿去衣物，实属无从查询。失单存县自指阳谷而言，该处距城穹远，又未便往查。又如所指声言赵二系赵文耕之子，伊次子已夭亡三十余年，不准分说，吓诈京钱四百二十千，已交到文银七十两，有杨廷玺、杨庆东过付，赵书声转交刘队长、孙文轩收讫可证，以赵二一名诈害两家一节。查得赵文耕素务农业，其幼子赵二实早夭亡，曾被恐吓许给京钱四百二十千无事。因钱不凑手，由裕泰祥铺内借得纹银七十两，托杨廷玺、杨庆东转交赵书声过付。因队长刘鉴卿先走，当交队勇胡连忠收下转送，实有其事，下短之钱并未照给。又如所指探知杨廷谦家称小有，吓诈京钱五百八十千，有团长翟协龄、韩殿安过付可证一节。查得杨廷谦家道小康，因孙文轩、刘卿鉴向其面称被贼犯王牛供系同伙，非拿带不可。杨廷谦畏惧，许给京钱五百八十千免带，当由裕泰祥、同义祥各铺凑借纹银一百三十四两四钱一分八厘，按市价四千三百文合计，作钱五百七十八千，托杨兆修转交翟协龄、韩殿安过付，孙文轩、刘卿鉴点收。此事亦实而不虚，但钱数按照原指，计短二千。又如所指因杨廷耀、杨庆海、杨庆亮等未肯许钱，即行带去，将杨庆亮先笞责八百，杖责二百，又重施压杆，烛烧乳头，并燎两腿，几至毙命，堂讯时队长刘在案旁提拨，逼令妄报，诬中之诬，以生冤外之冤，将来不知拖累几何人一节。查得杨廷耀、杨庆海、杨庆亮曾于二月间同被孙文轩、刘卿鉴带至东阿，提同王牛质讯。王牛指认杨庆亮实名杨廷亮，为同伙，经东阿管押。杨廷耀、杨庆海均与王牛素不相识，业已释回，询据佥称均未受刑。杨廷亮有无刑讯，俟至东阿再行确查。又如所指该捕等现仍住附近之七级镇，常到该庄剿掳，合村惊逃，耕作全废一节。查得七级镇距阳谷县城七十里，商贾不少，旅店亦多。该捕队等执批缉贼，常在该镇居住，在所难免。遍询该镇庄长翟来见、地保李玉其，暨杨家庄、郎家湾各庄长、地保，佥称赵、杨两姓多被吓诈，庄民不无惶恐，并无合村惊逃，耕作全废情事，愿书所指未免言过其实。又如所指杨庆海向有痴病，杨廷耀年过六旬，明知万不似贼，（意）〔竟〕忍久系囹圄，以待出钱取赎，庄长杨尚宝等稔知被押三人皆系良民，赴东阿联名具保，均被队长刘及孙文轩拦阻，不得呈递一节。查得杨庆海并无痴病，杨廷耀实年六十三岁，与王牛质讯之后，堂谕赶紧稍信回家，来人具保。嗣于三月二十三日经常修峰等一并保回，相距月余，似不得谓之久系，且均看管，更不得谓之久系囹圄。原指以待出钱取赎，被阻不得呈保，非言之过甚，即传闻之误。知县一面查询，一面录供，一面取结，并明谕此案事涉两府，人证众多，将来或提省，或提府，一经来文行提，尔等均须遵提投质，不得托故避匿，各人皆唯唯听命。查毕转至东阿县署，会晤成倅，检齐各卷，详细查阅。该捕总孙文轩与队长刘卿鉴业经成倅先行访闻，分别饬押看管，具禀请示。勇队胡连忠先因误公斥革，闻风逃跑，勒差查拘。贼犯王牛先行获案，供认迭窃。杨廷亮先由王牛信口供出，旋经当堂指认。成倅因杨廷亮先不认承，笞责二百，旋即供认不讳，严密访查，并将杨廷亮提案研讯。据称实未受杖责，亦无重用压杆、烛烧乳头并燎两腿，几至毙命各情事，取结附卷。诘以既名杨廷亮，因何愿书误作杨庆亮，又据称实名廷亮并非庆亮，不知愿书因何错误。知县批阅县卷，杨廷亮原供伊父杨庆泉，年七十三岁，万无父子同一名庆之理，据供似属可信。原指杨廷亮亦系良民，未免失实等情。将讯取被诈赵文耕等三人，被诬杨廷耀等二人，过付翟协龄等七人，各庄长、地保翟来见等七人，各供结录折，禀覆前来。知府覆查无异。正在转禀间，又据成倅以事既失察于前，不敢含糊于后，随即改装易服，亲赴阳谷县境杨家庄等处严密访查，得实提讯。该捕孙文轩无可狡赖，供认与刘卿鉴藉案诈赃分用不讳，质之刘卿鉴，始终不肯承认等情具禀，并将贼犯王牛、杨廷亮详解到府。知府查定例，衙蠹藉案诈赃，罪名綦重，凡说事、过钱之人，亦均罪有应得。此案既据平阴县盖令暨东阿县成倅先后查讯明确，自应遵照臬司批示，一并提郡研讯，照例拟办，以示惩警，而整法纪。惟阳谷县系兖州府所属，并非知府辖境，凡属应质、应办之被诈、过付人证共十八人，均隶阳谷，虽蒙宪台檄饬传解，而人数众多，恃系隔府，未必尽能到案。且一闻说事、过钱例有应得之罪，更多畏缩不前。人证一日不齐，即案情一日不能拟办。知府思维再四，与其异日请提，徒耽延夫时日，莫若先行实告，冀情法之得平。除仍遵批行提该捕总孙文轩、队长刘卿鉴到府，提同王牛等质讯明确，听候提审，并饬东阿县严拘队勇胡连忠、过付人赵书声，按名务获解究外，理合将应质、应办人证开具清折，禀呈大帅鉴核。俯念案关隔府，人证众多，传解不易，准将全案提省，发委济南府审办，以昭核实而免延误，一面檄行谘议局知照，实为公便等情到本部院。据此，除禀批“仰按察司迅速行提全案人证至省，发委济南府研讯确情，录供详办，并候行谘议局知照。缴。折存等因。”印发外，为此札行谘议局查照。须至札者。六月二十四日。

计抄清折一扣。

泰安府谨将东阿县捕队藉案诈赃案内应质、应办人证姓名、籍贯、住址开折恭呈宪鉴。

计开：

应质被诈人：

赵二，即赵克功，住阳谷县郎家湾。

赵文耕，住阳谷县杨家庄。

杨廷谦，住阳谷县杨家庄。

应办过付人：

翟瑞清，住阳谷县郎家湾。

杨廷玺、杨庆东二名，均住阳谷县杨家庄。

赵书声，住东阿县孟村，已一并札提。

杨兆修，住阳谷县杨家庄。

翟协龄，住阳谷县七级镇。

韩殿安，原供并无住址。

应讯被诬人：

杨廷耀、杨庆海二名，均住阳谷县杨家庄。

应讯庄长、地保：

刘清臣，是阳谷县郎家湾庄长。

陈法长，是阳谷县郎家湾地保。

杨尚保、杨传湖二名，均是阳谷县杨家庄庄长。

杨庆怀，是阳谷县杨家庄地保。

翟来见，是阳谷县七级镇庄长。

李玉其，是阳谷县七级镇地保。

抚院札覆黄县王命官为垦委舞弊强行垦放坝地请愿书查办情形文

（原案在第二期报告书司法类）

为札行事。宣统二年九月十一日据劝业道会详称：案据候补知府冯树勋、黄县知县张思敬禀称：敬禀者。窃知府树勋接奉宪檄，转蒙抚院批，据黄县举人王命官、董事王培亮具呈，请将王宪绅等已领之地仍归本村一案缘由，蒙批：查此案昨据谘议局转呈该职等请愿书到院，业经札行布政司、劝业道转饬查明禀办在案。兹据呈称各节，究竟此项地段是否该村粮地捐作地坝，抑系无主官荒，应否招垦纳税归公，于该村并下游各村是否确有妨碍，仰劝业道迅派妥员前往详细确查，秉公据实禀复，以凭察夺，并移布政司知照，抄粘附等因到道。委令知府树勋就登属办理垦务之便前往确查，秉公讯诘，据实禀覆等因。蒙此，遵驰抵黄邑，会晤知县思敬，先已奉札前因，遂即密往石良村，勘得村西有土埂一道，埂内迤东皆属民田，埂外迤西逼近河身，即两造控争之区，督令弓书详细丈量，除王宪绅等原领六十亩零五分九厘，尚长余四十四亩一分九厘。访之附近舆论，佥云靠河系属官荒，当即传集人证到案。据王命官呈缴老年旧契二十八纸，内红契七张、小契四纸、白契十七纸，载地二十三亩八分二厘，有五纸并未载明亩数，核对四至，彼此皆未能连合。讯据王命官、王清荫、马德新等八人供称，村户因距河甚近，弃地不种，藉以防水。知府等诘以地户姓名，系何年之事，曾否在县呈明备案，抑立碑立约，确有凭据，且地随粮转，现由何人完纳，该原告等均未能一一指出，亦无粮串呈验，采之众论，按诸地势，并查对契纸，讯诸供情，此地确为官荒无疑。王命官等无可置辩，但以水患为词，称该村地势洼下，若此荒开垦，土松沙起，值雨水大涨，村中难免浸灌之害，坚请地归该村。而被告王宪绅等以原领在先，决不相让。知府等复约农务会会长贾孝彧、帮理田崑山、教育会会长王治芗、自治公所所长赵元璞、研究所邹明伦从中调停，与两造计议，劝王宪绅等将地退出，免至讼无底止。众绅本诸前县武令原禀拨地办公之意，拟四十亩零五分九厘归王命官等区内办理自治，以二十亩归该村种树防御水患，王宪绅等前出押租，即筹办所与石良村先行筹垫，交王宪绅等领回，即此完结。王命官暨村众已欣愿听从，独王宪绅等以讼累日久，地复无著，不无悻悻。知府等复当堂劝导，两造同村同族，如有水患，亦当同关休戚，且地系断归合村暨地方公义，各被告岂可怀挟私嫌，阻挠大局。王宪绅见公论难违，始皆俯首听命，甘愿具结了案。查长余之地即属官荒，无论何人承领，均应照章缴价，因念石良村水患为重，亩数有限，仰体宪台厚爱民生至意，亦留与该村，免其缴租，同所分之念亩由村众公同经理，种树培堰，保卫田庐，永不准私卖开垦，以杜后争。筹备所与王命官所缴地价，令王宪绅当堂领回，缴还司照三张，注销附卷，以备日后查考，再由垦务分局换给司照两张，分发收执。马庚熙前岁开办蚕桑学堂，指荒招股，名为办地方公义，实则渔利营私，几同局骗，现于争地一案复暗中架唆，本应究处示惩，现已管押数日，众绅代为恳求，从宽准予保释。所有讯明断结缘由，是否允协等因到道。准此，查此项地段，王命官等以办理自治、保卫村庄为辞，王宪绅等虽呈领在先，既归地方公举，亦以俯首听从。虽系官荒而亩数有限，石良村水患为重，留与该村公同经理，种树培堰，保卫田庐，永不准私卖开垦，办理尚属妥协。马庚熙假公济私，行同局骗，于争地一案又复暗中唆架，以致讼缠，本属罪有应得，既经众绅代为恳求，亦即准予保释。所有遵饬查办黄县争地一案缘由，理合具文详请批示祇遵，并札行谘议局查照等情到本部院。据此，除详批示外，为此札行谘议局查照。须至札者。九月十五日。

抚院札覆东阿县庞建宗等为藐法纵兵苛虐商民请愿书查办情形文

（原案在第二期报告书司法类）

为札行事。案据兖沂道吴道永禀称：案奉宪檄，以据谘议局转呈东阿县附生庞建宗、廪生孙成五等联名公具请愿书，以工巡营、船捐局藐法纵兵、苛虐商民等情，是否属实，饬即遴委妥员前往东阿县，按照折开各款逐细确切查明禀覆等因，计粘抄请愿书清折一纸。奉此，遵即札委候补知县王令承祜、工巡营稽查员李绅松龄驰往该处，会同确查，并札行东阿县成令传同人证会委讯明，据实禀覆去后。兹据委员王令承祜、李绅松龄会同东阿县成令桢禀称：窃知县、职绅等奉委驰赴东阿县属之庞口、团山、鹅山、姜沟等处按照折开各款逐一访询，谨将查明实在情形详晰陈之。

如请愿书内第一款妄索拨利一节。遍询各处乡民，有谓拨船因水浅驳运，非来往货船可比，不应收取船捐者；有谓拨船系属短载，从前止按一处完捐，各船户尚无异言，今则统照二处收捐，疑为局员浮收者；有谓拨船所缴二处捐钱，虽皆出自雇主船价，似与船户无损，惟船户因有捐而所得无几，未免觖望，求为减免一处船捐者。舆论不一，言人人殊，是皆不知捐章，妄生希冀。知县等查船捐章程，张家口为一处，团山为一处，姜家沟为一处，其船载五十石以下者作为四等，每处每船应交船捐正款钱三百文，带收铜元加色三十文、票钱六文，共收京钱三百三十六文。至驳船同为载货之船，向作四等船论，如经过姜家沟一处应收船捐京钱三百三十六文，如经过团山、姜家沟二处，应收船捐京钱六百七十二文。局员填给三联捐照，系属遵章办理，并无妄索情弊。复查姜沟分局历年收捐底册，光绪三十一年计收驳船二处捐钱，全年共京钱八十二千二百文，又收驳船一处捐钱，全年共京钱五十五千二百文。三十二年计收驳船二处捐钱，全年共京钱七十二千文，又收驳船一处捐钱，全年共京钱三十六千文。三十三年计收驳船二处捐钱，全年共京钱二十一千文，又收驳船一处捐钱，全年共京钱四千五百文。三十四年计收驳船二处捐钱，全年共京钱二十三千四百文，又收驳船一处捐钱，全年共京钱四千五百文。宣统元年计收驳船二处捐钱，全年共京钱一百三千二百文，又收驳船一处捐钱，全年共京钱六十七千八百文。宣统二年二月起至四月止，计收驳船二处捐钱，共京钱一百六十三千二百文。统计五六年之久，共收驳船捐京钱六百三十三千文。今请愿书称每月所索拨船捐钱有三千余串之谱，殊为失实。且所谓驳船者，偶于水浅之处重载，不能前进，始雇驳船分运，旬月之中，不恒多见。若河流通畅，航路无阻，其为并无驳船可知。另具表单一纸，凡历年起驳之船只与收捐之数目，一览可知，两局员之有无妄索，固不待辩而自明矣。又如请愿书内第二款毁船撒粮一节。知县等亲往黄店庄查访，据该庄李姓口称，去年春间有李魁东、陈老中二人各驶驳船一只，经过捐局门首，因水溜太急，难以停泊，局勇疑为偷捐，吓称若不停船，定即砸毁。该驳船旋即泊岸，听候查验。当经李仁辅说合，照章纳捐，并无毁船撒粮情事。又如请愿书内第三款缆河罔民一节。知县等亲往鹅山查访，据该处民人宫思曾口称，数年以前，船捐局设有拦河铁线，偶为船户撞坏，曾托伊与前委员说情赔礼，实无作价赔还之事。又传证人王廷珍到案讯明，昔年因驶船经过局门，误碰铁缆，经杂货店东庞魁盛与前委员处说，不予深究，并无索赔情事，当堂取具甘结。知县等查光绪三十一年黎前道任内谕饬前局员用拦河铁缆，以防船户黑夜偷捐，嗣因该处风顺水急，时将铁缆撞断，于商船不便，即行停办，迄今五年之久，未设拦河铁缆，尽人皆知。又如请愿书内第四款诬良捏控一节。知县等亲往西龙山庄查访，李云东外出帮工未回，据该庄民人杨昭和并李云东之族人李姓口称，去年十月间，闻李学朱渔船停泊船捐局门，李云东因卖柴同在伊船吸烟，适有货船经过捐局，不候查验，往前开驶。局勇向借渔船追赶，李学朱与李云东均未允从，以致口角争殴，经程文忠解劝各散。事后被前局员查知，以兵民互殴，将李学朱送县讯究，旋由庄长代求保释，原有其事。又如请愿书内第五款擅押良民一节，原书所称上年二月间巡兵骗盐，盐船不允一事，知县等以运盐船户并无姓名欢证，张保献又无住址，曾否被打被押，均属无从查问。再三访询，惟闻上年春间，有盐船在该处停泊，被前局员之家人吴贵与巡兵等查知该盐船偷卖私盐，曾向船户索取食盐一小包。嗣经陆委员、徐哨官察觉，当将该家人、巡兵分别开除责革。又原书所称巡兵刘振东殴打庞殿兰，跳河逃脱一事。先经查访证人庞魁盛、宫思曾等，同称本年正月二十八日，有巡兵刘振东送伊亲戚回家，觅船渡黄，适庞殿兰在河边拾粪，愿代撑船送去。庞殿兰见地上有粪，复行捡拾。巡兵刘振东因天晚心急，嫌其迟缓，以致口角互殴，一同扭至局门。庞殿兰见局勇人多，渡河而逃，经局员闻知，将庞殿兰唤回，问其起衅缘由，并未拷打拘押，捐局亦无刑具，当经伊等与孙振山转求委员开释了事，具有保状。巡兵刘振东即由哨官斥革。复证人王保玉、孙振山、庞魁盛、宫思曾等到案讯供无异，各具甘结。又如请愿书称第六款混搅义集一节。知县等亲往斑鸠店查访，据该集张怀德口称，本集共有屠户三家，按集轮卖。去年秋间不记月日，屠户焦之均卖肉。有巡兵二人携带筐棍来集买肉，因争斤两多寡，互相殴打，经伊出为调处，秤足斤两，并（被）〔备〕酒酌邀同庄长王凤翥在场，彼此见面和好。询之地保庞茂同，所言亦同，未闻照官价强买，亦未见巡兵各持军械共殴情事，取有地保甘结。至巡兵王敬亭先已因事斥革，所有各案干证经知县桢差传到案，讯供无异，取结呈送。

此次知县承祜等奔走各乡，虚衷访询，经旬累月，不惮烦劳，现已逐一查明，或事出有因，或远隔数载，核与请愿书呈各款错综变幻，大都失实。询诸各处士民，佥谓庞建宗等所上请愿书，实以第一款驳船捐钱请求减免为宗旨，其余各节无非推波助澜，以耸听闻，察其所言，已露真相。知县等询诸船捐局员程倅，据称，从前驳船有自团山以北载至姜沟者，向按一处收捐，近因水道浅阻，多由团山以南载至姜沟，计经过团山、姜沟二处，应按二处收捐，实系照章核收等语。知县承祜、职绅松龄等复查该处驳船因水浅起驳，似与别项货船不同，即以历年收数为比例，岁收捐钱不满京钱二百串。拟请变通办理，嗣后如因河道浅阻，查系真正驳船，不论团山、姜沟，只按一处收捐，在公家所损无多，而于小民生计实沾利益，其别项四等货船，不得援以为例。愚昧之见，是否可行，伏候裁夺，理合据实禀复察核。再，姜沟船捐委员程倅宝燮系于上年十一月接办，所有请愿书呈各款多系程倅未到差以前之事。至工巡营分驻地方，专司巡警，保护商民，并未干预船捐局务。合并声明。计禀呈驳船捐数表一纸，证人甘结五纸等情。据此，职道查该员绅等禀复各节，如第二、第三、第四、第五、第六等款，或事出有因，或远隔数载，既无纵兵虐民确据，应毋庸置议。惟第一款驳【船】收捐指为妄索，该生庞建宗等上书请愿，本意注重即在此事，请为宪台缕晰陈之。

查运河绵长五百里，分设船捐局六所，道署设总局一所，南路以台庄为入境之第一局，北路以姜沟为入境之第一局。姜沟局向设鹅山河口，以该处为扼要之区，便于查验。如货船由姜沟、团山、张口至安山起卸，应交四处船捐，先由姜沟局一起统收，填给三联捐单，船至安山，即由安山分局查验相符，收回船户原领姜沟局之捐单，申缴总局，以凭核对姜沟局所送旬报、月报有无弊混。又如货船由安山、张口、团山至姜沟起卸，应交四处船捐，先由安山局一起统收，填给三联捐单，船至姜沟，即由姜沟分局查验相符，收回船户原领安山局之捐单，申缴总局，以凭核对安山局所送旬报、月报有无弊混。又如货船由北路姜沟至台庄起卸，应交全河二十六处船捐，先由姜沟局一起统收，填给三联捐单，经过安山、济宁、南阳、夏镇四分局查验放行，船至台庄，即由台庄分局查验相符，收回船户原领姜沟局之捐单，申缴总局，以凭核对姜沟局所送旬报、月报有无弊混。又如货船由南路台庄至姜沟起卸，应交全河二十六处船捐，先由台庄局一起统收，填给三联捐单，经过夏镇、南阳、济宁、安山四分局查验放行，船至姜沟，即由姜沟局查验相符，收回船户原领台庄局之捐单，申缴总局，以凭核对台庄局所送旬报、月报有无弊混。其余各局办法相同。惟北路由张口、团山至姜沟，或由姜沟、团山至张口，向按三处收捐，如由姜沟至团山，或由团山至姜沟，向按二处收捐。该处偏在北段，河面专归姜沟局收捐，不经安山局查验，恐滋匿报之弊，因特委收票司事一员，不归姜沟局员节制，凡张口、团山、姜沟三处来往船货赴局缴捐后，即由收票司事沿河查验收回捐单，径缴总局，以凭核对姜沟局所送旬报、月报有无弊混。立法至周，防弊亦不为不密，况运河船捐事关奏案，与他项杂捐不同，岁收捐数例须造册达部，决非局员所敢违章舞弊也。查工巡船捐章程第一条载，商船随地交捐，定为台庄、候迁、万年、德胜、韩庄、张阿、彭口、夏镇、珠梅、徐家营、房邢庄、南阳、枣林、新店、在城、天井、通济、寺前、柳林、开河、袁口、靳口、安山、张家口、团山、姜家沟二十六处分收。如头等货船，每处交捐京钱八百文，经过几处，交捐几分。其二三四等照章减交。如系长装货船，愿在第一局总交，所有经过各局验照，加戳放行，各闸工巡弁兵照章启闭，不许妄取分文。柴苇、菜蔬、粪草各小船概不收捐。又第三条载，自台庄至姜家沟应设巡警二十六处，分摊前项船捐。二百石以上作为头等，每处每船应交船捐京钱八百文。一百石以上至二百石作为二等，每处每船应交船捐京钱六百五十文。五十石以上至一百石作为三等，每处每船应交船捐京钱四百五十文。五十石以下作为四等，每处每船应交船捐京钱三百文。各船经过（各）〔若〕干处交捐若干分各等语。是张家口、团山、姜家沟三处系在定章二十六处收捐之内，原不以有闸无闸论。今该生庞建宗等请愿书称，鹅山河口向来无闸，胡为称双闸门钱等语，是殆不知详定原案，亦无足怪。至该处经行船只，定章不分商船、驳船，但论船载货物之轻重，分别头二三四等按处收捐，并非始自今日，久为来往船商所共知。惟菜蔬、粪草各小船概不收捐，载在局章。今该生庞建宗等请愿书称起拨小船不取分文，不知其何所依据。又称每月所索拨钱尚有三千余串之谱，尤为荒诞。至该生庞建宗等皆庠序中人，平日读书自爱，自必不与船户为伍，乃竟为驳船舟子抗言无捐，复摭拾远年风影之事，积非成是，淆惑听闻，是否受人情托，无从悬揣。现据委员王令、李绅等以查该处驳船因水浅起驳，与别项货船不同，岁收捐钱不满京钱二百串，拟请变通办理，嗣后如因河道浅阻，查系（直）〔真〕正驳船，不论团山、姜沟，只按一处收捐，其别项四等货船，不得援以为例，禀候裁夺等情，系为体恤小民生计起见。职道查驳船捐钱减收一处，为数无多，既于捐例无碍，亦于公家入款不甚悬殊，似可照作。除俟奉到钧批，再由职道出示晓谕，并饬局员遵照办理外，所有奉饬委员查覆情形，暨现拟驳船收捐办法，理合据实禀请大人察核示遵。

再，光绪三十一年黎前道任内因制钱短缺，遂徇船户之请，一概完缴铜元，每收正款捐钱一千文，带收加色京钱一百文，由各分局另款报解，拨充公用。又每收正款捐钱一千文，带收捐票京钱二十文。因各分局向不开支，局用即以此项票钱藉资津贴，均系循案办理。又宣统元年新河工竣，添建通惠上下二闸，各驻巡兵十余名。商船经行新河，不走彭口，自九月初一日起，所收船捐减免彭口一处，加增通惠二处，长河上下按二十七处收捐。合并陈明等情到本部院。据此，除批"禀单暨船捐章程表结均悉。查附生庞建宗等公具请愿书，所指工巡营、船捐局藐法纵兵、苛虐商民各节，既据该道委员查明或事出有因，或远隔数载，并无确据，应即毋庸置议。所请将驳船收捐变通办理，不论团山、姜沟，只一处收捐，其别项四等货船不得援以为例，应准照办，以示体恤。仰即出示晓谕，遵照认真经理，仍候行谘议局查照。此缴。章程表结均存等因。"印发外，为此札行谘议局，即便转饬知照。须至札者。七月十六日。

呈院胶州生员高振培等以蠹书舞弊串丁索贿请愿书批答

七月二十七日

为札行事。案据候补直隶州知州陈同善禀称：窃奉藩司檄委，以奉宪台札饬，据谘议局呈送胶州生员高振培等请愿书一纸，据称蠹书舞弊、串丁索贿等情一案，饬即前往确切查明，据实禀复等因。遵即束装弛赴胶州。查该州各集行户，凡遇新官到任，从前原有陋规名曰验帖费，其收数之多寡，视官之实缺署代为衡，多或万金，少亦数千，藉以补苴本缺亏累。自光绪二十八年奉文编审牙行，所有各行向纳验帖规费，业经余升牧则达悉数查明，和盘托出，禀明革除，责令各行户多认帖费，加纳课程。光绪二十八年暨三十三年两次编审案内，办定每年课程均达二千左右，经各前州禀报有案。此乃胶州所办帖费、课程之实在情形也。知州奉委查办，不敢稍涉瞻徇，如实有书差舞弊、藉端需索之事，自应确切查明，以期水落石出。当即调阅各行领帖卷宗，并赴城乡各集密为查询。姚直牧到任循章验帖，均系随验随发，并无勒帖纳规情弊。查余升牧则达禀报胶州牙行情形，从前署任之员所收行规不过二千余两，现在每年课程已居二千以外，该行户等未必仍肯照纳，揆核情形，亦尚可信。惟新官到任，验帖名目相沿已久，规费虽经革除，而书差人等久已视为旧有之利，其中朦混藉索小费或所不免，然亦查无确据，不敢臆断。且查胶州行户向归库房、课程科、承发房三房经管，亦并非课程科一房经手，姚直牧到任，亦无更换牙帖之案。惟查有王台集牛驴行经纪韩复合，有人指控该行经纪业已病故，系属行伙冒充，意欲领帖换名，照纳课程，现经姚直牧将该行经纪（愿）〔原〕领旧帖追回，正在差查虚实，以凭核办。高振培等所称勒帖不发、觅人顶充各节，或系传闻之讹，因此误会。至要到任〈马〉验马费一节，查胶州里甲额设马三匹半供应差使，遇有倒毙，向由各行买马顶换，由来已久，是换马一事，固与到任与否并不相干。惟本年五月间胶州转递文报，需用号马，姚直牧曾饬换马一匹，亦查无书差索取验费之据。高振培等所称验马索费，并无缴费实据，似亦未便吹求。以上各节，均经知州细密访查，所言佥同，用敢据实上陈。抑知州更有请者，书差人等藉端需索规费最为病商扰民，无论是虚是实，应请饬下该州嗣后严切查禁，以清积弊而免藉口。所有遵饬查明情形，理合禀复销【差】等情到本部院。据此，除批“据禀已悉。该员既查明姚直牧到任循章验帖，照案换马，并无勒规索费情事，应饬该直牧严束书差，永禁需索，以肃官规而杜藉口。仰布政司查照饬遵，并候札行谘议局知照，缴。”印发外，为此札行谘议局知照。须至札者。八月二十九日。

呈院阳谷县郭广先等为教谕诬良为盗警官滥抄平民请愿书批答

八月初十日

为札覆事。据呈具请愿阳谷县平民郭广先等为教谕诬良为盗，警官滥抄平民，公呈请愿书事。窃以阳谷县教谕吕栻曾由附生捐纳今职，品行最欠端正，文学更乏优长，以爱情之所钟，与民街邻以熬盐为业之刘二瘸子、段三曾结有不告人之隐恨。今年四月，吕栻曾希图报复，自己用菜刀在学署北屋窗外剜一窟窿，并将箱内翻动一皮袄一件置在墙下，一面赴县报窃，一面用圆光邪术将刘二瘸子、段三片送到县。当经捕役验明窟窿系外大内小，身难进入，决非贼人手段，虽将刘二瘸子、段三抓获严讯，笞杖挂竿，究未问出赃供，民街遂即联名呈保。吕栻曾忽又迁怒，即用圆光邪术谓所失物件均在民街，遂令其子片请烟赌暱友区官耿之铭、巡官张春圃及其家丁王小江、门斗姜清泰、学夫孟传之并巡兵俞青龙、布克明、柴春芳、庞广月及捕役徐太元、赵五东，皂二班李传经、郭金栋等，于四月十九日午前按照西街四十三家逐户抄查，无论箱中柜内，将衣服物件颠倒错乱，任意拨弄，甚至妇女床底，无不翻到。当查抄之时，并未知会户主，妇女均未及躲避。蜂拥而入，其势汹汹如〈何〉强盗，以致举街儿哭女号，其子复跃升屋上，大声疾呼，喊抄不止。徐保祥之乳孙因惊恐得疾，越日毙命。其少女因开柜锁稍迟，区官耿之铭竟掌批其颊，致该少女羞愤自尽，幸经邻佑救免。巡官张春圃腰挂军刀，（到）〔与〕郭曾、耿之铭、张春圃朋比违法，虐民以逞，不得不恳请贵局转呈抚宪派员查办，庶公愤可解而奇辱得雪等情到本部院。据此，除行臬司转饬兖州府查明具覆核夺外，为此札覆谘议局查照。须至札者。八月十五日。

呈院利津县议员赵光勋以蠹役藐法肆行无忌请愿书批答

十一月初一日

为札覆事。据谘议局代呈利津县议员赵光勋以蠹役藐法、（执）〔肆〕行无忌请愿书，呈请查办等情到本部院。据此，除行提学司确切查明详覆饬遵外，为此札行谘议局查照。须至札者。十一月初五日。

呈院阳谷县附生宋继盛等为违法徇私无可申诉请愿书批答

十一月初一日

为札覆事。据贵局呈称：窃本局据阳谷县附生宋继盛等以违法徇私，无可申诉等情呈送请愿书前来。据此，遵章收受，当经公同协议，除将原稿备存外，所有请愿缘由，理合缮折呈报。为此呈请裁夺施行等情到本部院。据此，除行司悉心核议详覆外，为此札覆谘议局查照。须至札者。十一月初十日。

呈院莒州监生孙树等为漠视重案诬纵诈财请愿书批答

十一月初一日

为札覆事。据贵局呈，具请愿莒州监生孙树、沂水监生黄重桂等呈为漠视重案，诬纵诈财，恳速上呈，代民请命事。窃莒西五十五里杜家洼庄，于正月二十八日杜文彬家被匪四五十人明火执杖碰门而入，劫去财物数千余贯，杜文彬父子受伤，一死一废，屡控不捕，不得已赴府呈控。蒙府宪李批归本州严捕力缉，依限开案，杜氏父子不胜感激。不料州差来廷瑞、薛连五、冯兴邦、刘树德、赵子贞等藐法怠延，于三月初三日该役等在左泉庄拿获积贼邢二，押在齐家店子庄万二店内，旋行释放。查邢二是否此案正犯虽不可知，然人人知其素不安分，一未过堂，二未招保，旋获旋释，情节离奇，使人可疑。邢二远飏之后，忽将一懦幼牧牛子杜小迷牵去，私刑教供，自此以后，叠次赴左右村庄，声言贼已供出窝主，吓逼社差指户强拿，而实无票无供，全凭空言，一经捕捉，私刑涂毒，逼索财贿。自五月之后，数日一次，或持票，或不持票，或于票后另粘一纸开列人名，无朱无印，共诈去钱财二千余串，毒辱良懦二十余家。有黄永茂，籍本沂水，迁往莒州，突于八月十四日在马庄赶集，被蠹役来廷瑞硬架入张清和店中，严刑拷逼，情急无奈，亲央与公差熟识之人刘春溪、牛桂、店东张清和等说到铜元四百串，当面过付，然后释放。凡被噬之家皆系牛桂、刘春溪、张清和等三人为之说和，过赃另单开列。当经黄重桂等三十余人喊控半日，呈乃得入，批候质究听，候半月，催请数次，卒未过堂。查杜文彬正月被劫，又蒙府宪严批，至今八阅月，正犯不捕，命盗久悬。奸丁蠹役不用票供，横行捕捉，百般涂毒，饱橐乃纵，屡经喊控，不予追究，差役一到，妇女奔逃。抑更冤者，杜文彬父子三人，两受重【伤】，一死一废一病，无人报案。伊侄杜宪在家侍病送死，遣其胞弟杜芳为伯报案。州差恨其赴府，恼其催案，直声言杜宪亦是贼伙，无票无供，强逼社差速为捕拿。杜宪恐藏匿则近畏罪，到案又畏私刑，闻已来省投首。似此鲸吞狼贪，任意诬诈，被劫者冤沉海底，为邻者祸从天至，幸脱贼毒，难逃吏手，无知之徒，任其鱼肉，将来株连，何堪设想。惟有仰恳贵局诸公代达冤抑，倘有不实，甘认诬告。所列单内倘有真正窝主在内，愿受重责，谨此合名上恳代呈列宪，俾懦弱愚氓得保血产、得明冤抑等情到本部院。据此，除行司饬府查明核办外，为此札覆谘议局查照。须至札者。十一月初十日。

呈院济宁州船户监生刘念详等为依官卖法纵勇勒讹请愿书批答

十一月十二日

为札行事。案据谘议局转呈船户监生刘念详等公具请愿书，呈控工巡营营官依官卖法、纵勇勒讹等情到本部院。据此，查此案昨据该船户等具禀，业经派员查办，并撤去陆国铭管带差使，委员接充在案。兹据前情，为此札行谘议局，即便转行知照。须至札者。十一月十七日。

呈院莱芜县候选直隶州州判许子翼等为棍串刑幕逞凶仇学请愿书批答

十一月十二日

为札覆事。据谘议局代呈莱芜县候选直隶州州判许子翼等请愿书，为棍串刑幕逞凶仇学等情到本部院。据此，除行提学司查覆外，为此札覆谘议局查照。须至札者。十一月十九日。

呈院聊城县六品衔张春华等以纵脱大盗遗害无穷请愿书批答

十一月十九日

为札覆事。据贵局呈称：窃本局据聊城县盛钩湾社长六品衔张春华、申仲儒以纵脱大盗，遗害无穷等情呈送请愿书前来。本局遵章收受，当经公同协议，除将原稿备存外，所有请愿缘由，理合缮折呈报。为此呈请抚部院裁夺施行等情到本部院。据此，查该府习艺所人犯前因屡报脱逃，已批司核明，将该管官酌予惩处在案。兹查请愿书内所称脱逃人犯有十一名之多，且系同夜逃走。如果属实，则该专管官李松显有匿报及挪改日期等弊，岂能再事姑容。该前代理县韩作霖听嘱捏报，该府曹守近在咫尺，置若罔闻，均属非是，应即由司澈查核办。除行提法司查照遵办，并转饬严缉各案逸犯，务获究报外，为此札覆谘议局查照。须至札者。十一月二十六日。

第五部分　山东谘议局会议第四期报告书

抚部院提议案

整顿契税办法提议案

上年会议期内谘议局议案，请将税契价银、税银均按市价折纳，委任自治会经理。原谓税项轻减，则人民不致少报，稽查切近，则买卖难以隐藏，业经审查核准，公布施行。乃查今年各州县月报，春夏两季税契总数，反较往年减少，与谘议局议案所称之结果适成相反之比例。如谓因税额增加，民力未逮，则买卖房地类皆有余之家，并非出自贫苦小民之手。如谓因谷种欠收，购买力弱，则年荒者地必贱，方易唤起富豪竞买之心，而小民急于谋生，亦思变其固定产以充流动资本，此项交易尤不应锐减于前。如谓因地方官催征不力，有意欺朦，则经理者现既归城董，乡镇亦行将分区，官府纵有隐蔽，乡里岂无见闻。揆情度理，近时税额之减，当非由以上诸说所致。再四推求，恐民间买卖，旧习相沿，必尚多隐匿，即自治团体，于里党之间，必不能杜绝瞻徇。税额骤减，大为财政之累。况即契价改按市价算税一节，虽非改轻税率，实已隐减税额。若自治职再有稽查不力之嫌，恐更减团体之信用，召部议之非难。虽原章亦许自治监督援用城镇乡自治罚则，而手续迟缓，争议繁多，徒伤官民感情，于实际并无裨益。为今之计，惟有仍用官中，责成州县严厉办理，官中应得中金，令以五成捐充自治会经费。如官中有抑勒情弊，仍准自治会禀官严惩，庶于原议案精神并无牴牾，而办法可以变通尽利，异日税款增多，则自治会所得中金与之俱进，有益无损，计莫逾此。再，各属地亩向无精密统计，空言整顿税契，亦无要领。现在上下级自治不日成立，拟先责成测绘各本区地图，禀请官发测绘学生前往协助，以面积之广狭定地亩之多少，内除河滩、海淤及村庄民房等不常耕种之地，标明界限，另行剔出外，余均按地主户名及本地段落编制号数清册，非同主又同段之地，不得列为一号。每号四至及面积、亩数，一面于本区总图内照绘边线，并将号数于边线内注明，一面连同户名记入册内。嗣即由官按号点验印契，有新契者即将历次旧契全数追缴，无印契者饬即补税。若曾经税契之地，又有一部分已卖与他人者，除买主另行税契外，其卖主所余原有地亩，应换给分析官券，注明前经税契，不再取资，另将原契由官收还备案。如是则每号地内，各以最新印契及分析官券为凭，地户之所有权决无重复与疑似之处，而图与契券对证相符，册内并可挨号将税契及换券年月登记清悉。嗣后遇有买卖，若系全段，则但记户主与税契年月之变更；若系分析，则随于册内添立一号，号下应记户名、四至、亩数及契券年月，各照通式办理；而图内边线亦即依号分改，州县官庶可执册勘图，统计册载最新有效契券之亩数，即系图内全境实有土地之亩数。如或遗漏，易于发见，且逐号行查，日后匿税之弊，不杜自绝。此外，丁漕编配，亦俱朗若列眉，实为清理田赋根本之事。应交谘议局公同议决，呈候核夺施行。

《山东官报》第三十四期，宣统三年八月初十日（1911 年 10 月 1 日）

筹抵地方预算亏短提议案

自国家筹备立宪，一切政务按年递加。而属于地方行政之事，如民政、教育、实业诸端，有关教养，尤为全国命脉所在，若不取进步主义，恐国力有减无增，再过数年，其贫弱更有甚于今日者。惟是政务扩张，首重经费，而本省地方预算，宣统三年度岁出共九十一万九千余两，岁入则与国家并为一案，总计皆入不敷出。其后本省清理财政局遵照部章，造送国家税、地方税划分办法，虽曾宽留地步，将杂税如契税、当税、烟酒税、牲畜税、枣梨花靛税、布税、棉花税、落地税，杂捐如当捐、商捐、船捐、烟丝铺捐、戏园捐、花生山菓捐、斗捐等，均拟作为地方税款，然至本年部颁四年预算表式，则已于国家、地方两税约列名目，凡杂税、杂捐之有大宗入款者，悉条举之以属于国家；其遗留于地方者，类多作概括之语，并无的项可指。名为两税并计，实则地方一级，责令自筹。本省办理四年预算，虽仍用财政局原拟划分办法，未尽遵照部式，而估列岁入亦止一百三万两有零。至地方经常、临时岁出，则共有九十九万六千余两，益之以附册所列待筹新款然后开办之事，尚须增加十二万七千余两，统共实需一百一十二万三千余两，出入相抵，已亏短十万两之多。而岁入中经度支部指驳改归国家者，将来尚不可逆计。目前加收契税之二十六万两，已奉部文，定为解款。若不预筹抵补，危险讵可思议？本部院再四思维，以为现在政治纯主进取，但使事事核实，不妨量起负担。查本国现行租税，以财政学之统系观之，惟印花税为对于行为之课税，尚未普办。此项税则，从前部定章程系就商家所用单票、照折、合同、股票、账簿，以及民间所执典买房地之文契、析产承嗣各字据，酌收税项。其中有以价额计税者，有以张数、本数、次数计税者，定额甚微，则纳者不吝，条类详备，则集少易成。且查印花章程第六条，凡不照章贴用印花，任意收受，遇有讼案，官不为理。是于征收税则之中，仍寓保护私产之意。至第十二条，不准旁人挟嫌告发，地方官亦毋庸派人查验，防弊亦甚周至。原章虽由度支部发起，而本省于各省未行之时，提前试办，声明暂以四年份之收入充地方经费，部议当可乐允。况办法第七条，发售印花，照票面价值，提百分之七，作经售人费用。现在各处自治会经费难酬，以后如令该会经售此项税票，可坐得七厘公费。苟能税则畅行，不独有裨国库，即该会等之经费，亦可藉以补充，殊为两得。又各州县现在多有于丁漕试办附捐者，习惯久已相安，惟各处情形不同，并无一定税率。若能通省一律办理，按原额抽十分之一，定为解省若干，酌留各府州县若干，亦可得大宗收入。此实为庶政进行至计，应交谘议局公同议决，呈候核夺施行。

《山东官报》第三十四期，宣统三年八月初十日（1911 年 10 月 1 日）

各属普设初等小学提议案

本省初等小学多未成立，以致上级各项学堂虽具规模，仍无基础。兹为实行改良扩充起见，拟筹办法如左，应交谘议局公同议决，呈候核夺施行。

（甲）匀配经费。各州县小学未能发达之故，多以经费无著为辞。其实尚有公款为劣绅把持者，亦有热心兴学，款亦易集，特无学问知识，畏难迁就者。宜将各城镇乡所有公产公款，已指定为该区初等小学底款者，由各该自治会通盘合算，永作为本区初等教育经费，不得移充他用。一面由劝学所稽查本区各初等小学，其徒事虚名者，即令停止，另以其费津贴他处；其办有成绩者，即予加优资助。倘自治会滥以原有学款支办他项，准劝学所禀官取销。如此提倡学务，当可日有起色。

（乙）督催遍设。今欲教育普及，固须劝导，亦必稍参强迫之意。现查直隶办法，凡乡庄至百户者，必令立初等小学一所，余以类推，其经费即于该乡庄内分上中下户摊捐。办理数年，已著成效。本省似宜仿行，按照地方学务章程施行细则第三条，责成城镇乡自治职，以初等小学为主要学务，令其认真督催，如有故意违抗之人，准予禀究。

《山东官报》第三十四期，宣统三年八月初十日（1911 年 10 月 1 日）

提倡职业教育提议案

本省土物产品不为卑下，徒以人民无制造之能力，虽学堂渐兴，多系仍衍旧习，青年子弟多以入学为出身之径，不知视为生活问题，以致办学糜费，适为养成游民之所，人无恒业，生计日蹙，社会程度愈下，教育振兴愈难，非提倡职业教育，无以为挽回之术。所有办法拟定如左，应交谘议局公同议决，呈候核夺施行。

（甲）合本省初高两等小学，一律添设珠算、手工为必修科。按部章，小学中本设有此科，然非提前列为必修，则办学者以教具未备，又非视学考察所及，遂多狃于旧习，从事简略。以后凡小学，须添设珠算、手工科，即教员非所熟悉，亦当按教科书推演教授，以期学生毕业后，有直接谋生之能力。

（乙）师范学堂中附设手工专修科。小学堂中手工科，原为适于儿童活泼之天性，虽不以职业为目的，而成人职业，实基于此。但非先养成教授人材，无以及于小学。应于师范学堂中特设此科，以一年卒业，俾从前曾充教员、有志教育者得所师资，则小学收效当非浅鲜。

（丙）女学堂添设裁缝、烹饪两科，并设手工品陈列所。女子淑德贞良固为立身所必要，而女职修养亦宜注意。如将裁缝、烹饪设为高等小学中之必修科，兼于本学堂中设一手工品陈列出售之所，裨益定非浅鲜。

《山东官报》第三十四期，宣统三年八月初十日（1911 年 10 月 1 日）

保存仓谷提议案

查东省仓谷，有常平仓、社仓、积谷三项。常仓系属官廪，某处应储若干石，均有定额，迭经兵燹灾荒，所存无多。此外另有官捐谷，每年七百余石，按每石折银一两解司，本为买补常仓谷而设，惟各州县均系列入交代，以抵款抵除，并无实在现银存库。社仓即朱子当社立仓遗意，与常仓相辅而行，近年存谷亦甚有限。至积谷，始于光绪七年任前院通饬倡办，按钱漕之多寡，定捐谷之等差，经理人由各乡公举绅耆，择地存储，固不假手吏胥，亦不责成社长。凡鳏寡孤独，并无恒产之人，所借之谷，准于次年免息还仓，以补常、社两仓所不逮。办法本极周密，无如行之日久，有借无还，存剩之谷，又多变价生息。近来举办一切新政，每有借动本息情事，几失备荒本意。拟自本年秋季起，原有常仓谷责成地方官妥为保存；原有社仓谷并积谷，责成地方官督率社长、绅耆等妥为保存，均不得再有损失。所存谷价及生息银钱，如有挪移，赶紧归补，分别买谷存储，均不得再有谷价生息名目。官、社两仓坍塌渗漏，务必修理完善，而积谷亦宜捐建仓廒，方免挪移侵蚀，有漕地方或借用封废仓廒。所有新旧出借之谷，即按本年秋收情形，并查照向章，应还者责令清还，不准延欠，应免者即行蠲除，不必催缴。每届年终，据实册报，以便派员随时抽查，如有不实，责令赔补。但此第为保存原有仓谷起见，至于扩充办法，或令富民捐输，或仍按钱漕地亩派捐。事关备荒要政，尚待熟筹，应交谘议局公同议决，呈候核夺施行。

《山东官报》第三十四期，宣统三年八月初十日（1911 年 10 月 1 日）

设立劝办义赈局提议案

查救灾恤患，仁政所关，然在东西洋各国，此等赈款大都政府与地方分担其责。盖以事属善举，尽人可为，不必国家独任其难也。东省散赈，向分两种：凡民间被水火旱蝗风雹等灾，则有急赈；若遇青黄不接或秋收歉薄之时，则有春赈、冬赈。此项例赈每年不下五六万金，而急赈之支出尚不在此数。当库帑充裕时，国家出其金谷，以救吾民生命，亦事所优为，夫岂有所吝惜？惟自预算实行以来，各种行政经费限制极严，官力日形薄弱，现在各属水灾迭告，而本省赈款预算，仅有一万八千余两。虽春、秋两次电奏请赈，然发帑及截留之款不敷甚巨，若别无宽筹之法，亦复不能持久。或谓现在各属自治会已成立，此系慈善事业，即归自治团体办理，不知自治方在萌芽，款项多未筹集，一切应办之公益百端待举，自顾不遑，乌得有此伟大财力？查江苏、湖南、四川、广东等省均有绅商专办义赈，以佐官赈之不足，凡遇灾害之来，或由官府劝谕捐输，或由士绅组合救济，民间赖以全活者不少。盖以官赈民，力有限而势不可常，不如民自为赈，沾被宽且可存久远也。东省岂无殷室富户、巨贾大商，其谊笃同胞者，决不忍自拥厚赀，坐视灾民之流离失所。兹拟于省会设一备荒总机关，明定规约，广为劝募，由乡绅提倡于前，各慈善家组织于后，庶平时有备无患，设遇灾变，分配散放可以迅速应手。应交谘议局公同议决，呈候核夺施行。

《山东官报》第三十四期，宣统三年八月初十日（1911年10月1日）

责成各自治会筹设迁善所提议案

自筹备立宪以来，刑法已概从末减，举如枷号、笞责等罪，均经删改，而人民程度未见增高，愍不畏法之徒反以刑律减轻，肆无忌惮。本年来据巡警道报称，各区警兵暨侦探队先后查获窃盗等案，已不下百余起。其间有著名惯贼一再被获有案者，指不胜屈。即如七月初间查获行窃劝业道寓所贼犯内之刘黑仔，曾于闰六月因犯窃送厅，乃释放未几，故态复萌。他如地痞土棍酗酒斗狠者，时有所闻，甚至十二三龄之幼童，亦相率为绺窃等事。以上各犯，论其罪，则照章科断，不过拘留；核其情，则怙恶不悛，实属难赦。若不预为禁遏，诚恐况而愈下，匪类日多，于地方风俗大有关系。本省虽设有教养局，但止收贫民，不收罪犯。此外府州县虽亦间设习艺所，而所内均系徒流人犯，且有一定释放限期，于惩治而外，亦无何等作用。目下各州县自治会等均经成立，拟即责成自治会筹集的款，于城内设一迁善所，嗣后行政、司法各衙门如访获有以上人等，为法无可施而情不容恕者，即发交该所看管，责令改过，必俟果能悔悟，取有族邻切实甘保各结，方准出所，庶足辅教养局、习艺所之所不及，而宵小亦可预绝其萌，实保安之要策。应交谘议局公同议决，呈候核夺施行。

《山东官报》第三十四期，宣统三年八月初十日（1911 年 10 月 1 日）

筹办乡镇巡警通则提议案

宪政筹备案内，各乡镇巡警亟需一律成立。本年据历城县酌拟通则十四条，意在督同自治会员设法筹备，迭经檄饬各属警务长依限赶办。昨据聊城县姚令鹏图禀报，该县以巡警之成法，为清乡之布置，会商阖境区长、庄长，酌定章程，按地百亩出夫一名，守望相助，以社长、庄长董其事，专办清乡。迨清乡事毕，即挑选年力精壮者改练巡警，按自治区段，每段二十名或十八名、十六名，至少十二名，分段驻扎，仍由警务长选派教练所毕业生前往教练，稍给津贴，半尽义务。其巡警装服、饷项则由各区段自行筹办，刻已得巡警五百余名等情。业已通饬仿行，并因沂属莒州等处地接淮徐，素称多盗，专札该地方官迅速筹办各在案。事关通省，必须将通则斟酌妥善，经谘议局议决，方可责其实行。兹将历城县酌拟通则及聊城县原禀附录于后，是否该通则即可普施，抑或有尚须参酌修改之处，务望悉心议定一单行章程，期于经费减轻而组织悉具，于部章无所抵牾，于本省各属均易见功，是为至要。应交谘议局公同议决，呈候核夺施行。

照录历城县筹办乡镇巡警通则

第一条　定宗旨

乡镇巡警由警务长督同自治会员设法筹备，禀承巡警道办理，以保持公安、预防危害为宗旨。

第二条　划区域

乡镇地面广狭不同，应即按自治区域划分巡警区域，每一区得以若干村庄之结合设立分段，其一区分为若干段，应由自治公所先行划清境界，呈报查核。

第三条　设定额

每区设区官一员，司书生一员，其所辖界内应视地方之繁简，分为大、中、小三等。大分段设巡官一员，巡警三十名；中分段设巡长一名，巡警二十名；小分段设巡长一名，巡警十六名。

第四条　慎选派

巡长以上各员由巡警道选派警察毕业生前往承充，其巡警由警务长督同自治会员挑选，以年力强壮、粗识字义者为合格。吸食洋烟，素不安分及曾当官役者，概不准充。

第五条　教功课

巡警挑齐后，由区巡官长在本区段内附设教练所，每日酌订钟点，调集各警讲授警察及操练各法，俾各警咸知应尽之职务，并随时考问，以觇其进步。教练所讲义应照章请领，以资授受而归一致。

第六条　筹经费

巡警之设，原期持久，非有常年的款不办。应由本地士绅选举警董或以乡董兼充，设法筹募，俟筹有的款，由警务长将所筹款目呈报巡警道立案，以垂久远。

第七条　节度支

区巡官长、警夫、司书生薪饷、工食数目，原有详定章程，应照章办理。如遇临时及特别开支款项，应由警董会同区巡官先行呈明警务长核定，方准动支。警董虽专司管理银钱之事，亦不得擅自支销，每月须将报销收支各款目分别造册送警务长查核，照章汇报，惟银钱各款均折合新湘平造报，以归一律。

第八条　勤报告

乡镇已设巡警处所，本月内有无事故及局中逐日所办事件，均应仿照各分区日报单式，造送旬报、月报，以考勤惰。

第九条　造名册

各区巡警年貌、籍贯、保人以及补充时日，均应按季造册，呈送警务公所，以备查考。平时如有开补，应即随时呈报。

第十条　重巡逻

乡镇巡警办法与城市不同，既无多人轮流守望，其功用以巡逻为重，其巡逻应行注意各事项，均照省城现行规则办理，仍酌量地方情形，添设马巡，俾昭周密。

第十一条　明权限

凡有妨害治安，干犯违警者，区官可以讯办，即行政警察应有之权。如命盗、户婚、田产，案情重大者，仍归地方官管理。本属地方官固有之权，如事出仓猝，迫不及待时，若捕罪犯、搜赃证之类，区官亦应力任其责，以补地方官之不足，惟不得有责讯等事。

第十二条　备器械

巡警昼夜巡逻，须有枪械，方足自卫。如遇有抢劫重案，盗贼拒捕时，准巡警放枪抵御，平时无故不准放枪。但现时不能全数备发，应查明各乡镇原有枪支，呈验备用，以济要需。至服装，均遵照前此通饬部章办理，不得稍有歧异。

第十三条　核功过

无论官绅长警，果能办事勤慎，著有成效，应按照省城现行章程，随时记功，三功为一大功，积大功至三次或三年无故者，由公所分别请奖，拿获重案者随时请奖，懒惰者分别记过，三过为一大过，积至三大过者撤究。

第十四条　订细则

以上各条系筹办乡镇巡警通则，至于施行细则，应由警务长酌量地方情形，详细规订，禀明巡警道核夺。（聊城县原禀已登本报第三十期）

《山东官报》第三十四期，宣统三年八月初十日（1911 年 10 月 1 日）

普设贫民工厂提议案

东省工艺不兴，不但商业未能发达，而生齿日繁，游民日多，黠者流为盗贼，弱者迫为乞丐，甚可悯也。加以今年东省贫民小工，由外驱遣回籍者难更仆数，谋生无策，殊碍地方治安。莫若每府组织贫民工厂一所，各县愿设者亦听其便，专收贫民，教以浅近工艺，使之学成艺就，足以自赡身家，将来成效已著，即可改良工作，抵制外货，名为贫民谋生计，实为国家图富强。且此项工厂系属营业性质，但于创办时筹画经费，如试办地方公债及绅富捐输等类，一经成立，则一二年后流通周转，利益无穷。应交谘议局公同议决，呈候核夺施行。

《山东官报》第三十四期，宣统三年八月初十日（1911 年 10 月 1 日）

禁止早婚提议案

古制男女定婚后，写立婚书，报于所司，不报者即为私约，故《周礼》有媒氏以司婚姻之事。后世不行此法，解者遂谓有媒妁通报、写立者为婚书，古制寖失。近如东西各国，凡属正式结婚，犹须报官注册，独我国至今于民间婚嫁之事，但听两家各从所愿，官署并不过问，亦无册籍可以稽核。东省男子早婚已成陋俗，登、莱、青一带尤甚，往往未达成年，即为聘娶二十余岁之妻室，贫寒之家亦复如是。乡愚不知礼法，惟希冀多增一人看守门户，操持工作，并未计及幼年之子智识未充，体质未壮，学业未就，遽予聘娶妻室，流弊何穷。况妻者，齐也，与夫为齐体之人，年不相称，必非人情所愿，甚至因奸酿命及黄夜私奔之案数见不鲜。若遂长此不变，必至生计愈艰，人种愈弱，至于风化有关，犹其小焉者也。应交谘议局公同议决禁止办法及婚嫁年龄定限，呈候核夺施行。

《山东官报》第三十四期，宣统三年八月初十日（1911 年 10 月 1 日）

禁止买空卖空提议案

买空卖空，系虚拟买卖银钱货物若干，订明期限，俟届期按市价涨落，以定输赢。一发不中，荡产倾家，败坏市面，实为商务之一大害。从前惟有黄县等处有此恶习，名为期票，实赌空盘。近年烟埠亦渐染此风，虽迭经地方官出示严禁，乃该商等惟利是图，妄生希冀，不作前车之鉴，犹为覆辙之循，文告徒颁，欺朦自若。屡由巡警局严密查访，设法禁止，探得钱业公所有买空卖空情事，当饬搜查账据，以凭核办。而该公所踪迹诡密，巧于掩避，坚称实无此事，以后有犯，甘愿治罪，只得暂免追究。现在严密探访，虽一时敛迹，惟是既已开此风气，但恐日久效尤者多。贪利忘害，人之恒情，譬之盗贼有刑，而盗者自盗，赌博有禁，而赌者自赌。应如何妥议善法，以绝弊源之处，应交谘议局公同议决，呈候核夺施行。

《山东官报》第三十四期，宣统三年八月初十日（1911 年 10 月 1 日）

山东省农会详细章程提议案

查农务总分各会，前经农工商部于光绪三十三年九月十四日奏定简明章程二十三条，历经本省遵行在案。其第二十二条内开，本部酌定大概办法，以为准则，其各省设立农会时，应准其因地制宜，详定办事规则，禀部核夺，总以无背此项定章为断等语。是本省办理农务总分各会，得因地制宜，订立章程，咨部办理。现在本省此项总分各会，均已次第设齐，而选举手续往往诸从简略，错误歧出，不可究诘，亟宜明示范围，申明部章界划，以免歧误。又总会为各分会之总汇，各分会又为各分所之枢纽，亦应遵照部章，明定联络方法，以期互相联合，俾农务日有起色。且现在各属自治会次第成立，农会虽为国家委任机关，究系地方公益团体，地方公款彼此既时有争议，而应执行之事项往往又多两属，更不能不早为订定，以期彼此互相维持，共图进步。兹将应行订定各节草拟山东省农会详细章程三十六条，查系本省单行章程，应交谘议局公同议决，呈候核夺施行。

山东农会详细章程

第一章　总　则

第一条　本章程系遵照部颁奏定农会简明章程，参照本省办理农会成案，由劝业道禀经抚院核交本省谘议局议决，作为本省单行章程。

第二条　本章程于本省谘议局议决，经抚院批准后施行之。

第三条　俟后如另奉有部颁农会详明章程或其他章程，与本章程不一致者，仍应遵部章办理。

第四条　凡部章及本章程所不及者，一切均应照详定该各会办事细则办理。

第二章　选举手续

第五条　省城农务总会董事应于该会总、协理任期届满之先期五个月，由劝业道或其委任官厅，召集在全省照部章所规定合董事之资格者，举行董事选举，其选举由劝业道或其委任官厅监督之。

第六条　省城农务总会总、协理等于董事举定后，照部章于前任总、协理任期届满之前三个月，于新选董事中公同选举，其选举由劝业道监督之。

第七条　各府州县地方官应于各该府州县农务分会总理等任期届满之前五个月，召集境内遵照部章合董事之资格者，举行董事选举，其选举由各该地方官监督之。

第八条　凡各府州县农务分会总理之选举，于董事举定后，遵照部章于前任总理任期届满之先三个月，由新选之董事公同选举，其选举由各该府州县地方官监督之。

第九条　凡新举之总会总理、协理，分会总理暨各董事等，于举定后，总会由劝业道将当选人姓名移知该会，分会由该管地方官将当选人姓名移知该分会。

第十条　凡总会总、协理及分会总理等，于举定后，俟前任总会总、协理或分会总理任期届满之日，先行到会任事，其任期仍应以奉到部札日期开始计算。董事等亦应于举定后，于前任董事任期届满之日先行到部任事，其任期亦以奉到部覆之日开始计算。

第十一条　凡总会总、协理等举定后，应由劝业道将当选人履历清册详报抚院，咨部加札任用。

第十二条　凡各分会总理举定后，应由劝业道将当选人履历清册详明抚院，报部加札任用。

第十三条　凡总分各会董事举定后，应由劝业道将各董事履历清册详明抚院，报部立案。

第十四条　凡各属农务分所董事，亦以一年为任满之期，举定后，应呈由该管地方官将各该董事履历详请劝业道立案，刊发图记，并应报告该处农务分会。

第十五条　如各属农务分所董事选举有争议时，由该各府州县地方官决定之。

第三章　总会与分会、分所之交互事件

第十六条　各分会应行报告劝业道各事项，应分牒农务总会查照。

第十七条　总会为谋全省农业上之发达，有谘询各分会、分所之事项，该分会、分所应随时牒复。

第十八条　总会应随时招集各分会酌派代表来省，会议本省农业上各事项，呈请劝业道查核办理。

第十九条　总会于农业上研究得有新法，或据各分会报告研究得有新法时，应由总会报告各分会斟酌试办。

第二十条　总会对于分会施行之事项，非有关于全省之利害者，不得过问。

第四章　分会、分所之交互事件

第二十一条　各分所应行报告劝业道及本地方行政长官之事项，并应分牒该处农务分会查照。

第二十二条　各分会为谋本境农业上之发达，有谘询各分所之事项，该各分所应随时牒复。

第二十三条　分会应于农隙之时招集各分所董事，会议关于本境农业之事项，议决后呈请本县地方官查核办理。

第二十四条　各分会于农业上研究有得，或奉总会牒知研究有得之新法，应通告各分所斟酌试办。

第二十五条　分会对于分所施行事项，非有关于全境之利害者，不得过问。

第五章　总分会与自治团体之关系事件

第二十六条　凡农务总分各会，遵照部章及本身单行章程所执行之事项，各自治团体不得干涉。

第二十七条　凡总分各会预经禀准指拨本地公款作为该各分会常年经费者，各自治团体不得再行改拨。

第二十八条　农会虽为国家委任机关，所办皆地方公益事件，应于筹定各县自治经费中酌拨若干成，作为该各会常年经费，应由该各县议事会议决，呈由地

方官禀定之。

第二十九条　总分各会收支款项，除遵照部章第八条呈部查核外，应仍按照本章程所规定关系预算决算各条，分别办理。

第三十条　总会应于每年度谘议局常会期内，提出明年预算，交该局议决。

第三十一条　各府州县分会应于每年度该属各上级自治议事会会议期内，提出明年预算，交该会议决。

第三十二条　各州县乡镇等处分所应于每年度该乡镇议事会会议期内，提出明年预算，交该会议决。

第三十三条　总会应于每年度谘议局开会时，将上年决算表暨收支细帐送交该局考核。

第三十四条　各州县分会应于每年度该各属上级自治议事会开会时，将上年决算表暨收支细帐送交该会考核。

第三十五条　各州县乡镇等处分所应于每年度该各乡镇议事会开会时，将上年决算表暨收支细帐送交该会考核。

第六章　附　则

第三十六条　本章程如有未尽事宜，随时修改。

《山东官报》第三十四期，宣统三年八月初十日（1911 年 10 月 1 日）

山东省农事试验场章程提议案

查分年筹备事宜表内开，第三年通饬各省筹设试验场。东省此项试验场现经劝业道筹办，定有章程三十九条，附属新式肥料场章程（十）〔九〕条。查系本省单行章程，照章应交谘议局公同议决，呈候核夺施行。

山东省农事试验场章程

第一章　总　则

第一条　本场系劝业道遵照部章，详经抚院批准，于省城西郊碧稼洼设立。

第二条　本场所有调查研究关于农事各事项，凡地方官及各公私团体皆有协助之责。

第三条　本场事务按照学理划分为十二部，其部分如左：

一、种植部。关于研究普通、特用园艺蔬菜各项作物之生理、病理及改良种植一切事项。

二、土壤部。关于研究土壤性质、效用及改良一切事项。

三、肥料部。关于研究肥料元素、性质及制造改良一切事项。

四、农具部。关于研究新式农具之效用及改良旧有农具一切事项。

五、昆虫部。关于研究益害虫发生经过及预防、驱除、保护等一切事项。

六、养蚕部。关于研究栽桑、饲育、制丝改良一切事项。

七、畜产部。关于研究家畜、家禽之生理、病理及饲育、繁殖、改良种类一切事项。

八、农产部。关于研究农产制造一切事项。

九、森林部。关于研究造林保护及利用林产一切事项。

十、气候部。关于验测气候一切事项。

十一、调查部。关于调查本省、外省及外国农事一切事项。

十二、编辑部。关于编辑各部试验成绩报告一切事项。

第四条　肥料部于东关马路迤北另行设立，并于其处附设制造、贩卖所，以便农民购买，其规则别定之。

第五条　养蚕一部现已另行组织蚕业讲习所，本场暂缓设立。

第六条　森林一部现因本场地面狭隘，俟择有相当之地，再行扩充试办。

第七条　本章程由劝业道禀经抚院核交谘议局议决，于批准后施行之。

第二章　职员及职务

第一节　职　员

第八条　本场之应设职员如左：（甲）场长一员，月支薪水银八十两。（乙）

技师二员，月各支薪水银五十两。（丙）技手三员，各月支薪水银二十四两。（丁）画师一员，月支薪水银二十四两。（戊）编辑文牍员一员，月支薪水银三十六两。（己）会计庶务员一员，月支薪水银三十两。

第二节　场长职务

第九条　场长职务如左：一、遵照定章，禀承劝业道命令，综理全场事务。二、遵照定章，禀承劝业道命令，支配各项员司。三、核定一切文书簿记。

第三节　技师之职务

第十条　技师受场长之命令，执行左之职务：一、指挥监督技手、画师、书记、夫役执行应行事项。二、分别研究各部试验事项。三、会同编辑员编辑报告。四、登记日记及试验表。五、掌管陈列物品。

第四节　技手之职务

第十一条　技手承场长、技师之命令，执行左之职务：一、督率农夫实地试验。二、稽查夫役勤惰。三、草拟日记及试验表。

第五节　画师之职务

第十二条　画师承场长、技师之命令，执行左之职务：一、绘画本场应绘之图画。二、制造动植物标本。三、各项标本之摄影。

第六节　编辑文牍员之职务

第十三条　编辑文牍员承场长之命令，执行左之职务：一、编辑报告。二、草拟文牍。三、核对文书。四、遇有本场全体会议，草拟记事录。五、保存本场图书文牍。

第七节　庶务会计员之职务

第十四条　庶务会计员承场长之命令，执行左之职务：一、掌管经费出入预算决算之事。二、编制预算及决算表。三、造具收入支出月报、季报及年报。四、管理各部买卖物品事项。五、稽核肥料部售卖肥料款目。六、管理本场夫役。七、保管本场一切物品。

第八节　夫　役

第十五条　除左列员司外，应设书记一名，缮写本场一切文牍；农夫十四名，家畜夫一名，家禽夫一名，分司种（值）〔植〕蓄养各事；并设门、厨役各一名，杂役二名，以供任使。

第三章 本场办事细则

第十六条 本场经费应分经常、临时两种，由场长会商各职员，提出预算案，呈由劝业道核转，俟预算确定后，发还执行，并编定决算表，呈由劝业道核转施行。

第十七条 场内应办之事，由场长谘询技师，表示揭示处执行之。

第十八条 本场试验成绩应分区分号分类试验，以示比较，其分类如左：（甲）土壤试验之比较。（乙）肥料试验之比较。（丙）种类试验之比较。（丁）栽培试验之比较。（戊）害虫驱除试验之比较。

第十九条 凡试验一物，必施行二次以上，以期最确定之成绩。

第二十条 本场出产应将收获量确实检定，以便比较。

第二十一条 各区各号均应用长签标明，以示区别而便参观。

第二十二条 本场分区试验，应制分区试验成绩表，由播种至收获经过状况，均应记入，以为比较之据。

第二十三条 本场应将每日试验事宜设立日记簿，全行记入。

第二十四条 上列成绩表及日记均应每季汇报劝业道查考。

第二十五条 凡试验成绩确定，应即编辑报告，呈由劝业道查核后，报告各农会及试验场，以便仿行，并编辑白话传单，广行分散农民，以开风气。

第二十六条 本场每日试验时间，按照农业通例，上午由六点半钟至十一点钟，下午由一点钟至六点钟。

第二十七条 本场休息期如左：一、万寿日。二、清明、冬至日。三、端午、中秋日。四、星期日。前项星期日仍应轮流分班执行职务，不得全体出场。五、年假二十日。临时由场长择定日期宣示。

第二十八条 本场职员除星期日更番休息，及其他休息期间外，遇有特别事故，必须请假者，须得场长之许可，不得擅自出场。

第二十九条 凡农人及农务团体有谘询本场之事项，本场应择要答复。

第三十条 凡有关于农业改良之事件，本场得仿日本巡回讲话例，派员分赴各处，随时劝导。

第三十一条 凡各州县出有特别害虫，本场得派员前往该处考查，并授以驱除之方法。

第四章　参观规则

第三十二条　凡有热心农事，来场参观者，不在假期及试验时间，本场应派员招待，如有谘询，应即详为答复。

第三十三条　本场参观时间，春分后每日由上午九时至十二时，下午以一时至四时；秋分后每日上午以十时至十二时，下午以一时至四时。

第三十四条　凡来场参观者，出入须循路径，不得超越畦圃，践踏禾稼。

第三十五条　凡来场参观者，均应遵守本场规则，违者得由本场令其随时退出。

第三十六条　凡来场参观者，不得折取花果、禾稼等，但农业团体及各学堂采供标本，及学理上研究之用，经场长之许可者，不在此限。

第三十七条　疯狂醉汉及有碍风俗、秩序之状态者，一概不许入场。

第三十八条　凡来场参观者，必先由回事处通报本场职员，不得竟行（拦）〔阑〕入。

第五章　附　则

第三十九条　本章程如有未尽事宜应行增改者，应由场长随时呈由劝业道详请抚院核定施行。

农事试验场附属新式肥料场规则

一、本场以推广改良新式肥料为宗旨，次第制造各种新式肥料，并附设贩卖所，以便农民购买。

二、本场系由农事试验场肥料部分设，即名为山东农事试验场附属新式肥料制造场。

三、本场设立省城东关外马路旁，计地四亩余，除建筑应用屋宇及制造场外，均作为试验肥料种植地亩。

四、本场置技手一员，农夫三员，专司制造、试验及贩卖事宜。

五、本场所制肥料，先就燻炭类试办，其制造、施用方法及其效力，均应编成白话，分散农会，并传布农民，俾知肥料之效用，以便购买。

六、本场一切事宜，均统属于农事试验场。

七、本场所售肥料，价值特别从廉，庶期新式肥料可期逐渐推广。

八、本场肥料价目，俟开场制造后计算成本，再行核定。

九、本场试验一切作物，均应准农人参观，其参观章程，均应按照农事试验场章程办理。

《山东官报》第三十四期，宣统三年八月初十日（1911年10月1日）

劝设农工商联合会提议案

查东省农会、商会均已成立，惟工会甫经议办，尚无基础。以三会之利益论，工会应与农、商并重，部章所以缓设工会者，实知中国无大工业家，而所谓工者，大半农为之本，而商为之标，故必待农、商会之成立而后及于工也。顾中国习惯，恒农自为农，工自为工，商自为商，不相联络，以故工之所出，商不过问，商之所宜，工不及知。而农产一项，各乡氓自为生活，更无谋及工商者矣。现在农、商两会业经遍设，工会亦将次成立，凡从前农业之简陋，工业之窳败，商业之失坠，或可藉此振作，以逐求改良进步。然于三者之中，欲其互相沟通，俾农所种植、工所制造、商所贸易，均能自为承接，求供无差，以贯注之精神，收发生之效力，自非兴举联合会，以群策群力，伙同研究不可。去年留学生许衍灼等已在日本东京联合同志，研究学术，公立农工商研究会，并由劝业道协助经费五百元，令其随时报告，以资提倡。第研究所远在外洋，所研究者大半偏于学理，于本省事实不无隔阂，仅恃此以促实业之进行，无当也。亟应由本省组织联合会，以对待而利用之，将内地应兴应革各利弊，质之于外，复将外洋可采可学各方法，输之于内。如此参互考求，所得既多，则此一大团体实力进发之现象，可期诸旦暮而普及全省，较之农工商会之各自为谋者，其收效奚啻倍蓰哉。兹将办法开列于后，应交谘议局公同议决，呈候核夺施行。

一、联合会宗旨，端在联络农、工、商三界中人互相维系，发生实业。

一、农家所出、商家所输，皆赖工人制造，是农、商之所利，非工不办。现正筹设工会，此项联合会应先由农会、商会化除畛域，筹款合设。

一、联合会应由各总会发起，由各州县公举一二人入会代表。

一、联合会举办一切事宜，应由各会公举总理一人、协理二人督责之。

一、联合会常会宜一月一开，其特别会议由总理临时召集。

一、本省联合会与东洋研究会宜互相联络，并将进行各情形随时报告劝业道查考。

一、联合会详章俟议决实行，再由该会自行订定。

《山东官报》第三十五期，宣统三年八月十七日（1911年10月8日）

山东省推广森林试办章程提议案

查推广森林，经农工商部于宣统元年三月初九日奏定章程二十二条，本省历经遵照办理，前劝业道复详定试办森林及劝民种树两项章程，以为之辅。谘议局元年常会又经议定推广办法，叠次通行在案。惟部章仅及大纲，而试办森林章程，当时又以便于稽考起见，规定就劝业公所内附设森林公所，青州府先行设立分所。其实劝业公所既为本省农业之总汇，附设森林公所转嫌其赘。此外关系分所各条，亦尚间有疏漏，且各处情形不同，似不妨任其于定章范围内自行详定。又劝民种树章程，虽文字详瞻，筹划周密，但系属文告体裁，尚非法律格式。谘议局议决各条又属条件零星，未经组织。以上各端，均应及时改定。今遵照部章，将应行改订各节，草拟山东省推广森林试办章程三十八条，查系本省单行章程，应交谘议局公同议决，呈候核夺施行。

山东省推广森林试办章程

第一章　总　则

第一条　本章程遵照部颁推广农林简明章程，并将从前详定试办森林、劝民种树两项章程修改，由劝业道禀经抚院核交谘议局议决，作为本省单行章程。

第二条　本章程于谘议局议决，经抚院批准后施行之。

第三条　本章程公布以后，所有从前详定试办森林、劝民种树两项章程，即行废止。

第四条　凡部章无明文者，均应按照本章程办理。

第五条　俟后如另奉有部颁各项森林章程，与本章程不一致者，仍应遵照部章办理。

第六条　本章程遵照部章别为三项：（甲）官有森林。（乙）民有森林。（丙）官民共有森林。

第二章　官有森林

第七条　凡各州县官荒山场、河滩地亩，宜于林业者，得由劝业道查明，就该处设立森林分所，兴办官有森林。

第八条　各分所应设经理委员一人，事繁者或酌设副经理一人，由劝业道遴员，详请抚院加札任用。

第九条　各分所应设司事等，应由委员随时禀请劝业道任用之。

第十条　各分所得酌量情形，设森林警察若干名，随时由经理员禀定之。

第十一条　各分所应造具每年度预算决算清册，呈候劝业道核转。

第十二条　各分所应将所办森林区域，按照官亩弓步，造具四至清册，并分绘总分各图，详请劝业道查核，并设立界石，以清界限。

第十三条　各属荒山半系民间畜牧、采樵之所，应酌量画定区域，留供民用。其区域应由委员于设所后，会同地方官禀定之。

第十四条　各分所办理森林，应就地方所宜，分别为三类，随时由委员禀定之。（甲）保安林，此项森林为保护水道堤及扞防沙土风雪等害之用，禁止采伐。（乙）供用林，此项森林为供寻常取求之用，凡可储为伟大坚实之材者，非二十年后不得采伐，至寻常木材，采伐时间无定，但须采伐后随时补种。（丙）

试验林，此项森林为试验土所宜木而设，禁止采伐。

第十五条　各分所应遵照本章程，另定该分所办事规则，呈由劝业道核明，详请抚院批准施行之。

第三章　民有森林

第十六条　凡官荒山场、河滩地亩，除垦务分局照章勘放外，其余均准人民请求地方官详准劝业道核准，酌收押价，发给领单，承领开办森林，二十年后再行核明升科。

第十七条　凡民业荒地，情愿开办森林者，得由业主请求地方官随时保护。

第十八条　凡集股开办民有森林者，或按照公司律组织公司，或自行订定合同办理，均听其便。

第十九条　凡地方公益团体请领官荒地亩开办森林，作为永久经费者，一切均照民有森林办理。

第二十条　凡民有森林，无论官有地亩，或自己地亩，均应将界址、树株、种别、株数及公司名称、规则呈明地方官，报告劝业道立案，并按年将成活树株数目列表呈报查考。

第二十一条　凡民有森林公司或团体，种植树株成材至五千株以上者，应由劝业道赏给匾额；成材至一万株以上者，应由劝业道详请抚院赏给匾额。

第二十二条　凡人民独力创办森林，卓著成效，除成材在万株以上者，按照部章第十四条分别咨部奏奖外，其在五千株以下者，由地方官查验后，得按照成材株数，呈由劝业道详请抚院赏给各项功牌，其等级如下：（甲）五千株，五品功牌。（乙）三千株，六品功牌。（丙）二千株，七品功牌。（丁）一千株，八品功牌。

第二十三条　凡民有森林之采伐，悉听其便，但须随伐随种，以期久远。

第二十四条　凡承领官荒地亩开办森林者，如扣限一年仍未开办者，应将其地收还另放，并酌量课罚。

第四章　官民共有森林

第二十五条　凡官荒大段山场、河滩，公家因限于经费不能开办官有森林者，得由人民集资请求官民合办，将土地按市价作为官股，所有一切权利义务，均按照公司律办理。

第二十六条　凡民有大段荒山，因财力不及，不能自行开办者，得由官拨款开办，作为官股，一切权利义务，均按照公司律办理。

第二十七条　凡官民共有森林，或由官承办，或由人民承办，临时以协议定之。

第二十八条　凡官民共有森林公司，应行报告劝业道各事项，一切均应与民有森林一律办理，不得歧异。

第二十九条　凡官民共有森林，应纳国家赋税，仍应照章办理。

第五章　森林保护条例

第三十条　无论官有森林、民有森林，以及官民共有森林，地方官均有保护之责。

第三十一条　地方官保护森林不力，违反部章第十一条者，应由劝业道随时详请记过撤换。

第三十二条　凡有森林地方，地方官应于春秋两季，就附近地方出示晓谕，禁止偷窃作践。

第三十三条　凡有偷窃树株者，一经委员或业主及管理人呈报后，地方官务当严缉窃犯到案，责令窃一株，罚种十株，其无力补种者，按律治罪。

第三十四条　凡纵放牛羊践踏树株者，一经委员及业主或管理人呈报后，地方官应查明其人，从严课罚，并将牛羊入官充赏。

第三十五条　凡偷窃树株，践踏树秧，业主不愿自行呈报者，得请求本处农务分会或分所代为呈报。

第三十六条　凡人民零星种植树株，遇有偷窃作践情事，得援照本条例办理。

第六章　附　则

第三十七条　本章程公布施行以后，应由劝业道通饬各属，将从前详定有案各森林，一律按照本章程区分性质，更定名称，以归画一。但如从前领有官荒地亩之森林，照旧章不交押价者，仍旧办理。

第三十八条　本章程如有应行更易者，随时修改。

《山东官报》第三十五期，宣统三年八月十七日（1911年10月8日）

山东省修订垦务章程提议案

东省垦务，自光绪二十九年经前抚院周札委候补道杜秉寅设局查办，先从登、莱、青三府入手，详定升科章程十条。自光绪三十年兼办乐安县海滩地亩，另定招佃章程九条。又于三十一年接管利津勘丈局事务，仍照该局旧章办理。嗣又查办东阿等处荒地，又议招佃章程九条。其间尚有随时由委员禀准之件，固属因地制宜，而头绪极为繁赜。至宣统元年冬间，垦务改归劝业道管辖，经前劝业道删繁就简，厘定新章八条。第系专重升科，与历年办理招佃成案既有不符，且于现在办垦情形亦多窒碍。兹经遵照部颁推广农林简明章程，并就从前东省升科、招佃各旧章，重加修改，草订修改垦务章程四十二条，查系本省单行章程，应交谘议局公同议决，呈候核夺施行。

修订垦务章程

第一章　总　则

第一条　凡各州县官荒地亩，得由布政司、劝业道会同委员丈勘，按照官亩弓步，分别升科、招佃两项办理。

第二条　凡应行升科地亩，以山荒牧场及其他确系熟荒，不致旋垦旋辍者为断。丈放时先行分别等级，酌收押价，自丈放之日起，扣足三年，再由布政司核请升科。

第三条　凡应行招佃地亩，以滨河、滨海、湖淤不时垦废者为断。丈放时先行分别等级，酌收押租，嗣后每年按春秋两季酌收岁租，但此项地亩如确已成熟，不至旋垦旋辍时，仍应由布政司核明，详请升科。

第四条　凡各地应收押价、押租及岁租，均由州县官会同垦务委员询商自治会，分别等级禀定之。其等级各别为三则，如下表：

押价	押租	岁租
上则每亩京钱十二千文		
中则每亩京钱八千文		
下则每亩京钱四千文	上则每亩京钱四千文	
中则每亩京钱三千文		
下则每亩京钱二千文	上则每亩京钱八百文	
中则每亩京钱六百文		
下则每亩京钱四百文		

第五条　押租、岁租有因地方情形不同，比照下则地亩尚须酌减者，应由地方官会同委员详请办理。

第六条　凡升科地亩，经委员丈放后，应由委员发给凭单，作为领地之据，俟押价全数清缴，再由地方官汇案请领司发执照，以昭大信。

第七条　凡招佃地亩，经委员丈放后，应有委员先行发给领单，作为领地之据，俟押租交清后，再由地方官汇案请领司发佃照，俾资信守。

第八条　凡招佃地亩应纳岁租，应按春秋两季，由承佃之户自行赴县完纳，由县掣给租串为凭。

第九条　凡应行招佃之地，如系上半年承领，即于本年秋季起征岁租，如系下半年承领，即于次年春季起征岁租。

第十条　凡官荒地亩业经有人私行占垦及素为地方公共占有者，如由原占有人自行呈报，仍可准其按照所占有亩数照章给放，如匿不呈报，别经发觉，即由地方官会同委员另行招人承领。

第十一条　凡各垦户如有遗失执照、佃照者，应准随时赴该管各地方官呈请补领，并将原领执照或佃照报明注销。

第十二条　凡垦户承领荒地后，无力自行垦种者，升科地亩准其转售他人，惟招佃地亩原领垦户自愿将其地让与他人承佃者，亦准检呈，原领佃照由该地方官核发更名印票。

第十三条　凡各州县办垦委员及州县官有违反法律者，得由该垦户赴劝业道衙门提起行政诉讼。

第二章　州县官之责任

第十四条　执行第一章所规定关系于州县职务之事项。

第十五条　判断关于垦务之诉讼。

第十六条　查复布政司、劝业道对于垦务之行查事件。

第十七条　遇有私垦官荒地亩，应随时劝谕绅董，谕令垦户呈报，并调查境内所有荒地。

第十八条　经收升科地亩押价，招佃地亩押租及岁租。

第十九条　凡委员已经办定地亩，应造具花户地亩清册，移送该管州县存案。州县查核无误后，应具文申报布政司、劝业道查考。

第二十条　凡应收之押价、押租，自丈放之日起，至迟不得过一月，岁租自设柜之日起，至迟不得过两个月，统由州县官按批报解，不得迟误。

第二十一条　凡招佃地亩，遇有灾歉，应收岁租得由该管州县官分别请缓请免，禀准后分别榜示，俾众周知。

第二十二条　凡历年办定未收之押价、押租，应截至本年岁底一律收齐，其不能完纳者，即将此地收回，另行丈放。

第三章　委员之职务

第二十三条　凡有垦务之州县，设垦务分局一所，应设委员一人，月薪五十五两，事繁者或酌设帮办委员一人，月薪三十六两，司事十八两，此外书手、丈勇、差役等，合之局用纸笔等费，每处事繁者不得过六十两，事简者不得过三十五两。其人数、银数，委员于设局后禀定之。

第二十四条　执行第一章所规定关系委员职务之事项。

第二十五条　自设局之日起，扣限三个月，如委员认为无地可放，应即禀请撤局；如委员认为有地可放，办理需时者，准其禀请展现三个月或六个月，但展现期内所收押价及押租不敷该局应领薪水、局费时，概由委员负其责任。

第二十六条　所放荒地于停丈后，应汇造花户地亩清册，并分绘总分各图，申报劝业道暨移会地方官查照。

第二十七条　应将查勘荒地情形每月报告劝业道一次。

第二十八条　每月收支款目，应缮具清册，呈报劝业道查考，俟停丈后再行汇造总册，呈候劝业道查核汇报。

第二十九条　如遇有私垦官荒地亩，应劝谕绅董随劝勒令垦户呈报。

第三十条　应将该处银价五日报告劝业道一次。

第四章　赏罚规则

第三十一条　凡有垦务之州县，准于所收押价、押租及岁租内，按照预算案内准支成数如数扣支，作为州县办理垦务奖励。

第三十二条　办理垦务各项委员，如办理垦务确有成效，应遵照光绪三十三年上谕，由布政司、劝业道汇案详请抚院分别奏请奖叙。

第三十三条　绅董随同办理垦务确有成效者，准于所收押价内提出一成，以七厘作为绅董酬劳。

第三十四条　前条押价内所提之一成，除以七厘归绅董外，其余三厘应以一厘赏报荒人及地保，二厘充州县办垦人役及分局书勇赏犒，以资鼓励。

第三十五条　州县办垦不力者，应由布政司、劝业道随时分别详请撤换、记过。

第三十六条　委员办理垦务不力及藉端滋扰者，应由布政司、劝业道分别详请撤换、记过。

第三十七条　绅董藉端滋扰者，应随时由该印委会同详请办理。

第五章　凭票方式

第三十八条　所有关于垦务凭票各项方式如左：（甲）升科地亩执照。（乙）升科地亩凭单。（丙）招佃地亩佃照。（丁）招佃地亩领单。（戊）招佃地亩租串。（己）更名执照。①

第六章　附　则

第三十九条　本章程遵照部颁推广农林简明章程，并将从前本省垦务章程修改，由劝业道禀经抚院核交谘议局议决，作为本省单行章程。

第四十条　本章程于谘议局议决，经抚院批准后施行之。

第四十一条　本章程未经公布以前已经办定地亩，所有押价及押租、岁租等一切均仍旧办理。

第四十二条　本章程如有应行修改之处，应由布政司、劝业道随时详请

① 以下原有各票样式，兹皆略去。

修改。

《山东官报》第三十五期，宣统三年八月十七日（1911 年 10 月 8 日）

劝设女工传习所提议案

山东为圣贤桑梓，风俗本极敦厚，只以民力凋敝，不能自谋生活，故一般无职业女子迫于衣食，每致失所。既无礼教之防，又为习俗所染，女闾增盛，过市招摇，廉耻尽丧，隐忧兹大。今欲筹补救预防之法，当自重女子职业始。考东西各国小学，无论男女，皆有手工一科，以便出而营业。现在地方财力不及，纵不能遍设学堂，似可规仿其法，筹设女工传习所，附设简字学塾，俾下等社会中女子可以营正当生计，则所以培女教者，即所以厚风俗，或亦化莠安良之一法也。兹将办法条列于左，应交谘议局公同议决，呈候核夺施行。

一、此项传习所专以使下等社会苦贫失业之女子咸能自谋生活为宗旨。拟就省城济良所、全节堂等处酌量改设，以为各州县之模范。

一、此项传习所各州县均应各设一处，宜责成地方官督同议事会、参事会集议，或就地筹款，或就原有善堂改设，妥为经理。

一、此项传习所招生年龄宜在十二岁上下。

一、此项传习所宜择老成谙练之绅董管理之。

一、此项传习所内附设简字学塾，责成管理员兼任教授，俾女子皆可粗知文字。

一、此项传习所教员及一切服役之人，俱宜任用老年妇女。

一、此项传习所所习工艺，宜择普通常用之品，如织布、织手巾、织带及帽辫之类，俾可随地销售，易于获利。

一、此项传习所办有成效，应由地方官禀请奖励。

《山东官报》第三十五期，宣统三年八月十七日（1911 年 10 月 8 日）

借款开设纺纱厂提议案

山东棉产向称大宗，自罂粟禁种以来，美棉推广，而后种地日多，出花日富。惟本地不善纺织，率多转售外人，用机器纺织成纱，复行输入本省，历年销数渐增至五六万包，利权外溢，殊为可惜。今闻德人又将于青岛设立大轧花厂，欲尽收本地之花，就地轧成花衣，贩运出口。此厂若成，是东省之大利非尽为外人所夺不止。事机既迫，挽救愈不可缓，诚欲杜塞漏卮，保全利益，只有筹设纱厂一法。缘内地能自设纱厂，则本省之花不至外运，外来之纱不至内输，而所有花纱、粮饷之完纳税厘、转运水脚各费可省，成本轻则价值较廉，价值廉则销售自易，其营业之发达实可操券，而于保护贸易，有裨大局政策者无论矣。现拟于省外德州、东昌、济宁、胶州分设四厂，以每厂设纺纱绽子一万二千三百二十枚，每日可出纱二十包计算，除假期停工外，约计每年可出纱六千五百四十包。以应本省额销之纱计，仅过半销路，自确有把握。一俟获利，再行加设绽子，以每厂二万枚为止，则供给需要可以相应。此后察看情形，如出产花销纱之额日增，更可次第添厂，随时推广。惟此项纱厂每一处约计成本需银三十万两，四厂共需银一百二十万两。公家既无此大宗闲款可拨，若专恃集股，又未免耽误时日，不得已，拟如数息借外债，以冀速成。或有谓借款之策，近于饮鸩止渴者，不知振兴实业原系生利之事，与别项销费不同，况纱厂之设今已调查确实，获利之丰可按表而计，不数年而本利皆可清偿，则此项外债有百利而无一害，又何必因噎而废食耶。倘有热心绅富，能自集巨款兴办者，俾得少借外债，尤所殷望。兹将所拟开办纱厂预计表暨调查棉花产额出口、绵纱入口各表附开于后，一并发交谘议局公同议决，呈候核夺施行。

一、纱厂开办预计表

建筑费总共约济平银九万八千五百两。

一、纺纱厂连轧花厂周围地皮三十亩，约济平银三千两。

一、纱厂机器纺纱机房，约济平银五万二千两。

一、纱麻烟囱高至二十二丈，约济平银四千两。

一、纱厂公事房、机房、执事工匠住宅，约济平银七千两。

一、轧花厂机房，约济平银三千两。

一、轧花厂机房、公事房、晒场、帐房（执事、工匠住宅），约济平银四千两。

一、垫地挖池，约济平银一千五百两。

一、安放纱厂机汽，约济平银二万二千两。

一、安放轧花厂机汽，约济平银二千两。

机器费总共约济平银二十九万三千两。

一、纱厂全厂机器连运费，约济平银十七万五千两。

一、轧花全厂机器连运费，约济平银一万五千两。

一、纱厂机料备件、轧花备件，约济平银四千五百两。

采购棉花行费总共约济平银四十余万两。

一、总行，约备济平银二十余万两。

一、分行每厂应设三四处不等，每行应备济平银五六万两。

此项多寡可临时斟酌。

一、纱厂工程出息预计表

按照一万二千三百二十枚纺纱绽子计算：

一日夜做工程二十一点半钟，纺（一六号）纱二十包，每包用花三百二十一斤半，共用花六千四百三十斤，合至贵二十四两，计一千五百四十三两。

一日夜应用机料皮带、机油、铁器、纸料、木管、包札，牵算每大包三两三钱，计六十六两。

一日夜应用煤炭十二吨半，五两九钱二，牵算每大包六二五，计七十四两。

一日夜应用灯油、杂用、应酬、笔墨、街捐、岁修、簿据计十六两。

一日夜应用各等执事、机匠，各项男女人工约一千名，牵算薪工共合银二百三十九两。

一、成本以五十万两为率，定官利当年每两八厘，计需敷利四万两，每包应加六两六钱六分，计一百三十三两。

以上一昼夜计成（一六号）绵纱二十大包，共支银一千九百三十八两零，核现在省城市价（一六号）绵纱每大包一百十五两，二十包合银二千三百两。每一日所出除支实余银三百六十二两，每月以二十八日计算，再除小建三节共九天，每年工程净做三百二十七天，共出（一六号）绵纱六千五百四十大包，应售济平银七十五万二千一百两，按年核算，除支每年应得余利十二万零二百六十二两零。再，轧花厂全年轧花二百十万斤，每百斤余利五钱，共余银一万零五百两。全年两厂净红息银十三万零七百六十二两零。每年酌提十万两还本，五年即可还清。

一、山东棉花产额表

地　名	年　度	产　额
济南府	宣统元年 宣统二年	约收八十八万一千斤 约收七十六万斤
东昌府	宣统元年 宣统二年	约收二千一百二十一万余斤 约收二千二百五十万斤
泰安府	宣统元年 宣统二年	约收一百零五万斤 约收一百二十万斤
武定府	宣统元年 宣统二年	约收七百四十万斤 约收八百二十万斤
临清州	宣统元年 宣统二年	约收一千四百万斤 约收一千六百万斤
兖州府	宣统元年 宣统二年	约收三万三千斤 约收二万八千斤
沂州府	宣统元年 宣统二年	约收四万六千斤 约收三万八千斤
曹州府	宣统元年 宣统二年	约收四百四十五万斤 约收三百九十万斤
济宁州	宣统元年 宣统二年	约收五千斤 约收四千斤
莱州府	宣统元年 宣统二年	约收六十万斤 约收七十万斤
青州府	宣统元年 宣统二年	约收五十二万余斤 约收六十万斤
胶　州	宣统元年 宣统二年	约收二十五万斤 约收三十万斤

每年约收计在五千万斤上下。

一、山东棉花出口表

光绪三十四年	宣统元年	宣统二年
二百万斤	二百五十余万斤	四百二十余万斤

一、山东绵纱入口表

国别	年度 光绪三十四年	年度 宣统元年	年度 宣统二年
日本	一万五千包	一万四千包	一万九千包
印度	八千包	九千包	一万一千余包
英国	七千包	八千包	九千余包

《山东官报》第三十五期，宣统三年八月十七日（1911 年 10 月 8 日）

兴办储蓄银行提议案

查国家银钱贵整理而不贵散漫，贵生产而不贵消耗，故业银钱者，新学家或称为金融机关，正取其流通致用，以有余补不足也。日本一岛国耳，其始金融机关不备，社会银钱散在各家，其浪费消耗无论已，即撙节之家稍有积蓄，亦不过埋藏地下，而不知展转流通，藉为生产。故虽富者亦易贫，而本贫者更难免于冻饿而死。国家忧之，因设邮便贮蓄及储蓄银行等制，以救其弊。邮便贮蓄者何？例如学童每日将其父母所付与之钱，能节省一铜元，即可赴邮局买一铜元之票，收而存之，日积月累，迨达至五元以上，邮局不再续卖，即将其票收回，付以五元之本，学童即可随此五元而生其利。夫邮便贮蓄，原所以奖励人民储蓄之心，何以至五元即不零星卖票？盖邮便系国家交通机关，重在公益，而非属营业性质，不能与银行争利，故数过五元即有储蓄银行收存，而无须邮便代办也。储蓄银行者何？即民间但有一元以上之资财，均可交行存放，以冀子母相生。夫坐拥厚资者，其贷借固可以直接大银行，而无须小储蓄机关以积铢累寸矣。至若中下等社会自食其力，在躯体健壮、年力富强之际，所收入之利固不至或虞缺乏，设一遇老病侵寻，治生乏术，而平时又乏丝毫之积，讵不将束手待毙。若各处多设有储蓄银行，凡中下等社会之人，当收入较裕之时，能节省一文，即存放一文，久之聚少成多，本生利而利又生本。始则人人之余积汇于银行，继则以银行之富藏更贷于人人，在个人固有防病养老之资，在社会更收挹彼注此之益，裕国便民，莫此为急。不然，此种机关未备，匪特一方面消磨人民储蓄之思，更虑一方面助长人民浪费之患。民生利赖攸关，应如何妥定例章，先行试办之处，应交谘议局公同议决，呈候核夺施行。

《山东官报》第三十五期，宣统三年八月十七日（1911 年 10 月 8 日）

府州县自治职办理预算条例提议案

查府厅州县自治章程，自治经费筹出之法有三：一为公款、公产，一为地方税，一为公费使用费。而公费使用费必待自治完成，然后发达，目前所可筹者，止有地方税与公款、公产之两途。然是二者往往在自治未成以前，已为他项官办（如统计处、筹备自治公所、劝学所、巡警教练所等）、民办（如教育会、农会、商会等）各种就地筹款之事所先占，争议时有所闻。若不为统一之计画，不惟自治经费无从另筹，即旧款亦决不能清理。兹草定自治职办理预算条例九条，以自治职为综括之机关，而仍设种种限制，以保各事业固有之财力。查系本省单行章程，除先饬自治筹办处通行各属遵办外，应交谘议局公同议决，呈候核夺施行。

一、府州县预算，以事隶本境、不属谘议局议决者为限。不论官办、民办及款目筹集先后，统交议事会议决之。案：本条以定预算之范围，或疑官办之事不应交自治会议决，不知本条以不属谘议局议决者为限，则此项事务原有提交省局之自由，若未入省局，再不委任自治会，更不足示人民以大信。

二、议决预算，可就本省事务缓急伸缩分配，但教育、实业两类，除就各本类内变更外，不得将从前禀定之额再为核减。案：本条以保教养之基础。

三、预算内得遵照地方学务章程第八至第十二各条，将专为学务筹集之基本财产及积存款项特别估列。案：本条以存地方学务章程之效力，使教育事业益加巩固。

四、私人指定目的之捐款，不得移充他用。案：本条以重个人之志愿。

五、议事会、参事会之薪水、公费不得过预算总额十分之一。案：本条以防自治职之虚糜。

六、教育会、农会、商会等会中经费，如系受有公款、公产及地方税之补助，应列入本预算，公同议决。其各该会仍得遵照他项法令，另办预算，将前项补助费及专属各该会之公费使用费，并会员捐助金列为入款，但须照录一份，交议事会备查。案：本条以遂社会分歧之发达。各该会预算不交议事会议决，则事业可以独立，而补助之款悉出于议事会之预算，议事会可查照各该预算以定程度，亦可无任意争占公款、公产之弊。

七、列入预算之官办事务，议事会可条陈利弊于长官，但不得轻议停废，移款作他项之用。

八、列入预算之民办事务，教育会、农会、商会等如有条陈于长官，应交议事会议决可否，然后施行。

案：以上两条以预免因预算而起议决之冲突，本在各项章程规定之内，因恐官民误会，故申言之。

九、府州县与城镇乡公款、公产之划分，及此外关系预算各事，悉依各自治章程办理。案：本条以括未尽事宜。

《山东官报》第三十五期，宣统三年八月十七日（1911 年 10 月 8 日）

抚部院谘询案

责成自治会查明滥漕谘询案

查东省有漕州县，每年额征漕米，除灾缓外，下余应征项下有逃亡之户，无人承纳者，即曰滥漕。每处或数十石，或百余石，甚至六七百石不等。此外尚有普济堂、养济院、育婴堂等项官地应完漕米，概由征漕之员照数捐解。盖征收漕粮定例綦严，除蠲缓外不许丝毫蒂欠。昔年有漕州县经征冬漕尚有余羡，故凡滥漕缺征之数，皆由经征州县设法赔补，固以藉纾民力，亦以自顾考成。现在州县公费不日实行，旧日之规费及钱漕平余，已经委员一再调查，均令和盘托出，涓滴归公，则此项滥漕断无令州县再负责任之理。然漕粮为正供所需，不准蒂欠又例有明文，自未便因滥漕赔补无人，吁请免征。况花户有死绝逃亡，而地亩仍在，即粮赋必有所出。拟即责成各州县上下级各自治会，查明此项滥漕地数若干，坐落何处，现归何人承种，责令立契投税承粮。如实有水冲沙压，未经报豁者，即呈报各州县查明剔除，开册报司，先于秋灾案内核缓，再行汇案请豁。其官捐漕米为数无多，即匀摊阖境弥补。以上办法有无流弊，用特谘询谘议局，希即公同议覆，呈候核夺施行。

《山东官报》第三十四期，宣统三年八月初十日（1911 年 10 月 1 日）

地方学务经费管理方法谘询案

地方官立学堂及其他教育事业之设置及稽核，又关于官办学务经费之核算，按照学部改订新章，概在劝学所职权之内。又改订劝学所章程第十三条，府厅州县办理学务一切经费，得由该管长官委任劝学所经理。地方学务章程施行细则第二十八条三、四两项，以关于府厅州县之预算决算事件，关于府厅州县学务之基本财产、积存款项，属府厅州县学务专员执行事务。第二十九条八、九两项，关于本地方学务经费之事件，关于地方学务之基本财产、积存款项，属城镇乡学务专员执行事务。是府厅州县官办学务经费，劝学所有核算经理之责；地方所设公用学堂，各自治职有预算决算经理之责。现地方自治多已成立，而地方学务经费，官办学堂管理方法，多未照章归劝学所经理。各地方公用学堂关于自治职者，经费经理方法亦宜亟早划分，庶各负责任，学务易于推广。拟具办法如左，用特谘询谘议局，望即议覆呈核。

一、在自治未成立以前，各地方原有学堂或其他教育事业之用款，凡向归官办者，自宣统四年为始，统归劝学所稽核经理，凡向归各区者，即归自治职稽核经理。

一、自治职已成立之后，按照地方学务章程第四条，所筹出之学款及其他之附加税，以后应提十成之五，为全境学堂及其他教育事业之用，仍以劝学所、自治职分别稽核经理。

一、凡筹出学务经费，或官收绅管，【或】绅收绅管，统归地方官监督之。

《山东官报》第三十四期，宣统三年八月初十日（1911 年 10 月 1 日）

废止客籍学堂合并高等学堂谘询案

本省高等学堂，查有本籍、客籍两校，各收各生，截然分划。同守学部定章，同为高等程度，而独于省界之间显判畛域，匪第多耗经费，且将使官民子弟于入学时先存秦越之见，日后立身政界，更不免受其影响。查本省高等学堂开办之初，于本籍外本有客籍名额，嗣因诸生互相排击，客籍始谋独立。现在时过境迁，已当各祛旧习，洞明公理。况此后征收学费，一律通行，兼收客籍，亦不致侵占本籍之利益。与其贻国民以重复之负担，何如在学校受同一之教育。兹拟废止客籍名目，合并高等学堂办理，嗣后遇招考新班时，不论客籍、土著，凡属国籍合格者，皆有入堂肄业之资格。如高等学堂号舍不敷居住，亦可酌量添修，或办理通学。其客籍学堂现有地址及所余经费，即可改立他项应用学堂。如此一转移间，不但学制整齐，即教育种类亦可推广。倘学生等不明大义，别起争端，管理者自有惩戒之法，本籍、客籍一律办理，决不宽贷。据提学司缕陈意见，本部院覆核，亦表同情，用特谘询谘议局，望即议覆，呈候核夺。

《山东官报》第三十四期，宣统三年八月初十日（1911年10月1日）

改拨本省插花地谘询案

壤地插花，现已查有端倪，将来自应遵照部文就近改拨，以图行政之便利。惟人民安于固习，保无意见参差，致生阻力。即委之自治各职，亦恐议案歧出，不能一致。加以零星隐匿，钩稽殊难，隔省越疆，交换不易。现拟先就本省插花地一律改拨，其与他省轇轕者，暂行从容计议。但此事一方关系民情，一方关系行政，若为便于行政起见，应由本部院督饬自治筹办处规定划一办法；若为俯顺民情起见，宜令各属上级自治会自为协议。按之事实，两策孰善，望谘议局议覆，呈候核夺施行。

《山东官报》第三十五期，宣统三年八月十七日（1911 年 10 月 8 日）

抚部院札批

抚部院札工程局据谘议局呈议覆省城四隅各辟一门文

为札饬事。宣统三年二月二十一日，据谘议局呈称：案奉札开，宣统二年十二月二十六日，据工程总局详称，窃历城城区自治会函称：前议新开城门一事，由谘议局议决，于西北、东北各开一门，以便交通，业经详请抚帅批准遵办。查本城人烟辐辏，肩摩毂击，虽辟此两门，仍不足以分其势。且东南一路，为泰安、莱芜通衢，西南通长清一带大路，设不各辟一门，北面通敞，南面闭塞，形势既有偏重之处，行旅复有拥挤之虞。兹由敝会公同开议，大众决议，于东南、西南再行各辟一门，庶几以壮观瞻，而便往来。为此函请转详抚帅查核施行等因。准此，查省城西北城门，职局业经遵奉宪台札饬，估工兴办，东北城门尚未奉宪饬办理。惟省垣为人烟辐辏之区，城门尤出入频繁之地，冲途络绎，往往拥塞不堪，现值交通时代，正宜广辟道途，以利行旅。该自治会所称决议添辟东南、西南两门，不为无见，究应如何筹议之处，理合据情详情饬下谘议局决议，批示祗遵等情到本部院。据此，除详批示外，为此谘询谘议局公同议覆施行。须至札者等因到局。遵即开会协议，佥以省垣地方为四路总汇之区，近因交通不便，西北、东北议定各添一门，以便行旅，而西南、东南两面尚不免车马拥塞之虞，亦属缺点。既经抚部院据工程总局详称历城城区议事会公同议决，于西南、东南再各添辟一门等因来札谘询，本局揆度情势，谓开辟城门一事，已经历城城区议事会协议公决，本省士绅当系询谋佥同。本局以舆论为标准，理宜一体赞成，即恳饬下工程总局估工兴办，以利行旅，实为德便。兹经本局协议公决，所有公决赞成缘由，理合呈覆。为此呈覆抚部院鉴核施行等情到本部院。据此，查省城四隅各添一门，既经协议公决，应需款项亦于宣统二年收款项下饬拨备用，应迅速开办，以利行旅。合行札饬，札到该局，即便遵照，核实勘估，造具图册，并择定开工日期，呈请分咨立案，一面购备料物，督饬工匠赶紧兴修，仍俟工竣，造具报销清册，详候核办，勿稍迟延，切切。此札。

《山东官报》第八期，宣统三年三月初四日（1911 年 4 月 2 日）

抚部院札谘议局据提学司详东省创办实业情形文

为札行事。案据提学司陈荣昌详称：本年二月初四日案奉学部札开：实业司案呈，准山东巡抚咨开：据谘议局呈称：窃本局前奉札交实业教育分认学科议案内开，实业教育，范围最广，大纲如农工商三种，每种分高中初三级，循名办理，按序渐进，尚属无难。方时教材乏资，高等自应缓设，先从中等、初等设起，尤以开办教员讲习所为入手办法，已无疑义。惟是同一农业而分农业、蚕业、林业、兽医业四科，同一工业而分土木、金【工】、造船、电气、木工、矿业、染织、窑业、漆工、图稿绘画十科。各府州县开办之初，经费固属难筹，教习亦不易得，只能认定一科或二科，先行试办，徐图扩充。所不能悬揣者，即在认定科目之问题。查部颁实业学堂清单内，有审查本省教育情形，一在用其所长，一在补其所阙等语。就山东而论，青州之蚕业，博山之窑业，胶州之金工，潍县之漆器，登州之水产等类，各擅专长，所在皆有设学，以求精进，因势利导，速效可期，此用其所长也。若求补其所阙，是在善择何地宜于何科，何科递及何科。诸议员关怀桑梓，应必择之精而筹之熟，各抒所蓄，确定指归，庶几获集思广益之功，收因地制宜之效。此选择科目之亟待谘议者一也等因到局。奉此，遵即开会提议，兹经议员全体公决，所有理由办法，理合缮册，列表呈报，为此恳请鉴核公布施行等情，并呈表册到本部院。据此，除批“来牍具悉。据呈覆议决实业教育分任学科表册，调查分配甚为详细，于办法之先后缓急，亦极有次序。候即公布施行。此答。表册存，钞由批覆谘议局查照。”印发，并分咨农工商部暨通饬各属一体办理外，相应咨请查照施行等因，并清折一本到部。查该局议决实业教育分认学科办法，于该省物产土宜，调查极为明晰，于学堂种类科别，规画尤为周详。既经该局全体议决，公布施行，自应切实办理。查本部前奏议覆闽浙总督请饬筹款兴办实业学堂折内声明，两年之内每府应设中等实业学堂一所，每州县应设初等实业学堂一所，奉旨允准，通行在案。乃奉旨已届两年，该省应设之中、初实业学堂，仍属寥寥无几。该局所送清册，学科后先固已详为筹备，设立年月尚未明定责成。应由提学使督同地方办学人员，查照本部前奏，并此次该局分认学科办法，将应立之中、初实业学堂，务即赶速依限成立，勿再延缓，以重实业而促进行。每设一堂，即将拟定课程及教习、学生履历名册随文咨部，备核立案。该局所送清册，如兖州、济宁中等实业学堂，皆声称就原有初等农业改办。查兖州初等农业学生已具咨报毕业，由本部另案核覆，腾出学堂校舍，改办中等，自属相宜。济宁初等农业学生尚未据报毕业，遽扩充为中等，原有初等学生作何办理。福山毓材学堂，据册开，已奉批改为中等商业，系何年何月所改，既未专案报部，所送一览表内亦未声叙，应速将改办缘由、学科课程及学生履历名册详细列表，报部备核。又查该省所送上年上学期一览表，青州有中等蚕桑学堂一所，菏泽、郯城均有初等农业学堂两所，莱州、濮州、鱼台、招远均有实业学堂。此次谘议局所送清册，惟菏泽县下声明向有农桑学堂，不甚发达，郯城县下声明学堂业经成立，应行改良，其莱州等处于原有学堂均未之及，是否漏未声叙，抑系各该学堂徒有其名，故未列入。菏泽县据称应立初等工业，其原有之农业学堂既不甚发达，拟作何整顿。郯城学堂如何改良。应由提学使按照指询各节，查明切实申报，以备查核。至裕国固以实业为先，而兴学尤以求师为急。该省札交谘议局议案，本有方时教员缺乏，尤以开办实业教员讲习所为入手办法之语。本部上年具奏筹议实业教员讲习所毕业奖励办法折内声明，各省两年之内，至少设立一所，并及时筹设简易科，亦经通咨在案。该省既知振兴实业，自当造就师资。各府州中等实业学堂内，应酌量附设实业教员讲习所简易科，招集合格学生入堂肄习，经费虽略有增添，而校舍、标本均可不假他求，实属一举两得，事半功倍。俟养成浅近实业教员，即可备各州县递设学科之师资。应并由提学使斟酌情形，随宜设立。除咨覆山东巡抚外，为此札行该提学使遵照办理可也。此札等因。二月十二日奉宪台札，同前因到司。奉此，查实业一项，前奉部札，每府设中等一处，每县设初等一处，已由前署司罗通行严催各在案。自本司莅任以来，各处报告认定科目、延订教习、预备开学者，初等三十四处，中等二处，其余尚未禀报。此后每办一处，自应将所拟课程，并教习履历、学生名册随文呈报。至谘议局所议各项实业学堂办法，暨各县应设之科目，调查未悉，不免参错，似极难逐一照办。查兖州初等农业学堂，原系分拨官款，招集兖、沂、曹、济四处学生开办。若就地扩充为兖州一处学堂，名实皆不相符，且其中尚有丁、戊两班学生正在【肄】业，亦难位置。济宁初等农学，本科才两学期，即就地扩充，亦须另招新班。福山毓材学堂，本年上学期正在改设，所有课程规则尚未经呈报，已由本司分别移行催办在案。莱州原未设有实业学堂，惟查接管卷内，光绪三十三年该府所属掖县有廪生侯执玉禀设农会，兼办实业补习普通学堂，嗣因该廪生借端渔利，旋即停止。今始创办，甫经成立，应另案详报。至濮州、鱼台、招远均已设有实业初等一所，菏泽两所。郯城蚕桑学堂原系绅办，后因财力不支，官绅遂合而为一。青州则有中等实业，开办最早，甲、乙、丙三班业已升学，丁、戊两班正在肄业。以上诸处，皆由本司照发表式，参订课程，选派教员，实行整顿。该局所呈清册，皆漏未声叙。至谓某县应设某科，不过谓本地情形所应办，未必即本地情形所能办，经费之艰难，教材之缺乏，期限之迫促，有种种原因，遂生种种窒碍。况通饬办学在前，议案发布在后，有已经认定科目，延定教习者，其势难以另行改订，削足适履，以勉强与议案相符。至实业教员讲习所，实为刻不容缓之事，除省城高等农业学堂、高密中等工业学堂先经附设，仍行续办外，福山中等商业学堂已由本司筹画附设商业教员讲习所，并简易科亦附办于各该学堂之内，俟办有端绪，即行详咨立案。所有东省创办实业之实在情形，并谘议局议案似宜稍有变通之处，是否有当，理合详请宪台鉴核批示，并乞转咨学部核示遵办等情到本部院。据此，除批"据详已悉。所称创办实业学堂实在情形，并查照谘议局议案略事变通，原无不可，候咨明学部核夺，并札行谘议局查照。仰仍严饬各属认真办理，并将未办之处严催赶办，毋得藉词延宕，切切。此缴。”印发并咨学部核办外，为此札行谘议局查照。须至札者。

《山东官报》第九期，宣统三年三月十一日（1911 年 4 月 9 日）

抚部院批谘议局呈查明张百源禀控张汉章一案由

来呈阅悉。既经公同查明张百源所控不实，应即销案。张汉章仍应回局。此覆。抄由印发。

原　呈

为呈覆事。案奉抚部院札开：为札行事。据谘议局庶务书记张百源禀称：敬禀者。为违章滥权，理难扶同，恳准辞差，以保名誉事。窃以谘议局开办以来，承乏庶务，猥以才学疏浅，竭蹶不遑，惟恪守局章，办事尚勉为其难。至今年余，深虑义务权限未能实践，久拟退职，以免旷负，惟书记对于议长及诸议员共事协和，故隐忍未发。今年常会期内不幸冲突，其中真面实令人不堪设想，不得不洁清自好，急流勇退。但议局为本省名义所在，是非混淆，有关前途大局，书记清夜自思，理难徇隐，不敢不为大人缕晰陈之。本届常会开会，为意见冲突，丁、周诸君辞职，正议长杨、副议长于同时请假，同人多为转（环）〔圜〕，书记长张汉章即立出稿，三位议长皆不画行，张独力主持，即刻签发。同人多不谓然，书记与之争尤力。及大人不以五人辞职为然，欲令本局调停，张汉章在审查科闻之，即回局立稿，直称该党五人品行悖谬，营私武断，洋洋数百言，夜中签发，三位议长亦均未画行。现稿存文牍处可证，办事处同人及清书等均有目共睹。当时书记以议局辞职，关系颇巨，以议长并未画行之件，竟可详呈大人，则谘议局只有书记长而已。书记迭与婉商，反生恶感。张汉章非有意拨弄是非，当不至此。且谘议局为舆论总汇，对于行政官署有指导监督之责，而书记长一人独似此专擅违法，以后议局更何可问。且伊专事作伪，不顾名义。去岁十一月考职之际，伊弟张云章在武定府充惠民县小学堂堂长，伊雇伊同府人张朱顶替，取中，亦由议局出结送考，议长均属不知。今年三四月托伊同府人某某给张朱银二百六十两，始行了结。今年提法使考书记官，伊又雇本局书手张云梯顶替，着伊徒康殿臣作文，未取，亦由议局出结送考，议长亦皆不知。其他种种滥用局权及假借议长名义，私致官署函件，不胜枚举。顾名思义，深恐容隐，有损大局，书记谨具理由，恳准辞差。所有局中经手一切事件，已交代清楚，合并声明。并呈缴委札，仰恳恩准辞差，以防拖累，并祈整理局章，勿任混淆，以维宪政而全大局，不胜铭感待命之至等情到本部院。据此，除批“据禀已悉。事关谘议局内部，候行该局据实查覆，委札暂存。此批。”牌示外，为此札行谘议局，希即据实查覆，须至札者等因。又奉札开：为札行事。据该局前书记员日本法政毕业生张百源禀称：窃生前控谘议局书记长张汉章扰乱局章，滥用职权等情，请赐委查，蒙批示，该生禀控张汉章一案，业经札行谘议局据实查覆，现尚未行到院，所请派委详查之处，碍难照准在案，理宜静候。惟生所控张汉章各节，与谘议局皆有密切关系，事在未发觉以前，既已受其朦胧，事已发觉之后，不能不为之回护。况如果查实，失于觉察，该局实无以自解。现于生所告发未经画行之件，业由张汉章拨弄，于正月中旬设法盖印补行。布置既周，将来呈覆仍由该书记长自行主稿，假借全体名义，又何难以有为无。坐生以诬告之罪关系犹小，而使谘议局以法律机关，竟可滥权作弊，讳莫如深，关系甚大。非蒙抚宪派委妥员或派公正绅士详查，不足以得真实而服人心。生志在发奸，势无他顾，所有生控张汉章一案，请恳赐委查缘由，理合肃禀，伏祈批示祗遵等情到本部院。据此，除批“据禀已悉。所控未经谘议局查覆，无从预料回护，惟该书记长张汉章在差被控，自应远嫌，候札谘议局暂饬张汉章离局，一面仍由局迅速秉公查覆，以别是非而保信用。所请派委员绅详查一节，仍无庸议。此批。”等因挂发外，合行札知。札到该局，务即查照速办。须至札者等因。奉此，当即逐一详细秉公确查。兹经公同查明，敬为抚部院缕晰陈之。查原禀所称本局会期内，周树标等辞职，该书记长专擅违法一节。查本局提出周树标等辞职一案，系九月十三日，是日开会，议员到会者七十三人，当经公同会议，允许辞职，并议决令书记长拟稿缮呈。是日杨议长请假，于副议长主席。十四日开会，于、王两副议长将书记长所拟之稿当场宣读，大众认可，两副议长公同画行。十五日签发，是日因多数议员提议，以周树标等辞职书词有碍全局名义，亟应剖辩，由议员中公推起草员，经议员郭连科当场报告，公同认可。是日到会者七十六人，有签到簿、速记录可查。时杨议长在假，于副议长主席。剖辩书公决后，全体请求当场缮清签发，嗣后再为补行。于、王两副议长以系剖辩书性质，原与牍稿之必经画行手续者不同，既经当场公决，当即承诺缮发在案。十九日开会，到会者八十三人，于副议长提出覆议周树标等辞职一案，公同讨论，大众仍如前议，公决呈覆。二十日，于议长请假一日，杨议长假满任事，呈覆之稿，杨议长与王议长公同画行，二十一日签发在案。原禀所称议长同时请假，张汉章立即出稿，三位议长皆不画行，张独力主持，即刻签发各节，核与当时情事迥乎不符。至大众公推议员起草之剖辩书，亦非张汉章起稿。且案系公决，其补行画行之迟早，不过如公牍中之预用空白或开篆补印之通例。此稿存文牍处，议长尚未补行，而张百源第二次禀内所称业由张汉章拨弄，于正月中旬设法盖印补行等语，尤属无据。原禀又称考职、考书记，雇人顶替，由局结送，议长不知一节。查考职、考书记由局结送者，通共不下百十人。张汉章之弟张云章，查系在结送之列，然来省考职，确系亲身，面见议长，承允结送，并非不知。至考书记之张云梯，即张登魁，确系自行投考，由局结送提法司署，均有局结可查。所称雇倩顶替，觅人作文，过付银两各节，当时出结之局所既不能当场认保，实无从得其确据。原禀又称张汉章种种滥用职权，及假借议长名义，私致官署函件，不胜枚举一节。查张汉章既任书记长差事，所有本局文牍、会计、庶务各科，自应归书记长综理。本局一切函电、公牍，除例由文牍书记起稿外，其重要函件牍稿，亦多饬令书记长起草。然无论何种事件，无非禀承议长而行，所称种种滥用职权，既未指明何事，叠经本局一再询问办事处书记各员，均称无可确指。至所称私致官署函件，既曰私致，必系张汉章自书，或书手代写，张汉章字迹拙劣，最易辨认，本局书手之字亦皆易于印证。且假借议长名义，私致官署函件，必系非法请托之事。本局自开局至今，未尝以一字之私，干求官署，二年以来，通省所知。果有私函，何从售其术而信其欺。应由本局请求各官署确查，如有假借名义，私致之函，交局切实查出，呈请惩办。原禀仅以不胜枚举为言，究竟何署何事，语涉笼统含混，无从查考。以上各节，凡本局速记录、议决录、签到簿、收发文件簿、判行簿，逐一详细调查，凡本局文牍书记、会计书记以及书手等，逐一隔别查询，按之原禀各节，实无确据之可指。总之，揽权舞弊可以朦混于一时，不能朦混于久远，可以欺局中一二人，不能欺全局百余人。查该庶务张百源到局不过一年有余，从前与张汉章有无挟嫌，难知底蕴。惟去年会期之内，经全体公推查帐议员，查得该庶务所记帐目出入款式凌杂无绪，叠经当面质问，该庶务对答含混。查帐员在议场报告大众，公请议长查究撤换。迨闭会后，议长即派张汉章澈底清查，所有第三期石印报告书未便再令该庶务经手，并饬张汉章与石印馆交易。其石版大小、纸张精粗皆与前二期相同，而以之比较该庶务经手价值，所省甚巨。该庶务恐其隐情毕露，与张汉章结嫌，殆由于此。十二月十七日，议长令书记长将该庶务辞退，讵该庶务经手物件底簿并未交清，即行出局，证之所禀各节，实属情词迥异。除由本局饬该庶务来局，将经手物件底簿眼同接办之人交代清楚外，理合将查明确实情形呈覆抚部院鉴核。再，书记长遵饬暂行离局，此案系由常驻议员公同起草，合并声明。须至呈者。

《山东官报》第九期，宣统三年三月十一日（1911 年 4 月 9 日）

抚部院札布政使、劝业道据谘议局呈当商取息请照旧章办理文

为札饬事。据谘议局呈称：窃本局前奉交议案内，有典当利息一事，业经本局迭次将二分取息，病商病民，并传集通省典商详细讨论，公平规定，俾永远遵守，及常年改为二分，是否传集通省典商全体认可，或仅出于济南一处典商之意各等情呈覆在案。兹奉札开：为谘询事。案据劝业道详称：案查前奉抚院批职道详，遵饬核议典业减息，不便传集通省当商来济缘由。奉批：据详已悉。当商纷纷远道前来，诚不免废时旷业，应由济南商务总会分别函致各属商会，博询各当

商有无窒碍，据实函复，采集众议，再行核办。仰即遵照，并候札行谘议局知照。此缴等因。当经转移去后。兹准济南商务总会移开：当即分致。据各县当商暨各商务分会先后函文交覆，理合将原函原文汇送，查夺情形，转详定案。相应移覆，即烦查照，并移各当商覆函四十五件，各分会覆函六件等因到道。准此，除移覆外，所有各当商覆函等件，理合具文详送核办等情到本部院。据此，除批“据详已悉。查常年二分行息，隆冬不减，统观各典商覆函，多半认可，应否仍照旧章办理，仰候谘询谘议局公同议覆，再行核办。此缴。函件存等因”印发外，为此谘询谘议局，即便查照，公同详议，呈覆核办。须至札者。计发各当商复函四十五件，各分会复函六件，仍缴等因到局。奉此，遵即开会协议，佥以常年二分取息，本局前就病商病民各方面业经呈明，无庸再赘。即统观各当商复函，亦有数处不尽赞同，仍请照旧章办理者。且事关厘定准章，非统筹全局，有百利而无一弊，何可遽言改革。再就各地方情形言之，省城与州县不同，乡镇又与城关不同，其情事既难画一，而利息自不能无异，否则轻事改易，弊不在病商，转在病民，后日之追悔，亦属无及。今幸旧章率循，商民相安已久，尚无甚窒碍难行之处，尤未便率尔变更。所有遵札议覆仍请照旧章办理缘由，理合请抚部院裁夺施行等情到本部院。据此，查当商常年二分取息，隆冬不减，既据谘议局一再公议，恐致病民，自未便率议更（章）〔张〕，转生阻碍。除将原函存留备案，并分行外，合行札饬。札到该□，即便查照，遵照移行商务总会并通饬各属一体遵照。此札。

《山东官报》第十期，宣统三年三月十八日（1911 年 4 月 16 日）

抚部院札布政司据谘议局呈长山县增收契尾等项文

为札饬事。据谘议局呈称：窃据长山县城区议事会以呈请公断，以除弊政而苏民困等情具呈前来。本局遵章收受，当经公同协议，除将原稿备存外，所有该议事会呈请缘由，理合缮折呈报，为此呈请抚部院裁夺施行等情到本部院。据此，合行札饬，札到该司，立即会同提法司将折开增收各款速饬济南府逐一查明是否确实，作何支销，据实禀覆，以凭核夺，毋稍循隐，切切。此札。

清折：

长山县城区议事会为呈请公断，以除弊政而苏民困事。窃长山自新政迭兴以来，而署内办公各房科，凡有关于新政事件，应归何房管理者仍归何房，已历年所。突于上月十三日前悬挂牌示，添设新政一科，缘此名目，而于契尾等项均一律额外增加钱文，其弊虽蔓延全县，而城区受害亦属甚深。兹将增加钱文各节，敬为贵局缕晰陈之。

一、契尾。查度支部奏定章程内载，每契尾一张，收纸价工本京钱五百文，此次增加铜圆五枚。

一、和息。查长山遇有和息案件，按章分别大小轻重，原有一定额数，乃丁役恒缘此勒索钱文，积弊相沿，人民已屡受窘迫，此次又明言增加铜圆一吊。

一、具结。查长山词讼案件，种种不一，每保结一张，有多至二三串者，此次又明言每张收铜圆五枚。

一、呈纸、挂号。查长山历年呈纸一节，每纸收铜圆八枚，挂号每名或十枚、十五枚不等，此次又明言呈纸加增铜圆七枚，挂号加增铜圆五枚。

以上数端契尾增钱，为定章所无，而和息等项虽系司法规费，屡奉部章暨上宪札饬，剔除积弊，化私为公，万无于规费之外，再为增加之理。况新政虽名为专科，而实由吏、礼两房书差郭敏斋、书手曲镇淮怂恿而成，即由该房中拨用二人兼司其事，每名每日发京钱二百四十文。统计契尾每年销三四千张，此次额外应得钱三四百串不等；呈纸、挂号此次每牌期额外收京钱七八串，每年应得京钱六百余串；保结各状较此不甚相差；和息虽未有确数，而此次额外增加之数，亦成巨款。共计每年额外应得京钱二三千串不止，书手二名每年所费不过一百六十余串，其余之二千数百串不知销归何处。当此立宪时代，经济支绌，闾阎穷困，国家励精图治，与民更始，各大宪号令频颁，力除弊窦，岂宜于法制命令之外，为兹朘削脂膏之举。斯谕一出，群情汹惧，万一别滋事端，前途何堪设想。敝会为城区人民代表，安忍缄默无言。前将此案提出，经全体议员公同议决，呈恳县尊注销此案，以顺舆情，迄今未奉批答，且复照旧苛收。伏思贵局为全省舆论所集之地，有呈候督抚查办之权，似此违法县令，人民悉遭抑勒，不得不据情上陈，恳请大力补救，可否转呈抚宪派员查办，则长山人民幸甚。除将县署牌示抄单粘呈外，理合呈请贵局裁夺施行。须至呈者。

附牌示：

谕绅商士庶人等知悉。照得本县现奉各大宪札饬，办理新政繁兴，立限綦严，非设专科，实难办公。兹定于本月十三日为始，凡有递呈者，状式纸张每张加增铜圆七枚，挂号每张加增铜圆五枚〈每〉，保结各状每张收铜圆五枚，税契契尾每张加增铜圆五枚，和息每案加增铜圆一吊。以上各款作为新政科饭食、纸张、烛油、茶水等项，尔等务各不惜小费，顾此大局，其各遵照毋违，切切。特示。

《山东官报》第十六期，宣统三年五月初一日（1911 年 5 月 28 日）

抚部院札济南商会、谘议局准资政院咨第二次开会召集日期文

为札饬、札行事。宣统三年四月二十九日承准资政院咨开：准内阁片交，四月十二日奉上谕：本年九月初一日为资政院第二次开会之期，著仍于八月二十日召集所有该院议员，均即遵照定章，一律齐集。该衙门知道。钦此。相应开单咨请贵抚查照，并转知纳税多额议员及谘议局互选资政院议员一体钦遵，届期齐集本院可也等因到本部院。承准此，除分行外，合行札饬。札到该会，即便通知王绅佐良，为此札行谘议局，分别通知陈绅命官等六名，依限到京，听候召集。切勿延误。此札。须至札者。

《山东官报》第十七期，宣统三年五月初八日（1911 年 6 月 4 日）

抚部院札各属举办改选谘议局议员文

为札饬事。照得山东谘议局议员明年应届改选之期，按照章程，初选系在正月十五日，复选系在三月十五日。又选举人名册应于选举期前六个月告成，亟宜先事筹备。前经电问宪政编查馆改选事宜是否归谘议局执行，准覆仍照定章办理等因，业经通饬遵照在案。现在日期紧迫，本部院特将改选应办职务分别应归本部院及初、复选监督何处主管排定期限清单，期于按日程功，各免旷懈。应即照章委任该县为初选监督，照单切实进行。此次办理选举，业有成案可稽，且自治多已告成，官吏、士绅于选举办法当亦养成习惯，即可由该县委任自治筹备公所或已成立之州县上级自治会为辅助机关，凡清单所载事项，均应责令先期禀商筹定，该县应用调查员、管理员、监察员等，亦应责令公推，呈候核派。至明年初选完竣，方将辅助机关撤销，勿庸再照上届办法，由省另派司选员前往，以节经费。至调查选举资格，尤为清单内重要之事，本部院特将章程解释有关选举各条摘录印发，并发白话告示晓谕人民，免其误会。文到之日，该县即应商同辅助机关，划分投票区域，酌派调查人员，饬令携带章程解释及选举人名册纸，遵照所发调查办事细则，分路会同各本庄绅董调查登记。一面先行张贴告示，并将选举章程解释发交各庄一份，谕令识字人广为解说。约计调查完毕之日，即赶于署内设立造册事务所，另延望重绅士在所总司审查，将各调查员缴到名册悉心覆校，遇有资格不符，应即据实更正；如各区有漏查补报之人，亦即审定可否入册。俟底稿无误，即由该绅等督催缮写人等如期造报，仍校对一遍，以昭慎重。其选举应需经费，已由本部院酌定每处各予补助一百两，除代付印刷纸张费二十两外，实应领银八十两，该县即行呈具印领，由藩库请支。所有办理选举一切用款，以及调查员事后酌给酬劳，均在此八十两中核实支销，不得再请增益。遇有任卸，仍列入交代，免致后任经费无著。除分行外，合行札饬。札到该县，即照文内事理克期迅办，并将委任帮办选举之筹备公所或自治会申报备案，尤须预将谘议局章程及选举章程注意研究，庶于清单内自己主管职务可以了然，免致临时竭蹶。慎勿延玩，致干重咎，切切。此札。

选举调查员办事细则

一、调查员分赴所派地方，按照摘录章程及解释，切实调查选举资格。

一、调查员应按照所派地方户数口数，核以调查日期，匀计每日调查若干，克期进行，不得逾限遗误。

一、调查员到所派地方应商请该处城镇董事或乡董协助一切。

一、调查员每至一户，须先说明调查性质并非为抽丁抽捐起见，毋得误会，且须告之以有选举资格即有行使公权之利益。

一、调查除问其本人或其家属，亦可访之邻右。

一、调查年岁一律以明年（宣统四年）岁数计算，须满二十五岁为合格。

一、填写籍贯，如系职官及举贡生员或学堂毕业者，均以官册为凭，其余均以住所为本籍。

一、资本须注字号、地址及存储处所，不动产须填注某产及坐落地方。

一、凡有选举资格之人，或适为剥夺及停止公权之人（犯谘议局章程第六及第七条情事之一者），调查员须将此等人另页登载于附记一栏，将其原因注明，俟造清册时仍附订于有选举人名之后，以便稽核。

一、调查员须各带办事细则一纸、选举人名草册若干本（以敷用为度）、记事簿一本。

一、记事簿应于调查告竣之日与调查人名草册一并缴还。

一、选举人名草册应编号数，将未用空白者缴还。

一、遇有出游在外之人，或通函知照，或托其戚族、邻右转达，嘱将应行调查各项逐一详注，径报县署造册事务所，以便补填入册，如过造册之期而覆函始到，即为无效。

一、全家不在本地，而本地有财产与选举资格中之金额相符者，仍当列入，但须访明邻右及其戚族。

一、凡甲区与乙区交界处所，最易重复脱漏，调查员尤应彼此接洽，以免两歧。

一、调查人名草册填毕，即汇送县署造册事务所，俟审查员覆阅无误，再行编造清册。

筹备谘议局改选事务期限清单

主管官	筹办事项	开始日期	完结日期	共计日数	附记
抚院	通饬初复选监督办理改选事宜	五月十一	五月二十	共十日	期限单、调查告示、调查员细则、节录选举权被选举权章程解释、名册格式纸随机同发
初选监督	委任帮办选举机关，分派调查员，张贴告示，并分划本管区域为若干区申报复选监督	六月初一	六月初十	共十日	投票区照章于选举期三月前筹定
复选监督	核定各属投票区批覆	六月十一	六月二十	共十日	
初选监督	调查员办理调查	六月十一	闰六月二十	共四十日	
初选监督	汇编选举人名草册	闰六月二十一	闰六月底	共九日	
初选监督	呈报名册于复选监督，并颁发宣示	七月初一	七月初二	共二日	人名册照章于选举期三月前宣示
复选监督	转报各属名册于抚院	七月初三	七月十五到院	共十三日	选举人名册照章于选举期前六月告成
初选监督	判定、更正人名册之呈请	七月初三	八月十二	共四十日	照章以二十日为宣示期，以二十日为判定期
复选监督	判定不服者之呈诉，饬知初选监督	八月十三	九月廿二	共四十日	照章以二十日为判定期，另备二十日为呈诉期
抚院	检查人名册，将不合者发令覆查	七月十六	八月三十	共四十五日	
初选监督	覆查名册之不合者，分别更正	九月初一	九月廿二	共廿二日	

续表

主管官	筹办事项	开始日期	完结日期	共计日数	附 记
初选监督	汇造选举人名更正确定册，呈报抚院，并分存各投票所及开票所	九月廿三	十月十五到院	共廿二日	
抚院	就名册总数分配议员额数，榜示于复选举区，并咨报民政部，一面发初选举票于初选监督，一面发初选当选执照于复选监督	十月十六	十月二十	共五日	投票所办事细则随札同发，议员额数照章于初选期三日前榜示，票纸照章于初选期二十日前交初选监督，当选人额数照章于初选期两月前榜示
复选监督	分配初选当选人额数，照发当选执照，饬知各属，并榜示之	十一月初一	十一月初五	共五日	当选执照照常于初选期二十日以前分交初选监督
初选监督	张贴初选举告示	十月初十	十月十三	共四日	告示照章于初选期前三月颁发
初选监督	保荐管理员及监察员，呈请本府直隶州派定	十月初十	十月十五	共五日	
复选监督	派定前项人员饬知	十一月初一	十一月初十	共十日	
初选监督	布置投票所、开票所一切事宜（发投票纸、投票簿、投票匭于投票所）	十二月初一	十二月二十	共二十日	票纸、票簿、票匭照章于选举期十日前交投票所
初选监督	初选举投票	宣统四年正月十五	正月十五	共一日	初选期定章载明正月十五日
初选监督	收集各区投票匭及管理员、监察员报告	正月十六	正月十七	共二日	
初选监督	亲往监督开票，如不足额，定期行二次投票，张贴告示	正月十八	正月十八	共一日	
初选监督	收集开票管理员、监察员报告并点取票纸	正月十九	正月十九	共一日	
初选监督	再选投票	正月廿一	正月廿一	共一日	再选照章于开票三日后举行
初选监督	再选开票	正月廿四	正月廿四	共一日	

续表

主管官	筹办事项	开始日期	完结日期	共计日数	附　记
初选监督	榜示确定初选当选人及候补当选人姓名、票数，并分别知会	正月廿五	正月廿七	共三日	
初选监督	接收当选人愿书	正月廿八	二月十七	共二十日	愿书照章于知会后二十日内呈明
初选监督	发给当选执照，榜示姓名、职衔、票数，并申报复选监督	二月十八	二月二十	共三日	
复选监督	造复选人名册	三月初一	三月初三	共三日	
复选监督	酌定投票所、开票所，张贴复选告示，并载明当选人齐集日期	正月十六	二月十三	共廿八日	复选告示照章于复选期一月前颁发
复选监督	派定管理员、监察员并定办事细则	正月十六	二月十三	共廿八日	
抚院	派员考查复选（兼带投票纸及议员执照，分交复选监督）	二月初十	二月二十起程	共十日	
复选监督	会同院派委员布置复选举一切事宜	三月初一	三月十四	共十四日	
复选监督	亲往监督复选投票	三月十五	三月十五	共一日	复选期定章载明三月十五日
复选监督	亲往监督复选开票并点收票纸，如不足额，定期行二次投票，张贴告示	三月十六	三月十六	共一日	
复选监督	补行复选及开票	三月十七	三月十八	共二日	宪政馆覆浙江电：复选如一次投票不足额，即再三投票，至足额为止
复选监督	榜示复选当选人及候补当选人姓名、票数，并分别知会	三月十八	三月十八	共一日	
复选监督	接收当选人愿书	三月廿一	四月初十	共二十日	
复选监督	填给议员执照，宣示姓名、职衔及票数，并申报抚院	四月十一	四月二十到院	共十日	
抚院	咨报议员姓名、职衔于资政院及民政部	四月廿一	四月廿五	共五日	

山东选举调查人名册式

<table>
<tr><td colspan="8">山东选举调查人名册式</td></tr>
<tr><td rowspan="2">姓　名</td><td rowspan="2">年　岁</td><td colspan="3">本省人</td><td colspan="3">外省人</td></tr>
<tr><td>府州县</td><td>住　所</td><td>选举资格</td><td>寄居年限</td><td>营业资本</td><td>不动产</td></tr>
<tr><td></td><td></td><td></td><td></td><td></td><td></td><td rowspan="3"></td><td rowspan="3"></td></tr>
<tr><td rowspan="3">附　记</td><td colspan="3" rowspan="3"></td><td></td><td rowspan="3"></td></tr>
<tr><td></td></tr>
<tr><td></td><td colspan="2">合计元</td></tr>
<tr><td rowspan="2">姓　名</td><td rowspan="2">年　岁</td><td colspan="3">本省人</td><td colspan="3">外省人</td></tr>
<tr><td>府州县</td><td>住　所</td><td>选举资格</td><td>寄居年限</td><td>营业资本</td><td>不动产</td></tr>
<tr><td></td><td></td><td></td><td></td><td></td><td></td><td rowspan="3"></td><td rowspan="3"></td></tr>
<tr><td rowspan="3">附　记</td><td colspan="3" rowspan="3"></td><td></td><td rowspan="3"></td></tr>
<tr><td></td></tr>
<tr><td></td><td colspan="2">合计元</td></tr>
</table>

<table>
<tr><td colspan="8">选举人名册用纸</td></tr>
<tr><td rowspan="2">姓　名</td><td rowspan="2">年　岁</td><td colspan="3">本省人</td><td colspan="3">外省人</td></tr>
<tr><td>府州县</td><td>住　所</td><td>选举资格</td><td>寄居年限</td><td>营业资本</td><td>不动产</td></tr>
<tr><td></td><td></td><td></td><td></td><td></td><td></td><td rowspan="3"></td><td rowspan="3"></td></tr>
<tr><td rowspan="3">附　记</td><td colspan="3" rowspan="3"></td><td></td><td rowspan="3"></td></tr>
<tr><td></td></tr>
<tr><td></td><td colspan="2">合计元</td></tr>
<tr><td rowspan="2">姓　名</td><td rowspan="2">年　岁</td><td colspan="3">本省人</td><td colspan="3">外省人</td></tr>
<tr><td>府州县</td><td>住　所</td><td>选举资格</td><td>寄居年限</td><td>营业资本</td><td>不动产</td></tr>
<tr><td></td><td></td><td></td><td></td><td></td><td></td><td rowspan="3"></td><td rowspan="3"></td></tr>
<tr><td rowspan="3">附　记</td><td colspan="3" rowspan="3"></td><td></td><td rowspan="3"></td></tr>
<tr><td></td></tr>
<tr><td></td><td colspan="2">合计元</td></tr>
</table>

白话告示

为剀切晓谕事。照得山东谘议局议员照章三年一任，明年任满应该另选，但是未选议员以前，应该由各州县人民先将可以选举议员的人举出，方能到期投那选举议员的票。这人民里边那个可以作选举议员的人，那个可以作举那选举议员的人，国家定法原有一定资格。因为议员可以代表人民指陈通省利病，所以选举议员是国家一件大事，因此各州县选那选举议员的人也就是地方上一件大事。本部院看得此事极为郑重，已经札饬地方官分派人员，将可以作举那选举议员的人，挨庄查明造册，恐怕你们不懂此事的人乱造谣言，特为张贴白话告示，到处晓谕。此外又有从章程上钞下来的选举资格若干条，随同告示发去，凡你们识字的人，应该传讲给不识字的人听。须知自己若有选举资格，是最体面不过的事，等到调查员来时，总要从实说明。若是调查员有什么不熟悉的地方，这本地的人就该尽心指引，不要大意过去，后悔不及，切切。特谕。

《山东官报》第二十期，宣统三年五月二十九日（1911 年 6 月 25 日）

抚部院札谘议局据劝业道、自治筹办处详议覆泰安县附生王正和等请建设自治银号文

为札行事。案据劝业道、自治筹办处会详称：案奉札开：案据谘议局呈称：窃据泰安县徂阳区附生王和正[①]等为建设银号、流通货币等情呈送请愿书前来，本局遵章收受，当经协议公决，除将原稿由局备存外，所有请愿缘由，理合缮折呈报。为此呈请抚部院裁夺实施等情到本部院。据此，查自治会非营业性质，所请收纳津贴、监督银号各情是否可行，应由该道会同自治筹办处妥议详复饬知遵

① 标题中作“王正和”。原文如此。

办。除札复谘议局外，合行札饬。札到该道，即便遵照办理，毋违。此札。钞发清折一扣等因。奉经职道移会职处公同核议。查自治章程第五条所列自治范围各事项，并无准设自治银号之规定，今该生等集资设立银号，更未便以私人之营业，冒用自治之名称，其银号资本条规，亦非自治员董所应干涉。总之该商人李习恭等自集资本，以商业性质组织银号，自应准其设立，愿捐自治经费与否亦听其便，但不应名为自治银号，致与定章不符。至地方官购买银两，应按市价兑换，不得稍有抑勒，商号亦不准抬价居奇，曾经藩司会同前道详蒙宪批，通饬有案，各属官商应仍遵照前饬办理。所有遵饬会同核议缘由，理合具文，详请宪台鉴核，批示祗遵，实为公便等情到本部院。据此，除批“据详已悉。候札行谘议局查照饬知。此缴。”印发外，为此札行谘议局查照。须至札者。

《山东官报》第二十二期，宣统三年六月十四日（1911年7月9日）

抚部院札营务处据谘议局呈议员张允符等请愿书文

为札饬事。据谘议局呈：窃据东阿县在籍议员张允符等以盗贼猖獗，请饬防剿等情，呈送请愿书前来。本局遵章收受，当由议长委任常驻议员协议公决，除将原书由局备存外，所有请愿缘由，理合缮折呈报。为此呈请抚部院裁夺施行等情到本部院。据此，除札覆外，合行札饬。札到该道，即便查照，酌核办理。此札。

清折：

为陈请事。窃东阿县南境与兖、曹毗连，每逢夏月青纱帐起，时有盗贼麕聚，抢劫为害。近来邻县阳谷境内有盗匪百十成群，肆行劫掠。及蒙抚宪派兵前往剿除，该匪闻风北逃，尽窜入东阿境内，出没无常，势甚猖獗，以致路断行旅，人人自危。当此农忙之际，皆废时失业，自谋保聚，朝不谋夕，而县队班役既非训练有素，亦无快利枪械，何敢公然抵御。若任其蔓延，恐土棍地痞纠联日众，为害更巨。事关重大，议员等不敢缄默，谨飞书驰报，公请协议，转呈抚宪迅饬防剿阳谷之兵移剿东阿贼匪，以保治安。不胜迫切待命之至。

《山东官报》第二十三期，宣统三年六月二十一日（1911 年 7 月 16 日）

抚部院札各属召集谘议局议员开常年会文

为札饬事。案查谘议局章程第三十一条，谘议局会议期分常年会及临时会二种，均由督抚召集。又三十四条，凡召集开会，应于三十日以前，由议长将本届开会应议事件，预行通知各议员等语。本年九月初一日为谘议局常年会举行开会之期，本部院应即先期召集所有全省议员，均应遵照定章，先期齐集谘议局，预备开会。除行谘议局查照并分咨外，合行札饬。札到该□，即便查照，通知在籍各议员，务须按照定期齐集省城谘议局，切毋延误，仍将该议员等起程日期具报查考。勿违。此札。

《山东官报》第二十九期，宣统三年七月初四日（1911 年 8 月 27 日）

抚部院批曲阜县详请解释选举谘议局议员疑义由

据详已悉。所举资格疑义各条，具见办事用心，切实不苟。除【衍】圣公及五经博士暨圣庙守卫、百户、司乐、典籍等官，应否有选举权，候咨请内阁法制院核覆，再行饬遵外，其余各条先行解释如下：一、警务学堂毕业取得选举资格者，应以高等巡警学堂正科二年以上毕业，领有文凭者为限，其司法简易、速成等科及各项研究所毕业者，不能援以为例。至现充巡警、官吏，即系正科毕业，应照局章第七条第三项，停止其选举权及被选举权。一、宦游外省不在本籍之人，应查照调查员办事细则第十三条办理。一、社（长）〔正〕、村长应否入选，以有无局章第三条他项资格为断，如仅为社正、村长，别无他项资格，即继续三年，亦不得以办理地方公益论。仰即遵照。缴。

原详：

为详请示遵事。案查前蒙宪台札饬，以山东谘议局议员明年应届改选之期，亟应先事筹备，令即遵照颁发期限清单，依限进行等因到县。蒙此，当即会同筹备自治公所所长颜绅锡均划定区域，遴选调查员分区调查在案。惟本县选举资格有为定章所未载者，有章程与上届办法稍行歧异者。如衍圣公爵尊望众，理宜入选。至各先贤后裔、五经博士品秩不符且主奉祀事宜，应否入选？又曾任实缺职官文七品、武五品，即有选举权，如至圣庙守卫、百户、司乐、典籍并七品以上之执事官，曾经咨部有案者，应否入选？又中学堂及同等学堂或中学以上之学堂毕业，领有文凭，照章均有选举权，如警务学堂毕业者应否入选？其不能入选者，应以何等学堂及研究所为限？有宦游外省不在本籍，即不能亲往投票，是否入选？抑于附记格内声明，列在册后？又办理地方公益，此次选举资格解释内，有宪政编查馆覆浙抚电云：都董、图董不能以办理地方公益论。查南省之都董、图董即北地之社正、村长，上届谘议局有充里长三年被选为议员者，此次社正、村长究竟能否入选？以上各节，知县与颜绅详加研究，莫能解决，拟合具文详请宪台查核，俯赐逐条批示，以便遵办，实为公便。为此备由具呈，伏乞照详施行。须至详者。

《山东官报》第二十九期，宣统三年七月初四日（1911 年 8 月 27 日）

抚部院札各属据谘议局呈请饬查各行政官厅执行上两届议案情形文

为札饬事。据谘议局呈称：窃查宣统二年九月间奉抚部院札知，准宪政编查馆咨谘议局议案批答期限并权限，及预算年度文并清单一纸到局。奉此，查馆咨第四条内开：督抚批准公布施行之件，既由督抚行文，文到后行政官吏亟应实力奉行，惟须有限期与无限期之别。如明定期限，以到所定期限为断；不定期限之案，以到次期常年会为断。如于各该限内而该管官吏未经声明窒碍情形，详奉批准展限在前，故意延宕不行者，该局得照局章第二十八条指明确据，呈候督抚查办等因。细绎条文，是议案已经公布者，督抚应督责施行，不容行政官厅任意漠视。自本局开幕瞬近二载，上两届会期议决案历蒙札准公布施行，行政官吏职有专司，应如何实力奉行，以孚舆论。乃据本局闻见所及，证以事实，仍多敷衍搪塞、抗违不遵情事。例如第一届会期议决案，本局于上年七月间及九月正式会期两次呈请札催，迭蒙督饬实行，并通饬按照表册所列明白禀覆，以为策励进行之准，讵各行政官吏阳奉阴违，空文塞责，第就本局所调查及事实发生于请愿书者，如差徭之未革、银价之勒定、盐务之扰民、缉盗之不力，已枚不胜举。则是第一届议案期限早逾，尚未尽实行。至第二届公布之案又将周岁，无论有无期限，按之法律早应发生效力，乃行政官吏仍前玩忽。即如禁烟一案，若皆遵照办理，自不难刻期禁绝，不意实力奉行者毫无所闻，以致种烟者前已禁绝，今年曹、兖、济、泰等属种者复多，吸者亦日有增益，省城遍设警察尚烟风日炽，何论外属。顺直禁烟会近以东省禁烟敷衍，来函诘责，似全省官绅皆当引为深耻。禁烟第一要政，尚纵弛若此，其玩忽自治，把持陋规，讼案滥刑，警务废弛，庇役殃民，重征苛罚，及以官吏违法各情节，具请愿书到局者几至应接不暇，其未经禀讦者尚不知凡几。此各属对于第二届议案逾限之未能实行者，又有确证。据此，则东省政务之因循，官民之隔阂，本局实难为之讳。日月不居，会期又迫，若不将上两届议案之未实行者呈请抚部院通饬督责，查明确据者照章纠举，以资振饬而济时艰，则本年新议案之发生恐又属空谈，本局岂不成为虚设？第念本局忝为舆论代表，每提议一案必就本省地方应兴革之利弊切实研究，无非以希望实行为目的，苟非万不得已，断不敢轻据局章纠举之条文。特是各属官吏遇事敷衍，久成惯习，即屡蒙严饬札催，仍有不免视若具文者。为此公同研究，拟请抚部院饬下各行政官吏，迅将上两届批准公布施行议案已否执行情形，统限八月初十日以前逐件禀复，札行本局，以备今年会期开议，藉资印证。倘各州县地方官员仍有藉词宕延，或抗拒功令，及捏词禀复之处，是为蔑视宪章，本局为职任攸关，只得查明确据，届时遵章纠举，呈候抚部院查办。会期在迩，实难甘缄默，兹经协议公决，理合呈请裁夺施行等情到本部院。据此，除饬主管司道局所考核详报外，合行札饬。札到该□，即便遵照，迅将前发上届议案一览表并宣统元年公布各项议案尽心检阅，务将遵办情形于七月二十五日以前一一分件禀报核办，并分报主管司道局所考查，不得统列一表，或串叙一册，致欠明晰。倘有延宕或粉饰搪塞情事，一经谘议局纠举查实，轻则记过，重则参撤，决不姑宽，勿得怠玩，致干未便，切切。特札。

《山东官报》第三十期，宣统三年七月十一日（1911年9月3日）

抚部院札请巡警道布政司曹州府据谘议局呈查出私匿烟土请照章充公文

为札饬事。据谘议局呈称：窃据菏泽县议事会为私匿烟土恳请充公等情具呈前来，本局遵章收受，当经协议公决，除将原呈由局备存外，所有呈请缘由理合缮折呈报，为此呈请抚部院裁夺施行等情到本部院。据此，除批“已据呈抄折，檄饬曹州府迅速查明，据实禀覆核夺，并行布政司、巡警道知照。此覆。抄由批发并分行。”外，合行札饬。札到该□，即便查照，迅速查明，据实禀覆核夺。

此札。

清折：

为呈请事。窃维禁烟一节，雷励风行，原期革中国柔脆之风，力图富强。设立官膏处所，渐减吃户烟数，固属法外之仁，即筹抽统捐，黏贴印花，亦不过戒绝即止，并非垂为久远不变之例。中国官民宜如何鼓舞兴起，力涤前愆，乃本城区于上年十一月间，有官长高绶年被窃一案，失单以上（竞）〔竟〕注明烟土十五包被贼窃去。议员等伏思官长而有烟土，非烟瘾未断，即贩卖取利，当经公同协议，于是年十一月十一日呈明本县监督，内开：为呈请事。窃谓禁烟一事，迭奉谕旨，谆谆告诫，不啻三令五申。官吏吃烟，例应革除，永不叙用。至贩卖烟土，更干例禁，凡有不贴印花及私存烟者，一经查出，照例充公。兹有发审委员、候补知县高绶年，私匿烟土，向无告发，是以菏泽人民均无闻知。现因被窃，赃贼并获，所有烟土十五包，数共七百两，理宜交出充公，以为官长之私匿烟土者戒。公同议决，拟合具文呈请监督查核。为此备由，呈乞照验施行，须至呈者等情呈县。于宣统三年三月初五日蒙批答，内开：为谕覆事。按据该会呈称，以分府发审委员、候补知县高绶年私匿烟土请照例充公一案，查高委员曾经吸烟，嗣奉上谕悬为厉禁，该员即恪遵功令，业经依限断戒，现在并未复吸，其被窃烟土，本系吸烟时陆续购存，并非有意私藏，亦非图利贩卖可比。且禁种、禁吸现虽实行，而从前种烟、吸烟之户，至今存有烟土者，恐亦在所不免，尚不独高委员一人而已。揆诸事理，情尚可原，应即毋庸置议。合行谕覆，为此谕覆，仰该会即便查照。须至谕者等因到会。蒙此，遵查近年查办烟土，非报统捐，即以私论，县谕谓该员被窃烟土本系吸烟时陆续购存，并非有意私藏，亦非图利贩卖可比。夫吸烟买土本属常理，既称该员并未复吸，所剩之土即当销毁，以为民率，乃戒断多日，匿藏者竟至七百两之多，非欲图利贩卖而何？又云“禁烟、禁吸现虽实行，而从前种烟、吸烟之户，至今存有烟土者，恐亦在所不免，尚不独高委员一人而已。揆诸事理，情尚可原，应即毋庸置议”等语。夫所贵乎一府之发审者，为其捧檄到曹，能表异于吸烟之户也。值此禁烟时代，一云烟土，无知者或存储，图小利者或私贩卖，若身为官长，独以此违例犯法之事为小民之表率，有是理乎？要之，私土充公，原有定例，现菏邑教养厂款项奇绌，此项赃物若全数追出，可否充作教养厂经费，拟合具文呈请贵局核议转呈，恳乞照验施行。须至呈者。

《山东官报》第三十期，宣统三年七月十一日（1911 年 9 月 3 日）

抚部院札自治筹办处据谘议局呈协议上级自治职任权限文

为札饬事。据谘议局呈称：窃以州县上级自治议会克期成立，定于九月初旬一律开会。查府厅州县议会章程，其自治职任权限以议决预算决算、岁出入自治经费事件及筹集、处理自治经费方法为专责，惟事属创办，手续繁多，苟不预筹完善进行之方，恐光阴易度，事务繁多，要领茫如，殊负国家实行宪政之美意。本局为慎重自治前途起见，酌定预筹办法，以扫除前途障碍，谨拟条件如左：

一、按府厅州县地方自治章程第八十四条，府厅州县长官每年应预计明年出入，编成预算，于议事会开会之始，提交该会议决。今距开会期限仅六七十日，而事属创办，各地方州县牧令遵章办理者固属不少，而巧于规避、因循误公者亦实多其人，苟不预筹统一办法，往往于该州县开会时，预算案或提交不出，或不能各州县一律提出，送交议事会决议，议员对预算决算事项措手无方，势必至敷衍了事，贻误匪浅。今拟请抚院通饬各州县，务须先事预备，届时均当提交地方行政经费出入预算案于该处议会，以符定章，并请札饬自治筹办处速定预算表式，分发各属州县，预为筹备填写，届期提交，地方财政始克逐次清理。

二、按章程七十七条，府厅州县地方税征收赋课事项，按照地方税章程办理；七十八条，地方税章程未经施行以前，凡按照现制为府厅州县所应行负担者，照旧办理。查去岁本局常年会期中议覆抚部院发交清理地方公益款项规则案内，州县均设清理地方公益款项所第四条云：各道府州县衙门经管地方公款、公产，向系拨充地方公益事务不入行政经费之款，及应行禁革之差徭、官价可拨充地方自治经费之款，得由该所绅董随时请该管官署查明案卷簿据，照本规则第八条表册详细填明，送交该所存案，如有疑义得检查其案卷簿据等语。现时本局议覆之案蒙抚部院批准公布施行几近一载，而州县地方亦多未照办。今上级自治会告成有日，职任攸关，理应先事预备。拟请抚院札饬筹理处并通饬各属，凡州县境内旧有之公款、公产及应行禁革之差徭、官价可拨充自治经费之款项，令该管官署查明案卷簿据，详细填明表册，于该议会开会前送交一份，以备上级自治会检查处理，庶几地方财政之清理始有确据。

三、各州县议事会以议决州县区域内自治经费筹集、处理之方法为规则，而府治统辖十余州县或七八州县不等，如中学堂、初级师范学堂、中等实业学堂及府治内他项筹集财产公共营造物之组合等费用，除由官府补助外，均属公共款项，其费用出入款目皆由府治所属州县地方摊集，在各州县上级议会预算案中均列为岁出项下，而州县上级议会又无议决府治经费之规定，恐一方向隅，滞碍殊多。查府厅州县地方自治章程总纲第一条第一项府之直辖地方，细绎此条是指府治直辖地方而言。查章程规定，除关外长春、吉林等府，均有直辖地方，故有议、参两会；至东省官制，除直隶州三缺外，无非州县直辖地面，并无府治直辖地方，因未设立议、参两会，且有直辖行政之任务。拟请抚院电请民政部、度支部明定章程，凡府治属下关于州县公共之岁出入公款预算事件，章程并未详载此项预算权限，究竟应归何属，以便遵循。

四、按章程，府厅州县长官执行府厅州县议事会或参事会议决事件，或将其议决事件说明原委事由交令覆议。查州县议事会章程，每年例应开会一次，以一月为限，限满议未竣者，得展会十日以内。统计展会期限仅四十日，临（事）〔时〕会又未便轻易召集，况州县牧令每多遇事敷衍，久成习惯，现时各州县城区议会成立几近一载，议会已开三次，其议决通过案件往往两阅月而批答始下，宕延公务，贻误诸多。若州县议会议决通过案件，如批答漫无定期，恐议会已闭，案尚留中，将定章之覆议条件几同虚设，此种流弊理应及早杜绝。兹请抚部院遵照去岁宪政编查馆颁发对谘议局议案批答期限之公文，通饬各直隶州及州县，凡议会议决案件，均自通过日起算，限十日内批答，如过期尚不批答，是为逾限，即犯违法处分，如此则官府、议会各有遵守，自治前途庶无放弃责任流弊。

以上所拟各条于上下级自治进行均有关系。本局居立法地位，凡关于宪政前途，谨查照章程及关于本局议案者，不得不先事计画。至章程漏列未备之处，理应恳请抚部院鉴核，电部示遵，实为公便。现经议长委任协议公决，理合呈请抚部院裁夺施行等情到本部院。据此，除批“来呈阅悉。协议各节于维持自治甚得要领，候将府治属下公款预算及批答议案期限咨请民政部核覆，并行自治筹办处速定预算表式，颁行各州县，饬于九月开会前一律提交州县议会。其清理地方公益款项所，照原规则第十七条本系暂设机关，现在上级自治不日告成，应即撤去专所，责成该议会及长官遵照自治章程及上年原定清理规则，将应管事务切实接办，所有应填表册亦即随同预算案送交议会备查，不得延缓隐漏，以谋统一而征核实，希即知照。此覆。抄由印发并咨请民政部核覆。”外，合行札饬，札到该处，即便查照，速定预算表式，颁行各属，饬将清理地方公益款项所认真接办，连同应填表册随预算案如期交付议会，并分移各司道知照。此札。

《山东官报》第三十二期，宣统三年七月二十九日（1911 年 9 月 21 日）

抚部院批谘议局呈请饬学司督饬师范诸生维持教育由

来呈阅悉。前以优级师范毕业生迭次具禀缴札，当经本部院及学司批饬训戒在案。该生等既知悔过，以后务须循分安常。学司统辖全省学务，决不以此介介于怀。候行提学司传谕该生等遵照。此答。抄由印发。

原呈：

为建议呈请事。窃维国家以兴学为急务，兴学以师资为主要。东省自办学以来，教育进步较他省为独迟，留心学务者推究原因，每兴师范乏材之叹。自宣统元年暨去冬，省城优级师范专科生相继毕业，及今春部试，又皆及格，列等有差。迨诸生由京回省后，恭行团拜礼时，幸蒙抚台及学司临场，皆殷殷以发达教育相期望，一时绅学界人均以东省教育辅助有人，同声相庆。不数日间，师范诸生上书本局，并面见议长，具述前因禀谒学司承命条陈学务，无非为稍竭愚诚，勉尽责任而已，至长官采择与否，悉听尊裁，实无他意，并携其公禀条陈暨批示等件出以相示。议长接阅之下，即剀切劝告，谓：诸生与陈学司虽有长官、学生之分，实具师生之谊，自来师弟之间问难规过，亦事所常有，诸君切莫误会。况陈学司到东以来，整顿教育，不遗余力，实心任事，人所共闻，即诸君条陈中稍有过当之言，谅学司决不介意。以后仍望上下协力，共图教育进行，幸勿因此灰心。当时诸生闻言，亦均为首肯。议长为此委任常驻议员协议，佥谓东省教育前途，实赖学司与师范诸生精神贯澈一气，方可望教育之发达；倘学司与师范诸生形迹之间稍有乖违，东省教育易生障碍，议员诸人均不无过虑。本局忝为舆论代表，自应公同建议，以尽维持之义务。现经常驻议员协议公决，除于师范诸生函覆劝导外，理合呈请抚部院饬下学司善事维持，俾教育进行无稍阻碍，东省学务幸甚。为此呈请抚部院鉴核施行。须至呈者。

《山东官报》第三十三期，宣统三年八月初三日（1911 年 9 月 24 日）

抚部院札谘议局发交议案暨谘询案文

为札行事。案查谘议局章程第二十五条内载：第二十一条所开第一至第七各款议案，应由督抚先期起草，于开会时提议等语。所有本年常会应交议案，经本部院先期饬据各司道局处，各将专管事项先后草拟，具详到院，发交会议厅参事科各员审查，呈由本部院覆核检定，共计议案十九件，谘询案三件。合行札发。再，地方预算案照章须俟度支部核覆后，方可交议。现先将筹抵亏短一案提前随发，仍候部文到院，再行补发全案。为此札行谘议局查照定章，分别决议，呈候裁夺施行。须至札者。计札发议案、谘询案共二十二件。

《山东官报》第三十四期，宣统三年八月初十日（1911 年 10 月 1 日）

抚部院札谘议局续发提议案暨谘询案文

为札发事。案查各属上级议事会照章均于九月开会，所有自治行政出入预算，应由各长官于开会之始提交该议会议决。前据谘议局呈请预筹自治前途各节，提议及此，业经批答并檄行自治会筹办处速定预算表式，通饬在案。惟预算范围争议最多，必宜首先解决。兹由本部院核定上级自治职办理预算条例九条，以为整理统一之计画，事关本省单行章程，应交谘议局议决。惟会期伊迩，各属本期预算即宜先行遵办，一切方有标准。除行自治筹办处通饬遵照外，合即钞交公同审议，如有修改，呈候本部院核夺办理。此外尚有改拨壤地插花谘询一案，一并补发。为此札行谘议局分别照章议决，呈候裁夺施行。须至札者。

《山东官报》第三十五期，宣统三年八月十七日（1911 年 10 月 8 日）

抚部院札谘议局据自治筹办处详谘议局发起自治联合会文

为札行事。据自治筹办处详称：案据益都县属参事会参事员马裕庆等函称：敬禀者。窃于本月十八日接准在籍谘议局议员刘儒珍函称：据谘议局函开：本局检阅各州县自治会中来书，每言多有滞碍难行之处，同人有鉴于此，意欲合各州县参事会员组织一自治联合会，为州县参事会兼括全州县事务，来省公同协议办法，上书本局，以除自治障碍。此事理应由各地方上级参事自治会发起，先事函商同府及同直隶州属内上级自治会，每会中各公举参事自治员一人，均定于八月初十日以前一齐到省，以备开自治联合会，商订办法。惟望在籍同人速为通知本地自治会，是为至要等情到会。准此，当即转达青州府属各县参事会，嗣经各该会函询，以为谘议局为一省行政之议决机关，参事会为府厅州县自治行政之议决机关，权限不同，又无上下级之关系，以谘议局招集参事会，是否合于法律等情前来。本会既经谘询，难于答覆，且查章程，又无可据之条，不得不肃禀上陈，伏乞批示等情到处。据此，查谘议局与参事会各自独立，不相系属，所有用谘议局名义发起组织自治联合会一节，是否合法，本处未敢擅断，拟合详请宪台鉴核批示，并通饬各属遵照，实为公便等情到本部院。据此，当经电请内阁法制院核覆。兹接来电内开：马电悉。查自治联合会，局章及自治章程均无明文规定，即不得以谘议局名义召集。惟既属关系公事之集会，应准另行组织，希查照集会结社律第七条办理等因。查谘议局以本省议决机关，事前未经呈明，遽以本局名义，使在籍议员通知自治会，且规定公举办法及到齐日期，其词气纯为对机关之约束，殊属逾越权限，不应准办。惟念诸议员发起此会，亦系为自治前途解除困难，力求进步起见，倘现在该局议员及各属已到自治职员，果认联合会为必要，亦准变通组织，援照集会结社律，将应报各款报明，另候核定。但此为个人自由之事，对于自治职员不得强迫，其非自治职员而愿加入者，亦准作为会员，方与机关作用有所区别。除批示并饬自治筹办处通饬各属外，为此札行谘议局查照。须至札者。

《山东官报》第三十八期，宣统三年九月初八日（1911年10月29日）

第六部分　其它有关山东谘议局资料

论山东士绅亟宜注意谘议局

洵　天

自各省举办地方自治以来，而吾东之士绅寂然，记者乃极力主张之（迭载前志），学界乃设法实施之，自治研究所潍县创办于先，省城禀请于后。无何而部拟定章颁行后，各省再谋自治之议起，而吾东之士绅益寂然。无何而各省设立谘议局筹办处之谕下，而吾东之士绅仍寂然。始而使吾民不得及早享自治制之福利，继而使吾民不得及早享谘议局之福利，其咎实不在官吏，而在士绅；抑不尽在有权力而无法政知识之士绅，而在有法政知识、不能务期实行之士绅。记者亦谬附稍具法政知识，而深愧不能务期实行之士绅之林者也。故无法政知识、有权力而不务实行，是自弃于国民之外，吾无责已。吾之欲自责，而兼欲为有法政知识、不务实行者责，正复无穷。

记者是以先有一言，以为阅者告。凡欲任天下至重者，宗旨既定，而手段不必尽同；时势可乘，则因应不宜失当，毅力苦心，盘根错节，合群利导，曲折委蛇，期以必达吾目的而后已。此为士绅今日公同应守之主义，而斯主义之能遵守与否，则尤视士绅之有法政知识者之对于谘议局与吾民之关系奚若以为断。记者希望法政同志诸绅在斯，而立论之大意亦在斯。不以斯意为然者，置是论于不览可也；不以斯意为不然者，请卒读是篇而辱教之。

地方自治者，因共同之利害，为自然之结合，本吾民应行自办之义务也。谘议局者，使国民与闻政治，同据忠爱，又本吾民自有之权利也。乃政府以为吾民程度不足，非官为代谋，官为提倡，不足以导先路而资模范也。于是地方自治局与谘议局，二者俱在国会未开前，逐年预备之列。然地方自治章程之颁布虽在今年，地方自治之筹备则在明年（设立城镇乡地方自治研究所），至厅州县地方自治，则尚须再迟一年。而其成立则又在光绪四十年（筹备事宜之第七年）。谘议局之筹备，则自今年成立，而撤销期限，则仅一年耳。比较以观，自治之着手，独后于谘议，谘议之成立，却独先于自治。若是者何也？自治者，行政部之区划；谘议者，立法部之区划也。谘议局者，又地方自治与中央集权之枢纽也。二部之界说，既截然其不同，二部之措施，自分镳而并进。记者今复以注意谘议局，不为全省绅民请，并不为全省官吏请，而先为我最亲最爱最敬重之曾习法政同志诸绅请。诸绅得毋疑记者将置平昔所极力主张之地方自治于不顾耶？则窃以为大谬不然矣。

诸绅亦知谘议局章程颁布之原动力，实由于各省国会请愿之诚挚乎。请愿国会，国会不得遽开，仅得此开设谘议局之筹备，以责望吾绅。吾绅正宜急起直追，为吾民自谋福利之起点。区区参政萌芽，不可不群思培养而滋长之。况吾东前既未办地方自治，而即此吾民所急欲得而又为政府所畀予之谘议局，且得以催促地方自治之成立耶。然则诸绅平昔振全副之精神，抱无量之宏愿，以期如愿以偿者，且将于此焉卜之。倘犹复瞻顾徘徊，罔知所措，是又记者所大惑不解者也已。

顾或有甲曰：谘议局之事，发起自官，须先由官吏提倡之，吾绅乃得以扶助之可矣。乙曰：况既有选举议院章程，自不能尽用官吏，而不参之以绅，绅固不患无参政之地也。丙曰：且更有年限之迫促，一年内又不患筹办处之不设置也。余乃恍然悟，瞿然惊，喟然叹曰：吾乡人对于谘议局之心理，必不如是也，必不如是也。今毋论其有是之心理与否，而既有甲、乙、丙三说之发生，吾亦何必不即此三说而略辨之，复陈今日所宜注意者，不先为我山东官吏告，先为我山东士绅告，且不泛为我山东士绅告，先为我山东有法政知识之士绅告耶！

甲说之仍含有依赖之劣性根者无论已，第即所谓扶助云者，吾不知果操何术以扶助之耶？夫谘议局者，全省舆论汇归之地也，今次奏定谘议局章程六十二条、选举章程一百一十五条，社会清议或谓其分配议员额数之不当，或谓其限制选举之非法，或谓宪政馆与资政院断不能定适如民意之谘议局章程，必须开议院后，由民选议员改定之。伟哉论乎！洵足见吾民程度之非不足，而该章程之不满吾民之意者正多也。然即此区区不满民意之章程，已为官吏所痛心而疾首。而吾绅之对于谘议局，既不能处于自动之地位，已属可耻，倘犹复于该章程所规定之权利义务等，不能于筹办期间，权其分际，度其轻重，研究其得失，调查其情状，吾恐谘议局成立后，该局不过为行政长官之补助官厅，局员之名为代议者，不过为行政长官之傀儡。观夫吾东议长、议绅之对于提学使，已三年矣，瞬将开列褒奖矣，而其职务奚若？其权限奚若？其实力、其效果又奚若？我乡里父老士绅，试平心察之，能不悲哉！能不悲哉！

乙说谓吾绅不患无参政之地，似也，抑知选举章程，所定议员资格凡分五等，而有学识者居其一。筹办之始，尤必以具有学识者，辟山林之纲维焉。吾绅之夙未研习法政者，遽膺重任，恐未必其能胜；即研习有素，而不加以历练者，恐亦未必即能举措咸宜也。是以吾绅在今日即不为行政长官所举任，异日苟为众望所归，合选举规定，不患无牺牲身命之一日，固已然。正惟今日不为行政长官所举任，及此闲暇，尤宜不自暴弃，力证所学，默为补助，裨益地方；不然者，袖手旁观，放弃天职，各负责任之谓何？又奚必待行政长官之举任，而吾绅始负责任耶？且揆诸前月全省千余名之国会请愿之初心，当亦非乡里父老所忍出此，而尤非吾最亲最爱最敬重之曾习法政诸同志所忍出者也。

丙说谓一年内不患官吏之不设置筹办处，似也，然亦思此所谓筹办处者，为虚无空廓之形式，如平日官家所设之某局、某所、某会、某公司等耶，抑期以上不负朝廷与民更始之盛意，下有以餍全省人民之渴望者耶？且也，谘议局章程发布以来，转瞬已五旬矣，夫一年期限中，不过七个五旬有奇耳，是已去其七分之一矣。时不我待，明年今日，旋踵即至。设至下月一日，不能如期成立，又下月一日，仍不能如期成立，或勉强成立，而因无详审之规画，周密之预备，不能有所举措，则督抚畏政府之责问，必苟且塞责，以为谘议局即是已为成立，而卸其责于吾绅。斯时吾绅若不接手办理，非抗违朝旨，即抛弃权利。且平日一己之所自任，同人之所共勗者何在，而顾忍令出此。若接手办理，则亦必因无详审之规画，周密之预备，不能有所举措，则前次吾绅致怨于谘议局筹办处者，后次之行政长官与吾民将转而归咎于吾绅接办之谘议局。夫至谘议局而为归咎之地，其亦何以对吾民欤！

总以上三说，从记者理想中所臆度者，其弊之大已如此，则吾绅之对于谘议局所宜注意者，不可知乎。请举大要，有左列各项：

（一）宜催请抚院速设谘议局筹办处。

谘议局筹办处既明定期限，于一年内一律办齐，明诏谆切，薄海臣民，允宜切实奉行。但定章应于明年九月一日行谘议局开会仪式，则今年九月一日筹办处必须成立，方能筹定纲要，克期布置。否则纲要不定，则办理不免纷歧；期限不立，则迁延必至贻误。以我（表）〔袁〕大中丞之敏慎，届期必可办到。然九月一日，瞬息即来，则去日苦多，吾绅若不日事催促，恐迟至十月一日始行开办，则为日更促矣。催请之法，应集平昔法政研究有得诸同志，先事讨论此筹办期中，何者为应办之事，何者为章程中最重要者，各就本省情形，斟酌讨论，规画大纲，筹拟概则，然后谨陈所见，以备采择。行政长官见吾绅果足以共事，则开办必早，否则互相观望，其结果又岂可问耶。所宜注意者此其一。

（二）宜促设各属筹办谘议局事务所。

谘议局之设，利于民不利于官，利于好官，不利于坏官。坏官知其不利于己也，虽有上级官厅相督责，各府州县中，安保无以具文视之，而故为延宕，不能如期举办，或办而无效。纵令从重参撤，而兹事已为若辈所耽误矣。至于民也，虽与其有利，而多不喻其利，且不知国宪为何物，世受与官家各局交涉之祸害，父子至以之相诰诫。今谘议局筹办处猝与之接，则风声鹤唳，杯弓蛇影，前次所受之恶感情，至此反出而相抵。是其影响所及，障碍盖可想已。为此之计，尤宜请吾绅先与各乡镇城市诸绅约，禀明由本地方设事务所，应办事项与局章第二十一条，暂可略与变通。所谓议决本地应兴应革事宜也，议决本地岁出入预算决算事件也，议决本地税法及公债事件也，议决本地担任义务增加之事件也，议决本地单行章程规则之增删修改事件也，议决本地自治会之争议事件也，申覆该管各上级官厅所谘询事件也，公断和解本地自治会之争议事件也，收受本地自治会或人民陈请建议事件也，呈明本地方官绅纳贿及违法等事件也（按此条以立法而兼司法，性质嫌混，今姑照局章立论，迨光绪三十九年行政审判院设立后，必须改正），分段调查被选举者之资格事件也，大纲既定，与省城筹办处同时成立，明年即复随筹办处同时裁撤。虽议局成立后，不能不多派专员催办，然及早由吾绅豫为之备，则不但谘议局无漏事之弊、延时之机，而吾民对于自谋乐利之地方，先食福无量矣。所宜注意者此其二。

（三）宜分设宣讲所。

自六月二十四日谕旨宣布立宪以后，政府固尝虑民智不开，饬各省多立宣讲所，以增进其程度。我省官吏，于从前宣讲圣谕各处，附设讲员外，未闻设有专所。即一二士绅，有自行设立宣讲之处，亦以寡助，不能持久。然此在交通便利之区，或间有之，至偏僻州县，官立宣讲圣谕处，尚属阒如，况论其他。推厥原因，盖由于讲演之才不易多得，而关于讲演宪政之才，尤不易多得，是以民智闭塞，无复有开明之一日。此次颁布谘议局章程，苟非稍通法政大意者，多捍格而不知其所以然。然即此通法政者，亦未闻有人焉出而以讲演章程为己任者，无或乎一般社会皆淡然相对也。此等情状，转瞬举行投票选举，欲无放弃权利之患，又乌可得耶？为今之计，亟应由吾绅分赴各属，其原有宣讲所者，附讲谘议局之性质及该局选举各章程之要义；其无宣讲所者，按日亲赴各乡镇村，择公共地为之讲演。如此等讲员同时不足分布，暂可按县先后轮讲，庶各地方人民普通大意，将来对于此等重大公益事件，不致流为绝大弊窦，而谘议局之呼应既灵，收效益速矣。所宜注意者此其三。

呜呼！谘议局筹办处预备期中，最要应为之事，莫选举若；而选举之始，尤莫调查若。今但即调查而论，吾省初未兴办地方自治，所谓分画区域、调查户口各要政，迄无真确之册记。即省中所设之巡警道调查局等，于户口一项，亦未见造有端倪。扼要举办，认真实行之罕觏其人，已可概见。而谘议局筹办之初，其困难情形更可知矣。今不幸之幸，系先设筹办处耳，否则如定章选举年限，以正月十五日为初选日期，三月十五日为复选日期，且选举人口名册，应于选举期六个月以前告成，吾恐期限久愈，调查且一时不能顺序，又焉敢提议举行选举耶？虽然，勿谓筹办处可以姑事从容也，今年九月一日必须成立，否则十月一日，万不宜再延矣。何也？按定章之期限，知调查之宜急，即以僻远各属奉文较迟者计之，四个月中，必须完竣，则计自本年十月一日起，至明年正月三十日止，届期应将选举人名册一律告齐，于二月十五日宣示，照定章公布更正，计凡六十日，可以蒇事。明年一月遇闰，三月十五行初选，五月十五行复选，至九月一日而开局会议，不至局促矣。夫以吾最亲最爱最敬重之曾习法政同志诸绅，如以上记者所哓哓者，抑岂不稔闻而熟记之，而记者固必备责之者，谅以吾绅今日所处之地位，所负之责任，有与通常士绅不同者在也。何也？观诸一般社会，类皆困于虐政，有口莫诉，有情莫通，代议无人，弊故至此。观诸一般士绅，类皆脑满肠肥，抱持个人主义，毫无国民思想，甚或假权利以戕同胞，依官吏而效鹰犬。矫其弊者又或热度过高，流为激进，不唯于事无益，而反害之。观诸一般官吏，类皆苟且因循，抱持禄位主义，毫无国家思想，甚或压小民以蒙层台，图私利而欺君上；其巧焉者又或朝登白简，夕复头衔，且更假冒我省官绅所公举，到省办理新政，靦然宣布于众而不以为耻。其资格有如此者，然则以言乎社会则如彼，以言乎士绅与官吏则如此，于此而欲有以改造之，调剂之，舍吾最亲最爱最敬重之曾习法政诸绅，将谁属哉？

抑且今日士绅之自待，与官吏之待士绅，果何如乎？以苟容而充滥竽之数，吾绅可以金钱豢养矣；以保矿而招敛资之谤，吾绅可以严拏查办矣；以骂官而得革命之名，吾绅可以监禁二年矣。自贻伊戚，夫复何尤，所可恨者，官府视线脑筋中，时以若辈例吾绅。吾绅苟于此不挺身而起，克自树立，抱国宪光明之正义，洗同胞隐忍之羞耻，何以为吾绅。况均是绅也，一则由差委而受行政官之指挥，一则被选举而为一省舆论之代表，而且一省之长官得监督之焉，一省之政治得与闻之焉，一省之立法得左右之焉，一省之岁计得增减之焉，此中几宜，自昭直道，固非吾绅可以运动而得，亦非吾绅可以暴弃自甘，并非山东官吏所得以非法干涉者。呜呼！吾绅之对于谘议局，其关系果如此其大，责任果如此其重，希望果如此其宏哉！吾先愿吾最亲最爱最敬重之曾习法政诸绅猛醒之，且（奴）〔努〕力行之。

《山东杂志》第十五期，光绪三十四年七月三十日（1908年8月26日）

谘议局议员恳亲会

十一日午后一时，谘议局议员在李公祠开恳亲会，由议长杨君毓泗报告开会词及开会秩序，行团拜式。议员分东西向互拜后，先由杨君毓泗登台演说个人责任及议员责任，谓个人责任及山东全体各个人之责任共分六种：（一）对于中国土地负保守之责任，（二）对于中国土地以上之人负结合劝勉之责任，（三）对于君主负敬重之责任，（四）对于圣教负维持之责任，（五）对于先人庐墓负保护之责任，（六）对于后世子孙负保持其永永存在于中国土地上之责任。讲演尽致，声泪俱下，演至一句钟之久，其痛切恳挚，多有为之泣下者。继由陈君命官演说日人改筑安奉铁路与东三省之关系，情词迫切，听者为之动容。最后登台者为丁君世峄，演词甚长，不胜殚述，其大旨不外议员贵有一定之政见及一定之方针，以赴共同之目的，收有价之效果而已。演说毕，共同饮宴，至五句钟闭会。

《申报》，宣统元年八月廿三日（1909 年 10 月 6 日）

登州府议员曲卓新辞职

登州府议员曲卓新主政具函谘议局议长辞职，略云：鄙人担任自治研究所一事，入秋以来添设分所，增加夜班，出力本薄，功课益多，惟日不足，继之以夜。所有谘议局事，实系无力兼任，而敷衍塞责又与心违，谨照谘议局章程第十九条第三项理由辞职，恳请允许，感德无极。①

《申报》，宣统元年九月初二日（1909 年 10 月 15 日）

鲁抚预备议案

鲁抚据谘议局呈请宣布议案，当札各司道文云：据谘议局议长呈：请宣布议案事。查谘议局章程第二十五条内载，第二十一条所开第一至第七各款，应由督抚先期起草，于开会时提议。又查第三十四条，凡召集开会，应于三十日以前，由议长将本届开会应议事件预行通知各议员等语。现会期已迫，理合呈请宣布议案，以备先期研究。为此呈请抚帅鉴核施行等情到本署院。据此，查谘议局之设，原为采取舆论之地，今开会期迫，于本省地方应议事件，该议员等原有指陈利病、筹计治安之责，本署院为行政长官，照章自应预为筹画一切，先行起草，但通省各项政务，该司道等同负责任，其应交该局提议之案，宜各速就本管衙门地方行政事宜及局所按照谘议局章程第六章职任权限范围以内，酌拟草案，列款胪陈，先期详夺。

《申报》，宣统元年九月初三日（1909 年 10 月 16 日）

① 录自“各省筹办谘议局”情况报道，标题为编者所加。

议长杨谘议局开会演说词[①]

自去岁宪政编查馆拟定谘议局议员选举章程时，谕令各直督抚限一年内一律办齐，定于今年九月初一日开会。岁月不居，时节如流，一转瞬间，即为宣统纪元年第一年之九月朔日。此中一年光阴，外而烦劳抚台以下各长官及筹办处任事诸公，几经规画，为外部一切之筹备；内而经本局议员百三人及书记部任事诸君，同力合作，为内部三十日一切之筹备。综两部种种筹备，于山东省垣新建筑规模雄阔之谘议局中，又劳抚台及各部长官惠临，维持而提倡之。萃集山东人少数人之议员，环坐其间，掉三寸舌，守一尺册，确定地方行政范围。综议案纲目所胪列者，凡关于民政、学务、军政、外交、交通、实业、财政、司法诸大端，各遵守国家宪政范围，代表我山东人多数之父老兄弟，研究一切要政，以除公共之弊害，以谋公共之幸福。毓泗、普源、景禧等材能薄弱，谬被选举，滥列议长，对此重大责任，深虞陨越，悚惧弗胜。私心揣测，惟愿与议员诸同人，合力辅助，共相劝勉。今日有数要言，惟望诸君之采纳焉。

今日为九月朔日，乃山东谘议局开幕之第一日，实为我国家、山东政治上议决机关开幕之第一日，龙帜飘扬，忽现异彩，真我东省宪政萌芽之最大纪念也。论世界宪法之缘起，始于西北海角之英吉利，翘然独肇其胚胎。自美脱英羁绊，又首倡共和。厥后风靡大陆，余声遗响，渐次东来。日本首发其端，即露西亚[②]、土耳其各国，亦被余波所震荡。宪法旗帜，久已照耀全球矣，独惟我中国，尚沿袭乎前代专制政体，历久而无所变革，以至人民不负责任，渐成积弱之现象，中国前途甚可虑也。幸赖先皇帝智勇天亶，锐意维新，独以为中国竞强之策，致富之谋，是非立宪不为功，因命五大臣出使东西洋，考察各国

---

① 原标题为“抚宪孙谘议局开会演说词”，但其内容并非抚宪演说词，而是议长演说词，故改为此标题。

② “露西亚”，即俄罗斯。

宪政。既而各省士民，又恐立宪之意不能决定，相与上书政府，群以开国会相请求。即东省绅商士庶，亦以千余人请愿于其后，立宪真机，勃勃然发动于我东省者，于此已可概见。我朝廷睿智烛照，深知民【智】虽不甚完全，民气尚可振作，因开诚布公，宣布开议院年限之明诏，先使各省设谘议局，为采择舆论之所，并为资政院豫储议员之阶。议（员）〔院〕基础即肇端于兹，上下一心，同声立宪，绝不生各国风潮，即可由历朝专制政体，一跃而成代议政体。中国变法景象，当为世界立宪国一大特色，此固环球各国所公认，亦即中国四万万同胞最为莫大之幸福，我东省议员诸同人亦当同为欢欣鼓舞者也。

《山东杂志》第四十一期，宣统元年九月十五日（1909 年 10 月 28 日）

鲁省谘议局开幕纪事

初一日，山东谘议局行开会式。午前八时，各议员到局，抚宪及司道以下各官毕至。先在后厅跪读三十日上谕，后始履会场行开会式。会场布置如下：一、台上左偏为抚台及现任司道席；二、台上右偏为各局所行政官席；三、台上中间稍前为正副议长席，再前为演台，台前设速记席；四、台下面北为议员席；五、楼上北向正中一间为预备中央政府或资政院人员旁听席，偏左一间为外国交际官旁听席，偏右一间为外省官吏或谘议局人员（傍）〔旁〕听席；六、东西两楼为普通旁听席；七、北楼右边第一间为新闻记者席。抚宪及各议员齐集就席后摇铃开会，由报告员登台报告开会词毕，请抚台登台宣读祝词，次请议长就议长席起立，宣读答词。词毕，抚台就台上与议员等起立，相向行三鞠躬礼。礼毕，抚台复登台演说政见，谓使者对于谘议局，凡以三事为唯一之宗旨，一曰守法令，二曰布腹心，三曰求真理。至于应议事件，先分别国家行政、地方行政的性质，凡应归谘议局议决之事，使者必秉公裁夺，而于谘询事件，则不厌求详，不存己见。一事自有一事之宗旨，自应随时访求舆论，折衷（主）〔至〕当云云。次由正副议长登台演说。事毕，摇铃闭会。全体摄影而散。

《顺天时报》，宣统元年九月十六日（1909年10月29日）

谘议局函请联结大团体

山东谘议局日前函致各省云：敝局议员对于谘议最紧要、最艰难之事，决非一省之力所能办者，拟联合各省谘议局核夺办理。现在提出之问题，约有四端：一、督抚升调问题；二、国际上之路矿问题；三、铜元问题；四、公立及私立法政学堂问题。均刷印成篇，夹函呈阅，谅贵省风气先开，鸿议擅长，对于此项问题，当必有以教我也。若贵局肯表同情，或别有高见，统乞迅速赐教为盼。

《大公报》，宣统元年十月廿二日（1909年12月4日）

抚宪孙谘议局闭会演说词

谘议局选定常驻议员后，行闭会式，抚宪登台演说。兹据书记速记录，其辞如左：

我们谘议局，今年是第一次成立。诸君自八月初一日来省，九月初一日开会，以至今日闭会，其间八十余日，在局内所研究之议案，与我所提议之事件，宗旨大略相同，有成为议案者，亦有未成为议案者，要皆为本省兴利除弊，均属应办之事。然亦有应办而不能遽办者。我虽未学法政，于法理上不甚明悉，至于中国吏治，民生疾苦，亦略知八九。我原非守旧人，亦讲求维新者，凡与民间兴利除弊之事，只吾力所能为，断不推诿。我来山东，立志作事，诸君有曾在外省阅历吏治者，有曾学习法政者，有会办地方公益者，自开局以来，日日研究，程度亦增长不少，能与我作一耳目，实所欣幸。但作事不可不分出轻重缓急次序来，我年少气盛时，好上条陈，想诸君亦有耳闻。凡未举为常驻议员者，回家务必细心研究，为明年开会之预备。提议事件，当先其大者远者，方能有益。若能言而不能行，是不可与言而与之言，是谓失言。诸君在家有教读者，有办地方公益者，处处皆当以存公益为心。明年城镇乡地方自治，势在必办，回家见诸亲友，广为提倡，使自治能力日见发达，方能有以对国家，有以对国民，有以对一己。乡间既举诸君为议员，想是德望素孚，诸君之言，自然容易感动，明年自治能有起色，便是诸君为山东所造之（辛）〔幸〕福，吾代为祝颂前途。选定资政院议员诸君，明年入京，与各省议员上下议论，又为通国之利弊，不但为山东一省已也。凡研究学理，与实行不同，若但凭书本上理想，往往与实际上多有窒碍。如法国孟德斯鸠、卢梭之哲学的理论，与我国宋元明之理学家，皆系理想派。至王阳明之学说，即注重事功，日本亦崇拜其说。中国常言，《大学》十章，《论语》半部，即可以治天下。理虽不差，若谓《大学》、《论语》便可以治当今之天下，吾亦不敢相信。此所谓尽信书，则不如无书也。中国五经四书，其微言大意，与欧美政治之学，原自相近。世传秦皇焚书坑儒，五经四书，得自壁中，皆无稽之谈。不知秦皇所焚之书，皆诸子百家愤激之谈，足以摇乱人心者，而五经四书，原未焚也。盖愤激之谈，最足以摇乱人心，人心不齐，即国制不能划一；国制不划一，天下岂有不乱之理。由此观之，则秦皇亦未可厚非也。人人能守国家法令，则天下自太平矣。四书所云，所恶于智者，恶于凿也。夫道若大路，然亦恐人日趋于歧耳。譬如造屋，必彼处立，此处方可破坏，若以其不善而遽坏之，将庇身于何地乎？且旧有之瓦石材木，亦可变通用之，不可谓尽无用也。即如改服制，若尽效外洋，则中国之丝绵，不可废乎？凡弊当其去太甚，不可过急，如明末之裁驿站，而驿夫便因之酿乱。吾观诸君所提之案，率皆痛恨吏胥，吏胥之害民，人人知之，要知吏胥，亦未可遽裁。虽裁吏胥，必须筹出能代吏胥办事之人来，若将自治办好，则吏胥自然无权，不患有暴官汙吏矣。总之，作事能稳步不懈，总可达到目的，若思猛进，便易蹶矣。敬颂诸君一路平安，并家中均好。

《山东杂志》第四十四期，宣统元年十月三十日（1909年12月12日）

山东谘议局选举记事

谘议局选举常驻议员之期，自午前八时，抚宪及司道以下各官，并政府委员及众议员等均到，至九时齐集议事厅投票，照章过半数者为当选。开票后当选者为周树标、朱承恩、金毓珍、丁世峄、孙丕承、杨振清、张壬弼、姚际元、张灿之、李广居、吕上智、郭连科、李瞻泰、梁协中、张允符、赵阳山等十六人。次多数者，加倍开列，再选四人，榜出者为窦培增、李荫棠、张光第、王志勋、王玉鲲、尚展鹏、庄余珍、鞠芙八人，而当选之周树标、丁世峄声明以职务辞职，次多数之王志勋、庄余珍、鞠芙三人，亦同时声明以职务之故，不再被选及再选。开票后空白票甚多，当选者为窦培增、李荫棠、张光第、王玉鲲四人，而榜示之候补当选人为王志勋、尚展鹏、庄余珍、鞠芙、曲卓新、王炜辰、张介礼、尚庆翰八人。选举毕，抚台登台演说一小时许，行闭会礼。晚五时闭会。

《顺天时报》，宣统元年十月廿八日（1909年12月19日）

山东资政院议员覆选已定

谘议局选举之资政院议员十二人，现经抚院覆选六人，业已榜示。其姓名如左：陈命官、王昱祥、彭占元、尹祚章、张树庭、郑熙嘏。张树庭于日昨辞职，以候补当选人蒋鸿斌补之。

《顺天时报》，宣统元年十月廿八日（1909 年 12 月 19 日）

鲁谘议局议决推广龙元办法

鲁抚孙中丞前以大清济南分银行所拟推广龙元办法，协力维持龙元行市，期与鹰洋价值一律，及劝令各商家以银元计物价各节，事关通省商情，是否可行，亟应体察情形，悉心核议，当即札行谘议局核议声复。经谘议局常驻员开会协议，佥谓中国各种银元价值纷歧，故龙元市情未能划一。现在南省鹰洋价涨，龙元价落，以致德华银行藉口不收龙元。即铁路公司及德华照常搭收龙元，亦相形见绌，皆由行市不能一律之故，于中国币制前途大有妨碍。今据该分行所拟推广龙元办法，令官银号及各钱业协力维持龙元行市，期与鹰洋价值一律，均以湖北龙洋为标准，俾便分行，及官银号发行之银元票便于推行。是于维持之中，兼寓抵制之意，目下即宜实行为要。若劝令本地商家以银元计物价一节，原欲使需给日多，以养成人民用元习惯，用意非不甚善，但现在币制未定，东省银元尚未畅行，市面龙元不敷周转，骤令本地商家改变其旧日用银用钱之惯习，概以银元计算物价，各州县情形不同，不惟于人民不便，且恐外国银元充斥市面，转碍龙元之推行。莫若由官银号及分银行首先推行，至以银计数、以钱计数之家，亦暂时各听其便。俟币制确定后，凡官府一切收支俱用银元，然后推广于各州县，自可流行无碍。至如铁路、车站收用分银行龙元票一节，既便商民，又关主权，前经劝业道迭次与该公司磋商，已允实行。即德华横生阻力，不过因龙元价格低落之故，若中国湖北龙元能与外国鹰洋价值一律，彼亦无词可执。倘日后柏林总办复到，仍有异议时，拟请抚部院惠体商情，力为主持，总期事在必行等语。当即公同议决，呈复抚院核夺。并闻柏灵胶济铁路总公司已经允许，凡大清银行所出之一元、五元、十元钞票，铁路载货皆可通用，已由该银行布告各处矣。

《申报》，宣统二年正月廿三日（1910 年 3 月 4 日）

议员之结党殃民

山东盐政之坏已达极点。各盐局之短斤削两，搀泥和沙；各盐勇之挟嫌栽赃，诬良为枭；各州县之按亩勒买，计户口授盐；种种弊端，不可胜记。惟登、莱二府（莱州仅四县不食官盐，潍县已有官盐局），不食官盐，将所有盐课，摊入地丁之内，每正供一两，增纳盐金三钱五分。国无设官分卡之劳，而课已足；民无叫嚣追比之苦，而税已纳。此为苏髯翁官登州时所定，良法美意，历宋明迄今，行之数百年之久，利国便民，毫无弊窦者也。讵该省谘议局竟欲破坏数百年之善政，提出议案，迫令登、莱二府亦食官盐，不准民间自制自售。探此议案之所由起，盖因该局自开幕以来，东三府议员与西七府议员屡起龃龉。东三府交通便利，故议员皆具有新知识，而西七府中，竟有不知新政之名词者，故所提议案，恒被东府议员斥驳，由是意见日深。而西府议员，遂大结团体，以六十二人为一党，藉相抵制。嗣后议案由多数议决，东府遂居于失败之地矣。如留省议员共廿一人，该党居十九，送资政院议员五名，该党居其四，此其显见者也。近闻西府议员，以全省皆食官盐，惟登、莱得享特别幸福，心怀不甘，故特助官为虐，提议此案，使登、莱之民，与西府受同等之苦。其所提议者，非惟不准民制民食，又议于各城乡多设盐卡，密置盐店，广布盐勇、盐巡，以登、莱四面滨海，制盐素极便利，非层层网罗，不足以防透漏而严搜刮也。登、莱各界闻之，大动公愤，现登州府龙口、莱州府烟台、威海等处，均互相联络，以谋对待之策。噫！公举议员，原冀为民兴利者，今若此又乌用此谘议局为耶！

《帝国日报》，宣统二年九月初二日（1910 年 10 月 4 日）

鲁省谘议局地方党派之冲突

鲁省地势，登、莱、青三府，三面滨海，交通便利。近来屡受外界潮流之激刺，故民智开通。济、东、泰、武、曹、兖、沂西七府，僻处内地，交通不便，故民智闭塞。去年谘议局所选出议员，东三府虽玉石并投，然具有新智识者尚居多数。至西七府之议员，尚有不知谘议局为何物者。所以上届开会，所提议案，东三府多主张急进，西七府多主张保守，由是相激相荡，意见日深。西七府议员六十二人，结成一党，以藉抵制。局章决事，以多数取决，故东三府常蹈于失败之地。一见于曲诗文案。曲诗文东三府产也，东三府议员，屡屡提议，为民伸冤，而议长及西七府议员等，则谓曲诗文志在谋叛，竟诬周树标、丁世峄、王志勋、张介礼、尚庆翰等五人为曲党，为阿附京官。五人愤不能平，遂一体辞职。又如登、莱二府，向不食官盐，将所有盐课，（拥）〔摊〕入地丁之内，每正供一两，增纳盐金三钱五分。此法本为苏髯翁官登州所定，法良意美，历宋迄明，行之数百年，皆称为利国便民者也。不谓西七府议员，欲破坏此善政，提出议案，迫令登、莱二府，亦食官盐，不准民间自制自售。登、莱各界闻之，大动公愤，拟互相联结，以谋对待。观此二事，则鲁局府界之未能破除，于此可见。夫议会不能无党，然所谓党者，由政见而分，非由地方而分也。昔者晋省为交文禁烟案，尝有南北党之争，今鲁省又有东西党之争，何所见之如出一辙乎！近有东京鲁省留学生，发起一维持会，致书申斥该局，劝其宜破除府界，协力共济时艰，盖亦不得已之苦衷也，未知该局能虚纳否耳。

《国风报》第一年第廿八号，宣统二年十月十一日（1910 年 11 月 12 日）

鲁谘议局议员辞职之理由

山东谘议局因鲁抚办理莱阳一案不能主持公论，不理于众口，颇有多数议员谓其袒护官兵，贱视民命。兹有议员周树标、丁世（铎）〔峄〕、王志勋、张介礼、尚庆翰等五人，已因此案具书辞职，于十三日开正式会，提出公决，经多数赞成承认。其呈抚部院文已由书记长张君脱稿，日内当即通过。兹将五人辞职理由书录下，孰是孰非必有能辨之者。

启者。莱阳一案，鄙人等系谨遵七月二十日上谕，参以北洋及山东提学使与本局调查之事实为主张，不谓议长违犯议事规则，并不退就议员席，公然加入讨论，且盛气发言，遽以谨遵上谕者为曲党、为阿附京官。此等专制锻炼、蹂躏合议机关之举动，鄙人等决不承认。再，据抚部院札，本局呈院议案须署提案人姓名一节，鄙人等以此事为定章所无，原无庸付诸讨论，乃竟以投票取决，遂得多数承认。似此追加条文，破坏法律，则谘议局前途又何堪设想！虽多数取决，少数者不能反对，然此非法议决，鄙人等亦万难服从。兹谨依局章第十九条第三款，同辞议员之职。耑此布呈，即请全局公览。

《申报》，宣统二年九月廿六日（1910 年 10 月 28 日）

鲁省谘议局之大激战

鲁省地势，登、莱、青东三府，三面滨海，居民营商者多，务农者少，加之近来递受外洋潮流之激刺，故民智大为开通。济、东、泰、武、曹、兖、沂西七府，僻处内地，交通不便，居民守旧之积习牢不可破。故去年各属所选议员，东三府虽亦玉石并投，然略具智识者尚居多数，而西七府之议员，即有不知谘议局为何物者。所以上届开会所提议案，东三府多主张急进，西七府多主张保守，因此相激相荡，西七府六十二人遂结一大党，而所议之事又以多数决定，故东三府常蹈于失败。东三府人又因意见不合，自相倾轧，如莱阳议员二名，孙孟起即拍官绅之马屁，日前【将】该县乱事屡屡报告该局，谓民党曲士文志在谋叛，议长杨毓泗即据此转呈孙宝琦，以定曲党叛逆之铁案。盖汝筠大抱不平，屡屡报告该局，为民伸冤，议长均置之不问。黄县议员王治芗，痛恨巨绅丁葆筠，提倡双空，贻害市面，上请愿书控其罪状，而王学锦图丁之贿，反助丁而攻王。此皆其显见者也。由此，东与西相冲突，东与东相觝排，日积日深，遂演出丑劣之怪剧。先是尚未开会，盖汝筠即联合常驻议员周树标、丁世峄、王志勋、张介礼、尚庆翰等五人提议莱阳一案，由全体研究对待贪官劣董之策。议长杨毓泗、副议长王景禧惟知拍孙宝琦之马屁，故当其乱时，即主张派兵进剿，凡有关于该案之书禀，莫不将原稿呈孙宝琦检阅。今恐各议员或有提议该案者，即预派其走狗朱承恩到处探访，果探知周树标等会议此案办法，该议长等遂预嘱该党全体反对。及至十三日一提该案，议长杨毓泗乃大动压力，竟厉声叱该五人为曲党，为阿附京官。该五人已愤不能平，加之孙宝琦忽札该局，凡呈院议案均须署提案人姓名，此五人者以此事为定章所无，不能承认，而杨毓泗又运动该党投票取决，竟得多数承认，该五人愈不能平，遂一体辞职，具辞职理由书报告全局。朱承恩奉杨毓泗等之命，约同该党公认其辞职，故至会场，朱一倡任该五人辞职，群即起而和之。而刘君儒珍视此情形大愤，立具书于议长，大骂该党狐狗营结，倾害民之代表，以树己之声援，亦即辞职。崔君亦文，亦具书于议长，诉其植党营私，背定章而弗恤，置公理于不问之罪，亦即行辞职。现在该局大形糜烂，直无一人矣。噫！

《民立报》，庚戌九月二十九日（1910 年 10 月 31 日）

鲁议局风潮续报

鲁省谘议局议员周树标等五人，因提议莱阳一案，及呈院议案署提议者之姓名，〈议长杨毓泗等〉愤不能平，联名辞职，该议长等即唆使其党六十余人群起反对。刘议员（纡）〔儒〕珍、崔议员亦文见此情形大愤，亦相继辞职，此种缘由均详昨报。兹悉孙宝琦闻此情形，拟出面调和，以息战争，而议长探悉消息，立赴院见孙抚，谓：此风断不可长，周树标等为莱阳一案，美其名曰为民伸冤，实拟袒庇匪党，阿附京官，以反前案因以倾晚生者，倾大帅也。此等不靖之徒，留之局中，必至破坏大局。且每提一案，不如已意，即以辞职挟制之，倘人人皆起而效尤，尚复成何事体？不如听其去之为愈也云云。该议长平素本助孙以仇民者，故孙抚即以忠奴待之，所言者无不听从。该议长见其计已中，遂扬扬自得，至会场对众宣言曰：嗣后无论何人所提议案，承认决否，本议长自有权衡，不能任汝等之纷更，有不以为然者，即请辞职等语。当有于议员镛大怒，起而诘曰：谘议局为筹谋全省利弊之地，非议长一人之私产，今议长若是，吾等可一律辞退，局中仅留贵议长一人可也。立时具书辞职，大声曰：贵议长不配支配我于镛。遂不顾而去。

《民立报》庚戌十月初二日（1910 年 11 月 3 日）

鲁议局风潮三志

鲁省谘议局议长杨毓泗对于各议员大施专制之手段，议员周树标等纷纷辞职，各节已两志本报。兹悉自周树标等辞职后，杨毓泗等愈力骄蹇，日昨在会场竟对众宣言曰：汝等之心理，本议长甚不明白，汝等竟拟以辞职二字挟制本议长，此何异螳臂当车。即万一能达到汝等之目的，本议长之翰林仍在，外间各学堂之差使无恙，亦不至无噉饭处；一不能胜，则汝等之饭碗立碎，归家仍充旧日之塾师，向何处觅多数银子之阔馆。本议长实为汝等打算，嗣后再勿以卵击石，贻噬脐之悔也。当有议员王炜辰、刘汉东、王永贞、张其伟等太不能忍，起而诘曰：各省谘议局，朝廷为采取舆论以期裨补时艰而设者乎，抑徒耗蠹国币，养此无意识之流专为贵议长等之吃饭处而设者乎？如专为吃饭而设，则谘议局改为养老院可也，改为施饭厂亦可也，吾等实不能在此低首下心，吃此下眼之食，请皆辞职，仅遗贵议长在此吃饭而已。于是该四人亦一律辞职，现尚未知作何了结也。

《民立报》，庚戌十月初三日（1910 年 11 月 4 日）

鲁谘议局土崩瓦解

山东谘议局议员周树标、丁世峄等五人因提议莱阳一案，议长杨毓泗专制锻炼，见好官府，周等遂愤不能平，一体辞职，理由书已录前报。兹悉五人辞职时，杨议长恐骤准辞退，不服众论，嗾使议员朱承恩，会同该党赞成逐此五人，又佯为特开正式会，由众公决，以冀掩人耳目。故至会场，经朱承恩首倡赞成，该党六十二人即群起和之。议员刘儒珍见此情形，大抱不平，立即具书，直揭议长之私，并亦自请辞职。其书略谓：日昨会期，议员周树标等五人，业经会场议决，准其辞职。夫此五人者，以所提议之事，本据章程为标准，而大众群起反对，遂急于联名辞退，诚不免悻悻自好。然去年汪君懋琨、曲君卓新皆有辞职之举，均经全体挽留，今次对此五人辞职，朱君承恩一倡，遂群起而和之，惟恐其不去，日恐其去之不速，是明明结党倾轧，剪除异己，早已胸有成竹，特借会场以掩人之耳目而已，故某不敢不具由辞职，省却贵党之剪除云云。旋崔议员亦文，亦具由辞职，略谓：吾东谘议局开幕以来，业逾半月，每提一事，即为意气之争。恶其人，虽持论正大，亦无不群起诋排；重其人，虽发言乖谬，亦无不随声附和，背定章而弗恤，置公理于不问，甚且怒目奋拳，势将用武。种种怪剧，贻讥邻邦，似此情形，成何结果？仆老矣，学疏才浅，挽回无从，尚何敢伏首恋栈，分耗四万万之膏血，坐受二十余行省之唾骂哉！为此具由，恳准辞职云云。事经孙抚闻知，恐该议局有自行解散之虞，拟为设法调和，保全大局。乃该议长甚不以挽留之策为然，竟谓此风断不可长，倘以后各议员稍不如意，即以辞职挟制，群起效尤，则议长之权何在？故自该七人辞职之后，该党大鸣得意，而议长尤骄蹇见于词色，日前竟在会场高声宣言谓：各议案之决否，本议长自有权衡，汝等不以为然，即请辞职。当有于议员镛起而答曰：吾等皆辞职，局中留议长一人可也。遂立具书辞职，略谓：各议员于政治上素乏练习，而又各怀成见，互相觝排，终日扰攘，成何现象。若谓文明议会，皆言政党，恐吾局中之党，非为政治而结也。若谓凡事冲突愈烈，进步愈速，恐吾局中之冲突，又非为谋进步起见也。愚才浅学疏，挽回无从，请即俯准辞职。未几，王议员炜辰、张议员其伟、王议员永贞等又相继辞职，佥谓谘议局群逞意见，不顾大局，呈院议案署名迎合者居多数，吾与公决者意见不合，情愿辞职等语。闻尚有十余人亦拟日内辞职，该局大有分崩之象云。

《申报》，宣统二年十月初八日（1910 年 11 月 9 日）

鲁谘议局激战再志

鲁谘议局议员纷纷辞职，孙抚恐相激日久，致起意外风潮，拟出面调和，而议长杨毓泗则以孙抚一经调和，必使各辞职者回局，于己太无面目，且恐异己者愈有所恃，以后更与己揭反对之旗，遂私谒孙抚，大进谗言，谓辞职之议员皆属曲党，拟推翻前案、阿附京官、倾陷大帅而提倡嚣张之民气者，吾之议长可以不做，然决不能使若辈长此恶习等语。孙抚初为其言所惑，继而深知实系杨之植党营私，排挤异己，遂大不满于杨，决定出而调停。杨之耳目最灵，闻知孙抚之意，知此掩耳盗铃之术不能成事，遂将以后之辞职者崔亦文等十余人不为宣布，一律按请假之例办理，其意如果孙抚垂问，则即以请假对。日前孙抚有事，欲临该局，杨乃命人持知单招集请假各议员到会，崔亦文等见己之姓名均列其中，大启猜疑，以为既已辞职，即不得为议员，何以仍以议员目之，更侪入请假之列？当有数人往局质问，时两副议长均在，王景禧含（胡）〔糊〕其词以答，于普源竟付之一叹，一言不发。众愈莫名其妙，遂提出质问理由书，略谓：十四、五、六等日，吾等所呈辞职理由书，至今未经宣布，议长是何居心，实难悬揣。而今日十钟，忽接到知单，召集告假议员到会，竟列吾辈之名于其中，更属费解。将以吾等为议员也，则业已辞职；将谓全局未经解决，犹可称为议员也，则吾等并未请假，名实相背，至是已极，不得不致书请教，以袪疑问，希即裁答云云。未知该议长将如何覆之。

《申报》，宣统二年十月十一日（1910 年 11 月 12 日）

留学生与谘议局

留日山东同乡会近开全体大会，提出谘议局议案数件，经全体赞成，函达内地，并附致谘议局劝告书云：近阅内外各报电载，山东谘议局内部大起冲突，议员纷纷辞职。遥闻之下，不胜惊骇。夫谘议局为全省代表机关，实山东四千万人生命所系，东西列强莫不注目。【今】山东内患外忧日益迫急，自当同心协力，以为万众请命，岂可因一时细故，竟至意气用事，破坏大局，贻笑外人，无（稗）〔裨〕国是，实海外同人所不愿闻者也云云。其所提议案之大纲如下：

一、急宜招练常备军以备防御外侮案。（留学陆军学生提出，同乡会全体赞

成）

一、严勘青岛租界案。

一、妥筹地方自治公款案。

一、纳粮统用铜元案。

一、扩张学堂宜取开放主义案。

一、留学官费生定额案。（以上蒋术昇提出，同乡会全体赞成）

一、日本在龙口越权侵占案。（从琯珠提出，同乡会全体赞成）

一、认真整顿警察案。（朱五丹提出，同乡会全体赞成）

《帝国日报》，宣统二年十月十六日（1910 年 11 月 17 日）

学界维持会之发起

济南学界同人，现在因谘议局议员先后辞职者有十三人之多，而局中开会，竟或听其辞职，殊为恶劣现象，因即发起组织一维持会，在李公祠开会。到会者有三百余人，举定代表，上书教育会长。至次日，复面谒教育会长，求其出而维持，使谘议局不致归于破坏。乃教育会长一味敷衍，有袖手旁观之概，各学生只得运动商界、绅界同时发起，将来结果如何，能否有效，尚未可知。

《帝国日报》，宣统二年十月十六日（1910 年 11 月 17 日）

山东谘议局诤言

同室操戈，外人得志，煮豆燃萁，志士伤心。莱阳不幸，横遭大祸，问天无语，抢地有声。死者丧已矣，生者犹恻恻也。邻国之人，尚复切实调查，以为自戕同类，叹为咄咄怪事。揆厥情形，上宪加罪于莱阳，庇其属员也；兵勇逞志于莱阳，饱其贪欲也；将弁湔血于莱阳，染其顶戴也。许多现象，各欲达其目的，而莱阳之人，乃无所逃于天地之间。而竟有令人意想不到者，谘议局诸君，因之有意见，因之起风潮，因之而去者去、留者留，判然而两分。在去者诚不能不去，而所以致其去者，伊谁之咎欤？诸君试思之。议员者一山东之人民也，议员而外，山东人之枵腹者几何，议员则甘其食矣；山东人之倮体者几何，议员则美其衣矣；山东人之筚门圭窦、颠连困苦之无告者几何，而议员则出入车马，入楼阁，仆役有常，颐指而气使矣。如此幸福，议员享之，为问诸君，非有余粟而致此也，非有美术而致此也，非操奇计赢拥厚赀以致此也，饮水思源，伊谁之赐？縻费所出，乃一百八州县之父兄子弟之脂膏，涓涓滴滴而成者也。我父兄，我子弟，岂其愚至此，无端而供养诸君，乐此不疲哉！亦惟是上苦于官吏之贪酷，下压于劣绅之欺诈，外怵于强邻之侵逼，奉先朝立宪之明诏，奋国民自治之精神，富厚者思欲饱其赀财，贫贱者思欲全其性命，选举公民，与闻国政，望诸君为全省之人，伸公理、顺舆情也。溯自投票以来，至于再，至于三，簸之扬之，糠秕在前，淘之汰之，砂砾在后，铁铮庸佼，而合格者出矣。斯时也，农夫忭于野，曰吾有议员矣；商贾歌于市，曰吾有议员矣；妇女称于室，曰吾有议员矣。官僚相戒于公庭，吏役默惕于私室，曰山东有议员矣。议员之心，以山东之人之心为心；议员之口，以山东之人之口为口。山东之利益，议员其振之；山东之积弊，议员其除之。山东现时之民气，议员其提倡之；山东将来之祸患，议员其预防之。议员乎，其亦为吾东人少分甘苦乎！而孰谓其一误再误，丧心病狂，无气骨，无价值，至于此极也。在山泉水清，出山泉水浊，吾以其水非真清也；在山为远志，出山为小草，吾以其志非能远也。目之所见，见其所见，非吾辈之所见，岂所谓胶离朱之目，而复有其明乎。耳之所闻，闻其所闻，非吾辈之所闻，岂所谓塞师旷之耳，而后含其聪乎。何为桑，何为梓，草菅而已。孰为兄，孰为弟，楚越而已。是则上宪庇其属员者，议员则为上宪弥缝矣；兵勇饱其贪欲者，议员则为兵勇东道矣；将弁红其顶戴者，议员则为之奥援，后先辉映矣。由是某某得夤缘而入议事厅，某某得奔走而入某局所。六二之团，牢不可破，而一二之抱热心、鸣公愤者，亦惟有拂衣而去，甘处于失败之地位耳。独是莱、海之变，议员之主持如彼，而上谕之结果如此，吾不知该议员等，尚何颜立于谘议局之中，而坐耗四万金之膏血。且资政院开院以来，各省谘议局为禁烟，为公债，为税课，为铁路，皆有与督抚争议之案，而山东则寂焉无闻。又关于预算一事，各省皆纷纷电告，请展会期，而吾山东则惟恐闭会之不速。吾为诸君羞，吾为山东哭。岂真笑骂由他笑骂，我自有所以为我乎。然而好事不常，瞬息即变，瓜期及代，顷刻已来。今虽得意洋洋，而目视手指，何以自存于天地之间。此时使我欲哭不能，欲笑不可，不得不为诸君进一筹焉。夫圣贤改过，日月复明，刍荛末议，先民不弃。以往之非，姑无论为私心，为党见，但愿扫除净尽。自兹以往，合群力以谋时艰，改方针以（走）〔奏〕目的。前者既覆，后轸当遒。往者不可谏，来者犹可追。种种将来，深念荼毒之苦；滔滔已逝，当回谏果之甘。非我族类，其心必异，古人盖先我言之矣。信如是也，手足岂可轻离，唇齿终当相倚。张陈成隙，千古遗讥；廉蔺释嫌，终身美事。瓦以毁而复合，圜以转而无端。甑堕不顾，在一人之志则是，为全省之事则非。同舟共济，唯赖齐心，大厦将倾，难支一木。遵大路兮，执子之手，蜡炬未干，言寻旧泪，秋虫相对，再吐新丝，不亦可乎。或曰，此事虽善，无如谘议局之情形，离而不可复合，即令勉强复合，试问辞职诸君，能察言观色乎？能低首下心乎？能仍攘臂相从乎？能复饶舌取厌乎？赫赫者我热如火，落落者尔冷如冰，宴息乎有尔之榻，聚谈乎有尔之室。二三君子，去而复来，抑来而复去乎？薰莸并列，玉石杂投，悲愤交集，谁能堪此。此历下好湖山，颜面何存哉！此情此形，有识者虑其如是，我亦不能保其必不如是。然试思议员诸君，非皆吾党中人乎，前日之争为意气耳，岂有固结不解之仇耶？所贵乎大丈夫者，光明磊落，海阔天空，放下屠刀，立地成佛，积嫌积怨，三杯酒即顿释耳。鬼蜮之行为何为也，若夫自绝于人，人亦与之相绝，于人乎何尤，既不可以理遣，又不可以情恕，置之于度外可耳。任彼滔天，山东亦未必陆沉。彼腾其舌，我掩其耳。官府援之，人民拒之，彼亦废然而返耳。不宁惟是，我能投票以举之，岂不能鸣鼓以攻之。大易有言，或锡之鞶带，终朝三褫之。登之于朝，斥之于野，杀之于市，君之权也；欢迎之，崇拜之，唾骂之，攻击之，民之权也。即不其然，鲁以相忍为国，善善从长，恶恶从短，川泽纳汙，山薮藏疾，三年以后，选举复见。今与议员诸君约，祸之将兴而不能察，是谓之瞽，瞽者不可为议员；见之而不能言，是谓之暗，暗者不可为议员。能见之矣，能言之矣，而或为利诱，或为势迫，致使地方受害，官权伸张。既不足代表山东，勿污吾山东之名誉，登报章，演优孟，铸铁刻石，千秋万岁，尚复齿于人类耶。倘以吾言为过激乎，使略行之，未有不得效果者。或者又曰，既已见之明矣，言之切矣，而官府则独断独行，将如之何？诚有于是，议员亦尽力争之而已。争之不得，上请资政院以裁判之；裁判之无效，则以全省人民之性命继之。世事安有不可为者，吾愿议员诸君共勉之。

《山东杂志》第七十五期，宣统二年十月二十日（1910 年 11 月 21 日）

请看山东大议员

济南函：山东谘议局内部之冲突，实根据于莱阳一带。议长杨毓（酾）〔泗〕仇视民族，压制议员，固为拍孙宝琦之马屁起见，亦实议员孙丕承有以助其恶焰也。当莱阳乱后，该局派孙前往查办，孙迎合杨之意旨，已有成竹在胸。既抵莱阳，奎保等又大加运动，由劣绅王圻所设之公顺号拨给二千金。孙见钱眼热，愈甘心昧良，返局报告，谓曲士文确系谋反。杨遂据以为铁案，而酿成今日之怪剧。呜呼！议员卖赃，山东谘议局之前途，尚堪问乎！

《民立报》，庚戌十月廿一日（1910 年 11 月 22 日）

议长碰钉子

山东谘议局议长杨毓泗平素专拍孙宝琦马屁，以图见好于官府，致各议员愤不能平，纷纷辞职，各情迭志本报。兹悉自各员辞职后，杨之恶焰愈炽，乃对人云：彼等不知自量，与本议长反对，此何异以卵击石耶！其一种骄矜之态，结党营私之行为，孙宝琦近颇闻之，甚不为然，而杨不知也。日前犹呈请孙抚，谓议员丁世峄等均辞职，请开缺，另补议员，以资办公等语。孙乃为之批云：议员因事辞职，查照局章，谘议局原有允许之权，惟此该议员等之辞职，不过言论之冲突，查各国议会，因政见不同，互相争议，亦属事所当有。该议员等热心桑梓，岂宜逞一时之意气，放弃应尽之义务。在全体议员，对于辞职议员，亦宜开诚布公，曲为劝导，以尽和衷共济之谊。现值会期进行，需人协议，本部院以为该议员等不应于此时遽行辞职，众议员亦不应于此时允其辞职，如有万不得已之事故，亦必俟闭会后再行集议，此时仓促召集应补议员亦来不及，本部【院】为维持大局起见，所愿该局全体议员再行熟筹之也云云。杨之意以为该禀一上，孙抚必满口应允，另行召集，不料碰了一个大钉子，遂垂头丧气，多日不发一言云。

《民立报》，庚戌十一月初二日（1910 年 12 月 3 日）

谘议局之怪现状

山东谘议局原定议员百名，常驻员每岁支费六百金，寻常员每岁连旅费支领一百九十金，其中不知议员身负何等责任者居多数，惟以结党运动驻省为不二法门。去年开会后，已联合妥协六十二人，互举分年常驻之员，时人呼为六二党，以恭顺议长为宗旨，而议长又以阿附官府为目的，于本省民生休戚，绝不关怀，盖纯正抱金钱目的来也。本年开会时，周树标、丁世峄、王志勋、张介礼、尚庆翰等辞职后，于是六二党大占优胜之势力。明年驻省之员，现已举定，尽属该党之人。列举其姓名如下：朱承恩、孝锡恩、艾于郧、邱桂乔、王学锦、李传煦、姜宗汉、张志渊、亓宗海、冯诏京、于广庆、赵光勋、孔昭苯、安作宾、金玉相、杜朝宾、杨秀岭、魏寿彤、俄方楷、王赓飏。朱某系该党首领，竟敢连任常驻，蔑视局章已极。邱某又为该党主谋者，去岁曾与常驻议员胶州王某，倡均财主义，尤为衣冠败类。又今年因局内风潮，该党恐致解散，丧失饭碗，急急开会，对于预算案重大事件，竟怂恿孙抚电请宪政馆，欲将该案提出，由议长交常驻议员议决，真可谓无奇不有。迨被宪政馆电驳，令召集临时（费）〔会〕，该局竟不遵办，闻仍有交常驻议员之说。且其所增减者，教育会减千五百金，谘议局增二千余金。噫！谘议局如斯，我山东不亡何待！

《山东杂志》第七十七期，宣统二年十一月初十日（1910年12月11日）

孙抚与宪政馆之电文

日前孙抚致宪政馆电云：本省谘议局议员因事出缺，该被选区候补当选人，业已陆续补尽，照章应行补选。唯补选须经初、复选手续，未免烦扰稽延，可否即由该复选监督，据复选人名册，令再投票互选，按照所缺员额，选出续补议员，并以次多数者为见复选区候补议员，乞示遵办。漾。

又电云：据本省谘议局呈称，本届预算案，初次著手，议决甫毕，即届闭会。此项预算案，与他项议案性质不同，拟请交局，由议长提出，委任常驻议员协议办理等语。查该局业于本月十六日呈报闭会，其议决岁出入预算，尚有增减，必须详细审查。其有不可行者，尚须交令覆议。可否如该局所请，交由常驻议员协议，乞速示遵。敬。

宪政馆覆电云：漾电悉。所拟办法，事属可行。唯仍宜于补选时，预备候补当选人，以免繁琐，是为至要。此覆。

又电云：敬电预算案，交由议长提出，委任常驻议员协议办理，核与局章第十二条不符。唯预算案系属紧要事件，即可援照第三十三条，开临时会云云。

《山东杂志》第七十七期，宣统二年十一月初十日（1910 年 12 月 11 日）

山东谘议局与公立法政学堂

竞 生

吾始阅山东报，而见吾省有公立法政学堂之出现，则不禁色然喜。继见谘议局之议案，及公立法政学堂章程之宣布，则不禁戚然忧。迨观察公立法政学堂维持会之现象，及维持会会员之蛮性，与夫对于他人之恶劣手段，证以吾人之所见闻，则又不禁勃然怒，愤然兴，欲取若辈而投彼豺虎。盖公立法政学堂，非山东之公立，乃谘议局之私有也；亦非谘议局之私有，乃六二党人之私有也；且非六二党人之私有，乃议长、副议长、常驻议员之私设学校也。质言之，并非议长、副议长、常驻议员之私设学校，不过常驻议员朱承恩及书记长张汉章二人之私塾而已。呜呼，谘议局！呜呼，公立法政学堂！

夫法政学堂，为练习宪政人才之地。今日国会期限既已缩短矣，而起视吾山东之人，不知法政为何物者，则比比皆是也。即如谘议局议员诸君，使其稍有法政智识，何至有今日种种之丑态。故吾人对于山东，日夜望公立法政学堂之成立，且甚望公立法政学堂之及早成立，前尝于上陈提学条陈时，一再言之矣。今幸吾山东既有公立法政学堂，吾人当额首相庆，为吾省前途贺，何犹不释然于怀耶？然吾人之不释然者，非有憾于公立法政学堂，亦非有憾于谘议局，乃深憾夫谘议局中一二小人，藉公立法政学堂，为植党营私之计，垄断谘议局之权利，将以卖送我山东之土地人民也。呜呼，谘议局！呜呼，公立法政学堂！

谓予不信，试取该学堂章程观之。其第一条，不曰由谘议局发起乎？夫谘议局发起法政学堂，谋普及于一般人民，吾赞成之，吾感佩之，吾且拜倒之不暇，何敢妄赞一词。所不可解者，经费之规定，以谘议局预备项下二千金，议长、副议长、常驻议员饭食银一千余金，及抚院补助若干金为的款，而以官商绅学捐助之款，为附加款云云。试问谘议局之预备费，非出自吾东人之负担乎？该议员等之饭食银，非出自吾东人之供给乎？即抚院允拨之款，岂另辟有生财之源，而非取诸吾东人之脂膏乎？既用山东公款，组织法政学堂，则该学堂之特权，当与吾山东人共之，不当操诸少数议员之手，尤不当操诸该局中一二人之手，此固无待言者。乃吾观该章程之内容，不过假谘议局名义，箝制众口，一则曰他人不得干预，再则曰他人不得干涉。其主持之者，实只二三人，因以其操纵谘议局者，操纵全省，更欲将其余毒，传染遍于百八州县。是亡山东者谘议局，祸山东者，即谘议局之所谓公立法政学堂也。呜呼，谘议局！呜呼，公立法政学堂！

且名为公立法政学堂，而学堂之主体，乃归诸少数之维持会。其维持会之资格，则限于捐款三十元者。此等限制，不知立法者何所根据。将谓遵照学部钦定章程乎，而钦定章程内无此规定；将谓采取议院选举法之财产限制乎，未闻世界各国有以选举限制法，加入学堂章程者。又况维持会之内容，不必实捐三十元，但书捐三十元之数，即可厕列其中。此实该谘议局巧立名目，为限制他人之手段，初不问其章程之通不通也。尤可怪者，监督之外，复有总理，既已大悖乎部章，而总理、监督之资格，漠然无所规定，不过曰由维持会公推而已。是不问其人品行若何，学问若何，办事若何，苟为维持会所公举，即可胜任而愉快。诸君试思之，维持会果足为吾人信任否乎？查维持会员三十余人，谘议局实占三分之二而强，吾即敢信任维持会，亦决不敢信任谘议局。以现时之谘议局，组成现时之维持会，而总理、监督，又暂定为名誉职，则此总理、监督之任，除议长、副议长外，他人宁有冀幸耶！又其堂中职教各员，除该局重要执务，及其相厚之人外，更有何人得之耶！然则维持会者，非维持法政学堂也，乃维持谘议局耳；抑非维持谘议局也，乃维持该局中少数议员之势力耳。呜呼，谘议局！呜呼，公立法政学堂！

更就谘议局方面观察之，全局议员中，有法政智识者，殆寥寥不多觏。诚能返观内照，自惭形秽，速立法政学堂，身入其中，讲习二三年，吸取一二新智识，稍稍陶化其野性，吾不但嘉其有向学之诚，且喜其有自知之明，吾亦何事多言。所异者兹之所谓法政学堂，非该议员讲习之所，乃该议员增殖势力之地也。不观谘议局之人才乎，议员百三人，皆为六二党人所左右。六二党人来自田间，何知天壤之高厚，朱承恩以金钱主义诱之，乃悉入其牢笼。然朱某不过一无学无识之人，唯野蛮性较他人为优，东游数月，遽尔井蛙自喜，语以法政智识，彼固未尝梦见也。于是张汉章试其阴贼险狠之手段，为之定谋，为之画策，为之发纵指示。而朱承恩遂如小儿之争饴，奔走恐后；杨议长因之亦如盲人之中风魔，不知所云矣。今年谘议局之种种怪现相，实张某一人为之主动力也。彼盖久知其不法行为，为山东所不容，深恐大势一去，已党无立足之地，故有法政学堂之倡议。又恐学堂成立之后，他人分其权利，故有此谬妄不通之章程，一以巩固已党之地位，一以扩张已党之势力，其用计亦狡矣。岂知司马昭之心，路人共见，人之视己，亦犹己之视人。故当开维持会之时，首被安君诘问，议长即俯首无词。张汉章从中拨弄，朱承恩乃忿无所逞，迁怒于《济南日报》，满口枭音，如何直接干涉，如何间接干涉。吁，先生休矣！欲人勿言，莫如勿为。尔以此法政学堂，为谘议局之势力范围，不许他人置喙耶！呜呼，谘议局！呜呼，公立法政学堂！

吾由是得该学堂之真相矣。该学堂既为谘议局所发起，而其权（制）〔利〕又为谘议局少数议员所把持，则不必日号于众曰山东公立法政学堂，当正其名曰谘议局私立法政学堂，否则亦当名为议员某某私立法政学堂。更必附加三条件：（一）以常驻议员组织维持会；（二）总理、监督须议长、副议长兼充；（三）堂中职教各员，由维持会会员尽先充当，但须得朱某、张某之同意。如此乃为名称其实耳。然则该学堂，何为不直用其真名称，而犹为此欺人之术耶？以吾人推定，此项章程，其主谋者必为张汉章，起草者必为杨润东，润色者必为王燕泉，卤莽灭（躐）〔裂〕以从事者，必六二党魁朱承恩无疑也。呜呼，谘议局！呜呼，公立法政学堂！

嗟嗟！法政学堂之总理，闻选举有人矣。其被选者，即谘议局副议长王燕泉也。据吾所闻，王燕泉素非通习法政之人，而又以油滑著称。以此人充总理，则学堂之内容可知矣。幸而监督得人，固为学堂之幸福，然亦足见议员诸君，可与为善之一端也。今为诸君正告之曰：公立法政学堂，乃吾山东最重要之学堂，勿据为私产，勿攘为己利，泯除党见，撤去藩篱，养成法政人才，保全山东危局，则异日山东之不亡，皆诸君之赐也，吾于诸君乎何尤。更为王君正告之曰：君既不通法政，即宜委任通习法政之人，使得尽其所长，则监督之功，即君之功也，吾于君乎何责。不然，使诸君怙过不悛，见吾之言，嫉吾之直，因之老羞变怒，或且更加甚焉，是异日亡山东者，即今日之谘议局；祸山东者，即今日之公立法政学堂，则又安得不太息痛恨而道之曰：呜呼，谘议局！呜呼，公立法政学堂！

《山东杂志》第八十期，宣统二年十二月初十日（1911 年 1 月 10 日）

旅京同乡公布山东谘议局罪状

启者。吾省谘议局，踞舆论代表之地，为鬼魅啸聚之场，虺蜴其行为，豺狼其心术，结成六二私党，唯利是图，坐耗四万金钱，于事奚补。蝇营狗苟，工取媚于长官；狐假虎威，大肆虐于乡里。排挤善类，断丧民权，变乱局章，摧残公论。悲哉！以初选、再选郑重之手续，而得此不痛不痒麻木之机关，贻中国羞，为山东辱，人民之所共愤，天理之所不容。某等念切时艰，忧深桑梓，外观世局之岌岌，内顾民怒之睊睊，为之大声疾呼，为之流涕痛哭。人非木石，具有天良，事岂越秦，忍终漠视，爰书其罪，鸣鼓而攻。登诸报章，揭诸朝市，上陈资政院，下告乡父老，外质之各省谘议局，内询诸本省各团体，公是公非，付诸清议，愿与海内诸君子共决之。

一、谘议局重大事件，莫要于预算，各省皆电请延会，该局对于预算案，草草通过，错误至三十万金之多，竟不自知，率行呈院，未俟答覆，即速闭会，放弃职任，贻笑外人，罪一。

一、预算案议决手续，须全体议员出席，该局闭会后，预算案到院，经孙抚指出误点，议长仓皇失措，冒然请孙抚电宪政馆交常驻议员办理，玩视局章，意存敷衍，罪二。

一、预算案经孙抚电请后，宪政馆斥驳，令照章开临时会，该局置若罔闻，仍由议长交常驻议员办理，且捏用全体名义，巧词遮饰，径请孙抚电达宪政馆，抗违法令，轻蔑朝廷，罪三。

一、教育、自治为立宪要图，山东教育会经费，仅有三千金，自治筹办处经费，为数亦无甚多。该局办理预算时，于教育会经费核减一半，于自治经费全行裁撤，而于本局用款，反为增加，阻挠宪政，专营私利，罪四。

一、孙抚抵借德国公债，修办胶沂铁路，该局不肯力争，反歌功颂德，助成其举，阿附长官，断送全省，罪五。

一、萧应椿以劝业道名义，息借英德巨款，该局并不阻止，损权违法，纵官为虐，罪六。

一、五矿问题，逾限作废，订有专条。孙抚主张赎（卖）〔买〕，全省人民奔走号呼，极力抵制，该局并不过问，竟听孙抚用三十四万之巨金，买茅山已废之矿，且归其负担于日后接办之商人，疲软无能，坐失权利，罪七。

一、莱、海官绅酿变，虐害无辜，当事初起时，议员丁世峄、王志勋、尚庆翰、王治芗等（现均辞职）屡请往查，议长不许，竟听信孙孟起一人报告，颠倒舆论，诬良为匪，罪八。

一、莱、海涂炭后，该局大受攻击，自觉难堪，始派孙丕承、王志勋、丁世峄往查（丁君系自治筹办处派往者），孙某与该县劣绅，有特别关系，极力为之洗刷，议长不听丁、王多数之言，而徇孙某一人之私（因孙某系六二党故），淆乱是非，党同伐异，罪九。

一、奎保、杨耀林厚诬莱民谋反，擅自请兵，该局坐视不救，致令生民涂炭，残害同胞，取媚官府，罪十。

一、莱阳已革劣绅王圻，惧罪逃避，赴省运动，公然住于局中，受其贿赂，为之主谋，贪赃受贿，比奸害民，罪十一。

一、奎保革职后，贿（卖）〔买〕该县劣衿李方保、刘鸿昇、辛从金等，先后赴省运动，谋为开复，该局详知其事，不破其奸谋，反公然与之酒食往来，助张其焰，袒护污吏，结纳劣绅，罪十二。

一、黄河溃决，淹没十余州县，杀数十万生灵，地方官受何道国禔运动，匿灾不报，该局如聋似哑，不为指陈其弊，忍心害理，残虐生灵，罪十三。

一、东省民食官盐，百弊丛生，滨海产盐之区，由宋至今，盐税摊入地丁，许民自制自运，法良意美，行之数百年而无弊。该局倡议官府专卖，不思除西府积弊，反更加害于东府，破坏良法，甘为民贼，罪十四。

一、该局议员，均以金钱为目的，邱桂乔首倡均财主义，结党六十二人，把持常驻议员之权利（山东常驻议员额二十名），贪鄙无耻，狼狈为奸，罪十五。

一、该局议员朱承恩，系六二党魁，种种劣迹，被控有案，议长因同党之故，不予除名，反为说项，徇私袒讼，曲庇劣员，罪十六。

一、常驻议员以一年为任期，不准连任，局章规定，何等谨严，该局议员朱承恩一年任满，公然连任，弁髦法律，肆无忌惮，罪十七。

一、议长杨毓泗素有心疾，绰号疯子，本无被选资格，六二党人大施运动，选为议长，昌言不讳，滥竽充数，罪十八。

一、副议长王景禧，巧滑阘冗，曾充保定高等学堂监督，被逐回籍，六二党人利用其滑，选为副议长，违反公论，有玷议席，罪十九。

一、书记长为局中执行机关，若被选为会议厅股员，书记资格，当然消灭。该局书记长张汉章，用种种手段，得兼会议厅股员之职，凡局中陈请及提议事件，皆先呈抚院，后交局审查，议长用为谋主，而甘为其傀儡，纵容宵小，紊乱法规，罪二十。

一、议员周树标、丁世峄、王志勋、尚庆翰、张介礼等，持正敢言，六二党以异同之见，大肆排挤，今年因莱、海事件，相继辞职，孙抚再行调停，商学界亦出而挽留，该局为一网打尽之计，排斥善类，不遗余力，罪二十一。

一、议员王治芗因事被控，孙抚派委查办，仅据一面之辞，率行褫革，无论是否冤抑。按诸定例，理宜双方派查（本年山东谘议局曾具此议案，经孙抚批准，在第二期报告书内），乃该局因非同党之故，既不遵章派查，又未付诸公决，任听官府恣意举动，放弃责任，阿附官府，罪二十二。

一、禁烟功令森严，议员代表人民，尤宜谨守。该局正副议长，皆吸鸦片，而议员中染此嗜好者，至有三十余人之多。以全省重要之地，成烟霞痼癖之乡，蔑视王章，亵渎局务，罪二十三。

一、议员选举乃人民之参政权，该局议员竟有出自地方官指定者，如孙孟起其最著者，违法选举，蹂躏民权，罪二十四。

一、城镇自治，为立宪基础，该局有识议员倡议提前赶办，而六二党毫无知识，贸焉反对，地方治安，全被破坏，罪二十五。

一、谘议局章程，督抚只可裁夺施行，而无修正之权，该局呈院议案，任东抚随意修改，且时有先与东抚密商，再示意六二党之事，抛弃职权，变乱局章，罪二十六。

综观二十六款之大罪，及六十二党之行为，卑劣诡随，寡廉鲜耻，伐南山之竹，厥罪难书；扬东海之波，此污莫涤。试问：谘议局何地？议员何等人？当此内忧日迫，外患迭乘，山东据京畿要冲，伏强邻肘腋，民穷财困，久苦官吏之横暴，欲逐视眈，常惧外人之吞噬，今复益以议员之专制，假以无上之威权，武断营私，坏法乱纪，名为山东代表，实则全省罪人。尔等有靦面目，讵无心肝。忆否旧日闲评，指摘他人长短，高谈吹垢，摇舌骂人，胡一叨千百金之刍秣，利令智昏，丧心狂惑，树结党羽，倾害善良，丧失我利权，卖让我土地，灭绝我生计，歼戮我乡民。煌煌局章，悍然不顾；赫赫朝制，置若罔闻。宁断送三千八百万人之生命，不肯分议长及六二党人之杯羹。鄙夫患失之形，狡趯营窟之计，言之欲呕，詈之弗闻。天道好还，难逃恢恢之网；人心不死，终表泱泱之风。是用约集同人，共伸义愤，号召吾乡父老，共逐鹰鹯。敬告中国同胞，爰投豺虎，燃犀铸鼎，将有罪其安逃，笔伐口诛，乃无坚而不破。倘能幡然改悔，顿悟前非，谋补救于将来，岂追咎于既往，凡诸旧恶，悉予湔除。若犹怙过不悛，刚愎自用，恃少数之私党，作全省之公敌，请看今日之东人，何以对该局于万一。布告中外，咸使闻知。

《山东杂志》第八十期，宣统二年十二月二十五日（1911 年 1 月 25 日）

请看张汉章之本领

谘议局书记长张汉章为各报揭载，无(力)〔地〕自容，遂竭力运动，拟在济南设一报馆，现已集款八千余金。其开宗明义第一著手，即拟推翻旅京同乡公布山东谘议局罪状书(书内关系该员者尤详)，为一己之洗刷。暗托日本留学生某为之主稿，并声明若能将稿作讫，即以此八千金报馆之主笔一席为酬。其原信为某君所得，留学界闻之，无不恨入骨髓。今将原函录如左，并略加小注，其不通处，容后详论。

某哥鉴:捧读来函，敬悉一是。学界同人(学界恐无此等人)，有驳《山东杂志》二十六款之稿，复得哥之笔削，褒荣贬严(怎样荣法，怎样严法)，彼党笔虽可畏(不敢当)，不难使之捲舌(未必)，而谘议局不白之冤(真冤)，得以昭雪，山东重见天日(现在真无天日)，不仅现居局中人感激已也(还有何人感激)，凡我父老，皆当崇拜高义(我也拜拜)。彼党扩张党势，排挤异己，手段较前尤烈。例如弟等千辛万苦创办之公立法政学堂(大热心家)，彼党种种破坏(何必怕)，未得达其目的，现变为强盗之行为(请教)，不顾廉耻(不知说的是谁，请自问)，强入侵占(不懂)。唆使谘议局斥退舞弊吞款之张百源(何人唆使请教)，赴院揑控丁、周辞职出局，系弟等专权违法，排挤出局(何尝不是)。揑言众议员皆不赞成，三位议长皆不画行云云(也许不假)。又揑扯一二琐屑暧昧事，淆乱是非(更许不假)，派行谘议局查覆(多事)。弟现已避嫌离局(何必客气)，俟呈覆到院，自可水落石出(一定一定)。种种行为，皆市井无赖所不屑为者(无赖是谁请自问)，而号称文明者愿为之(本不文明)。吾不知哥以为如何也(一定赞成)。驳《山东杂志》二十六款稿(请快发表)，本局同人皆以先睹为快(我也急要捧读)，祈速速赐函，寄到局为盼。承示组织报馆，弟当照办。同人已集股八千两(多多益善)，年内或能开办(快办)。哥为大局起见(是是)，提醒睡狮，同人共钦卓见，绝无一人疑哥为毛遂者(下略)。某某顿首。

《山东杂志》第八十六期，宣统三年三月三十日(1911年4月28日)

山东外债成败记

济南函：山东孙抚奏请自借外债维持市面，自今春提议至今，屡载前报，兹更探其历史及现在此项借款之状态，详述如下：

借款之原因

去年烟台谦益丰亏倒之时，东海关道徐世光以该号存放关税生息银数十万两，不能提回，该道情急来省，与劝业道萧应椿密议多日，假维持商业之名，怂恿孙抚暂以谦益丰房产作抵，息借外债若干，不过官家作保，仍是商借商还。孙抚遂将此案咨询谘议局。该局未及详查其内容，且以既系商借商还，当不至贻累公家，遂决议赞成。此借债发端之始事也。

路股之抵押

查此项借款共若干万，系谦益丰借若干万，以房产若干抵之于劝业道，而劝业道以津浦铁路股票抵之于洋行；前东抚杨士骧与李德顺并其账房某伙开之谦顺银号借若干万，以在天津津浦路站伙【开】之华兴地皮公司作抵（该公司因车站改地已作废）。两项合同皆由劝业道并山东巡抚签字担保，事成后并未发表。今年由谘议局质问，始不得不据实答复，然已与前案不符矣。

借债之变相

迨至今年春间，闻萧道又派员到沪，与英商三妙尔洋行为谦益丰代借一百四十万之款，仍以房产抵之于官，而另添条件，须由劝业道、山东巡抚接续代负责任，如届期不能归款时，由山东巡抚、劝业道另筹别款归还。萧道遂持前项合同到谘议局运动赞成，兼称孙抚已允出奏，将奏稿给阅，稿中且有经谘议局议决之语。

借款之作废

今闻谘议局烛其奸计后，会议公决，将前案驳回，一面陈请孙抚批答立案，以免死灰复燃云。

按谦益丰与谦顺银号皆系私人营业，谦益丰向与关署交涉，并为官府奇(顿)〔囤〕私财，去年之亏累公款、私款，莫可究诘。谦益丰与谦顺有密切之关系，并欠谦顺六十万金，而谦顺号系前山东巡抚杨士骧与李德顺、萧应椿等合伙所开，既有亏累，应由其股东自行维持，而萧应椿、徐世光等乃假保护商业之名义，由公家为之代借外债，擅以全省民人路股抵之于外人，谓非狼狈为奸，其谁信之？谓非其中别有利益，其谁信之？所幸此案将成未成之际，萧道旋即去任，而后任不与附和，而孙抚亦以谘议局不赞成之故，翻然改悔，作为罢论。此则萧道等数人之不幸，而山东人民之大幸也。

《民立报》，辛亥闰六月十一日（1911年8月5日）

山东谘议局长之演说

山东取消独立，该省谘议局于初十日议员到过半数开会，兹友人寄来该局议长演说稿，急录如下：

今日为十月初十日，为我省谘议局恢复之日。狭义言之，为我局议员再生之日；广义言之，即我全省父老再生之日也。溯自武汉肇事以来，各省纷纷扰扰，毫无宗旨，不曰独立，即曰保安，推原其故，无非一般无学无识、穷极无聊之人，趁势作乱，希图噉饭而已，夫何有政治思想？吾省一般无知少年，不知利害，随波逐浪，亦倡独立，视吾辈为腐败，不知彼辈读圣贤书，所学何事，竟昧乎率土王臣之义，以犯上作乱为英雄豪杰。幸吾局与直隶坚持忠爱之道，北方不致糜乱。盖吾省为圣贤之邦，直隶为王化之地，决非南蛮所可同日而语者。况本议长早入词林，诸君亦皆孝廉贡秀，国家二百余年深仁厚泽，肝脑涂地，犹恐难报于万一。自今以后，望吾同人与直隶谘议局连结一气，保皇家万世一统，方不负本局今日重开之意也。说毕众皆鼓掌，三呼万岁。继又报告云，昨接柯老前辈来电云，不日来东宣布圣旨，吾局当预备开会欢迎。众起立赞成，遂振铃休息。

按谘议局为一省人民代表，今议长之口吻如是，而众皆鼓掌欢呼，则该省人民之程度亦可概见，无惑乎始则一哄而独立，继即烟消火灭，而贻笑世界也。

《大公报》，宣统三年十月十五日（1911 年 12 月 5 日）

山东谘议局罪状辩诬书

敬启者。本局自开幕以来，议员等深以创办伊始，措置良难，兼虑经历有限，议论未尽周详。兹既承乡父老选举而来，不得不勉竭愚诚，藉尽职任。就东省情形言之，利权丧失，民物凋敝，而新政急需整理，筹款不敢轻担。东省宪政开始，即丁此万分竭蹶之会，此种困难情形，谅为海内同胞所共知也。就本局议案论之，本局为代表舆论之地，然既曰代表舆论，则舆论实居主动地位，代表又为主动中之被动地位，民权本为同予，责任理宜共负。建议陈请，国家自有明条，人民不知建言，转起而责备代表，天下本无是理。若人民建言，或立论仅见报纸，或来函不具姓名，法律所限，不敢轻为代表，此中理道，当亦共明。况数千年来社会习惯，舆论既难统一，利害只属个人，意思复杂，理董匪易。本局议案，一方面扫除旧时之弊政，一方面又计画将来之利益，故言论所注，惟随现时一般社会之程度以为提议，但从确实上研究，不敢妄谈高远，致成虚悬无效之议案，历载迭次报告书中，意旨当自昭然。议员等区区苦衷，又当为海内同胞所共谅也。议员同人，又恐智识未周，每遇开常年会期时，刷印征集议案公启，分呈于京外同乡诸公之前，凡关于东省法律、政治、外交诸要政，惟冀常赐议案说帖，随时指教，以裨助本省议局之不足，合力同心，共匡时局。

去秋会期内，接读旅京同乡范君之杰、张君春海、王君谢家、朱君家桢、庄君陔兰来书，痛加责备，劝令全体辞职。后经范君之杰、朱君家桢先后来书声明，一因不法行为未曾署名，一为出差未与其事等语。本局公议，因认为法律欠缺书函，公同取消。近接旅京同乡公布谘议局罪状二十六条一纸，并未记载姓名，不胜骇异。按旅京同乡四字，论之范围甚广，按之实无一人，在法律上谓之匿名信纸。细玩公布各条，有出于捏造者，有出于牵扯者，有出于毁炼者，有出于妄加者。阅其前后两段，类皆杂集恶劣名词，似近游戏文章，条件断语，俨有刀笔习气。穷其所为，或因个人私忿，不遂其欲，省城密迩，无所施其技俩，是以在京运动一二同党，不过用因人所好、投人所急、伪造事实三种手段，以愚我旅京同乡诸公。及质诸旅京同乡，多有不知其事者。人受其过，彼泄其忿，主动者仍隐于暗中，不愿显露其姓名，此即假公济私，善于鼓动风潮之权术也。惟念我旅京同乡诸公，素重乡谊，桑梓同钦，本局系通省言论机关，遇有地方上事实发生，彼此函商，无异家事。倘议员言论，遇有缺点，尽可常寄箴言，痛切责戒，议员同人，甚所乐闻。如平素不屑教诲，竟以半面严词，遽定罪案，窃疑我旅京同乡诸公，必不忍出此。在议员等私心揣测，自问纵属无才，尚知国民义务，私利之见，绝不敢存，若果如罪状所云，不待鸣鼓而攻，我辈均辞职久矣。本局事实，原以报告书为确据，伪造之言，未为定评。我京外同乡诸公，均有呈本，细阅可以自明。至论其伪造罪状，事属匿名，本无可研究之价值，而实有不得不辩者，其理由有三：一、本局除应守秘密案件外，概登于报告书中，事实何如，显然共见，若任人伪造罪状，以无为有，混淆是非，是山东无公理，为我山东公理计，不得不辩者一。一、今当立宪时代，本不容捏造黑白之人，扰乱社会，若不发伏摘奸，宵小反自鸣得意，异日山东大局，必坏于若辈之手，其害不可胜言，为我山东大局计，不得不辩者二。一、我旅京同乡诸公，对于我议员同人，本无分泾渭，若任其借端搆衅，以发布伪造罪状，假借团体名义，专为个人报私，不顾全省大局，致成破坏本省谘议局之事实，俟旅京同乡诸公后日知其诬捏，而事已无补，同乡名誉，亦因之而损，为我山东旅京同乡诸公计，尤不得不辩者三。以上三种理由，皆本局当言之责任，兹就其罪状条件，逐一辩明，惟冀我海内同胞明察焉。试述其事实如下：

一、谘议局重大事件，莫要于预算，各省皆电请延会，该局对于预算案，草草通过，错误至三十万金之多，竟不自知，率行呈院，未俟答覆，即速闭会，放弃职任，贻笑外人，罪一。

此条谓本局对于预算案，草草通过，错误至三十万金之多一节。夫既曰错误，不外乎核算错误，依据错误，与主张错误之各方面。查预算大纲，不过岁入岁出两端，将谓本局议决岁出错误耶？则本局议决地方行政岁出数，共银九十万五千六百余两，加以呈请加给德州、临清各粥厂经费一千四百两，补助公立法政学堂经费四千两，实共银九十一万一千余两，而抚院覆核定数，实共银九十二万一千七百余两，其数目比较，不过万两上下，此自由于政见主张之不同，不得谓为本局预算岁出之错误，更不得谓为有三十万金之错误。将谓本局议决岁入错误耶？则两税未分以前，原无地方行政经费岁入之确数，以核算论，更无从而得三十万金之错误。本局于预算例言，详述有岁出而无岁入，不成为预算案。其对于岁入预算之主张，因宣统元年岁入岁出之确数，无可根据，不得不以清理财政说明书光绪三十四年所列岁入之数为准。其所以不得不以此数为准之原因，一以我国现在试办预算，既无确定之地方税率，则所谓地方行政经费者，实系统括一省各种之入款，而划出一部分，名为地方行政之经费，既从总共入款内划出，则自应取扩充主义，不能取萎缩主（意）〔义〕，显然可见。一则宣统元年岁出入数，财政局尚无总共之确数，宣统二年年度未满，更无从引为定率，且抚院札交本局之预算比较表，亦均以三十四年为比较，是欲求确当之数，只有三十四年之数，尚可依据。且此项地方行政经费，皆系历年藩运各库，历届指定拨给之款，本局原未为人民稍加分毫之负担。本局岂不知此项岁入数目，是过去的，非未来的，是抽象的，非具体的，然于试办预算无可确定之时，而资为依据，更何得谓为不应依据之错误乎？将谓主张错误耶，本局对于三十四年地方行政岁入统额，较之宣统三年岁出总额，实有余银三十余万之条。然三十四年之比较表及说明书，班班具在，非本局臆造也。况巡警、教育、实业各项，其有待扩充者，奚止倍蓰此数。以历届指定之款，为地方行政之用，如谓本局主张扩充为错误，则必以主张萎缩为不错误而后可；如谓本局主张依据三十四年之数为错误，则必宣统元、二年年度已毕，财政局已确当出入之数而后可；如谓本局对于两税未分以前，竟尔议及岁入为错误，则必以不议及岁入者为不错误而后可；如谓预算成立，而财政上受法定之支配为错误，则必以预算不成立，而政治上受无穷之影响为不错误而后可。至谓未俟答覆，即速闭会，查局章规定，于议事未毕者，得延会在十日之内，法律上并无延会以待答覆之条文，谘议局即无延会以待答覆之义务。况本局延会已过五日，尤为早经声明，谓为放弃职任，实则恪守局章。此不能不辩明者一也。

一、预算案议决手续，须全体议员出席，该局闭会后，预算案到院，经孙抚指出误点，议长仓皇失措，冒然请孙抚电宪政馆交常驻议员办理，玩视局章，意存敷衍，罪二。

此条谓预算案议决手续，须全体议员出席。本局对于预算案，自开会以迄议决，其间经过审查委员会、全局委员会，逐次讨论，均提出于正式会议决，此为当然之手续。至谓经孙抚指出误点，议长仓皇失措，贸然请电宪政编查馆交长驻议员办理，尤与当时事实全然不符。查常驻协议一语，于议决预算案呈院文内，曾于牍尾声明可否，此自系全体议员协议委托之词，并非谓常驻议员可以议决预算全案，岂议长可以冒然请求？又岂经抚院批驳后，乃有此冒然之请求？且当时既无如以上云云之事实发生，议长又何必作冒然之请求，且亦决不肯为此无意识之请求。原案呈文，具载报告书内，不难一一详阅，事关全省地方行政，本局更何敢意存敷衍。此不能不辩明者二也。

一、预算案经孙抚电请后，宪政馆斥驳，令照章开临时会，该局置若罔闻，仍由议长交常驻议员办理，且捏用全体名义巧词遮饰，径请孙抚电达宪政馆，抗违法令，轻蔑朝廷，罪三。

此条谓本局不开临时会，仍由议长交常驻议员办理，且捏用全体名义等语。查预算案如果被驳，则临时会之必须立开，自无待言。今者预算岁出总额，其较数之差别，乃仅九十分之一，预算岁入总额，自应遵照资政院咸电办理。既未丝毫加重地方之负担，谘议局亦何能再生异议？本局议核预算岁入，以为岁出之准，议决最先，及经资政院咸电到局，已在本局延会五日之后，故本局只能于呈牍例言内，恭引院电，不能将已经议决之案，悉数更易。至抚院札覆，声明照院电办理，本局亦不能再生异议。十一月二十日、二十八日抚院致宪政编查馆两电，十二月初二日宪政编查馆覆电，均详载报告书内，事理甚明。馆电谓别无重要事件，自不须另开临时会，所谓本局抗违法令者何在？至预算案札覆到局时，议长照章在协议会报告常驻议员，并通告全体议员，此自系本局报告同人之常事，何尝交常驻议员办理？总之，凡本局对于预算案办理之手续，经过之事实，一一载之报告书内，并速记录、议决录，亦均详载无遗，全体共见，无俟缕缕。此不能不辩明者三也。

一、教育、自治为立宪要图，山东教育会经费仅有三千金，自治筹办处经费为数亦无甚多。该局办理预算时，于教育会经费核减一半，于自治经费全行裁撤，而于本局用款，反为增加，阻挠宪政，专营私利，罪四。

此条谓本局办理预算，于教育会经费核减一半，于自治筹办处经费全行裁撤等语，尤堪骇异。查抚院交局预算册及比较表，教育会补助费只有一千五百两之数，本局照数议决，毫无增减。当未经议决之时，本局曾闻教育会于去年曾详请抚院，拨给补助金，抚批藩、学两司各筹给一千五百两之说，而预算册则仅列一千五百两，比较册内，亦无核减其它一千五百两理由之说明。本局对于此事，非常注意，当由议员转告教育会，请其一面呈院声明，一面将原案详由送交本局，以便资为依据，乃自告知之日以迄闭会，教育会并未呈院，亦未将事由送交本局。本局既无可稽之案，则照数议决，自是当然办法。且册内既无核减一千五百之说，则学司补助之类，是否列于学务公所经费总额内，本局再四确查，未得底蕴。今以核减一半为本局之咎，本局决不任受也。至自治筹办处经费，除会办一员，经部议减去外，本局并未议减，更未议全行裁撤。其预算以宣统三年五月为期者，实因本局于第一届常会期内，提议缩短自治成立年限，该处期限清单，所有城镇乡各区自治会，统以三年五月为成立之定期，本局预算，自不能不以此为依据。至上级自治，其筹办手续，应责成各府州县，而以行政长官督成之。筹办处应否存在，原无规定，今因抚院电部请示，变更上下级成立期限，以宣统三年九月为厅州县自治会成立之期，而以乡区自治之成立，列于厅州县自治成立之后，此项变更，是否允协，本局另有建议之案。然变更之事，确在预算案成立之后，本局议决预算之时，尚无此项变更之事。本局自依该处原定期限清单，以三年五月为当然完竣之期，何得谓为全行裁撤？至谓本局用款反为增加，查本局除遇闰照章加增经费外，其余只有增添速记生二名之费。速记生是本省所送，由资政院毕业后，发回本省，专为议会速记任用者，各省皆然，不独本局，而以此种事项，科本局以专营私利之罪，恐不免为有识者所齿冷。此不能不辩明者四也。

一、孙抚抵借德国公债，修办胶沂铁路，该局不肯力争，反歌功颂德，助成其举，阿附长官，断送全省，罪五。

查此案系第一次常年会期，孙抚提交案内，有筹集公债、建筑胶沂铁路一条。按此路建筑原因，发生于胶澳条约，及津镇草约，并津浦合同，又经宣统元年三月，德使照会外务部，声明胶沂铁路，总须西历一千九百十五年正月初一日落成。此事实与国际公法上、私法上均有关系，现经邮传部派员覆勘路线，纯系官办性质。查国家法律定例，谘议局本无议决国际公法、外交事项之全权，亦无取消条约之能力。兹既经提出，实为督抚谘询事件，当时因此案关系重大，研究再四，迭次质问政府委员，并请监督陈述意见，知我中国得有完全筑路权，始为赞成。至筹集公债方法，其提交议案词云：此路不当商务要冲，招股不易，惟有由官督办，仿北洋成案，筹集公债票，不拘本省人、外省人，均可购买，由公家抵借之款，由地方各尽义务，而杜后患等语。按此方法，系为发行公债票之性质，拟由大清、德华两银行分任垫付，惟山东巡抚如何拨用，银行不得过问，仍与路政无害。其抵押之法，乃以内地捐作抵（即子口税），拟就东省东海、胶海两关于洋税、常税外，按照值百抽二五之数，分别代收。又云如将来中英商约第八款加税免厘实行，此项内地捐，比照各省厘金，一律停止。此种谘询事件，本无功德之可颂，不过遵法律范围讨论而已，若即此为阿附长官，我国此种事实，尚复不少，恐亦责不胜责。我旅京同乡诸公，如能各出其回天能力，以取消关于条约及合同并德使照会之胶沂路案，本局议员均乐赞成，并愿合力取消本局之旧案。果能如此，嗣后胶沂路线修与不修，或另修他路，均无不可。惟谘议局权力有限，此种大力，不能不责任于同乡诸公也。若谓断送全省，此事在谘议局未立之前，系发生于胶澳条约及津镇草约、津浦合同。此事杨议长在东洋游学时，曾面诘凤荪先生。（杨君系主张废约，自修津镇路线之发起人。）逸山先生又为津浦铁路公司会员，胶澳订约，津浦订立合同，我山东同乡在京先达，均知其事。彼时自当誓死力争，挽回危局，此时木已成舟，转而藉此责人，谘议局实不受其责，当质诸旅京同乡可矣。此不能不辩明者五也。

一、萧应椿以劝业道名义，息借英德巨款，该局并不阻止，损权违法，纵官为虐，罪六。

查去秋会期中，抚院咨询案内，谓现时烟台、青岛两处银根紧急，市面恐慌，危急万分。烟、青两处商会，公恳劝业道萧应椿借款救济，一再请求。劝业道本有保商责任，具禀前来，拟请代烟台谦益丰号借德华银行十五万两，代青岛谦顺银号借德华银行四十万两，该号情愿将自己不动产交存道署，定为六个月为期，如数归还，烟、青两处商务总会均愿同负责任等情，交局会议。佥谓此种借款，论其名义，系属商借商还，求官作保事件，与官借民还之性质迥殊。且谦益丰、谦顺两号，均有关税存储，若不亟予维持，一经失败，不惟有碍商业，且恐贻累公家。当时由抚院电商度支部，请由大清银行迅筹借拨，接准覆电，以扶持京沪市面已属不遑，更难兼顾他省等语。是以暂向外国银行息借，以顾市面。倘梗议阻止，将烟台、青岛银号，纷纷倒闭，市面衰颓，省门大局，必立受其影响。明为拒款抗官，而实为害我东省商业，伊谁之咎欤？是以本局公同承认。况合同签押时，抚院署名，烟、青两处商务总会均署名，注明同负责任，堂堂正正。明为商借商还债务，且为期甚短，该商号等正议设法变产清还，萧道署中已见来函，何损于权？又何违于法？地方官犹知保商，本局何惜此一言之助。谓之救急恤商则有之，谓之纵官为虐，其论甚属不当。外国银行建立商埠省分，与商人日有交涉，如谓一有借款，官为作保，即为损权违法，吾恐犯此罪状者，将不止本局也。此不能不辩明者六也。

一、五矿问题，逾限作废，订有专条，孙抚主张赎买，全省人民奔走号呼，极力抵制，该局并不过问，竟听孙抚用二十四万之巨金，买茅山已废之矿，且归其负担于日后接办之人，疲软无能，坐失权利，罪七。

查五矿逾限作废，德人声言回赎，本局第一届会期，当即提出此案，坚持作废，绝对不认回赎，全体议决通过后奉抚答在案。本局因与原议不符，即令开会覆议，迨覆议后，仍执只认废约不认回赎之前议。二次批答内，有约可废，而德人查勘费不可不偿等语。本局仍不赞成，闭会后抚院因本局屡次抗议，坚执废约，遂以茅山矿为国家订立条约，自系国际公法交涉，无庸由局议决，电商同外务及农工等部，奏明政府解决，而三十四万马克之查勘费，即由此而定。至第二届会期，本局以茅山矿案未得结果，汇案质问，仍不认回赎，抚院始将商同外部及奏明政府解决茅山矿条款原案，一并札发本局。据以上原因，本局对于茅山矿，始终极力抗议，绝对不认回赎，实事具在，不可厚诬。不过本局因系外交事件，公认应守秘密于未经解决以前，不能公布，故未载入报告书中。我旅京同乡所谓并不过问者，殆未见全案而言。全案前后数千言，争之甚力，均存局中，不难查阅。此不能不辩明者七也。

一、莱、海官绅酿变，虐害无辜，当初起时，议员丁世峄、王志勋、尚庆翰、王治芗等（现均辞职）屡请往查，议长不许，竟听信孙孟起一人报告，颠倒舆论，诬良为匪，罪八。

查莱阳乱事，曲士文聚众，共为三次。自去年四月十三日为始，第一次聚众闹署，诸事官皆允许，及次日入署谢罪而止。第二次聚众，为五月初四日，次日焚烧三家，至初九日经王凤袍、姜尔受议和，订立契约五事而止。计第一次至二次，中间安静无事者约二十余日。第三次因朱令卸任，奎令到莱，二十二日出示严拿曲士文，曲又纠率村民，在九里河聚众，为二十八日。计第二次至第三次，中间安静无事者约十二日。本局于四月二十七日，接到在籍议员盖君有均来函，词甚简单，内称敝县近有闹署一事，不知如何了结等语，亦未详其事实。当即报告协会，公推议员孙丕承探听莱阳各界确信，再为定议，适盖君鉴恩等持家信来局，始知闹署颠末。议长即刻诣抚署，值抚院有恙，未得晤谈，转谒邓幕，访问莱事近状，据云十日前朱令以闹署事电请弹压，抚署以平和了结勿事操切意旨示之，今已十日，未有紧急信来，闻已安静。回局后报告大众，并转知莱阳学界。数日之间，探知抚署无信，访之他人亦无信，此在由一次聚众及二次聚众中间本局之事实也。五月中旬，本局收到莱阳学界盖鉴恩等，及莱阳绅商学界急函二件，并得有莱阳留省学界家信三。议长因此事关紧急，连日诣抚院四五次，代表舆论，参酌办法，均以和平了结为主旨。抚院幸表同情，即撤朱令，委奎令速往接任，并派杨道耀林前往查办。旋奉抚院抄送登、莱来电（见第二期报告书）到局，电称和解议成，众皆解散无事，证之莱阳学界家信，所称亦同。以此报告协会，众皆帖然。至前往调查，本局议员多有此意，不独丁世峄等为然，其时常驻诸同人，因已撤官查办，民安无事，是以派查之说，因而中止，此第二次距三次聚众中间本局之事实也。至奎令及杨道出示，解散胁从，内有拿办首要等语，致生曲士文纠众自卫，抗死攻城，官民交战，致有死伤，此时情节，与前不同，非亲往调查，未易得其详实。本局当即开会协议，公推议员孙丕承、王志勋前往调查，以为日后主持公论之地。现有孙、王二君调查报告书，已载本局第三期报告书中，可供参阅。事当初起以至中间，本局派员调查，提议中止，均由协议会中大众决议，岂议长所能自主？况莱阳聚众非一次，解散无事亦非一次，其间情形不同，办理自当稍异。若于事后论事，无论何人，皆有缺点，苟无曲士文三次聚众之事实，吾知后日必无异言。至因奎令、杨道出示后，曲士文纠众攻城，忽接莱阳绅商学界警电，谓众势猖獗，恳请设法拯救云云。当时抚院亦接警电，大旨相同。莱阳留省学界，亦尽日来局纷告。本局开会公议，不敢不代表意旨，然呈院告急，仍抱定和平解散之主旨，力请万勿剿击，致残生灵。虽其后致有杀伤，此系军队临时作用，纵令本局鞭长，实已马腹不及矣。至孙孟起来局之函，附印商号图记四十四颗，实为确据，岂得谓专信孙孟起一人之言？且孙孟起之来函，内称乱事危急情形，本局据此呈院，不过请其并案备查，并未附以意见，妄加判语，何得谓颠倒舆论，诬良为匪。此不能不辩明者八也。

一、莱阳涂炭后，该局大受攻击，自觉难堪，始派孙丕承、王志勋、丁世峄往查（丁君系自治筹办处派往者），孙某与该县劣绅有特别关系，极力为之洗刷，议长不听丁、王多数之言，而徇孙某一人之私（因孙某系六二党故），淆乱是非，党同伐异，罪九。

论生民涂炭之灾，在他省犹思救止，况为本省。谓官兵不去，可免涂炭，似也，然当官兵未到之先，曲士文沿途设卡，有击杀者，有碎尸者，有炮击者，有惊死者（见《征实录》，均有姓名），皆为生民涂炭。万一城破糜烂，居住者数千人，避乱者数千人，在在皆生命不保，尤为生民涂炭。试问奉公守法，宁死不从之良民，均为我山东人，忽焉受两种涂炭，危亡在即，电函交集，诸公若为议员，此事亦必为之代表。无论其由私嫌发生，即为公愤，具此杀人放火、聚众攻城之实迹，法律所关，本局无从保护之，此种犯罪行为，非本局教之也。当莱事发生时，本局迭经开议，三议长迭诣抚院，力冀挽回大局，由事起至发兵后，只望平和了结、平和解散而止。至于官民交哄，炮火相见，岂本局之所乐闻。外界不知本局及莱阳事实，由此攻击，谁能禁之？然攻击之说，可分数种，有据公理攻击者，此种攻击，谓之赞助本局，何得谓之攻击？此外有用攻击本局以运动者，其目的在免祸，非为莱阳；有藉攻击本局以破坏者，其目的在报怨，非为莱阳；有因私党委托，故事攻击本局以暗助者，其目的在徇私，非为莱阳；有因私函与报纸之鼓吹，不辨事实真伪，正言攻击，此种攻击，其心可嘉，惜未察真实，俟后明知事实错误，不愿追悔，反利用攻击本局以掩己短，其目的在护过。以上各种攻击，皆无价值，于本局事实何与？本局原负代表舆论之责，但使代表得宜，读莱阳绅民自述乱事《征实录》一册，自问尚无愧于心，外界无端攻击，非所计也。论舆论之标准，此次乱事起于莱阳，当以莱阳舆论为主体，代表外界舆论，仍为代表莱阳。在六月初七日，兵来民散以前，舆论统一，若莱阳留省学界、莱阳绅商学界及孙孟起所代表有图记商号四十四家各函电，征之外界论说，正复相同，故本局未派调查。至六月初七日后，外界论说纷歧，是以去年六月间，特派本局议员王志勋、孙丕承前往调查，以定起乱之真象。本局代表之事，分为两种，同为一事，先为代表事实，后为代表罪案；同为一案，舆论不符，亦可双方代表，听行政官之处断。故本局派查后，凡有京外所来之函电，均付诸公议，藉为调查考证之依据，以昭公论，本局均无成见于其间。虽旅京同乡代表言论，其说不一，而代表莱阳之宗旨，并无不合，况议员来函之说，其得诸传闻者尤不一律，又何怪乎同乡？惟事实必有两面，有真者必有其伪。至伪造函报或言论，皆不足为定评，若论此事真象，要以多条税捐，及聚众攻城之实据为断。当派查伊始，在会场公同研究，谓莱阳舆论，只有城乡两面，城绅当事者之言，与乡民当事者之言，皆为自己免祸计，概不足凭。所谓舆论者，一为城绅之当事者外一般舆论，二为乡民不在聚众之列者一般舆论，必采此两种，方为舆论。故本局孙君所查，由城至乡为第一种，王君所查，由乡至城为第二种。迨王、孙二君调查来局后，当即开会协议，有主张用一稿者，有主张合并者，有主张附加善后事宜者，众论各殊。因大会在迩，加意慎重，是以常会期前，未便通过。至大会中连次开议，争论不休，卒之此案结果，用起立表决法，得多数赞成，将王、孙二君调查记，先由莱阳议员盖有均承认，次邻莱议员诸君承认，均承认讫，即将二君调查记删去评语，仅详事实，一并呈院，以定舆论之标准。至罪案处分，自应归行政长官定之，此本局议决此案之事实也。论此案之结果，其得有六：一、莱阳议员承认，邻莱议员承认，取其确实；二、京外同乡舆论，有王议员乡一面调查，足以代表；三、莱阳同乡舆论，有孙议员城一面调查，足以代表；四、将王、孙二君调查记删去评语，独详事实，可以存世界之公理；五、不加罪名，听凭行政长官处分，既不侵害行政权，亦未尝违背上谕；六、王、孙二君之说，互相补助，官、绅、民三界，是非昭然若揭，彼此皆不能徇私。有此六得，而莱阳议案结果，大众详阅，可以了然。且王、孙二君同查一案，各分方面，听闻采录，本不相同，彼此均有详略，不得谓略者为刷洗，详者为加增。如谓孙君与该县劣绅有特别关系，实未免臆断，且此案多数议决，将二君调查记概事通过，议长有何偏徇？况经百三人之多数议决，较之丁、王二人之数，增加至数十倍，议长亦议员中之一人，孙某之私，又何能偏徇？观此则淆乱是非，党同伐异之说，不攻自破矣。要之，山东同乡公愤，为莱阳也；本局代表，亦为莱阳，宗旨未尝相殊。本局代表莱阳，自去年四月二十七日以后开始，至此案终结时，旅京同乡公愤，试问何时发生，前后本自不同。本局代表开始时，代表议员孙、盖二君，莱阳绅商学界，商号四十四家均有图记，代表四民姜尔受等八百余人。及后来四民代表姜尔受、辛从金、李佩璋、于之模、刘鸿昇，暨莱阳留省学生，公文上均有姓名，书名即负责任，皆身亲莱阳利害者也。试问山东公愤所代表者果为何人，其被代表之人，如有错误，谁受法律上之责任，尚须一一指其姓名。公法会议与私人会议迥乎不同，如谓后来为是，先者为非，是本局代表错误，公文俱在，本局有负责任之莱阳议员，及调查员，及电函交驰，并有自书姓名声明负责任之莱阳代表姜尔受等多人俱在，请旅京同乡将所代表人及调查员通同来省对质，以昭真伪，如有错误，本局情愿负责任。若山东公愤错误，旅京同乡，亦当有人负责任，本局静以待命。此不能不辩明者九也。

一、奎保、杨耀林厚诬莱民谋反，擅自请兵，该局坐视不救，致令生民涂炭，残害同胞，取媚官府，罪十。

查此案事实，奎保、杨耀林此时均在莱阳，实为有责任之行政官。莱民曲士文谋叛与否，均以事实上定之，有抗官攻城之证据，则为谋叛，无之则非。当局所为之事，他人不能为之强加，亦不能为之解脱。果使奎、杨行政官，厚诬莱民，擅自请兵，该道与该令，应负责任，迨罪案确定后，本局虽智识有限，尚敢照章纠举，决不能任其涂炭生民，致贻取媚官府之慭。况杨道、奎令之请兵，乃直接请告于抚院，非直接请告于谘议局，抚院发兵，既先上奏，又请命于陆军部，行政权限，立法部岂能一一干涉？如谓本局坐视不救，莱阳情形，瞬息迭变，万一城破杀官，城中人民，除城绅五家外，尚有居民数千人，并有移住者数千人，尽归糜烂，而同乡各界，及城中莱民，又责本局坐视不救，结好乱民，残害同胞，议员罪状，又不容辞。本局虽有建言权，实无止兵不发之权，故当时闻信后，因常备军队即刻开行，同人协议公推王议长赴火车栈亲见叶军门警告，请其一面弹压，万勿轻易动兵为主要，本局能力，至此已尽。至谓本局残害同胞以取媚官府，吾辈议员，尽是山东人，何至无良至此？论罪须求其当，妄事加罪，甚不足以服人心。此不能不辩明者十也。

一、莱阳已革劣绅王圻，惧罪逃避，赴省运动，公然住于局中，受其贿赂，为之主谋，贪赃受贿，比奸害民，罪十一。

查莱阳聚众闹署，在去年四月间；焚烧富室，在五月初五日；本局得莱阳邮寄请愿书，在五月十二日。是时，莱阳留省学界盖鉴恩等时时来局探听信息，凡邻莱州县同乡，次第踵至，时王圻在省考试孝廉方正，亦在来局探问乱信之列，时在五月中间。本局系东省公共之地，同乡关心桑梓，日有来者，此亦事所常有，并无法律之关系，何所用其贿赂运动。至谓其惧罪逃避，公然住于局中者，尤无其事。如谓本局受王圻贿赂，贪赃受贿，谁定此种罪案，请本人要必须将证人证物，一一当面质明，本局甘当其罪。若因关系莱阳一案，昧良捏造，是真为小人之尤者。此不能不辩明者十一也。

一、奎保革职后，贿（卖）〔买〕该县劣衿李方保、刘鸿昇、辛从金等，先后赴省运动，谋为开复，该局详知其事，不破其奸谋，反公然与之酒食往来，助张其焰，袒护污吏，结纳劣绅，罪十二。

查奎令革职后，莱绅来局请留奎令者共为六次，来电二次，请愿书四次，惟两电与两请愿书在会期内，迭次萃集（见三期报告书）。第一次请愿书，系绅商农学代表姜尔受、辛从金、于之模、刘鸿昇、赵墨林，合凤山、旌旗、迎仙、望石、义谭、芝山、嵯东、嵯西、桃花、长清、觇古等乡乡长署名，面见抚院，详述莱阳乱事真象颠末，抚院面见，斯时莱阳邮寄请愿书亦到，仍为姜尔受、刘鸿昇、于之模、李佩璋代表绅商界（二十七人）、商号（二十五家）、学界（三百一十六人）、农界（四百八十三人），均有姓名，并印山东莱阳筹备自治公所兼自治研究所之戳记，及莱阳县官立高等小学堂钤记各一颗。据姜尔受等同莱阳盖议员来局面言，此次京官折奏，岂非为我莱阳，惟因乱民戚党少数人造谣，蒙蔽我在京同乡所致。其人皆为乱党谋士，至今畏罪，不敢归家，故尔如此。我京中同乡若知莱阳事真情，必不为彼等所欺。我辈来留奎令，岂不知参案不能挽回，惟因当聚众攻城时，奎令守御有方，乱民畏之，居城之民，赖以不死。奎令一去，乱民复肆猖獗，我莱阳良民危矣。诸公若为乱民计，如良民何？我非为奎令计，实为我绅农学界之良民身家计也，并将莱事前后详述一周，言之甚为恻然。

本局同人共知此事，是以于大会公决，先后呈院。至第三次，莱阳农学商自治所四民代表崔衡阳、李方保、王葆坤、刘鸿昇合桃花等十一乡乡长，及学商自治各界共二十一人，署名来留奎令，亲来请愿。按此次莱阳公举四民代表，仍系前二次请愿书内署名之人，来局道达代表意旨，并呈送印刷莱阳绅民自述《征实录》二百本，请求分散各省，表明莱事真象，已自行面呈抚院若干本，学司署若干本，北洋若干本，并言不日即北上面呈京官同乡，以昭真实。惟此书经本局审查部审查，书内有开复奎令字样，碍于法律，公议否决。第四次四民代表又上书请愿，删去开复字样，亦公议否决。本局既将《征实录》存案，自属详知其事，但知为代表而来，在法律上本局理应见之。细玩其《征实录》跋言有云，或疑为官绅贿使，则亦不与置辩，惟自知维持大局而已云云。其奸谋有无，本局实未之知，惟知本局多数议员，公议否决，即不通过而已，何袒护污吏之有？后闻四代表请登州同乡开会演说莱事，分布《征实录》多本于各学堂及各报界，登属同乡有约请代表者，或者误为本局，实与本局无涉。本局未尝公请，亦未尝公然与之酒食往来。至谓结纳劣绅，或即指呈送请愿书及《征实录》而言，是为公务而来，不得谓之结纳。来递请愿，何劣之有？斯时《济南日报》登载辛从金、李方保等耗费公款，终日酒食宴乐等事，该代表亲赴报馆数次，云我辈均为身家计，自备资斧而来，何为任意登载，污人名誉，并追问来稿姓名。主笔者屡辞不敢见，终知此事不了，始出见之。次日登报为之更正，盖因辛从金、李方保等，为在籍征实会员，《征实录》一出（此书调查、编纂、检阅共八十八人列名，姜尔受亦在内），实为攻破奸谋之确据，故竭力登报抵制，据此可知本条发生之实际矣。此不能不辩明者十二也。

案以上关于莱案由八至十二各条，可名之做案，各有用意存乎其间。一、因孙孟起不受同党在京陈某之运动（孙孟起自言），故谓一人报告颠倒舆论；二、因孙丕承调查甚详，最为造谣之敌，故谓其受劣绅王圻之贿赂，有特别关系；三、议长据法律公理为准，故谓徇孙某一人之私；四、发兵不发兵，非本局权限，竟谓坐视不救，以归咎本局；五、李方保、刘鸿昇、辛从金、崔衡皆四民请愿代表，为莱阳人民身家计，故【为】留奎令先后来省，乃谓之奸谋运动。综此五条用意，无非故写出聋聩偏听四字，岂知孙孟起之代表商号四十四家，不特孙君一人之言，此案将孙、王二君调查记一并呈院，议长并非偏徇，孙君即与王圻有特别之关系，亦无所用。至奎令、杨道之请兵于抚院，行政事务，本局不能干涉，惟有劝告叶军门以尽本局责任焉耳。至四民代表李、刘、辛、崔四君来递请愿，亦事所常有，可否之间，尚须公议。至谓开复之说，不合法律，本局亦未议决通过。盖因散布莱阳自述《征实录》甚确，足以破伪，故加以运动奸谋、袒护劣绅等字样以敌之。至派查一节，系关公议，岂议长一人能自主之。况本局之中，日有案件，一星期内，有多至四五十案者，若遇事即查，无论议员二十三人，不敷分配，一难也。议员中有丁忧者，有请假者，有赴京作代表者，不足过半数，本局不能开会，二难也。且事之初起，乱止又非一次，后来者谁能豫料。但使前时代表无缺，后来派查，亦不为缺点，何得故事挑剔为哉？通观前后，阅之当自了解。总之非论本罪案，无非假借题目，以隐逞其倾陷本局之诡计而已。

附：本局代表海阳案件

查海阳乱事，亦发生去年四月间，为海阳钱粮请免折扣一案，方令目宋煊文为抗粮，下狱监禁，其次子埙吉为父鸣冤，登州府知府不察，委饬发县，一并监禁，大动公愤，滋生二十九日闹署之举。本局见海阳留省学生家信，得知确实，议长两次诣院详陈，宋煊文父子冤狱得伸。及本局代表王世隽等详陈海阳乱事实在情形请愿书，宋氏父子真情，更益显然。及莱阳乡民聚众，海阳留省学界到局，又谓莱、海邻界，请派镇摄，本局代表，莱乱因未至蔓延。至二十九日以后劫案数起，皆与宋氏父子情事无相干涉。及本局派委王君志勋调查，此时方令业经撤任。及本局调查后，调查文件尚未呈院，又得海阳李桂馨等以情抑势窘集众请命请愿书。本局先事代表乱事劫案确情，亦为之上达。至调查记呈院后，海阳乱事颠末，毫无所遗。本局此次代表官革冤伸，即先事派查，而本局之能事，仅止于此，故附录之。

一、黄河溃决，淹没十余州县，杀数十万生灵，地方官受何道国禔运动，匿灾不报，该局如聋似哑，不为指陈其弊，忍心害理，残虐生灵，罪十三。

东省为黄河流域，修防最关紧要。本局开幕以来，局中之议案，外来之陈请，独于治理黄河及整顿运河政策，言之靡遗（均见第一、第二、第三等期报告书中）。至本局通过之蒲台县赵毓楠胪陈河防积弊请愿书，所论尤详，业经代表久矣。上年沿河二十七州县，惟寿张及利津尾闾，有漫溢处，余无恙也。彼谓淹没十余州县，杀数十万生灵，果何所据而云然？谓本局如聋似哑，不为指陈，果地方官有匿灾情事，十余州县人民，讵甘受其殃耶？本局有代表之责，即推聋作哑，亦有所不能。若以无为有，信口雌黄，吾东省三千万人，各具耳目，岂无闻见？前阅《山东杂志》，登载山东河决情形，胪列被灾州县十处，内有德州、茌平、观城，该三处距黄河远近不等，山东自遭河患以来，向未波及。如云运河，则上年卫水并未涨发。且将直隶东光县牵入，东光即罹河患，万不能听山东黄河督办何国褆之唆使，匿灾不报。该主笔于省分州县舆地尚未分晓，而遽造谣惑人，登之报章，不值一哂。此不能不辩明者十三也。

一、东省民食官盐，百弊丛生，滨海产盐之区，由宋至今，盐税摊入地丁，许民自制自运，法良意美，行之数百年而无弊。该局倡议官府专卖，不思除西府积弊，反更加害于东府，破坏良法，甘为民贼，罪十四。

查此条事实，系因盐政大臣欲整顿全国盐政，奏派度支部司员，分任各省调查。山东共派四员，其中有同乡赵、朱二主事，来省晤面。其时本局适提议改良全国盐政，拟致意见书于联合会，因将此书交同乡二君，回京面呈盐政大臣，以备采择。凡调查产盐省分，各议局均有改良盐政之说帖，谘议局为本省言论机关，职任所在，实不敢推诿。本局研究此案，讨论公决后，说明此案改革之宗旨，明则仿行东西洋国家专卖法（非提倡官府专卖），以杜洋盐，实为专税法，近场地方，就场征税，若距场太远，及不产盐省分，均就地征税，民运民销，无论何省何府州县，皆无分畛域。协议会中，公推杨议长主稿，至奉委调查诸公回省后，此稿草就，除本局两议长及同人修正外，嗣因在省士绅邀集调查盐务二公便酌，石主事金声亦在座，席间即出此稿，请求指疵修改，并印刷稿本送呈，托赵、朱两同乡转呈诸京官乡长处改正。二公均在京师，可以质问。若谓此稿破坏良法，有意加害东府，于副议长、石主事均东府人，自当提议删改，胡当时均无异言。此乃改革全国盐政，各省谘议局联合会中，山东提出者即此议案。因各省多数主张单纯就场征税，与此议稍有区别，经联合会中公决，将此案作废。按民食官盐之弊不止一省，滨海省分盐课摊入地丁者，亦不止山东登莱十八州县，各省亦均有之。既欲扫除旧日官盐之弊，以谋全国盐政画一，不得不稍事变通。况篇中清理旧制之法，有云将灶课归丁之款概事裁免等语，于此合裁免丁课之数，与就场征税之数比较，相去亦无甚参差。若准此法行之，不惟无害东府，亦且有利西府，并将全国从前一切盐弊，概事廓清，并与国家盐课上大有裨益。如此上裕国课，下便民生，实乃全国大利，何得谓之民贼？若借题造谣生事，非本局所敢知矣。况登州议员丁世峄致杨议长函云：顷闻《帝京新闻》载有鲁省私仇公愤一事，于本局名誉大有妨碍，且皆属子虚乌有，不可不一更正，祈公与两议长大酌，函知该馆为是。观丁君之函，尤可征此说之不确。惟此改良盐政意见书，已登《山东杂志》，人所共见，阅之当自了然。此不能不辩明者十四也。

一、该局议员，均以金钱为目的，邱桂乔首倡均财主义，结党六十二人，把持常驻议员之权利（山东常驻议员额二十名），贪鄙无耻，狼狈为奸，罪十五。

言者心之声，心之所注，言必随之，此大较也。故凡人之研究权利者，往往自以金钱为目的，而反藉以诬人，此其事无甚可怪。本局邱议员守正不阿，颇持大体，据某议员云，上年开局伊始，即有某某议员来谒，倡结团体，把持议长权利。叩其约举之人，云举曲某为正议长，周某为副议长，其一则毛遂自荐者也。综计运动被举之人，皆为常驻省城者，名为公义团体，实为个人权利，不过假借团体名目，为愚我东府人权术。（近时省城及京外同乡，受此说所愚者甚多，实为操纵东府，为个人假公济私之术，愿我同乡留意。）况宪政初开，仍思划分府界，观念尤为狭隘。邱君心鄙之，当面阻绝，彼党因以怀恨，登报漫骂，诬以六二党首倡均财主义。幸邱君上次并未被举，人多不信。去年因彼人语言跋扈，激犯众怒，彼计无所出，即纷纷造六二党及东西府界之谣，纷登报纸，大肆鼓簧。岂知本局议员，只分公私，不分东西，东西两府议员，亦毫无芥蒂，惟不利植党营私之人，则有之矣。本局去岁倡立公立法政学堂，议长、议员除捐饭资外，各有特别捐款，以维公益，彼人分文未捐，反事造报乱骂。本局同人智识虽浅，尚不至以金钱为目的，事实昭然，当可共谅。所谓贪鄙无耻，狼狈为奸，欲把持东省权利者，不啻彼人自为写照也。此不能不辩明者十五也。

一、该局议员朱承恩，系六二党魁，种种劣迹，被控有案，议长因同党之故，不予除名，反为说项，徇私袒讼，曲庇劣员，罪十六。

论本局事实，只分公私，并无党派，亦无分东西府。惟因多数议员，反对个人私见，故彼等以六二党之名加之，遂登报捏造，以证其实。本局六二党名捏造之原因，已于前条辩明，既无六二党，又何有朱承恩之为六二党魁？查本局议员朱承恩，于去年正月十七日，在本县劝学所招集全境士绅，开会提议自治研究所开办一切事宜，当被刘培文捏控，朱承恩由局上陈请剖白书。经抚院委查，即行了案（已载第一期二册报告书中）。据泰安县查，朱承恩前后卷宗止有五起，内有办学筹款四起，（理）〔里〕党仇学涉讼一起，此外并无案卷。作者乃谓种种劣迹，无所指名，混言被控有案，语涉笼统，甚无价值。至议员除名本有专条，其无确切证据者，虽监督尚不能执行，议长亦普通议员资格，安能独操除名之权。最可诧者为说项一语，朱承恩仅上剖白书一纸，旋因公进京，并未亲到行政衙门诉讼，有何项之可说？事理乖舛，莫此为甚。此不能不辩明者十六也。

一、常驻议员以一年为任期，不准连任，局章规定，何等谨严，该局议员朱承恩一年任满，公然连任，弁髦法律，肆无忌惮，罪十七。

查常驻议员任期，局章但有一年之规定，并未明指连任与否。嗣经河南及四川督抚电询，宪政编查馆通电照遵，常驻得行连任。本局二届会改选，朱承恩连任，于法律有何违背？谓为弁髦法律，肆无忌惮，实属无从索解。此不能不辩明者十七也。

附电备考：

复河南巡抚电　八月二十九日

开封抚台鉴：辰有电悉，常驻议员局章并无不得连选明文，自应准其连任，但一次为限，欲辞职者听，希饬遵。宪政编查馆。范。

复四川总督电　宣统二年十月初二日

成都制台鉴：辰州电悉，常驻议员应照局章十八条，得行连任。宪政编查馆。冬。

一、议长杨毓泗素有心疾，绰号疯子，本无被选资格，六二党人大施运动，选为议长，昌言不讳，滥竽充数，罪十八。

谓本局杨议长素有心疾，绰号疯子，本局实未知闻。惟观其开会时个人提议之案，尚切中时弊，公举修正之稿，尚合法理，旧时所著《游瀛回顾录》及《世界经济述闻》，久登杂志，旅京同乡，想共闻见，其有无疯疾与否，本无庸为之代辩，疯子绰号，不知锡自何种人格，实未之知。杨议长游学东洋时，曾被举为旅东同乡会干事，因同乡会冲突，济南、武定二府报告独立，杨议长肃函面谒，恳请入会，始为完全团体。有东省流落日本者王、曲、徐三乡儿，杨议长怜之，供给衣餐，与之学资习工艺，费至四百元，游学同乡无不知之。回国后，为我东省旧时利权损失甚多，旅京同乡当开同乡会出而维持，晤面时每常谈及，不明公益者，多谓其痰迷，杨议长因作《痰迷辩》，以公益痰迷、私益痰迷明之（前《山东杂志》中已登载）。东省发生保矿会，前袁抚出示严禁，发电京师，旅京同乡不敢多事，杨议长与范太史隽丞主稿，洋洋数万言，出名函达袁抚，此事遂熄，保矿会诸君，均在保护之列，方得无事，疯子之号，或以此欤？即以此种疯论，是疯于团体，疯于公益，甚不足为病。当其被举时，杨议长（济宁人）正在京供职，济宁当选诸君于复选时公举伊一人，未有他票，电达令其承认。盖因其素重公益，倡改津浦路支线，组织谘议研究所，并立自治基础，整顿水会，提倡商会、钱业公所及阅报社，首先出资，在杂志社担任论说主笔，亦尽义务。其有被选资格与否，似可共明。至本局开始时，杨君来省最晚（七月十九日到省，二十六日选议长），除到会研究开办事务外，均在旅寓，杜绝往来，藉以避嫌。本无被举议长之意，各府议员初次被选到省，人多不识，有何六二党派？斯时在省之被选者，欲把持议长权利，大施运动，欲举某某为正副议长，所运动皆其私党，同人并无成见。后开秘密会议，又以不明新政挟制，咸报不平。同人虽知识有限，已在籍办理公事多年，地方情形，较之少年尚属熟悉。至对于杨议长仅见其平素杂志论说，与其人多不熟识，初次开选某君二十三票，杨君二十二票，至加倍开列时，杨君得票最多，是以被选为正议长。某君又倡假定议长之议，杨议长诣院，情愿请监督另举，抚院不允。杨议长于开会时，对众人又辞，大众仍不许。散会后告同人曰，他人欲得者，而竟加之于我，非我之福，亦非议会之福也。所谓昌言不讳，滥竽充数者，或即指此。若使运动被选，尽如其愿，吾知其必无是言。此不能不辩明者十八也。

一、副议长王景禧，巧滑阘冗，曾充保定高等小学堂监督，被逐回籍，六二党人利用其滑，选为副议长，违反公论，有玷议席，罪十九。

查王副议长到局以来，勤劳自矢，苦心调剂，力挽大局。该议长系于丙午年，由直督札委，调查实业到东，复经东抚咨明北洋调用，谓为被逐回籍，不难合直、东两省士绅，切实考究。至本局既适用正议长之疯，复利用副议长之滑，齐鲁纵号多才，何两美之必合，竟致如是？此不必置辩而不能不辩者十九也。

一、书记长为局中执行机关，若被选为会议厅股员，书记资格，当然消灭。该局书记长张汉章，用种种手段，得兼会议厅股员之职，凡局中陈请及提议事件，皆先呈抚院，后交局审查，议长用为谋主，而甘为其傀儡，纵容宵小，紊乱法规，罪二十。

查本局书记长张汉章被举为会议厅审查科员，当时仅得两票，后以抽签当选。嗣奉抚院复选派充，张汉章即面见议长，辞书记长差，当经议长转达抚院，函请示覆。俟奉抚函覆称：张汉章系贵局书记长，按之会议厅规则，自非议员可比，仍应令其兼差，毋庸辞职，希即转告，是为至盼等因。现有覆函可证。复奉藩司传抚院谕，催令来审查科供职，不准推辞，张汉章始按时遵往。此事人所共知。查会议厅章程，审查科员，议员不得兼充。推释其义，盖以呈报之议案，出自议员公决，若再令议员审查，恐滋流弊，不得不加以限制。至张汉章系局中办事处人员，对于议案，不得参与末议，不过执行公决后缮发事件，揆之法律性质，并无不合，是以抚院允准兼充。况辞不获已，始行就职，其中并无手段之可言。至云凡局中陈请及提议案件，皆先呈抚院，后交局审查，查本局凡陈请及提议案件，会期外陈请者，每一星期有二三十案不等，会期内提议案件，约有二百余案，若如所云皆先呈抚院后交局审查，不惟天下无是情理，在事实上亦力有未逮，似此捏诬，不值一辩，明眼人自能见之。又云议长用为谋主，而甘为其傀儡。查谘议局系合议机关，凡事取决多数，议长不得擅专，自无所用其主谋，更何有傀儡之可言。总之，罪状公布之原因，实因宵小紊乱法规，本局未尝纵容，致生恶感，反以此罪加之本局，造谣煽惑。此不能不辩明者二十也。

一、议员周树标、丁世峄、王志勋、尚庆翰、张介礼等，持正敢言，六二党以异同之见，大肆排挤，今年因莱、海事件，相继辞职，孙抚再行调停，商学界亦出而挽留，该局为一网打尽之计，排斥善类，不遗余力，罪二十一。

查议员为舆论代表，五人是否独持正见，抑不免客气之纷争，自有定评，勿俟缕述。乃因运动议长，投票无效，积羞成愤，发生种种破坏本局之手段，事实具在，人所多知，暂无赘述。但即其在会场情形，每恶声毒口，凌辱同人（议事时肆口漫骂，议事未毕，即行退席，大书鸡鸣狗吠、丧心病狂等字于黑板），其狂暴行为，久犯局章情节重者除名之条。及论莱、海事件，因意见不合，与议长为言论冲突，此亦各国议会恒有之事，乃五人遽秉意气，放弃义务，同时辞职。据五人辞职书中理由，谓议长以遵奉上谕者为曲党，又谓对于议案署名一节，为非法之议决等语。

查议长对于莱事一案，在议场所发之言，有本局系主持公论之地，不能袒护官绅，亦不能保护曲党等语。在场全体，毫未闻有以遵奉上谕者为曲党之言，而来书竟有此言，是谓挑衅。且此案原议付全局委员会详细讨论，议长已退处议员席，而全局委员长周树标，则宣言此事不甚明瞭，力请议长复席，遂变委员会为正式会，全体共见，奚谓大事排挤？至议案署名一节，是抚院咨询事件，并非追加条文，署名与否，亦听自便。且浙江、广东、河南等省，议案亦多明载某某提议，某某赞成，何能竟谓为违背局章？本局对于此事，照章用可否签投决可否，不过觇大众之意见，而五人竟谓之为非法议决。在全体议员，岂不欲劝导挽留，以尽和衷共济之谊，惟念其辞职理由书，既捏造以上各言，诬及全体，且既援引局章而辞，本局若不允许，五人又必诬以违背局章之罪，此本局不能不遵照局章允许之确实原因也。至抚院调停，诚有其事，但议员辞职，本局照章有允许之权，若以抚院调停，遽行更议，则局章必因以无效，是以断难曲从。至商学界挽留一事，系属少数人被其运动，假冒三界全体名义，后各界闻之，多不承认，此事人所共知。总之五人辞职，本以捏称罪名理由，挟制同人起见，及经全体允许，实出其意外，是以出局后，因而运动各方面，希冀复回。至运动无效，变羞为怒，遂大肆登报，诋诬本局，摇惑舆论，期达其破坏之目的，不遗余力。此等行为，是否善类，自可想见。至全体允许之理由，已见剖辩书中，阅本局第三期报告书，定能知其内容。若如所云排挤善类，倘出自少数人所为，无论真伪，尚可欺人耳目，此事本经全体允许，岂有全体皆无天良，同意排挤之理耶？此不能不辩明者二十一也。

一、议员王治芗因事被控，孙抚派委查办，仅据其一面之词，率行褫革，无论是否冤抑。按诸定例，理宜双方派查（本年山东谘议局曾具此议案，经孙抚批准，在第二期报告书内），乃该局因非同党之故，既不遵章派查，又未付诸公决，任听官府恣意举动，放弃责任，阿附官府，罪二十二。

王治芗控黄县商会一案，其诉讼情节，现经高等审判厅覆讯，毋庸赘述。至称本局不双方派查，按督抚派员查办案件，系我国成宪，谘议局派查，必须案有疑义，方能往查，以期昭雪。此案王治芗果有冤抑，或问官含混定谳，本局自应派查，代为伸理。此案既经张观察查其事迹，确有证据，而陈牧赴黄覆审，治芗又藉词逃匿，如本局复行派查，将扛讼乎？抑下石乎？且本局当初对于此案，因王治芗、王学锦同籍黄县，又同为议员，一再协议，均意主调停。嗣徐镜心函致本局，多陈治芗劣迹，治芗复来剖辩书，本局以其事不可解，总以保议员名誉为要，正在筹议，而治芗来局，催促双方通过。及张观察差竣覆禀，抚院屡次札局除名拟补，本局请暂缓除名（载第三期报告书）。本局之待王治芗，可谓情至义尽，而以非理之词，委罪本局，本局实难任咎。又称未付诸公决，王治芗个人诉讼，自有行政官处理，本局岂能越俎？更不能为王治芗一人开临时会，付众公决。又称任听官府恣意举动，查宪政编查馆议覆谘议局章程权限折内载明，议员果有犯罪确据，及为议员以后，有品行悖谬，营私实迹，督抚得随时斥退惩办等语。王治芗既有犯罪确据，抚院褫其衣巾，开除议员，系遵章办理，本局不任听，又将如何？究之本局为公论机关，非王治芗护符机关，如不论事实若何，但因其为议员，即一味徇庇，则山东何贵有此谘议局哉？以放弃、阿附见责，诚为不近情理。此不能不辩明者二十二也。

一、禁烟功令森严，议员代表人民，尤宜谨守。该局正副议长，皆吸鸦片，而议员中染此嗜好者，至有三十余人之多。以全省重要之地，成烟霞痼癖之乡，蔑视王章，亵渎局务，罪二十三。

禁烟功令森严，薄海同遵，本局自开会以来，首以此事为必要。上年常期开会时，又连番建议（载第三期报告书），痛除流毒，方恐禁绝之不速。本局如有染此嗜好者，一经查出确据，自必立予纠举，照章惩罚，无论何人，绝不袒护，又何待外界訾议。乃谓正副议长皆吸鸦片，议员中至三十余人之多，欲假任意诬蔑之词，造成莫须有之罪状，以快其心，此种心数，真东省宪政前途之厄也。我旅京同乡不知听何人之词，竟加本局以此种罪案，窃思此事非纸上一辩，所可了结，亦非空言三十余人，可以为据。旅京同乡在法律上虽无查验谘议局吸烟之义务，在我同乡乡长不妨作查验诸同人之事实，倘我旅京同乡乡长惠然肯来，自当别觅房屋，严验我辈，自议长起，以至三十余人之姓名，一一标出，无稍宽容，一日不信，则至十日，十日不信，则至百日。如同乡乡长因公务羁绊，一时不能遽来，正议长情愿先请假赴京，住于直年乡长之家，任凭亲自查验，以昭核实。俟验确后，以本局之言为不虚，并请严究造言之人，科以诬谤之罪，不仅索损失名誉之赔偿。此不容空辩而不能不辩明者二十三也。

一、议员选举乃人民之参政权，该局议员竟有出自地方官指定者，如孙孟起其最著者，违法选举，蹂躏民权，罪二十四。

查孙孟起，系登州府莱阳县议员，所云地方官指定者，系县官指定，抑府官指定乎？如谓县官指定，则莱阳选民千余名，投票时断难毫无异同；如谓府官指定，则莱阳初选当选人，又何能询谋佥同，甘心认可？且登州府所选议员中，实不乏熟谙法律之人，如同府中有此等违法选举，亦当于呈诉期内，指明确据，讦诉于复选监督，彼时竟无一言指摘，一人攻讦，则此事可决其必无。至议员选举，在宣统元年四月，复选在五月，谘议局在九月成立，是议员被选之时，在谘议局未经成立之日，何以诬捏雌黄，反将罪状加之于谘议局？此不能不辩明者二十四也。

一、城镇自治，为立宪基础，该局有识议员倡议提前赶办，而六二党毫无知识，贸焉反对，地方治安，全被破坏，罪二十五。

查本局于第一届会期内，议决提前赶办城镇乡自治，早经抚院饬属遵办。现在城镇议事、董事会已一律成立，乡会正在筹办，妇孺皆知。旅京同乡，人人皆籍隶山东，奚至毫无闻见？乃以六二党贸焉反对为词，本局只知曾有全体赞成提前赶办之事，绝不闻有六二党反对之事。如果有六二党反对提前，何以第一届会期内提前赶办之议案，竟全体赞成通过乎？此不待辩明而不能不辩明者二十五也。

一、谘议局章程，督抚只可裁夺施行，而无修正之权，该局呈院议案，任东抚随意修改，且时有先与东抚密商，再示意六二党之事，抛弃职权，变乱局章，罪二十六。

查本局议决案抚院照章札行覆议者，不胜枚举，并无随意修改之事。且既交局覆议，亦何须随意修改。至去年覆议禁烟一案，呈院后即届闭会，及奉院札批准公布施行，原案条文内有应须参酌者，本局已经闭会，照章无覆议之权，惟因禁烟期限甚迫，又断无待下届会期议决之理，抚院修删数语，不过为实事进行起见，与原案宗旨并无违背，岂得谓本局抛弃职权？至所称时有先与东抚密商，再示意六二党之事，本局议员向不私谒官长，安得有密商之事？且既曰密商，谁闻之且谁知之？此不能不辩明者二十六也。

以上所言各节，乃就本局事实辩明之，据事直书，无纤毫之增减。本局方自愧诚信未足以服人，致萋斐猝来于外界，自今以往，只自励有则改之，无则加勉之愚忱，复何事哓哓置辩？然罪案之捏造，要非毫无原因而来，不予揭破，何以共明？本局一再思维，为原因发生于我东省乡父老欤？我乡父老必不若是。本局开始以迄近今，所议教育、实业、交通、外交、民政、司法、军政、财政、单行法各大端，凡关于兴利除弊事件，未尝有毫末贻害于人民，全省共鉴，即有人捏造谣言，亦决不能信。就去年言之，常会期内，议案通过者七十三案，院札照准者五十件。一年之中，各州县地方请愿书，议决通过者约有三百余件。由请愿书卜之，乡父老之信本局者，亦可概见。即莱阳一案，莱阳学、农、绅、商各界，至今益生信任，对观莱民自述之《征实录》，而知莱阳良民之视本局，与外界谣传，绝不相类，此一证也。为原因发生于旅京同乡欤？我旅京同乡又不若是。旅京同乡居留京师者，官商士庶，繁众至数十万人，平素多不相识，与本局议员，又毫无他嫌，况人人各具维持本局民权之责任，必不忍据少数个人意思，破坏大局。即莱阳乱事议案，旅京同乡，据一方代表，本局据双方代表，保持莱阳之心，未尝殊异。法律事实，本有确据，异日通观报告书，当自共明。即杂志社同人，均与杨议长共事，上年因本局之少数人，客气用事，致本局无时或安，杨议长三次力请辞职，行装已成，大众均坚持不许，杂志社同乡深知之，亦来信挽留。据理以断，今昔决不能异情，此又一证也。由此言之，其原因所在，不属本省乡父老，亦不属于旅京同乡。同人再四研究，惟本局互选议长之始，及二届常会之时，有可为发生之原因者，试历述本局经过事实，以说明之。

议长之地位，本属我东省人公共地位，法律既由公举而定，被选者既系东人，即为山东谘【议】局议长，何分府界。谘议局之机关，亦属我东省三千万人公共民权机关，全省利害关系，实在乎此，尤无府界之可分，亦不能任三五人个人私意，即能破坏大局，此世界之公例也。当本局互选议长之先，有在省之被选议员，欲此次互选【议】长尽属其人，故经某君出而运动，冀达目的。及因投票无定，未如其愿，遂在会场藉利口之御人，生种种之冲突。而东西府分界之訾言，六二党结合之名词，均即于是时产出。同人半多年长，恒以忠厚待人，事事谦让，不与置辩，即主事某君辞职三次，经议长面谒挽留，并以函劝，人共知之。至莱阳事起，某君时为筹办处科员，受筹办处之委任，往查莱事，与本局委查之二君，累迹而行，回局时在会场自言，与报纸所传，甚不相类（观本局报告书中载呈院孙、王二君调查记，原本为证本局公议，仅删去评语而已）。去年开常年会时，某君登台发表政见，多提及法律以外之案，而是时适有抚院谘询议案署名一条，同人以为此事之用意，不过防少数人操纵多数之弊，况各省联合会及河南、浙江等省报告书中均有之，系属督抚谘询事件，不得谓为追加条文。至提出调查莱阳事件公决时，某某数人主张于二君调查记后，定官绅之处分，时多数议员主张仅将二君调查记删去断语，至如何处分，自是行政长官权限，并无违背上谕之处。各有主张理由，亦并无相害，乃藉端冲突，并以不从其说者，即为违背上谕，用此圈套，挟制众人。议长因此案加断语不加断语，须详细讨论，付诸全局委员会讨论，委员长不愿就席，仍请议长开正式会公决，议长是以出席，请大众公决。时同人仍争议未休，议长因言：大众毋庸争论，据个人意思，此次莱事，官绅民三面，均有过失，无论于二君调查后，定罪名不定罪名，要当各如其分量。本局以法律公理为标准，京官同乡之言，可从则从，但以事实为断，本局不袒护官绅，亦不能保护曲党。以上云云，实无不合公理之说，而某君遂谓议长不守议事规则，语皆专制，又谓有阿附京官者为曲党之言，希图挑衅。是时多数已经公决，某某诸人即于次日致辞职书于本局。推其用意所在，一以蹂躏议会之说，可以使议会辞职；一以非法议决，威吓大众；一以捏造阿附京官之言，藉以用京官同乡之势力抵抗。仅一辞职书中，隐其有三种手段，多数议员不得不公具剖辩书呈院（见报告书中），以明本局真像。且以辞职之事，本为个人乐为，求仁得仁，夫又何怨？当即以起立为表决，照章允许辞职，时则全体起立，不起立者仅有一二人。自是之后，各报纷纷登载，语皆失实。本局正当议事吃紧之时，何暇置辩？论本局法律，有议员所发言论，不受局外诘责之条文，深知某某所为，亦无足置辩。至果系据公理见责者，同人公阅，时时痛自责勉，盖因外界激刺，实为本局进步之阶级，深愿有人责戒，藉为奋勉。去岁议案多于上年，未始非各界之玉成。至于登报诋諆者，必有原因、手段、目的存乎其间，事实虽可伪造，而伪造之原因、手段、目的，必不肯出以示人。手段维何？即阿人所好，投人所忌，伪造事实诸端而已。如某君质问孙抚一事，词甚简单，而报纸则谓洋洋数百言，孙抚汗流浃背，议长不肯摇铃散会等情，其实均无其事，此投人所好之一证也。阿附京官者为曲党，议长毫无此言，会场中共闻共见，乃即以此事为挑衅之圈套，此投人所忌之一证也。莱阳开征实会，而报纸登追悼会，并有王志勋报告莱阳调查记，附见于尚庆瀚辞职缘由书之后，各处散布，实于王君所交本局之调查记原本不类。至屡用手段，目的未达，欲假借同乡名义，希图破坏，而匿名罪状，始由此发现。此则兹事发生之原因欤？

近日人情易犯者有六病：一、争权利，不尽义务；二、专攻己，不思对外；三、讲强权，不顾公理；四、论手段，不计事实；五、骛虚名，不求实际；六、报私忿，不问大局。现今时代，此种假公济私之阶级，所在多有，时会使然，不能逃过。本局同人，均认定以山东公共团体为团体，即以山东公共权利为权利；以山东公共安危为安危，即以山东公共意思为意思；决不能认三五个人之团体，为山东公共之团体，即不能认三五个人之意思，为山东公共之意思。孰是孰非，自有定评；为公为私，难逃舆论。无论外托文明为文明派，内营私利为私利派，至不能达其私目的，利用手段以破坏之，则又为破坏派，要之皆我同乡。本局绝不敢以公义对待个人，正恐犯此六病耳。伏念本局所议之事，乃山东公共之事，山东三千万人，何人被举，均能办理。今者时局阽危，忧患纷乘，本局同人，恐蹈覆餗之讥，日切悚惧，应即公同辞职，以报同乡厚谊。惟因罪状既未辩明，无可逃于乡里之间，兹将罪状事实，并其发生原因，一一说明，告我旅京同乡，告我山东父老，并以告我海内同胞。我旅京同乡诸公是否承认此种罪状，千祈照同乡会知单，注明承认不承认字样，署名盖章，登报发函本局，以昭信实。果为承认，则该公布本局罪状书，既以上达资政院为言，请我旅京同乡诸公，并将公布罪状，及本局辩诬罪状二十六条，通陈资政院。本局同人，静候解散。不胜屏营待命之至。肃此，敬请公安。山东谘议局谨启。

《山东谘议局罪状辩诬书》（清末石印本）

附 录

山东谘议局第一期报告书凡例

一、本报告书除本局应守秘密事件例不公布外，自本年八月开办日起，至十一月止，所有议案、批答、札文、移咨、照会、重要函件、请愿书、各项规则，依类编辑，名为第一次报告书，先行公布。俟后汇集成书，再照第二、第三依次报告。

一、本书编辑目次共分十门，议案则分为民政、学务、军政、外交、交通、实业、财政、司法八门。抚院、司道各衙署、各局处所之札文、移咨、照会等件概列入公文门。至议案之难以类从者概列入特别法案门，依类汇编，以清眉目，而便浏览。

一、本书函牍、表册连续甚多，只择重要者登录。

一、本书凡关于议案之抚院批答，及各衙署局所移咨、照会，皆附列各议案后，以便查考。至十二月以后始行奉行批答者，概归第二次汇报。

一、速记录、决议录及各项续订规则，因急于公布，不及备载，拟归第二次书内报告。

一、本书付印如有遗讹字句，另表勘误。

山东谘议局第二期报告书凡例

一、本书接续本局第一期报告书，自上年十二月起，至今年三月中旬止，所有札文、移咨、照会、呈院建议及请愿书、重要函件、续补各项规则，仍依类编辑，名为第二期报告书。

一、本书编辑目次，以各衙署局所先后收发之札文、移咨、照会等件分类汇编，较第一期汇编公文略有变通。至请愿书，则依上期议案编辑法，分为民政、学务、军政、外交、交通、实业、财政、司法八门。此外，公函、公电之重要者，及续补各项规则，皆附列于后。

一、本书凡关上年议案之抚院批答，俟各衙署局所查覆之文件，应附列上年各议案后者，因上届报告书出版时尚未奉到，即归此次汇报。如对证议案原文，须查第一期报告书，兹编概不重载。

一、凡关议员建议及人民请愿书之抚院批答，皆附列各建议文及各请愿书后，以便阅览。

一、凡所收受之请愿书，经本局遵章审查，或形式不完全，或核与定章未符，不属本局权限范围内，碍难呈候督抚核办者，仅由局存案备查，其书概不登录。

一、由局呈院文件批答及请愿书批答，三月中旬以前未经奉到者，兹编尚属缺如，须俟第三次汇报。

山东谘议局第三期报告书凡例

一、本书接续本局第二期报告书，自本年五月中旬起至十二月上旬止，所有常年会期议案、批答并会期前后所有奏稿，暨各重要札文、移咨、照会、往来函电、公牍及请愿书批答，均按类分编，名为第三期报告书。

一、本书汇辑共分七编，其目次以由局代表各团呈请代奏速开国会稿，并抚院折及因常年会期发交议案、法案、咨询事件，开会时抚院颂词、议员等答词，均冠列于首编。至第一编列议覆抚院发交议案及谘询各案。第二编列本局自行提议议案。各编均以庶政、教育、财政、法律分门，以清眉目。本局质问案及华侨参议员建议各案，均附列于后。第三编列预算案。第四编列抚院札文及各衙署局所移咨、往来函电、公牍。第五编列请愿书批答，依议案分门体例。第六编列本年会期内速记录。

一、本书所登录，有应附列第一期议案后之札文，及第二期请愿书后之批答，因前二期报告书出版时尚未奉到，故归此次续录。如对证其事实根据，须查第一期或第二期报告书，兹次概不录其原卷，以免重复。

一、本书汇编议案，皆备载原文，附及批答。至所收受之请愿书原文，则以连编累牍，不及备载，仅录其批词，略期简便。

一、第一期、第二期报告书凡例内，有业经声叙之编辑手续及理由，兹次汇编仍循旧规办理者，本凡例内不再声叙。

图书在版编目（CIP）数据

山东谘议局／尚小明编．— 太原：山西人民出版社，2020.6
（清末立宪运动史料丛刊／胡绳武主编）
ISBN 978-7-203-10399-8

Ⅰ．①山… Ⅱ．①尚… Ⅲ．①谘议局－史料－山东－清后期 Ⅳ．①D691.2

中国版本图书馆 CIP 数据核字（2018）第 096919 号

清末立宪运动史料丛刊·山东谘议局（上、下卷）

主　　编：胡绳武
副 主 编：牛贯杰　戴鞍钢
编　　者：尚小明
责任编辑：史美珍　吉　昊
复　　审：赵虹霞
终　　审：蒙莉莉
装帧设计：谢　成

出 版 者：山西出版传媒集团·山西人民出版社
地　　址：太原市建设南路 21 号
发行营销：0351-4922220　4955996　4956039　4922127（传真）
天猫官网：https://sxrmcbs.tmall.com　电话：0351-4922159
E - mail：sxskcb@163.com　发行部
sxskcb@126.com　总编室
网　　址：www.sxskcb.com

经 销 者：山西出版传媒集团·山西人民出版社
承 印 厂：山西出版传媒集团·山西人民印刷有限责任公司

开　　本：787mm×1092mm　1/16
印　　张：77.5
字　　数：1300 千字
版　　次：2020 年 6 月　第 1 版
印　　次：2020 年 6 月　第 1 次印刷
书　　号：ISBN 978-7-203-10399-8
定　　价：479.00 元（上、下卷）